封扉题签：姚奠中

国家十二五规划项目

三晋石刻大全

总主编 李玉明

三晋石刻大全

大同市浑源县卷（增订本）

主编 陈学锋

执行主编 白明星

山西出版传媒集团

三晋出版社

《三晋石刻大全》编纂委员会

《三晋石刻大全》大同市编纂指导组

《三晋石刻大全·大同市浑源县卷》（增订本）编纂委员会

凡　例

一、以抢救和存史为收录原则。收录范围：以《三晋石刻总目》为基础，凡古代、近现代和新中国成立后现存和佚失石刻全部全文收录（其中新中国成立后没有社会文化价值的私人墓碑等除外）。收录上下限：上限从本地最早的石刻起，下限到定稿为止。

二、以县（市、区）分卷，原则上每县（市、区）一卷，另有山西省博物院卷、五台山卷、晋商会馆卷和总目各一卷。

三、“概述”为一个县（市、区）或石刻收藏单位总论性的文章，既有资料性，又有学术性，内容主要包括：石刻历史发展（收藏）演变情况、现在分布区域、类别、时代、数量和保存情况，重要石刻简述、主要特色和价值评估、保护和利用建议等。

四、石刻单位称谓：各类碑刻（包括造像碑）一律称“通”；石碣（或刻石），称“块”或“方”；经幢（包括石幢）称“尊”；墓志和墓志铭，有盖的称“盒”，无盖的称“方”；画像（图像）石、匾额、塔铭、法帖，称“方”或“块”；摩崖题记称“处”或“条”。石柱，称“根”；戒牒，刻在碑上的称“通”，刻在碣上的，称“方”或“块”。石刻录文称谓：碑，称“碑文”；碣（刻石），称“碣文”或“刻文”（镌刻诗赋的，称“诗文”）；造像碑（含座），称“发愿文”；墓志铭和墓志，称“志文”；石匾，称“匾文”；镌刻帝王诏令的，称“敕文”；摩崖题刻、画像石、石幢（内容非经文者）、石柱等，称“题记”或“题刻”；经幢，称“经文”；塔铭，称“铭文”；墓表，称“表文”；石对联，称“联文”；戒（度）牒，称“牒文”；法帖，称“帖文”。

五、不设篇、章、节，一件石刻独立成篇。全卷录文分两部分，即现存石刻、佚失石刻。以县（市、区）为纲，分别按时代顺序排列，不分类。

六、每件石刻编纂内容包括名称（全称）、简介、录文（全文）。另附照片或拓片。

七、凡涉及人物的石刻，“简介”除介绍石刻外，还应介绍人物的生卒年、籍贯、主要官职、生平事迹、著述等；凡涉及人物籍贯的，一律用原地名，括号内注明今地名。如郭泰，太原界休（今山西省介休市）人。

八、新中国成立以来，有不少石刻陆续由原址搬迁到异地，这部分石刻均由现收藏单位收录。地址一律按原址书写，然后注明搬迁时间和地点。

九、真假或断代暂无定论的石刻，可沿用旧说或存疑。有几种说法的，诸说并存。

十、纪年：1912 年以前的石刻一律用历史纪年，括注公元纪年，如唐贞观元年（627）。括号内公元年号前后不加“公元”和“年”字。1912 年至 1949 年 10 月 1 日中华人民共和国成立前，一律用民国纪年，括注公元纪年，如中华民国 16 年（1927），也可写成“民国16年（1927）”。民国年号用阿拉伯数字，不用汉字。1949年10月1日之后，一律用公元纪年。

十一、表示体积、面积等尺寸的，单位用“厘米”。如长（或高）120、宽60、厚80厘米，长、宽均不加“厘米”二字，用顿号间隔。

十二、收录的石刻文字原为繁体字的，仍用繁体字；原为简化字的，仍用简化字。1957年汉字简化之后，有的碑繁简混用，录文尽量保持原貌，以保存史料的真实性。录文横排，原则上根据文意分段，不易分段的，可以连排。编者所加文字，用楷体字，并加圆括号，以与正文宋体字区别。如“（碑阳）”、“（碑阴）”等。

十三、收录的石刻文字，只作标点，不作校勘，原文中的错别字、异体字、通假字及不当之处等，保持原貌，不作甄别、注释和加括注。

十四、石刻文字漫漶、剥泐不清的，用一字一“□”表示。漫漶、剥泐字数不清的，用“……”或“下阙”表示。

十五、索引按类编排，使本书既可按历史顺序阅读，又可按类检索，互为补充，相得益彰。

总 序

李玉明

石刻，指镌刻有文字的历代碑、碣、造像碑、经幢、石幢（内容非经文者）、摩崖题记、墓志铭、画像石等，是历史文化的重要载体。

石刻，有狭义和广义的两种理解。狭义的理解，专指“碑”；广义的理解，包括碑、墓志、造像等各类刻石。

所谓“碑”，汉以前就有了，但那时的碑不是为了刻字，而是立于宗庙、学校，用以观日影、记时刻、测方向的。古代礼仪规定，主人迎宾进宗庙之门要当碑而揖。祭祀时亦常常把祭祀用的牛羊等牺牲先拴于碑上。碑在古代还有另一种用途，是立于墓前用于棺木下葬，称为“窆石”，下棺时用以固定辘轳。所以早期的墓碑中上部有穿，称之为“碑穿”，用以系绳下棺；在宗庙之碑则为系牺牲的牛羊所用。因此，最初碑的用途并非为了刻字，而是实用。

现代意义上的“碑”，兴起于西汉而盛于东汉。原来在西汉以前，即商周时期，歌功颂德的文字铸刻在钟鼎彝器上，西汉开始以石代金，用碑记载功德和事件了。这即是金石铭文的由来。

从西汉“碑”开始镌刻文字以来，历朝历代的碑刻大体相似，均由碑首、碑身、碑座三部分组成。但各类碑之间又呈现繁多的样式。碑首有圭首、圆首、平首、梯首、冠形首、螭首等。碑身以长方形为多，另有倒瓶形，六棱、八棱形，正方柱形，扁方形等。碑座有龟趺形，形状庄重，采用得最多。古人以龟为长久，常常以龟（实际称赑屃）背碑。碑的种类有功德碑，记载文臣武将的文治武功；庙碑，种类繁多，记述庙的修建历史；墓碑，记载死者籍贯、世系、事迹及卒葬时间等。还有记事碑、纪念碑、文告碑、诗文碑等。

从现代广义上讲，凡是镌刻有文字的石刻都可以称为碑刻，而在先秦时除“碑”以外，其他都不称碑，而称“刻石”。我国迄今发现最早的刻石是商代的《小臣系毁》和一些石磬刻字。以后有秦石鼓文，秦始皇峄山、泰山、琅琊台刻石等。汉以后这些刻石逐渐统称碑石了。佛教传入中国和中国道教兴起后，又出现了宗教刻石及造像。山西是我国中原地区宗教刻石最早产生和发展的省份之一，云冈石窟、天龙山石窟，以及现在散存在全省各地大量的经幢、石幢、造像碑等刻石，见证了这一历史发展的轨迹。另外，作为墓碑衍化物的墓志，起源于汉代，形制为长方形。而标准方形的墓志则兴起于魏晋南北朝，大盛于唐，是碑刻的重要组成部分。比如山西现存的北魏司马金龙墓志，封和宠、辛祥墓志；北齐裴良、厍狄回洛、娄叡墓志；东魏刘懿墓志等。

石刻最大的特点，是能长久地保存下去，故称为刻在石头上的历史，简称“石史”。它最大的功用，是可以证史、补史和纠正官修书面历史记载的舛误，在弘扬民族文化，借鉴历史经验，在社会主义经济建设、政治建设、文化建设、社会建设和生态文明建设服务等方面，都有十分重要的意义，历来受到地方当局、有关社会组织和个人爱好者重视。例如，我国现存最早最大的殿堂式建筑五台山佛光寺东大殿，1937 年梁思成先生调查发现后，轰动了国内外学术界。殿前镌刻于唐大中十一年（857）的经幢，解决了该殿学术上的两大问题。一是根据经幢的记载，该殿始建于唐德宗大中十一年（857），不仅使该殿是唐代建筑得到了有力的佐证，而且使这座国宝级文物建筑有了准确的纪年，其学术价值大大被提升。二是从这尊经幢的记载中得知，佛光寺东大殿的施主（即捐资人）是长安官宦人家出身的女弟子“宁公遇”。由于施主的身份高，其建筑的级别也相应被提高。又例如，山西现存 18000 多处古建筑，其每处建筑的历史沿革，要么文献记载简单，多数只一句话；要么查不到任何记载。而这些建筑前前后后的历史发展变化情况，主要靠现存碑刻的记载来见证，因而各座古建筑附属的碑刻就成了该古建筑历史沿革有力的证据。再例如，山西历史上的灾荒不断，元大德七年（1303）平阳、太原地区曾发生过山西历史上最大的一次地震；清光绪三年（1877）

曾发生过山西历史上最大的一次旱灾，连续三年颗粒无收，死亡百姓不计其数，并出现了人吃人的现象。这些灾荒，由于历史的原因（如信息不畅），或是地方官员为保乌纱帽，有意隐瞒，因而文献记载零碎简单，甚至缺失无记载。而民间百姓在灾荒过后却镌刻了不少碑刻，使后人永志不忘。这些灾荒碑虽有不少毁于战火，或被人为破坏，但各地保存至今的仍有不少，已成为研究山西历代地震、水旱等自然灾害的宝贵资料。除灾荒碑外，存世的还有不少古代科技方面的碑石，是研究当地农林水利、医药等发展的重要实证。三晋石刻是我省一个丰富多彩的重要人文资源，因此，编辑出版《三晋石刻大全》，不仅具有深远的历史意义，而且有可资借鉴的现实意义，是功在千秋、荫及子孙的一件好事、善事。

自宋代兴起金石学以来，访求石刻是历代众多史学家、方志学家们的终生爱好和一生的追求。山西自明成化十年（1474）创修《山西通志》时，就收录了“金石”资料，现在能够作为代表的是清光绪年间山西巡抚胡聘之主编的《山右石刻丛编》。这套《丛编》于光绪二十五年（1899）出版，共 40 卷，收录北魏至元代计 14 个王朝 840 余年的各类石刻 720 通（件）。还有在此之前于光绪十八年（1892）官修的《山西通志·金石记》（单行本称《山右金石记》），杨笃（秋湄）主编，收录汉以来碑刻 1550 余通。《山西通志·金石记》与《山右石刻丛编》比较，前者“有则录之，存亡不计”，后者“存者收录，亡者不述”。

山西历史上石刻最多时究竟有多少，谁也说不准。新中国成立后，经过文物部门的多次调查和普查，山西现存各类碑碣大约两万。清代著名金石学家叶昌炽在《语石》中说：“大抵晋碑皆萃于蒲、绛、泽、潞四属。”四属原都称州，大体上是现在的运城、临汾、晋城、长治四市，即山西南部地区。《山右石刻丛编》收录的 720 通碑刻，属于上述四州的有 496 通，占全省的 68.9%;《山西通志·金石记》收录的 1550 余通碑刻，属于上述四州的有 993 通，占全省的 64%；现存的两万余通石刻中，上述四市占了全省的一半以上，叶氏的论断基本是正确的。但除上述四州（四市）外，其他地区也有不少碑刻存世，其中不乏精品，同样应予重视。

新中国成立以来，山西省文物考古部门和有关部门、团体以及个人爱好者，在石刻的调查、保护、拓印、研究、出版等方面做了大量工作，取得了一定成果。但这些成果比较零星分散，缺乏全面性、系统性；也没有一个专门访求石刻的机构，使这项事业的发展受到一定制约。其次，历史资料少而缺失，已出版问世的石刻著作，存量极少，不仅难求，而且收录不全。比如，《山右石刻丛编》和《山西通志·金石记》均只收录到元代，且遗漏不少，大量明清时期的碑刻又未被采撷，造成历史的遗憾；宋代赵明诚的《金石录》只收录山西唐以前碑石 45 通；清代王昶的《金石萃编》，只收录山西元以前碑石近 30 通。所有这些，都需要我们在前人研究成果的基础上，做大量的拾遗补缺工作。第三，建国以来又新发现了大量的石刻，特别是新发现和出土了一批重要的墓志铭、摩崖题记、造像碑等，大大丰富了山西石刻的研究资料。比如北朝至隋唐一批重要墓志的出土、黄河沿岸等处汉以来漕运摩崖题记和一批早期造像碑的发现，以及其他一大批新发现石刻的著录登记等，都是重要的石刻资料，这些都需要有人去进一步访求和研究。第四，石刻文物具有不能再生性的特点，毁一件即少一件。比如北周武帝二次灭佛，山西的汉碑及三国两晋碑除郭泰碑外，全部被毁。郭泰碑后来也流失不存，造成了“山右无汉碑”的历史遗憾。当前仍存在盗窃和建设工程中人为破坏石刻文物的严重现象，自然损毁也日益加剧，古老石刻随时都有流失和被毁的危险。因此，抢救保护石刻，将其全部著录在册，世代流传下去，是当务之急，是带有抢救和存史双重重要性质的宏大工程。

为了全面系统地开展三晋石刻的访求和研究工作，三晋文化研究会成立以来，即借鉴历史经验，适应形势的需要，挑起了保护研究石刻传统文化这个重任。从 1990 年开始，即着手分市编辑出版《三晋石刻总目》，到 2006 年底，已有 9 个市的《总目》正式出版，共收录存碑 11878 通，佚碑 4168 通，合计 16046 通。

在基本完成《三晋石刻总目》编辑出版的基础上，三晋文化研究会从 2007 年正式开始编辑《三晋石刻大全》。《大全》以《总目》为基础，将新中国成立前后的碑刻，不论存佚，有文则存，全文抄录，并断句。同时，每篇加“简介”，附照片或拓片。基本上每县（市、区）1 卷，山西博物院和五台山、晋商会馆各 1 卷，再加记事总目录 1 卷，全省预计 125 卷。

分步编辑出版的山西石刻研究成果，其资料价值、历史价值、学术价值和使用价值都将远远超过以往出版的石刻著作，将成为山西有史以来的首创之作，流芳后世，意义深远！

是为序。

序　一

大同市委常委、副市长　李世杰

大同地区的石刻源远流长，博大精深。从我市现存的石刻来看，上自汉，下迄今，纵贯两千年，横跨政治、军事、经济、科技、文化、教育等诸领域，具有颇高的历史考古、史料补充、书法研究、文学欣赏和爱国主义教育价值等等。就以史料价值来说，在大同市现有存碑中，除了大家熟知的善化寺朱弁碑，华严寺镇城修建碑等许多名碑外，在民间还有一些鲜为人知的石刻。如光绪年间灵丘县史庄乡石翁村的《石瓮凿井记》，咸丰年间阳高县狮子屯乡山口头村的《孙多才行状碑》和《赵宣勤自责碑》，民国初年左云县的《抗粮碑》，以及《地契碑》《捐米赈灾碑》《石联柱》《石刻鱼缸》等等，不胜枚举。特别是现存于浑源县悬空寺的《壮观碑》，系唐代大诗人李白题写，其森严的法度，稳健的结体，观之耐人寻味，感慨万千。

再以书法艺术价值来看，大同是北魏光辉文化史的发源地，魏碑书法和云冈雕塑成为我国文化宝库中的明珠。世人乃至一些书法家，每每谈到魏碑体，言必说洛阳，书必话龙门。君不见洛阳之前有平城（今大同），龙门之外有云冈，而魏碑体的发祥地——大同的北魏石刻和墨迹则鲜为人知，这不能不说是中国书法研究的一大缺憾。仅《三晋石刻总目·大同市卷》，就刊出有名有姓的魏碑54品，其中现存的北魏碑刻、造像记、墓志铭、题记等达37品。这些石刻多用楷书或隶书，反映出汉字书体演变时期的固有特征。这与北魏统一北方，胡汉各族相融合是密不可分的。所谓“佛狸以来，稍潜华典，胡风国俗，杂相糅乱”，中和静美的汉文化风格，融入了强烈的北方游牧民族豪放泼辣的气息；而表现在书法艺术上，则掺和了粗犷刚健的线条和错落自然的结构，表现出雄强泼辣、朴拙浑厚及“铁马西风塞北”的特有风格，反映出当时社会的一种盛世景象。《司马金龙墓志》的雍容华贵；《皇帝南巡之颂》碑的宏大气势；《乾弩真妻王仁变墓志》的珍巧奇特；《昙媚造像记》的宽博开张；《元淑墓志》的精美奇峻；《封和突墓志》的方整大方，以及左云《中府左都督范氏先墓碑》《提督四镇张锐墓志铭》《昭勇将军潘缙历任政迹记》《皇明恤典总兵曹文诏碑记》的厚重与深沉……这些1500多年前的石刻，鲜活地摆在人们面前，势必给传统的书法研究吹来一阵和煦春风，恰似“忽如一夜春风来，千树万树梨花开”，必将对魏碑体的研究起到一个推动作用，扩展一个崭新的领域。同时，随着大同魏碑的揭秘研究，也必将会推动整个北魏各个领域的研究和云冈学的研究和发展。

由是观之，绵亘两千多年的大同石刻，是一部包罗万象的石刻百科全书，是中华民族石刻珍藏的一个重要组成部分，它既是一座内容浩繁的资料库，也是一座极其丰富的历史档案馆，具有其他任何东西都不能替代的独特的历史价值。因此，征编《三晋石刻大全》大同市各县区卷，实在是我市一件功在当代、利在千秋的重要工作。

《三晋石刻大全》的征编工作，是一项十分艰巨繁杂的工程，任务重、时间紧、战线长、难度大、涉及面广。浑源县的同志们能出色地完成此项任务，值得称道。这是县委、县政府的高度重视和大力支持，浑源县三晋文化研究会全体同志辛勤劳作、无私奉献的结果。实践证明，领导重视，真抓实干，通力协作，是搞好这项工作的根本保证和基本经验。我希望我市其他县区也要像浑源县一样，敢于攻坚克难、奋发进取、勇攀高峰，又快又好地按期完成这一大型文化工程，这是我们责无旁贷的历史使命。愿诸君勖哉！勉哉！

借此机会，让我们向关心和支持这项工作的各级领导、专家学者和广大人民群众致以诚挚的谢意，并请不吝赐教。

（李世杰，时任大同市委常委、副市长，现已退休）

序　二

中共浑源县委书记　高　莹
浑源县人民政府县长　赵昱清

近代著名书画家、篆刻家、金石考据大家陆和九在《中国金石学》中说："秦刻六石，纪功颂德之滥觞；蔡撰诸碑，铭幽诔善之初桄。地莂地券，开合同契约之先河；题记题名，创赞序诗词之异制。颂称之文，勒于钟鼎；吉祥之语，见于洗铃。采辑成佚，亦艺苑之别开生面也。"石刻碑文是历史的写实、文明的印记，可以"证史传之阙谬，考经籍之得失"，伴随着华夏的足迹，经历了二千多年的岁月，积淀并体现着中国文明的精华，是无比珍贵的文化遗产。

在波澜壮阔的历史长河中，地处北岳恒山腹地的浑源，积淀起厚重的文化资源，在以天峰岭为核心的主景区四周15个景区中，有国保单位7处、省保单位8处、不可移动文物387处。其中荟萃了可谓"石史"的洋洋大观的石刻碑文，真实地记载着不同时期的荣辱得失，成为珍贵的历史遗存和彰显时代变迁的文化艺术瑰宝。然而在岁月的风雨沧桑中，植根于恒山沃土的这些"宝贝"，却渐有淡出现代人的视野、远离我们的生活的苗头，甚至面临着日渐损坏、风化等危机，因此，拯救、保护、传承这些珍贵的历史遗存，已经成为我们当代浑源人紧迫的历史任务。

三晋文化研究会在省委、省政府的大力支持下，组织全省三晋文化工作者编撰以县域为基，兼顾名胜景区，覆盖全省的《三晋石刻大全》一百二十五卷，是利在当代、功在千秋的文化盛事，这一举措必将使古老的文化遗产再次焕发出勃勃的生机。浑源县三晋文化研究会诸君紧跟步伐，积极响应，以笔耕不辍、矢志不移的精神，历九年的艰苦劳作、精心研讨，编撰出《三晋石刻大全·大同市浑源县卷》，初编之后，继以续编，进而成此修订本，成为全县文旅振兴进程中的又一重要成果，对他们的奉献之举，表示衷心的感谢和诚挚的敬意。

纵览全书碑文，上自东汉，下至当代，囊括五百余通，阅读它大有爱不释手之感，许多珍品更是令人赏心悦目。由于特殊的地理位置和历史地位，浑源和恒山一直是历代帝王将相、文人学士倍为推崇之所在。作为江山社稷象征的北岳，从舜帝后，其祭祀活动延绵不断，其碑石之丰让人叹为观止。康熙为恒山所书的"化垂悠久"端正大方、典雅优美，不失为帝王祭书的佼佼者。诗仙李白为悬空寺题书的"壮观"二字寓意深远，雄浑中不失豪放，上千年来成为人们摹拓追寻的目标。由翰林学士、文学家彭邦畴撰文、户部尚书、大书法家祁寯藻书丹，经学大师阮元篆额的栗毓美神道碑，是国内现存碑石中精品中之精品，堪称"文书额三绝"。一代名臣林则徐、两广总督祁墳、协办大学士汤金钊为栗毓美所书祭文，同样是传承书法传统精神，继承发展"柳、赵、颜"书体的上乘之作，达到了"心与理合""理与心一"的意境，在淋漓挥洒中彰显人文魅力。西留村元代孙公亮家族墓所存元碑九通，从书体之气势、文章之运笔、记事之翔实，体现了号称"东平四杰"、著名学者、以集贤大学士李谦为代表的文章和书法风格。清代著名书画家汤贻芬为恒山题书的两首诗刻，可谓诗中有画、画中有诗，达到书画珠联璧合的境界，从某种意义上来讲，又将书法推向一个新的意境，是浑源石刻中极具影响力的代表作之一。《三晋石刻大全·大同市浑源县卷》（增订本）一书沿着历史的脉络，采取科学的编撰方法，在理性研究中流露出浓厚的诗情，是一部展示恢弘历史、感受民族心灵的画卷。当展开书册静心阅览，一定会乐在其中，受益匪浅。

传承历史文化是浑源县委、县政府义不容辞的职责。近年来，浑源县坚定“举文化生态牌、建特色休闲城、走旅游康养路”的战略路径，锚定“全境恒山、全景浑源”的发展目标，深入挖掘弘扬浑源和北岳恒山厚重的历史文化，推动旅游业由“景区旅游”向“全域旅游”发展模式转变，迈出文旅康养集聚区建设的坚实步伐。

以文塑旅，以旅彰文，新时代文旅产业高质量发展进军号角已经奏响。期望更多有识之士躬身入局，挺膺担当，以赤诚情怀为县域振兴创实绩、奋担当，共同谱写新时代浑源高质量发展的崭新篇章！

祝贺《三晋石刻大全·大同市浑源县卷》（增订本）出版面世，谨向这一地域文化盛事和千古功德致敬。

2023年8月8日

概　述

历史悠久的浑源，早在新石器时代就有人类在此繁衍生息。春秋时，属代国。战国时，赵襄子灭代国，版图归赵国。秦属雁门郡。西汉置崞县，属雁门郡。北魏时为京畿内地，属恒州。北齐时属北恒州。唐朝，属河东道云州，藩镇期间属大司军防御使云州。后唐始用浑源县名，一至延续至今。2001 年，由原 6 镇 22 乡撤并为 6 镇 12 乡；2021 年 4 月，再由 18 个乡镇撤并为 6 镇 10 乡。全县共 213 个行政村，11 个社区居民委员会，户籍人口 2377 万人。汉族居多，蒙、满、苗、回等少数民族仅占总人数的千分之一。县委、政府机关驻地永安镇，乃全县政治、经济、文化之中心。

浑源位于东经 113° 44′ 34″ ~113° 96′ 11″，北纬 39° 38′ 43″ ~39° 88′ 45″，属温带大陆性气候。东与广灵县接壤，南与灵丘县交界，西与应县为邻，北与大同市相连。全境东西宽 40.51 千米，南北长 48.5 千米，总面积 1968.49 平方千米。年平均气温 6.2℃，年均降雨量 425 毫米，年均日照 2697 小时，是大同市地区大秋作物和夏秋蔬菜的主要产区。其矿产资源较为丰富，主要有煤、铁、铜、铝、金、银、硫、沸石、长石、莹石、花岗岩、油母岩 20 余种，其“山西黑”花岗岩以品优著称于世。

浑源是北岳恒山之所在地。恒峰耸峙，浑河环绕，山河雄峻，地形险要，既是一处道教的发祥地，也是“释、道、儒”三教合一的洞天福地，更是历代兵家必争的军事要塞。史载有二十四位皇帝亲临恒山，有十三位皇帝统兵在此征战，留下许多重要的历史文化遗迹，并通过碑刻的形式加以记载，成为弥足珍贵的实物资料。

恒山之道教始于汉，盛于唐，至明清两代进入极盛时期。佛事活动亦从北魏开始就大量地涌现在恒山周边，使浑源大地成为佛道并存、相互竞争、不断融合的场所。在这种氛围中，北岳恒山主峰——玄武峰出现了连绵不断的庙群。金龙口、封龙山、天赐山、千佛岭也先后建起让人称奇叫绝的悬空寺、大云寺、云峰寺和千佛寺，成为帝王将相祭祀的场所和名人学士观光游览、朝圣拜祖的圣地，从而留下大量的文学艺术作品，其中不少妙文佳书也通过碑石的形式耸立于恒山上下，形成山水藉碑文以显、碑文凭山水相传的互动格局。这种格局之盛可分为四个时期。一是北魏。北魏建都平城后，地处京畿内地的浑源进入新的历史发展时期，道武帝拓跋珪于天兴元年（398）调集上万兵卒修通了进出恒山、连接燕晋地区的恒山直道，此后在恒山飞石窟修建了北岳庙。文成帝、孝文帝、献文帝、冯太后相继临浑源、幸温泉、朝北岳，可谓盛况空前。《保母窦太后碑》《北魏太保录尚书事襄城王卢鲁元墓碑》是太武帝太平年间颇具代表性的石刻，可惜只存有碑目。二是隋唐两代。隋炀帝杨广于大业三年（607）亲祭恒岳，大业四年（608）亲祀恒岳，祀后大赦天下。唐太宗李世民于贞观十年（627）书祭北岳庙文。后唐庄宗李存勖于天祐十年（913）十二月谒北岳祠。大诗人贾岛、诗仙李白观游北岳后，分别为北岳恒山赋诗、题词，李白《壮观碑》为极其珍贵的历史遗存。三是辽、金、元三代。此三代浑源人才辈出，一度成为文人学士聚会之胜地，应当留有他们的大量题书，由于难以推测的原因，现只存有辽代的《大辽国应州彰国军浑源县永固山寺创建碑》和金代的《悬空寺记》《释迦宗从之图》，以及元代的《“云边觉岸”题刻》《神川先进登科记》。宋代大书法家米芾为恒山题书的“塞北第一山”牌匾是其晚期的代表作，不幸毁于 20 世纪 50 年代末修建恒山水库之时。金代词赋状元刘撝，右丞相苏保衡，著名文学家、诗人刘祁、刘郁、刘从益等，同文友们多有诗词唱和。元代浑源西留村孙威世家更是誉满朝野，功著千秋，其勋功伟业，碑石多有记载，可惜由于人为破坏，泱泱大观的孙家坟只留下九通较为完整的遗碑。四是明清两代。明清两代，特别是康乾盛世以后，帝王将相朝拜、祭祀北岳之风延绵不断，文人学士也竞相观光游览，从而留下了将近五百件碑石和摩崖题刻，其文采之精、书法之工，让人叹为观止，遗憾的是，这些珍宝伴随着风雨沧桑，有半数荡然无存。本书收集的这一时期留存在恒山的石刻 85 件，悬空寺石刻

17件，是幸存的珍品。栗毓美陵园现存的17件石刻，乃荟萃一代书法、祭文之大全，厚重中让人仰慕。遗憾的是，林则徐为栗公题书的近三千字的墓志铭，仅见之于志书记载，多年来鲜有睹过其真容者。

浑源是革命老区，是北岳抗日根据地之所在，在抗日和解放战争中有数千名英烈将他们的鲜血洒在这片热土上，本书收入的纪念碑及题刻，既是告慰英灵的丰碑，又是爱国主义教育示范的实物。这些实物以及其他场所所存石碑是宝贵的财富，应当加大保护力度，使其不损不坏、不丢不失、应保尽保、完好珍存。

《三晋石刻大全》大型丛书启动后不久，浑源县即积极相应，并于2013年完成浑源县卷的编纂工作。出版之后，又陆续在田野调查和查阅资料中新发现一批现存及佚失石刻，为免留下历史遗憾，又撰成续编，于2015年出版。

如今，不论是初编，还是续编，均已售罄。于是借出版社再版之机，将两编合二为一，依照丛书之体例重新编排，并订正错讹若干。

书中共收录现存石刻443通，佚失石刻碑文66篇。现存石刻按时代分：唐3、辽2、金5、元19、明92、清184、中华民国20、中华人民共和国94，纪年不详24。按内容分：记事类224，乡规民约类3，墓志铭类45，烈士纪念碑类17，匾额楹联类22，题刻题诗类94，摩崖石刻类20，其他类18。

本书所收集的石刻资料是三晋历史文化的重要组成部分，是我县十分珍贵的历史遗存，对研究地域文化必将提供翔实的史料，对我县的文化发展和繁荣必将产生强势的助推作用。

《三晋石刻大全·大同市浑源县卷》（增订本）编委会

目　录

凡例
总序 …… 李玉明
序一 …… 李世杰
序二 …… 高　莹　赵昱清
概述 …… 编委会

上编　现存石刻

●唐·辽·金·元

“琴棋台”棋盘图（唐代） …… （五）
北岳行宫碑（唐贞观十九年） …… （六）
“壮观”碑（唐代） …… （七）
大辽国应州彰国军浑源县永固山寺创建碑（辽太平年间） …… （九）
“起建禅窑岩”题刻（辽太康三年） …… （一一）
悬空寺记（金大定十六年） …… （一二）
释迦宗从之图（金大定十八年） …… （一三）
大金国应州浑源县上盘铺十方宝兴禅院殿记铭（金明昌七年） …… （一五）
悟常公法师身后作斋记（金泰和五年） …… （一七）
圣施地碑记（金正大元年） …… （一八）
大永安禅寺铭（元至元三十一年） …… （一九）
大元正议大夫浙西道宣慰使兼行工部事浑源孙公先茔碑铭（元大德三年） …… （二〇）
孙公亮墓志铭（元大德四年） …… （二三）
有元故大中大夫益都路总管兼府尹本路诸军奥鲁总管管内劝农事赠正奉大夫大司农上护军追封神川郡公谥文庄孙公神道碑铭（元大德十年） …… （二五）
大元故武略将军武备寺丞孙公神道碑铭（元至大三年） …… （二八）
神川先进登科记（元至大三年） …… （三〇）
大元故正议大夫浙西道宣慰使赠资德大夫中书右丞上护军神川郡公谥正宪孙公之墓（元至大四年） …… （三二）
大元浙西道宣慰使行工部事孙公碑铭（元至大四年） …… （三三）
“上天眷命”碑（元皇庆元年） …… （三四）
元成宗御祀神道碑铭（元延祐六年） …… （三五）
大元故保定等路军器人匠提举孙君墓碑有序（元延祐六年） …… （三八）
故权千户孙君墓碣（元泰定元年） …… （四一）
善士孙君墓碣（元泰定元年） …… （四三）
孙四翁墓碣铭（元泰定元年） …… （四五）

"孙氏宗族世谱"碑（元泰定初年）……（四七）
神川郡善士孙公墓碑（元天历三年）……（五〇）
河东山西道宣慰副使孙公墓碑（元元统三年）……（五一）
玄德真人墓碑（元至正三年）……（五二）
"云边觉岸"题刻（元至正末年前后）……（五三）

●明

罗汉洞石刻楹联（明洪武三年）……（五七）
重修古北岳庙碑（明洪武十三年）……（五八）
"琴棋台"摩崖题刻（明洪武十三年）……（六〇）
礼部钦依出榜晓示郡邑学校生员碑（明洪武十五年）……（六一）
"登恒十韵"诗碑（明永乐十六年）……（六三）
摩崖诗刻（明正统九年）……（六四）
圆觉寺塔体碣（明成化五年）……（六五）
浑源州重修北岳庙记（明成化五年）……（六六）
北岳神公昭感碑（明成化七年）……（六八）
重修龙山大云兴隆禅寺记（明成化七年）……（七〇）
重修云岩寺碑记（明成化八年）……（七二）
"虎风口"摩崖题刻（明成化十三年）……（七三）
祈雨有感碑记（明成化十五年）……（七四）
"恒宗"题刻（明成化二十年）……（七六）
"玄岳"摩崖题刻（明成化二十年）……（七七）
"岳宗"石刻（明成化二十一年）……（七八）
"悬空寺"题刻（明成化二十一年）……（七九）
增修云岩禅寺记（明弘治元年）……（八〇）
"会仙府"题刻（明弘治七年）……（八三）
浑源古北岳飞石窟记（明弘治七年）……（八四）
"介石"题刻（明弘治八年）……（八六）
大成门上梁文（明弘治十一年）……（八七）
谒北岳诗碑（明正德元年）……（八八）
登恒山四首夜登悬空寺一首诗碣（明正德十四年）……（八九）
重修香岩寺记（明正德十五年）……（九〇）
浑源州千佛洞志（明嘉靖十年）……（九二）
重修乱岭关林泉寺记（明嘉靖十三年）……（九三）
吴耐庵题刻（明嘉靖二十年）……（九四）
"奇观"石刻（明嘉靖二十年）……（九五）
儒林郎同知磁州李公墓（明嘉靖二十四年）……（九六）
竭诚趋谒北岳大帝碑（明嘉靖二十五年）……（九八）
谒北岳次韵（明嘉靖二十七年）……（九九）
孟秋登恒岳（明嘉靖二十九年）……（一〇〇）
"一德峰"题刻（明嘉靖三十二年）……（一〇一）

"拱辰"题刻（明嘉靖三十五年） …… （一〇二）
圣用北岳玄芝碑记（明嘉靖四十五年） …… （一〇三）
温泉碑（明隆庆元年） …… （一〇四）
"早过悬空寺"诗碣（明万历四年） …… （一〇五）
"复还天巧"摩崖题刻（明万历五年） …… （一〇六）
"天开神秀"题刻（明万历六年） …… （一〇七）
恒山复还天巧洞记（明万历六年） …… （一〇八）
还元洞记（明万历六年） …… （一一〇）
"登恒岳用前人韵"诗碑（明万历七年） …… （一一二）
创建圣母行宫楼记（明万历七年） …… （一一三）
"夕阳返照"石刻（明万历十年） …… （一一四）
"天下名山"摩崖题刻（明万历十年） …… （一一五）
"壁立万仞"摩崖题刻（明万历十年） …… （一一六）
"白云灵穴"摩崖题刻（明万历十年） …… （一一七）
"石壁凌云"题刻（明万历十年） …… （一一八）
"灵山耸秀"题刻（明万历十三年） …… （一一九）
碑记（明万历十三年） …… （一二〇）
"昆仑首派"题刻（明万历十四年） …… （一二一）
"达观"碑（明万历十八年） …… （一二二）
迪功郎盩厔县丞李公墓（明万历二十三年） …… （一二三）
重修孙膑寨玄都观碑记（明万历二十三年） …… （一二五）
"公输天巧"题刻（明万历二十三年） …… （一二七）
北岳庙新贮道大藏经记（明万历二十七年） …… （一二八）
赞经文（明万历三十年） …… （一三〇）
磁窑口修道重修悬空寺山门碑记（明万历三十二年） …… （一三一）
王庄堡南城门门洞西壁碑记（明万历三十二年） …… （一三二）
北岳庙昭感碑记（明万历三十二年） …… （一三三）
"悟道遗迹"题刻（明万历三十五年） …… （一三五）
"云中胜览"题刻（明万历四十四年） …… （一三五）
恒山庙烛会碑（明万历四十四年） …… （一三六）
祀雨碑记（明万历四十五年） …… （一三七）
"灵宫显应"题刻（明万历四十五年） …… （一三八）
"路接天衢"题刻（明万历四十五年） …… （一三九）
"天台境界"题刻（明万历四十五年） …… （一四〇）
"苍翠常新"题刻（明万历四十五年） …… （一四一）
李公墓碑（明万历四十六年） …… （一四二）
"果老仙踪"题刻（明万历四十七年） …… （一四三）
雨中过悬空寺诗碑（明天启初年） …… （一四四）
五方德道行雨龙王神位碑（明天启三年） …… （一四五）
登悬空寺诗碣（明天启初年） …… （一四六）
东岩刹修建碑记（明天启四年） …… （一四七）

恒岳路草诗碑（明天启五年） ……（一四九）
舍地碑记（明天启六年） ……（一五二）
“第一峰”题刻（明天启六年） ……（一五四）
恒山二首诗碑（明天启七年） ……（一五五）
“天地大观”题刻（明天启七年） ……（一五六）
“绝地通天”题刻（明崇祯元年） ……（一五七）
“天下巨观”刻石（明崇祯六年） ……（一五八）
“腾云皈梦”题刻（明崇祯六年） ……（一五九）
“名利心灰”题刻（明崇祯七年） ……（一五九）
悬空寺诗碣（明崇祯七年） ……（一六〇）
迎神词送神词碑（明崇祯年间） ……（一六一）
五岳真形图碑（明崇祯中期） ……（一六二）
“清气台”石刻（明末） ……（一六三）
“千岩竞秀，万壑争流”题刻（明代） ……（一六四）
“玄空岩”题刻（明代） ……（一六五）
“万木阴森”题刻（明代） ……（一六六）
“玄空阁”题刻（明代） ……（一六六）

●清

石经幢铭文（清初） ……（一六九）
御祭北岳恒山之神碑（清顺治十八年） ……（一七〇）
北岳恒山庙记（清顺治十八年） ……（一七一）
“化垂悠久”碑（清康熙初年） ……（一七五）
恒山永革陋规碑记（清康熙六年） ……（一七六）
重修恒山十王庙记（清康熙十三年） ……（一七七）
重修白龙祠记（清康熙十四年） ……（一七八）
创建羽化堂记（清康熙十六年） ……（一八〇）
永革陋规碑记（清康熙二十年） ……（一八二）
进蜡会引（清康熙二十一年） ……（一八三）
重修恒山岳庙碑记（清康熙二十四年） ……（一八四）
永安寺置造供器记（清康熙二十六年） ……（一八六）
皇帝遣内阁四品侍读学士王国昌致祭于北岳恒山之神碑（清康熙二十七年） ……（一八八）
陪祀恒山诗碣（清康熙二十九年） ……（一八九）
重修龙山寺碑记（清康熙三十三年） ……（一九〇）
皇帝遣户部右侍郎贝和诺致祭于北岳恒山之神碑（清康熙三十六年） ……（一九一）
重修罗汉寺圣像碑记（清康熙三十九年） ……（一九二）
皇帝遣内阁侍读学士加六级卢起隆致祭于北岳恒山之神碑（清康熙四十二年） ……（一九三）
重修关帝庙碑记（清康熙四十三年） ……（一九四）
皇帝遣太常寺卿加五级李敏启致祭于北岳恒山之神碑（清康熙五十二年） ……（一九六）
颂岳诗碑（清康熙五十七年） ……（一九七）
皇帝遣国子监祭酒李周望致祭于北岳恒山之神碑（清康熙五十八年） ……（一九八）

皇帝遣都察院左副都御史伊特海致祭于北岳恒山之神碑（清雍正元年） ……………………（一九九）
重修怀仁固碑记（清雍正八年） ……………………………………………………………（二〇〇）
修理山岭道路碑志（清雍正十年） …………………………………………………………（二〇二）
重修大石堂寺碑记（清雍正十一年） ………………………………………………………（二〇四）
板方寺房地产碑铭（清乾隆初年） …………………………………………………………（二〇五）
白龙王堂焚修之资碑记（清乾隆初年） ……………………………………………………（二〇六）
皇清诰封征仕郎原江西广信府安义县县丞廷琢穆公墓志铭（清乾隆十一年） ……………（二〇九）
重修大墙耳楼碑记（清乾隆十二年） ………………………………………………………（二一一）
旧碑记（清乾隆十二年） ……………………………………………………………………（二一三）
皇帝遣日讲起居注官翰林院侍讲学士龚渤致祭于北岳恒山之神碑（清乾隆十四年） ……（二一四）
皇帝遣詹事府詹事兼翰林院侍读学士苏楞烜致祭于北岳恒山之神碑（清乾隆十七年） …（二一五）
重建白龙神祠碑记（清乾隆十九年） ………………………………………………………（二一六）
皇帝遣詹事府詹事兼翰林院侍读学士温敏致祭于北岳恒山之神碑（清乾隆二十年） ……（二一八）
板方寺重修碑记（清乾隆二十四年） ………………………………………………………（二一九）
重修西岩寺碑记（清乾隆二十六年） ………………………………………………………（二二一）
皇帝遣太仆寺少卿觉罗志信致祭于北岳恒山之神碑（清乾隆二十七年） …………………（二二二）
修建浑源州城墙碑记（清乾隆三十二年） …………………………………………………（二二三）
重修乐楼碑记（清乾隆三十二年） …………………………………………………………（二二四）
移造乐楼起建灶房碑记（清乾隆三十七年） ………………………………………………（二二五）
重修千佛洞寺碑记（清乾隆三十八年） ……………………………………………………（二二六）
重修碑记（清乾隆三十九年） ………………………………………………………………（二二八）
“耸翠流丹”题刻（清乾隆三十九年） ……………………………………………………（二三〇）
皇清敕授征仕郎原任江西广信府玉山县左堂人龙穆公碑序（清乾隆四十二年） …………（二三一）
重修灯山楼拣补庙宇创造古桥序（清乾隆四十三年） ……………………………………（二三三）
监立施地捐资碑记（清乾隆四十四年） ……………………………………………………（二三五）
重建茶庵记（清乾隆四十七年） ……………………………………………………………（二三七）
重修云峰寺碑记（清乾隆四十七年） ………………………………………………………（二三九）
重修关帝庙碑记（清乾隆四十七年） ………………………………………………………（二四一）
重修律吕庙墙房院碑文序（清乾隆四十八年） ……………………………………………（二四三）
重修碑记（清乾隆五十一年） ………………………………………………………………（二四五）
买地布施碑记（清乾隆五十四年） …………………………………………………………（二四七）
登岳一首同黄正夫刺史作诗碣（清乾隆五十五年） ………………………………………（二四九）
朱休度黄照恒山庙勘舆形势碑（清乾隆五十五年） ………………………………………（二五〇）
重修观音殿碑记（清乾隆五十八年） ………………………………………………………（二五一）
重修龙神庙碑记（清乾隆五十八年） ………………………………………………………（二五二）
重修罗汉洞碑记（清乾隆六十年） …………………………………………………………（二五三）
重修碑记（清乾隆六十年） …………………………………………………………………（二五七）
御祭碑文（清嘉庆元年） ……………………………………………………………………（二五八）
穆公碑记（清嘉庆二年） ……………………………………………………………………（二五九）
建修文昌阁碑记（清嘉庆三年） ……………………………………………………………（二六一）
创修三官庙碑记（清嘉庆三年） ……………………………………………………………（二六三）

重修千佛洞碑记（清嘉庆六年）……（二六四）
郭玉佩墓碑（清嘉庆八年）……（二六五）
重修乱岭关林泉寺（清嘉庆九年）……（二六七）
黄启元夫妇墓碑（清嘉庆十年）……（二六九）
御祭碑文（清嘉庆十四年）……（二七〇）
祀岳碑（清嘉庆十四年）……（二七一）
重修黑石寺碑序（清嘉庆十四年）……（二七三）
郭士英马氏墓碑（清嘉庆十九年）……（二七七）
塔儿村创建关帝文昌魁星观音五谷马王庙记（清嘉庆十九年）……（二七八）
重修神山寨庙宇碑记（清嘉庆十九年）……（二八〇）
皇帝遣太常寺少卿桂龄致祭于北岳恒山之神碑（清嘉庆二十四年）……（二八二）
恒山诗碑（清嘉庆二十四年）……（二八三）
重修北岳恒山庙记（清嘉庆二十四年）……（二八五）
恒岳诗碣（清嘉庆二十四年）……（二八六）
善施碑记（清道光元年）……（二八七）
石刻柱联（清道光初期）……（二八八）
重修北岳恒山绅士行户布施碑记（清道光初年）……（二八九）
创建观音殿奎星楼碑记（清道光三年）……（二九一）
用垂永久碑（清道光初年）……（二九三）
显考碑铭并序（清道光五年）……（二九四）
荣赠介宾曾祖翟士珠孺人徐陈氏墓铭（清道光六年）……（二九五）
布施碑（清道光七年）……（二九七）
重修北岳恒庙记（清道光七年）……（二九九）
重修千佛洞观音阁钟鼓楼并南北庙碑记（清道光七年）……（三〇〇）
皇帝遣大同镇总兵官刘国庆致祭于北岳恒山之神碑（清道光九年）……（三〇二）
常康侯公教泽碑（清道光十年）……（三〇三）
关帝庙建修碑记（清道光十一年）……（三〇四）
文庙补栽树木记（清道光十五年）……（三〇六）
增置恒麓书院经费记（清道光十五年）……（三〇七）
皇帝遣山西太原镇总兵官台费音致祭于北岳恒山之神碑（清道光十六年）……（三〇八）
谨叙好善乐施两次救荒赈济碑志（清道光十七年）……（三〇九）
恩旨碑（清道光二十年）……（三一一）
御制祭文（清道光二十年）……（三一二）
修职郎王溥安人张氏之墓碑（清道光二十年）……（三一三）
“德建”碑（清道光二十年）……（三一四）
建修文昌奎星朱衣阁钟鼓楼南北禅房碑序（清道光二十年）……（三一六）
皇帝遣大同府理事同知兴龄谕祭于晋赠太子太保衔原任河东河道总督栗毓美之碑（清道光二十年）……（三一八）
栗恭勤公神道碑铭（清道光二十年）……（三一九）
栗氏佳城石匾（清道光二十年）……（三二三）
栗家坟牌楼联语石匾（清道光二十年）……（三二四）

石刻楹联（清道光二十年） …………（三二六）
新阡祔葬条说（清道光二十三年） …………（三二七）
司土之神碑（清道光二十四年） …………（三三〇）
重修圆觉寺碑记（清道光二十五年） …………（三三二）
皇帝遣大同镇总兵积庆致祭于北岳恒山之神碑（清道光二十六年） …………（三三三）
“云路”石匾（清道光二十六年） …………（三三四）
“龙门”石匾（清道光二十六年） …………（三三五）
重修罗汉洞碑记（清道光二十八年） …………（三三六）
重修碑序记（清道光二十九年） …………（三四〇）
皇帝遣山西太原镇总兵乌勒欣泰致祭于北岳之神碑（清道光三十年） …………（三四一）
重修龙神庙碑志（清道光三十年） …………（三四二）
重修白龙王堂各庙新建魁星庙碑志（清道光三十年） …………（三四四）
城内各乡众善士捐建碑（清道光末年） …………（三四六）
栗恭勤公偕吴夫人合葬墓碑（清咸丰元年） …………（三四九）
立合同碑志（清咸丰元年） …………（三五一）
重修三岭关帝庙记（清咸丰元年） …………（三五二）
例赠修职郎显考郭翁讳士伟例赠孺人显妣郭门□氏李氏墓志（清咸丰二年） …………（三五四）
诰封武略骑尉显考郭翁讳士俊安人显妣郭门安氏孟氏墓碑（清咸丰二年） …………（三五五）
皇上遣山西太原镇总兵乌勒欣泰致祭于北岳之神碑（清咸丰二年） …………（三五六）
重修马王庙等碑记（清咸丰四年） …………（三五七）
黄万清墓志（清咸丰五年） …………（三五九）
好义碑（清咸丰七年） …………（三六〇）
皇帝遣大同镇总兵庆德致祭于北岳恒山之神碑（清咸丰十年） …………（三六一）
整创重修碑文（清咸丰十一年） …………（三六二）
重修□□三官真武新建牛马王财福祠序（清同治元年） …………（三六四）
关帝庙重建碑记（清同治二年） …………（三六五）
布施碑（清同治二年） …………（三六七）
创修三圣祠并重修钟鼓楼戏房马厩碑志（清同治二年） …………（三六九）
重修悬空寺碑文（清同治三年） …………（三七一）
大清同治三年重修复上布施芳名碑（清同治三年） …………（三七三）
致祭恒山碑文（清同治四年） …………（三七六）
遵断勒碑（清同治五年） …………（三七七）
修建城隍庙开销碑记（清同治五年） …………（三七八）
悬空寺布施碑志（清同治五年） …………（三八〇）
重修云峰寺二旃碑序（清同治六年） …………（三八三）
重修恒岳行宫碑记（清同治六年） …………（三八五）
御祭碑（清同治七年） …………（三八七）
飞石窟摩崖题刻（清同治十年） …………（三八八）
北岳庙碑（清同治十二年） …………（三八九）
龙神庙关帝庙白衣殿鹿鸣山崇福寺三官庙财神庙城神庙重修碑记（清同治十三年） ……（三九一）
重修马王庙碑志（清同治十三年） …………（三九二）

皇帝遣大同总兵马陞致祭于北岳之神碑（清光绪元年） ……（三九三）
石刻坟联（清光绪初年） ……（三九四）
捐资芳名碑记（清光绪二年） ……（三九五）
万古流名布施碑（清光绪初年） ……（四〇〇）
重修碑志（清光绪初年） ……（四〇二）
改建庙碑序（清光绪四年） ……（四〇三）
重修关帝庙钟鼓楼并彩画庙宇碑记（清光绪五年） ……（四〇四）
重修创修□□碑志（清光绪五年） ……（四〇六）
修缮千佛寺捐资芳名碑（清光绪六年） ……（四〇八）
重修财神庙碑记（清光绪六年） ……（四一〇）
重修大云寺记（清光绪六年） ……（四一二）
重修碑记（清光绪七年） ……（四一三）
重修千佛洞碑志（清光绪七年） ……（四一五）
建庙布施碑（清光绪七年） ……（四一七）
贞元会纪事碑（清光绪八年） ……（四一九）
黄老府君及夫人墓碑（清光绪九年） ……（四二〇）
“雄秀”题刻（清光绪十一年） ……（四二一）
贞元胜会碑记（清光绪十二年） ……（四二二）
圆寂大禅师照立超诸墓志（清光绪十四年） ……（四二四）
重修三清殿文昌魁星朱衣阁纯阳宫白衣殿碑志（清光绪十六年） ……（四二五）
万善同归碑（清光绪十六年） ……（四二六）
皇帝遣山西太原镇总兵署理大同镇总兵官林成兴致祭于北岳之神碑（清光绪十六年） …（四二八）
武德骑尉郭增及孺人墓志（清光绪十八年） ……（四二九）
温天佑及夫人墓志碑（清光绪二十一年） ……（四三〇）
皇帝遣总兵署理山西大同镇总兵官刚勇巴图鲁沈玉贵致祭于北岳之神碑（清光绪二十一年） ……（四三一）
万善同归碑记（清光绪二十一年） ……（四三二）
纪事碑（清光绪二十一年） ……（四三三）
王憬元及夫人郝氏墓志（清光绪二十六年） ……（四三四）
兰州府知府栗烜墓碑（清光绪三十年） ……（四三五）
诰授中宪大夫晋赠通议大夫子□赵老先生德泽碑（清光绪三十一年） ……（四三六）
皇帝遣大同镇总兵官孔庆瑭致祭于北岳之神碑（清光绪三十一年） ……（四四〇）
穆维岐墓志铭（清光绪三十一年） ……（四四一）
重修上塔圪枝村各庙碑记（清光绪三十一年） ……（四四三）
朝议大夫栗国华及夫人合葬墓（清光绪三十三年） ……（四四五）
大云寺议定条规碑记（清光绪末年） ……（四四六）
重修大云寺禅堂并改良庙规记（清宣统元年） ……（四四八）
大磁窑村初等小学堂捐款碑记（清宣统三年） ……（四四九）
重修叹士峪口石坝碑记（清宣统三年） ……（四五〇）
武德骑尉郭文忠及夫人冯氏麻氏墓志（清宣统三年） ……（四五二）
程兆元与夫人葛氏之墓碑（清代） ……（四五二）

●中华民国
晴远楼楹联（中华民国初年）……（四五五）
重修垛河口石桥碑记（中华民国4年）……（四五六）
清四品封衔例贡生薛於唐先生墓志铭（中华民国5年）……（四五八）
重修白龙王堂各庙碑志（中华民国5年）……（四六〇）
“礼拜堂”门匾（中华民国5年）……（四六二）
湖北布政使司栗燿与孙夫人合葬墓（中华民国7年）……（四六三）
重修云峰寺碑志（中华民国7年）……（四六五）
中宪大夫栗国贤与夫人合葬墓碑（中华民国10年）……（四六七）
奉政大夫栗恩浩与宜人姚夫人合葬墓碑（中华民国10年）……（四六九）
修职郎栗恩源与夫人合葬墓碑（中华民国10年）……（四七一）
朝议大夫栗国良与张夫人合葬墓碑（中华民国10年）……（四七二）
苏皖候补府经历栗恩鸿与夫人合葬墓碑（中华民国10年）……（四七三）
重修律吕神祠暨戏楼碑记（中华民国14年）……（四七四）
补绘北岳全图记（中华民国21年）……（四七六）
“恒岳山图”题刻（中华民国21年）……（四七九）
岳灵示晋而胜致祭恒山之碑（中华民国22年）……（四八〇）
二岭村增建五谷财福神娘娘诸神庙记（中华民国23年）……（四八一）
“圆浑雄厚”题刻（中华民国24年）……（四八四）
重修碑记（中华民国25年）……（四八五）
白草湾烈士纪念碑（中华民国30年）……（四八七）

●中华人民共和国
“英烈迹”匾额（1950年）……（四九三）
北岳恒山山门石刻（1982年）……（四九四）
“北岳恒山”题刻（1982年）……（四九五）
全国重点文物保护单位悬空寺保护标志碑（1982年）……（四九六）
“智源轩”匾额（1985年）……（四九七）
霞客亭碑记（1986年）……（四九八）
穆岳烈士纪念碑（1989年）……（五〇〇）
云蒙山弟子道恒之墓（1989年）……（五〇三）
重修会仙府神像碑记（1994年）……（五〇四）
重建恒山山门碑记（1995年）……（五〇五）
重修园序（1997年）……（五〇六）
故烈士祝秉礼名留恒岳纪念碑（1997年）……（五〇七）
故烈士丁莹永传后世纪念碑（1997年）……（五〇八）
故烈士牛文斗永垂青史纪念碑（1997年）……（五〇九）
故烈士李子清名流千古纪念碑（1997年）……（五一〇）
故烈士穆岳永垂不朽纪念碑（1997年）……（五一一）
故烈士吕士杰名壮千秋纪念碑（1997年）……（五一二）
“悬空寺胜境”标志碑（1998年）……（五一三）

"北岳恒山"匾额（1998年）……（五一四）
"绝塞胜境"匾额（1998年）……（五一四）
重修广华山关帝庙碑记（1999年）……（五一五）
天赐禅林云峰寺标志碑（1999年）……（五一六）
中国北岳恒山图题刻（1999年）……（五一七）
北岳恒山龙泉观重修碑记（2000年）……（五一八）
重修龙山大云寺碑记（2000年）……（五二〇）
文殊塔碑记（2000年）……（五二二）
北岳恒山牌楼石匾（2000年）……（五二三）
"云峰峡谷"匾额（2000年）……（五二四）
果老望岳亭记（2000年）……（五二五）
圣水龙潭碑（2001年）……（五二六）
西辛庄财神庙修建钟鼓楼记（2001年）……（五二七）
恒安牌楼楹联（四副）（2001年）……（五二八）
城关关帝庙重修碑记（2002年）……（五二九）
重建西关街记（2002年）……（五三〇）
重修真武庙碑记（2003年）……（五三二）
登恒岳（2003年）……（五三四）
"恒山书画院"匾额（2003年）……（五三五）
重修关帝庙娘娘殿碑记（2004年）……（五三六）
重修翠屏寺碑记（2004年）……（五三七）
翠屏寺佛像开光庆典碑记（2004年）……（五三八）
登恒山（2004年）……（五三九）
登恒岳（2004年）……（五四〇）
登恒山（2004年）……（五四一）
浑源文庙保护标志碑（2004年）……（五四二）
"人天北柱"题刻（2004年）……（五四三）
"画"摩崖题刻（2004年）……（五四四）
"道"摩崖题刻（2005年）……（五四五）
"悟"摩崖题刻（2005年）……（五四六）
栗毓美碑记（2005年）……（五四七）
"北岳恒山"标志碑（2005年）……（五四八）
"巍峨天极"摩崖题刻（2005年）……（五四九）
"恒"摩崖题刻（2005年）……（五五〇）
"佛"摩崖题刻（2005年）……（五五一）
"和"摩崖题刻（2005年）……（五五二）
"禅"摩崖题刻（2005年）……（五五三）
新建云龙善和寺碑记（2005年）……（五五四）
西辛庄财神庙重修碑记（2005年）……（五五五）
永怀堂石柱楹联（2005年）……（五五六）
全国重点文物保护单位栗毓美墓标志碑（2006年）……（五五七）

重修龙山大云寺文殊殿记（2006 年） ……（五五八）
“协翔”题刻（2006 年） ……（五六〇）
“悬空寺”石刻（2007 年） ……（五六一）
紫微阁重修记（2007 年） ……（五六二）
“砺园”“花石真如”牌匾（2007 年） ……（五六三）
“石趣”题刻（2007 年） ……（五六四）
张果老碑记（2007 年） ……（五六五）
“德贞惠诚”匾额（2007 年） ……（五六七）
唐庄村一九三八年农历正月十二日大惨案受害者纪念碑（2008 年） ……（五六八）
重修龙华寺碑记（2008 年） ……（五七一）
古坝遗址（2008 年） ……（五七二）
“烈士陵园”题刻（2008 年） ……（五七三）
柳河园志（2008 年） ……（五七四）
龙泉寺悦殊菩萨圣象开光碑记（2008 年） ……（五七五）
“云抱幽石”题刻（2008 年） ……（五七七）
“上善若水”牌匾（2008 年） ……（五七八）
抗日战争人民解放战争殉难烈士塔（2008 年） ……（五七九）
“厚德励志”刻石（2008 年） ……（五八六）
“悟”字刻石（2009 年） ……（五八七）
“和”字刻石（2009 年） ……（五八八）
重建白龙王庙碑记（2010 年） ……（五八九）
革命烈士纪念碑（2010 年） ……（五九〇）
烈士陵园牌匾（2010 年） ……（五九一）
“厚德济世　精诚仁爱”刻石（2010 年） ……（五九二）
新建烈士陵园记（2011 年） ……（五九三）
曹旺烈士纪念碑（2011 年） ……（五九四）
魏安邦烈士纪念碑（2011 年） ……（五九五）
白克敬烈士纪念碑（2011 年） ……（五九六）
麻庄新农村建设碑记（2011 年） ……（五九七）
修复文昌阁老君庙碑记（2011 年） ……（五九九）
“双姊临风”题刻（2013 年） ……（六〇〇）
“神泉”题刻（2013 年） ……（六〇一）
“恒宗极天”题刻（2013 年） ……（六〇二）
龙山大云寺修缮委员会名单（2014 年） ……（六〇三）
玄武亭记（2014 年） ……（六〇五）

●纪年不详

登北岳恒山有感诗碣（纪年不详） ……（六〇九）
不准再行考试碑记（纪年不详） ……（六一〇）
北极阁化缘碑（纪年不详） ……（六一一）
恒山道长墓碑（纪年不详） ……（六一二）

重修三岭关帝庙碑记（纪年不详） ……（六一三）
无题墓碑（纪年不详） ……（六一四）
捐资花名碑（纪年不详） ……（六一五）
“大恒以宁”题刻（纪年不详） ……（六一七）
“金龙口”题刻（纪年不详） ……（六一八）
“名齐四岳”题刻（纪年不详） ……（六一九）
“瞻天仰圣”题刻（纪年不详） ……（六二〇）
“仙山显岳”题刻（纪年不详） ……（六二〇）
“松屏耸翠”题刻（纪年不详） ……（六二一）
“地辟恒宗”题刻（纪年不详） ……（六二一）
“玄岳”题刻（纪年不详） ……（六二二）
“飞石遗踪”题刻（纪年不详） ……（六二二）
“洞门春晓”题刻（纪年不详） ……（六二三）
“鳄鱼石”题刻（纪年不详） ……（六二三）
曾登泰山复游恒岳诗刻（纪年不详） ……（六二四）
“云阁虹桥”题刻（纪年不详） ……（六二五）
“空中见佛”题刻（纪年不详） ……（六二六）
“空中色相”题刻（纪年不详） ……（六二七）
“常乐我净”题刻（纪年不详） ……（六二七）
“振衣台”题刻（纪年不详） ……（六二八）

下编　佚失石刻

祭北岳文（北魏太和十八年） ……（六三一）
北岳府君之碑（唐开元九年） ……（六三一）
祀岳题名（唐中和五年） ……（六三二）
祀北岳祠碑（唐光化初年） ……（六三二）
重修北岳庙碑铭（宋代） ……（六三三）
御制醮告恒岳文（宋大中祥符八年） ……（六三五）
大茂山总真洞修殿记（金太和四年） ……（六三五）
祀恒岳记（元至正十一年） ……（六三六）
重修庙学记（元代） ……（六三七）
重修律吕神祠记（元代） ……（六三七）
孙公亮碑铭（元代） ……（六三八）
明太祖遣祀恒岳祠记（明洪武二年） ……（六三八）
请厘正祀典疏（明弘治六年） ……（六三九）
致和亭记（明弘治六年） ……（六四〇）
祈祷马灾告岳文（明弘治十四年） ……（六四〇）
重修庙学记（明代） ……（六四一）
重修庙学记（明代） ……（六四一）
创建魁楼记（明代） ……（六四二）

重修庙学记（明代）……（六四二）
增修砖城记（明代）……（六四三）
重修城隍庙记（明代）……（六四四）
重修城隍庙记（明代）……（六四四）
重修城池记（明代）……（六四五）
重修真武庙记（明代）……（六四五）
重修二神祠碑记（明代）……（六四六）
天赐禅林记（明代）……（六四七）
重立壮观碑记（明代）……（六四七）
重修北岳庙碑铭（明代）……（六四八）
重修北岳庙碑铭（明代）……（六四八）
古迹温泉碑（明代）……（六四九）
重修王庄堡白马寺等碑记（明万历三十三年）……（六五〇）
恒山记（明代）……（六五一）
奉使祭岳文（明代）……（六五一）
祷雨祭谢北岳文（明代）……（六五二）
祷雨祭谢北岳文（明代）……（六五二）
谢雨告祭北岳文（明代）……（六五二）
祭北岳文（明代）……（六五三）
祭谒北岳文（明代）……（六五三）
祭北岳文（明代）……（六五三）
谒北岳文（明代）……（六五四）
祭谒北岳文（明代）……（六五四）
用祭北岳文（清顺治八年）……（六五四）
祭北岳文（清乾隆十三年）……（六五五）
祭北岳文（清乾隆十五年）……（六五五）
恒麓书院记（清乾隆二十三年）……（六五五）
霜神祠记（清乾隆二十五年）……（六五六）
遣兵部右侍郎蒋元益祭北岳文（清乾隆三十七年）……（六五六）
遣大理寺卿尹嘉铨祭北岳文（清乾隆四十一年）……（六五六）
祭北岳文（清乾隆五十年）……（六五七）
遣内阁学士李潢祭北岳文（清乾隆五十五年）……（六五七）
遣通政使司通政使陈霞蔚祭北岳文（清嘉庆五年）……（六五七）
张凤鸣墓碑（清嘉庆二十五年）……（六五七）
遣山西太原镇总兵官奇成额祭北岳文（清嘉庆二十五年）……（六五八）
法缄大师墓碑（约清嘉庆二十五年）……（六五八）
遣山西太原镇总兵官奇成额祭北岳文（清道光元年）……（六五八）
龙盆峪关帝庙重修碑志（清道光九年）……（六五九）
遣山西城守尉庆瑞祭北岳文（清同治元年）……（六五九）
金鱼池记（清光绪四年）……（六五九）
郡守郎公仁政记（清代）……（六六〇）

郡守完公修建城署碑记（清代）……（六六一）
栗恭勤公墓志铭（清代）……（六六一）
郡侯张公德政碑记（清代）……（六六三）
重修永安寺碑记（清代）……（六六三）
重修北岳行宫记（清代）……（六六四）
特任内务部部长浑源田君墓志铭（中华民国16年）……（六六五）
张殿元墓碑（中华民国35年）……（六六六）

附　录

一、未予录文的佚失石刻……（六六九）
二、未予录文的佚失摩崖题刻楹联目录……（六七一）
三、分时代统计表……（六七二）
四、分类统计表……（六七二）

索引……（六七三）
后　记……（六八六）

上编

现存石刻

唐·辽·金·元

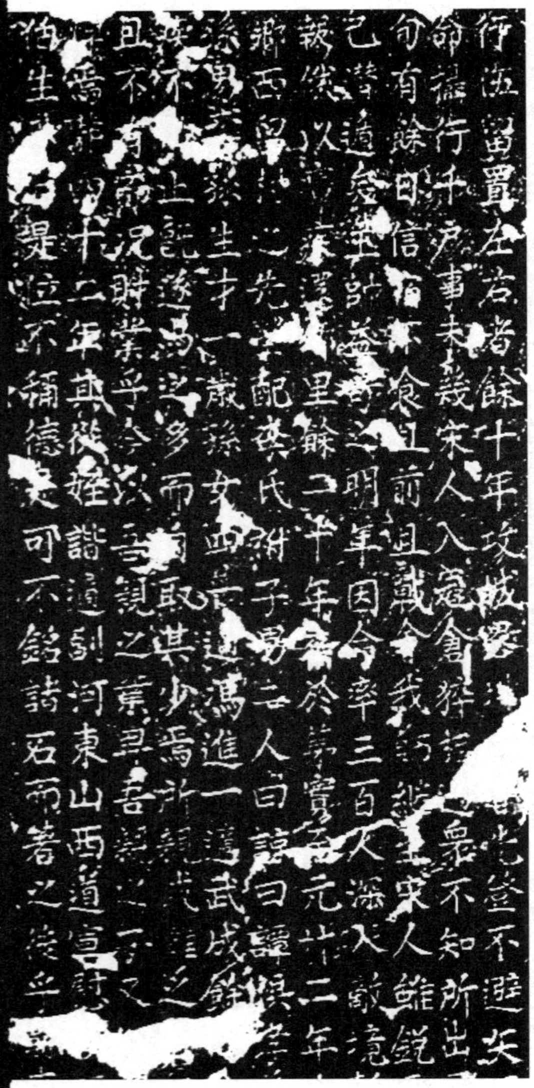

“琴棋台”棋盘图

【简介】

镌刻于唐代初期（约640年前后）。该刻石位于恒山会仙府西边，由两部分构成。一为面积约20平方米左右的一处光洁如镜的平台，台上镌刻棋盘；一为棋盘上方的山崖上镌刻的古琴（已模糊不清）和题刻。相传八洞神仙张果老同吕洞宾经常在此对弈。一年，桃花盛开，和风丽日，两人不知道为一盘棋下了多长时间，难分胜负。师妹何仙姑闻讯赶来，看到两位师兄为一盘棋的执着情景，便解开琴囊，以一曲《高山流水》的悠扬琴声，将他们的思绪打乱，让他们以和棋而终。

棋盘长75、宽66厘米。虽历经千年风雨沧桑，纵横盘刻，却依然历历在目。

棋盘图上方题刻“琴棋台”刻于明代。

【题刻】

（棋盘图）

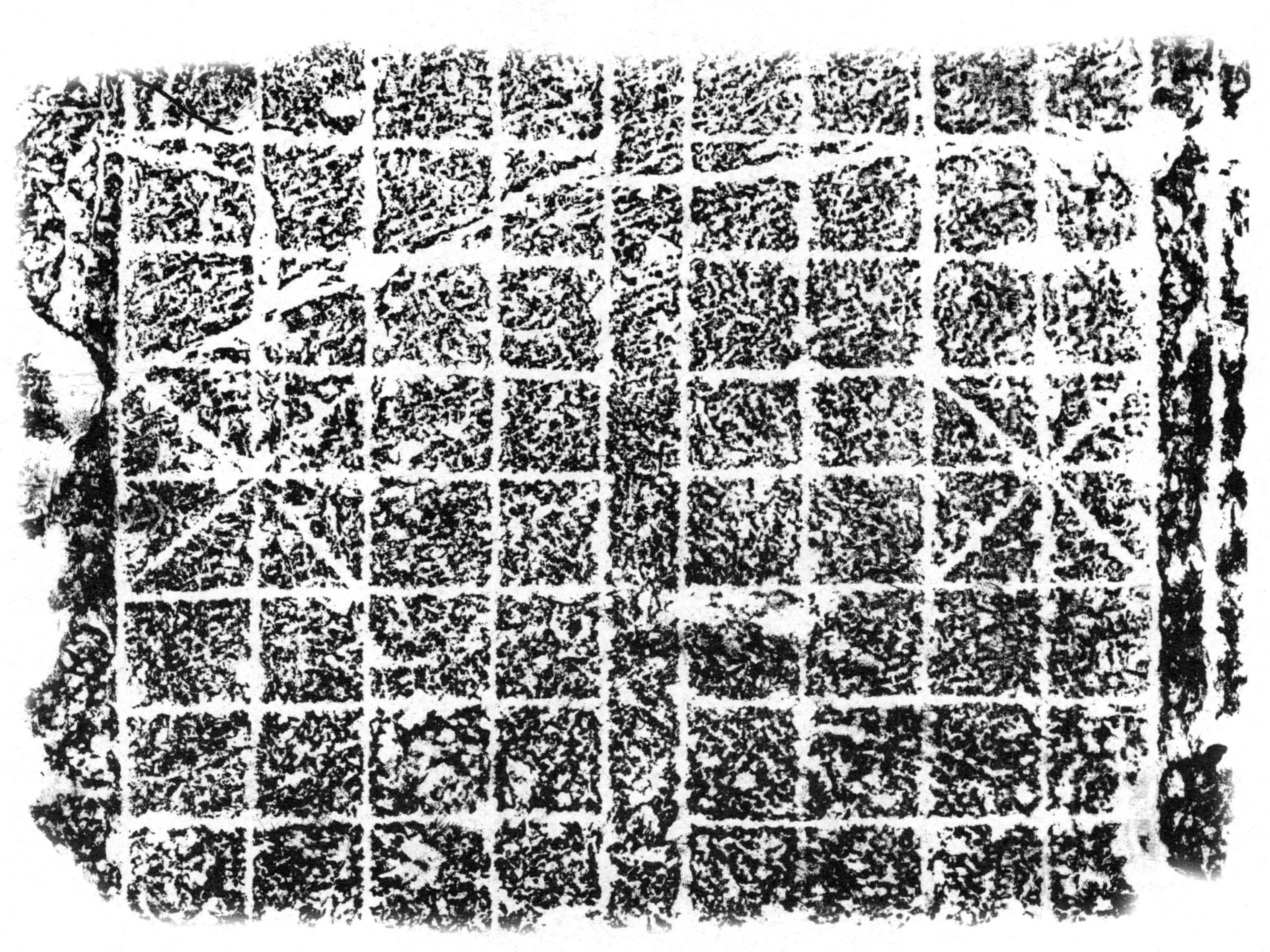

北岳行宫碑

【简介】

唐贞观十九年（645）立于浑源县城南的北岳行宫。北岳行宫亦名恒岳行宫，当地人俗称南宫。大门南向，面对恒宗，山门前有牌楼高耸，石狮雄踞。殿院为四进院落，庙貌昭远，楼殿恢弘，香客云集，盛极一时。史书记载，北岳行宫兴建于明代万历四十一年（1613）。而立于第一进院落的“天下第一宫”之碑，落款为贞观十九年，且无题书者，有可能是后人勒制。此碑圆首方座，碑高127、宽66、厚20厘米，座高22、长85、宽46厘米，青黑荞面石料。

【碑文】

天下第一宫

貞觀十九年（印一方）

“壮观”碑

【简介】

唐代刻，李白题书。李白（701—762）字太白，号青莲居士，是唐代著名的大诗人。由于李白来过恒山，清乾隆版《浑源州志》将他列为“寓贤”加以记载。李白于开元二十三年（735）同好友元演游太原后，北出雁门关，而后登游恒山。游览期间被悬空寺的“惊、险、奇、巧”所折服，于是醉书“壮观”两个大字。后人将“壮观”二字镌刻在磁峡东崖上，笔力遒劲，人多摹拓。

在大同博物馆内也珍藏着一通“壮观”古碑，碑高235、宽86、厚24厘米。（见右图）此碑究竟何时由恒山景区流向大同，查无史料，不得而知。据书画专家们评论：“此碑法度森严，结体稳健，无一虚拟处。”历代诗人对“壮观碑”赞不绝口，多有题咏。其中道光年间著名诗人方坦的“太白壮观二字墨刻”很有代表性。诗曰：“苍崖恍惚蛟螭走，壮观二字大如斗。李白当年恒岳游，自喜名山落吾手。平沙浩浩黄云开，雁门龙首青崔巍。遥想真人下天际，放笔万里秋风来。”由此可见李白确实曾在恒山景区的悬空寺题书过“壮观”碑。

明代宪宗成化十七年（1774）在崖上建造太白祠，将“壮观”石碑，立于祠内。明代有一叫耻庵的人曾为此赋诗云：“磁峡南口谪仙祠，写出风流却是谁。门掩衣冠山拱立，苔封壮观墨淋漓。金銮殿上承恩日，采石江头放兴时。更想停杯问明月，当年豪迈几人知。”

随着风浸雨淋，太白祠毁坏。1984年从浑源一中觅到“壮观”碑，虽断为四截，但字迹犹存，恒山文管所以此碑复刻于悬空寺下大悬石上。二度面世的“壮观”碑成为恒山文化的一大亮点。

【刻文】

壮觀

太白

大辽国应州彰国军浑源县永固山寺创建碑

【简介】

辽太平年间（1021—1030）刊立于永固寺。由蔚州进士贾渊撰文、书丹。碑为圆首青石质。碑高180、宽68、厚20厘米。现断为两截，横卧于荒草之中。

永固寺位于浑源城东北约20公里处（赤泥泉村东北）的悬崖之上。创建于辽代以前的永固寺，毁于民国初的战乱之中，现只留有天然大溶洞一个，永不枯竭的泉眼一处，以及风化十分严重的几通古碑。

【碑文】

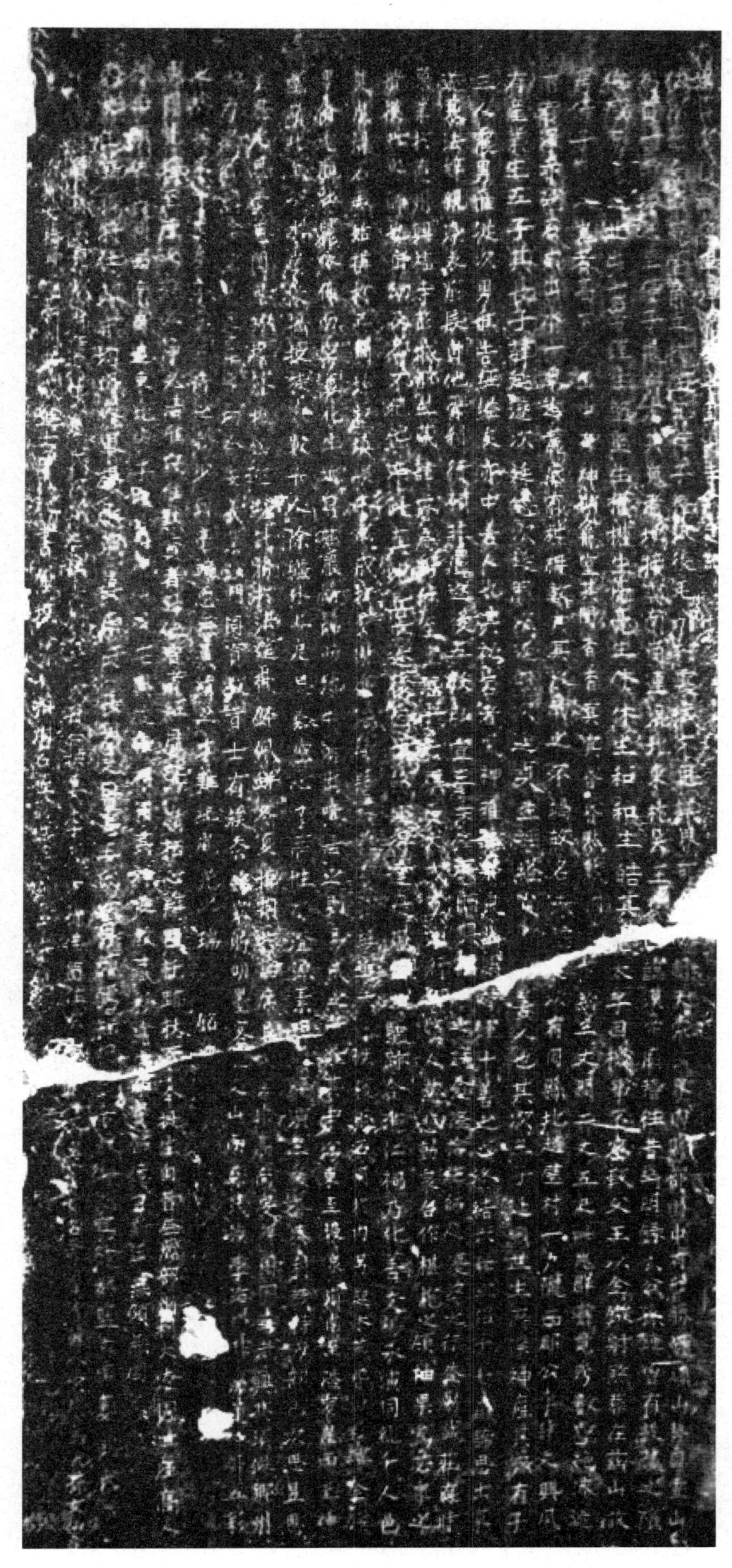

大遼國應州彰國軍渾源縣永固山寺創建碑

伏以堅居聖所，肇角立於丑乾，釋子釋流後毛分於震域，不思議界。可□□聞夫索訶界内贍部州，中有形勝，崨嶫山勢自雪山爲首一帶，環繞至停子嵬爲中，其嵬者地接雲南，崗連混北，東枕吴王城，西臨漢帝廟。稽往昔《幽明録》云："公孫鍾，曾有設蔬之陰德，感而後通，共出七帝：鍾生堅。堅生權，權生亮，亮生休，休生和，和生皓。其□太子因機事不密，致父王以金鏃射煞，葬在玆山，故號停子□□嵬。嵬者高下八裏，中有神仙龕室，其間杳杳冥冥、昏昏默默，内高下約三丈，闊二丈五尺。此嵬群巒竞秀，數壑絶流。近下有渾赤砂石，内出水一泉，迨麓底有村棚數户，其水酌之不竭，故名赤泥。泉次有同縣北趙壁村一户隴西郡公李諱文興，夙有産業，生五子：其長子諱延遂，次延恕，次延煦，次延照，次延貞，並經緇矣，皆□善人也。其次三子延煦，世生所傑，神産其英，有子三人：震男惟從、次男惟吉經緇矣，亦中善人也。其秘岩者，風神雅□□□幽閒，宿鍾十善之心，終結六和之侣，十七歲諦思出家，遂慕法辭親，染衣削髪，自他胥利，行願非虚。遂後五教弘宣，三乘備演，師興楷□之誠愈隆捨施，師起優婆之行益勵誠莊。有時禀業於應州興福寺，彭城郡三藏諱睿扃爲師，至重熙十七祼受大戒，莫不行□驚人，慈悲動衆，合作椹枹之領袖，果爲苾衆之楷模。此之師也，自幼及耆，不犯他染，此真比丘焉。爾後，因憶故鄉，得達是嶽，□□聖跡合建仁祠，乃化善友楊承演同糺千人邑，焚崖爆石，殿始構於三間，□壑填□□漸成。□多樹復結緣，贖□華寶藏經，近六□帙。復修石洞於內，另起木藏，皆以彩繪金飾畢備，達觀莊麗，依俙而空裏化生，近目莊嚴，髣髴而地中涌出。噫！居之則易，成之□難。其寺場東至漫泉溝，南至隘窄崖，西至神堂嶺，北至分水嶺。後攝授徒衆數十人，除緇外，上足思賑空心了蒂性水澄源素□□，經演三乘，益恭利教，持方部已。次思昱、思玄、思定、思覺、思閏、思林擔簦掖錫，邇遐計務於法筵，掛鉢佩缾，冬夏亘拘於論席，异哉！□非高尚，安得周圓。再考興修，須假鄉州之力；終資周洽，望憑足庇之功。今委義業沙門同資教。士有族忝，□家躬叨，墨客王文山而至淺淡學海，以非深董仲舒五彩之□，□來□□□楊子□三清之宴鳥，少到毫端。恧無黄絹之才，難紀嵐光之瑞。銘曰：覺聞梵釋，至□□□，必浄必清，惟寂惟默。賢者皈依，智者經歷，鷲嶺栖心，雞□讬跡，抚死於今，提生自昔，益贍部州，福大遼國，世産高人，神生□德。山刻西南，崗連東北，停子嵬□，神仙洞宅。興彼佛□，用其神受，殿藏綵繪，佛像寶飾，億□斯年，無傾無側。夫□住新授將仕郎中均州參軍楊承演，妻李氏，長男文日妻王氏，次男隨駕知把皇帝殿，御衣寫發都監文達妻劉氏，長孫馬兒、次孫仁永妻劉氏、次孫仁温妻劉氏、次孫仁拱妻李氏、次孫佛留住、次孫賢奴、長孫女名哥，曾孫韓八、次孫韓九、孫女次孫女稱哥。

蔚州老成進士賈淵書並撰

朔州石匠　彭城　劉□本　鎸

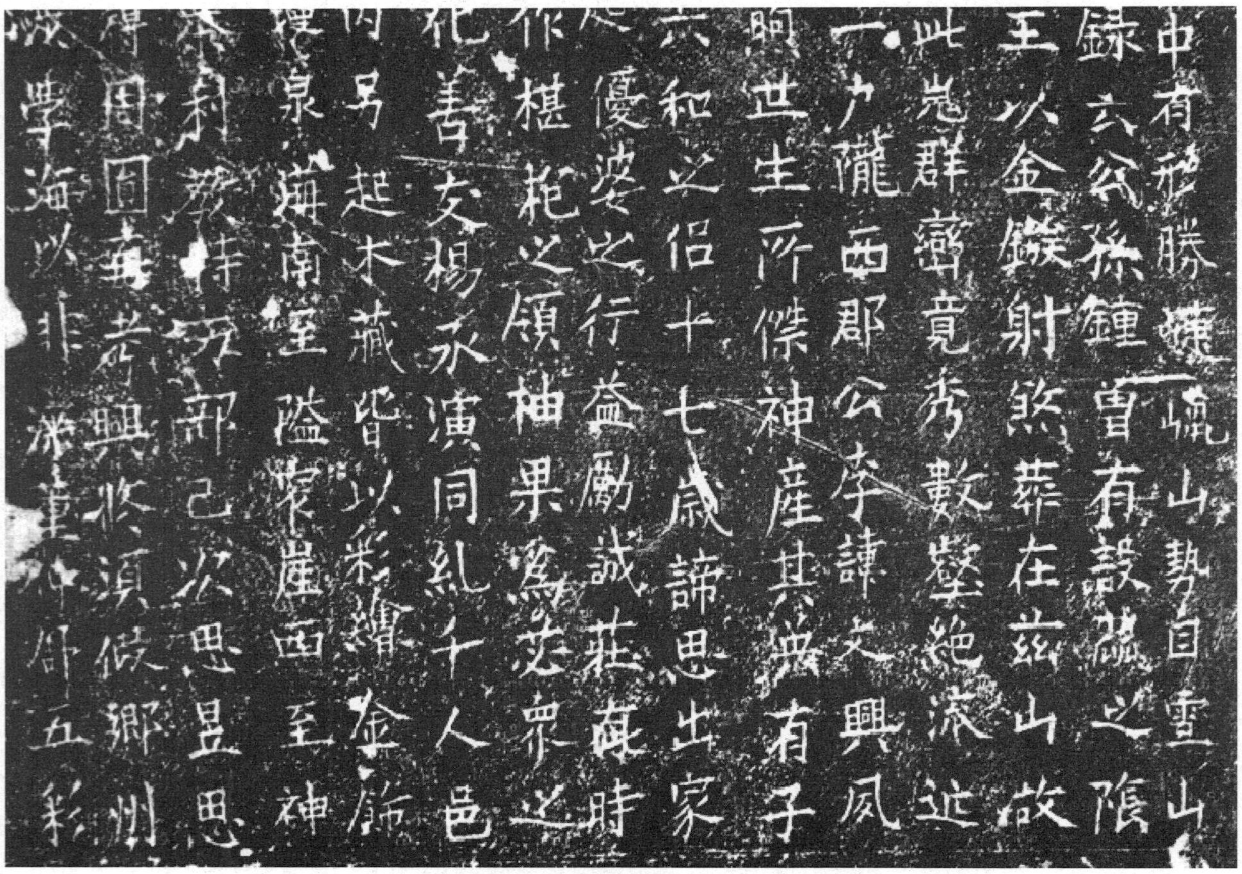

“起建禅窑岩”题刻

【简介】

辽太康三年（1077）镌刻，位于千佛岭后寺的碧峰洞口西侧的悬壁。字体总高 150、宽 15 厘米。因年代久远，字迹不清。

千佛岭位于浑源城南 32 公里处的千佛岭乡龙嘴村。从龙嘴村顺着一条名曰“寺沟”的幽谷前行数里，便是孤峰突起、摩天托云、怪石嶙峋、林海幽寺的千峰岭。岭顶所建寺院为千佛寺（亦称上寺），岭南谷地所建寺院为板方寺（亦称下寺），岭北铭石尖梁东段所建寺院为碧峰寺（亦称后寺）。碧峰寺西悬崖高处，凌空一洞，名曰“碧峰洞”，洞高 9 米、阔 5 米、进深 50 余米。洞壁右侧刻有“太康三年起建禅窑岩记”字样。洞口原有明嘉靖二十七年（1548）重修碑一通。从这些题刻和碑文中可知，辽代曾在此处起建过寺楼，明代又进行过重修。立足碧峰洞放眼四周，奇峰、怪石、林海、幽寺构成千佛岭奇妙无穷的“四绝”，尤其是到了秋天，红叶绿枝，五彩斑斓，融江南之秀丽与北国之雄浑为一体，故而当地人常言：“恒山十八景，论美不及千佛岭。”如此胜境，应加强保护和开发。

【题刻】

太康三年起建禅窑岩记

悬空寺记

【简介】

金大定十六年（1176）九月刻于悬空寺千手观音殿下，是恒山迄今见到的最早的刻在石头上的诗。存大雄宝殿右上山体，碣高51、宽61厘米，由马信立石。碣名为编者所加。

【碣文】

大定拾陸年重九后二日，天晴氣爽，月朗風輕，因與友韓同游邑之南六七里，石峽橋棧頗若巴蜀之道，則經商大驛路也。風回路轉，仰盲臨壑之數峰猶美，目不暫捨。信懸空之巘，古之遺迹，始自建興於何代，又不知棲隱者誰也。明巍峨之萬丈中焉，鑿石爲龕，插木爲榭，上不至於山之巔，下不至於陸地，懸空置屋，四山掩映，似博壁之翠𡹹，流水潺湲，瀉清聲之淑玉，非丹青而圖畫者哉？嗟乎！一廢一興，迄今幾壹百年矣。余闭目想之，昔时游行樂所，了然可數，若比於斯，未之有也，真物多所韜之地也。居此者以息其心，俱忘物我，久諳富貴於浮雲，甘受貧窮不憂戚，弃骨肉，侶棲枝宿鳥時暫同居，凭欄視，行人徃還，有如移蟻。不生七情，屏絶六欲，衣麻布食，可以草木實。爲吾有形，已知是患，體輕清而圓同太虛，遺骨骸而復歸地大，遇患難而不屈，臨死生而不懼，然後與天相終，是为常也。訪二禪者乃敦林之人也，係雲中宣寧縣石佛院僧也。善慈四十有九，住持不入俗门，行滿七十二歲，荷真未嘗有憚。相挈八季，水乳難分，順和猶同一日，真大善知識也。始我樂而忘歸，高述其遊焉，故爲記耳。

識破塵緣萬事休，翛然歸去罷追求，踈人壘壁鑿石磴，厭俗懸崖置層楼。明月清風真徜用，皺松瘦栢是吾儔。經年掩户絶賓客，獨樂玄中玄更幽。

不顯名施板桥臺坐在望村内頭陀僧行□立石

望岩村施主　王公遠　馬信　馬□□　馬□

释迦宗从之图

【简介】

金大定十八年（1178）正月刊立于悬空寺千手观音殿下。碑高70、宽57厘米，青石质。韩巨书丹，李峪村韩松刊。

【碑文】

釋迦宗從之圖

據《佛本行經》，此賢劫初十立，已有大轉輪王，各名衆集置，亦名大衆平章地主，亦名刹利王，王有長子名真實，子孫相承二十七世，各有千子，計二万七千，皆大轉輪王。至大须彌王，子孫相継至魚王一十八世，子孫相紹計一十七万三千二百八十四，皆小轉輪王。魚王有子名真生，大茅草王三十一世，計一百八，皆粟散王，茅草亦名大者夷耆耶，亦名瞿曇，年老捨位出家，因射減滴血入地，生甘蔗二莖，一化生男，一化生女，男在詔位名甘蔗王。大須彌小轉輪王一十八世，計七万三千二百八十四王，衆集置大轉輪王，二十七世計二万七千王。貞生粟散王三十一世，計一百八。王第一妃一子名长壽王亦名瞿曇氏。甘蔗王，第二妃四子炬面王、金色王、象衆王、別成王。拘靈王一子。其弟二妃四子有大仁德，已上妃妒佞父金出國，子母宫属，臣民多众隨往。雪山下建國城，迦毗羅王，稱別城，遠近欽伏，不久成大國，内外豐富。父知憶念嘆曰：我子釋迦故有釋迦氏。王有名拘盧，瞿拘盧一子，師子頰王四子一女，净飰王二子悉達多，難陁。白飰王二子難提迦，提婆喇迦。斛飰王二子阿難多，提婆達多。甘露王二子，阿尼靈逗，么訶那么，女甘露味。《佛本行經》從衆集置大轉輪王，經一十万五白單三王，方至净飰王。據《起世經》，從刹帝利亦名大平等王，計衆集置王，經二千王至天茅草王。從大茅草王，經五十二万二千六百王，又至茅草王。經四十一万二百三十六王，方至瞿曇氏。有子名甘蔗王。從七万二千二十二王方净飰王。通計一百二十万七千三百六十。兩經所譯五卯不同，有名又記。

三教之圖

佛降生釋如來，當此土姬周第四帝昭王諱瑕，二十四年甲寅歲四月八日生。江河泛濫、枯井泉湧，宫殿久捨，山川大地震動，其夜有五色光貫太微宫，西方盡作紅色。二月八日，太子年十九逾城出家。至弟五主穆王諱滿三年癸未歲年卅成道，《普曜經》云菩薩。十二月八日明星現時，大民佛身長丈六，紫磨金色，頂佩圓光赫弈如日，説法住世四十九年後般涅盤。

老子生者姬周弟二十一主定王諱瑜，三年乙卯年九月十四日於楚國陳郡苦縣賴鄉曲生。父姓韓，名虔字元卑，母字精敷，野合所生，在母腹中八十一年。至周景王諱貴，二十五年己卯歲老子八十五於咸陽城西至槐里城，身□□槐里鄉是老子終處。

夫子生者姬周弟二十三主零王諱泄，二十三年庚戌歲十一月於兖州泗水縣生。父姓梁諱純，母號家貞，至周弟二十六主敬王諱政，四十三年壬戌歲四月十八日終。

大定十八年戊戌歲正月二十七日西京宣寧縣石佛院

雲水比丘　善慈立　行滿　同立石

應州渾源縣濟鄉瓮窑嶺西聖佛岩壁記

南場韓巨書　李峪韓松刊

大金国应州浑源县上盘铺十方宝兴禅院殿记铭

【简介】

金明昌七年（1196）立于上盘铺十方宝兴禅院，现存大磁窑原小学校院内。青石质，平首无座，缠枝边。残碑高 93、宽 75、厚 14 厘米，下部残缺。由进士武进义撰文。

【碑文】

（碑阳）

大金國應州渾源縣上盤鋪十方寶興禪院殿記銘

進士武進義

里人甯□

跡夫釋教之興，其來也久。自漢明帝夜夢金人，而後其道浸明逮，至淵源之流泛泛而不絶。粵有釋子慕金仙氏之術，遂拔俗離塵出□明達抱道之者，頓然了脱，不須禪定而深造於道，無爲而無不爲之者，不在外求，出於方寸之地，成於無尚之道，豈以色見發於聲音……出，或處或語或默悟，既有而非有，識真空而不空，有爲之法如夢□供哉！昔趙州以断薪補床，端坐三十餘年，亦得成道，此迺脱利一身……整。佛宇峥嶸，使人生敬信心。可知釋教之尊也。今渾水之南，長峽□方之麓，有平壤可居。俯視居民坦屋如掌顧间，真布金之地，始自……皇統五年特建觀音堂，而後稍稍制作。方大定四年，有靈巖院僧悟□勅賜寶興禪院；大定八年，僧悟瓊悉心戳力建山門及兩相朶樓，□力不憚己勞，命工改革，制度一新，易堂爲殿，塑畫觀音兼八部菩……壯使路人瞻禮，舉手加額，奕奕巍巍，若幻出於雲際、及中外大小……非一朝一夕而成。嗚呼！前創後增，豈有異志，皆欲後人爲祈福……所以然而然。功已告成，實有補於將來。有僧善琮，述乃前事，欲貽……不免因載其辭，以示來者。銘曰：

昔者肇造，卜山之陽。高出物表，居震之方。上棟下□，□□□□。

後人再建，愈增其光。藻繪佛刹，金碧煌煌。集福□□，□□□□。

制度宏遠，千載流芳。刻之貞石，地久天長。

明昌七年歲次丙辰丁丑月丁亥日　宗主講經　沙門

昭信校尉行縣□□□□

將仕郎主□□□□

明威將軍行縣令□□□

（碑阴）

本院庫頭　善長　行潤

供養主　善雲

典　座　善孟

施　主　韓　福　郝洪祐　胡元祚　孫公佐　孫公信　馬　衍　馬君佑

西全甫　韓公甫　韓　宗　趙　企　劉　卞　安興祚　馬松筠

蘇　鼎　王　清　趙　完　和　元　張　玩　張　企　葛福延

崔　企　甄文甫　陳伯通　蘇　成　周　全　劉得禄　孫　清

李伯榮　楊　聚　周　整　王　企　韓　珪　米仁甫　王　佑

陳　周　楊　洪　圓　廣　邢伯元　李　仲　……

修武校尉磁酒　同監

修武校尉磁酒　同監

忠顯校尉磁酒　都監移

大金国應州渾源縣上盤鋪十方寶興禪院殿記銘

進　士　武　進

里　寗

跡夫釋教之興其来也久自漢明帝嘗夢金人而後其道浸明迄至

淵源之流泛泛而不絕粤有釋子慕金仙氏之術遂拔俗離塵

明達抱道之者頓然了脫不須禪定而深造於道無為而無

者不在外求出於方寸之地成於無上之道豈以色見發於聲音

出或熙或語或默悟既有而非有識真空而不出有為之法如夢

供哉昔趙州以斷新補床端坐三十餘年不得成道此廻脫於一

慈佛宇峥崞使人生敬信心可知釋教之尊也今渾水之南長峽

方[illegible]麓有平壤可居俯視居民坦屋如掌顧聞真爲金之地始自

[illegible]年特建觀音堂而後稍稍制侈方大定四年有靈巖院僧悟

[illegible]興禪院大定之八年僧悟瓊悉心勠力建三門及兩相梁樓

[illegible]已劳命工改革制度一新易堂為殿塑畫觀音兼八部善

[illegible]人瞻禮舉手加額奕奕巍巍若幻出於雲際及中外大小

[illegible]一夕而成鳴呼前創後增豈有異志普款使後人為祈福

[illegible]而然功已告成實有補於將来有僧善琮述乃前事欲貽

不免門載其辭以示来者

昔者壁造

後人井建

創产宏遠

銘曰

卜山之陽　高出物表　居震之方　上棟

愈增其光　藻繪佛剎　金碧煌煌　集福

千載流芳　刻之貞石　地久天長

明昌七年歲次丙辰丁丑月丁亥日宗主講經沙門

照信校尉行縣

將仕郎主

明威將軍行縣令

悟常公法师身后作斋记

【简介】

金泰和五年（1205）立于大磁窑乡上盘铺宝兴禅院，现存大磁窑原小学校院内。青石质，方形、缠枝边。碑高74、宽64、厚12厘米，右上部残缺。由进士张革撰文。

【碑文】

□□□□□□□□□□□□□□□□□□常公法師身後作齋記

□□□□□□□□□□□□□□□□□乃得故。浮屠氏有云：“今生好施，後世獲福。”□□□□□□□□□□□□□□□此爲是。或有舍身樂施者。或有遍丐化人□□□□□□□□□□□□□□者，其事非一。有是念者，其常公也。公俗姓劉氏，□□□□□□□□□□□□□鋪里人也。迺父諱公儒，娶同郡李氏，生四子，其三子□□□□□□□□□□□□髻髮，銘心釋放，了然如自得者，父觀其所由，遂令出家。□□□□□□□□□□□聞傳法訓名，乃曰悟常。年方八歲，遇□□□□□□厭於衆望，迨於丁年誦持齋戒，繼日不輟，使四方學者靡不敬□□□□□，七十有一，因演教之暇，嘗謂諸弟子曰：“人之處世大抵一客耳，若不□□善根，預修福田，一旦蓋棺之後，得生天入聖者，其不知幾人也，而後以時□□者，又不知幾人也。吾日三省吾身，雖生則有緣，恐死而無托。故將已錢伍拾貫文迴施本院，積本息利，迨及身後忌日飯僧，庶免沉淪，姑代祭祀。”觀公之志非特爲己而設此言也，亦欲提挈後人入錢紀号，共結善緣，同登道岸，使累歲遠忌，饗祀之不闕也。屬予爲文，義不獲已，因授筆而成之。時泰和五年夏四月二十有九日記。

進士張革撰

本院崔公正施錢壹拾貫文

本院馬阿五施錢壹拾貫文

本村孫公什奉爲先姱妣施錢伍拾貫文

本村張阿陳施錢貳拾貫文

泰和乙丑歲壬午月庚午日

辛巳　宗立

講經沙門行濟立　庫

頭善弘同立石

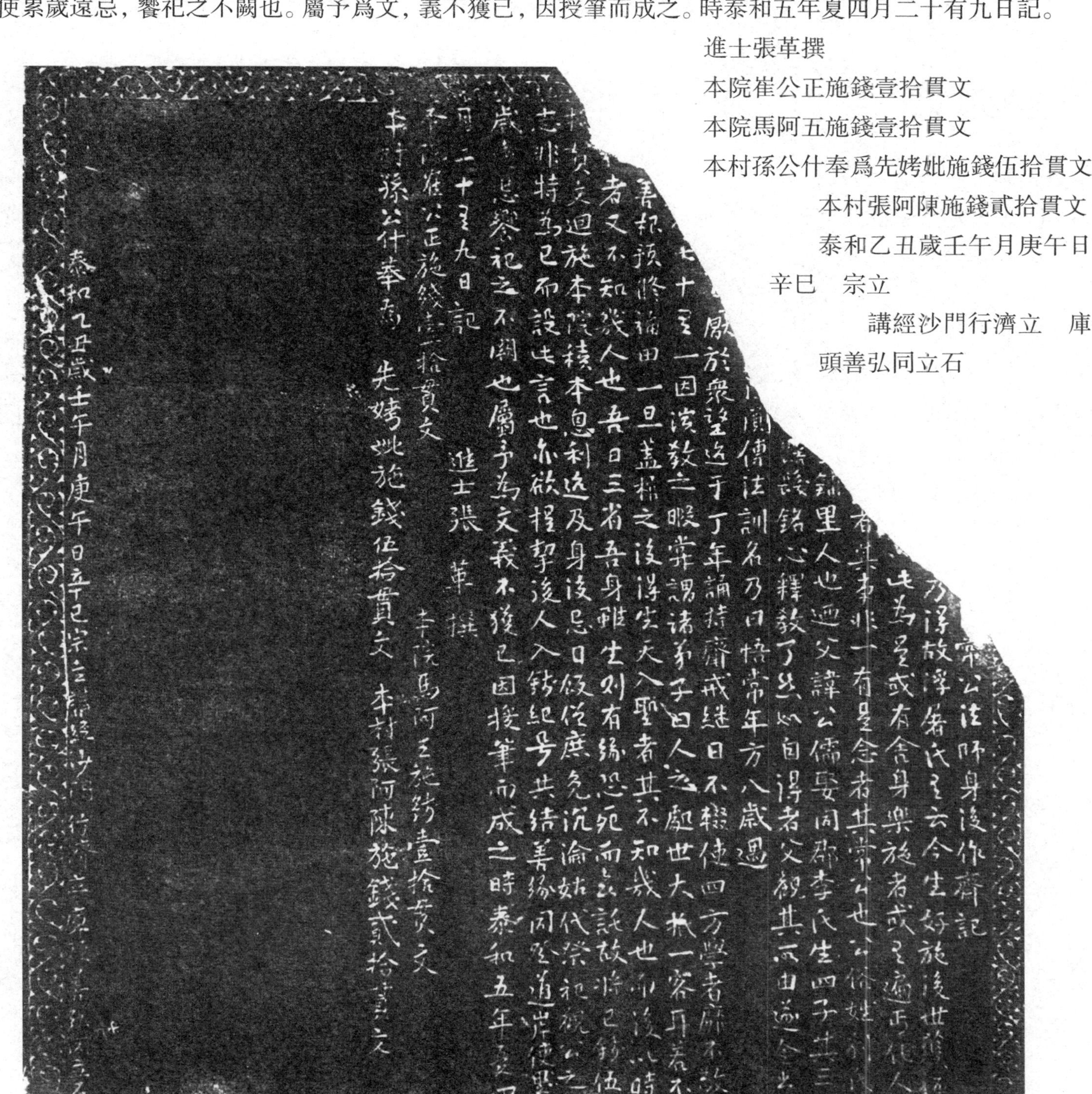

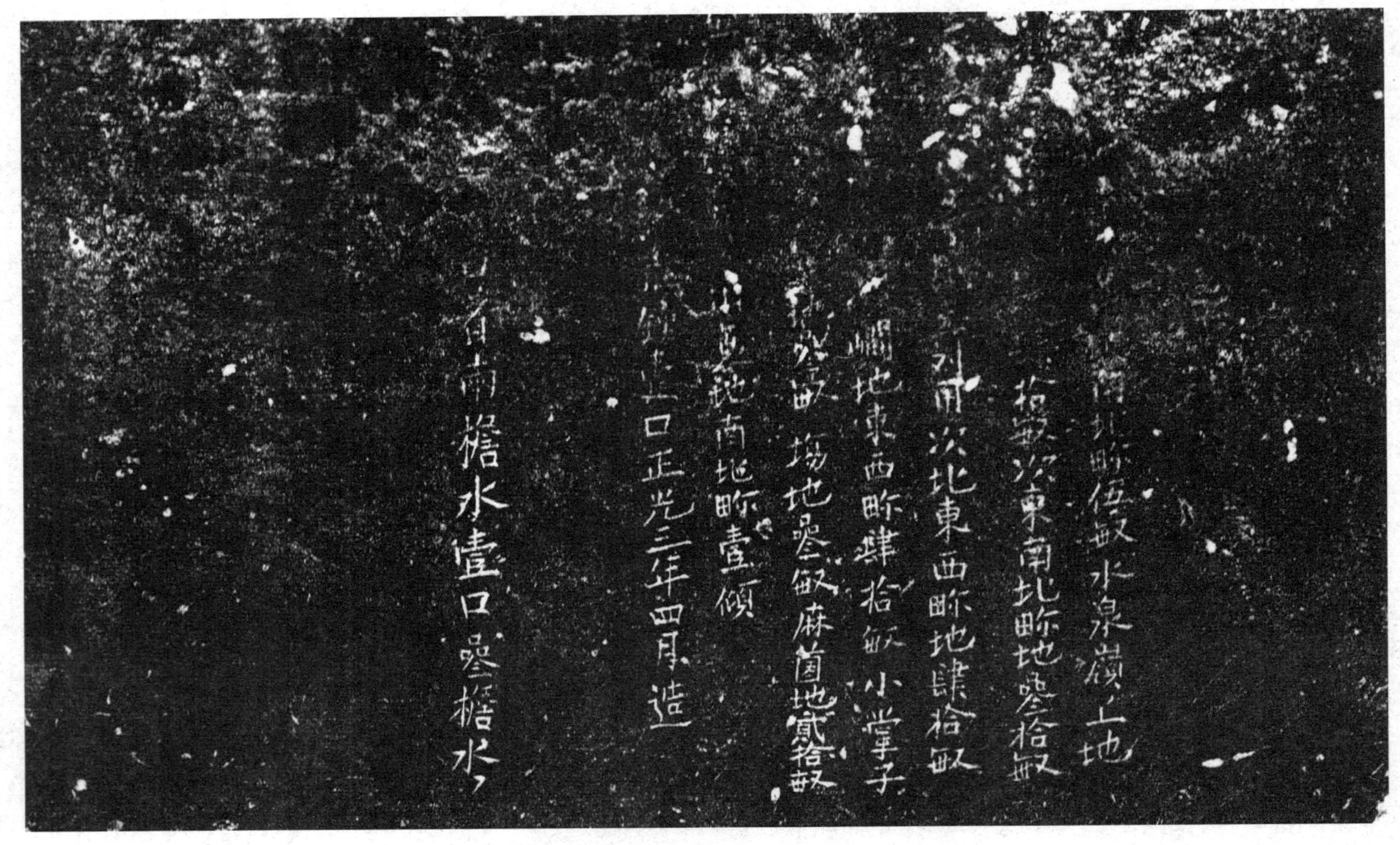

圣施地碑记

【简介】

金正大元年（1224）立。现存城内永安寺传法正宗殿西北侧。青石质，为长方形。碑高 40、宽 64、厚 10 厘米。上部风化严重，字迹不清。碑文记载某处寺院的圣施地，以及铸钟、挖水井等事宜。

【碑文】

□□□□南北晽伍畝，水泉嶺上地□□□肆拾畝，次東南北晽地叁拾畝，□□□劉用次北東西晽地肆拾畝。□□嵎地東西晽肆拾畝。小掌子□地叁畝，場地叁畝，麻茵地貳拾畝。□山□地南北晽壹傾。□鐘壹口，正光三年四月造。

口有南檐水壹口，叁檐水……

大永安禅寺铭

【简介】

元至元三十一年（1294）初夏刊，所刊之碣镶嵌于浑源县城内永安寺“传法正宗”大殿东朵殿窗台间。高67、宽87厘米，风化破损严重。退隐西严撰文，杜让、文兴立石。

永安寺坐落于浑源城东北隅。据《环宇通志》载：永安寺始建于金代，后毁于一场大火。元朝至元中期，原任云中招讨使、永安节度使的高定解甲归里，返乡后同他的儿子高仲栋，邀请当时很有名望的归云禅师主持投资重建。高定又号永安居士，遂将寺院命名为永安寺。

【碑文】

□□公□□住持神州大永安禪寺銘

大永安寺者古之道場，經烽火後，僧亡寺廢，惟法堂鐘樓至□□摧矣。

□□□□有本郡節帥高君永安居士，其子仲棟樂善居士，家備爲五□□□□敬三寶，因夙世曾行於布施，故今生得享於富饒，□里大修伽藍□實高君之力也。於此寺有大因緣，焚香擇火，朝夕殷勤。□子相謂，君非革其律居，終不能興，宜得大禪老主之延，方委以增郡邑之□。維時，聞燕京歸雲大宗師退居竹林，禪學道行，蔚爲時稱，若得之供養，□門之幸也，迺馳書敬請。師欣然而來，駐錫不數年，創建佛殿、雲堂、方丈、府庫，輪奐一新成大叢林。尊師爲第一代，莅事精嚴，勲有師法，衲□望風崦來，衆□咸百千指。師將示寂，謂衆曰：吾與此寺所撫有三殿，□聖容三門藏教未得完具，他日兒孫當有繼我者。而後雖經數大□□窮智極力，竟不能振之，一時齋粥尚猶不飽，况藏經三門乎。□熒臺西，□砌墁土皆址□州重雲彩繪大殿，至元己丑，永安虛席，寺門執事謀功□主□，執節高仲揮，□宣武將軍高琰，聞保德州承天寺雲溪嗣法西□□公長老，歸雲重孫也。有德宗師，馳疏邀之，師諾然而居，不再年馨□盂，創建大解脱門五楹，聳岩化成。次年遇大土禀越，宣差人都魯經過神州。師感其德，聞叙藏經之緣，遂捐己財寶鈔五千以充經價，偏化信心，所獲不吝前數，輸貨一萬貫，置貝章六千軸，□□□六百倜。三門嚴麗，藏教焕然成一時之壯觀，遐邇見聞，嘆未曾有。觀其西庵舉止威重，作事不凡，以爲歸雲再世矣。緣寺告成，寺門肅然，倦於應接，恩求居養而乃退休。官員耆宿洎功德主具疏復請，堅辭不應。有奉訓杜侯，任之神州，慕師之道，義師勤迹，謂副寺文興曰：退堂長老住經幾何？興曰：自至元己丑，退堂癸巳莫秋。太守曰：若斯奇人，世罕有之，前後五鼓爲大緣事，其功弗淺，蓄志諸石，庶千載之下聲名不朽，亦激後昆奮思之心耳。一日，杜侯挈州吏李璡同副寺謁余爲之記，禺自矜□，奉訓杜侯氣量若湖海，皎然如日月，秉性忠直，胸懷磊落，鮮德薄緣，焉可崇信，辭讓不獲而謂曰：事之隆者故有待於時，而□于人，雖有人不遇其時亦不能成。縱遇時不得其人亦不能成。矧此利高，天發心□，爲倡尤值休明之時，功求圜而中廢。今西庵老歲□以疲之際，□風凋瘵之時，興與此殊勝，緣行如此，饒益行其所謂離，□能爲之事與，因直書以爲記。

至元三十一年歲在甲午初夏朱明□□

中□童宫退隱西嚴撰　大永安禪寺監寺文興立石

大寺僧首座道　雲中石匠　劉异　刊

奉訓大夫渾源州牧兼管諸軍培奥内□□寺杜讓立石

大元正议大夫浙西道宣慰使兼行工部事浑源孙公先茔碑铭

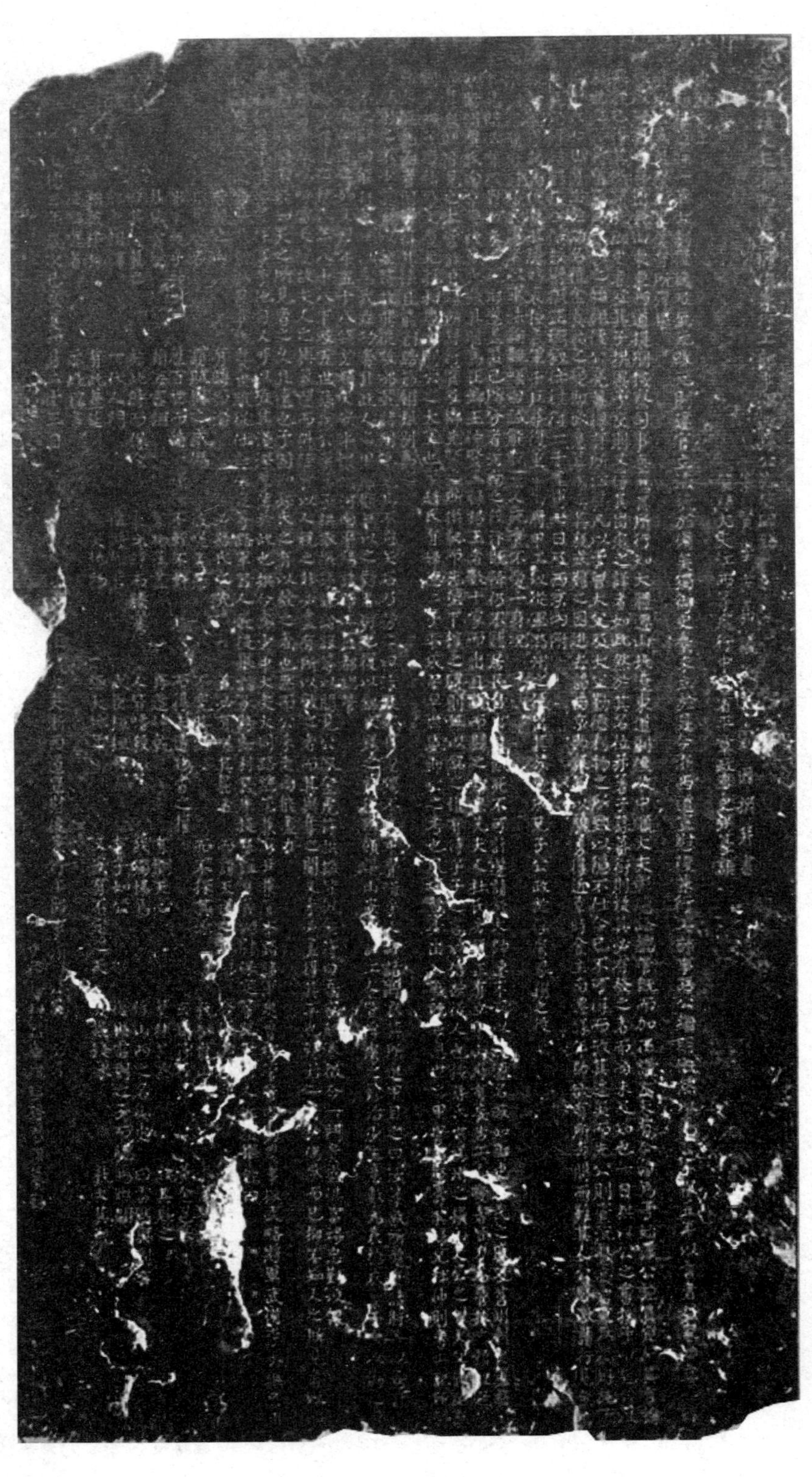

【简介】

元大德三年（1299）四月二十三日立。存于浑源城西北12公里处的西留村孙家坟。碑为青石质，龟趺座，蟠龙顶额。碑高213、宽122、厚28厘米。由翰林学士、资政大夫刘因撰文书丹，由荣禄大夫史弼篆额。这是孙公亮为其父孙威立的墓碑。

刘因（1249—1293），元代著名理学家、文家学、诗人、书法家。字梦吉，号静修，河北容城人。三岁识字，六岁能诗，十岁能文，落笔惊人，才华出众，性不苟合。元至元十九年应召入朝，为承德郎，右赞善大夫，不久借母病辞官归。至元二十八年忽必烈再度召其入朝，他以疾辞。死后追赠翰林学士、资政大夫、上护军等，谥文靖。刘因一生著作颇丰，主要有《四书精要》《易系辞说》等。

史弼（1233—1318），字君佐，号紫微老人。河北蠡县人，至元十五年升江淮行中书省参政，历淮东、浙东宣慰使，后进平章政事。著作有《景行录》。

【碑文】

大元正議大夫浙西道宣慰使兼行工部事渾源孫公先塋碑銘

集賢學士嘉議大夫劉因撰并書

榮禄大夫江西等處行中書省平章政事史弼篆額

中統元年，世祖即位。草昧一革，古制寖復。及至元改元，則建官立法幾於備矣，獨御史臺未立。於是，今浙西道宣慰使兼行工部事孫公繼明慨然以爲言，不報，五年，以言者益衆，始立之。故首以公爲監察御史，屢有所彈舉，世祖以硬目之。尋出僉山東東西道提刑按察司事，臺薦其所行知大體，遷山北遼東道副使，改中順大夫、彰德路總管，既而加正議大夫，有今命焉。予始識公於真定，於其言論風□，已得其所謂良御史者。及其子拱與予交，則又得其出處之詳者如此。然於其名位赫著，子孫藩衍，則疑其必有發之者，而尚未及知也。一日，拱以公之書抵予曰："先公以末世之孤裔，奮焉爲起家之始祖，使公亮輩得有所氵公襲，凡以予曾大父及大父勤德利物之所致，以隱不仕，今已不可得而考其迹矣。"而先公則資沉鷙豪宕，重然諾好施予。年十六七，已有志於功名。值金貞祐之變，即欲應募爲兵，其親或難之，因逃去。謁西京帥謀年，以驍勇得近幸。時金主南遷，謀年帥欲有所奔問而難其人，公感激請行，見金主於真定。得報，歸授承信校尉，擬正班敘仕。往復二千里，甫七日及西京，内附國朝所置守帥馬。侯熟其膽略，表授義軍千户，尋復董平山府甲工，以從軍潞州之役，出其族兄成、兄子公政於俘虜。風翔之役，太宗詔從臣，分誅居民，違者以軍法論。輒嘆曰："誠能脱衆人死，實不愛一身，况主上見問，必有以對，而未必死耶。"遂盡匿己所分者。河南之役，汴既降，仍不聽，居民自出，自餓死不可計。遂請於大帥速不歹，以渾源名族如御史雷氏之戚，及莒州刺史盧整，同知鈞州樊氏、南京警使王氏、張具瞻、馬正卿、王仲賢、王禄、楊玉者數十家而出，且獲而歸之鄉里。先夫人杜氏亦嚴正有立，平山府有妄告工人變者，皆力爲營救之，賴以全活者甚衆。此皆見之太常許君靖所録行實及鄉先賢之所撰紀，而先塋下棺之碑，則無以銘之，惟有待乎子之言，以信於後人也。按：孫氏世爲州之横山人，公之曾大父□佰娶劉氏，四子慶祐、慶文、慶元、禄和，慶文則公之大父也。娶趙氏，有婦德，二子平、威，平早世。威，即公之考也，夙巧慧，少出入戰陣，每患世之甲胄不堅壽。其婦兄杜仲則考公紀所，謂燕人能爲函者，因密得其法，且能創蹄筋翎根，别爲之。太宗親射之，不少貫，寵以金符，故其從攻邠、乾諸州也。見其不避矢石，乃勞之曰："汝縱不自愛，獨不爲甲胄惜乎？"又命諸將衣其所進甲，目之曰："汝等孰所愛重？"諸將各以意對，帝皆不之許，曰："能扞蔽爾以爲我立功者，非此人之甲耶？顧無以之對者何也？"復以錦衣賜之。前後所領平山安□諸工人，皆俘虜之餘，殆少生意，數爲表給衣，禀子女以勸之，諸工人至今感之如父母。年五十八終於順天安平懷州河南平陽諸路工匠都總管。帝聞，爲嗟惜久之。杜氏年八十八，下及五世孫，疾。公率其子拱、撤、振，孫謙、諧、誼等以問，見公佩金虎符，拱、撤皆佩金符，曰："吾家起寒微，今一門貴盛，但當竭忠勤以報國家爾！"言竟卒。嗚呼！當大變故，夫人之與氣運而升降者，以人視之，非必盡有。所以致之者，而其與奪之間，又未必盡得其平也。疑若一出於偶然而已，抑不知人之所見者，以一世爲終始，因不能知天之所見者之久且遠也。予固知孫氏之有以發之者也。然而公未老尚能盡力國家，而拱等才具亦皆任事，予他日又可以考其淺深厚薄於此也。拱，今爲少中大夫、大同路總管兼府尹，兼管本路諸軍奥魯總管内勸農事。撤，武略將軍、武備寺丞。振，忠翊校尉、慶元路定海縣尹兼勸農事。謙，襲世職從仕郎、保定等路軍器人匠提舉。諧，承務郎利器庫提點。誼，進議副尉保定等路軍器人匠提舉。銘曰：

昔龍之山，有晦而淪，必孫氏之先。
蓋必有嗟其屈者，而謂天道之或愆。
今曄其□華，□□□□，亦有嗟者，謂賦與之或偏。
彼嗟者愚，不究其經，而不探其源。
熟馭龍山，游萬物顛。
渺下視乎神州，歷百世而循一環。
不輊不軒，而得夫造物者之權。
玄鐵符握，黄金邑塞，翠屏雷裂，瀚海雲翻。
有物蕩盡，再造坤乾。
有惻天心，莫捄其然。
孰其庇之，孰其□翼之，於此時而保全，乘此時而騰騫。
人皆嗜殺，我獨惕焉。
惟山西之名御史，曰雷默與劉雲。
郁乎相輝，一代人門，惟將作君，武臣桓桓。
有子如公，復與雷劉之子而驄馬聯翩。
相彼根株，有此蔓延。
窮天地物，極天地年。
又安有不定之天。
夏蟲疑冰，孰大其觀。
後之嗟者，示此銘言。

大德三年歲次己亥夏四月二十三日
正議大夫浙西道宣慰使兼行工部事孫公亮立石
承務郎利器庫提點孫男諧摹勒
雲中劉昇　宋福　刊

草昧一革古制寖復及至元改元則建官立法幾於備矣獨御史臺未立
爲監察御史屢有所彈舉
因□尋出僉山東東西道提刑按察司事臺薦其所行知大體遷山北遼
得其所謂良御史者及其子拱與予交則又得其出處之詳者如此然於
孤裔奮焉爲□家之始祖使公亮輩得有所汾襲凡以予曾大父及大父
七巳有志於功名值金貞祐之變即欲應募爲兵其親或難之因逃去謁
得報歸授承信校尉擬正班叙仕往復二千里卤七日及西京內附
守帥駕□□其膽略表授義軍千户尋復董平山府甲工以從軍潞州之
臣分誅居民違者以軍法論輒嘆曰誠能脱一家人死實不愛一身況
必有以勸而未□死耶遂盡匿已所分者河南之役汴既降仍不聽居民
樊氏南京警使王氏張具膽馬正卿王仲賢王禄楊玉者數十家而出且
此皆見之太常許君靖所録行實及鄉先賢之所撰紀而先塋下棺之碑
子慶祐慶文慶元禄和慶□則公之大父也娶趙氏有婦德二子平威平
爲幽者因穷得其法且能創蹄筋鐗根別爲之
之不少貫寵以金符故其從攻邠乾諸州也見其不避矢石乃勞之曰汝
許曰能扞蔽爾以爲我立功者非此人之甲耶顧無以之對者何也復以
今感之如父母年五十八終於順天安平懷州河南平陽諸路工匠都總
惜久之杜氏年八十八下及五世孫疾公卒其子拱撤振孫謙諧誼等以
竟卒嗚呼當大變故夫人之與氣運而外降者以人視之非必盡有所以

孙公亮墓志铭

【简介】

元大德四年（1300）二月十四日后立于西留村孙家坟，现存孙家坟。墓铭中有“寿八十有四”的记载，因此可以断定，墓主出生年应为1216年。碑文虽然残缺不全，然而为我们提供了孙公亮的人生轨迹，以及较为详细的家庭成员资料。长子孙拱由工部侍郎升授少中大夫大同路总管兼府尹；次男孙撒授武略将军武备寺丞；三子孙振授忠翊校尉定海县丞兼劝农事。长女师姑儿适安平县尹赵襄；次女金璋因大姐病故，续于赵襄；三女素哥适会同馆典给官李亨；四女安童适杭州路人匠提领刘巨济。孙三人为孙诏、孙谐、孙谊。孙女亦为三人，秀春、玉真、保哥。曾孙护山，曾孙女为伴孙。

青石质。残高100、宽82、厚18厘米。下部特别是右下部残缺不全。虽为残碑，但对研究孙公亮提供了翔实的资料。

【志文】

車牛越廣平，抵順德，往還餘五百里。非惟偏倍，恐民力不堪。蒙以廣平之磁州□□□沍車人告病，聽於唐宋倉輸，維前政貸民資五百餘錠，起新附軍營舍，至是亦給□□餘得釋，時以神明稱終，更相人懷思，至琢石頌焉，江淛平。上諭：中書省造□□籍人匠四十二萬，立局院九十餘所，每歲定造幣縞、弓矢、甲胄等物。十八年，上曰：“也可兀蘭豈有悮邪？以錦衣錫之。”廿年十月來朝，上大加獎諭。風憲洎臨民官來質疑，必告以益國便民之方。廿四年九月，覲上於朝殿……坐於御榻之西，命太府卿納里忽問曰：飲飫飽未？復賜鹿羹白酒，沾醉……俱高，日與親友相飲宴，鄉人榮之，改渾源西北山曰晝錦。有司亦用名鄉。四年正月……没私。二月十四日歸葬於渾源州西劉村先塋之次，送葬者五六千人，哭聲聞數里……壽八十有四。梁氏先公没。子三人，拱資誠實材果，純孝力學，由工部侍郎陞授少中……武備寺丞。振忠翊校尉，定海縣尹。女三，長適安平縣尹趙襄，次適李氏、劉氏。孫男……黠。誼義副尉保定等路軍器人匠提舉。女孫三，適趙氏、王氏，次幼。曾孫一……體，譯語闌翻，雜以談謔，顧國稱賚，鄉無以易其綸□，公朝集議，僚屬……夫至□奉上，忠事親孝，交友誠，雖位極……休休。樂善成美，出於天稟粹厚故，良……帝心。福壽綿延，子孫衆多，家門隆盛。雖……辰，憲臺初立，公與不肖同擢御史，引見……世祖皇帝於廣寒殿。自爾議事，私廳聯……吾二人，公又奪去，僕雖耄，忍無一言……

雲龍奮飛，西北天神武載……
發源犀兕，七屬光生，煙……
躍出天池，淵豸穽執法……
骞青齊遼，碣海岱連……
繁剸裁錯，節驚龍……
餵訓授程，課需□……
聖主眷顧，稱忠惓一朝……
横生□□□□□……

[illegible]倍恐民力不堪募以廣平之[illegible]州[illegible]
江中又告病聽於唐宋[illegible]敢貧民資五百餘錠起新附軍營舍至是亦給
餘得釋時以神明稱終其祖人懷思至琢石頌馬江劑平 上諭中書省造[illegible]
舊人臣四十二萬立爲碑九十餘所每歲定遣幣綵名矢甲胄等物十八年
上曰也罔克罔豈有倶邪以錦衣錫之廿年十月來覲 上大加獎諭
風[illegible]民官未有疑必告以益國便民逆旁廿四年九月覲[illegible] 上於朝[illegible]
上於[illegible]御[illegible]之西[illegible]命大府御納里忽間曰飲餘[illegible]朱衣[illegible]賜麻[illegible]白酒[illegible]
倶書曰興則交相飲宴鄉人宗之從渾源西孔山曰豈歸有司亦用名鄉四年五月
及誥二月望四日丞葬於渾源州西劉村先塋之次送葬者五六千人咸[illegible]聞鼓聲
壽八十有四[illegible]氏先公沒子三人拱資誠資材果能孝力學由工部侍郎陞授少中
試備寺[illegible]振忠翊校尉從海縣尹女三長適安平縣尹趙襄次適李氏劉氏孫男
[illegible]進義副尉保定奇路軍器人匠提舉[illegible]孫[illegible]適趙氏王氏次幼曾孫一[illegible]
[illegible]請闡翻雜以謂顧[illegible]國種賢鄉無以勸其[illegible]朝[illegible]
大至於奉[illegible] 上忠事親孝交友誠雖[illegible]
休休樂者成夷出於天稟粹厚故其[illegible]
帝心福壽綿延子孫眾多家門陰盛雖[illegible]
辰忠臺初[illegible]閣權御史引見
世祖皇帝在廣寒殿自爾識事[illegible]聰
吾二人公又參吉備華[illegible]忽無一言聽
雲龍奮飛西北天神武戴
發源犀光七屬光生煙
躍出天池渦汾河執去
寥清齊逕碣海岱連
縈剔裁錯節乾能
錄訓授程課[illegible]
[illegible]至奉頌稱忠懇七用
懷[illegible]

有元故大中大夫益都路总管兼府尹本路诸军奥鲁总管管内劝农事赠正奉大夫大司农上护军追封神川郡公谥文庄孙公神道碑铭

【简介】

元大德十年（1306）立于孙家坟。碑额全无，碑座掩埋。碑高263、宽128、厚36厘米，青石质。集贤大学士、荣禄大夫李谦撰文。翰林学士承旨荣禄大夫、兼修国史刘赓书。集贤大学士、荣禄大夫、太子宾客郭实篆额。现存西留孙家坟。

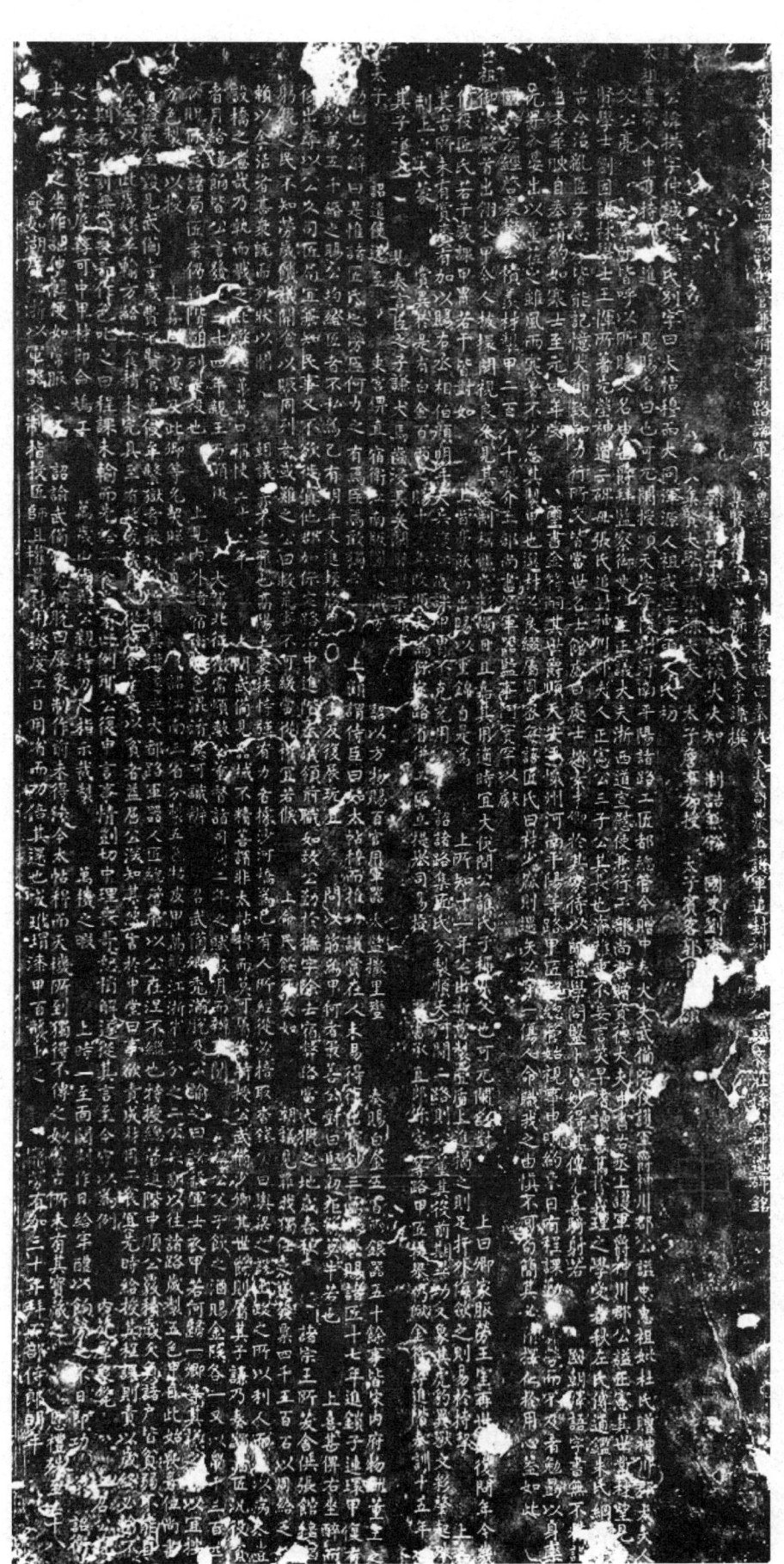

李谦（1233—1311），元代文士。字受益，号野斋。山东省东阿县东阿镇（今属平阴县）人。少有所成，日记数千言，为赋有声。与徐世隆、孟祺、阎复齐名，号称东平“四杰”，李谦居其首，先任东平府教授，至元十九年升待制，三年后升直学士。为太子左谕德，曾上陈“正心、睦亲、崇俭、几谏、戢兵、亲贤、尚文、定律、正名、革弊”十事。世宗很器重李谦，命李谦为翰林侍读学士，成宗继位被授为集贤大学士、荣禄大夫。七十九岁高龄终于营，以文章名世，其主要著作有《野斋文集》《授时历议》《左今历参考》等。

刘赓（1248—1318），字熙载，名永（今河北威县）人。至元十年（1276）授国史院编修官。至大三年（1310）拜翰林学士承旨，擅长字画，人皆敬之。

【碑文】

有元故大中大夫益都路總管兼府尹本路諸軍奥魯總管管内勸農事贈正奉大夫大司農上護軍追封神川郡公謚文莊孫公神道碑銘

集賢大學士榮禄大夫李謙撰

翰林學士承旨榮禄大夫知制誥兼修國史劉賡書

集賢大學士榮禄大夫太子詹事加授太子賓客郭實篆額

公諱拱，字仲誠，姓孫氏，别字曰太帖穆兀，大同渾源人。祖威，世業□人氏。初，太祖皇帝入中夏，持□□進見，賜名曰“也可兀蘭”。授順天、安平、懷州、河南、平陽諸路工匠都總管，今贈中奉大夫、武備院使、護軍爵神川郡公，謚忠惠。祖妣杜氏，贈神川郡太夫人。父公亮，累朝皆呼以所賜父名，由世爵拜監察御史，仕至正議大夫、浙西道宣慰史兼行工部尚書，贈資德大夫、中書右丞、上護軍爵神川郡公，謚正憲。其世業材望，見集賢學士劉因、翰林學士王惲所著先塋神道二碑。母張氏，追封神川郡夫人。正憲公三子，公其長也，資雅重，不妄言笑，早嗜讀書，篤於義理之學，受春秋左氏傳、通鑒、朱氏綱常，□古今治亂臣子、忠孝皆能記憶大節，致知力行，所交皆當世名士，館盧曰“處士”。趙素才卿於其家，待以師禮，學問醫卜皆妙得其傳，尤善騎射。若國朝譯語字書無不精詣。生本華腴，自奉清約如寒士。至元四年，受璽書金符，嗣其世爵順天、安平、懷州、河南、平陽等路甲匠都總管。始視事，申明約束，日有程課，勤奮嘉勞，而不及者勉勗，以身率先，早入晏出，以董莅之，雖風雨寒暑不少怠；其制甲也，選材必良，綴屬周密，每語匠氏曰：“材少窳，則遇矢必穿，一傷人命。職我之由，慎不可苟簡，其必精擇。”仁於用心，蓋如此。國□□經啓襄樊，公積羡材，制甲二百八十襲，介工部尚書領軍器監事阿實罕以獻。世祖御帳殿，首出翎本甲，令人披擐，閱視良久，見其容制稱體，光彩燭目，且嘉其用適時宜，大悦，問公誰氏子，稱其父“也可兀蘭”以對。

上曰：卿家服勞王室再世。上復問年今幾何，役匠氏若幹，歲課甲胄若幹，皆對如。

上旨稟飫而出，賜以重錦，自是爲上所知。十一年，公出新意制叠盾上進，揭之則足扞外侮，斂之則易於持挈。上嘉其古所未有，賞賚有加，以賜右丞相伯顔。明年大兵渡江，歲課甲胄，不克充用，

詔諸路集匠氏分製。順天、河間二路則公董其役，前期畢功。又象其虎豹異獸文彩，肇起殊制。上之大蒙賞異，於是有白金百兩之賜。十三年，改順天爲保定路，省併工匠，立提舉司，易授璽書承直郎保定等路甲匠提舉，仍佩金符，尋進階奉訓。十五年□其子謙□見，奏言："臣之子謙犬馬齒浸長矣，閑習世業，願事太子。"詔遣使送至東宮，俾直宿衛。江南版圖入職方，詔以方物賜百官用。軍器太監撒里蠻奏賜白金五百兩、銀器五十餘事，皆宋内府物，酬董工之勤也。公辭曰："是惟諸匠氏之勞，臣何力之有焉，臣焉敢獨受？"上顧謂侍臣曰："如太帖穆而推功讓賞，在人未易得。"復出寶鈔三萬緡，分賜諸匠。十七年，進鎖子連環甲，復有寶鈔萬五千緡之賜，公均給匠者，不私爲己有。明年，又進軟筋甲。上反復展玩，且問以筋爲甲，何者最善？公對曰："堅韌拒箭莫牛若也。"上喜甚，俾右坐，醉而後出。尋以公久司匠局，宜兼知民事，又不欲徙實他郡，加保定路治中，進階奉議，領前職如故。公勤於撫字，除去宿弊。路當弋獵之地，歲春秋，諸宗王所茇舍供張館接率，躬親之，民不知勞。歲饑，議開倉以賑，同列者或難之，公曰："救荒事不可緩，當從權宜，若候上命，民餒死矣；如朝議見罪，我獨任之。"遂發粟四千五百石，以周給乏絶，賴以全活者甚衆。既而列狀以聞，朝議亦不之罪也。高陽土豪挾時强有力者據沙河橋爲己有，人所經從，必掊取香錢。公曰："輿梁之設，王政之所以利人，而反以病人，豈設橋之意哉？"乃執而戮，此弊遂革，萬口稱快。二十二年，上閲武備，見器械不精善，謂非太帖穆而莫可屬者，特授公武備少卿，其世爵則屬其子謙。乃奏蠲諸匠汎役，貧者月給糧餉，皆□公言發之。二十四年，親王乃顔叛，大駕北徵，需煩數，公董督諸司局，二年之賦數月而辦，事聞，詔公父子飲之酒，賜金□各一，又以帛千三百匹分貺保定諸局匠者，仍進階朝列。是役也，上見内外諸宿衛服色混淆，莫可識辨。召武備卿禿滿脱及公諭之曰："諸役軍士衣甲若何歸一，卿等其議之。"對以宜按方色製□以授。上喜曰："方思及此，卿等允契，朕心自是。"詔江南三省分製五色牯皮甲萬襲，江浙省三分之二。公乘馬日以往諸路，歲製五色甲，自此始。喪哥位尚書省，檢覆金穀，見武備寺歲費不貲，官吏侵牟，繫獄者衆，稍欲抑損其權，遂立大都路軍器人匠總管府，以公在涅不繼也。特授總管，進階中順。公覈積歲欠負諸户，皆貧弱不能自存，蓋以前此歲課畢輸，方給工食，稍未完具，至有延袤歲月，無從得食者，是以貧者益屈。公深知其然，言於中堂曰："事欲責成，材用工食宜先時給，授其程課，則責以歲終必輸，不如期者必罰無貸。"喪哥作色叱之曰："程課未輸，而先給工食，豈有此例耶！"公復申言，事情剴切中理，喪哥怒稍解，遂從其言。至今守以爲例。内苑犀象斃，上召公視之，公奏言："象犀鞟可中甲材。"即命鳩工萬歲山傍殿，公親持刀尺，指示裁製。萬機之暇，上時一至，面閲制作。日給牢醴，以餉勞之，不日即功。詔衛士以身試之，坐作詘伸，輕便如常服。詔諭武備卿禿滿脱曰："犀象制作前未得法，今太帖木而天機所到，獨得不傳之妙，蓋古所未有，其寶藏之。"恩禮殊至。二十八年，奉命如湖廣江浙，以軍器容制指授匠師，且權量材用，揆度工日，用省而功倍。其還也，成玳瑁漆甲百襲上之，寵勞有加。三十年，拜工部侍郎。明年……

大元故武略将军武备寺丞孙公神道碑铭

【简介】

元至大三年（1310）八月立石，现存浑源县西留村孙家坟。碑高168、宽83、厚28厘米，螭首，青石质。额高88、宽98、厚28厘米。额篆“武备孙公神道碑铭”。此碑系先发现碑身，后几经挖掘，才找到碑额与碑座。翰林侍讲学士少中大夫郝采麟撰文。嘉议大夫江西湖东道肃政廉访使刘藻书丹。中奉大夫佥江浙等处行中书省事浙东道宣慰使周锴篆额。为孙公亮的次子孙拱的弟弟孙撤所立。

孙撤幼时忠厚聪敏，嗜好读书。成年后先后担任进义校尉提举，诸路交钞提举，主管印制、发行钞币之事，后来孙撤又升为武德将军江淮等处诸路宝钞都提举。其时孙公亮年事已高，他们兄弟三人又在地方任职，朝廷议之，召孙撤进京，封为武备寺丞武略将军。孙撤于元贞二年（1296）八月十二日病故，年仅四十八岁。

郝采麟，曾做过林州知州，后官至山南江北道肃政廉访史，谥“文征”。

【碑文】

大元故武略將軍武備寺丞孫公神道碑銘

翰林侍講學士少中大夫知制誥同修□□郝采麟譔

嘉議大夫江西湖東道肅政廉訪使劉藻書

中奉大夫僉江浙等處行中書省事浙東道宣慰使周鍇篆額

聖元啓運之初，牧舉群虜，實諸庶位，智者以謀，勇者以力，莫不各薦其能，用襄丕業，大則分符裂王，次則世守其官。惟渾源孫氏，乘時種德，溥致陰功，進以鎧胄，而奕葉襲爵。迨浙西道宣慰使諱公亮府君，以傑出之英，揚歷中外，爲名卿顯族。宣慰公生三子，公其仲也。諱撤，字仲謙。曾祖諱慶文，妣趙氏。祖諱威，諸路工匠都總管，妣杜氏。公幼而

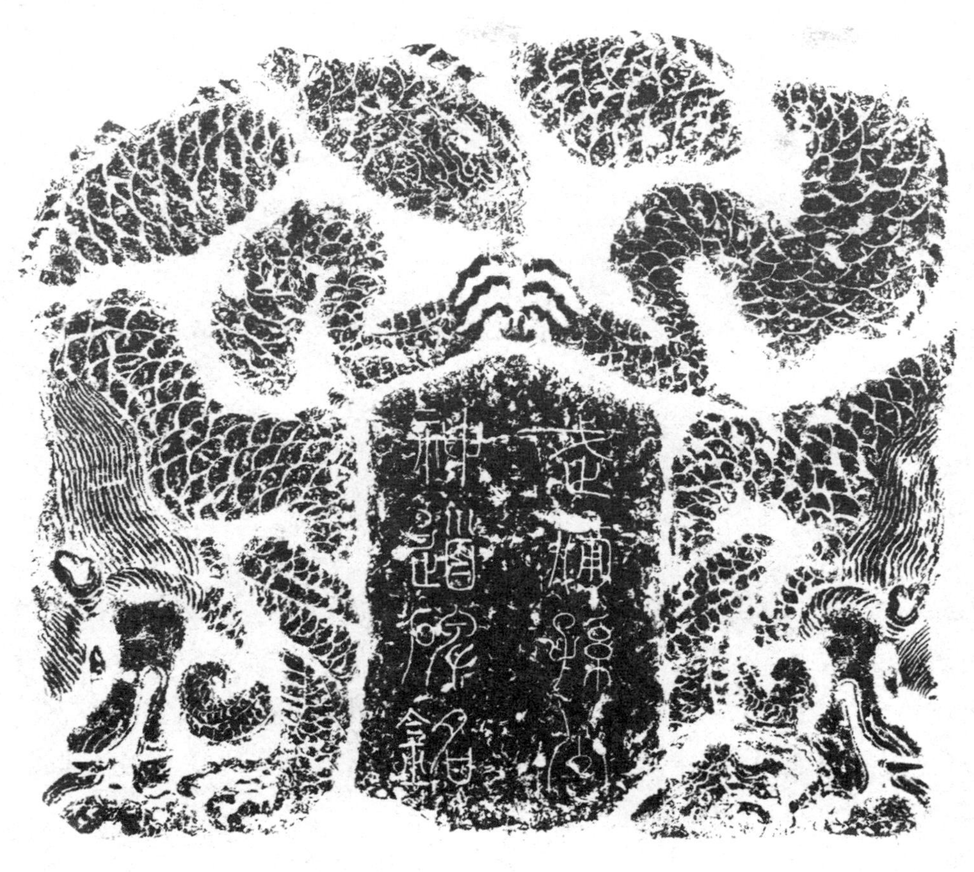

重厚、聰穎、輙直，成人之度，讀書家塾，非親命未嘗出門，故鄉里罕識其面。既長，師事虛白處士。趙君薦，名道士也，一見器之，傾心欵接，授以秘奥。公日記千言，數年而博，究遠、探直、趣幽深。至元初，詔徵海内公侯百官子，入充宿衛，名曰質子。時宣慰公均愛三子，難其遣。公知親意，而嘆曰：“遺親憂可乎？”毅然請行。久之大丞相安童見其上直也，恪恭謹默，勤而有度，非時輩可儕，心獨異之，擢進義校尉提舉諸路皮貨。適伐宋軍興，歲造雜裘不啻萬數，皮料所需，悉委公辦。公規措有術，程督有法，民弗擾而功集，上下翕然稱之。事聞，陞昭信校尉，易金符，爲諸路交鈔都提舉。先是任此者，鮮不作姦獲讁而去。公洗手奉職，控制印毁平準百餘庫，其金鈔子本出入百□不萌，而群邪屏息。至元十六年，朝廷以宋初平，民猶反側易亂，宜選材更治，遂以公爲武略將軍同知臺州路總管府事。□事工接下，以誠以肅，推恩布惠，掖弱摧强。未幾，顓蒙者以開，凶悍者以帖，而治化大浹，有□□無更之風焉。公性至孝，一夕夢母太夫人張氏卧疾，公驚寤，涕淚坐以待旦，而泣告同僚曰：“母子一體也，天下一氣也，今宵夢既形，吾母其弗安乎，安忍懷憂坐待也？”即日弃官歸。歸而病，果夢符，敬養數月，疾乃復。臺人念公遺愛，樹玄思之碑以頌德焉。以薦授武德將軍江淮等處行諸路寳鈔都提舉，中統鈔行。已，以日處日弊，公建議改印至元鈔以一折五，朝廷從其計，至今爲法。初宣慰公嘗以家傳三妙創製翎根細鎧，出額上貢，及歲入所課，常爲天下最，世祖皇帝每嘉賜焉。至是，朝議以宣慰公既老，其子皆外補，一旦上有不時之需，非計也，即召公爲武備寺丞復武略將軍。公見蠻荒所進犀象倒死，其皮革皆頓弊無用，因請以爲甲胄而進，精緻堅壽，近代無有也。上大悦，賜楮弊八千貫。公謂群工曰：“皆汝等力也，予奚敢冒？”悉分給之。元貞二年秋八月十有二日以疾卒，春秋四十有八。子誼奉柩葬公於渾源之先塋，夫人篤剌氏祔焉。繼室焦氏賢而有節，誼僉武備院事兼領世職，妙齡秀發，克保家聲，所至未易量也。公生長貴富，常以節儉自處，謙恭自牧粹如也。年未冠，祖母太夫人命領家務，公度入量出，親疏貴賤，各有等襄，中表嘆服。至于國語、國字、醫相、陰陽之術，咸造精妙，人所罕及。大德八年春，誼諒予而請曰：“先大夫葬有年，墓宜有碑，碑宜有銘，子方載筆太史，叙德、暴庸銘惟子可。”予遊公父子弟姪間久矣，知孫氏爲悉，遂不敢辭。銘曰：

草昧天開，群雄崛起。繄渾之源，儲休孫氏。
既淹既瀦，流芳未已。嗟武備公，鳳雛驥子。
生而拔萃，鍾氣之奇。孝友其志，仁惠其施。
家有著範，治有去思。忠規義矩，榮耀一時。
方期振翺，横絶天池。而上於斯，有識傷咨。
横山之陽，□木蒼蒼。有隆其封，寔□□□。
揭銘肅琰，表懿垂光。維子維孫，百世不忘。
至大三年歲次庚戌秋八月吉日僉武備院事兼
領保定等路軍器人匠都提舉子誼立石

神川先进登科记

【简介】

元至大三年（1310）九月立于州学，现存县城文庙西院墙下，碑为长方体，高45、宽67、厚17厘米。青石质，断为两截。郭贤刊石。

【碑文】

神川先進登科記

大元至大三年歲次庚戌秋九月初三日，得龍山公書云：近爲□太中大尹於東平李丞旨野齋請作神道銘，因有亡金登科記録，到渾源前，進士廿三人，姓名附送而去。又曰：當刻於州學，幸先賢高名百世不爲泯絶，其惟可也。是月望日。

州牧皆吾儕敬謁先聖，以龍山公言而論之，我同知劉將仕使君欣然而應之曰："君子哉，孫武備之爲善也。"俾欲刻之諸石，其高意遠矣，猶悼前賢，以貽後人。激勵學之者，其道可以致身知先進高步於雲霄，後之來者流風莫爲沉墜。四方游學之士一接於目，咸知此邦山水之靈産，文物之所盛，實盡善也。既成好古博雅之心，豈無見義不爲之勇。願捐己俸，遂命刻石。本州前幕官馮君子文壯其義，請余誌之，□□□□□□□□□□□□□老人子張郁記録先進於右。

天會二年己未六月四日，放詩賦進士二百五十人，内第三甲楊暉，渾源人。

天會六年放詞賦進士二百一十三人，内第三甲石訝，渾源人。

天會十三年六月二十三日放進士八十八人，内第二甲雷嗣卿更名解，第三甲樂著，皆渾源人。

皇統二年六月廿三放詞賦進士七十人，内第二甲王全字之美，渾源人。

天德三年八月試，放詞賦進士七十人，内第一甲王企，第二甲張好古，字敏求。第三甲五人：周仁彦，魏宗元，劉仲澤，劉仲瀛，雷恩字西仲，皆渾源人。

貞元二年八月放詞賦進士三十人，第三甲雷志渾源人。

大定七年三月放詞賦進士三十二人，内第三甲劉瀛，字源瀛，渾源人。

大定十年庚寅三月十日試詞賦進士七十六人，内劉侃，渾源人。

大定十三年三月廿十日試，放詞賦進士五十七人，内第二甲何美中，字子發，渾源人。

明昌二年辛亥五月五日放恩榜九十四人，内馬丙，字恒甫，渾源人。

承安二年三月廿五日試詞賦一百六十二人，内第三甲劉儼，字雅昇，又恩榜廿七人，内趙君賁，字景文，皆渾源人。

大安元年己巳詞賦進士第二甲劉從益，字雲卿，渾源人，拜監察御史。二子京叔、文季俱有盛名。

至寧元年三月廿五日，宣陽門喧第放進士五十一人，第一甲雷淵，字希顔，渾源人，拜監察御史，字彦正，號苦齋先生，仕我聖朝，爲集賢院大學士。

正大六年三月廿五日，試詞賦進士，四月十八日丹凰門唱第放三十四人，内第三甲劉從禹，渾源人。

石匠　郭賢　刊

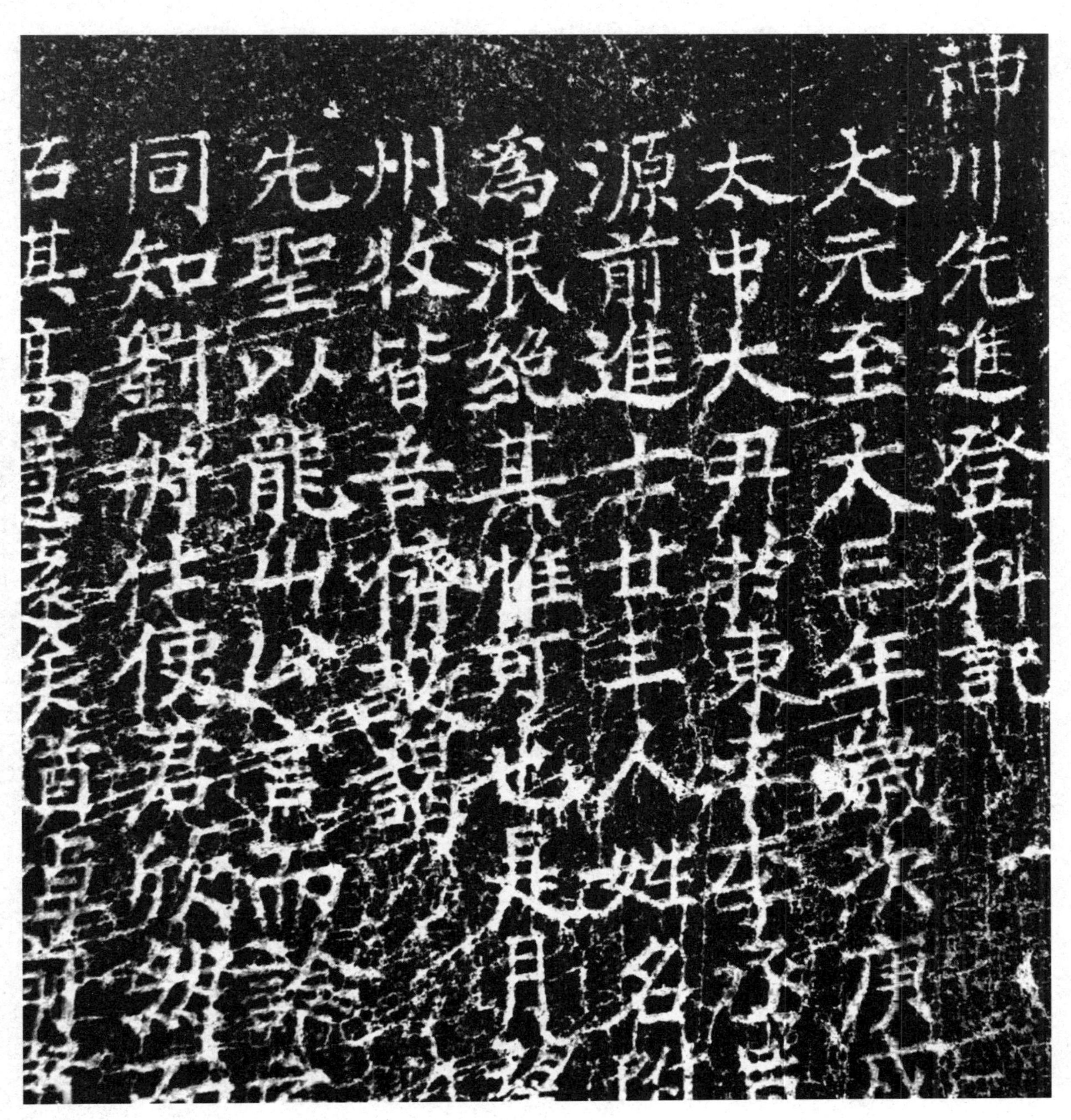

大元故正议大夫浙西道宣慰使赠资德大夫中书右丞上护军神川郡公谥正宪孙公之墓

【简介】

元至大四年（1311）立于孙家坟。碑高163、宽115、厚23厘米，青石质。集贤大学士荣禄大夫李谦书。此为孙公亮的墓碑。由于碑阴风化严重，所刻的碑记字迹无从辨认，只能参考其他碑文和史籍，简述孙公亮的生平事迹。

孙公亮（1222—1300），字继明，祖籍山西浑源县西留村。世代以制造铠甲为业，其父孙威，靠制造铠甲升为都总管，孙公亮袭父职，佩金符，仕至正议大夫浙西道宣慰使。至元五年（1268）被拜为监察御史，直至行工部尚书。年老返乡后关爱平民，关心家乡。去世后，发丧时吏民攀辕扶辙，挥泪不忍，场面极为感人。

李谦（1233—1311），字受益，号野斋，东阿县东阿镇（今属山东平阴县）人，“少有所成，日记千言，为赋有声”，是元代著名的文学家。与徐世隆、孟祺、阎复齐名，号称“东平四杰”，李谦居其首。先任东平府教授，至元十九年升待制，三年后升直学士，为太子左谕德。曾上呈“正心、亲睦、崇俭、几谏、戢兵、亲贤、尚文、定律、正名、革弊”等十事，深得世宗青睐，升为翰林院学士。成宗继位后，授为集贤大学士、荣禄大夫。79岁高龄时终于营。李谦以文章著于世，其主要著作有《野斋文集》《授时历议》《古今历参考》等。同浑源西留籍孙氏交谊甚厚，曾为多人撰写墓志铭。

【碑文】

大元故正議大夫浙西道宣慰使贈資德大夫中書右丞上護軍

神川郡公謚正憲孫公之墓

集賢大學士榮禄大夫李謙書

大元浙西道宣慰使行工部事孙公碑铭

【简介】

元至大四年（1311）立，在“大元故正议大夫浙西道宣慰使赠资德大夫中书右丞上护军神川郡公之墓碑”的碑侧。青石质，残高90、宽23厘米。由集贤殿大学士李谦书。

【碑文】

大元浙西道宣慰使行工部事孙公碑铭

“上天眷命”碑

【简介】

元皇庆元年（1312）三月立于孙家坟。碑为青石质，断两截，碑高183、宽94、厚21厘米，圆首方座。

这是元朝仁宗皇帝对孙拱及其妻子郝氏的御封碑文。孙拱，孙公亮长子，灵巧善思酷似其父。以善制铠甲闻名，至元十一年（1274）制造出可张可合的折盾，收敛自如，便于携带。元世祖认为这是从古到今从未有过的兵器，大加赏赐。至元二十三年（1285）授孙拱为武备少卿、大都路总管，后又擢升工部侍郎、两浙都转运使。元大德九年（1305）为益都路总管兼府尹。大德十年（1306）八月初一逝于治所，享年六十有六。朝廷追赠为大司农、神川郡公，谥“文庄”。

【碑文】

上天眷命

皇帝聖旨，敦詩悦禮獨賢乎世禄之家，據德論功宜懋以追封之典。肆頒綸制，用賁私祧。故太中大夫益都路總管兼府尹本路諸軍奥魯總管管内勸農事孫拱，端重而謙恭，聰明而博雅。文史足□，蚤承師訓之良；甲胄善敹，尚識祖風之自。進貳北都之秩，遂聯起部之班。以慈愛拊民編，見雲中之治效；以廉平司國計，偉浙右之弊除。涅於渾濁而不緇，納諸劇繁而亦理。能聲素著，才刃有餘。方資卧鎮於東藩，奄忽遂終於朔土。載惟勤績盍被寵，光是用禭于重泉。胙以故郡，人爵亞上公之貴，月卿躋司稷之榮。於戲！疇若予工，無忝垂哉之初命；其於有後，益知臧氏之可稱。精爽如存，欽承不昧。可贈正奉大夫大司農上護軍，追封神川郡公，謚文莊。主者施行。

皇慶元年三月　日

上天眷命

皇帝聖旨，君卹臣勞，既厚飾終之典；婦由夫貴，宜稽蒙謚之文。故大中大夫益都路總管兼府尹本路諸軍奥魯總管管内勸農事孫拱妻郝氏，蚤以名門，嬪于令族。教子明立身之義，孝姑殫剪臂之誠。慈祥以睦羣姻，勤儉以主中饋。追惟舊行爰啓，新封象服是宜。嗟死生之契闊，彤管有煒；尚儀範之益昭，錫爾徽章。慰其永逝，可追封神川郡夫人。主者施行。

皇慶元年三月　日

元成宗御祀神道碑铭

【简介】

元延祐六年（1319）九月立，由朝列大夫河东山西道宣慰副使孙诏奉旨建立。碑高263、宽128、厚36厘米，青石质。现存西留村孙家坟。

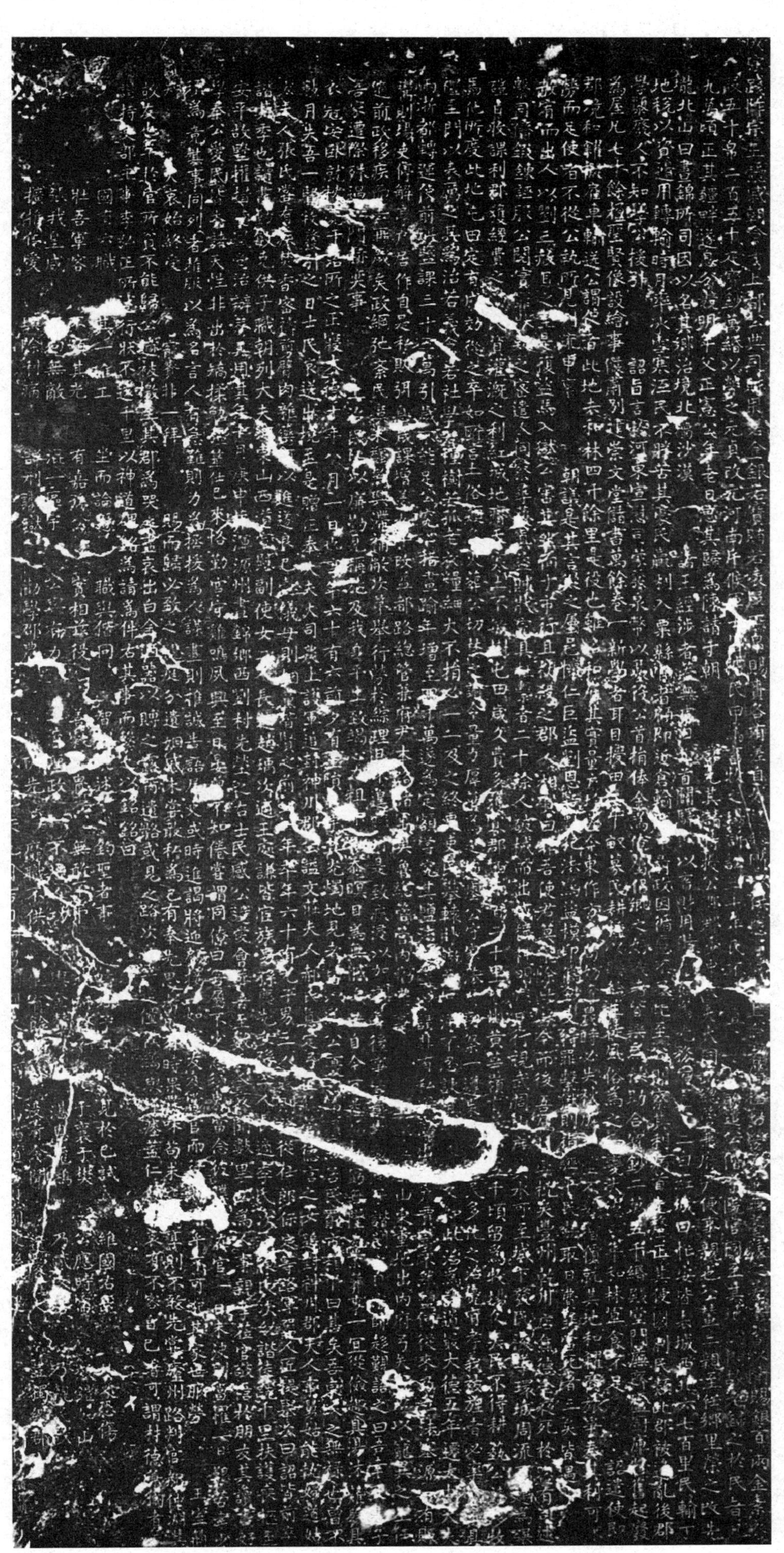

元代帝王对孙氏一门的卓著功绩追封的同时，也为他们在家乡敕建了规模宏大的孙家坟。孙家坟在西留村西昼锦之阳，原占地一百二十亩，坟的东头建有寺院一座。坟内碑亭顶部是椭圆形，远远望去，好像相连的蒙古包。碑亭、寺院和围墙等坟地建筑所用之砖均系特制，每块砖上都有"孙"字。整个墓域规模宏大，设计考究。可惜后遭严重破坏，只留下风雨飘摇中的九通古碑。

【碑文】

成宗踐阼，宗玉懿戚，朝會于上都。公典司財用，若金銀，若寶賄，若表段匹帛，賜賚各有差，自始迄終，所以供應上命者，備極勤勞旁事，無毫髮之差。中書以聞，賜銀百兩，金素衣段五十，帛二百五十疋，寶鈔萬緡以勞之。元貞改元，河南斥候軍士窗據民田，爲畜牧之埸。訴訟三十年，民不得直。詔遣公偕密院同至，其詢問故老，歸之於民者，凡九萬頃。正其疆畔，遂息分競。明年，父正憲公年老，日思其歸，爲陳請于朝，詔允其請，特授公鄉郡少中大夫、大同路總管兼府尹，便事親也。公輦二親至任，鄉里榮之。改先壠北山曰晝錦，所司因以名。其鄉治境，北屬沙漠。諸王經涉者，蓋無虛日。首闢驛館，以畜財用，儲糧餉爲先務。府置石二：曰紅城，曰忙安，皆去城西北六七百里，民輸丁地稅，以資邊用。轉輸時月，率冰雪寒沍，民不勝苦。其豪民贏利入粟縣官者，顧即近倉輸城中，前政因循，慮不及此。至公則察其利病，首先釐正。其便國利民，類此。郡被邊亂後，郡學隳廢，人不知學，公援引詔旨言於河東宣慰司，蒙發泉幣以基役。公首捐俸金，爲僚屬倡。鄉之好義者，皆樂爲資助。合寶鈔二萬五千緡，殿堂門廡，齋廬厨庫，修舊起廢，爲屋凡七十餘楹。聖賢像設，繪事嚴肅。别建崇文堂儲書萬餘卷，一新學者耳目。授田二千畝，募民耕種，以贍給生徒，風俗爲之一變。大德二年，和林軍食不足，詔遣使即郡境和糴，擬雇車輸送。公謂使者，此地去和林四千餘里，是役也雖名和府，其實量户均差，今東作方興，苟妨奪農時，必失秋成之望。不若增價就其地和糴，商旅争奏，其利可不勞而足。使者不從，公執所見，列疏申稟。朝議是其言從之。屬邑懷仁巨盜劉恩□，數犯法爲盜，模印僞鈔，及得罪系獄，則指誣平民嚇取日費，罪當死者三矣，皆遇赦宥而出，人以劉三赦目之。至是復盜馬入獄，公審其然，□于市行，且杖殺之。郡人相賀曰："非吾使君，莫能除此害，今而後，吾屬獲安枕矣。"豐州乾川店焦德全，夜死於盜，有司逮繫同儕，鍛鍊誣服，公閲實罪狀，疑之，密遣人伺察，尋獲真盜，贓狀完具。枉繫者二十餘人，破械而出，咸稱神明。暇日，行視武周山，度其水可至城下，發民浚導，環城周流。□建爲碾磑，日收課利，郡獲經費之□，民資灌溉之利。紅城地脊天寒，土不敏樹，屯田歲久，費多獲寡。郡西南百二十里，應州黄華嶺有養□五千頃，留爲牧場久矣，民不得耕藝，公請移牧馬他所，度此地屯田定有成效。從之，卒如所言。土俗類多火葬，公切禁之，諭令量力厚薄，爲之□瘞。公守家法，其喪祭，一尊朱□□□，民多化之。治境有孝義，被旌者必率□□□，具禮至門，以表厲之。其爲治，若義倉，若社學，若種樹，若孤老衣糧，細大不捐，必一一及之。終更，吏民攀轅卧轍，至□涕不忍訣。其□人□又如此，治爲諸道最。大德五年，遷大中大夫、兩浙都轉運使。前此鹽課三十五萬引，歲不能足。公究心措畫，踰年增至四千萬，遂爲定額。常究其鹽法□弊，以謂非有私然，必出□户賈鬻，不然鹽何從來，乃立法塞源，□有販鬻，則場吏停解，亭户居作，自是私販弭息，歲課增羨。九年，改益都路總管兼府尹本路諸軍奥魯總管管内勸農事，以益都山東重地，出内府弓矢，□□以寵，異之□任。適前政移疾而去，再歲矣，政綱馳紊，民瘼未蠲，爲興滯補敝，次第舉行，勞於綜理，日不遑暇，用是致疾，浸以加劇，身後事皆前期裁處。子諧聞之，自京師趍覲，語之曰："吾幸及□子，吾家遭際殊遇，一門赫奕，事上治民，皆以廉勤見稱，施及我身，平生致竭心力，粗亦□忝瞑目爲無憾矣。汝自今，宜益加勉勗，無墜先業，葬事一宜從儉。"趣具湯沐薙髪，具衣冠，安卧就枕，薨于治所之正寢，大德十年八月一日也，享年六十有六。前夕，有星隕庭宇，其光燭地，見者皆以爲公憂，□而果然。居民罷市，相吊曰："甚矣，吾東人之無禄也，曾不數月失吾一賢牧。"發引之日，士民哀送出境。至是贈正奉大夫、大司農、上護軍，追封神川郡公，謚文莊。夫人郝氏，真定工匠總管德宫之女，追封神川郡夫人。事舅姑，能執婦道。姑太夫人張氏嘗有疾，焚香密禱，剪臂肉雜藥餌以進，遂良已。壼儀母則，姻黨皆賢之，前公一年卒，年六十有九。子男三人：長則謙，從仕郎保定等路軍器人匠提舉。次曰詔，皆前卒。諧其季也，讀書勤敏，克供子職，朝列大夫河東山西道宣慰副使。女二人：長適趙瑀，次適王處謙，皆宦族。男孫慶先，女孫三人，長適季氏，次適陳氏，次幼。諧徒跣千里，扶護喪柩至安平故墅，權措遠風堂，治辦葬具用。其年十月庚申，葬渾源州書錦鄉西劉村先塋之右。士民感公遺愛，會葬者至數千人，哀聞數里。公爲人，事親孝，莅官敬，信於朋友。其讀書好學、奉公愛民，皆本諸天性，非出於矯揉勉彊。筮仕已來，恪勤官守，鷄鳴夙興至日晏，曾不知倦。嘗謂同僚曰："吾屬不少忍須臾，當念彼蹀□在官，一日未決，則當罹一日艱苦，幸少須爲竟其事。"同列者推服，以爲名言。人有急難則力爲拯援，爲人謀畫則推誠告語，屬吏或時進謁，將迎顧接，一如賓友。及當官而行，則凛乎不可犯。其家世服勞王室，簡知大衷，始終受寵賚，非一拜賜。而歸必致之親庭，分遺姻戚，未嘗敢私爲己有。奉先思孝，凡有時果異味，苟未之□享，則不敢先嘗。廬州路判官郝仲淵，其故友也，卒於官，所貧不能歸。公適被檄至其郡，爲哭之盡哀，出白金酒器以賻之。露胔遺骼或見之路，次□□遣僮僕爲與□瘞，蓋仁發□衷，有不容自已者，可謂材德兼備者矣。諧持吏部主事李弘正所述行狀，不遠千里，以神道碑銘爲請，爲件右其事而系之以銘。銘曰：

國有六職，其一爲工。坐而論道，職與偕同。

智□能述，鈞聖者事。疇君予工，見於己試。
維國右歲，於人恐傷。壯吾軍容，不顯其光。
有嘉孫公，實相兹役。善穀甲胄，無敢不吊。
我剛啓行，于襄于樊。公應時需，效鎧如山。
張我皇威，所向無敵。混一區宇，公與有力。
王德聖政，不□人功。輿金輦盡，湛恩龐鴻。
乃貳□□，用親民政。擴推仁愛，興除利病。
詳刑讞獄，勸學邵農。治審所先，靡職不供。
生有餘□，没有令聞。遺愛在人，豈獨鄉郡。
延祐六年歲次己未九月吉日嗣男朝列大夫河東山西道宣慰使孫詔建
蕭德明
王川
張德林

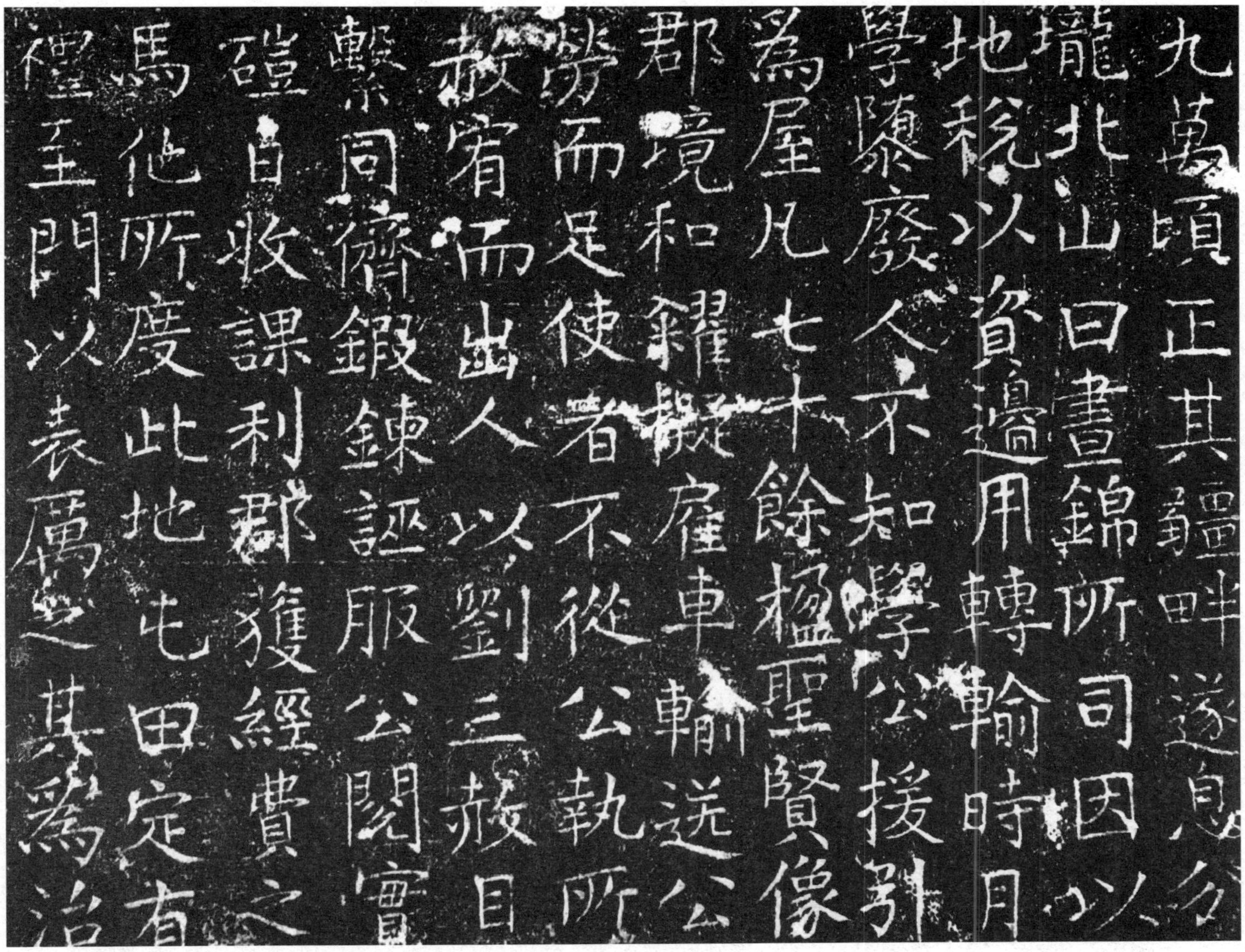

大元故保定等路军器人匠提举孙君墓碑有序

【简介】

元延祐六年（1319）九月立于孙家坟。碑体总高339（其中碑额高118）、宽122、厚26厘米。碑额双龙盘曲，保存完好，碑下石赑屃已被黄土掩埋，仅露头身上部。青石质。由翰林侍读学士通奉大夫、同修国史元明善撰文。翰林直学士中宪大夫、同修国史王纬书丹。翰林待制朝散大夫、国史院编修赵穆篆额。

元明善（1269—1322），字复初，北魏拓跋氏后裔。自幼聪颖异常，过目成诵，精通《五经》，更深于《春秋》，为元一代大儒。先任建康学正，承值郎，参知政事等职，后以礼部尚书出任第一任会试主考官和殿试阅卷官。前后编纂了《武宗实录》和《仁宗实录》，是元代著名的文学家。元明善所撰碑文对孙谦的生平作了详尽的介绍。

孙谦（1254—1298），孙公亮之孙、孙拱长子。幼年聪明机智，擅长骑射。同名士切磋诗词，对答如流，人称“孙万篇”，至元二十二年（1285）嗣义官，任武校尉保定等路甲匠提举。在任期间体恤下情，勤勤恳恳，颇受皇帝器重。

【碑文】

大元故保定等路軍器人匠提舉孫君墓碑有序

翰林侍讀學士通奉大夫知制誥同修國史　元明善撰

翰林直學士中憲大夫知制誥同修國史　王緯書

翰林侍制朝散大夫兼國史院編修官趙穆篆額

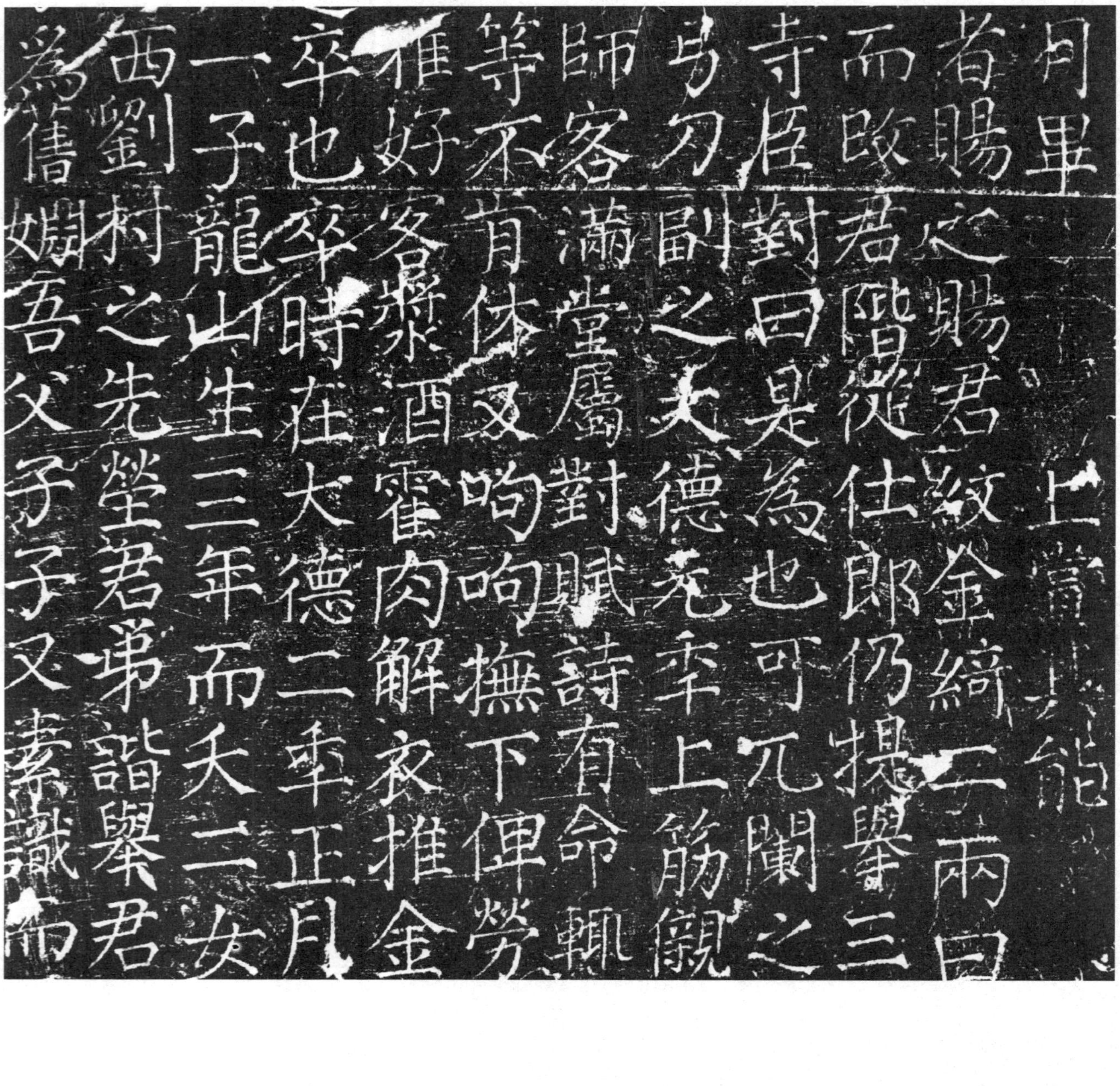

渾源孫氏能爲函，掌函人今五世。初，忠惠公獻其能於太祖皇帝，賜號“也可兀蘭”，猶夏言將作大匠云者。忠惠公卒，正憲公嗣；正憲公去爲它官，文莊公嗣；文莊公去爲它官，君嗣；君卒，而從弟誼嗣。凡所爲函别，有鍛蹄筋者，有聯翎本者，有髹爲虎豹瑇瑁文者，製必犀壽，刃鏃不能貫入，而輕便易被。自用兵取金、取宋及諸小國，孫氏之函，無不在。上若曰：“賈勇武士陷陳致果，日闢土宇者，函也。”士曰：“冒我首領，衛我腹心，亡敵之堅者，函也。”有功於國，有德在人，故五世益顯，子孫益賢，傳謂函人，仁矢人者，非邪？君諱謙，字益伯，别諱伯不華，爲文莊公之長子。文莊官至益都路總管兼府尹贈正奉大夫大司農上護軍，爲正憲公之孫。正憲官至浙西道宣慰使兼行工部尚書，贈資德大夫、中書右丞上護軍，爲忠惠公之曾孫。忠惠官至諸路工匠都總管，贈中奉大夫、武備院使護軍，三世俱追封神川郡公。君之母曰神川郡夫人郝氏。至元十五年文莊公以君入見世祖皇帝。奏曰：“斯臣子謙長矣，請以事皇太子。”勑送至東宫爲宿衛士。君敦謹多能，日受知，裕皇嘗賞其所製號筋甲，賜白金五十，星紋金綺二兩。二十二年嗣父官制，授敦武校尉保定等路甲匠提舉。二十四年，世祖伐叛北閨棘，武備君取二歲工用五月畢。上賞其能，賜酒使醉，衣以紋金綺裘而出，仍賜其函人、帑千三百疋。二十七年，上瑇瑁翎本甲。詔曰：“汝武備寺臣襲藏此甲，待勇而功者賜之。”賜君紋金綺二兩，曰：“汝衣此爲左驗，朕將遷汝賜及其從。”二十九年，以保定、河間、將陵、安平諸司局并爲軍器人匠提舉司，罷諸不良吏，而改君階從仕郎仍提舉。三十一年，上鐵鎖連環甲，成宗御大明殿閲之。顧曰：“是爲誰氏武備寺臣？”對曰：“是爲也可兀闌之孫箸事。”裕宗令官其世業，有詔賜錦衣、四弓，刀副之。大德元季，上筋觀翎本甲，復有賜，仍勑中書進秩。歲終考工，恒爲天下最。君自幼精敏，日誦記千餘言，不爲常兒嬉，舉動類成人。每父師客滿堂，屬對賦詩，有命輒就。後其詩清圓富健，名士大夫稱爲孫百篇。善騎射，通國人語及國字，其餘習□□相人，在官恭劬，先衆公事，不入等不肯休。又呴呴撫下，俾勞者自忘。上每以爲良嗣。世官去，暇日惟把卷哦誦，取紙書所爲詩，不它好也。過客雖達官貴人，往往求與君語，而君雅好客，漿酒霍肉，解衣推金，了無厭色。時文莊公官都下，正憲公及夫人保定以老，君事大父母，人稱色養。蓋能官能家，才賢之士，惜其未及大受而遽卒也。卒時在大德二季正月十二日，春秋四十有四。哭吊者旬日聲不絶。卒之七日，殯其柩於保定東雞水上。君娶武備少監楊紐璘女，先卒，再娶李氏，一子龍山，生三年而夭。二女，長適行御史臺都事李塔剌海，次適中山織染局副使陳彝。既殯之八年十月庚申，父文莊公卒官下，歸葬渾源州晝錦鄉西劉村之先塋。君弟諧，舉君之殯，次文莊公之兆葬焉，以楊夫人祔。既葬六年，諧提舉萬億寶源庫，狀君之行走。太史元明善以請曰：“子之婦公與吾家爲舊媚，吾父子，子又素識，而吾家宜子無不悉者，嘗葬先兄準律具石儀墓道，惟是縡棺石未有刻，則爲文者必子之歸。敢以請明善？”於是不敢辭，則爲之文。而其詞曰：

古善世守，有譏世官。果官守業　孰今之完
寵裕龍山，錦里爛爛。萃其暉華　而大厥家
神川之封，三爵俱公。始慎擇術　仁被鍜鏃
五世效庸，以食函功。皇矣帝圖，完哉士體。
保孫氏函，克受帝祉。猗嗟孫門，世載令人。
允武允文，國也寶臣。緊從仕君，家子惟肖。
截截才妙，風稜清峭。方期巍調，有奕它曜。
云何四十，一病不療。無孝不力，匪忠不極。
天也孰尤，痤竝成德。礱石之堅，勒我銘言。
揭爾隱賢，昭示大秊。雖不公侯，無慚先猷。
從公下游，祖考爾休。

延祐六年歲次己未九月吉日

弟朝列大夫河東山西道宣慰副使孫諧建

雲中賈德祐刊

故权千户孙君墓碣

【简介】

元泰定元年（1324）十月立孙家坟。碑为圆首，高150、宽86、厚25厘米，青石质。云州路儒学学正姚匡弼撰文。中奉大夫河东山西道宣慰使朱蕡书丹。朝列大夫河东山西道宣慰副使孙谐篆额。孙谅、孙谭立石。

此碑为孙公亮之侄，孙公让仲子孙抚的墓碑。孙抚（1232—1285），有勇有谋、有胆有识。皇帝下诏选山西路良家子弟鉴以为戍，孙抚觉得兄长酷爱读书，两个弟弟还小，便慨然从军，在军队果毅能干，勇敢善战，攻城略地，捷足先登，不避矢石，屡获战功，被命摄行代理千户事。时隔不久，宋人攻城，仓猝相遇，众不知所措，孙抚奋然一呼，士气大振，且进且战，大败宋军。主帅大喜，惊奇地发现孙抚胆略超群，才华出众。正当孙抚大显威风之时，瘴疫缠身，只好退伍还乡，至元二十二年（1285）十月九日卒，享年五十三岁。

【碑文】

故權千户孫君墓碣

雲州路儒學學正姚匡弼譔

中奉大夫河東山西道宣慰使朱蕡書

從姪朝列大夫河東山西道宣慰副使諧篆額

君諱撫，字仲安，世爲大同渾源州順天安平懷州河南平陽諸路工匠都總管、贈中奉大夫、武備院使、護軍神川郡公，謚忠惠。諱威，於君爲從大父，正議大夫、浙西道宣慰使、兼行工部尚書，贈資德大夫、中書右丞、上護軍神川郡公，謚正憲。諱公亮，於君爲從父也。父公讓，樸素儉勤，不墜先業，務農。力在家，致沃饒，娶令族張氏，生子四人：長曰抦，幼曰握、曰揮。抦穎悟好讀書，識者咸器重之，以能有司署爲州從事。直道正言，補益弘多，故察司按治，鮮有敗事。君其仲子也，勇敢卓犖，立志不回。時歲乙卯，南北路梗，方事邊，□□□居上游，爲備尤急，於是憲宗詔選山西兩路良家子，簽以戍焉。君以兄素讀書，二弟尚幼，□□□役，鄉里以是賢之。既至萬户，劉公喜其果毅，拔於行伍，留置左右者餘十年，攻城畧地，□□先登，不避矢石，累獲戰功，賞賚殊渥。由是以主□命，攝行千户。事未幾，宋人入寇，倉猝相遇，衆不知所出。君獨奮然一呼，士氣遂振，身披甲胄，旬有餘日，信宿不食，且前且戰，會我師繼至，宋人雖鋭，亦當爲之短氣，陽爲堅壁之狀，訖旦已潛遁矣。主帥益奇之。明年因命率三百人深入敵境，斬獲甚多，主帥上其功丐爵賞焉。未報，俄以瘴疾還鄉里，餘二十年，卒於第，實至元廿二年十月九日也，享年五十三，葬于書錦鄉西留村之先塋。配李氏祔，子男二人：曰諒、曰譚，俱孝義慈厚，信實温恭。女一人，適劉福元，孫男壽孫生，才一歲。孫女四：一適馮進，一適武成，餘□幼。初思之西還也，諸子欲求分異，君疾不能止。既，遂爲之多，而自取其少焉。所親或難之，君曰："弟，吾親子也，財，吾親之業也，撫身且不有，而况財業乎？今以吾親之業，畀吾親之子，又何難乎哉？"所親慚謝而退。及卒，遠邇痛悼焉。葬四十二年，其從姪諧適副河東山西道宣慰使，既展丘隴，顧諒、譚而諭之曰："嗚呼，吾伯生求若是，位不稱德，是可不銘諸石而著之後乎？諒來請銘。"銘曰：

惟君孫氏，族茂望尊。正憲從姪，忠惠庶孫。
祖肅南駕，草昧未革。應詔從軍，厥聲允赫。
御敵深入，奮不顧軀。效勤十載，勇冠千夫。
温温其恭，矯矯其節。一逝莫追，有遺斯烈。
刻石薦辭，德音孔彰。宜昭後人，嗣慶不忘。

旹大元泰定改元歲次甲子冬十月吉日　男諒　譚　立石

石匠　蕭德明　王子明　刊

善士孙君墓碣

【简介】

元泰定元年（1324）十月立于孙家坟。碑为青石质，圆首方座。碑高148、宽91、厚22厘米。座高47、长112、厚60厘米。大同路儒学学正姚匡弼撰文，中奉大夫河东山西道宣慰使朱賁书丹。朝列大夫河东山西道宣慰副使孙谐篆额。孙证、孙沂立石。

此碑为孙公让的幼子、孙公亮的堂侄孙挥的墓碑。孙挥一生安贫乐道，不贪图荣华富贵，对乡人多有接济，是口碑极好的善士。元延祐元年（1314）正月十三日以疾正寝，享年七十五岁。十年后立碑。

【碣文】

善士孫君墓碣

大同路儒學學正姚匡弼撰

中奉大夫河東山西道宣慰使朱賁書

從侄朝列大夫河東山西道宣慰副使諧篆額

士遠處世，冰挺其志而卓其行，雖曰貧賤，不害其爲善士也。卑其志而污其行，雖曰富貴，能不失爲善士哉？蓋窮達顯晦定于命，吉凶禍福在乎人，故善處世者，豈必名位赫著而已乎。□其志行，何如爾神川善士孫君？則其志行挺拔而高卓者，與孫氏由曾大父而下至于君，俱業農不仕。始，曾之考伯放跡丘園，雖不躬秉耒耜，起常先鷄，不憚勤苦。嘗曰："舜禹聖者，勤力尚然，况其下者乎？古之大人君子，由畎畝而興者，則既班班矣。愚爲此，寧欲望報如往昔之人哉！顧吾分之可爲者□之而已爾。"聞者服其知言。壽百有二十，不疾而終。生四子，曰：慶昱、慶文、慶元、禄和。慶元□君之大父曰貴，貴生君之考曰公讓，公讓生君曰諱揮，即忠惠之族孫、正憲之從姪、文莊之從兄也。爲人剛果不屈，出言少讓，意有不合，輒振神袂 而去，人□謝不敏，接之如初。其仲兄千户公從軍也，君以鴒原之末幼，不能事事代兄而往，爲恨尤甚。宗人謂君曰："父兄一體也，考弟一道也，光往已，徒爲無益之想，孰若盡膝下之養乎？"君默然久之，曰："誨我矣。"由是怡怡然承顔以和，屬屬然捧持以敬。至於參省以時，温凊以節，非大故，終考之身不去其左右。鄉鄰言孝者，必以君爲稱首。其遇饑歲，君之室未至於甚完，君之粟未至於甚豐，其戚而貧踈而賢者，施予無少悋，人以是咸德之，故目之曰善士。享年七十五，延祐改元甲寅正月十三日以疾終於家。越三日，葬晝錦鄉先人之塋域。娶史氏，生子二人：證、沂，咸守先業。一女適白仲榮。史氏先殁，後娶張氏，今皆祔焉。六孫：鈞、銖、鏜、鉅、錞、銍，端雅有氣節。曾孫脱歡，女金英尚幼。葬十年，沂以行實來請銘。嗚呼，孫氏之門，一何盛與，蓋高、曾肇其於前，祖禰紹述于後也。不然，奚所謂源深而流長，本固而枝茂者耶！是宜銘，遂以其實銘曰：

何君門之盛大，垂四世而德芳。

治此身而益著，猶霽月之騰光。

鄙雲烟之絶跡，曾不□乎軒裳。

惟捧盈而執玉，日供養于北堂。

友悌極鷹鴻之列，思意浹晝錦之鄉。

既晦靈翁屋之秘，宜紀石横山之陽。

聊摭梗槩以薦銘，庶百載嶂川而竝長。

旹大元泰定改元歲次甲子冬十月吉日男證沂立石

石匠　蕭德明　刊

孙四翁墓碣铭

【简介】

元泰定元年（1324）十月立于西留村村西一里处的孙家坟，现存孙家坟。青石质，圆首。碑高142、宽80、厚26厘米。由于在地下深埋年久，所以保存较为完好。由将仕佐郎大同路儒学教授王导义撰文，中奉大夫、河东山西道宣慰使朱贲书丹。朝列大夫、河东山西道宣慰副使孙谐篆额。墓主人系孙公亮从弟，卒后27年立碑。

【碑文】

孫四翁墓碣銘

將仕佐郎大同路儒學教授王導義譔

中奉大夫河東山西道宣慰使朱賁書

族孫朝列大夫河東山西道宣慰副使孫諧篆額

翁姓孫氏，諱公信，世爲渾源人。其家以翁在弟行居四，故稱之曰“四翁”。大父諱慶元、考諱覺，皆潛德不耀，妣董氏至慈善。今贈中奉大夫、武備院使、護軍神川郡公，謚忠惠，即翁之從父也。資德大夫、中書右丞、上護軍神川郡公，謚正憲，翁從兄也。自遼金以來，宗族之盛當世罕比，翁□□天性孝慈，睦□悌，訓子侄，和閭里，鄉人稱□而有道。財斂手讓兄而無取意，視其侄猶己之子也。中統之初，北方營作大同總府，委送工匠於和林城，周歲而復。雖負辛勞，不求進用，準以田園爲樂。優遊卒歲，可謂賢矣。以大德元年冬十月廿二日以壽終於家，年七十有二，葬於晝錦鄉西留村之西原。禮也。娶王氏，生男二人。長曰卿，次曰□。女三人，長適梁用，中適張仲元，季適王伯祥。孫男四人：曰諫、曰謹、曰謜、曰訦。孫女四人，長適王仲成，次適賀庚，次適張塘，次適郝義。曾孫二人，來孫、愛孫。曾孫女三人尚幼。其孫諫踵門而告余曰：“先祖之亡宰木拱矣，今將立石表，墓未有論譔，幸無他托。”余固辞不護，又嘉其有孝心，遂諾其請，故著其跡而係之銘曰：

生於盛族，長於高閎。不慕爵禄，不事功名。

分祖遺財，讓兄不争。愛兄之子，如己所生。

里閭用和，交朋盡誠。送匠和林，不愆期程。

事畢而還，他無所營。務農保家，樂常而行。

年踰耳順，終葬先塋。子子孫孫，永昌永榮。

旹大元泰定元年歲次甲子十月吉日　男　抑揆　立石

石匠　蕭德明

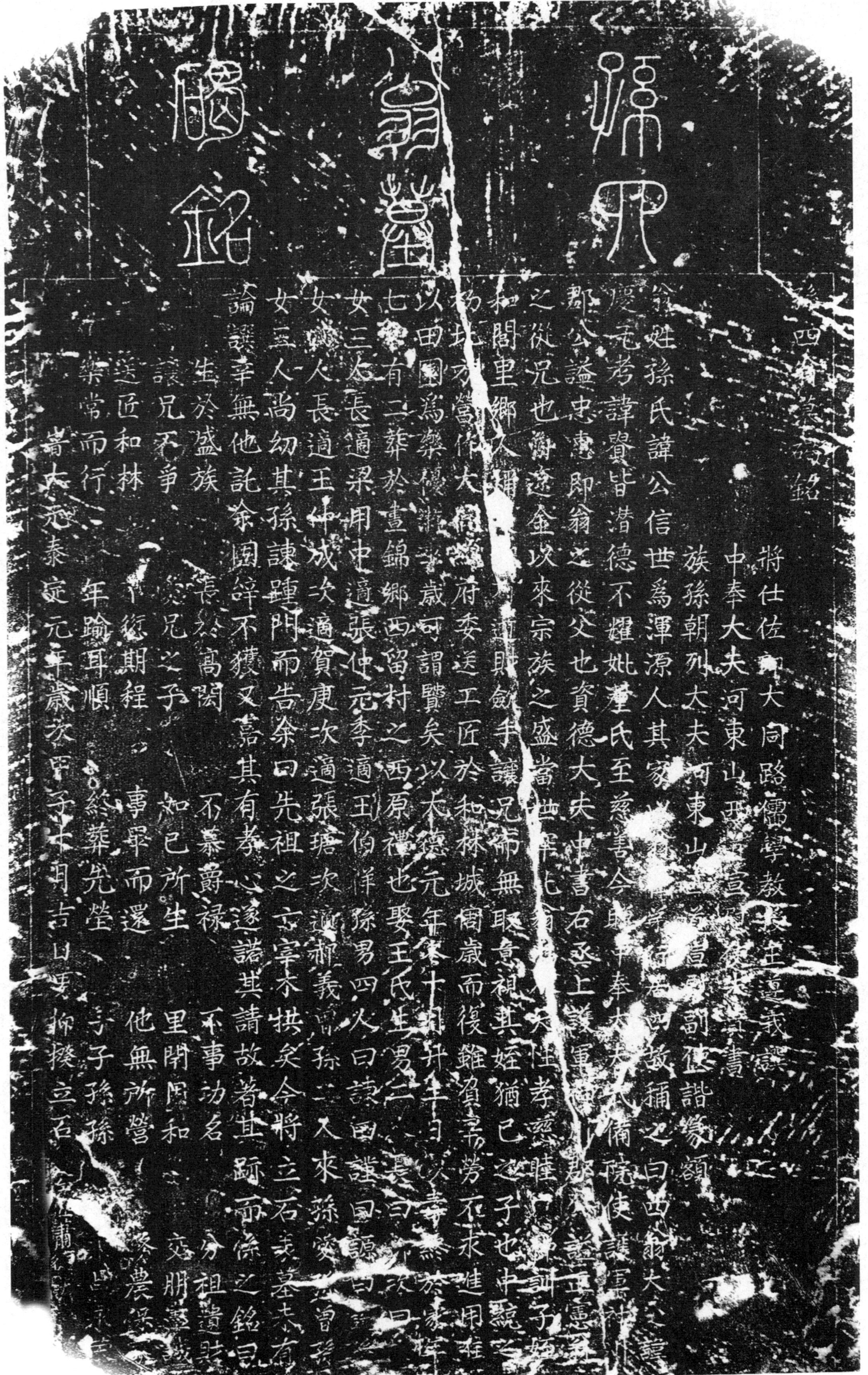

“孙氏宗族世谱”碑

【简介】

元泰定初年（1326 年前后）镌刻于“大元正议大夫浙西道宣慰使兼行工部事浑源孙公先茔碑铭”之阴。碑额刻有“孙氏宗族世谱”六个楷书大字。碑高 213、宽 122、厚 28 厘米。青石质，下部残损。现存西留孙家坟。碑阳详细地记述了孙威的生平与功绩。

孙威，金末浑源西留村人。从小性格沉稳，心思灵巧，金贞祐年间应征入伍，以骁勇称，后归附元军，被西京守帅授以义军千户官职。他善长制造铠甲，所制“蹄筋翎根铠”，元世宗拉弓射之，不能穿透。高兴之余，赐名“也兀兰”（意为大匠）。恩准佩金符，赐封顺天、安平、河南、平阳等路工匠都总管。孙威死后，朝廷追赠他为中奉大夫、武备院使、神川郡公，谥曰“忠惠”。

孫氏宗
族世譜

【碑文】

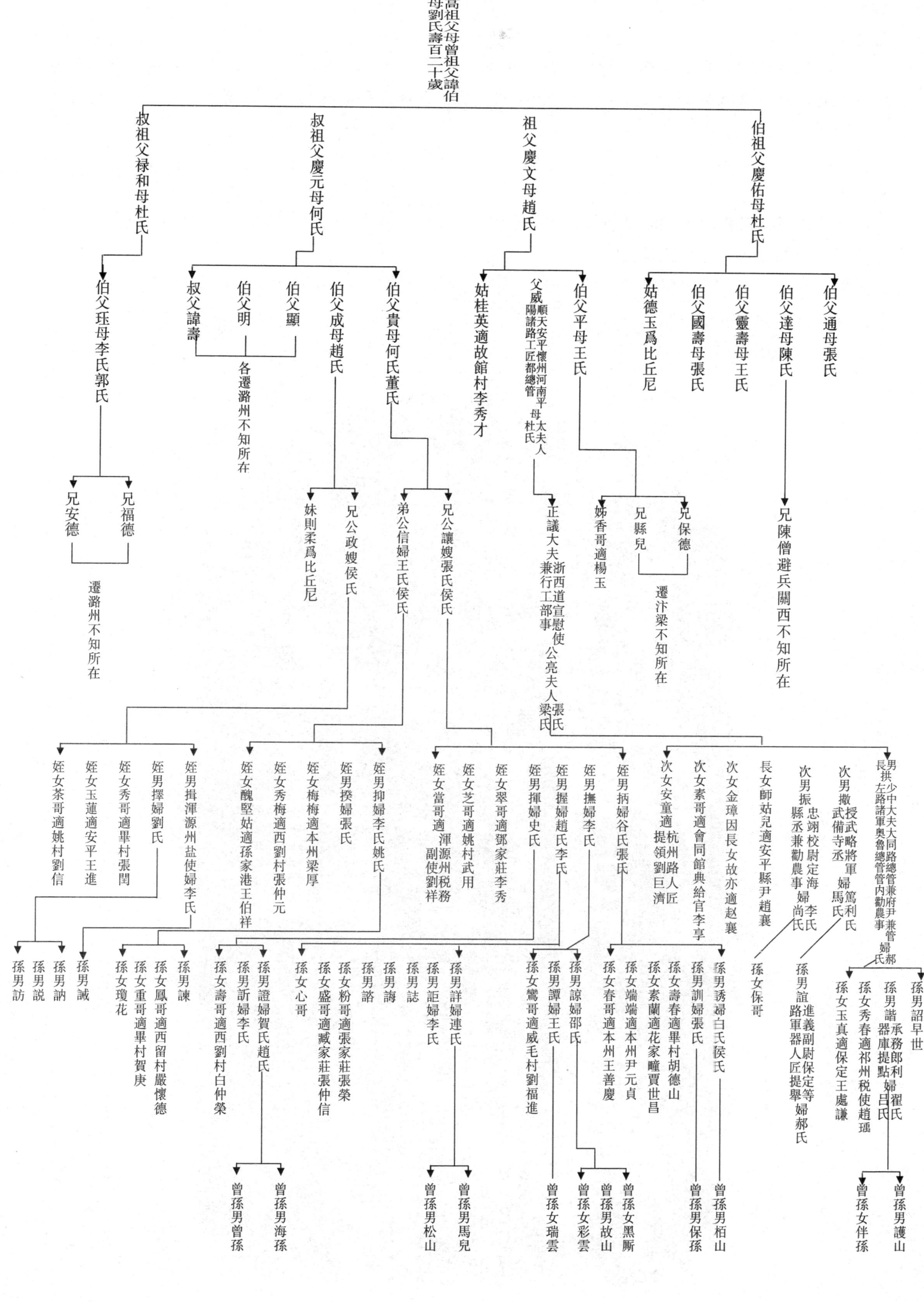
高祖父母曾祖父諱伯
母劉氏壽百二十歲
伯祖父慶佑母杜氏
祖父慶文母趙氏
叔祖父慶元母何氏
叔祖父禄和母杜氏
伯父通母張氏
伯父達母陳氏
伯父靈壽母王氏
伯父國壽母張氏
姑德玉爲比丘尼
兄陳僧避兵關西不知所在
伯父平母王氏
父威順天安平懷州河南平陽諸路工匠都總管 母太夫人杜氏
姑桂英適故館村李秀才
兄保德
兄縣兒
遷汴梁不知所在
姊香哥適楊玉
正議大夫浙西道宣慰使兼行工部事 公亮夫人張氏 梁氏
伯父貴母何氏董氏
伯父成母趙氏
伯父顯
伯父明
叔父諱壽
各遷潞州不知所在
伯父珏母李氏郭氏
兄福德
兄安德
遷潞州不知所在
兄公讓嫂張氏侯氏
弟公信婦王氏侯氏
兄公政嫂侯氏
妹則柔爲比丘尼
男少中大夫大同路總管兼府尹兼管
長拱左路諸軍奧魯總管內勸農事
婦郝氏
次男撒 授武略將軍 武備寺丞 婦篤利氏 馬氏
次男振 忠翊校尉定海縣丞兼勸農事 婦李氏 尚氏
長女師姑兒適安平縣尹趙襄
次女金璋因長女故亦適趙襄
次女素哥適會同館典給官李亨
次女安童適杭州路人匠提領劉巨濟
孫男詔早世
孫男譜 承務郎利器庫提點 婦翟氏 呂氏
孫女玉真適保定王處謙
孫女秀春適祁州稅使趙瑶
孫男誼 進義副尉保定等路軍器人匠提舉 婦郝氏
孫女保哥
曾孫男護山
曾孫女伴孫
姪男抦婦谷氏張氏
姪男撫婦李氏
姪男握婦趙氏李氏
姪男揮婦史氏
姪女翠哥適鄧家莊李秀
姪女芝哥適姚村武用
姪女當哥適渾源州稅務副使劉祥
孫男誘婦白氏侯氏
孫男訓婦張氏
孫女壽春適畢村胡德山
孫女素蘭適花家疃賈世昌
孫女端端適本州尹元貞
孫女春哥適本州王善慶
孫男諒婦邵氏
孫男譚婦王氏
孫女鶯哥適威毛村劉福進
孫男詳婦連氏
孫男詎婦李氏
孫男誌
孫男誨
孫男諸
孫女粉哥適張家莊張榮
孫女盛哥適臧家莊張仲信
孫女心哥
孫男證婦賀氏趙氏
孫男訢婦李氏
孫女壽哥適西劉村白仲榮
曾孫男栢山
曾孫男保孫
曾孫女黑厮
曾孫男故山
曾孫女彩雲
曾孫女瑞雲
曾孫男馬兒
曾孫男松山
曾孫男海孫
曾孫男曾孫
姪男抑婦李氏姚氏
姪男揆婦張氏
姪女梅梅適本州梁厚
姪女秀梅適西劉村張仲元
姪女醜堅姑適孫家港王伯祥
姪男揖渾源州鹽使婦李氏
姪男擇婦劉氏
姪女秀哥適畢村張閏
姪女玉蓮適安平王進
姪女茶哥適姚村劉信
孫男諫
孫女鳳哥適西留村嚴懷德
孫女重哥適畢村賀庚
孫女瓊花
孫男誡
孫男訥
孫男説
孫男訪

神川郡善士孙公墓碑

【简介】

元天历三年（1330）立于西留村孙家坟，现存孙家坟。碑横埋于黄土之中，上部残损，碑额碑座皆佚失。青石质，残碑高162、宽95、厚22厘米。墓主孙证是孙挥的儿子，娶贺氏、赵氏为妻子。子钧、铢、钜、铚立石。

【碑文】

翰林學士承旨榮禄大夫知制誥兼修國史郭貫篆

大元神川郡故善士□界證孫公之墓

天曆三年歲次庚午五月吉日

男鈞　銖　鉅　銍　立石

石匠　王通甫　刊

河东山西道宣慰副使孙公墓碑

【简介】

元元统三年（1335）立于西留村孙家坟，现存孙家坟。此碑为孙拱的儿子孙谐的墓碑。孙拱是孙公亮的长子，孙谐为孙拱之次子，自幼才华出众，备受其父的宠爱，孙拱作为地方长官兼领诸军奥鲁总管内劝农事，责任重大，工作繁忙，在日夜操劳中致病缠身，临终时曾对孙谐说：我很幸运生育你，我们孙门一族的荣耀，全凭朝廷的信任和器重，望你竭心尽力效忠朝廷，将祖先的事业发扬光大。孙谐牢记先父的教诲，在人生的道路上奋力拼搏，官至朝列大夫、河东山西道朝列大夫。其文章、书法也有较高的造诣，孙家坟墓碑上曾留有他的撰文和书丹。由正议大夫、礼部尚书撰书。此碑为青石质，碑体高148、宽100、厚22厘米。现已断为两截，且有破损。碑额、碑座均佚失。

【碑文】

正議大夫禮部尚書監……

元故朝列大夫河東山西道宣慰副使孫公墓

大元元統三年歲次乙亥三月望日建

玄德真人墓碑

【简介】

元至正三年（1343）立于恒山仙人坟，现存仙人坟。碑为青石质，高90、宽58、厚11厘米。碑阳为回字纹边，多有风化。碑阴额题“本宗道众”。碑阴字迹不清。

【碑文】

（碑阳）

西京路都道録衝虚妙道玄德真人衡公之墓

（碑阴）

本宗道衆

□□□□常　提舉張道璘

知觀王思孝　提點郭道久

提舉劉希□　知庫劉希魯

提點李道祖　提點孫道崇

知觀許道義　提點宋道安

提點翟道堅　知書王思忠

提點林善神　知宫張道定

知觀薛唯明　提點石善宗

典座楊道古　知庙蘇唯忠

提點班布微　知宫刘思齊

知客□□義　提點許道仁

知觀安思明　侍者馮思敏

至正三年五月　日

門徒□□明

□真人立

殿主　翟惟一　李福全

李佃聚

助緣　□通

永等　立石

“云边觉岸”题刻

【简介】

元至正末年前后（约 1360 年），镌刻于一大峭石之上。字高 85、宽 270 厘米。现存悬空寺东南河床之中。“云边觉岸”四字左旁刻有“宣慰使孙公坟在浑源州西二十五里昼锦山之阳”。

【刻文】

雲邊覺岸

宣慰使孫公墳在渾源州西二十五里晝錦山之陽

宣慰使孫公佐
渾源州

明

而啓之題其額曰復還天巧且為之記其狀矣分巡鄧君持
山奇觀洞開則茲山勝事也乃侍御公已題額言之矣曷可
哉粵稽元始生天道大道生天地天地生萬物恒山固天地
也予昔登山臨茲洞矣杳宴幽窅既不可窺測其端際亦不
彼金沙大隱美則美矣率以人與魚藻寒居奇則奇矣皆緣
非大道所生非大道則非元化所肇若恒嶽則與天壤並立
真元愚父不能力移齊諧莫詳自始盖一元不能不散而為
今侍御公撤其蔽而新之亦復還其天元焉耳然則茲洞也
然予重有慨焉夫元象之元含光自然分而萬形散而萬物
通洞為元造物理備我性有元善洞為元造啓則還之性有

罗汉洞石刻楹联

【简介】

明洪武三年（1370）刻于悬空寺之北的罗汉洞寺庙。青石质，高130、宽72、厚14厘米。由张思叡摹古而书。所谓摹古，就是原罗汉洞山门悬挂着一副金初浑源人状元刘㧑所书的联语，上联是“南罗汉北悬空两寺夹一山，山下起风风吹风铃铮铮响”；下联为“左恒峰右翠屏两山峡一峪，峪中有水水打水磨团团转”。此联由此简化而成。

【联文】

南羅漢北懸空弍寺盤數嶺；

左恒山右翠屏兩山峽弍溪。

仲春　张思叡　摹古（印两方）

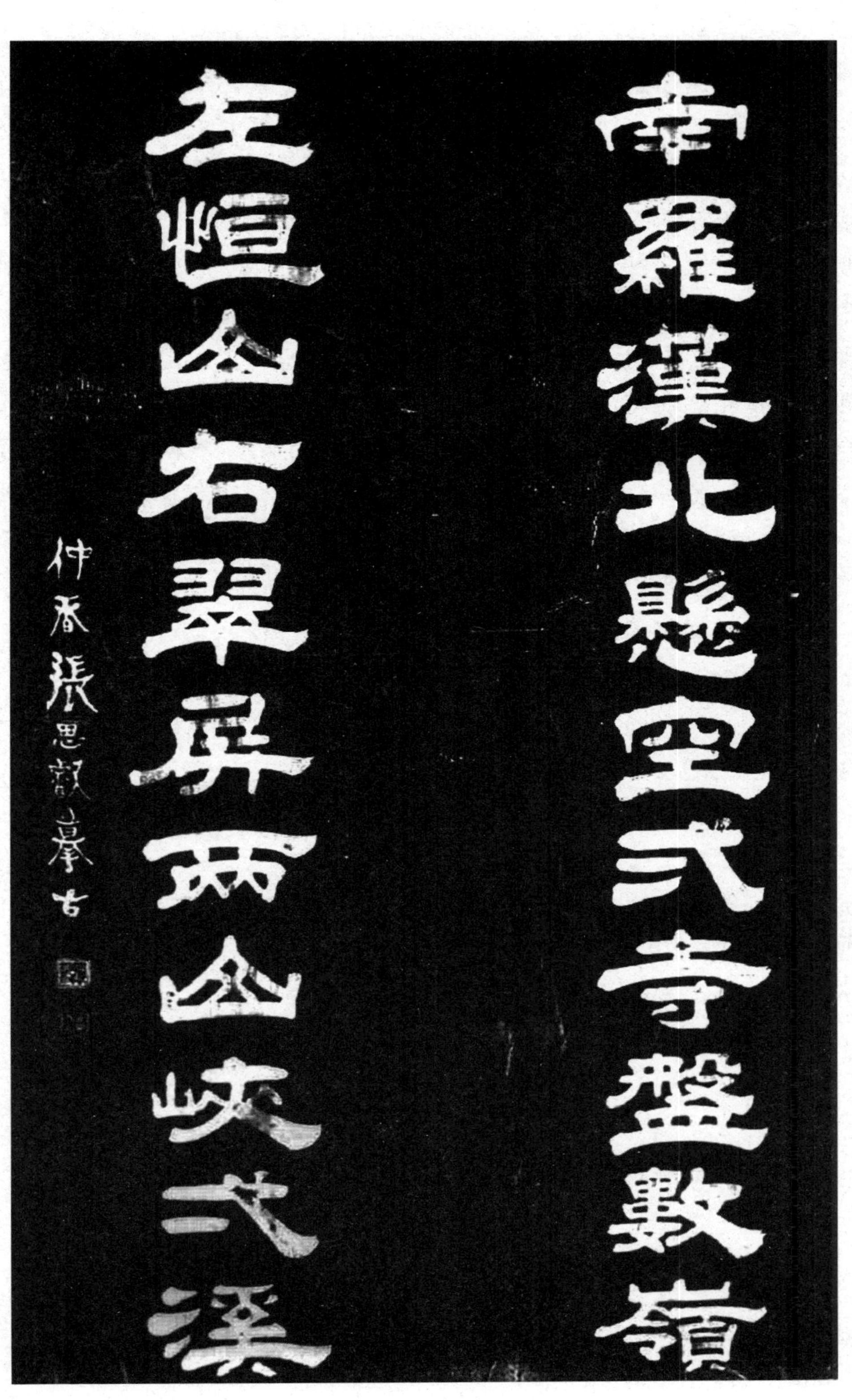

重修古北岳庙碑

【简介】

明洪武十三年（1380）立。碑存恒宗殿。圆首方座，碑高171、宽87、厚31厘米。碑额为双龙，座为赑屃。浑源知州□□济撰文、书丹。

【碑文】

重修古北嶽廟碑

奉直大夫知大同府渾源州事□□濟撰并書

承事郎山西□都指揮使同□事□副斷事□□□篆額

維渾源恒山，爲古北嶽，德配玄冥，巍然弈然，蓄納風氣，□□中夏，雄鎮朔漠，其□□神靈殆難與四嶽等也。□□有虞□受禪□十一月北巡狩，帝躬行望秩。雖牲幣之數，爵號之等，其詳靡開，所以致崇極于□□嶽神者尚矣！嶽後飛石東遷，卒建祠于曲陽，□……爲典，恒山之祠廢不復之，至其興雲霧澤下土名村珍藥之所，産榮苑□氣之所鍾，兹山之靈固弗泯也。逮□魏武觀雲中肇□□□□表□靈□□□中錫□王爵，玄宗臨御詔賜觀曰“龍泉觀”，以龍湫居嶽陰也。至宋祥符間，秩封位號□加顯隆；遼金之際……者，又何如哉。降□元氏世變不一，盛衰之相循亦其理宜也，况兹山乎……□□朝以神武混□區夏，極地際天，罔不臣服，文臣武臣，慎乃攸職。洪武五年……詔命龍虎將軍周候立領山西行都指揮使司都指揮使，以龍虎將軍□候□貳其職，□鎮……不擾，大□克靖，邊陲底寧，嚴恭神明，罔敢或怠。作藩之□季夏，雲中不雨，麥牟麥半收，秋淫□游至禾……雨□□□□□感發，顧謂□屬曰：稽之古昔諸侯祭封内山川禮也，余奉……天之命來莅是邦。非其所祭而祭之，是爲淫祀。今恒山在吾所統理，雖飛石建祠于□所，然□代……廢也。子其墜□□□□矧今雨暘不節，屢爲民病，其祀典不修之咎歟。雖蒸祀之非時，亦吾所以敬神勤民之意，不猶愈於……祠下又□□□爽，乃□服入就位，百執事各領所職，牲醪肥馨，籩豆静潔，絲管迭奏，登降有儀，誠竭於中禮備乎。□□□神靈□□真……然景雲焕發，乾坤清明、光彩照耀、佞益虔弗懈禮。訖聚賓□屬舉觴命之曰：祀事之舉吾之職也！然明宫齋爐震雨凌風不蔽星月，擂翳蕪……而□慮，豈敬事神明□意乎？矧恒山爲五岳之宗乎！雖以飛石遷祀於它所，而前代褒崇猶比比也，兹其可弗念哉！僉應曰：諾！遂……臻□畢糞壤，復捐緡錢若幹貫，鳩集工匠諸村，於山陶填，於場治築，庭壇侈新易故，耆□交賀，里氓勸趍，月不載朞，而……壯軒豁□□神居□寧，人可瞻仰，□湢之所，百用具修。工畢，驛聞爰委事于從事董亮賫牲醴□□惟謹，時……命其賓屬勤勒諸廟，□□□美于不朽，咸以屬之。雖允先允先，辭謝弗獲。竊惟神高聽卑，誠□□□□□□事神……施，庸可量哉！□□□□皇室，羽儀天朝，澤流四海，滋末艾也。廼繫之辭曰：北嶽恒山，玄冥是宅，維昔巡狩，舜類牲帛，□後遷祀，飛石曲陽，□□□□……肇拓跋魏，褒崇有典，唐宋之世，□□□□……皇明受命，四夷來三，曰彼北庭，仕任隄防，事神勤民，□□□□……錫福黎旷，神居永寧，祚我家邦。

洪武十三年四月十五日安遠將軍指揮同知張聚

廣威將軍指揮僉事房昭　樊進　魏平　屠福　董成　孫李　曹友　葛文夏

煜俞□□監工官　武□將軍劉成

“琴棋台”摩崖题刻

【简介】

明洪武十三年（1380）七月望日（农历十五日）镌刻于恒岳琴棋台崖壁之上。题刻高80、宽200厘米，由龙虎将军周立题书。

【题刻】

琴棊臺

大明洪武庚申七月望日

龍虎將軍周立書

礼部钦依出榜晓示郡邑学校生员碑

【简介】

明洪武十五年（1382）立石，现存县城文庙西院墙下。碑高74、宽154、厚13厘米，青石质，缠枝纹边。

【碑文】

禮部欽依出榜，曉示郡邑學校生員，爲建言事理，本部照得，學校之設，本欲教民爲善，其良家子弟入學，必志在薰陶德性，以成賢人。近年以來，諸府州縣生員，父母有失家教之方，不以尊師學業爲重，保身惜行爲先，方知行文之意，眇視師長，把持有司，恣行私事，稍有不從，即以虛詞徑赴京師，以惑聖德，或又暗地教唆他人爲詞者有之，似此之徒，縱使學成文章，後將何用？況爲人必不久同人世，何也？蓋先根殺身之禍於身，豈有長生善終之道，所以不得其善終者。事不爲己而訐人過失，代人報讎，排陷有司，此志一行，不止於殺身未知止也。出榜之後，良家子弟歸受父母之訓，出聽師長之傳，志在精通聖賢之道，務必成賢，外事雖入，有干於己，不爲大害亦置之不忿，固性含情以拘其心，待道成而行行，豈不賢人者歟。所有事理，條列于後。

一　今後府州縣學生員若有大事干於家己者，許父兄弟姪具狀入官辨別，若非大事，含情忍性，毋輕至公門。

一　生員之家，父母賢志者少，愚癡者多，其父母賢志者，子自外入，必有家教之方。子當受而無違，斯孝行矣，何愁不賢者哉。其父母愚癡者，作爲多非，子既讀書，得聖賢知覺，雖不通通，實愚癡父母之幸，獨生是子若父母欲行非爲，子自外入或就内知，則當再三懇告，雖父母不從，致身將及死地，必欲告之，使不陷父母於危亡，斯孝行矣。

一　軍民一切利病，並不許生員建言，果有一切軍民利病之事，許當該有司、在野賢人、有志壯士、質樸農夫、商賈技藝皆可言之，諸人毋得阻擋，惟生員不許。

一　生員内有學優才贍、深明治體、果治何經、精通透徹、年及三十願出仕者，許敷陳王道，講論治化、述作文辭，呈稟本學教官考其所作，果通性理，連僉其名，共呈提調正官，然後新齋赴京奏聞，再行面試，如是真才實學，不待選舉，即時録用。

一　爲學之道，自當尊敬先生。凡有疑問，及時講説，皆須誠心聽受，若先生講解未明，亦當從容再問，毋恃己長妄行辨難，或置之不問，有如此者終世不成。

一　爲師長者，當體先賢之道，竭忠教訓，以導愚蒙，勤考其課，撫善懲惡，毋致懈惰。

一　提調正官，務在常加考較，其有敦厚勤敏，撫以進學，懈怠不律，愚頑狡詐，以罪斥去，使在學者皆爲良善，斯爲稱職矣。

一　在野賢人君子，果能練達治體，敷陳王道，有關政治得知，軍民利病者，許赴所在有司，告給文引，親齎赴稟面奏，如果可采，即便施行，不許坐家實封入□。

一　民間凡有冤抑，干於自己及官吏，賣富差貧、重科厚斂、巧取民財等事，許受害之人將實情自下而上陳告，毋是越訴；非干自己者，不許及假以建言爲由，坐家實封者，前件如已依法陳告，當該府州縣布政司、按察司不爲受理，及聽斷不公，仍前冤枉者，方許赴京伸訴。

一　江西、兩浙、江東人民多有事不干己，代人陳告者，今後如有此等之人，治以重罪，若是鄰近親戚人民，全家被人殘害，無人伸訴者方許。

一　各處斷發充軍及安置人數，不許建言。其所管衛所官員，毋得容許。

一　若十惡之事，有干朝政實跡可驗者，許諸人密竊赴京面奏。

一　前件事理，仰一一講解遵守，如有不遵，並以違制論。

一　欽奉勅旨，榜文到日，所在有司，即便命匠置立卧碑，依式鎸勒於石，永爲遵守。

右榜諭衆通知

榜

洪武拾伍秊　月　日（本行为篆刻章释文）

“登恒十韵”诗碑

【简介】

明永乐十六年（1418）立。碑存恒宗殿。碑高115、宽56、厚15厘米。圆首、缠枝边。青石质，破损较重。额篆“最上头”3字。王勋竹题、篆额、书丹。

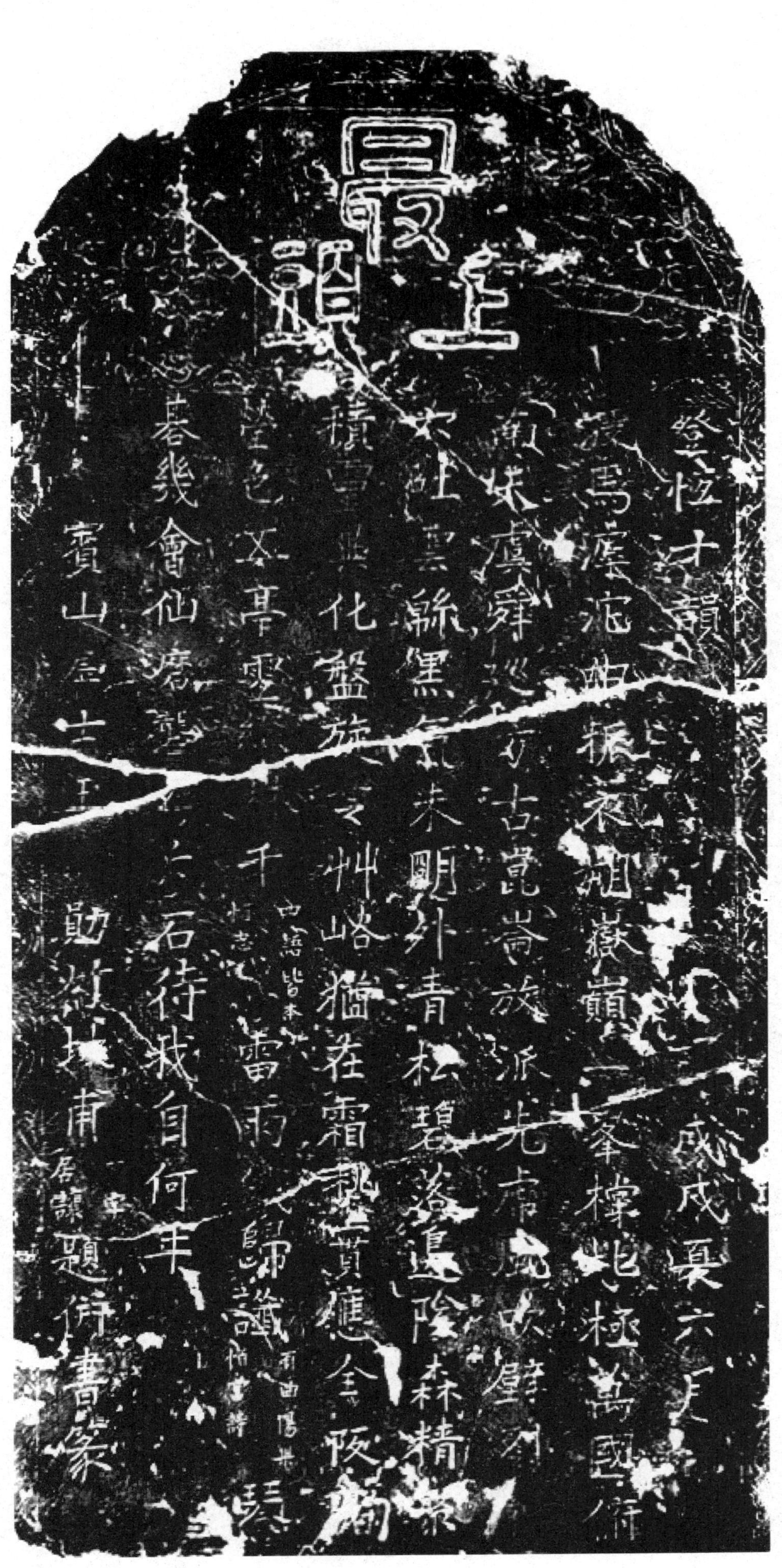

【诗文】

登恒十韻

戊戌夏六月

渡馬滹沱曲，振衣朔嶽巔。
一峯撐北極，萬國俯南天。
虞舜巡方古，崑崙放派先。
虎風吹壁裂，龍穴吐雲緜。
黑氣未明外，青松碧落邊。
陰森精聚積，靈異化盤旋。
芝艸峪猶在，霜桃實應全。
阪脂瑩色五，亭雪綴林千。

四語皆本恒志

雷雨俄歸識，琴碁幾會仙。
磨礱存片石，待我自何年。

有曲陽匚恒宫詩

賓山居士王勛竹坡甫一字居讓題併書篆

摩崖诗刻

【简介】

明正统九年（1444）夏月镌。高 36、宽 48 厘米，题写于恒山寝宫北岳庙后西北处的崖体上，字迹漶漫不清。由胡汝楫题书。

【诗文】

此中有鑿痕猶在，
一石何須鎖曲陽。
自是傳聞難盡信，
□廷曾未見稱王。
甲子夏　胡汝楫書

圆觉寺塔体碣

【简介】

明成化五年（1469）二月镌刻于浑源城西北圆觉寺释迦宝塔塔体上。高 56、宽 32 厘米，简记浑源州知州关宗伙同其他地方官员重修圆觉寺。由周瑀刻石。

【碣文】

奉訓大夫知渾源州事南宫關宗

吏目曹州李昉

儒學學正濟南于璧

訓道慶陽劉端

化主道士　叚廣　張溪昇　龔礼

匠人　張通

成化伍年二月初十日重修

舍人周瑀刻

浑源州重修北岳庙记

【简介】

明成化五年（1469）八月立。碑存恒山真武庙。碑高220、宽90、厚27厘米。碑额为双龙戏珠，碑边为缠枝纹，汉白玉质。由刘翊撰文。

刘翊（1426—1490），字叔温，号古直。明代青州府寿光县阳河里（现青州市高柳镇阳河村）人。正统十三年（1448）进士，授编修。天顺时任太子（即后来的宪宗）侍讲。宪宗即位后，以东宫旧僚升任太常寺卿，兼侍读学士。成化十年（1474）升吏部左侍郎，充讲官如故。翌年兼翰林学士，入内阁参预机务。宪宗称他为“东刘先生”，赐印章一枚，文“嘉猷赞翊”。不久升任吏部尚书，再加太子少保、文渊阁大学士。受命编《文华大训》。书成，加太子太保，进谨身殿大学士。弘治三年（1490）卒，谥“文和”。明弘治皇帝御赐祭联：忠裨于国，允称一代名臣；孝表于乡，堪称三朝元老。人称刘阁老。有《古直文集》《青宫讲义》传世。

【碑文】

渾源州重脩北嶽廟記

山之尊者爲嶽，而恒山嶽於北者，陰終陽始，其道常久，恒之名以此。《水經》又謂之“玄嶽”；《天文志》：“大梁折木，其神主於恒山辰星位焉”。著於書，載於史，雜見于傳記，豈獨其高峻嵚岩，攢羅霄漢，擘冀魏，截幽燕，亘朔方之奇觀哉。蓋其威靈烜赫，作鎮一隅，自古萬乘之君，罔不祇祀，況其下者耶！我國家禮敬百神，視前代尤謹。迺洪武三年，詔天下嶽鎮海瀆之神，悉以山水稱，其歷代崇奉徽號，瀆禮亂經之典，盡革去不用。此我太祖高皇帝，聖知灼見神天之本意，誠所謂大哉王言，萬世有天下國家者所當法也。列聖相承，率循不易。今上仁孝聰明，盡備洪武之丕績，嚴恭寅畏，以交神祇，菲食儉服，以崇廟祀，每歲孟春合祀衆神於南郊，雖當風雨，旋爲停霽，神靈恍惚，來享飲食，至誠感神，于兹可徵。我皇上禮神之盛如此，乃大臣爲國安民於外，烏敢以祀神爲緩事哉。渾源州南二十里許，即恒嶽之所，然廟適在山半，崎嶇蜿蜒，無平地可居，上雨旁風，廟貌傾圮，甚不足以聳人之瞻敬。今巡撫大同右都御史大名王君世昌來鎮兹土，即有事於廟，周覽徘徊，慨然曰：“廟不飾，何以綏明靈稱神御哉？守土之吏其責孰大於兹者。”面呼知州關宗俾易而新之。宗退而協其僚佐，督勸民工，財出於官，木斬於林，石伐於山，因舊益新，反故爲華，若殿若廊若門，以間計者三十餘，深倍之，以工計者經年而成，以錢計者千百之數。像設嚴畏，軒陛重隆，上巢飛雲，下瞰澗谷，土木采章，極其輪奐。改作於成化四年秋八月，訖工於成化五年秋七月，宗具本末，以成功復于都憲君，肆走書京師請記。夫恒嶽之載在祀典，其來尚矣！上而國家，下而臣庶，莫不尊禮。雖民愚之荒曠悖傲，亦不敢侮，是豈有所勉强而然哉。蓋由神靈陰翊默相，福庇朔土，其功甚鉅。都憲君巡撫代郡凡七載，威望尊嚴，法度振舉，雖權貴素侵漁者，今皆斂跡，雖敝卒窮民素飢窘者，今皆豐足。歲則大熟，民用胥悦。豈直民也，其於邊事尤所殫慮。夫寇戎出没大事也。成化三歲，賊首毛里孩擁衆迫邊，綿亘二三百里，邊人振驚，以爲自正統以後無此舉也。維時精兵皆西征，都憲君親率老弱之卒，指揮將士奮不顧身生擒二賊王，斬首四五十級，賊初易之，至是皆噬指落膽遂潰去。豈直御敵也，將士之賢否，三軍之休戚，儲畜之盈耗，靡不詳察而周知之，人莫敢欺，邊吏號爲神明。夫邊民按堵邊患不侵，朝庭無北門之憂，都憲君之功也。明則有人，而謂幽不賴於神之妙運陰陽，參贊化育，以衛國庇民者，是誣也。《傳》曰：明有禮樂，幽有鬼神，天理人心，其致一也，詎不信歟。廟而祀之，是豈特守土者之心，實則列聖禮神事天之心也。合而言之，皆王政之大者，不容不文其事于石。

成化五年歲在己丑秋八月　上沐

賜進士第通議大夫太常寺卿兼翰林院侍讀學士兼經筵官兼修國史東齋劉翊撰

北岳神公昭感碑

【简介】

明成化七年（1471）五月立。存恒山真武庙。碑高202、宽99、厚33厘米，额高53厘米，为蟠龙状，边为缠枝纹。奉议大夫同知大同府事徐禄篆额，赐进士承直郎大同府判鲍克宽书，撰文者虽系名家，但由于风化严重，辨认不清。此碑记述了“祷岳征寇”之事。由浑源知州关宗立石。

【碑文】

北嶽神公昭感碑

賜甲申進士出身浙松楊□□撰

奉議大夫同知大同府事泌陽徐禄 篆額

賜丙戌進士承直郎大同府判鳳陽 鮑克寬 書丹

山西大同乃古雲中郡，北嶽恒山在其域焉。天順辛巳，我英宗皇帝以大同爲西北扃鑰京師藩垣，命世將彰武伯楊公信總領戎權鎮撫其地。成化乙酉，適今皇上嗣登大寶，以公練達，命還京視操三千營士焉。未幾胡虜犯邊，廷臣推公昔在巡綏，曾手斬賊酋阿力臺王、毛里孩輩八人，知名夷狄，復請上命公掛征西前將軍印，仍鎮大同。虜聞風遂遠遁迹。公涖任，敬念北嶽爲朔方大鎮名山，與己之守帥是方職相表裏，故凡有民務，輒咨諸監兵太監覃公璣等至誠禱焉，或請雨，或禳氛，或祈兵事，無不響應。成化庚寅春，西戎連結北虜，寇掠陝右，越河東而侵威遠地方。

上勑公率兵往殄其亂。公决策定，仍祀嶽而行，至胡柴溝大克之，斬賊首帖木王特知院等千餘級，獲戰馬數萬匹，以是兵威益振，邊王者晏如。公謙讓不伐，歸功于嶽神。時綏德郝公淵之由監察御史擢知大同府事，以爲神人胥有功，神功宜彰，人功宜勒，已司牧是方勸功之典宜興，乃欲立石于嶽山。因知璣養疾于家，遂走書道其事，囑爲誌之，璣義其舉不辭。謂夫五嶽之神，視三公其能興雲雨弭災兵，與世之禊禍血食爲淫祠者，固大不侔。宜乎表章其德，此嶽之神所以聰明，所以正直，所以壹一，而有功於天地間也。至於人之祀神，又在平日之存心，累行造功福民，與神德弗爽，方能昭格亦不可不究而及焉。昔成湯禱于桑林之野而大雨，武王告于名山大川而克商，豈果在六事自責之言語。夫祇録上帝，以遏亂略之語，處能效哉良田，湯武救民夙念之誠心，預有以潜孚於不言之間耳。故孔子曰：丘之禱久矣。是以楊公之禱于北嶽，旱焉則雨，氛焉則祥，兵旅焉則勝，又豈在區區之粢牲豐潔禮意慇懃也哉。璣在兵曹觀政時，嘗聞政堂姜公之性資沉毅，心志忠勇，韜略得於家傳，自舍人建功歷九階而榮進伯爵，屢受朝廷寵異，賜以鳳翅明盔、寶刀明甲及蟒龍之衣以旌其能，又不特如郝公之所稱者用，是知公之效忠于國、積功于民，天地鬼神知之鑒之，已非一日，宜其格于北嶽之神，而并彰嶽神之德焉。璣於是就述太守公書意，并質以己所聞者爲之記。如此亦所尚勸而成太守公之美意也。雖然，嘗竊攷五嶽之神，在李唐時封以王爵，趙宋時加以帝號，均僭也誣也。迨我太祖高皇帝御四海、致太平，正天下之祀典，自前代帝王及先聖孔子外，其諸妄封王爵帝號者悉詔革去，亦不許人之亂祀也。又聞彼方民俗相傳，歲四月四日乃北嶽神之誕辰，至期軍民多登嶽祠致祭奠，幣獻財廢以百計，盡爲山下諸羽流所利。嗚呼！天地開闢嶽山雄結之時，人且未生，文字、歲曆俱未之有，安有誕日之可稽耶。抑封内山川非諸侯不得祭，季氏旅泰山尚爲僭瀆，況士民乎。《禮》曰：非所祭而祭，名曰淫祀。淫祀無福，說者固曰淫過也。以過事神，神弗享也，故無福，愚猶推曰：非惟神弗享也，且褻瀆以招譴，傷財以病生，無福信然。爲是方官長之賢者，宜乎正救斯弊，上以匡神德、安神心，下以解民惑、節民財，不爲迂務細故也。《吕刑》曰：絶地天通，罔有降格，群后之逮，在下明明棐常。

茲其義歟，記成附書此以告。

成化七年歲次辛卯夏五月端陽日

渾源州知州關宗立石

太和劉江鎸

重修龙山大云兴隆禅寺记

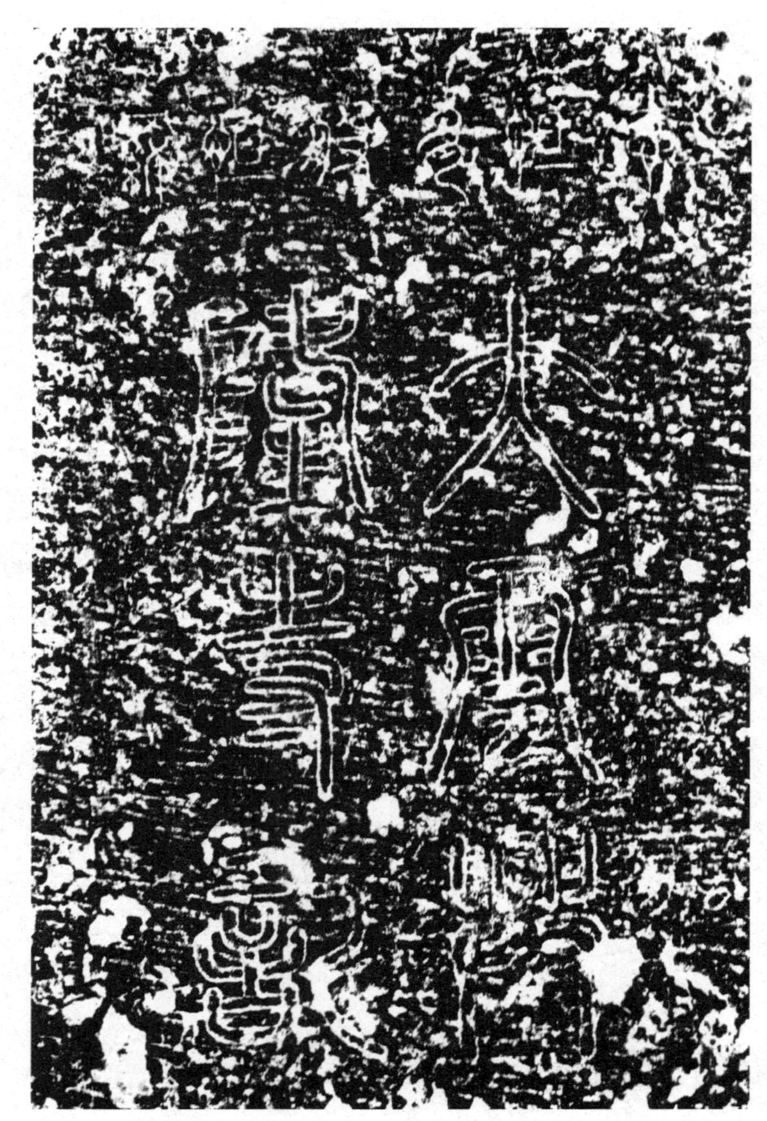

【简介】

明成化七年（1471）九月初十日立于浑源城西下疃村西南南禅河峡谷深处右侧山巅的兴隆寺，现存于该寺遗址。碑座赑屃被黄土掩埋。碑额雕二龙戏珠，碑边为缠枝纹饰。碑额高90、宽93、厚34厘米。中有“大云兴隆寺记”6个72厘米高的篆字。碑身高198、宽88、厚30厘米。碑为青石质。碑阳斑驳，字迹不清，记载重修禅寺始末等内容，由浑源知州关宗撰文，浑源州儒学冯俊书丹，浑源州吏目陈仪篆额。碑阴为布施者花名。

关宗，明代河北省南宫县人，举人，成化初任浑源知州，成化四年（1468）在大同府知府王世昌的支持下，主持修缮恒山岳庙。成化五年主持修葺了圆觉寺砖塔。成化七年又主持修缮了龙山兴隆禅寺。

【碑文】

（碑阳）

重修龍山大雲興隆禪寺記

奉訓大夫知大同府渾源州事南宫關宗撰文

大同府渾源州儒學訓導易州馮俊書丹

大同府渾源州吏目寧遠　陳儀　篆額

龍山大雲禪寺在渾源之西南四十里，興隆禪寺又在龍山之右三十里。峰峦秀拔，嵐光染空，高聳雲霄，属連鴈門。五六月之間，雨餘雲霽，山氣上騰或直，其色如虹，此龍山大雲禪寺，所以專渾源之勝也。巖岫四出，雲霞卷舒，幽泉怪石，流峙澗谷，丹碧照耀，樹林陰森，此興隆禪寺又專龍山之勝也。禪寺故址東南至長城嶺，西北至杓頭澗，創建於魏，曰“文殊殿”。迨金大定十二年，首座志運圓超重建，迄今年遠，殿宇傾頹，垣摧瓦落，迺於成化四年，春雨彌罕，天時亢□□人道玉，胥姓，平陽解州平陸人也，適在龍山與木石鹿豕戹遊，苦修不二之教。於是鄉人聞其戚行，請祈雨濟，参謁至寺，遂奮然感發，顧謂鄉耆曰：“衆憂旱災如此，倘賴佛力，潤澤蒼生，願化四方善士，修舉廢墮，共成其事也。”時雨果大降。道玉號名玉公禪師，竭誠秉虔，雲集鄉耆，開闢遺址，剪除榛荆。後化捐資錢萬貫，鳩集工匠，□材於山，陶植於□。是以耄耋趋事、里氓赴功，不載朞而功告成。正殿五間塑畫佛像。天王殿三間，伽藍殿二間，龍王殿三間，及門廊、丈室一十三間。贍養地□□十□畝。莫不焕然一新，人皆瞻仰，誠爲龍山勝絶之道場也。噫，既而落成有日，義官劉宗可率諸鄉耆俱事聞於予，復稽首徵文以紀之。予惟佛之爲教，其來尚矣，凡今普天之下，率土之濱，無一地而不設建寺宇，于以佑我皇明，祚我家邦，而垂福於斯民也至矣。余奉聖天子命來守茲土，今龍山在吾所統理，而大雲興隆禪寺乃古之名剎，予其墜而不舉可乎？是以不惟深嘉其事，而又爲之文。命勒諸石，以彰厥美于不朽，彪有功於是役，亦載之於碑陰。

旹大明成化七年九月初十日立

河津匠人　薛普絨　刊

（碑阴）

参與修繕興隆寺相關人員

守備都司……

指揮使……

州守……

僧正司……

道正司……

陰陽學典術耿文……

□□典科王偉……

致政知縣閆□……

任邱城縣丞胡璉　高氏……

任盧縣主簿王瑛……

功德主員外郎仝□……

七品散官郭□……

義官大功德主劉奇……

日長官功德主□□……

□鐘鼓義官閔鼎……

鄉貢進士郭容……

太學生王克己……

□□功德主辛士紀　張氏……

□庠生□文□　劉瑄……

敕建大興雲寺藏主……

正臨濟……

建立備造五公碑師……

本山住持僧長老

本山住持僧

……

（中下部漶漫不清，略）

重修云岩寺碑记

【简介】

此碑因上部和左边残缺，无法辨清立碑时间，估计约为明成化八年（1472），现存南榆林乡西岩寺村西云岩寺废墟之中。青石质。残高72、宽40、厚12厘米。

【碑文】

……迨梁武。唐憲奉佛惟謹，而招提浮圖之營建殆盛也。我……也。况雲中天下巨鎮，僧俗胥向善。爲………郡踰一舍，距雲中八十里，古刹一礌雲岩寺，剏建于至元……地藏殿傾圮，爲寺缺典，寺僧常安頂礼之余欲謀重修，衆……以金繪壁，以絢砌基，以石繚垣，以土井條，輪奐内外，鼎新……救倒懸，超度衆生，使善惡昭鑒。兹殿之修，寧不大有裨于……非緇衣中之純篤，何以有是功德，何以有是感昭哉。寺東……巒蒼翠，勝概甲于諸寺，額有擅寺地六頃餘畝，爲諸僧俗□。

……胡題奉

……加夫僧惟存住□事佛有人，寺……

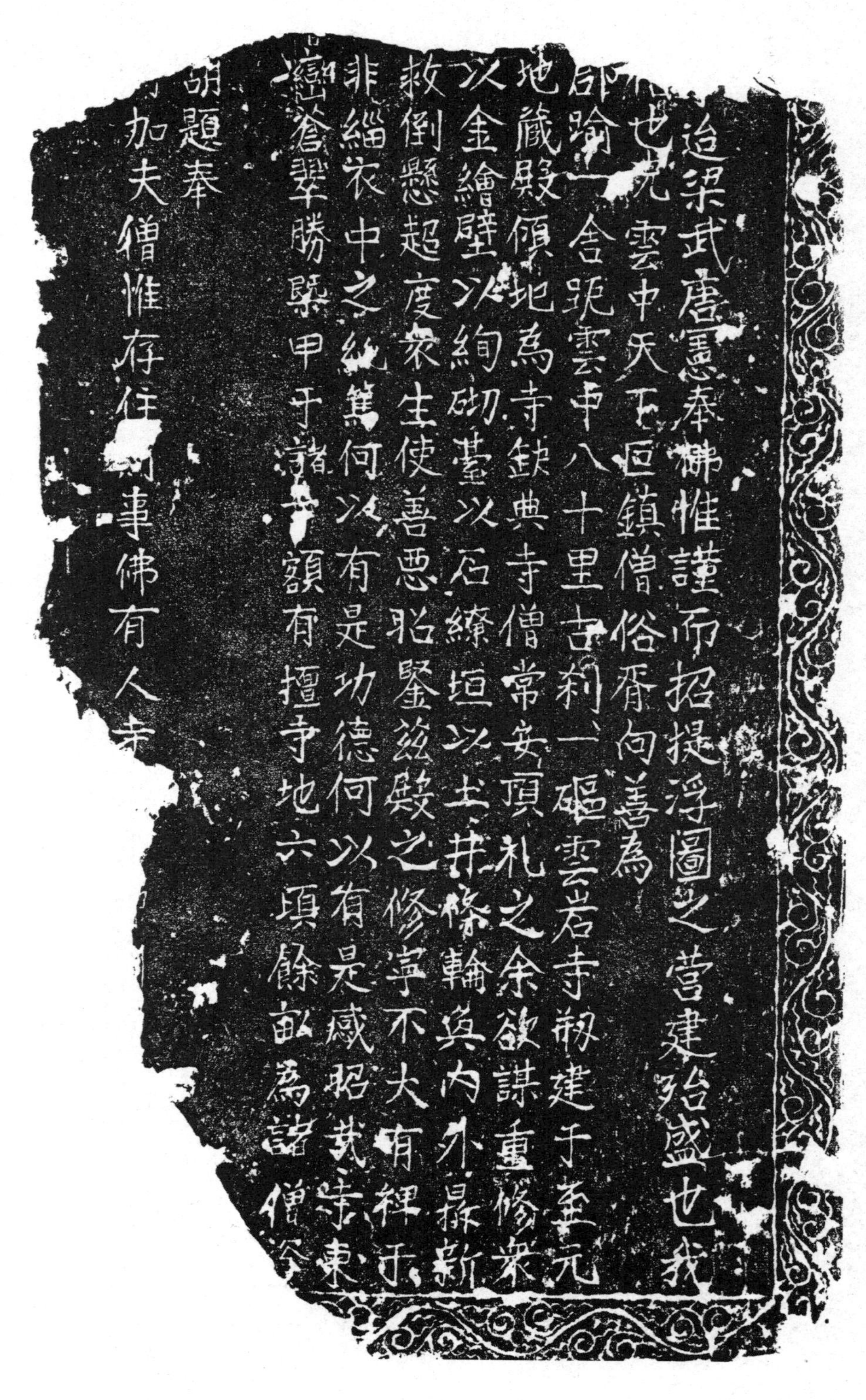

“虎风口”摩崖题刻

【简介】

明成化十三年（1477）镌刻于恒山步云路悬根松东侧崖体。高60、宽110厘米。由大同府知府张昇题书。

明代张昇题书的“恒宗”两个大字处叫“恒宗崖”，也叫大字岭，沿大字岭下的石级云径北上，峰回路转，细路远上，约行一里许，正当你气喘吁吁、汗流浃背之际，蓦地一股清凉的山风迎面而来，沁人肺腑，耳边响起了一阵阵声似松涛、犹如虎啸的美妙乐曲。明代诗人赵之韩有《虎风口》诗云：“雄风飒飒阵云横，吹入平林作涛声。知是山君显灵赫，错教山下闻雷惊。”面对此情此景，初登恒山的人莫不感到惊奇，刚才还觉闷热沉沉，感到恒山是静的，此刻清风习习，松涛阵阵，乱云飞渡，恒山如行。原来恒山是动静相成的清凉世界，这便是让人难以忘怀的“虎风口”。

【题刻】

虎風口

祈雨有感碑记

【简介】

明成化十五年（1479）六月立。存恒山真武庙。碑高164、宽90、厚32厘米，额为双龙戏珠状，碑边为缠枝纹，汉白玉质。由代府右长史奉议大夫尹纶撰文，代府伴读石璇书丹，浑源知州冯珪立石。

【碑文】

（碑阳）

祈雨有感碑記

代府潞城王鳳陽怡庵道人代府右長史奉議大夫泰和尹綸撰

代府伴讀登仕佐郎金臺石璇書

成化戊戌歲，自暮春扺仲夏，旱魃爲虐，累月不雨，赤地千里，草木憔悴，禾稼枯槁，民方以爲憂。

都憲李公奉璽書撫是邦，遇灾而懼，憂形於色，乃率属側身修德，以自責曰：酷政虐下，與處事乖方，與律己不廉，有以致之。與巽回天意，而尤叩山川靈祠能興雲致雨者，久之弗獲感應，闔境皇然無措。僉請於公曰：北嶽爲朔方之鎮，素靈異，有求輒應如響，願公精誠以禱之，必獲其報。公遂以身先之，即日薰沐齋戒居外寢，自爲祝詞，遣官齋禮幣詣祠宇，至誠懇禱。須臾甘澍隨布，三日乃止，四野霑足，枯者甦而仆者起，室家胥慶，非惟喜有秋成之望，而尤喜其可足邊餉之供。公之爲民憂國之心爲何如，僉曰：是功也伊誰之功，與歸之於公。公不自以爲功，歸之於神。神乃奉上帝命以福斯民衆，不自以爲功。然非都憲之德足以格天，曷克臻兹？而都憲卒以功歸諸神。公諱敏，字公勉，河南襄城人，由名進士任監察御史，歷廉憲左右方伯而陞今職，在在有聲。大同守安陸周俠正恐其事久無傳而湮没，遂命知渾源州事懷柔馮君珪，求予文勒諸堅珉，以紀其勝，并載祝詞於左方云：

維成化十四年歲在戊戌六月辛卯朔越十八日戊申，欽差巡撫大同都察院右副都御史李敏敬，遣山西行都司都指揮僉事王昇，大同府通判曹靖，謹以牲醴之奠敢昭告于神。雄鎮一方，廟食千古，有感必通，無微不睹。兹者，自春徂夏，亢陽不雨，麥豆焦枯，民食艱阻。神主發生，我司巡撫，既表裏於陰陽，忍軍民之愁苦。伏望尊神宣恩下土，降甘霖於八荒，起枯槁於九有，惟民受惠，載歌載舞，予亦感德，永藏肺腑。謹告。

謝雨文

維成化十四年歲在戊戌六月辛卯朔越二十八日戊午欽差巡撫大同都察院右副都御史李敏敬，遣山西行都司都指揮僉事王昇，大同府通判曹靖，謹以牲醴之奠敢昭告于北嶽恒山之神。惟神巍巍其勢，赫赫其靈。禱之必應，享于克誠。邇者亢陽，敬告神前，油然作雲，雨我公田。黍稷既茂，亦乃有秋，匪神之惠，孰釋我憂。民無艱人，亦宜有報。敬陳菲儀，聊伸祭告。尚享。

大明成化十五年歲次己亥夏六月吉日　渾源州知州馮珪　立石

（碑阴）

祈雨有感碑者乃因記

中議大夫贊治尹大同府知府周正，奉直大夫渾源州知州馮珪，從仕郎……

奉政大夫同知史黽，將仕郎吏府張旺，承德郎通判曹靖，儒學學正程泓，承事郎推官安吉，訓導王理，昭勇將軍守備指揮使趙縉，龍泉觀住持李溪雲，雲中野納覺同。

祈雨有感碑者乃因欽差巡撫都憲李公祈雨而建也。合聞之喜而作此，用傳勝事於不朽云：邊城亢旱盡憂疑，憲府封章禱嶽祠。直道無私明主識，忠心有感上天知。濃雲大澍連三日，瑞麥重甦秀兩歧。御史雨後今繼美，緑蘿崮畔樹穹碑。

鳳陽怡庵道人書于白雲深處

祈雨有感碑記

代府[illegible]城[illegible]陽[illegible]道
代府[illegible]長史[illegible]奉[illegible]議大夫[illegible]和[illegible]尹[illegible]
代府伴讀[illegible]登仕佐郎[illegible]金臺石[illegible]書

成化戊戌歲自春徂夏旱爲虐累月不雨赤地千里草木憔悴禾稼枯槁民方□爲憂
都憲李公奉
璽書撫是邦遇災而懼恩形於色乃齋居側身脩德以自責曰詣政處下與慶事菲方與律己不廉有以致之與冀回
天意而尤叩山川靈祠然興雲致雨者又之鄉獲感應闔境皇然無措僉請於公曰
北嶽爲朔方之鎮素靈異有求輒應如響願公精誠以禱之必獲其報公遂以身先之即日薰沐齋戒居外寢自爲祝詞遣官齎禮幣詣
祠宇至誠懇禱須臾甘澍隨布三日乃止四野霑足枯者甦而仆者起室家胥慶非惟喜有秋成之望而尤喜其可足邊餉之供公之爲民憂
國之心爲何如僉曰是功也伊誰之功與歸之於公公不自以爲功歸之於
神神乃奉
上帝命以福斯民公不自以爲功然非都憲之德足以格
天曷克臻茲而都憲卒以功歸諸神公諱敏字公勉河南襄城人由名進士任監察御史歷廉憲左右方伯而陞今職在在有聲大同守安陸周侯
正懼其事久無傳而湮沒遂命知渾源州事懷柔馮君珪求予文勒諸堅珉以紀其勝并載祝詞於左方云

祈雨文

維成化十四年歲在戊戌六月辛卯朔越十八日戊申
欽差巡撫大同都察院右副都御史李敏敬遣山西行都司都指揮僉事王昇大同府通判曹靖謹以牲醴之奠敢昭告于
北嶽恒山之神惟
神雄鎮一方廟食千古有感必通無微不燭茲者自春徂夏亢陽不雨禾豆焦枯民食艱阻神主發生敕司巡撫既表衷於陰陽忍軍民之愁
苦伏望
尊神宣恩下土降甘霖於八荒起枯槁於九有惟民受惠載歌載舞予亦感德永薦馨香謹
告

謝雨文

維成化十四年歲在戊戌六月辛卯朔越二十八日戊午
欽差巡撫大同都察院右副都御史李敏敬遣山西行都司都指揮僉事王昇大同府通判曹靖謹以牲醴之奠敢昭告于
北嶽恒山之神惟
神鎮此邦赫赫其靈禱之必應予于克誠適者亢陽敬告神前油然作雲雨我公田黍稷既茂亦乃有秋匪神之惠孰釋我憂民無艱食
宜有報□敢陳菲儀聊伸祭告尚
享
大明成化十五年歲次己亥夏六月吉日渾源州知州馮珪立石

“恒宗”题刻

【简介】

明成化二十年（1484）镌刻于恒山主峰最南端的大字岭上。二字总高1500、宽800厘米，是我国最高大的摩崖题刻。笔画如栋梁，点捺大如牛，字体遒劲有力，端庄雄浑，悬于空中，势若巨匾，顶天立地，极为壮观，为恒山题刻之代表作。题刻上方有二篆字“大明”，落款为“中顺大夫大同知府汤阴张昇敬书　成化甲辰仲春之吉刊志”。“恒宗”两个大字由张昇书于成化十三年（1477），刻于成化二十年（1484）。题刻左侧还刻有“恒宗”两个隶书体小字，为明嘉靖丙辰春二月提学副使陈棐书。

【题刻】

大明中順大夫大同知府湯陰張昇敬書

恒宗

成化甲辰仲春之吉刊志

嘉靖丙辰春二月

恒宗

提學副使陳棐书

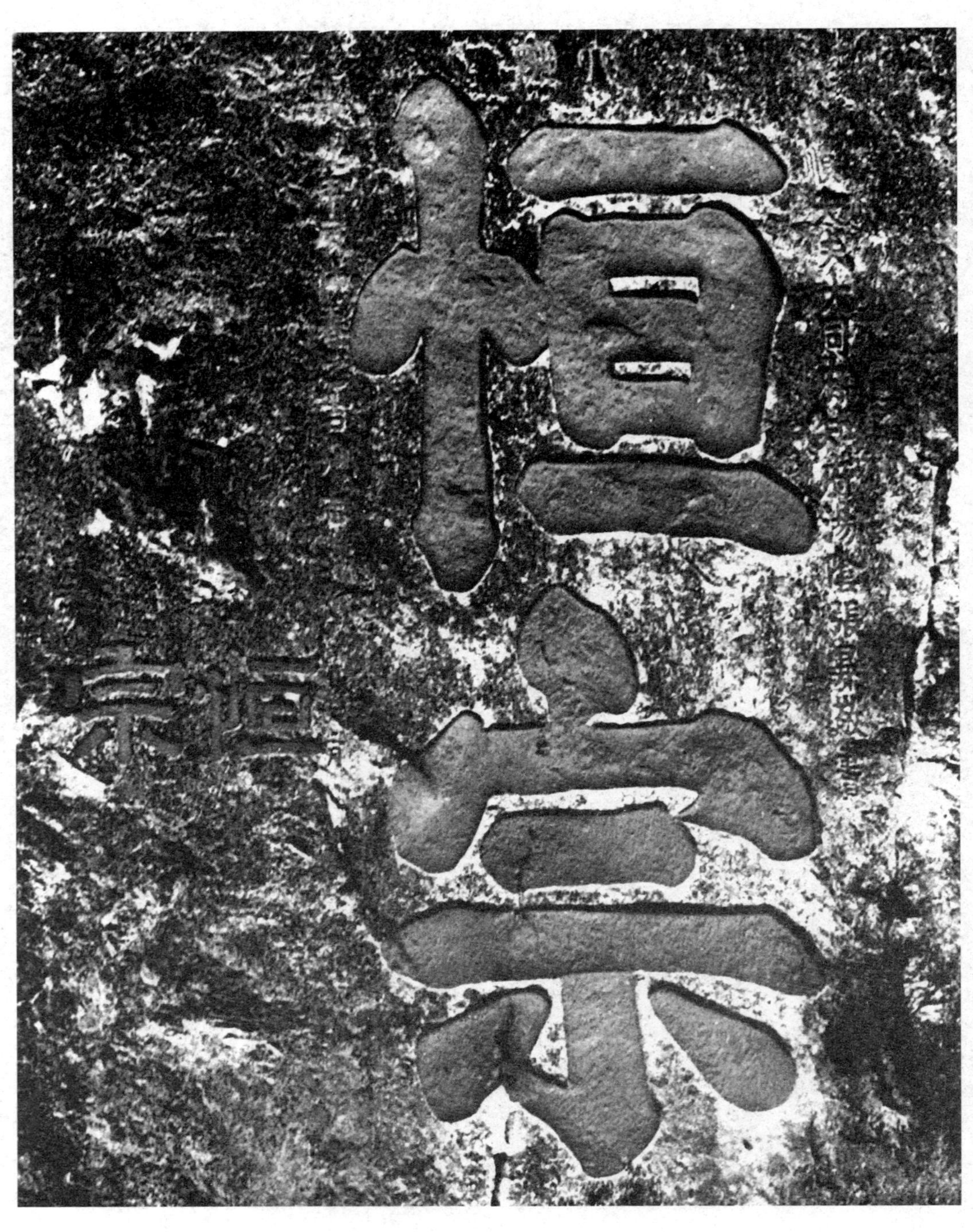

“玄岳”摩崖题刻

【简介】

明成化二十年（1484）镌于恒山步云路舍身崖下的山体上，上下两行均为篆书，字体佳丽，结构严谨，是书法上品，题书者张昇还在恒山步云路中段山体上题书过“恒宗”两个楷书大字，二者可谓姊妹篇。题书总高160、宽225厘米，基本保存完好。

张昇字景阳，河南汤阴人，成化初年进士及第。在大同任知府期间曾在步云路中段、停旨岭村北的峭崖上题书“恒宗”两个大字，两字遒劲有力，高达十五米，为中国崖刻之最。之后又在舍身崖下题书了“玄岳”二字。次年为千佛岭题书了“岳宗”二字，均系书法珍品。

【题刻】

中順大夫 大同府知府湯陰张昇敬書

玄岳

大明成化甲辰長至之吉刊置

“岳宗”石刻

【简介】

明成化二十一年（1485）立。存千佛岭。高154、宽80厘米。大同知府张昇题书。奉训大夫浑源知州杨健立石。千佛岭为恒山支脉，在恒山主峰玄岳峰正南偏西约25公里处，林茂草丰，泉水奔流，自然景观十分奇特，融北国的雄浑、江南的毓秀为一体，向有“塞上江南”之美誉。其孙膑寨、庞涓岭、管仲沟更演绎着春秋战国一代英雄豪杰的传闻轶事。

张昇，字景阳，河南汤阴人，进士。成化年间任大同知府。明成化二十年（1484）题书“恒宗”二字，镌刻在恒山停旨岭北的峭崖上，两字遒劲有力，高达十五米，为中国崖刻之最。次年在千佛岭题书“岳宗”二字，镌刻于一大峭石上。

【刻文】

奉議大夫大同府知府湯陰張昇景陽書

岳宗

奉訓大夫渾源州知州青城楊健立石

成化乙巳仲夏吉日

“悬空寺”题刻

【简介】

明成化二十一年（1485）镌刻于悬空寺南岩壁。高50、宽160厘米。由大同府知府张昇书丹。

悬空寺，位于浑源城南5公里处的翠屏峰山腰间。被誉为“空中第一寺”的悬空寺，背依秀丽的翠屏峰，面对巍峨的天峰岭，上载危崖，下临深谷，结构奇险，楼阁悬空，楼体临空危挂，丹廊朱户傍崖飞栖，仿佛是细致入微的剪纸画屏，吊挂在恒山大门的磁峡口，又像是玲珑剔透的雕刻，镶嵌在翠屏峰的万仞绝壁。山水寺相映成趣，释道儒聚会一处，形成“飞阁丹崖上，白云几度封；蜃楼疑海上，鸟道没云中”的天地大观。从而留下了唐代大诗人李白“壮观”的挥毫、明代大旅行家“天下巨观”的赞叹，以及明代书法家陈棐“奇观”的感叹。

悬空寺始建于北魏太和十五年（491），历经40余年的建设，到孝武帝元修初（532）才形成木制楼阁28间、佛殿12处、道教殿5处，释、道、儒三教合一大殿1处的规制，后经历代修葺，成为我国独一无二的空中奇观，1982年被国务院列为全国重点文物保护单位。

【题刻】

中順大夫大同府知府湯陰□□景陽書

懸空寺

成化乙巳仲春□吉立……

增修云岩禅寺记

【简介】

明弘治元年（1488）仲夏立于南榆林乡西岩寺村西的云岩寺内，现存云岩寺废墟上。砂岩质。碑身高 194、宽 81、厚 33 厘米。碑首已失。碑座高 60、长 92、宽 90 厘米。此碑基本保存完好，碑阴多有风化，字迹不清。由云中（大同）进士柳芳撰文。云中太学生董玹篆额。云中庠生松菴庄清书丹。由主持本秀立石，由云中武清镌。

【碑文】

（碑阳）

增修雲岩禪寺記

癸卯進士雲中柳芳撰文

太學生雲中拙菴董玹篆額

雲中邑庠後學松菴莊清書丹

渾源境西北大鎮曰秀峰山。峰巒清奇可愛，林木森然，有古刹雲巘寺。第未知昉於何時，甚多古跡。其西山巖空舒数丈，其下可容大殿数座，因以巘爲名。上有文殊洞，時或見光象。遠迩瞻敬遊覽，一方勝之境也。正統間，大同前衛揮使沈公悉捐家資搆正佛殿大三間，觀音地藏殿各三間，於傍又建玄帝殿及伽藍、清源妙道真君、崇寧至德真君、金剛殿各一座，殿宇嵯峨，相儀縹緲。東去一里許建禪堂三間，環以僧舍，田園坦潤。東抵紅沙嶺，南至□嘴，北据馬頭山，西止石嶺，代設住持焚修。其地土脉肥饒，居民仁善。成化庚子，住持曰本秀，恪遵戒律，甚有功行，累歲葺修增補，焕然一新。是夏把捴揮使姚君特遊其寺，嘆羡久之，曰："古刹偉麗若是，何無碑以紀其迹。余願助資以倡之。"秀乃應命，慨然歷謁王公士庶崇善者，并以素所積儲鳩集石工，琢磨頑珉置殿側，與鍾亭對侍，乃徵余爲記。余以佛之爲神，代所崇尚，我朝尤甚，矧是境清幽，佛必依焉，奉之用以祝皇圖聖壽於無疆，海宇斯民之安泰，所係若然，識不可無碑以記其始末，因述其事，使覽者有所考而知所自云。

弘治元年歲在戊申仲夏穀旦

住持　本秀　立石

雲中　武清　鐫

石匠　余昌

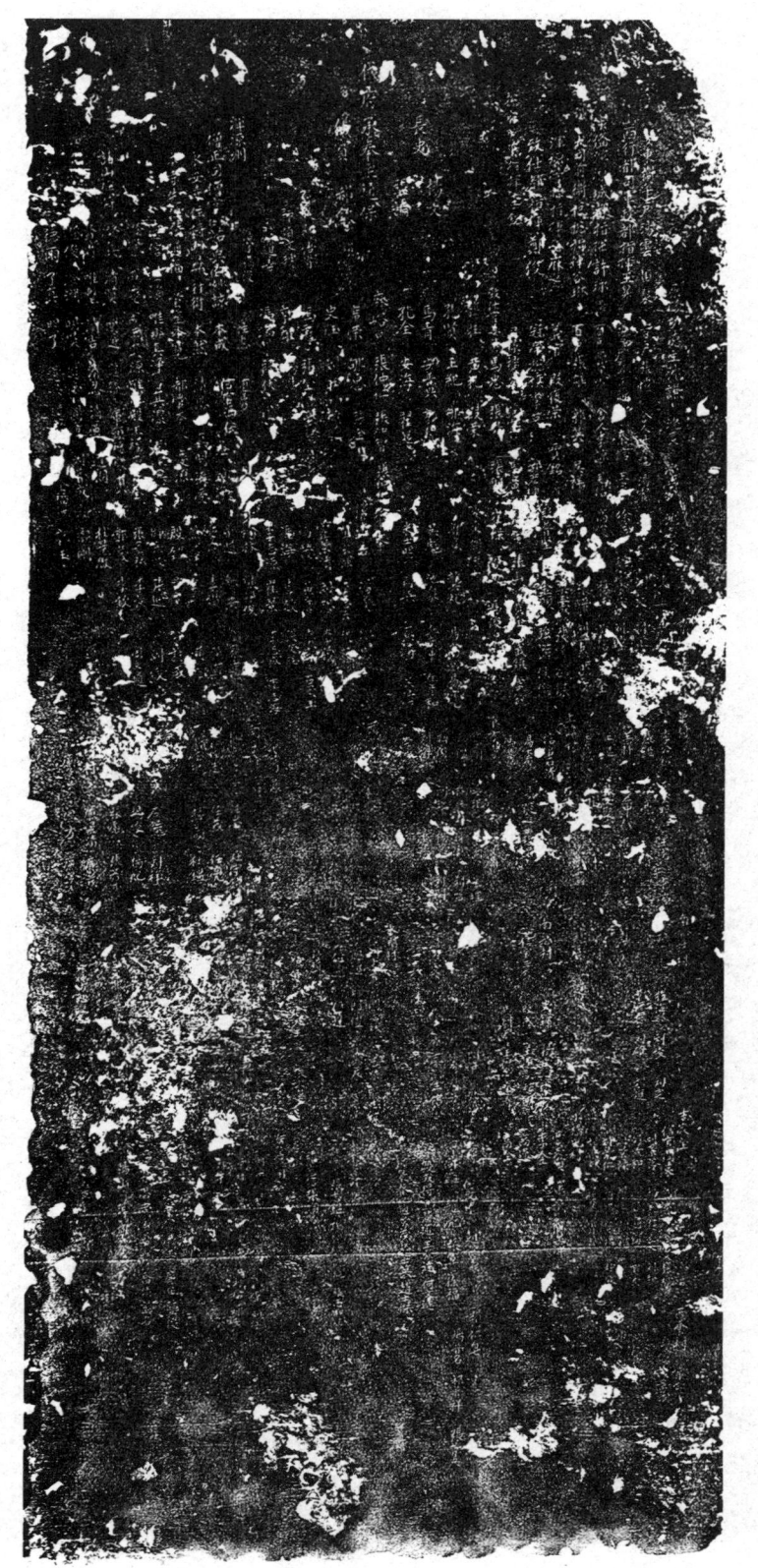

（碑阴）

原修功德主　沈謙　沈良　沈榮　沈志儉
安東衛千户　湯雲
山西行都司軍政都指揮　王昇
守備渾源城都指揮　許珎
大同前衛把揔指揮　谷琳
渾源管操指揮　麻進
致仕都指揮　鄭俊
揔府卞指揮　李鋐
長史　楊文　張論
代府承奉正　通保
儀賓　郝清　郭景元
教師　悟省
道善
信官　馮俊
二百户　張恺　二百户　張文通
百户　弗清　百户　張雄
義官　叚复榮　冠带捴旗　李英　司儀　楊安
致仕官　姜榮　馬忠　郭旺　孔賢　马青　孔全
麻峪口　席荣　史旺　馮彪　郭雄　馮端
　　舍人满靇　秦信　舍人李諒　郭英
　　范宣　張兴　郇浻　郭□亮　翟顯
　　張仲智　張全　黄通　柴勝　湯震
　　王宗　毛信　吴祥　賈銘　郭彦迪
　　馬廣　張剛　張仲礼　徐茂　高俊
　　王俊　叚普坚　崔傑　安东卫旗士
　　郭恒　吴彪　米士明
北紫峰　信官李喜　霍景輝　霍景清　馮茂
　　馮海　李志源
北榆林　郭道　郭文信　燕仲祥　殷鏗
　　師景茂　張景宏　郭茂
杜景厫　郭剛　郭玉　馬成　陳宣　劉英
静家莊　楊玉　張縉　梁玉成　金順　張山　賈全　夏□　馮俊
　　龔禮　池泉　俞興　馮貴　李□雲　劉恕　黄慶　李欽
　　崔景　熊拜復　郭安　李讚　李□　□護　張迪　李景
　　李欽　曹□□　王彦明　劉真　劉鎧　黄信　劉二恭　張通
　　强傑　武鎮　易高　丘彦中　黄清　謝忠　張英　李茂
　　李威　張文旺　李志成
閆家嶺　黄真　黄明　許成　劉俊　周文通　□□林　□□□　□□□
　　康義　范全　邵文　邵傑　侯復　武鋭　易寬　丘彦和
　　吴清　石景玉　李志海
畢　村　李公鉞　張鑑　王祥　王進　王彦恒
上韓村　信官石清　易柰　馮義

陣方寺　李剛　□鏗　□俊　劉海　李安
藏家莊　楊守文　張茂
泥溝村　董秀
南紫峰　□□□　任志　□□□
東水頭　□大成　□□□　□□□
□□村　李公明　張亮　王孝中　張文泉　□□□　石政□　□□□　易俊
　　姜玘　□□　劉玘　馮鉞　康鏗　李全　王剛　□績
　　□□□　□□□　□□　程文　□□　□倫　陳□　康茂
　　李□才　馮仲義　杜守钺　任亮　杜鏗　劉祥　楊紀　張文昇
　　廉茂　廉景□　李端　王敬□　王彦明　姜理　劉盤　張寛
　　張鵬　張瑞　張普
南榆林　□□□　劉傑　陶□□　趙樂
南□村　信官王欽　史□
王家堡　信官李福　趙文　賀景泰　許真
水澗村　劉□寛　門通　□通
上有林村　張仲山　張仲林
西册田村　趙景寛　趙景順　趙景泰　□□□　賈三　王能　許成　張仲成
　　權海　靳□傑　趙寛　史鏞　段成　田紳　喬旺　□□
　　張俊　陳玉　門志斌　門愷　付達　□大　王良　名進
　　李□　王孝　劉俊　劉雄　趙□　楊成　王通　王傑
　　門□　賀□春　□□□　□□□　□志斌　張志春　張文選　王得山
　　劉定　劉進　趙剛　張雙　趙明　馬春　殷□　□景□
　　王信　□□□　付景榮　□清
吉家莊　信官　閆　英　劉景裕　劉景和　劉景禄　劉景仁　劉景林
小橋兒村　費友賢　李全　高通　高全
大□房村　何文　何鏗　殷成得　趙景春　賈□進　許勝　許富　張志鏗
　　張珣　劉海　劉禄　党富　党文　劉才
瓮城口村　廉敬　王忠　柴廣　□天忠　党剛　楊山　范得才　任支□
　　劉京□　□□□　□□□　劉□□　劉□□　崔□　李景　何文達
　　趙　亮　王景通　趙景茂　賈□□　許　明　□□□　□□　□□□
　　□□□　□□□　□廉剛　□□玉　□□□　□□□　張增　劉和
　　賈發　杜敬　趙景義　張宣　王景達　趙世英　徐福　何文達
　　趙世傑　許紀　張志和　劉整　劉福　劉江　劉安　廉政
　　喬清　龔俊　龔名
西會村　常宣　許景茂
利仁皂村　楊善名　祁普祥　張普興
渾源州　僧正司僧　致茹　仕茹
　　興□　興任　妙諒
永安寺主持　明暠　行衍
本寺先主持

“会仙府”题刻

【简介】

明弘治七年（1494）四月镌刻于恒山会仙府神庙上方的岩壁。高 65、宽 160 厘米。题书者不详。

【题刻】

會僊府

大明弘治甲寅四月之吉

浑源古北岳飞石窟记

【简介】

明弘治七年（1494）九月立。存恒山寝宫还元洞前。碑高153、宽75、厚20厘米。圆首、云头回字纹，碑身缠枝纹，青石质。赐进士出身、大同府知府闾钲撰文。昭武将军山西行都司都指挥张永篆额。奉直大夫、浑源知州董锡书丹。

董锡，字怡庵，浙江会稽人，监生。弘治三年任浑源知州，后升任宗人府。在浑任职期间，为官清政廉明，对振兴各项事业，修缮北岳寝宫，扩学宫、编修史志多有贡献。他同本州举人杨大雍共同编撰的《浑源州志》是浑源州最早的一部志书。他写的《恒山十八咏》，后来演变为恒山十八景。

闾钲，明泾州（今陕西泾县）人，成化年间进士。成化丙午二十二年（1486）任大同知府，在任倡导重修恒山旧岳庙（寝宫），并作"飞石窟记"。曾为董锡所撰《恒山志》作序。

【碑文】

飛石窟記

渾源古北嶽飛石窟記

賜進士出身中議大夫贊治尹大同府知府安定閭鉦撰文

昭武將軍山西行都司都指揮守備本城金斗張永篆額

奉直大夫協正庶尹大同府渾源州知州會稽董錫書丹

記曰：山林川谷丘陵，能出雲爲風雨見怪物，皆曰神。有天下者祭百神，諸侯在其地則祭之。載攷帝舜紹堯之後，建都蒲坂，肇天下十有二州，封十有二山，以恒山在都之北，封爲北嶽，即今渾源州恒山也。及考之渾源舊志，舜十有一月北巡狩至於北嶽，駕詣大茂山谷，值大雪，岩壑沍突不能進，遂遥祀之，忽飛一石，冉冉墜帝前，名曰安王石。又五載，復巡狩其石飛於曲陽，乃建廟祀之。三代而下，歷秦漢隋仍祀北嶽於渾源之恒山。五代失有河北之地。宋有天下，北爲契丹所據，後以白溝河爲界，宋建都於汴，真定在汴京之北，祀北嶽於真定之曲陽亦一時之拳宜。爾追我聖朝太祖高皇帝奄有天下，定鼎金陵，視真定遠在京都之北。列聖相承，亦因襲祀北嶽于曲陽而未之改焉。其渾源古嶽廟至於今，尤爲一方敬仰，每歲首夏，詣廟瞻拜者，肩踵相摩，香火騰燿。緣舊廟年久，尋爲風雨所侵，棟宇傾圮，臺堦崩塌，弗堪棲神。成化丙午，鉦以户部員外郎出守大同謁拜廟下，目此廢墜，心甚惻然，顧謂州守董錫曰：山則能出雲爲風雨，諸侯在其地，當祀之，矧此山爲帝舜所封，歷代所崇，鉦與爾來守兹土，興舉廢墜責將奚歸。錫曰：諾。遂請于大同巡撫都憲侯公，給以本廟香錢，一毫不干于民，築臺堦二十丈餘，甃以甓闌干以石，殿覆以琉璃瓦，爲久遠計耳。牌枋易舊以新，山前爲洞門三空，上題"天下名山"四字及增建真武廟、會仙府、九華亭、凝翠亭、蓬萊真境枋門，前此悉未有也。監工者州吏目趙克明、醫官王偉、本山道士崔溪旻焉。其飛石有窟在廟右，錫遣人至曲陽，量彼石長九尺、闊四尺、厚一尺二寸，與此窟廣狹不少爽差。鉦上題"飛石窟"三字，識有徵也。或謂至頑者石焉能飛，遂疑以飛石之説爲荒唐，鉦以爲不然，且上古女媧煉石補天，堯時十日并出，羿射其九，黄帝騎龍上天，此皆理之所無，尚載之史册，而不可遺者，然兹飛石寔嶽神效靈，舊志所載亦理之所可與也，夫奚疑？故書之以告來者。

大明弘治七年歲次甲寅秋九月吉日立石　雲中陳源鎸

“介石”题刻

【简介】

明弘治八年（1495）四月镌刻于恒山庙一大峭石之上。字体总高约95、宽70厘米。由浑源知州董锡书。

董锡，字怡庵，明代浙江会稽人，监生。弘治三年（1490）任浑源知州。任期内在大同知府闫钲的倡导下，主持重修了寝宫。编著了浑源首部《州志》，他写的《恒山十八咏》后来演变成恒山十八景。

【题刻】

大明弘治乙卯歲四月吉旦立

介石

奉直大夫知州事會稽董錫書

大成门上梁文

【简介】

明弘治十一年（1498）十一月立于县城文庙内。现存文庙院西墙边。碑高 57、宽 63、厚 17 厘米。青石质，由任义撰文。

【碑文】

大成門上梁文

邑人任義撰南陽府同知

伏以數仞宫墻，得其門者或寡；三千徒衆，不由户者誰能。蓋殿宇有門，猶人身有口，欲肅觀瞻，當新氣象。洪惟天生孔子，世際衰周，德同覆載，功透唐虞。敦正典以立綱常，作六經而傳道學。非日非月，明之所照者溥；不江不河，澤之所霑者周。真百王之軌範，實萬世之宗師。是以尊祀益隆於貽代，崇奉莫間於遐夷。睠前學校，久淪荒廢。顧予樗櫟，曷稱監修。禮殿功完，儀門當建。按天文而據黄道，峻地勢以啓朱扉。開闔則順夫陰陽，低昂□泥於風水。將將嚴正，森排晝戟；融融高朗，聳接丹霄。想像大聖兮，露馭正中而出入；髣髴群賢兮，瓊珮左右以趣行。制度魁宏，規模偉壯。固資官府之爲，亦藉工匠之力。梁擎喜氣，頌沸歡聲。

梁之東，五色曈曨日麗空，自此賢才應輩出，扶持公道永亨通。

梁之南，秀水佳山許放忝，岌嶪聖門當面立，登山觀瀾有奇男。

梁之西，噩噩唐風俗未迷，願得賢才如稷契，好施教化徧群黎。

梁之北，聖殿巍巍如太極，齋廡門堂八卦圍，普天樂土咸矜式。

梁之上，瑞氣祥風光蕩漾，定知新學出高賢，聯捷巍科登將相。

梁之下，地軸天門非是假，千載衣冠仰聖容，欲鑄干將須大冶。

伏願上梁之後，天連亨衢，人由正道。得其門者進退周旋，欽窺富美之容；入其室者仰鑽瞻忽，幸至卓立之地，鳶飛魚躍，歌咏芹宫。鳳附龍攀，傾依衮闕。微言曷罄，妙化無窮。

弘治十一年戊午十一月甲子二十四日丙辰卯時刻石

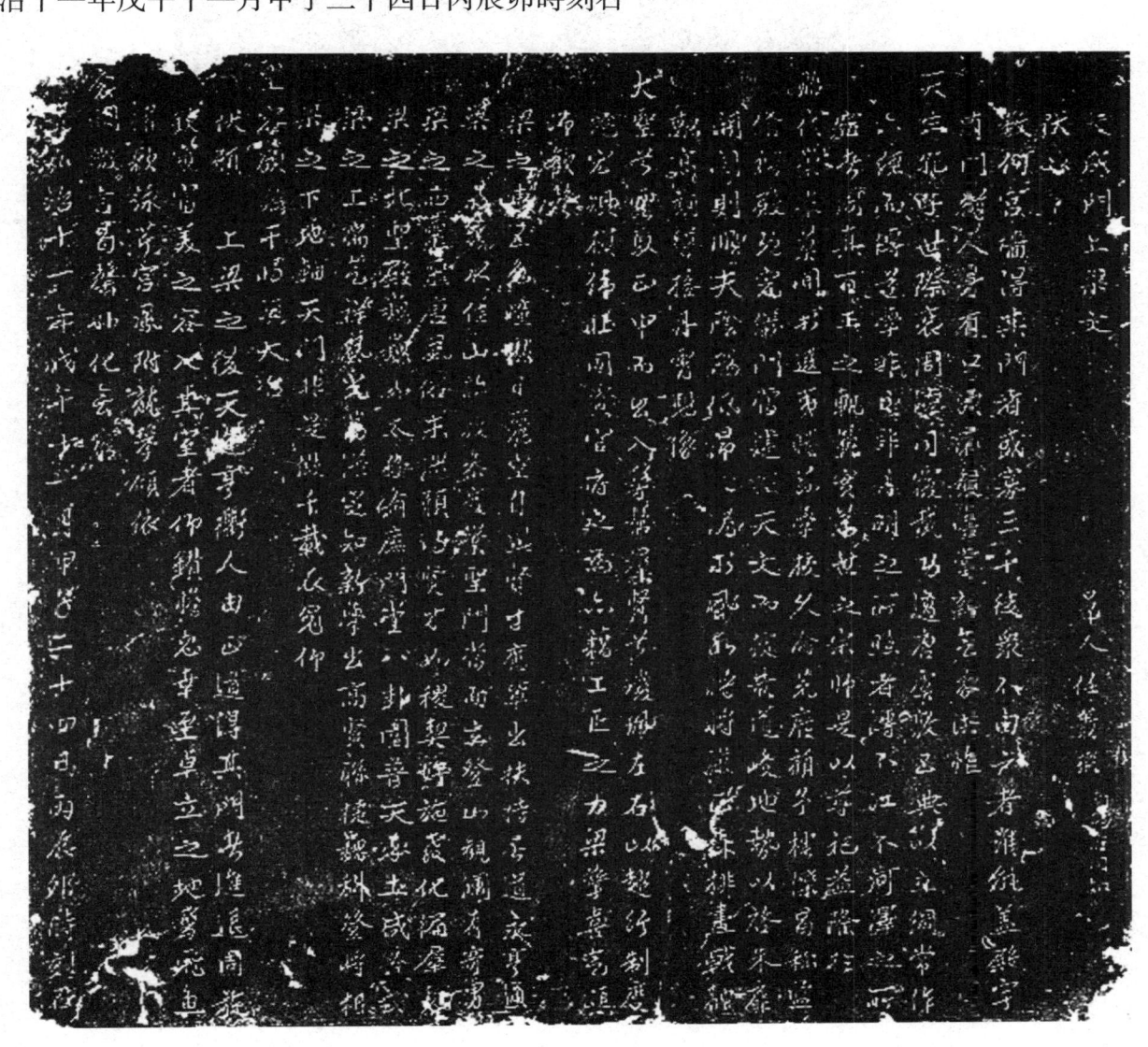

谒北岳诗碑

【简介】

明正德元年（1506）三月立。存恒山梳妆楼。碑高145、宽69、厚18厘米。圆首方座，青石质。乔宇撰书。

乔宇，字希大，乐平（今山西昔阳县）人。成化二十年（1484）进士。历任礼部主事、吏部郎中、太常寺卿、户部左侍郎、南京礼部尚书、南京兵部尚书、吏部尚书等职，加赐太子太保。乔宇诗文雄隽，性好山水，游恒山后，曾写下《恒山游记》一篇，《登山诗》多首，是明代著名的文学家、诗人，同王云凤、王琼齐名，号称“河东三凤”。

【诗文】

謁北嶽

岱華嵩衡一覽中，天從西北紀元功。

九霄香火來人境，千里雲霞擁帝宮。

玉笈文隨金蕤遠，寶符名與石函通。

東封秦漢成何事，聖代山川祀典同。

正德元年三月既望　白巖喬宇書

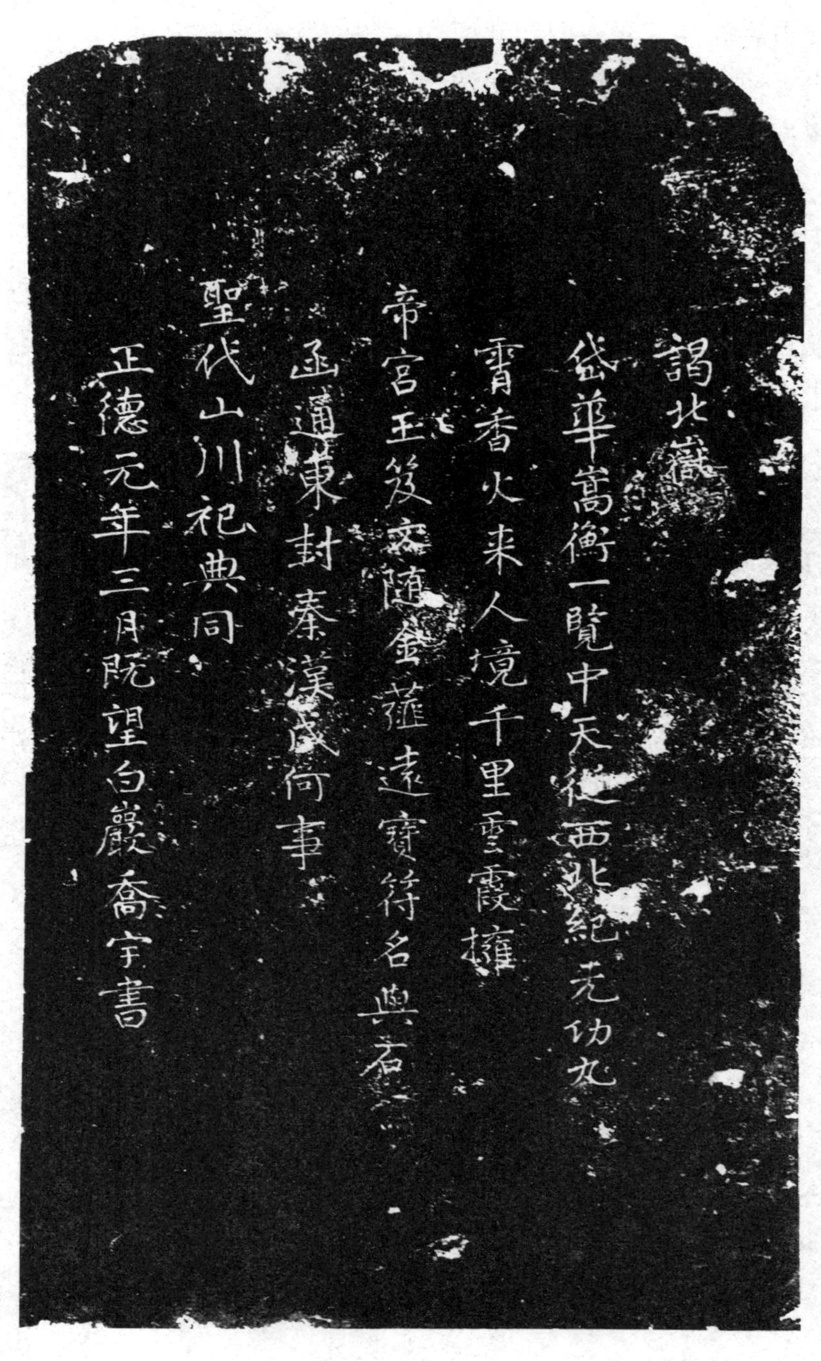

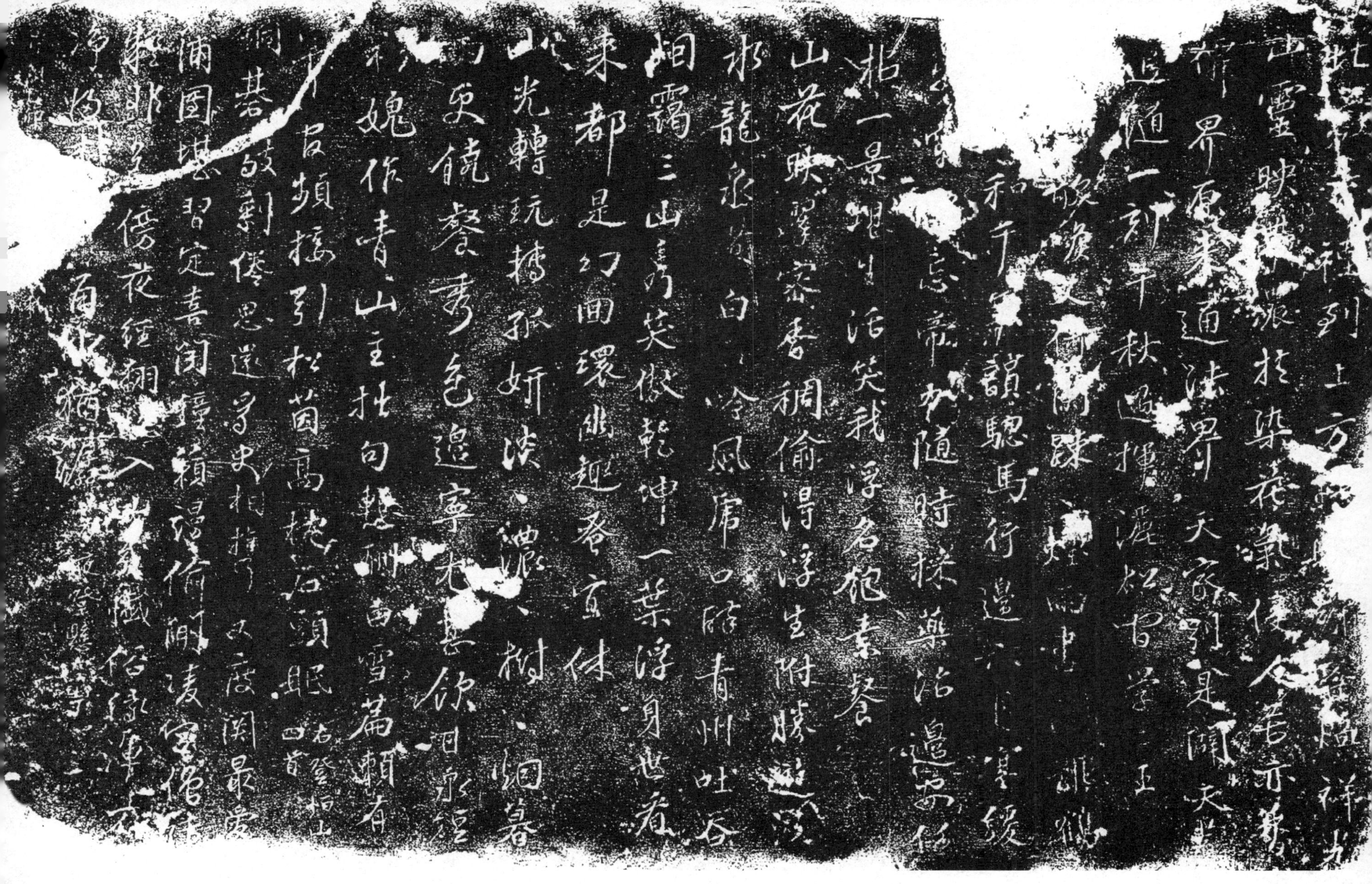

登恒山四首夜登悬空寺一首诗碣

【简介】

明正德十四年（1519）镌刻，存恒山庙。碣高 48、宽 78 厘米。破损较重。

【诗文】

北嶽香禋到上方，□□□□焕祥光；山靈映帶濃於染，花氣侵人苦亦香。
僊界原來通法界，天家别是闢天藏；追隨一刻千秋遇，揮灑松間學二王。

□□歌喉又倚蘭，踈□煙雨畫圖難；鶴□□和千年韻，驄馬行邊六月寒。
緩步穿□忘帝力，隨時採藥治邊安；任拈一景堪生活，笑我浮名飽素餐。

山花映翠密香稠，偷得浮生附勝游；汲水龍泉煮白石，吟風虎口醉青州。
吐吞烟靄三山秀，笑傲乾坤一葉浮；身世看來都是幻，回環幽趣蚤宜休。

山光轉玩轉孤妍，淡淡濃濃樹樹烟；暮雨更饒餐秀色，邊寧尤甚飲甘泉。
短衫媿作青山主，拙句慙酬白雪篇；賴有宰官頻接引，松茵高枕石頭眠。
右登恒山四首

銅碁敲剩倦思還，豸史相携又度關；最愛蒲團堪習定，喜聞鐘籟漫偷閒。
凌空僧諱疑非色，傍夜徑翻隱入山；幾懺俗緣渾不净，歸棧□甬水猶潺。
夜登悬空寺

重修香岩寺记

【简介】

明正德十五年（1520）重阳节（农历九月九日）立于浑源城北25公里处的香水寺内。该寺座落于香水寺村西北方高山悬崖间的一处坪台处，背依雄山，前临泉水，环境幽寂而宜人，香火曾盛极一时，现荡为平地，残砖破瓦中掩埋着这通斑斑剥剥的古碑。青石质，圆首，缠枝边。碑高160、宽70、厚24厘米。由广灵县明宗氏王子耆学道人撰文，沙门宗莲篆额并书丹。

【碑文】

重修香巖寺記

皇明宗室廣靈王子耆學道人撰文

勅建大功德□後學沙門宗蓮篆額并書

香巖寺在大同城南七十里，□渾源地界岩壑間。草木榮蓊，水環峰掩，形勢奇絶，人煙逈隔，誠朔方沿革勝概之一境耳。然無文可考，不知刱自何代，獨古迹存焉。前有雷公神祠，鄉人傳言，建自唐宋間。其的□貫則不可稽矣。寺基敞闊，鍾靈不一，南有洪崖，氿瀉活如，泱泱發聲。徹聞□□，俗以響水寺称之。原有□□地土，年深荒蕪，亦莫之考。所臨之方，遐迩有則，東曰官道，南曰稜，西曰楊□嶺，北曰尭博山。其中棲止者，皆慕道修德之人也。

國朝正統丙寅，有大功德主官舍沈鐸重修佛殿三楹，繪塑聖像，敦請通光寺前首座澄公真以主之，是爲第一代住持。厥後兵燹屢作，興替不常，續有玉泉僧人行堅掛錫已有年矣。正德丙子，下辛安村信士王世崇舍楼三間，改爲佛殿，雖頗肖寺，未甚完美。適平虜城浄人王普玉志在出塵，灰□泯智，歷覽名山，矢修廢寺，乃化□弘州等處，募諸知音者，鑄造鐵佛八尊，洪鐘一口，所費錢穀悉經正人王世良、吴謙、吴諒、□年，普玉略不目視。感鎮守宣城大臣都督朱公捐俸助力，昇歸其懸鐘虡鼓，遂成梵刹。普玉功成之日，身心慶悦，意樂出家，禮殿山寺，老僧清公，私爲其師，立名道禪，漸摩釋事。時渾源州蔡村里下辛安村善士吴興、吴浩、吴文顯各施已貲，置真石以紀其事。謁府爲文，台曰善事不可辞，不得已而言曰：“紀寺之事，直書寺之始末爲可也，其細故不必言矣。若佛之聖人也，生西域而教流中夏，大抵衹是誘人爲善也，□不有善益於世，曷克以感帝王信之，士庶崇之。天下郡邑山林莫不有僧寺也。”矧浄人王普玉先以苦行化緣□成好事，又承大檀應願如此，豈不初志精勤，不且真實哉。後□師學釋，諳曉宗旨，弘道利人，復新古寺，□在□之難爲也。名同寺朽不亦重乎。尚當撞鐘擊鼓，禮佛誦經，祝延聖壽，保障□方哉。不墜其善，施識益加敬矣。禪家世奉佛，故有本者如是。是爲記。

正德十有五年歲次商横執徐季秋重陽吉旦

僧人道禪立

神川郡□字匠余寧

浑源州千佛洞志

【简介】

明嘉靖十年（1531）四月立。存千佛岭千佛寺。碑为圆首青石质，上镌“皇帝万岁”四字。碑高194、宽57、厚20厘米。由永安寺僧正恺撰文、书丹。

【碑文】

渾源州千佛洞誌

佛者覺也，□而□□□□年而得道，統三界□具寺梵王帝□，尚猶恭敬□，聽三文□不忝，隨三十貳相……

報化□讚不能盡□，有渾源城南山孫麗之寨者，時□□後有碧峯寺，□有□佛□□□而成□□□□□□□□□□□□□□□□□□□□昧之神通，爲萬代之□□，迄今千百餘載。年遠日遠，□□□□基址上存奈有戒□禪僧可萬可鑑祖□□□西□陽下□□村□李全□二子也，宿世□□□之志，願捨淮俗授禮五臺，□□□嚴□老禪師□□□徒□萬丈之人□□□□□□。明正德年間從師苦行□□石峯寺，□□初年見得千佛洞之俗，修理如一公同□立石。□□□□夜坐□地募化□□善□□□□良緣。□□聖□□命工陸□起蓋多寳佛塔一座、正殿一所，中殿一所，前□□伽藍二所，□□□畫廊内塑金容　像伍百大阿羅漢，鐘鼓二樓，山門并禪堂僧舍，□以□□□□造□書□之官長者，善男信女之家□道儒流美名傳世，永遠爲□□從新□□寳殿金碧皎輝、光明晃耀，焕然一寺之瞻仰，永爲萬載之軌模，乃一公禪師晨夕焚香主祝□□無□下洚、生民有慶，以此消災何災不消，以此長福何福不長！今乃萬孤峯，鑑公□僧享世壽之古稀，□來之福，果得了義之□□□領洞上之□枝萬載，一念浮世留情，歲月遷遷，有恐淹没，鎸石爲記。親詣本州永安寺晚學埜初□□□□律期，更改爲名□□□□□□天下名山，尊萬聖，千佛古寺最高孤□□。利□知識出其中，精修□者能按武。二三□載頻□呼，□□同傾□意土。時將雜毒塞飢腸，如能吞怯急惜吐。鹿□圓□□提河，□浮就號風溪虎，聖人作而萬物覩。信步踏□神州界，岩前驚起□人舞。

大明嘉靖十年歲次辛卯四月癸巳吉日

神川永安脱學僧 正愷 拙筆述

曲陽縣陽平社石　王聰　男王準　王倉　造

重修乱岭关林泉寺记

【简介】

明嘉靖十三年（1534）农历九月九日立于乱岭关林泉寺。青石质，圆首云头，缠枝纹边。碑高142、宽65、厚18厘米。碑座长102、宽52、高20厘米。额题“重修林泉寺记”6字。碑体多有风化处。碑文由李东阳书丹。

【碑文】

重修亂嶺關林泉寺記

佛居三界，悲愍四生。爲庶祥迷，降臨凡世，億刼修因，□□方成，正覔覺者佛也。西域降誕於周朝，東土興□於漢世，始有竺法摩騰領白龍駒負圖像流入東土，至洛陽建白寺□□爲由也。偈曰：“西典東傳至洛陽，教興始自漢明皇。龍遊岳頂千峰潤，獅吼林間百獸藏，玉偈不揮彰聖德，金言生美噴天香。自從白馬焚經後，千古今人助佛光。”若曰：“佛之功行，啓虚空口而莫能言也，揮須弥笔而莫能書也。”今有渾源城東四十里許，奇峰岡□勢多廣，故名曰“乱嶺”也。其山，上有青松曰林，下有溪流曰泉，可謂林泉寺也。松圍水遶，幽奇可愛，古有其跡，不知何代之境也。殿宇傾頹，片瓦俱無，獨有像五尊猶存，久被風雨吹洒，終無歸依。弘治年間，有四方僧開表至此，人皆欽仰。賴本關善人刘順宗等作爲功德主，發心慕化，臨近居民各捨資財，重建佛殿，内塑聖像，外廂伽藍二座，續有岢嵐州興縣在廂安慶寺僧人定欽仍建鐘樓，繪綵聖像，粧修一新，猶爲不足，復立銘誌，用垂於永久之記。可謂去惡而向其善也。今定欽者爲僧中之梁棟，慇勤香火，晨鐘暮鼓，諷誦金章。祝延皇風永扇，帝代隆昌，天下太平而風調雨順，五谷豐登而物阜民安。豈爲小補，以記歲月云。

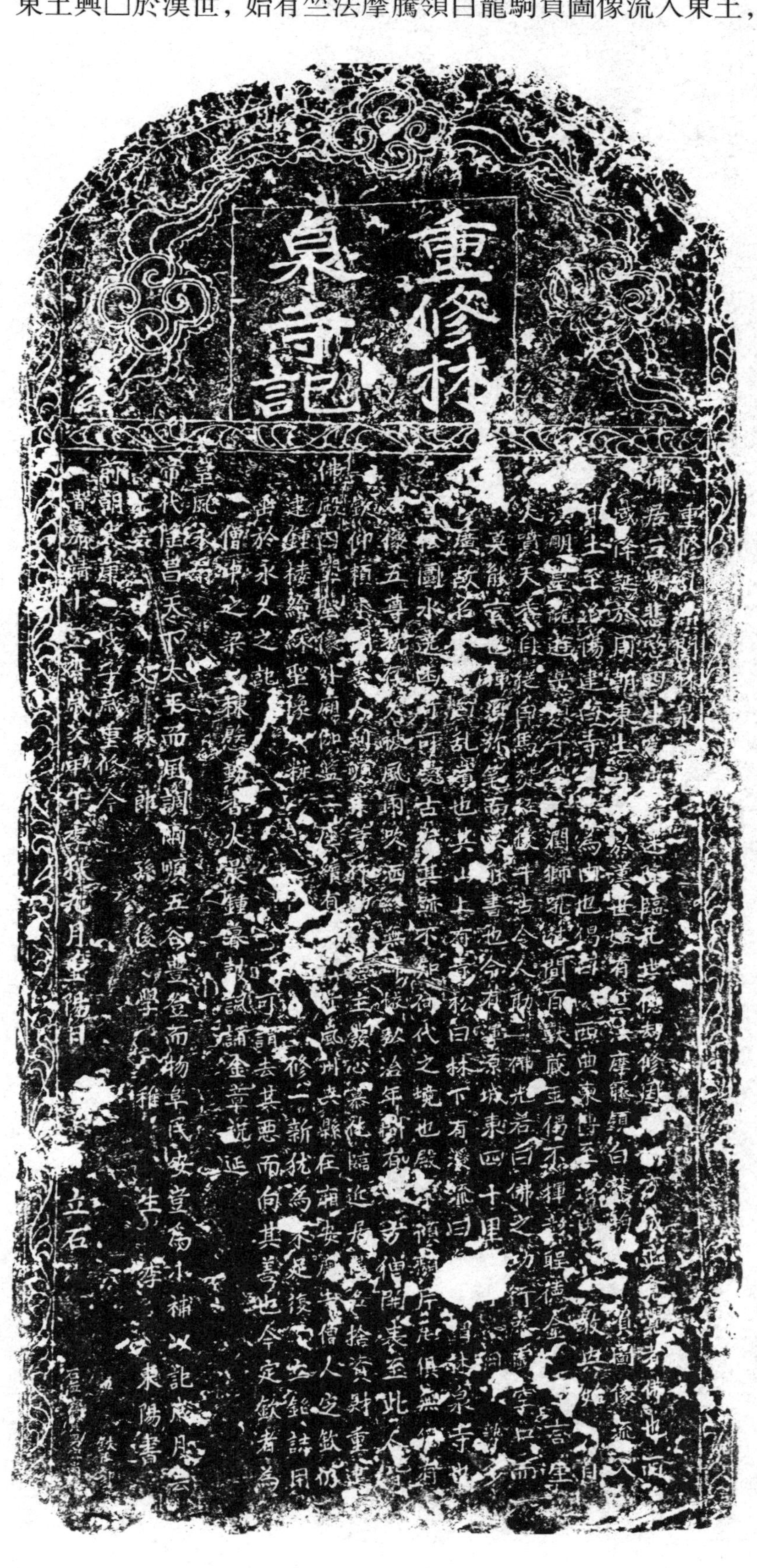

文林郎孫後學稚生李東陽書

前朝太康戊子歲重修

今旹嘉靖十三年歲次甲午季秋九月重陽日　立石

石匠　甯賢　男甯尚

鐵匠　郭□

吴耐庵题刻

【简介】

明嘉靖二十年（1541）刻。洛阳吴耐庵漫游恒山后，留此题刻，刻于恒宗峰下岩体。字体总高130、宽45厘米。

【题刻】

嘉靖贰拾年叁月拾叁日

洛陽吴耐菴到

"奇观"石刻

【简介】

明嘉靖二十年(1541)前后刻石，镌刻于悬空寺东南方峡谷的西部山崖。字体高150、宽74厘米，由陈棐书丹。

陈棐，生卒年不详，约明世宗嘉靖二十九年前后还在世。登嘉靖十四年（1535）进士。官至甘肃巡抚。撰有《文冈集》二十卷，入《四库总目》。

【题刻】

奇觀

文岡陳棐書

儒林郎同知磁州李公墓

【简介】

明嘉靖二十四年（1545）秋八月立，现存浑源县城东5公里武村东山之下的李家老坟。白青石质，圆首云头，缠枝边。碑高156、宽76、厚18厘米。碑阳额题“大明”。深埋地下，保存完好。由李尧年撰书。

【碑文】

（碑阳）

儒林郎同知磁州李公墓

（碑阴）

先公諱萬，字本一，號惠山，渾源州人，以治詩補州學生。歷試不偶，弘治乙丑歲貢入太學，卒業正德丁丑歲。欽授河南磁州同知，任幾九載，已被薦推六，當獎勵，政聲介望赫如也！嘉靖乙酉上京考績，文部已議遷擢。公知而□□退曰：“時可已哉？”即日上疏請休，再疏、三疏始得如志。抵家有司禮以大賓與飲。□廬舍、治田園、課子孫，與親友會聚，雍雍陶陶幾二十年。先配宫氏，繼王氏。子七人，曰：堯相、堯佐，宫出。堯年里選、堯時同里選、堯封州學生、堯書、堯□學生，王出。女一，宫出。孫男十一人，曰寵生員、□、審、材□□、察、宥、科、杜、稷、木、朵。孫女八，俱幼，曾孫男四人。公生於成化四年二月二十八日，卒於嘉靖癸卯六月一日，享年七十有六，葬於武村東山麓之祖原。

嘉靖乙巳秋八月之吉

不肖孤堯年泣血譔書

石工　王景玉 鎸

竭诚趋谒北岳大帝碑

【简介】

明嘉靖二十五年（1546）八月初十日（即北岳大帝诞辰日）立。存恒山恒宗大殿下。碑高195、宽87、厚21厘米。圆首、青石质。都指挥佥事宿州沈一元书丹。

【碑文】

竭誠趨謁北嶽大帝碑

丙午秋，元承乏奉檄統馭三軍兼督壯勇再守凌雲口、長柴嶺、葫蘆頭等處邊陲，喜廟猷萬全烽遂寧，静士馬咸安醜虜潛遁，感神默佑，恭率將吏於八月初十日竭誠趋謁恒山大帝闈謝神庥。至則見舊殿石路坍塌，半山有玄帝祠聖像，門墻不完。已而下山至大門有地基，詢道士，曰：乃三元大帝祠，鄉人黎姓者建立未果。時元篤庸生息，南方不閑軍旅，荷巡察諸司疏薦改調腹裏交代，匆迫間欲舉而未敢者。再一日，渾源賢守成山劉公嵒相邀言及，允借先年舊餘磚瓦若干，遂義諭修邊。工完，軍壯歡忻。技藝數百人分派官旗，首工補修。不旬日，石路、門墻、殿宇三處俱勉爲完整，第材木磚石輻輳蘢脆，未爲壯麗。僉意紀事，以識歲月云。

大明嘉靖二十五年八月十日工吉

奉勅分守平陽等處地方左參將武舉都指揮僉事宿州沈一元謹書

本營坐營中軍把總平陽衛指揮□承恩閻鎮　邸柱□工旗牌丁教　李廷爵　霍順朝　楊有

千百户　王言　吕一正　嚴氏　喬興　張朝用　楊榮　馬萬倉　劉繼祖　朱寶　張朝用　曹大然　夏天爵　林春　馬太　張爵　許朝用　史儒　胡世連　張天祚　朱□□　郭浣　李惟明　沈經　李佑　郭選□　何汝淮　燕智明

潞安衛指揮鄭大　□儒　高佑　李堂　何□根　張均禮　任廷義　潘繼宗　侯栓兒　王天爵　毛鶴羽　段朝海

進官史道仙□□　陳集賢　□□山　陸仲禮　闞□□　張□　□□□

□□住持　魏道□

谒北岳次韵

【简介】

明嘉靖二十七年（1548）左右立，现存于恒山寝宫梳妆楼墙体。碣高65、宽80厘米。砖雕四周，内缠枝边。保存完好。由任丘谢淮题书。（因神像堵隔，无法拓印）

【诗文】

一

五岳寰中勢若齊，雲中山拔補天低。
葱蘢棋樹猶如絲，紆曲鱗龍結爲梯。
十二雲州封帶礪，百千胡騎路冥迷。
含靈宣氣成餘事，珎重吾皇降紫泥。

二

蒼峰突兀碧雲齊，俯瞰青螺萬點低。
委潤豈知含帝力，凌空覺似步天梯。
氣餘報功難配一，霎尋思詩不慚迷。
我追踪靈運寢九，口言乘興出層泥。

三

礴磅燕晋接青齊，兵埡空聞太岳低。
霄漢千峰梳鳥道，天一竇階□神梯。
寰中變化紛呈衆，眼底東西了不迷。
清磬數磬碧落净，恍然身世隔雲泥。

四

西望三秦東望齊，閑論高忽萬山低。
天峰五老誰爲伍，蓬萊千層此事梯。
舉手仰嘆星斗近，側身俯瞰山城迷。
留連佳景渾忘返，縱酒何妨醉似泥。

孟秋登恒岳

【简介】

明嘉靖二十九年（1550），时任大同巡按的胡宗宪欣题此诗，后镌刻于恒山寝宫梳妆楼南墙。现存梳妆楼原墙体。青石质，碣高 66、宽 95 厘米，缠枝砖饰边。保存较好。

胡宗宪（？—1565），明徽州绩溪（今属安徽）人，字汝贞，嘉靖进士。出仕后曾任右都御使、巡按大同等职。嘉靖三十四年（1555）为浙江巡按御史。

【诗文】

孟秋登恒嶽

恒山高立俯雲中，真氣冥冥帝座通。

一柱當天撑斗極，三關亘地鎮華戎。

鴈啣秋影山腰渡，風弄松濤澗底洪。

掻首問天天不語，翻然長嘯下晴空。

嘉靖庚戌新安梅林胡宗憲題

"一德峰"题刻

【简介】

明嘉靖三十二年（1553）二月镌刻于恒山飞石窟外崖壁上。总高 320、宽 140 厘米。由按察司副使文冈陈棐题书。

【题刻】

嘉靖三十二年丙辰歲二月上浣吉日

一德峰

按察司副使□理學校鄢陵文岡陳棐書

“拱辰”题刻

【简介】

明嘉靖三十五年（1556）二月镌刻于飞石窟崖壁之上。高 250、宽 185 厘米。由文冈陈棐书。

【题刻】

嘉靖丙辰弍月

拱辰

文岡陳棐書

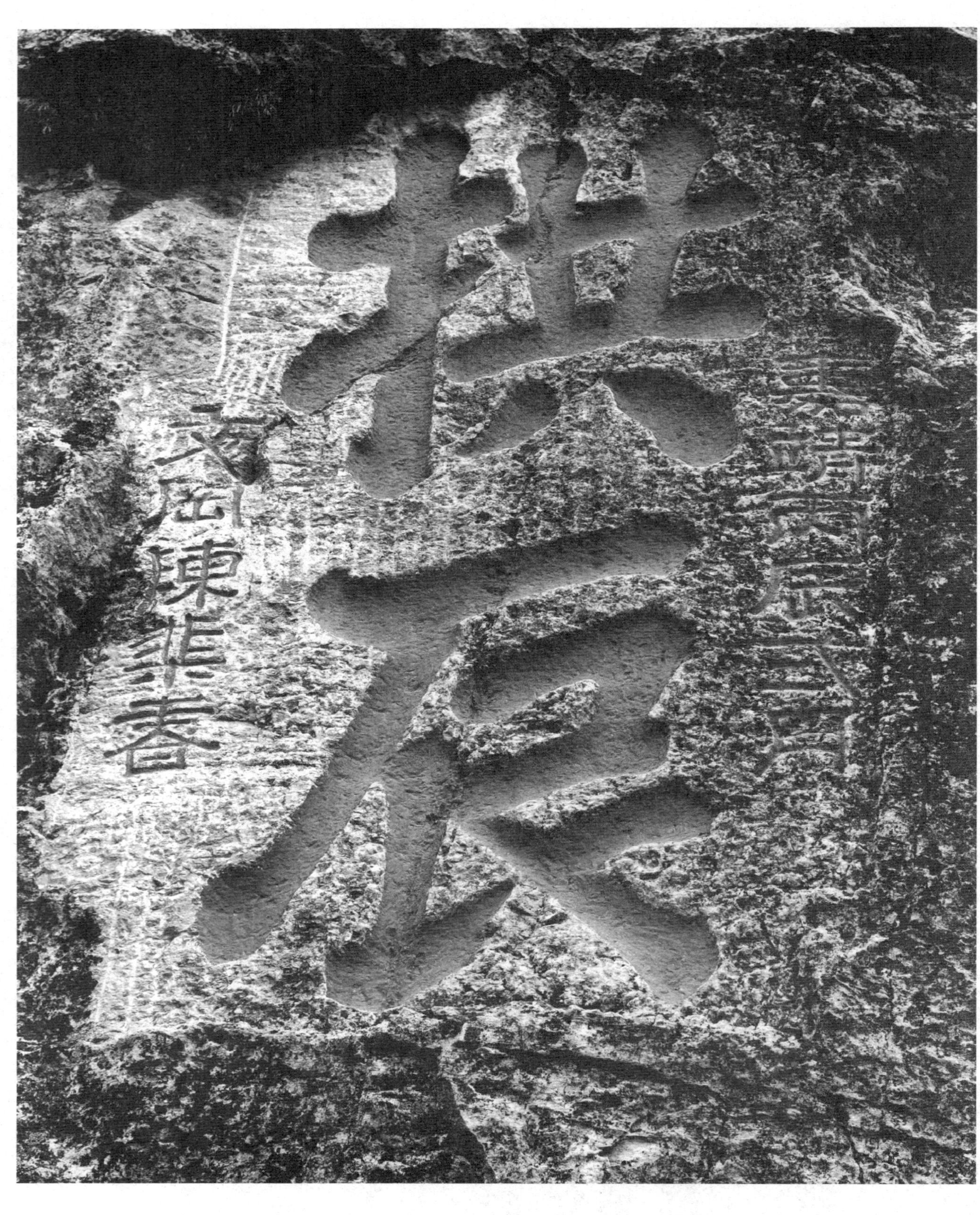

圣用北岳玄芝碑记

【简介】

明嘉靖四十五年（1566）刻于飞石窟崖体。高56、宽65厘米，由宋茝撰文、书丹。碑文记述了为嘉靖皇帝在北岳恒山采取玄芝的前前后后。

【碑文】

聖用北嶽玄芝碑記

嘉靖三十五年夏六月上用北嶽玄芝，維時真定守臣求於曲陽縣恒山不獲，乃上言古北嶽在山西大同府渾源州，有虞舜巡狩遺蹟在焉，請下彼處求之。于是，巡按直隸侍御李公、巡按山西侍御朱公咸受命採芝，乃委太原府同知北地王希堯健齋，大同府通判上郡宋茝雲山，應州知州鳳翔徐衡奧山，五臺縣知縣臨洮楊啓充文峯，俱詣渾源。時署渾源者大同府推官長安劉旦啓軒也。凡兹五人皆秦産，以九月晦日登嶽廟齋宿，厥明爲十月朔旦，具牲醴祭告，令防守官兵緣山谷遍索之，果得真芝十二本，狀如雲錦，因憶退之詩曰：潛心默禱若有應，豈非正直能感通。殆信然與，遂上之兩院，兩院上之朝廷，詔禮部收用。是後歲歲取芝，茝常任其事，然不若初求之難，亦不若初芝之異。久之，健齋左遷鷄澤令，陞大理寺副，再陞大同道兵備僉憲，以調去。文峯陞守朔州，再陞户部員外郎。啓轉陞守蒲州，致仕歸。奥山罷去。茝陞守應州，今再陞同知太原府。且行過渾源，與太守易水顔守賢霖川，再登此山。追惟往昔，倏爾十年，人事變遷，徒增感慨，敬書此。托我霖川公刻之山石，以識歲月云。

嘉靖四十五年歲次丙寅夏四之吉茝謹記

温泉碑

【简介】

明隆庆元年（1567）十二月初八立于浑源县汤头温泉。现存汤头温泉，已断为两截，且多破碎。下部残碑高59、宽55、厚12厘米；上部残碑高61、宽56、厚12厘米，总高120厘米。青石质。破碎不堪，难以拓印。此碑在《三晋石刻大全·大同市浑源县卷》正编中作为佚失石刻已载入，2013年在文物普查中发现了此碑，现编于续编。

汤头温泉原有庙殿，始建于东汉光武之时，后因“虏患焚之”，明嘉靖末又有李公重建。

【碑文】

温泉碑

夫廟宇者，敬神□□□□□□□□□□乃之所爲，非通神明之德者不知修，非存敬神之心者不肯以□□□□□□□□不通修。是以廟宇頹壞，神明失寓者多矣，凡重建乎今。李□□□□□□□□□道元，天性明敏，素心純屬（質），農業傳家，陰陽爲藝。□□□□□□□□□□□□□□□□相李興，光武年間，創立此殿，後以虜患，焚之久矣。□□玄□祖之攻行□□□□修理廟宇者，仁人之存心也。率祖民行孝子之存心。□□孝□□是亦□所難也。彼之修理者，以報德報功也。迄今嘉靖四十二年戊午月庚寅日，復修此殿，躬自迹記。書曰：城南百里温漴院（浣），古來有此。能療百病，潤之神效，洗之即愈。祭法□曰：能御大灾則祀之，能捍大患則祀之。其原根深遠，予不知矣。神象大功，巍乎高聳，焕乎維新，洋洋乎如在其上，如在其左右，非旭日之所爲也。□之□□□□□蓋以天地者，萬物之父母也；而群神者，天地之行迹也。奉群神即所敬奉天地也，敬奉天地即所以敬奉父母也。予觀李公興之本意□□有□□□此矣。□□曰：□乎温泉焉，實爲一方所鎮，豈不默佑（祛）而已，滿□□□俱以金飾，非有德者不能全其美矣。不維費財用力（無）以盡其心。尤且趄夕禮拜□□其□。予因工程以建，特諫部祠以彰伊行，儀表伊心，以云傳歟！

奉直大夫知渾源州事□□顔守賢

□將仕郎渾源□□□趙廷佩

平型關耆老王世欽

時颷飛隆慶元年乙巳月戊子日吉旦

神□南鄉寓蔡家峪□西布政使司承差楊天禄拙工勿哂

石匠　楊世耕

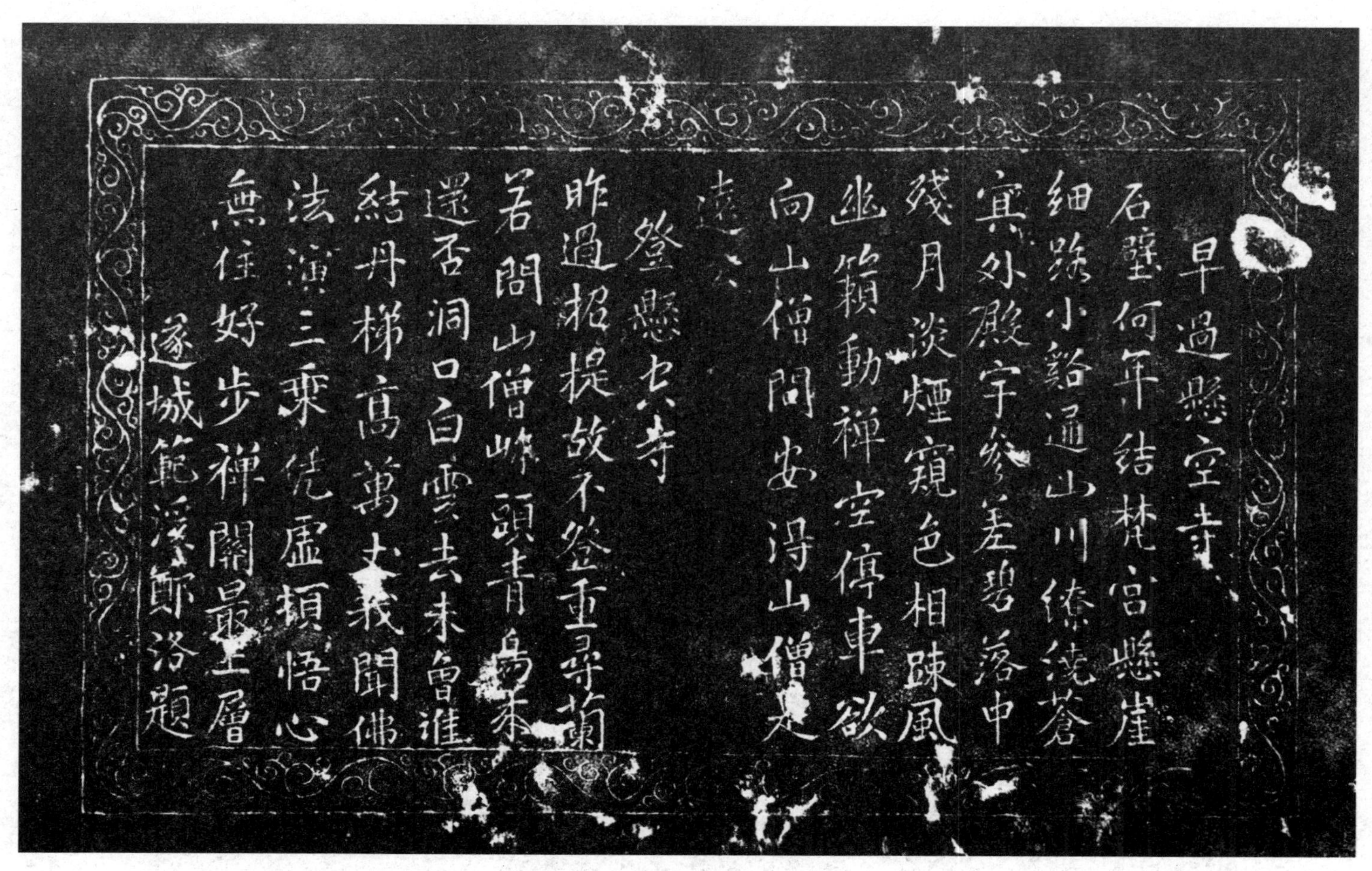

“早过悬空寺”诗碣

【简介】

明万历四年（1576）刻石，现存于悬空寺千手观音殿下石壁上。碣高 52、宽 89 厘米，缠枝边。遂城范溪郑洛题书。

【诗文】

早過懸空寺

石壁何年結梵宮，懸崖細路小谿通。山川繚繞蒼冥外，殿宇參差碧落中。

殘月淡煙窺色相，踈風幽籟動禪空。停車欲向山僧問，安得山僧是遠公。

登懸空寺

昨過招提故不登，重尋蘭若問山僧。峰頭青鳥來還否，洞口白雲去未曾。

誰結丹梯高萬丈，我聞佛法演三乘。凭虚頓悟心無住，好步禪關最上層。

遂城範溪鄭洛題

"复还天巧"摩崖题刻

【简介】

明万历五年（1577），镌刻于还元洞口岩体之上。高63、宽155厘米。由巡按监察御史新安黄应坤题书。除"复还天巧"外，还元洞口上还镌刻着万历五年的"洞口"两字（高53、宽86厘米）和万历六年（1578）正月题的"还元洞"三个字（高54、宽136厘米）。两处题刻均未署名。

【题刻】

復還天巧　萬曆五年十二月吉日

巡按監察御史新安黃應坤題

洞口　萬曆五年十二月吉日

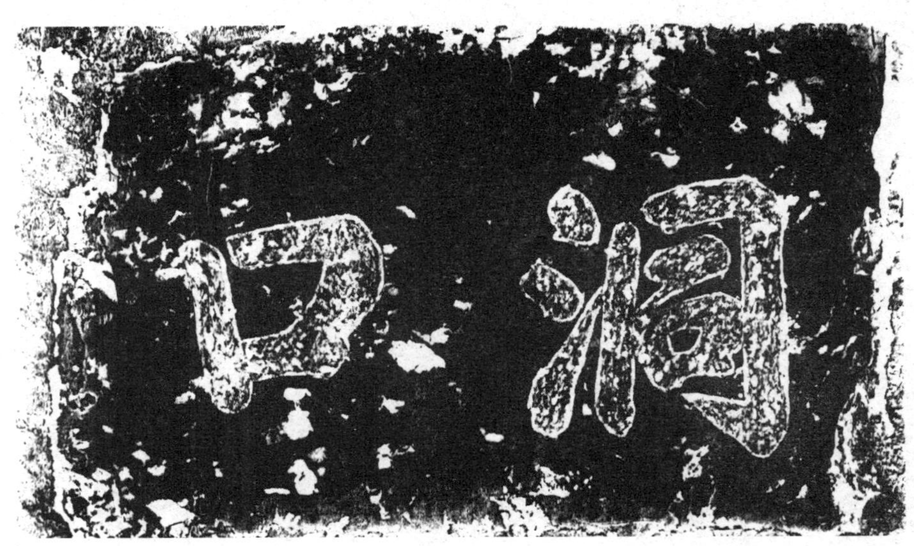

還元洞　萬曆六年正月

“天开神秀”题刻

【简介】

明万历六年（1578）镌刻于恒山会仙府岩壁处。高70、宽260厘米。由黄铨书丹。

【题刻】

萬曆六年夏四月吉日

天開神秀

古……黄銓書

恒山复还天巧洞记

【简介】

明万历六年（1578）四月立。存恒山寝宫还元洞口。高185、宽80、厚19厘米。方座圆首，顶部双龙云头状，碑边缠枝纹。由巡按直隶监察御史新安黄应坤撰文。

【碑文】

恒山復還天巧洞記

北郡恒山領鎮朔方，自虞帝五載秩祀後移祀曲陽，遂視諸山等耳，説者以飛石神，其事漫無可攷，迨今數千禩遣祀仍於曲陽。而嶽之巃然峙者則渾源山也，掌故者竊疑之，豈以鎮山遠在徼外而顧置之，抑北虜世更强鷙，山之麓所常飲馬地乎。每談此，而不得其説。萬曆丁丑嘉平月，余行部渾源，距山直二十里許，因爰備嶽祀，偕少參楊君松僕卿，蔡君可教，僉憲鄧君林喬，躡山步奇至巖半棲神之側，石壑嶔欹，甃以小室，若有所設蔽者。予叩其故，老住持對以：室之後傍有石洞可通人跡，相傳先時避虜者匿於此，爲虜所構，遂杜以石，厭以神宇，蓋虞虜之後窺此也。予摳衣探之，隱隱望其中黯然豁然，規中而范外，殆山靈之天巧也，胡爲乎杜之哉。嗟嗟！余有以得移祀之説矣。夫虞廷舞干羽，而下稱盛，莫若周宣即薄伐止於太原，曾何兹山之足躡而稱殷禮乎。天巧自然，而人顧塞之時之詘，雖天不能全其巧矣。今北虜自叩關納貢，數年於兹欵益恭，予自雲中出塞，所目睹記者視渾源若在内服。凡國家綢繆户牖之計，靡不飭舉，矧北嶽爲一方之宗，能無脩其廢墜。故祀典已檄巡道，議舉如曲陽禮歲春秋以爲常，兹洞可仍其塞，而弗還其故與。因命拽其塞石，外環以檻，泠泠然洞達無改於其舊，而仙棲靈扃之境還矣。余因題其洞額云“復還天巧”，見今昔之司啓閉者，時爲之也。噫！余尤有説，古先聖王觀人文以化成天下，始於山澤通氣。洞之閉塞，吾不知幾稔矣，郡之人士視列郡寥寥無聞焉。今天巧已闢，若神工持斧而開混沌之蒙，嶽靈與此洞相爲陟降，寧無申甫生而當兹山之英者乎？若藉巧以飾名，而失天然之趣，則余方悲今之巧已多，而欲與觀其樸也，敢復開其竇哉。斯舉也，可以占治運，可以觀人文也，故紀之石，以俟繼余而采風者。

萬曆戊寅首夏之吉

巡按直隸監察御史新安黄應坤撰

恒山復還天巧洞記

恒山復還天巧洞記

北部恒山領鎮，舜方自虞帝五載狩之後移祀曲陽，遂視諸山等耳。説者以飛石神其事，是無

可攷。逆今數千禩，遣祀仍於曲陽而[illegible]之，巍然峙者則渾源山也，掌故者竊疑之。豈以鎮山逺

在徼外而預置之歟？抑北虜世更強，驚山之麓所常飲馬地乎？每詠此而不得其説。萬曆丁丑嘉

平月，余行部渾源，距山直二十里許，因是備嶽祀，偕少參楊君松、僕卿蔡君可教、僉憲鄧君林

喬躡山步奇，至巖半棲神之側，石礐嶔欹，縈以小室，若有所設啟者。予叩其故，老住持對以宋

之後，傍有石洞可通人跡，相傳先時建寇者匿於此，為虜所搆，遂杜以石，厭以神守，蓋虞虜之

復窺此也。予摳衣探之，隱隱覺其中豁然谽然，覺中而范外，殆山靈之天巧也，胡為乎杜之哉！

嗟嗟！余有以得移祀之説矣。夫虞廷舞干羽而下，稱盛莫若周宣，即薄伐止於太原，曾何茲山

之足躡而稱殷禮乎？天巧自然而人顧塞之，時之詘，雖天不能全其巧矣。今北虜叩關納貢

數年於茲，欽益恭。予自雲中出塞，所目睹記者視渾源若在內服。凡

國家綢繆戶牖之計，靡不飭舉，矧北嶽為一方之宗，能無備其廢墜？故祀典已檄巡道議舉，如曲

陽禮，歲春秋以為常。茲洞可仍其塞而弗遂其故歟？因命撤其塞石，外環以檻，泠泠然洞達無

改於其舊，而仙棲靈扃之境還矣。余因題其洞額云"復還天巧"，見今昔之司啓閉者將為之也。

噫！余尤有説：古先聖王觀人文以化成天下，始於山澤通氣。洞之開塞，吾不知幾稔矣，鄉之人

士視列郡寥寥無聞焉。今天巧已闢，若神工持斧而開混沌之竅，嶽靈與此洞相為陟降，豈無

申甫生而當茲山之美者乎？若藉巧以飾名而失天然之趣，則余方悲今之巧已多，而欲與觀

其樸也，敢復開其實哉？斯舉也，可以占治運焉，可以觀人文也，故紀之石，以俟繼余而采風者。

萬曆戊寅首夏之吉

巡按直隸監察御史新安黃應坤撰

还元洞记

【简介】

明万历六年（1578）四月立。存恒山寝宫还元洞口。碑高188、宽78、厚18厘米。圆首方座，首为双龙云头状，碑边缠枝纹，青石质。同《恒山复还天巧洞记》为同一时期作品，可谓姊妹篇，由郑洛撰文、书丹。

郑洛，字禹秀，明安肃（今河北徐水县）人，嘉靖三十五年（1556）进士。隆庆年间为山西参政。万历二年（1574）擢右佥都御史，巡抚山西。后移大同，加右副都御史，为兵部右侍郎。万历七年（1579）以兵部左侍郎总督宣化、大同、山西军务。其间与蒙古俺答部头领三娘子、扯子克等采取和睦政策，使边境数十年得以安宁。累加太子太保，召为戎政尚书兼右都御史，经略陕西、甘肃、大同等边务。郑洛善诗文。从他《过悬空寺》的诗中可知，他最少两次登游北岳。

【碑文】

還元洞記

北嶽恒山故朔方雄鎮，山口有洞，洞蔽以神祠，若將塞焉。侍御黃公觀風攬勝，慨然興思，乃撤而啓之，題其額曰“復還天巧”，且爲之記其狀矣。分巡鄧君持侍御公所作以請曰：兹洞也，固恒山奇觀，洞開則兹山勝事也。乃侍御公已題額言之矣，曷可無佳名以記，先生圖之。予曰：奚名哉，粤稽元始生大道，大道生天地，天地生萬物，恒山固天地所覆載，山若洞亦萬物中之一物也。予昔登山臨兹洞矣，杳冥幽窅，既不可窺測其端際，亦不能想像其藏隱。蓋天造非人力也。彼金沙大隱，美則美矣，率以人興魚藻寒居；奇則奇矣，皆緣力餙。夫人力則非天巧，非天巧則非大道所生，非大道則非元化所肇。若恒嶽則與天壤並立，洞亦與恒嶽俱生。開以太始，闢以真元，愚父不能力移，齊諧莫詳自始，蓋一元不能不散而爲萬象，則兹洞也，固一元之所造也。今侍御公撤其蔽而新之，亦復還其天元焉耳。然則兹洞也不可名無已，則名以還元可乎？雖然，予重有慨焉。夫元象之元，含光自然，分而萬形，散而萬物，生生化化，已非元元。然而山澤氣通，洞爲元造，物理備我，性有元善。洞爲元造，啓則還之，性有元善，乃自鑿之。恣智巧，縱物化，致使真者散元者劉，降衷靈光，錮蔽焉而不能通，殆不啻兹洞之障塞而已。然則兹洞也其曷幸，而得侍御公還其元造之巧，又安得元化旁敷，使並生於宇宙間者，盡還其天命之元善哉。若夫抱元還元，自了性天，元精之元，其説甚玄，則固黄冠羽衣之所從事。予不敏，奉明天子命撫綏此方，將以元化望當時，以愛養元元，勗同事之諸君子。不敢襲其説以名兹洞。因漫書以答分巡君之請。

萬曆六年歲次戊寅夏四月庚子

賜進士通議大夫都察院右副都御史奉勅巡撫

大同贊理軍務前提督鴈門等關巡撫山西右僉

都御史巡按四川監察御史武遂鄭洛謹書

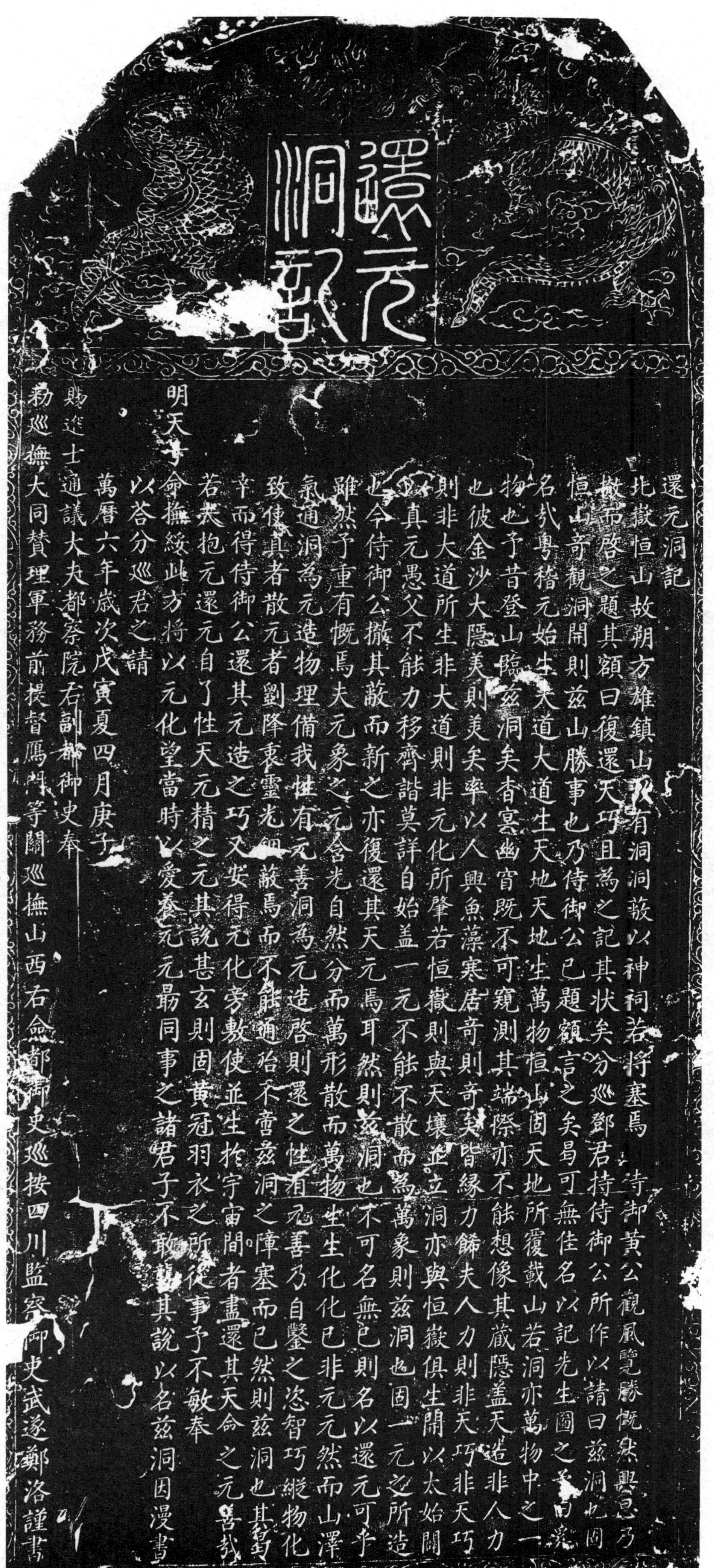

還元洞記

還元洞記

北嶽恒山故朔方雄鎮山下有洞洞蔽以神祠若將塞焉侍御黃公觀風覽勝慨然興思乃撤而啓之題其額曰復還天巧且爲之記其狀矣分巡鄧君持侍御公所作以請曰茲洞也固恒山奇觀洞開則茲山勝事也乃侍御公已題額言之矣曷可無佳名以記先生圖之乎曰然名哉粤稽元始生天道大道生天地天地生萬物恒山固天地所覆載山若洞亦萬物中之一物也予昔登山臨茲洞矣杳冥幽窅既不可窺測其端際亦不能想像其藏隱蓋天造非人力也彼金沙大隱美則美矣率以人與魚藻寒居奇則奇矣皆緣力飾夫人力則非天巧非天巧則非大道所生非大道則非元化所肇若恒嶽則與天壤並立洞亦與恒嶽俱生開以太始闢以真元愚父不能力移齊諧莫詳自始蓋一元不能不散而爲萬象則茲洞也固一元之所造也今侍御公撤其蔽而新之亦復還其天元焉耳然則茲洞也不可名無已則名以還元可乎雖然予重有慨焉夫元象之元含光自然分而萬形散而萬物生生化化已非元元然而山澤氣通洞爲元造物理備我性有元善洞爲元造啓則還之性有元善乃自鑿之恣智巧縱物化致使真者散元者劉降衷靈光翳蔽焉而不能通殆不啻茲洞之障塞而已然則茲洞也其[illegible]幸而得侍御公還其元造之巧又安得元化旁敷使並生於宇宙間者盡還其天命之元善哉若夫抱元還元自了性天元精之元其說甚玄則固黃冠羽衣之所從事予不敏奉明天子命撫綏此方將以元化望當時以愛養元元勖同事之諸君子不敢執其說以名茲洞因漫書以荅分巡君之請

萬曆六年歲次戊寅夏四月庚子

賜進士通議大夫都察院右副都御史奉勑巡撫大同贊理軍務前提督鴈門等關巡撫山西右僉都御史巡按四川監察御史武遂鄭洛謹書

“登恒岳用前人韵”诗碑

【简介】

明万历七年（1579）立。存恒山接官厅后，碑高55、宽96、厚15厘米，青石质。郑洛题书。

【诗文】

登恒嶽用前人韻

巍巍恒岳上方齊，雄峙□州象緯低。天爲輝夷開重鎮，人從雲霧起危梯。

萬年香火神祠在，四塞旌旗虜騎迷。擬向山靈祈護國，玉關隨處固封泥。

又

恒宗高並紫霄齊，俯瞰塵寰世界低。峰立面前如列戟，雲生足下似層梯。

參差宫殿行來逈，縹緲蓬瀛望處迷。我欲步虛朝玉陛，應憐丹詔燦金泥。

遂城範谿鄭洛題

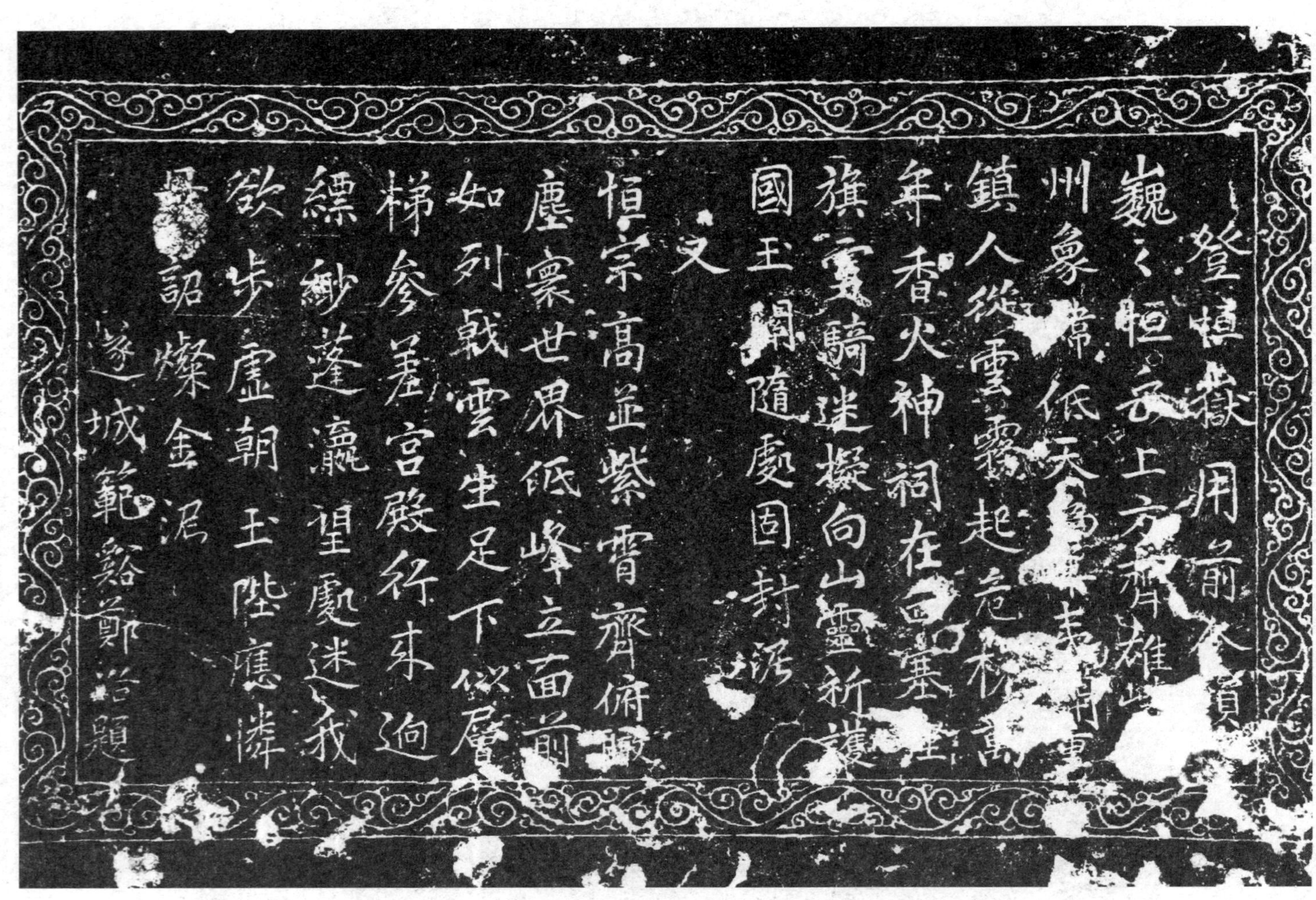

創建圣母行宫楼记

【简介】

明万历七年（1579）夏月立。存云峰寺大雄宝殿前。碑高55、宽85、厚8厘米，青石质。贾世崇书丹。

贾世崇，蔚萝郡人，明万历七年游云峰寺后，应邀作此碑记。

【碑文】

創建聖母行宫樓記

蓋聞古天寺溝者，乃釋子棲身之所，實仙洞淵源也。謂我朝隆興大統者，亨道德，夫□□納號曰法華，悟而達真，訪步巘林極矣。□創庵而居之，是不遂志也。遍觀崖峯未足其心，獨天寺溝者，山形異異，井泉溶溶，端而有靈巒含萃，野嶺芳青，似佛境重重真聖境，碧霞天外紫雲峯。予法華視其山峩，龍虎二形之岳以飭，而大殿光景全全，文非餘偈，亦法華創建宫樓始而爲願耶。發肯心之志，行深餘過矣。感添恭等，　檕會而信，戒誠誠效也，傾心而助之，漸漸所成。仰惟神俯而庇佑民衆，而禎祥添恭等。行源山峰蒼悟無邊，豈不盡矣，猶鬬璞而得玉璽，豈非增輝耀與宇，法華禪悟奇真益益哉。摇古峥光光易大，真性悟道道無息，伏乞海□鑑之，繼焉。

讃曰：

四時佳景逗争魁，誰識庵前松竹梅。碧雲朝天摩日月，蒼松入地張風雷。

數竺翠色空中秀，幾點清香半岩開。白頭老僧惜瀟灑，何人赢得久参倍。

啓曰：

祝□碧霞聖元君，皇圖鞏固大乾坤。□□道合唐虞化，萬善均霑雨露恩。

旹萬曆歲次己卯夏孟月吉日蔚羅郡　賈世崇　稽首頓書

天寺溝創立僧正蜜號法華　門徒　智定　智山　智林……

□□　□□□　□□□　□朝鳳　蘭栢　唐倫　□□　宋龍　張朝宰　許良□　張明　王太勲　左添禮　趙永寧　左添道　陳忠　王應舉　王尚友　辛官　馬鳳　馬斌　張義　賈世崇　馬謙　王尚智　魏□　吴守朝　頡英　白尚體　張道崑

鐵匠　丘山□　　木匠　任朝月　任大亨　　塑匠　段龍　□義

畫匠　竇天申　任文明　孫佑　左春高　左春科

琉璃　喬善友　　泥匠　陳廷金　　石匠　韓平　閆良明

渾源州永安寺住持　悟玄

圓覺寺僧人　智雲

女善　李妙祥

“夕阳返照”石刻

【简介】

明万历十年（1582）镌刻于恒山会仙府东面的山崖处。字体总高 140、宽 115 厘米。陈忠言书题。

【题刻】

夕昜返照

萬曆十年秋□　監生陳忠言書

“天下名山”摩崖题刻

【简介】

明万历十年（1582）八月镌刻于恒山会仙府岩壁。约高 210、宽 160 厘米。由御使贾应元书。“天下名山”同相邻的“绝地通天”题刻，由于道劲有力，气势磅礴，为省级重点保护文物。

【题刻】

天下名山

大明萬曆十年歲次壬午秋八月中浣之吉

□□□□□□□□□遵化春宇賈應元書

“壁立万仞”摩崖题刻

【简介】

明万历十年（1582）八月镌刻于恒山会仙府岩壁。四个大字遒劲有力，出自明代书画名家梅友松之手，为省级重点保护文物。字高 180、宽 220 厘米。

【题刻】

萬曆十年歲次壬午秋八月中浣之吉

壁立萬仞

□州□北道兵備参政内江鶴洲梅友松書

“白云灵穴”摩崖题刻

【简介】

明万历十年（1582）九月镌刻于恒宗殿以东白云洞口处。高 270、宽 80 厘米。由洛阳人浑源州事王元书丹。

恒山紫芝峪东北峪掌，是连接恒宗峰与飞石峰的一道险岭，断崖沟连，峰头诡怪，岗崖上经常凝云布雾，云游岗连，故名栈云岗。栈云岗上有出云洞，人称“石洞流云”。洞口边镌刻“白云灵穴”4个大字，因此又称为“白云洞”。

【题刻】

萬歷十年九月朔州渾源州事涇陽王元□□

白雲靈穴

“石壁凌云”题刻

【简介】

明万历十年（1582）镌刻于恒山会仙府岩壁。总高约180、宽90厘米。由江西郑行解书丹。

【题刻】

萬曆十年秋江西鄭行解書

石壁凌雲

雲中衛臣　李應奎同

“灵山耸秀”题刻

【简介】

明万历十三年（1585）镌刻于恒山会仙府岩壁。约高200、宽190厘米。由吴门徐申书。

【题刻】

萬曆十三年六月吉旦

靈山聳秀

吴門徐申書

碑记

【简介】

明万历十三年（1585）八月立石，现存于云峰寺大雄宝殿。碑为圆首方座，青石质。碑高96、宽42、厚10厘米。额题“碑记”。由雁道委振武卫官管平刑中军事朱印撰题。

【碑文】

原議馬鬃壹帶邊，磚包石砌整三年。

軍壯竭力多辛苦，乙酉中秋盡全完。

偶見此寺清凉美，方纔題筆可留傳。

鴈道委振武衛官管平刑中軍事朱印撰題

管工　掾旗牢伴

各州縣千隊長寫字

賈明　郭坤　侯應龍　李尹　張景的　郭廷友　王希聖　胡彦□

任廷弼　李□　田秋　趙光□　梁公□　李來全　陳天柱　郭一

任騰　杭進　賀國瑞　任天滄　張真言　趙之通

旹萬曆拾叁年仲秋　吉旦

渾源州城南地名天寺溝雲峯寺創始立地僧人　證□

門徒智慶　智定　智□　智林　圓庫　圓夏　圓冬

法姪智雲　同青

青磁窑村善人　郝梧　郝三畏　張學

信女　藺氏

淘沙舖村善人　李珮　張珮　陳朋

信女　于氏

平陽府解州石匠　胡支科　楊文義

"昆仑首派"题刻

【简介】

明万历十四年（1586）九月九日镌刻于恒山会仙府崖壁。字体高200、宽185厘米。监察御史太和孙念贤立。

【题刻】

崑崙首派

萬曆丙戌歲九月九日

□□監察御史太和孫念賢立

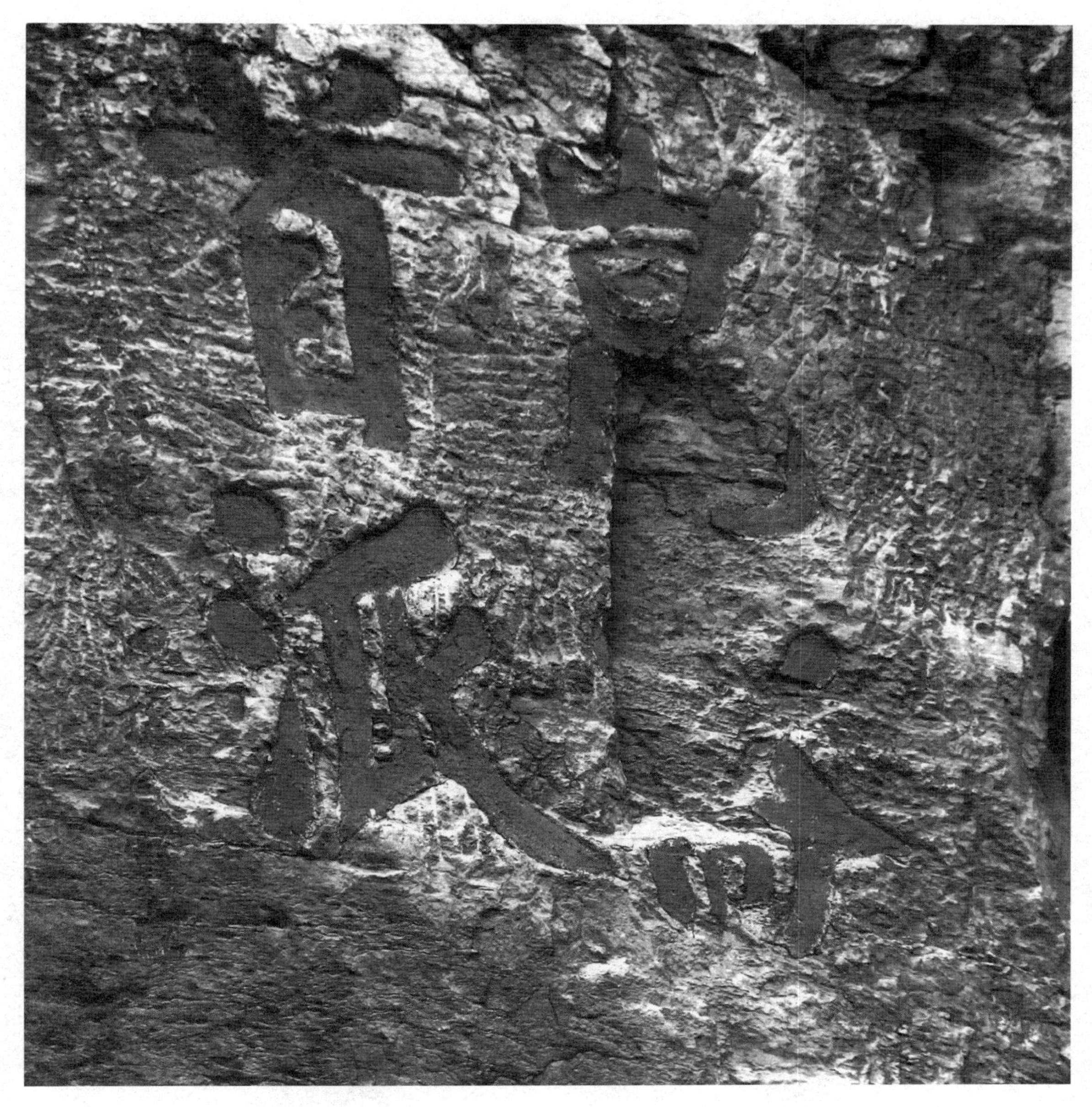

“达观”碑

【简介】

明万历十八年（1590）立。存恒山寝宫东侧。碑高 187、宽 100、厚 23 厘米。砂石质，稍有破损。梅友松题，江右道陈忠言书丹。

梅友松，字茂卿，明代嘉靖年间中乙丑科进士，历任朝议大夫、陕西布政司参议，因在工部佐理营建有功，寻升陕西右布政使。万历十六年进都察院右佥都御史巡抚陕西；万历十七年加兵部侍郎衔兼都察院右副都御史，总督陕西三边军务。万历十八年六月蒙古鞑靼部火落赤进犯洮州，七月进犯河州，总兵官刘承胤失利，副总兵李芳等皆死，西陲震动。七月二十一日，万历帝下诏切责“各边督抚全不治事，但推诿小官，致边备废弛”，俄罢总督梅友松，命兵部尚书郑洛经略陕西，万历十九年又命前南京户部尚书魏学曾总督陕西三边军务，不久又以叶梦熊代之。

据《内江县志》（内江县即今四川省内江市）载，梅友松致仕归家后，寄情山水，吟咏自乐，县志曾收录其诗三首，现今梅家山（原名寿星山）便因梅友松衣冠冢葬于此而名。

【刻文】

達觀

雲冀北道参政内江雀洲梅友松題

江右道□□□陳忠言書

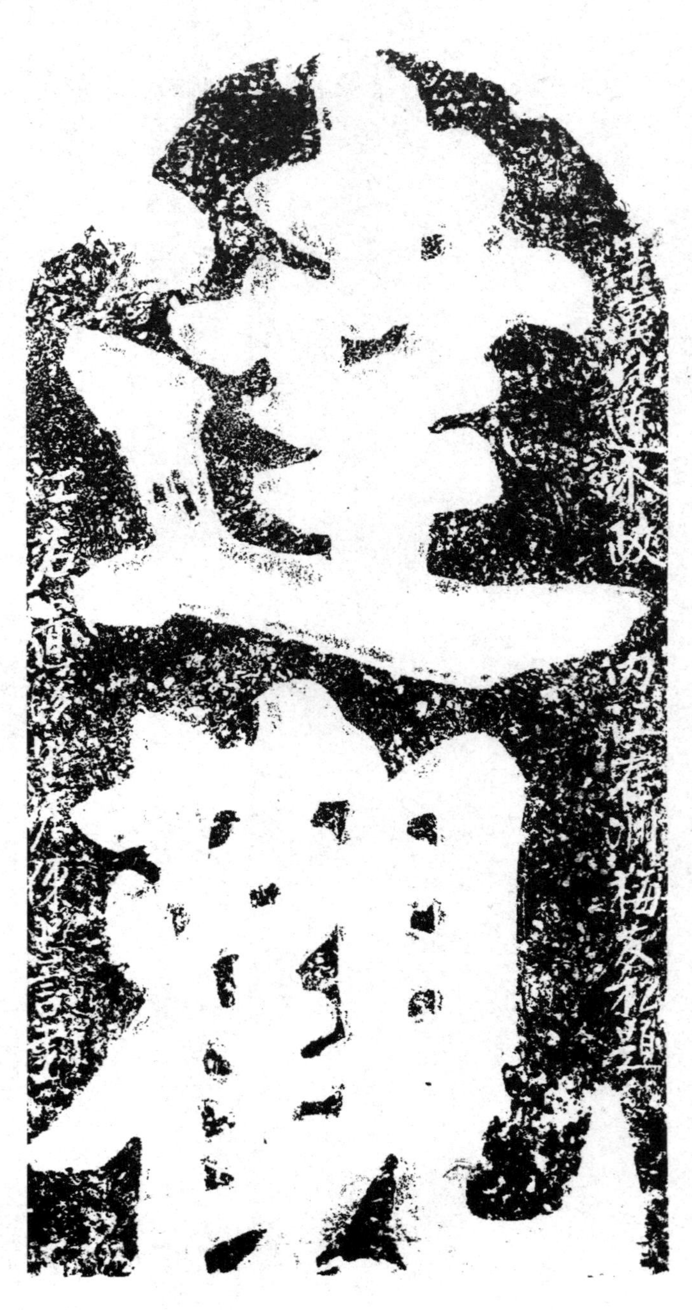

迪功郎盩厔县丞李公墓

【简介】

明万历二十三年（1595）五月上浣立。碑存浑源城东5公里处武村东山之下李家老坟。碑高196、宽82、厚20厘米。圆首，缠枝边，白青石质。额题“大明”。长期深埋田野，上部漶漫不清。此碑由李维屏、李维翰立。

【碑文】

（碑阳）

迪功郎盩厔縣丞李公墓

（碑阴）

先君諱發，字伯起，適菴其别號也。家世雲中，後徙居渾源州之武村。武村有李氏，自成公始，延及五世。曾祖諱蘭者居積致富，而家業從此大振矣。生子四，長曰堯良，由援例授湖廣檢校。次堯卿，州掾，早逝。次堯聘，即先君是也。次堯儒，代府典膳。堯聘號松泉，幼習舉子業，入試省闈，不第，竟以明經徵對公車授東鹿□。配高氏，生男四，先君居長，次開，冠帶官，次秀，次熟。我先君，生質穎敏，骨相朗秀，逾髪齒即能文，凡十試賢科，罔遂厥志，始侍拔貢於萬曆癸酉歲。暨癸未□□□□，亦授以陜西盩厔丞，歷任克勤，署篆有聲，當道諸公□奇之。第剛正過甚，無何左遷秦府典寶正右郎。掛冠高德□□□，越不修邊幅，樂田園，課子孫，又與二三知舊，飲酒賦詩爲樂十五載餘矣。配劉氏，登封知縣劉□思温所出也。生不肖男二，長維屏，娶高氏，高氏早逝，繼娶郭氏。次維翰，娶熊氏。女一，適安定知縣葛公登府子葛綵。孫男二，□本□，娶翟氏，□出。曰本立，翰出。先君生於嘉靖辛卯六月十四日寅時，卒於萬曆庚寅□月十三日丑時。享壽六十，辛卯年十月二十八日葬武村東山之麓。嗚呼！先君位不稱其才，壽不滿其德，何足以闡揚其幽光，上以繼先業，下以衍後傳。尤冀以默佑其瓜葛，故樹之墓表，因以垂不朽云。

萬曆二十三年歲次乙未五月上浣吉旦

孝子維屏　維翰　泣血頓首　謹識

重修孙膑寨玄都观碑记

【简介】

明万历二十三年（1595）九月立。碑高185、宽75、厚14厘米，现存千佛岭孙膑寨。青石质。由杨大库撰文、书丹。

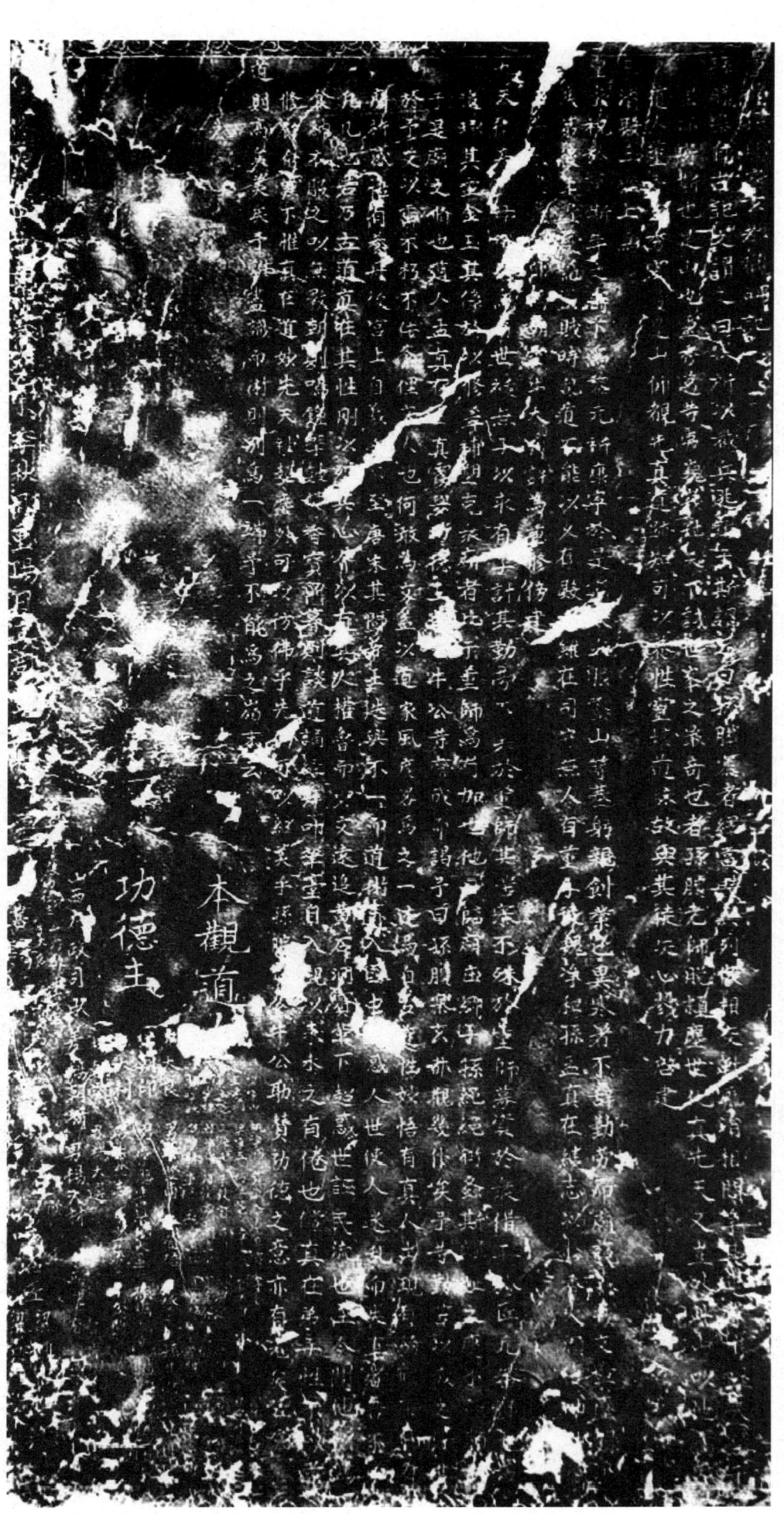

【碑文】

重修孫臏寨玄都觀碑記

孫臏寨，自古記之謂之曰寨，所以藏兵逃難于斯。謂之曰孫臏寨者，繹當時與列侯相交戰、龐涓相鬥争，其運籌帷幄，决勝千里，亦寄斯也。是山也，靈秀邁苛夷，巍峨冠天下，誠世峰之最奇也者。孫臏老師，脱穎塵世，化真先天，又豈外此山以他屬哉。道人董子玄秀雲游是山，仰覩先真道跡，知可以養性靈、培道脉，故與其徒矢心戮力启建三清殿三楹，上爲皇家祝於萬斯年之壽，下爲黎元祈康寧。於是□□繩服，鑿山築基，躬親創業，已異寒暑，不辭勤勞，而廟貌森嚴，文章歷録然矣。第後年，置屢荒，盗賊時乱，道不能以久存，殿□雖在，司守無人。有董子徒魏净和、孫孟真在，継志以修，香火願復。□□德主牛大良、楊朝印、楊朝雲、牛大利許爲重修。傍建九天衛房，聖母祀之，爲萬世祓無子以求有子。計其勤勞，不異於董師。其苦寒，不殊於董師。募資於衆，借工於匠，凡备錄□□，追琢其章，金玉其像，於以修葺補塑，克衆廟者，比于董師爲有加也。他日臨廟庄鄉，子孫繩繩，衍螽斯麟趾之庆，不無□□于是廟之修也。道人孟真在、王真霞與功德主楊公、牛公等，廟成而謁予曰：孫臏寨玄都觀幾仆矣，予等勤苦以成之，□其於予文，以垂不朽。不佞紊俚文人也，何敢爲文。蓋以道家風度，略爲之一述焉。自古道性妙悟，有真人出現，有騎鶴飛騰，有磨杵感悟，有養丹後宫，上自羲皇，下至唐宋，其間帝王迭興不一，而道術通入國中，蠱惑人世，使人迷乱而失真者，吾不知凡几也。若乃古道真在，其性剛以烈，其心介以真，其人權魯而少文，遠追黄石洞賓輩，下超惑世誣民流也。至今闢地□□食衲衣，服之以無斁，朝則鳴鐘擊鼓，焚香寶鼎；暮則談道誦經，拜叩華臺，自入觀以來，未之有倦也。儻真在弟子性不□□，修飭愈謹，不惟真在道妙先天、神超塵外，可以仿佛乎先仙，可以繼美乎孫臏，楊公、牛公助贊功德之意亦有光矣。嗟嗟乎，道則高矣，美矣，予難盡識，而術則别爲一端，予不能爲之嶺末云。

本觀道人

宗净山　王净洞　董净庵

□净禄　楊净秋　姚净洞

梁净玉　王净然　劉净海

白净禄　蘇净冬　何净庵

李教寶　趙教儒　車静玉

王真霞　李真岳　孫真儒

楊真實　白真儒　李真鉛

李真清　樊真定　賈真全

賈真福　王常雷　戴常□

李常福　王常江　王常禎

閻常□　栗常□　栗常□

侯常□　孫常□　張常□

晋常□　賈常□

功德主

牛大良　男牛登甫

牛登梧　牛登元

孫牛應宗　牛應□

楊朝印　男楊大章

孫楊師堯　楊師□

楊師□

牛大利　男牛登志

牛登氣　牛登開

楊朝雲　男楊大選

山西布政司承差楊朝琦　男楊大材

大明萬曆二十三年歲次乙未季秋月重陽日立

郡□楊大庫書撰

“公输天巧”题刻

【简介】

明万历二十三年（1595）前后镌刻于悬空寺栈道旁的石壁上，四字总高 140、宽 35 厘米，由时任山西巡抚房守壬题书。

【题刻】

公輸天巧

歷下房守壬

北岳庙新贮道大藏经记

【简介】

明万历二十七年（1599）八月立。碑存恒山恒宗殿。碑高182、宽81、厚16厘米。额高31、宽82厘米，缠枝纹状。圆首方座，青石质，略有残损。由浑源州学正薛郡撰文，训导张文翼篆额、书丹。

【碑文】

北嶽廟新貯道大藏經記

渾源州儒學學正薛郡撰文

訓道張文翼篆併書

皇上御極之二十七年，明萬曆己亥，時寓内不盡無虞，我聖天子宵旰軫念，蒿日焦心，下詔引咎，期以速感通而銷菑沴。又慮其未協也，乃捐帑金，函道書，分遣中使馳送所在方嶽，建設齋醮，用爲修禳。惟兹北嶽密邇王畿，乃以御馬監左少監白忠□□是祗奉明命，促裝□□而西，有司驛傳秋毫不擾焉。逮七月朔吉即抵恒山□□，貯經於嶽廟寢宫之隅，飭道衆修醮事七日夜，期於保國康黎。又以醮之□金四十兩，置護經地八十畝，付之羽士杜得霈等，俾其有所資藉，永守□□□候香火禮成，白公謂不可無記，乃以屬學正薛郡，所以昭盛典而托不朽。竊聞之，國保於民，民依於君，君者神人之主，而實藉神故以庇民者也。惟我聖天子嗣服敬天勤民，純篤備至，□層當叠異，比歲見告無，亦氣數之常偶相值與。乃今不忍蒼黎□□，遍禱山川，兢兢然仰承仁愛至意有如此者，謂不足理幽□而召和氣哉。由是山嶽效靈，斡旋元化，反妖爲祥，令華夏清夷，民物康阜，宗社靈長之慶，端在於此，豈細故耶。因繫以詩曰：節彼恒山，奠位雲中兮；渾水北流，磁峡飛虹兮。據燕跨并，憂漢摩空兮；威鎮冀方，祀肇虞封兮。歷代異褒，適羞神□兮；我明再造，鼇號獨隆兮。維嶽降神，靈協粤通兮。萬邦維屏，百辟輸忠兮；願言景貺，流溢龐洪兮。祥發玄冥，袚祛沴霁兮；帶礪北平，宇曰□雄兮。皇祚萬年，與恒無窮兮。是爲記。

明萬曆二十七年秋八月上澣之吉

奉直大夫知渾源州事劉承勳

守備渾源城指揮僉事陳堯典

將仕郎吏目王應曉　仝立石

住持□經道人　王守會　王守志

　　　　　　　張德霞　常茂

赞经文

【简介】

明万历三十年（1602）正月立于黄花滩村东北山崖间的朝阳寺，现横卧于该寺遗址。高 150、宽 64、厚 24 厘米。额题“碑文”2 字。碑首为云头，碑边缠枝纹。青石质，断为两截，风化严重。

朝阳寺处于黄花滩村约 3 公里的东北处。从黄花滩村往东北约行 1 公里许，迎面是一座雄伟而苍翠的大山，山体半山之腰有一个天然大溶洞，洞高约 15 米，宽约 25 余米。洞内从明隆庆三年（1569）始建寺庙，万历、嘉庆、咸丰年间不断修缮增补，遂形成娘娘庙、佛殿、关帝庙、二郎神庙、眼光、山神、五道等庙的恢宏规制，上顶危崖、下临深谷的朝阳寺，石磬钟声悠扬四达，流瀑涌泉相映成趣，香火曾盛极一时。“文化大革命”期间毁坏，原树的十几通碑大部分散失，现只剩下三四通残碑掩没于荒草之中。

【碑文】

讚經文

今居大明國山西布政司使大同渾源州城東山眼望峪黄花灘，□□村東大石堂朝陽寺，重修聖母娘娘廟塑身以完。造意者伏为不□，方衆□信善同结良缘。信女各發誠心，喜捨資財，共成盛事。

功德主　白尚悟　男白禄　趙才　白尚貴　許萬
張門武氏　翟奉　翟彦公　程紀道　王倉
趙天儒　趙添恩　李公明　崔官　馬氏
善交　劉元　孫禄　周岐

化　主　趙氏　杜氏　白氏　李氏　王氏　姜氏
翟珠　劉□　姜□　李建佑　王朝
杜科　翟彦　崔大　崔登　楊庫　崔法
姚千　張世威　□大銀　王氏　白九□
安氏　丁世富　趙氏　喬狗子　郝世德
張許春　王大興　郝世讚　王繼恩
白可□　丁尚千　梁方　□倉　田相
安登　王應　王禹　任庫　崔官　張氏
任敖　侯春　郭敖　張邦　姜伯　喬夆
王繼　任伏　樊氏　東丘氏　科常氏
郝世講　王建畢　陳建州　許建敖　許英
岳現　晋文　張朝　趙名望　楊丁氏
胡伯□　趙氏　安登德　常科□　樊通□
安登泰　王應科　程氏　康添財　王樹佐
郭敖　王官　張玘　張科　王印成　樊氏
李氏　劉氏　杜氏　常建敖　常朝　劉氏
李現　張氏　王金　李氏　許應恩　高氏
李添慶　李仲□　白閏　白九雨　□□等

認地糧壹分□□，南至翟彦，東北至崖，南至翟彦峰，東至翟彦靈。李氏情願喜捨地一段，善士永不争□。白九鋪。

大明萬曆三十年正月十一日次吉

磁窑口修道重修悬空寺山门碑记

【简介】

明万历三十二年（1604）四月刻立。存悬空寺山门墙体。高54、宽63厘米，青石质。由指挥赵邦瑞立石。

【碑文】

磁窑口修道重修懸空寺山門碑記

會首　張官　劉邦瑞　張奉　馮堯誠　李奉山　李福　高明　吴尚元　張斌　馮堯實　楊櫂峰　殷氏　張世雄　謝孜　洪春　鄭廷羽　陳柏　唐氏　張學　李恩　張善　王得安　□□寶　温氏　張輔　張永千　王寬　孫良友　張大忠　李氏　王大寶　王羽　孫孝　郭相　閆可法　張平　温尚禮　成敖　田有常　高三女　成廷芝　蔡天福　宋學　付廷滿　石汝岱　黄寧　劉嘉斌　曹友　潘国府　悟金　宋廷住　郭友　閆可都　生員季時芳　謝詔　張永詔　劉岳□　致仕楊耀茂　李俊　田詔　孟希軻　李根滋　劉朝相　于孟時　吴尚魁　史安　張化　于孟秋　盧周貴

寺主　如性　同清　常淮

指揮　趙邦瑞

千户　湯汝勲　張承志　郝世芝　閆科　常安

石匠　柴景川　范国進

泥匠　杜元吉　徐南

大明萬曆三十二年孟夏吉日立碑

李□□　柳天明

王庄堡南城门门洞西壁碑记

【简介】

明万历三十二年（1604）六月刻石，嵌存王庄堡南城墙门洞西壁。高 75、宽 156 厘米。

【碑文】

計□築包本堡工程丈尺數目於萬曆三十一年起三十二年六月完，包修過周圍大牆敵臺瓮圈外面共長六百一十七丈，大墻身高三丈、女墻六尺，通高三丈六尺；瓮圈身高二丈五尺，女墻六尺，通高三丈一尺，俱用石條五層。周圍城□俱墁磚二層，裏□水道一十九處，券完城門四座，鐵裹門八扇，又磚包完南北二門裏面兩翅，大墻馬道二處。券完出入水道二處，興水利、惠民生。創建軍儲庫廒一座，下開大風道五孔，上蓋氣樓二座，糧廳一間，曬米臺一處，門樓一間，教場一所。旗臺、旗杆、彩布旗、蔴繩旗、斗葫蘆各一件。沿城旗面、旗杆、繩斗各一十二件，重修完察院一所。周圍舊土墻共長七百二十六丈，照原議從頂上截去丈餘作爲壕墻，仍建蓋大樓、中角、懸樓，共一十二座，馬道門樓門房各兩間，各樓鐵鎖并鑰匙牌一十二副。其城樓木植聖像金青等項，并□動費官錢，皆系區處俱各□全。以上備載，□爲記焉。

北岳庙昭感碑记

【简介】

明万历三十二年（1604）七月立。存恒山飞石窟。碑头系团云纹状，中间镌刻有“碑记”两个大字，碑边为缠枝叶状。高113、宽59、厚13厘米，青石质。由郡人李阳生撰文。

【碑文】

北嶽廟昭感碑記

郡人李陽生撰

元氣杓分，結山形而爲嶽；幽靈哉顯，垂肸蠁而降神。地屬坎，方位居水，□□□沱陣婉蜒，擅天地□奇、陽始陰終，透迤毓乾坤之秀，下斡坤軸，高□斗魁，畫野當畢昴之□。□□□□，雲朔之□。雪霜風雨，潜施及物之功；泰華嵩衡，共揭參天之勢。禦菑捍患神□主之□，善咼元陛□皆仰止。屏蔽中夏，鞏億載之聖圖；鎮脱外夷，拓八方之紫塞。毁戈鉞而鑄農器，永降康年；薦仗璧□□犠尊，虔祈景賜。□□□□□□□荷生成仝竭衷悃，每遇四月之朔，恭進一□□□燎楮焚膏、互燦雲霞之色，□□□炮交浮星月之光，效我徼忱介爾繁祉。迨及今□伐石而竪秀亭，迺懇宿濡摛辭而□□竭。人事既備，神功聿昭，蠟炬生煙，光依龍衮，蘂花挺翠，彩近□坡，升中於絶巘之厠，□物於重巒之下。紛燃紙炮，雜簫鼓而聲隱春雷；錯落燈花，御□烟而影摇秋月。炳當陽之離火，熒煌直接青藜；流不夜之奎光，熠燿遥呈未熖。花垂菡萏，發芝殿而揚輝；燭吐芙蓉，下蓂階而映彩。灼蘭膏於昧旦，帝燭如日之明；開火樹於殘宵，普照同天之道。雲飛□□，儼絳節以翻空；谷應鳴熛，恍鳴珂之振響。雖云末品，聊賛明禋。伏願俯奠坤維，仰弼乾□，齊璇璣之七政，瑞昭緑錯之圖；調玉燭於四旹，靈錫黎元之福。闡精秘而□萬歲，永祚皇明；享血食而歷千年，庸酧帝德。切念陽生吟羞刻燭萁弼，□□於螢囊；學欲探花朕點，□□於貝錦。空懷壯節，徒負明時，慚非擲地之才，有玷他山□□敬，齋心而記之，恭□□□系銘。銘曰：恒嶽之尊，氣本崑崙。欝爲明神兮，昔虞北巡。肇□□禋兮，歷代相因。□□□□兮，□納風雲。協氣氤氲兮，洞宅僊真。臺聳棋琴，勝蹟列紛兮，□□育珍。布澤沛恩，□□□□兮，瑞靄日新。驅滅祲氛，陰教彰勲兮，震靖邊塵。黠虜來馴，萬□斯春兮，豐稔歲□。□□□陳，□恬而淳兮，輔乾奠坤。血食薦殷，司牧駿奔兮，惆我不文。□言貞珉，昭德吾君。

旹萬曆三十二年歲次甲辰秋七月下浣之吉

會首　閆和　郝策　王家賓　温應洲　郭登科　黄門瑞　李樹碩　甯忠　李巒　李懋□　龔□　黄□　□□貢　□□□　張化　謝三禮　田應科

石工　梁立　梁臣　鎸

“悟道遗迹”题刻

【简介】

明万历三十五年（1607）镌刻于恒顶琴棋台的崖壁之上。高 66、宽 220 厘米。由都门胡从化奉旨钦祭虔写。

【题刻】

悟道遺跡
萬曆丁未
都門胡從化
奉欽祭虔寫
會憲□

“云中胜览”题刻

【简介】

明万历四十四年（1616）镌刻于恒山飞石窟内外崖壁。高 180、宽 160 厘米。由雁门前锋官崔一元书丹。

【题刻】

萬曆四十四年雁門前鋒官崔一元書
雲中勝覽

恒山庙烛会碑

【简介】

明万历四十四年（1616）四月立。嵌于飞石窟东崖。高69、宽106厘米，青石质。浑源知事张述龄撰文，吏目张德、李镇书丹。

【碑文】

恒山廟燭會碑

粵性□天造衆區，五嶽分方峙焉。獨踞幽跨并，爲五方冠冕。至石晋臣虜，棄山後諸州。豈不亦廟貌山靈如故，乃朝祀則徙往曲陽，歲時僅有司者登祭爾。近雖奉部院祭告如禮，顧大典尚爾缺然，且勝地僃在一隅，游人墨士罕所賞咏。第孟夏月八日相傳爲嶽神誕辰，遠近頂香稱賀者，初一日爲始，踵相接者十餘日。然或歲至歲弗至，即至僅僅報故事去也。余捧檄守渾三年，於兹耆民甯忠等若而人，歲輒一至，至必登告，不少倦其勤，且乞一言勒之石，以重其事。余惟嶽神不享物而享心，嶽靈固福，人更福。善忠等捐資備物有年，神享之矣；更能洗滌其心、斧濯其行，嘉相勸勉於善父子，親兄弟，友宗族，順隣里，□輸納，時相安於太平人間世，則忠等之所□享神與。神之所以禔福忠等地方者，不獨在雨暘，若災沴消已，嶽神知日，洋洋在上，當必以予言爲匪佞耶。異時朝祀，再行俾覽，觀者亦知明信可昭，神鑒固在此，不在彼也。是爲序。

萬曆丙辰歲孟夏月之吉　知渾源州事衡廬山人　張述齡　題

吏目　張德　李鎮　書

恒山廟燭會　張世科　黄門奬　甯　忠　黄門瑞　楊邦玉　范真金

常　滌　黄　永　孫三禮　趙汝桐　張　化　高自强

馬　橋　王志正　趙仲魁　石天義　王　國　王□爵

仝洛書　黄家制　趙　登

龔維寧　王貴　刊（石）

祀雨碑记

【简介】

明万历四十五年(1617)立。存恒山恒宗殿。碑高78、宽32、厚11厘米，青石质。由杜守清撰文，王洞宏书丹，周洞江立石。

【碑文】

萬曆四十五年五月十有一日，陳洞山欽差大同左衛等處兵備道張，見得□□不雨，謹備牲醴祭品，遣雲州衛□□使毛化麟代職，躬詣北嶽恒山之神位前，乞討聖水，普濟群黎。幸感天降大雨，入土沾足，苗則興矣。萬民□□□□，遣本職前來還願，因此爲記。

杜守清撰　王洞安書

旹萬曆四十五年七月前三日　□人周洞江　立

“灵宫显应”题刻

【简介】

明万历四十五年（1617）镌刻于恒山飞石窟岩壁。四字总高60、宽58厘米。由雁门前锋官崔一元题书。

【题刻】

萬曆丁巳孟秋

靈宮顯應

雁門前鋒官崔一元書

“路接天衢”题刻

【简介】

明万历四十五年（1617）孟秋镌刻于恒山飞石窟外崖之上。总高95、宽60厘米。由雁门前锋官崔一元题书。

【题刻】

萬曆丁巳孟秋吉旦

路接天衢

前鋒官崔一元識

“天台境界”题刻

【简介】

明万历四十五年（1617）镌刻于恒山飞石窟岩壁。高约130、宽72厘米。由刘安题书。

【题刻】

萬曆□丁巳秋□月吉日

天臺境界

北樓城防百刊劉安題

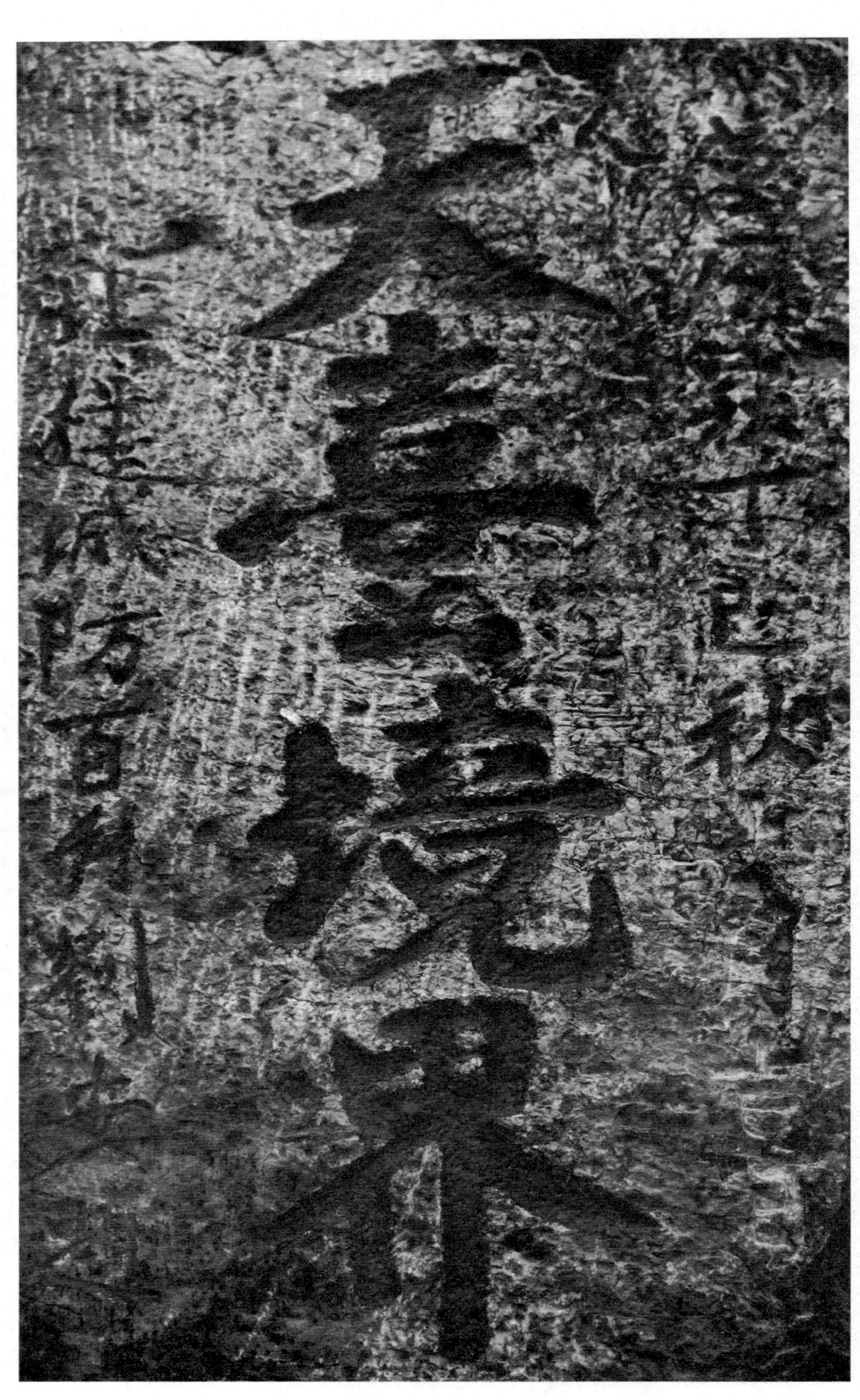

“苍翠常新”题刻

【简介】

明万历四十五年（1617），刻于恒山会仙府东崖。高75、宽92厘米。方绍文书丹。

【题刻】

蒼翠常新

萬曆丁巳秋

□安方紹文書

李公墓碑

【简介】

明万历四十六年（1618）立于浑源县城东武村李家老坟，现存武村东山李家老坟。青石质，缠枝边。碑体上半部残损丢失，下半部残高79、宽65、厚17厘米。李氏系武村名家大户，从明初到当今，文人辈出。

【碑文】

……公，仲子。生而颖異……備卷人咸以奇。才……以上等蒙顯，祸見敔……却掃，時消暑於青萍池畔。时……而干谒绝跡，非吊丧问疾，足未履……詩集《太拙》，叙述古愚，樂府暇輙，披諷不……知老之将至也。生嘉靖己巳六月十九日。……不卧。享壽七十有三。元配翟氏，繼配陸氏、張氏。……耆，娶辛氏。次必久，庠生，聘白氏，娶高氏，俱……出，適張永谟。孫男八，次出者六，之端娶陳氏……馬氏。之蛟娶郝氏，之中娶高氏。之正娶馬氏……之淳，庠生，娶馬氏。孫女二，一適白綿，一適……曾孫女四，瓜瓞綿綿，書不能述。大等卜……合葬於武村東山之祖原云。

不肖男必大等泣血上石

“果老仙踪”题刻

【简介】

明万历四十七年（1619）夏月镌刻于恒山通元谷岩壁。约高105、宽100厘米。由邢其任书丹。

通元谷位于恒山琴棋台西峭崖下，崖上刻有“果老仙踪”4字，因张果老道号通元先生而得名。传说此处是八仙之一的张果老炼丹修仙之处。洞深数米，旧有石门，烟霞荒老，寂静幽深，灶迹犹存。元明时张三丰曾在洞中栖隐修炼十六年，并写下了有名的《悠悠歌》。

【题刻】

果老僊踪

萬曆己未夏日邢其任書

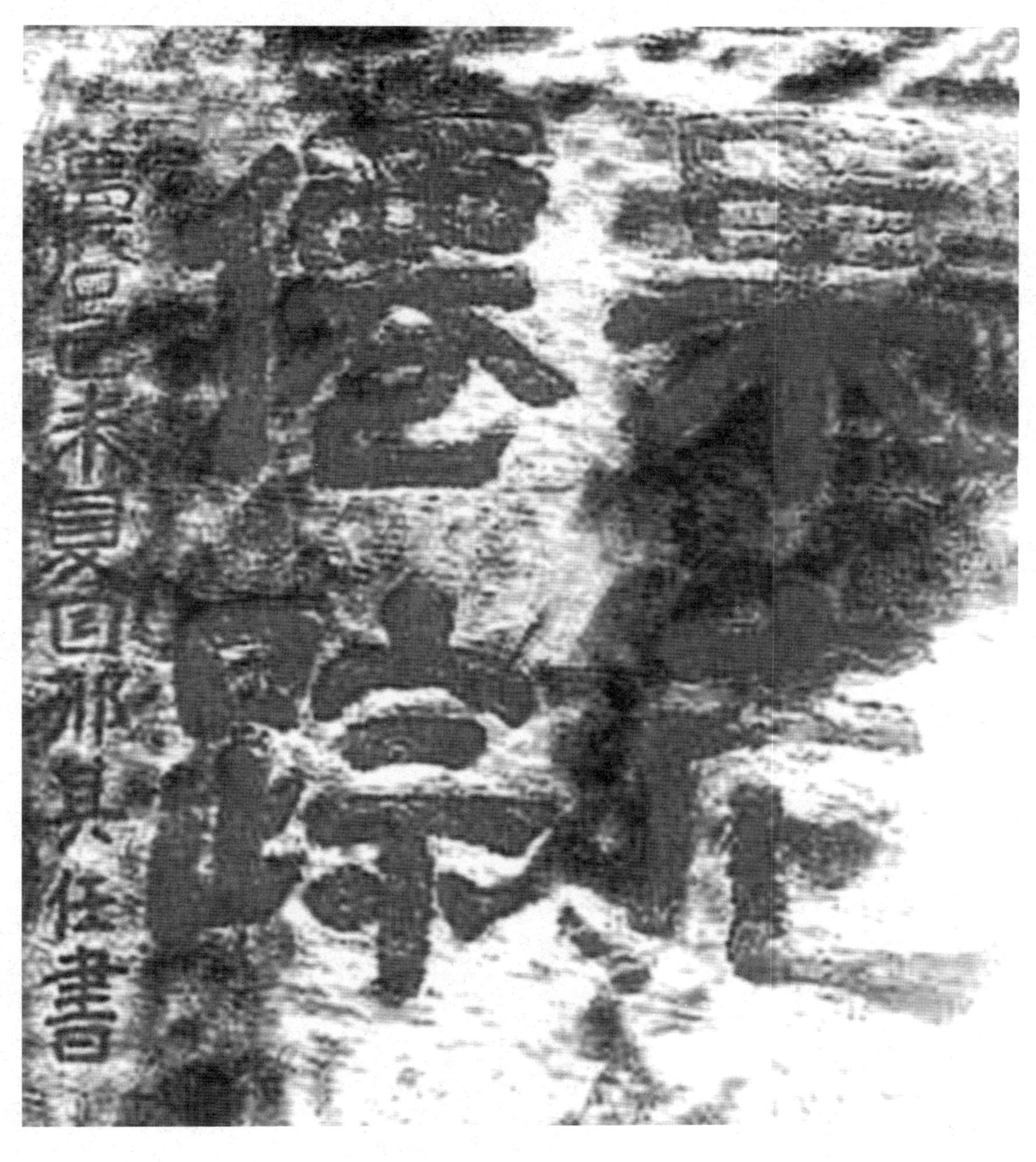

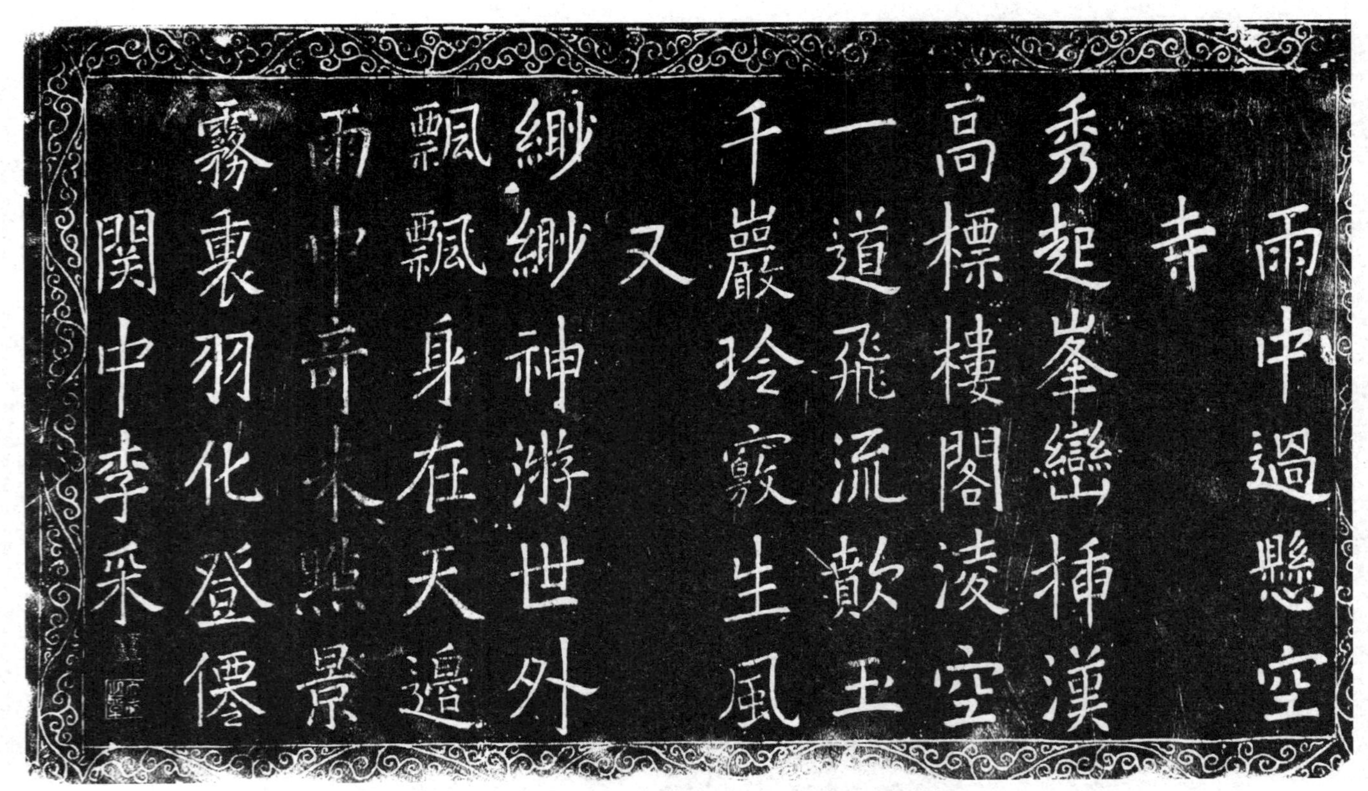

雨中过悬空寺诗碑

【简介】

明天启初年（1621—1624）嵌于悬空寺碑亭东壁。高69、宽115厘米。关中李采题书。

李采，陕西威宁人，进士，明天启年间任朔州守道。从悬空寺所存其六言诗二首看，风格独特，意境超脱。

【诗文】

雨中過懸空寺

秀起峯巒插漢，高標樓閣淩空。

一道飛流歕玉，千巖玲竅生風。

又

緲緲神游世外，飄飄身在天邊。

雨中奇來點景，霧裏羽化登僊。

関中李采

（附：在“公输天巧”刻字下，存有李采题写的《雨中过悬空寺》诗一首，为草书。如下图）

【刻文】

秀起峰巒插漢，高標樓閣淩空。

一道飛泉響玉，千巖玲竅生風。

天啓二年孟夏十有六日，關中李采偕姪昌□偶經此漫題書

五方德道行雨龙王神位碑

【简介】

明天启三年（1623）十月立。存浑源县城北 3 公里处的“律吕神祠”院内。形制为幢式，高 65、宽 86 厘米，青石质。

【题刻】

（右方）劉朝雨　高汝松　郭廷甫　李邦通　趙思憲　胡應周　張成　李郁　郭揚

石匠　田□　梁□

（中间）五方德道行雨龍王神位

（左方）閤會人等　郭鎮　張安　張從只　胡應竒　郭玘　張翼　柳雨　胡應夆　李邦南

天地三界十方萬靈真君

天啓三年十月吉日立

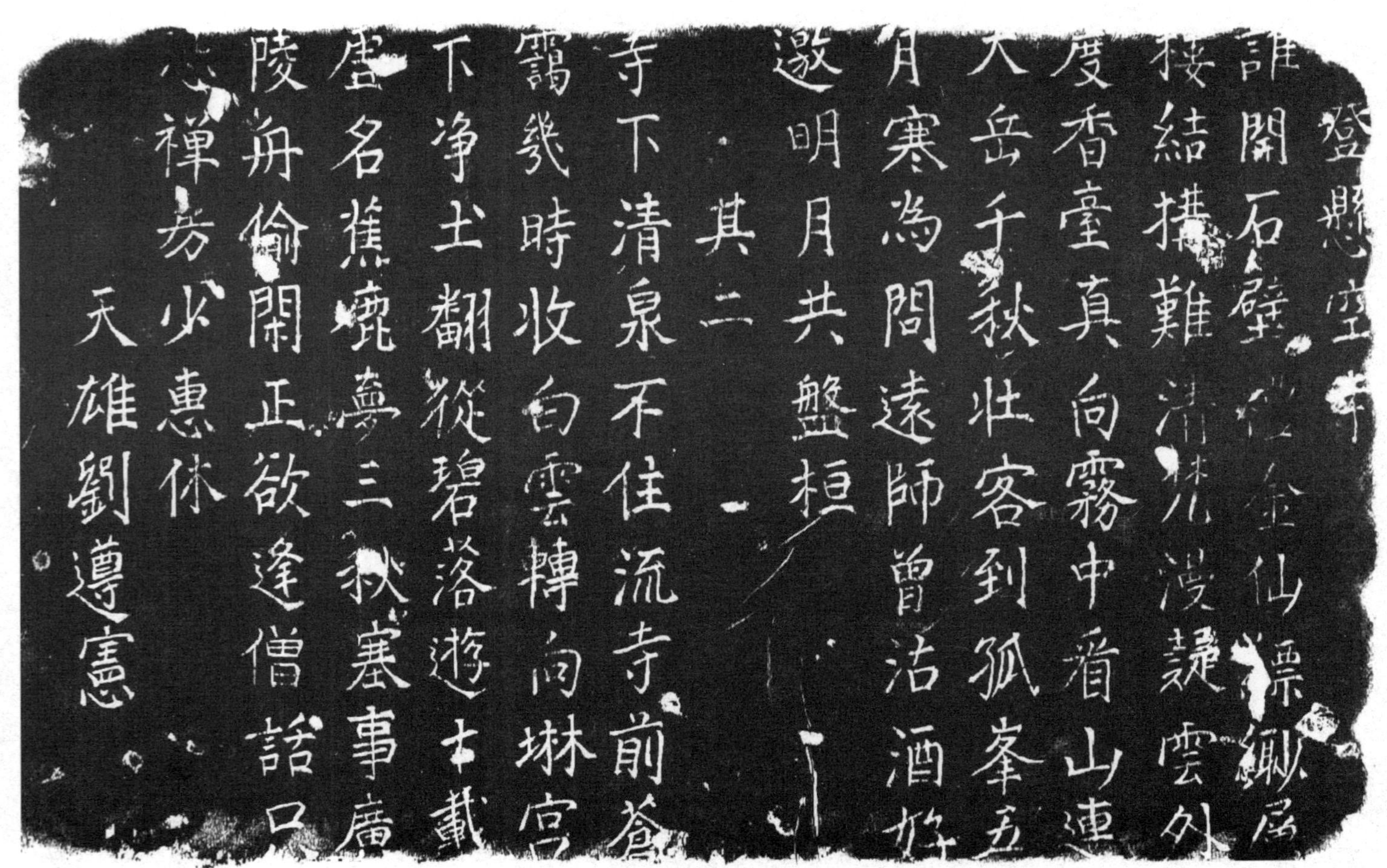

登悬空寺诗碣

【简介】

明天启初年（约 1623—1624）镌刻。碣存悬空寺门洞正壁墙体，高 62、宽 102 厘米。天雄刘遵宪题书。

刘遵宪，天雄人，天启初曾任大同巡抚。

【诗文】

登懸空寺

誰開石壁禮金仙，縹緲層樓結構難。
清梵漫疑雲外度，香臺真向霧中看。
山連大岳千秋壯，客到孤峯五月寒。
爲問遠師曾沽酒，好邀明月共盤桓。

其二

寺下清泉不住流，寺前蒼靄幾時收。
白雲轉向琳宫下，净土翻從碧落遊。
十載虚名蕉鹿夢，三秋塞事廣陵舟。
偷閑正欲逢僧話，只恐禪房少惠休。
天雄劉遵憲

东岩刹修建碑记

【简介】

明天启四年（1624）立。存浑源城东沙圪坨镇永固山东岩寺。残碑高103、宽69、厚20厘米，青石质，破损严重。由奉政大夫周枯撰文。

【碑文】

東岩刹修建碑記

□□□□□□□□東岩刹也，業之草創潤色，山之形勝經界，備述前碑，亦孔之灼□□□□□□□□聲教久不通于中夏，可知自時厥後，金遼戰争胡元呑噬，嗣我□□□□□□□榭臺閣，兵車蹂蹴廢而爲丘墟，烟火焚燎化而爲煨燼，不可勝其□□□□□□□民而流傳，壽諸今日，喜事好奇者，争以爲寶。矧東岩一方巨瞻，多□□□□□□荒蕪弗治，典守者爲憂，迺具其事以□□□□□□金壁象塑百，九蠱壞咸與維新，經始於春告成於夏。規模雖仍乎□□□□□□例，我□□□□□□而古蹟奇觀如東岩類，又在昔之遺，山川所賴以壯麗者也，興廢□□□□□者，寧非固封守謹王度之一端哉。於戲！夷夏大防也，廢興大故也，東□□□□□也，爲其徒者率尔教戒，毋壞其門墻翼，迺時保毋毁傷其薪木，以祇□……

□□　齊强　馬用

典膳　王朝　譚沼　趙鋭　馬佐　高景

典服　張高

門正　閆朝　蘇忠

信管　沈添爵　王銘　白朝　張紀　王良　楊价　韓進朝　左時

大同僧綱司　都綱　真吉

副綱　真德　果興

□大奉政大夫臣周枯謹撰

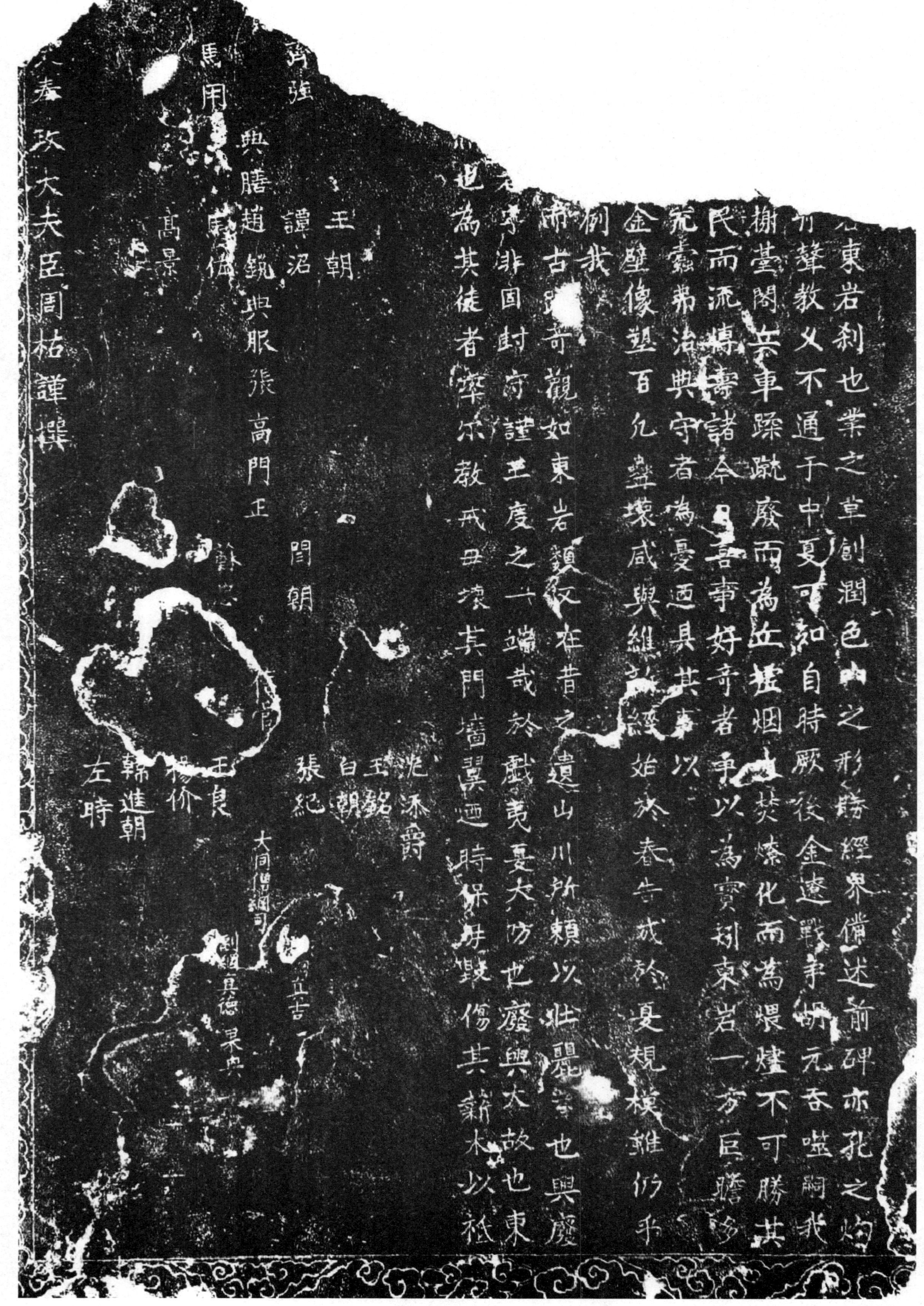

恒岳路草诗碑

【简介】

明天启五年（1625）立，碑存恒山恒宗大殿。碑高78、宽156、厚16厘米。青石质。

【诗文】

恒嶽路草

予少不知學，且不能詩，□來與□賓之論，讀程子朱子之書，深愧學之不力，每□□嗜吟咏，□□物□思之□端，相與爲戒無敢自寬也。庚子冬月□祀恒嶽，於路經過州縣地十里數，以及風雪陰晴俱按日札記以備遺忘，而山川風景，寓目哦吟馬上口占，亦隨筆附録，題曰“恒嶽路草”。迨登嶽曠覽，奇峰佳景，應接無暇，不可勝紀，而深山寂靜間，復口占有作，積一月餘共得二十首，皆信口□易不足言詩也。但歸將質之同學陳德輝、劉敬勝、伊賓侯三子，必且□我□戒，仍不自恃□表論□，曾無佳句愧負山靈也。時嘉平既望，書□□元□之西樓南樓。

山門三首

遣祀恒宗衛□靈，老親健毓稺兒寧。不須回首長安路，一往精深□玉扃。

豫目清齋秉□□，心無□礙便登程。親交厚意勞相送，握别還深□礪情。

易州曉春

鶏穀茅店促行裝，□峭嚴風近□□。面土鬚冰□馬疾，晨星殘月客途長。

荆關凍積南山雪，易水寒凝北□霜。回首金臺無佳氣，向東雲霧引朝陽。

紫荆關

地接雲中青石嶺，天連鎖鑰紫荆關。

居民幸際承平日，樵採無稽任往還。

塔崖驛

仄徑□橋棧閣横，羊腸馬道繞邊城。塔崖古驛誰繩丈，盡日絶行半日程。

伐木丁丁□□閒，尋□直入白雲間。踟蹰立馬前峰晚，空□無人雪滿山。

渾水

八水源泉渾，河流日向東。千峰雲嶺路，一徑雁門通。

山蓄元靈氣，人涵太古風。冀方沾聖化，帝力頌無窮。

朝殿歲月垂久

北嶽恒宗秩祀崇，真元王殿碣□穹。仰瞻□□□辰近，呼吸應知帝□通。

拱翊京畿輝紫極，屏際燕晋著神功。化垂悠久□□翰，合是名山第一峰。

寢宫二首

□□□

天一深宫峭壁封，龕嚴密列萬株松。

憑樓北望仙人□，□□雲中第一峰。

棲神巘畔還元洞，靈穴天塵巧□還。
諳罷殘碑欣□遠，應州塔影見西山。

會仙府

集仙祠外禮群仙，誰識烟霞别有天。
最喜松間明月上，院中清景浩無邊。

琴棋臺

□□□觀在此隅，琴棋臺上望元都。
郡峰環抱虚中處，恰是真形北嶽圖。

登嶽

路入磁窑峽，欲登□□□。□石懸狩虎，老松照凡龍。
雪膭丹梯滑，雲積翠嶺重。下方鷄犬隔，惟聽觀樓鐘。

看山

千巘萬壑一層層，十日探幽遍未能。
懷古情殷捫斷碣，看山興勇杖□□。
忘機得月閒於鷺，隨意吟詩淡似僧。
小住蓬萊仙境裏，塵心净盡亦須應。

持敬

先儒曾謂入神祠，毫髮難容縱自持。
今日奉差承大祭，斌雖不敏事於斯。

子夜

深山燈影伴，坐久夜初分。窻掛藤蘿月，簷棲檜嶺雲。
鐘聲林外度，天籟静中聞。此際層樓上，爐香細細焚。

月上

獨坐後樓中，永夜發深省。
幽窻傍透明，寒月上松嶺。

讀書

萬松深處多狼虎，絶嶺峰前一草廬，
領畧此中情意味，挑燈長夜讀吾書。

問奇

邇月住峰頂，問中每問奇。
尋踪談果老，啖枣悦安期。
細閲名山誌，重捫古洞碑。
嚴寒知歳暮，歸去正春時。

自惺

寓景吟詩只自惺，全無佳句愧山靈。
松風引我天然韵，獨坐層樓静裏聽。

歸路自占

□□七日便忘年，一月清齋嶽□□。
□識塵心何處看，住還應唤□游仙。

大□士大冢宗□□□□老先生大人之門，□讀先生所□□哉草亭□，其間息愛孝友戒慎恐懼之心□已□□□□□□□□□□者兵，能窺見於萬一。内有恒嶽路□□□□□命還。祀北嶽之作，自出門以至命，經歷所至，把筆成章，揩□□州名勝歷歷如繪，每□□□□，爲神佳樹云。

乙丑仲春□□渾源北嶽即聳峙州因意……

舍地碑记

【简介】

明天启六年（1626）五月立。存千佛岭板方寺。碑高79、宽61、厚13厘米，青石质。雷守海、李大孜立石。

【碑文】

捨地碑記

立捨地契人牛登春、牛登夏、牛應忠、牛應賢、牛應孝、牛登詔、牛應官、牛應通等。因前後寺地瘦僧貧，難以住持，有金峯店牛三大門□地壹處，座落黑狗背地，與寺相臨，情願捨與兩寺，永遠爲業，擅養僧人。東至楊大祥，南至寺良，西至良頂，北至富□尖，其地四至分明，□□兩村善人言定簽字。梭四疋，以爲簽字之資。隨地□□□□秋糧□□照册上□，内有住莊一處，凡村頭雜差永不□應，如有日後户□人等争竞系牛門承當。今立石碑一通，永遠爲記者矣。

捨地善人　牛登春　牛登夏　牛登諫　牛登詩　牛登詔　牛應通　牛應忠　牛應賢　牛應孝　牛登豸　牛應官　牛應洞　牛應亭　牛應胡　牛應孔　牛應乾

兑同兩村善人　楊大才　楊大宣　楊師舜　楊名顯　楊瑜顯　張應的　于□□　馮世宦　楊應□　牛登宜　牛應實　牛應禮　牛應愷　張通　張同　張□□　牛大同　楊師龍　楊大積　牛登潤　牛國珎　牛應宣　劉思敬　牛安樂　牛應林　劉安□　代廷器　樊應峰

碧峰寺住持　善住　普間　性登

千佛洞住持　洪福　善仕　善成　廣秀　廣存　宗受　善友　艾可用

皇明天啓六年仲夏吉日立石

石匠　楊善　雷守海　李大孜　立石

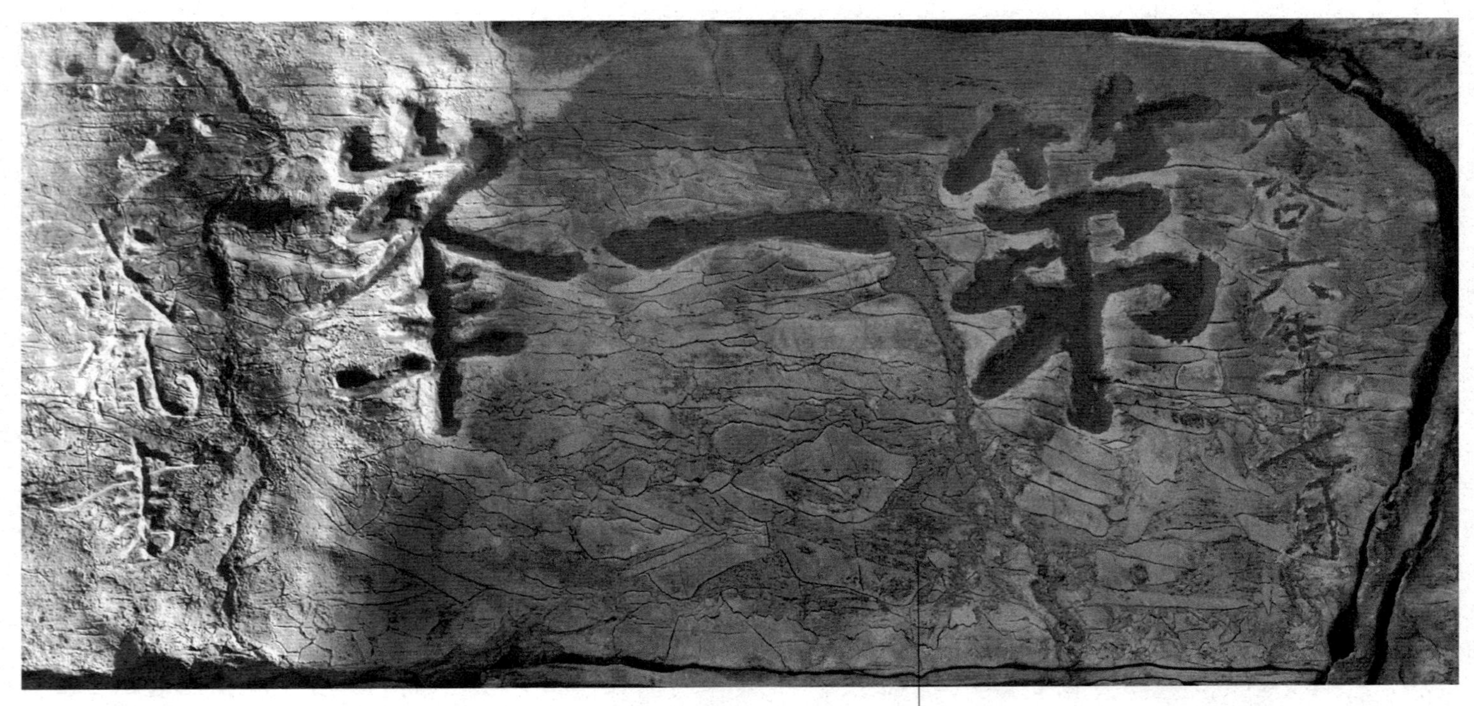

“第一峰”题刻

【简介】

明天启六年（1626）七月镌刻于会仙府崖壁。高41、宽140厘米。由武胤书丹。恒山恒宗殿西北高处，是一道抬头望不到顶的悬崖峭壁，名为“会仙崖”。会仙崖半崖间有一天然溶洞，形如半月，出没云海。窟内建有“会仙府”，庙内塑二十七尊仙像，正中为福、禄、寿三星，两旁和两壁是上八洞、中八洞、下八洞二十四位神仙塑像。会仙府为恒山十八景之一，其最为迷人之处，在于四周的崖壁上布满了宋、辽、金、元、明、清等历代赞颂恒山雄姿的摩崖题刻。

【题刻】

天啓六年七月

第一峯

武胤書

恒山二首诗碑

【简介】

明天启七年（1627）镌刻于恒山飞石窟东壁。高 57、宽 60 厘米。由天中汪裕题。汪裕，明代人，天启七年游恒山后，曾题诗多首。

【诗文】

恒山二首

大茂維尊奠朔方，巡方展祀謁玄皇。
行來佳氣逢朝藹，扳到絶巔俯夕陽。
翠雪亭中本意老，紫芝峪裹水情香。
勝遊至此襟期爽，領畧烟霞儘日長。

丹崖削出秀芙蓉，巖壁蒼蒼翠巘重。
禮觀觀前飛石窟，望亭亭上立天峯。
松頭望影疑盤鶴，洞口聽泉怕擾龍。
靈穴白雲貯萬斛，一時吞吐萬山封。

天啓丁卯秋日天中汪裕題

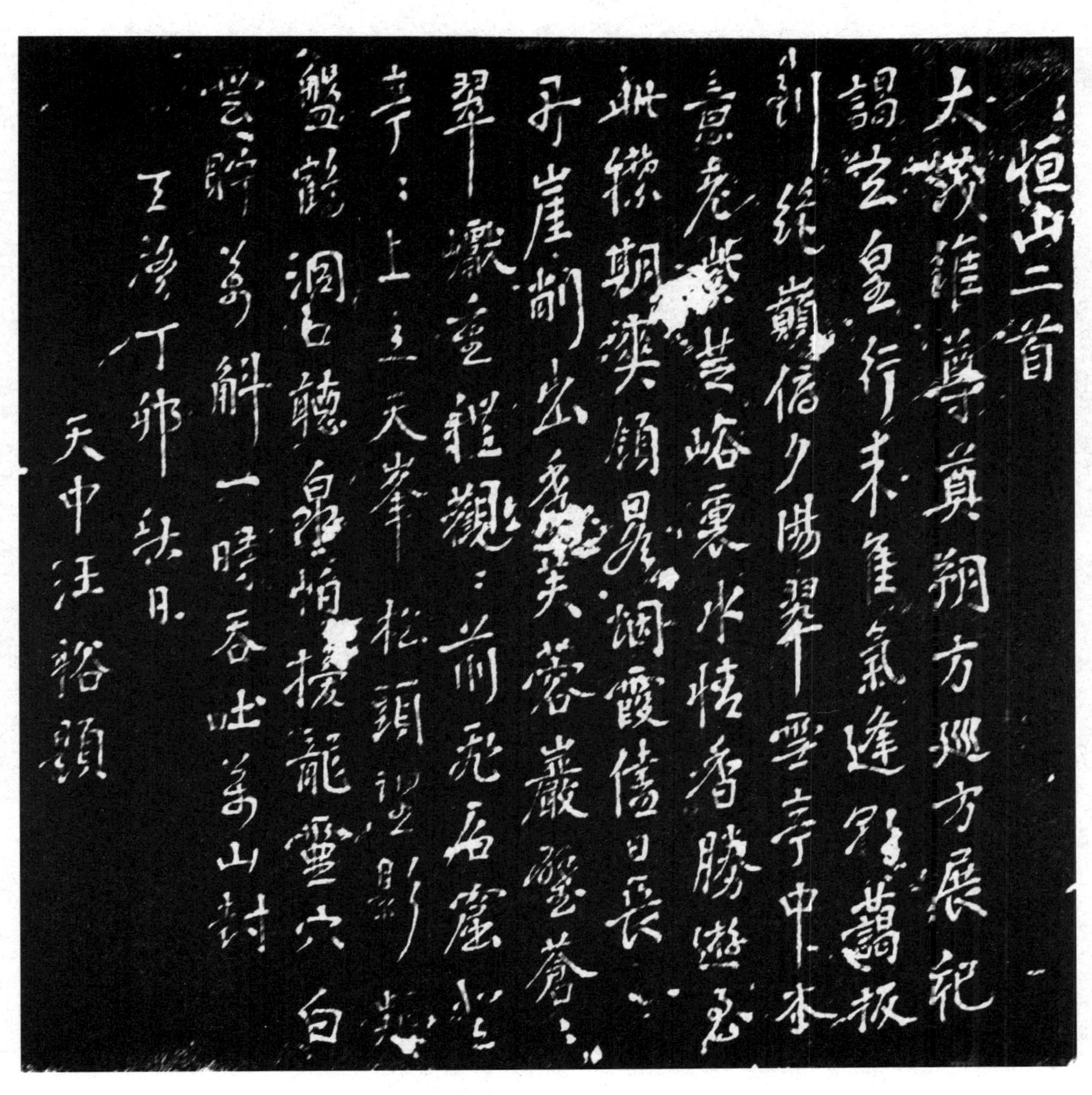

“天地大观”题刻

【简介】

明天启七年（1627）八月镌刻于会仙府岩壁。约高 220、宽 210 厘米。由兵备参议蒋锡侯书丹。

【题刻】

天啓七年歲次丁卯秋八月下浣之吉

天地大觀

□□□□□□□□□□□□

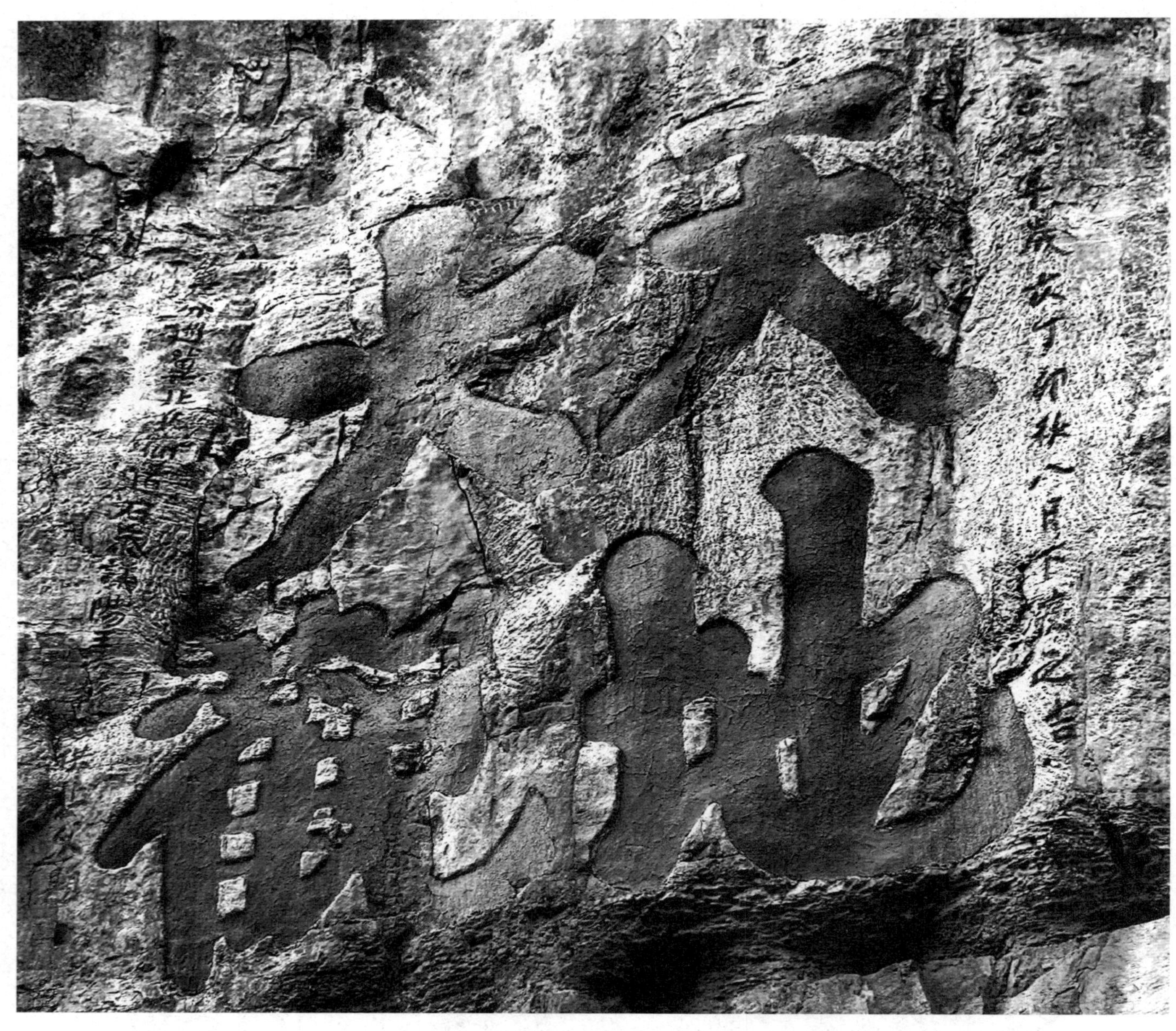

"绝地通天"题刻

【简介】

明崇祯元年（1628）刻于恒山会仙府岩壁处"天下名山"题刻下方。字体约高190、宽170厘米。由王象题书。

【题刻】

崇禎元年

絶地通天

□琊王象

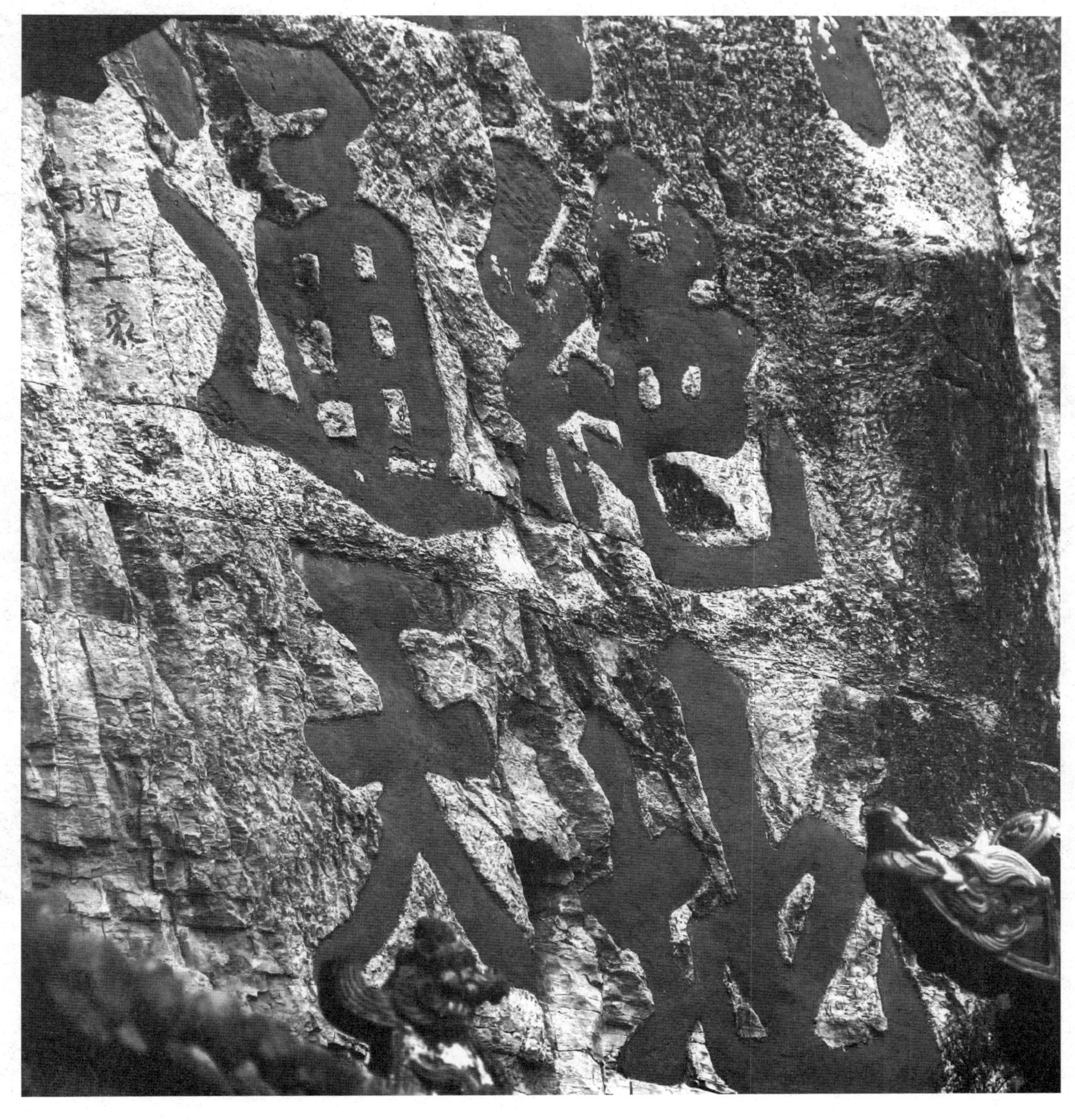

“天下巨观”刻石

【简介】

明崇祯六年（1633）立。存悬空寺峡谷中。原刻石已佚失，现刻石为近代人复制品。“天下巨观”四字镌刻一天然峭石上，高68、宽158厘米。由徐霞客题书。

徐霞客，原名徐宏祖，号霞客。明代江阴（今江苏省江阴市）人。我国历史上最为杰出的旅行家，一生走遍中华山川，著有《徐霞客游记》。四十七岁的徐霞客于崇祯六年（1633）秋历塞北，农历九月初九日从五台山南来登恒山极顶，写下极为精彩的《游恒山日记》。

【题刻】

天下巨觀

崇禎六年秋

江陰霞客書

“腾云皈梦”题刻

【简介】

明崇祯六年（1633）镌刻于悬空寺南岩壁。字体约高 70、宽 200 厘米。由浑源知州熊山书。

【题刻】

騰雲皈夢

“名利心灰”题刻

【简介】

明崇祯七年（1634）刻于悬空寺南岩壁。总高 40、宽 190 厘米。由浑源知州熊山题书。

【题刻】

名利心灰

悬空寺诗碣

【简介】

明崇祯七年（1634）二月刻石，存悬空寺。碣高54、宽125厘米。由浑源州守天中石弦辉玉熊山题书。

【诗文】

……

紛紛玉屑墜崔嵬，佛散天花捲地來。
眼界大千歸冷浄，任□人間名利灰。

梵宇鐘聲響碧霄，虛空時復聽鴉鷹。
山川草木咸飛動，神力千年不動揺。

□露如傾覆項來，拱抛佛所下塵埃。
俯看河山原浄土，行人郫管破莓苔。

樓閣沉沉□□□，野僧寂莫夜曉風。
佛燈突兀懸雲際，心疑春色下□空。

旭日□昇照佛頭，佛光璀璨□瓮□。
□首空中有絶壁，層□沐酒□□□。
州守天中石弦輝玉熊山□

迎神词送神词碑

【简介】

明崇祯年间（约崇祯九年，即1636年左右）镌刻，镶嵌于恒山会仙府山门外墙体。缠枝边纹，高51、宽66厘米。由环州吴兖撰书。

【诗文】

迎神詞

瞻峻極兮玄宮，張翠蓋兮雲中，驂黑虬兮陟降，儼霞珮兮雍容。

瑶卮獻兮鐃鼓擊，靈覡介兮繁祉錫，疆埸飭兮天威揚，瀚海靖兮虜塵熄。

送神祠

神既醉兮倘徉，起星臨兮霓幢，振瓊琚兮□駕，將言旋兮帝旁。

挽飛轅兮不可及，神宴樂兮餘慶集，雨暘調兮年穀登，中外寍兮干戈戢。

環洲吴兖

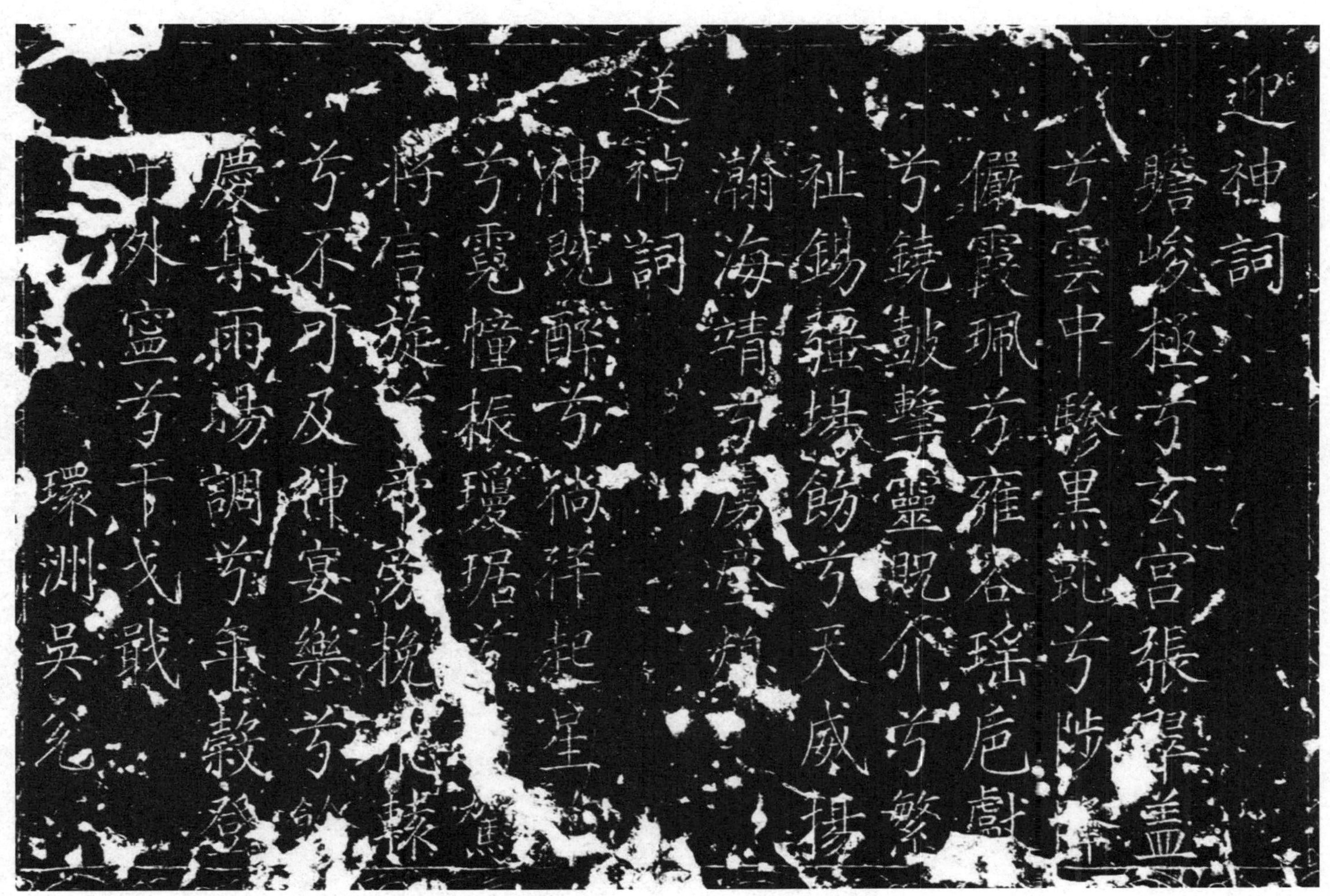

五岳真形图碑

【简介】

明崇祯中期（约1637年）立。存恒山恒宗大殿崇灵门内。碑为圆首方座，青石质。高153、宽80、厚18厘米。此碑为后人复制。

据《云笈七签》记载，五岳真形图出自晋郑思远之手。其用意大致有四种，一是避魔驱邪；二是区分方位，辨别山形；三是便于入山访仙；四是便于蕴涵山泽通气。

【碑文】

五嶽真形圖

東岳泰山在濟安府泰安州，長白、梁父二山爲副，宋封天齊仁聖帝，明改爲東岳泰山之神，主世界人民官職及定生死之期兼注貴賤之分、長短之事。

西岳華山在華州華陰縣，終南、太白二山爲副，宋封金天順聖帝，明改爲西岳華山之神，主世界金銀銅鐵兼羽翼飛禽之事。

南岳衡山在衡州府衡山縣，潛山、霍山爲副，宋封司天昭聖帝，明改爲南岳衡山之神，主世界星象分野兼水族魚龍之事。

北岳恒山在大同府渾源州，天涯、崆峒二山爲副，宋封安天元聖帝，明改爲北岳恒山之神，主世界江河淮海兼四足負荷之事。

中岳嵩山在河南府登封縣，女兒、少室二山爲副，宋封中天崇聖帝，明改爲中岳嵩山之神，主世界土地山川兼牛羊畜産食啖之事。

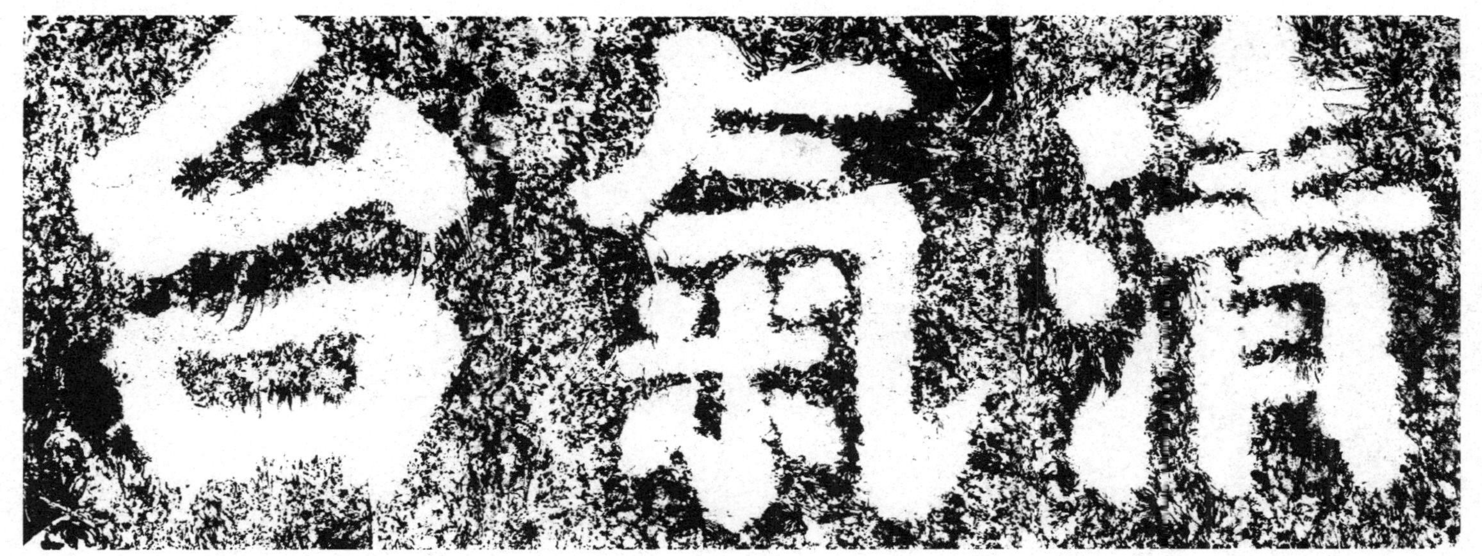

“清气台”石刻

【简介】

明末（约崇祯十四年，即 1641 年）镌刻于千佛岭千佛塔下的山崖处。高 67、宽 170 厘米。

【题刻】

清氣台

“千岩竞秀，万壑争流”题刻

【简介】

明代题刻，由监察御史王献臣题书。高 210、宽 140 厘米。知州陈梁勒石。

【题刻】

千岩競秀　萬壑争流

監察御史王獻臣書

知州陳梁勒

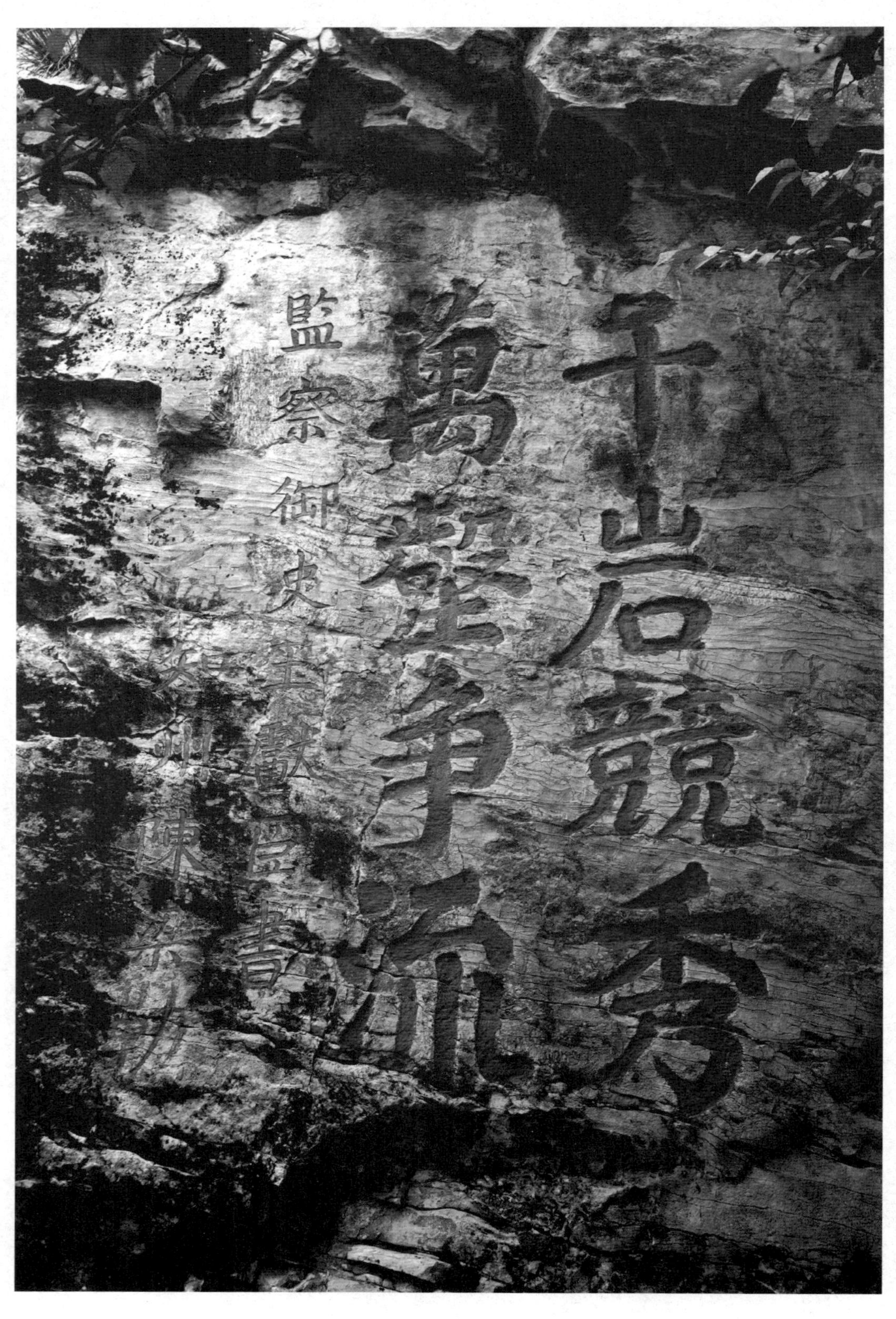

“玄空岩”题刻

【简介】

明代刻，镌刻于悬空寺南岩壁。约高 160、宽 80 厘米。由明代文冈陈棐书丹。

陈棐生卒年代不详，中嘉庆十四年（1535）进士，官至甘肃巡抚。其书法文章俱佳。著有《文冈集》二十卷，入《四库总目》。

【题刻】

玄空巖

鄢陵□□□文岡陳棐書

“万木阴森”题刻

【简介】

明代题刻，镌刻于会仙府之崖体。字体约高 180、宽 240 厘米。由明代蔡元德书。

【题刻】

萬木陰森萬木

“玄空阁”题刻

【简介】

明代刻，镌刻于悬空寺南岩壁。高 130、宽 65 厘米。由明代文冈陈棐书丹。

【题刻】

玄空閣

文岡陳棐題

清

成鄉耆楊珍題李逢帝等稱余愚記余覽道德經嘗效
龍之嘆昰知人禀二氣成形有此身即具此性凡超念
所以貴有不謂性命之辯也人之知是性理不以情緣
日飛升之羨云何以衛羽客者初居山海閒遭明[illegible]
路數年口不貪滋味且以黄盤延生身不欲好衣[illegible]
禽之法與余曾言玄牝理知其修煉鉛汞丹成[illegible]珠則
身保命之説也未[illegible][illegible][illegible][illegible]望峪崎嶇之路脩[illegible][illegible]
刱文昌殿閣重修[illegible][illegible][illegible]龍祠東北二岳行宮布施
[illegible]與君[illegible][illegible]峰二十[illegible]年[illegible][illegible]抱樸時誦玉函道丙辰

石经幢铭文

【简介】

清代初期立，现存许村双松寺。青石质。为四面正方体。高 62、宽 32 厘米。风化较重，字迹不清。

【铭文】

佛頂心陀□□羅□……

那謨喝羅，□那□羅夜耶那謨呵。

利耶婆路，考帝□伐羅耶菩提□垂。

跛摩訶薩，□摩訓迦□尼迦耶□姪。

他阿鈸陀，阿□□□□帝種□□□。

跢姪地薩，婆陁羅尼曼荼羅那□□。

□□鉢羅，□輪□□□□□□□□□。

□□□□，陁羅□因地利耶□姪□。

……

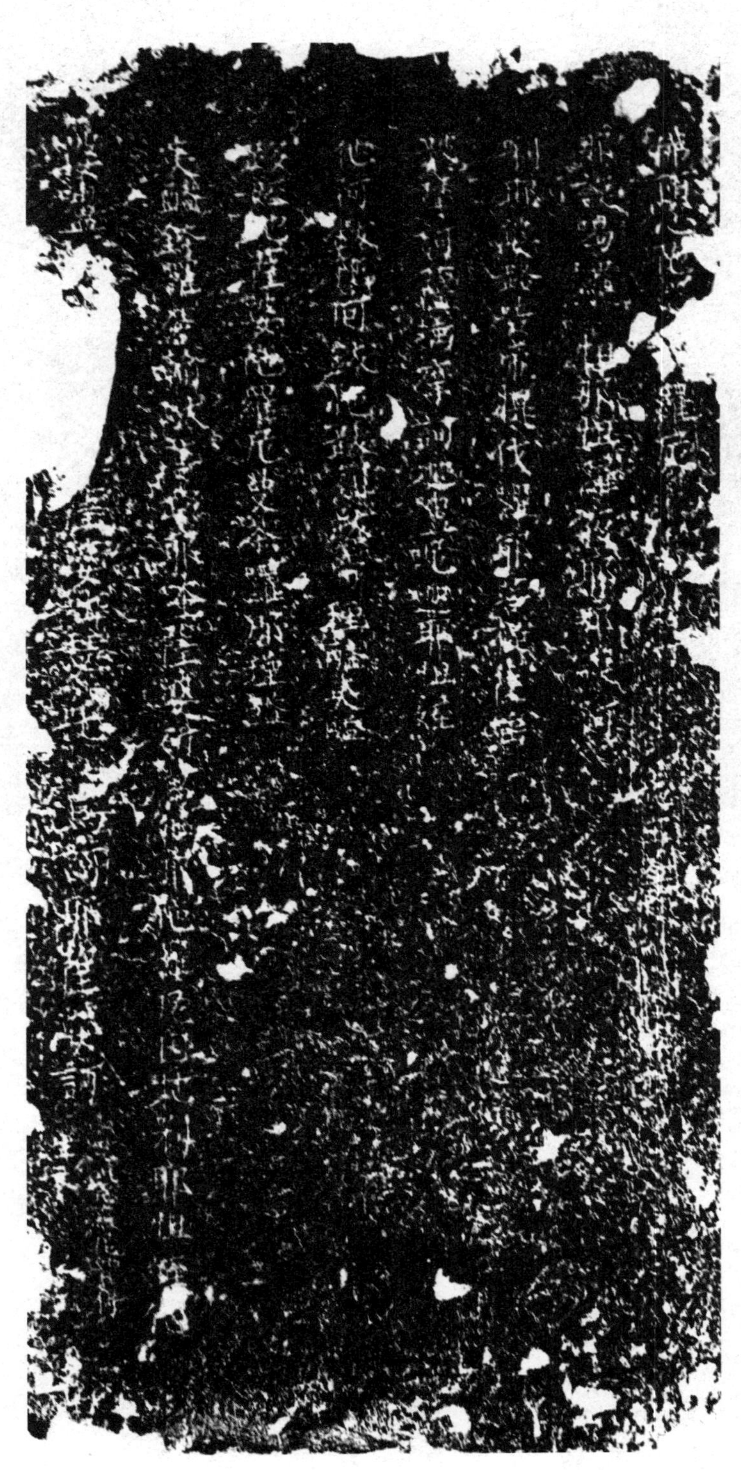

御祭北岳恒山之神碑

【简介】

清顺治十八年（1661）七月立。存恒宗殿西，现只有半截残碑，残高64、宽88、厚21厘米，砂石质。

【碑文】

維順治十八年……皇帝遣工部右侍……北嶽恒山之神……

神亘隆朔漠巍…… 誕膺天命，祇荷神休，特遣……神鑒焉……

北岳恒山庙记

【简介】

清顺治十八年（1661）九月立于恒山朝殿前，现存恒山崇灵门外东侧。碑文文辞华丽，用典贴切，充分显示出作者的文学功底。遗憾的是多次拓碑将其遗漏，并以佚碑碑文收录于《三晋石刻大全·大同市浑源县卷》正编。2013年普查所漏碑石时在恒山崇灵门外东侧发现此碑，细考其碑文，同从志书上抄录的碑文大相径庭，故而此次将拓印的碑文收于此卷。褐色砂石质，圆首方座，碑高234、宽84、厚25厘米。座高40、长96、宽40厘米。碑文漶漫不清。由浑源知州张崇德撰书。碑体右下部还刻有乾隆年间进士冯敏昌的题诗。

张崇德，字懋修，河北昌黎县人，贡生。清顺治十五年（1658）由陕西渭南县令调任浑源知州。在任期间劝农桑、兴学校，开辟商贸市场，使战乱后的浑源经济文化逐渐得以复苏。勤于政事、关爱百姓的张公深受浑源人民爱戴，离任后州人为其立碑颂德。政事之余，编纂了《浑源州志》和《恒山志》，为保留浑源文献作出了贡献。

冯敏昌，字伯术，钦州人，乾隆四十三年（1778）进士，户部主事。此碑末所刻的诗文是冯于乾隆丁未中秋而作，后刻于张崇德所题写的《北岳恒山庙记》碑上。

【碑文】

北岳恒山廟記

粤稽澒洞未疏，曷分六合；氤氲乍启，迺判陰陽。氣清上浮，昊昊然穹窿罔極；氰浊□跡，庞庞乎泱北无垠。高卑敕而動静有常，剛柔推而變化莫測。星曜著清明之象，河山呈廣大之形。嶽瀆通霧，肸蠁敦職。盖自帝堯肇都於冀土，神禹告績於玄圭。封山濬川，爰表簪簪四嶽；燔柴瘞玉，俾鎮茫茫八埏。第泰、華踡跼于青、雍，望不为宜；衡、嵩盤萃夫荆、豫，險弗偁藩。詎若恒宗之奠定要荒，包亘中外，配健象，庻堃維，闢天門，開墜户也哉！天易則西北曳起牵牛而左舒；會是□東南地自昴畢而右拓。由是幽都地柱，命名取義於雷風；玄牝天根，畫野占星於昴畢。攷用能之纏度，次列大梁；稽□夜之步推，位當表極。攷巍巍南向，則儿孫環鞏，屹屹北嶠，而功用宏龐。禀一六之真精，含沆瀣之清氣，秘剛中之坎德，運劳潤之玄機。所以霈澍兴雯，錫林祉祥於下土，歆雩饗榮，殲祅祲□於殊方。矧值陰终陽始之交，貞極元生之□，积陰晻溘，萬物搜藏；微陽展舒，七日来復。亓背也，故巂峭穉立，無草木而巙峐，斂閉維玄；亓面也，則逶迤周田，有桧松而葱鬱，發生微露。離萌於坎麓，祈葢葍煤炲。水毓彩金穴，迺窋矿镤。且子为元會运世之首，水居火木金土之先，万事本於黄鐘，四旹成乎冬令。息息消消靡已，生生化化無窮。維此恒宗，備夫衆善，固蕴至德，爰命令名。所謂高明配天，博厚配地，不動而變，無爲而成，非陰陽不測之神，悠久無疆之妙，亓孰能与於此哉？溯洄脉，衍崐崘，瓜連碣石。拒洪河而撑渤海，綴句注以底太行。磊嶂閬門，宛潭胶鼇，翹翹焉状蒼虬赳螟；重巒匌匌，□□□□，蛇蛇兮肖率然蜿蟺。峪嵷數州，虽禅竃弗詳，何其亭毒；盤紆萬里，即竪亥未徧，步亓縱横。惟大茂石窟，起於神川，天峰□孑，出於嶽顶。列嶂以分疆域，藩冀趙，衛京圻；設險以界華夷，蹡林胡，廢雲朔。鎮龍荒之曠漠，控雁塞之雄關。聳狐級之巉田，負龜沙之峻堞。滃嶙鬱壘，靄蒼狗而鼓罡猋；巀嶭嶚巢，刺青冥而摩羲馭。玉華聯繫夫左掖，翠屏鞏峙於右肩。紫荆前襟，白登後拥。職方纪昭餘之淵藪，輿經載恒寇之灝流。仲遠述其巑岏，曼青图亓崒嵂。幽人来况，携昇以濟勝遊；達士登臨，著屐而舒長嘯。蹣跚古峡，遯遷長虹。眺螺髻之崚嶒，憧羊腸之迤逦。振衣步雲之路，凝眸望仙之亭。姑射神人，崆峒隱士。烛龍昔傳驪而降止，羽冠曾望氣以追扳，缑山笙鹤已遥，兰垲䍀飢曷鬒。惟见重岡连□而巘屼，陵坂及舄而陙陕。危蹬魂礧而陂陀，怪石傑傂而巇險。喬峰厓巖而礹礎，巨壑谼睿而瀃濳。太玄之冰，黯黯兮沍凝岫穴；龍湫之液，泫浜乎滂湃磲碎。覆岭琪夸，实葳蕤，葩璀璨；被厓瑶草，莖扶疏，葉芊眠。似赤城之霞，若閬苑之卉。清風拂而飄馥，皎日燿而增鲜。鬱鬱苍松，蓊薆翳日；亭亭古木，葥叁刺突。踞虬夭蹻山嚚，蔑蒙踴躍，蜚螭蹾踀涧堮，攫挐鶱騰。空嚮紀蹇□奇蹤，連理

萃扶輿佳氣。雖無秦封汉植，緊有神佑王偁。兵戈劉伐其靈根，虩咷震胸於空谷。珍禽揖揖，睍噥嗢□；窳闔寘祓，激嚁剽清。瑞兽跄跄，蔚纹斑色；凌躍超驤，駓騤駛□。冽飆歕瀉於籟竅，谽谺硿砿；曠漠輵轄亓条枚，騗騂騂磕。缘噫氣之颼飉，肖虎息之咆嘷。汲飲泉液泠瀅，駭歎潛龍影幻。觱沸壹本，源無濫氿，咫尺雙泉，味析鹹甘。峪蕣三秀，仙葩瑶實，金英瓊蕊，岩綴五紋。石髓黄芽，紫姹遺盡，曾應鳳詔之□，堪制神庥之劑。微雯孊孊於竈穴，神瀵霎霎乎巔椒。不崇朝徧雨遐陬，詢渺洞内蟠霚物。扳葛藟而覓蹴踘之墜墟，掀蒙茸而□蹢躅之蹝蹝。崦嵫歙飲，烏輪瞌瞢，晻曖貪絃，盡黯黮而矘曜；陡峭驣鐃，駒影暉曛，焯爍岩壑，咸映照而朗天。度羲和亦惜游觀，故爲停鞭駐景；意魯虞欲標岳勝，祈特摯刃迴光。陟欒奕之嶤坮，覩爛柯之陳迹。胡携虢鐘而歸元圃，獨遺罫坎而薄蒼苔。矗嶝嶒而猱捫心，猵摁以發悸；兀阜陜如蝸蹩足，蹜蹜以增憂。步徙倚而踟躕，聊淹留而眡睸。碧嶂依稀繡繢，空翠不磨；素岓髣髴䰟甝，厥彪如炳。瑶宫珠闕，緲處鴻濛之中；紫府清都，勒廣岩廊之右。壉霧圄而爲伍，播偓羨以比肩。偵羽服之襳襹，彩綵纚而旖旎。叢祠䳄𤠔，跨谷彌原。幽亭㡉㾂，臨阿依澗。孅景綒難縷悉，蓮蹤昚莫偏睎。山嶽藉以生光，簡牒志而增賁。摘人才之著作，峰如筆，筆如椽；寫騷客之吟哦，景有詩，詩有畫。亶金城之福地，洵総玄之洞天。若夫將修舉亓常瘽，須肅敬於勝游。歷硍啞之形梯，隮巋矗之碧巘。遞門閭之閶闔，躡棧齤之隒陝。垚坮竫嶢，儳俠暫巒，綦塏壊而埾倮；巂闕嶅鷎，迫迡霄漢，更寥廓而章皇。簷牙喙聚以星懸，楝梁偃蹇而虹指。金朱玄彩，交含日月之光；釉光流煇，互耀雲霞之色。繢藻井於棨棁，編䴥麀於棖樞，圖精異於垣墉，舞蛟螭於甍櫺。奇雞卣鬲甬之剞劂，韡韘煸爛；杇環飛蝡動之描摹，綫棒翠粲。黝頳彪駁，央央然斑彩瑸玟；文物昭囬，艷艷乎光明燿爚。岩崿勒摩崖之什，吞龍蛇，挾風霜；珉玞鏤殷薦之章，麗色絲，濯宫錦。苔蘚緑鳥蟲之迹，瞉霧胡詮；霾霰對印黽之岓，矙曚曷識。奉貞元之帝座，侍太乙之仙班。法從擁布於西廂，部曹湛封於左個。□健尊堃而作鎮，信是名巒；辨方正位以居尊，允云神域。第緣嶇彸敧而齷齪，弗紇弗堂；山嶙峿以迴叢，且鮮且密。故尒廟不屬寢，殿乃夷宫。錀岃嵲之墝蹊，悵無術而縮峚；躝瞰□之浩劫，訏有路以升天。千章喬木攢羅，四面危峰霧曀。伏廠廣而締構，隱榱棟于窗宧。既窈窕而奝宏，復輪奐而阿那。葺非人力，扚出神功。棲甕刍之鬼□，述婉嫕之淑婠。揄狄儀密于宋制，貞一德著于犧經。洞號還元，窟偁飛石。㨾譸張以傳會，致玉帛而移遷，慨典曠亓燔薶，埰重鎮如培塿。雖陳修乎廌獻，實輶黷夫神明。安所謂禮冠六宗，侑享于圜丘方澤；尊同五疇，匹位於玉女天孫也歟！矧夫惟神主岳，維岳藏神，窅窅冥冥，洋洋赫赫。亓功不宰，亓載無聲，詎獨錫烋㞋以富惠黎元，抑且馬卑技而數寧岂國。遠稽往代，近洎今時，秘霧賨于宫墻，闢総章於林麓。讖符興趙，璠璵命燕。漢縱食亓之諫，竄隘守磤；宋惑安石之策，割晋求和。碽蹦兆卜運祚之將更，狼跋□示祠禋之久缺。降形聚會，默□殲逆之師；拂禱違叶，陰遏寇邊之釁。鑒馬壽稠而殄消疵癘，騏驥彭彭；格雩禜□而雨霈霖霖，黍稷彧彧。春回寒谷，藩四五獲之嘉禾；峪秀仙芭，萃十九種之奇卉。霜桃傲歲，夜草驚人，迺知化育真擬乎蒼穹，顯赫功庇夫民社。所以自昔膺承符之命，統御寰區者，莫不考核古聖之鴻規，纘紹前三之令典。誠申孅報，仰答洪庥，是故輯蒲穀以省方，望秩肇諸虞觀，□公侯而議禮，懷柔昉自周巡。秦登刻玉之符，載瘞珪璧；漢進泥金之檢，爰辟畛壇。貤王爵之尊封，始于唐靖亂内禪之主；晋帝圖之徽號，由于宋霧文申錫之年。元魏首營路寢于東椒，故明再拓闕庭於北嶺。欽宗之典，莫能與京；報饗之儀，於祈爲盛。雖百王未盡詣雲亭而除墠，然歷代咸皆絜牲幣以告成。惟是運有興衰，亂分隆替，或缺或廢，迺易建尤。溯自周秦，降臻唐宋。車轍東而天王守鼎，僭亂作而列辟争雄。政教不行於諸侯，會同奚睹于方岳。素霧甫斷，赤火隨炎。芒碭真人，收失鹿於共逐；春陵景胄，嘘死燼于再燃。但因牧馬侵疆，窮兵黷武。數移邊氓置内地，疇復曠禮；隮陰山緊惟峙通，天聳承露。覬覦仙神之邂逅，徧幸恒岱以遨遊。逮及漢，更而晋，馬溷夫牛。宗社傾移，擁虛器于犇播；寰寓裂礫，戕生霧如粉齏。三正紊而四維夷，百度弛而五禮斁。顧斯板蕩，安事庋懸？維拓跋割據于平城，華陽盤曲于近甸，時備升中之法駕，比遣鳌祝之輶車。迄至仙李蟠根，神堯垂統。雖貞觀親擄翰藻，伸達寅恭；開元特頒册符，聿昭褒顯。行蹈夫沿訛襲陋，事出于瀆禮戾經。繼而河朔湮淪，盡隸氈裘之籍；紀綱陵替，未收蕩復之功。石晋納款，穹廬擯薊燕，要盟獻媚；弱宋貢金，絶域弃雁代，飽欲請和。林總烝民，四百載未濡德教；崔嵬喬岳，千餘禩祇類嵬嵎。蓋自降聖祖於延恩，浻天書于寶閣。南祡北畛，西祀東封，臣工競奏矞雲嘉穀之祥，中外紛進野雕山鹿之瑞。爰而狙詐肆起，誑誕朋興。誇毗船磐礡之銜飛，詫訝奇异；牽合聖明以徵證，驚駭聽聞。致曲逆之甲帳廣廣，昭告之蕭薌焫熆。矯誣虞帝，狎褻岳神。文飾累朝之卑汙，開啓後世之崇信。逌元混一海内，屆明掃蕩宇中，雖厘革溢濫之稱，終則傚晚近之習。於戲！修廢舉缺，待英主而後行；議禮考文，迄熙朝而始正。洪惟我體天隆運英睿欽文大德宏功至仁純孝世祖章皇帝，斗樞電繞，祥鍾箕尾之樞；姚址虹流，光燁鳳麟之景。協昌期而作聖，辟鼎運以飛龍，浚哲文明，温恭允塞。鷄鳴問寢，受懿訓於金銀；鶴馭承祧，纘舊服於青社。天瞻亓德，讖緯卜曆數之歸；民懷夫仁，謳歌系君師之望。紹祖武宗文之謨烈，開天清地寧之統基。一戎衣而欃槍銷氛，再振旅而華平并蔼。荒絶悉同車書之轍，垓埏盡入王會之圖。故凡髡首貫胸，文身儋耳，無不梯山航海，獻雉貢獒。識華夏之有聖人，慶臨御之有新主。至若三禮五教，罔弗誕興；八政九功，靡不備舉。化臻雍皞，世際烋熙。有連珠合璧之徵，无破玦鳴條之祲。然而先帝猶虞民生之未泰，却聖弗偁；愠亂道之未隆，引愆自責。幾康益慎，兢業靡皇。詣講幄，紬繹典墳；幸辟雍，躬親釋奠。肆眚灾，崇欽恤，師寧失敷；施蠲豁，罷加增，法如傷也。惘愺嫠，旹與饘粥；賑饑饉，特發帑銀。樹植金鷄，頻修三歲之禮；詔蜚丹鳳，宏敷萬土之春。納諫如流，懸鼓鐘而求瘼；聞善則拜，立誹謗以檢身。宏功即華林難揚，至德詎甘泉能頌！偶爾蝗螭奮迹，蟨蠦張威。焅暵蟲蟲，龜田如焫；閭閻三感，蜥祝無霝。弜懰哨旰之憂，誕布修省之誥。避殿减膳，告齋深宫；跣足披裘，郊祈上帝。於是泣車罪己，解綱推仁。諮補偏救弊之猷，廣明目達聰之治。俞黄門之敷奏，正玄岳之明禋。制超百代之卑，典復千秋之曠。功德侑隆于堯舜，禮樂媲美乎虞周。洪名偕山岳同巍，盛業與乾坤竝永者也。伏遇今上，亶特縱之英姿，紹無疆之鴻緒。辟區夏而再造，揭日月以重光。紀元於攝提之年，肇位于赤奮之歲。春王正月，天子萬齡。乘六龍以御睉，懸象魏於中黄之道，斂五福而建極，垂衣裳於太紫之垣。政布維新，思覃更始。□而上思，膺天眷之休命，荷神庥之介禧，爰循咸秩之文，乃舉大享之禮。肜伯申儀，保章涓吉。鸞臺掞藻，少府頒香。旹乎序值初秋，幹周再浹，虎賁擠仗，奉常司儀。主積寅虔，外嚴蠲肅。服楚楚之華衮，秉峨峨之介圭。臨黼扆，下明詔，遍禋河岳，特簡巨鄰。爰命起部之貳卿，代祀恒鎮於渾郡。繇紫陌而轙駕，迄玄麓而駐麾。龍旐繽繙，映朝霞而灼灼；騤乘矗集，鳴朔風而蕭蕭。載菓霝辰，聿揚盛典。副大武，礫玄麋。含萁粢疏，薿穊璌諸簠簋；蒸菹商尹，盥飶羞於豆登。闔鞈鏗鏘，六奏和而神聽；瓚璋秬鬯，三獻具而禮成。朝使達帝命而祝釐，惟誠惟謹；部臣率寮吏而助祀，克敬克嚴。燎燭焜煌，星月炳焕。薌羶之氣，徹乎崇岩；菎路之煙，靄如朝隮。慌惚纓車降止，幾希絳節儼臨。由斯神歆嘉薦，天錫純休。保國祚如金甌，鞏皇圖若磐石。垂統于聖子神孫而靡極，歷紀夫千春萬禩以无疆。疵癘不興，水旱弗作，民豐物裕，俾率土永樂堯年；俗變風移，躋斯世同遊堯日。又詎止若岱宗之興白雲以見瑞，嵩高呼之萬歲而效霝矣哉。德枵中無學，彪外不文，慚領郡之無長，愧事神之未洽。忻逢曠舉，幸侍班聯。恨無擲地之才，用昭辜月之盛。述兹捃摭，鎸諸珉玟。是爲記。

旹順治十八年歲次辛丑菊月之吉

奉直大夫知渾源州事北平张崇德立石

中秋雲净月華圓，
嶽頂仙臺傲夜看。
不是瓊樓兼玉宇，
世間那有此高寒。
乾隆丁未中秋謁北岳祠，曰登琴棋臺對月作。
粤東馮敏昌并書

臣□□十二年季夏二日，学正张肇崧《谒北嶽祠》题诗御□亭壁，并留经念於此。

“化垂悠久”碑

【简介】

清康熙初年（1666年前后）立。存恒山会仙府东侧御碑亭内。碑身高254、宽88、厚26厘米，碑额阴刻双龙，中刻有康熙皇帝御玺。额高82、宽92厘米。碑座为方形，刻有莲花，高56、宽60、长97厘米。清圣祖爱新觉罗·玄烨（康熙）御书。

清圣祖在位61年，开创了中华文治武功的新时代，被后人誉为康乾盛世。据传康熙初年三上五台山寻父，路经恒山，为北岳恒山题写了“化垂悠久”四个大字。当时官员树“化垂悠久巨碑”，建典雅庄重的碑亭以示纪念。

【题刻】

化垂悠久

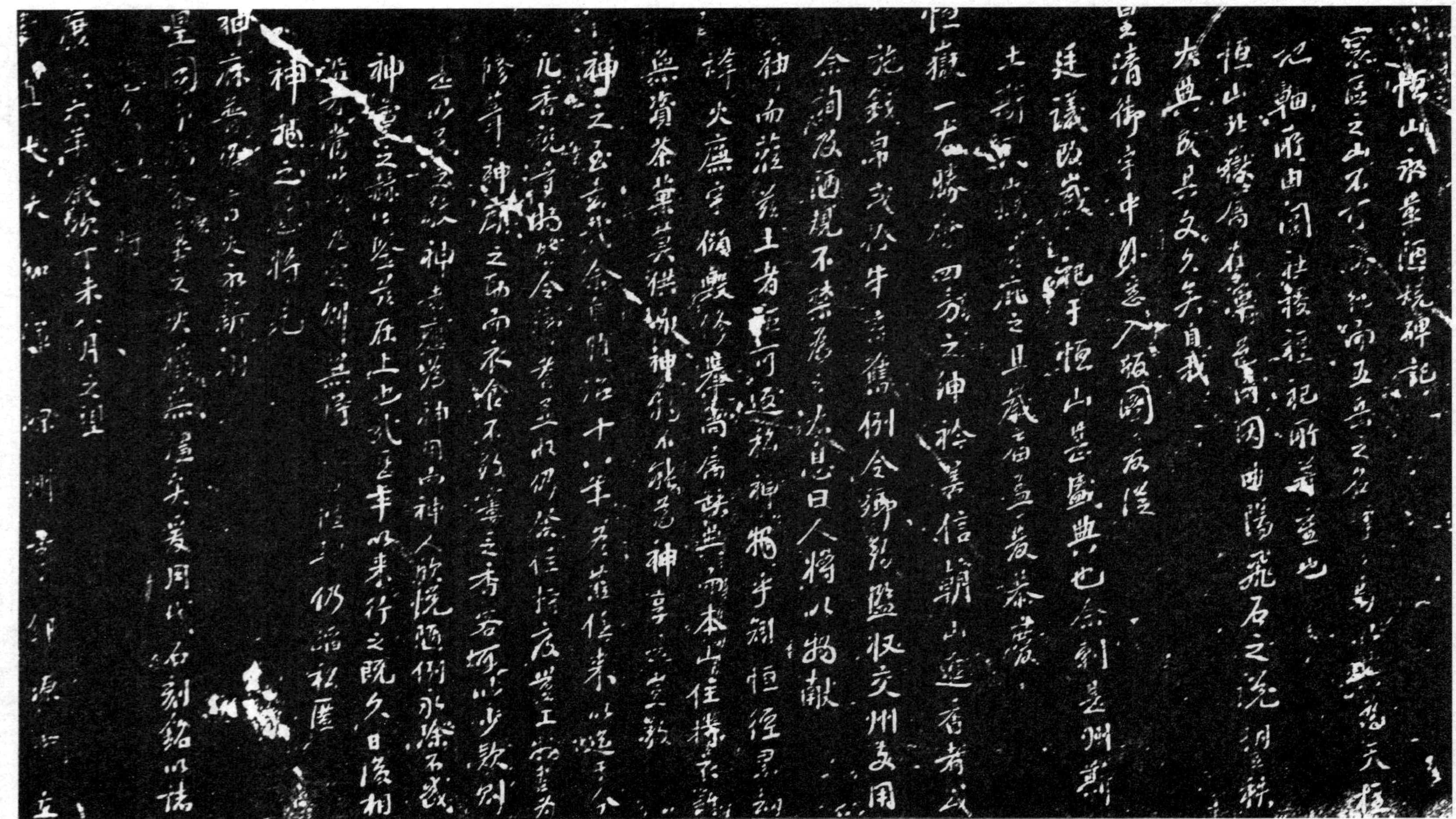

恒山永革陋规碑记

【简介】

清康熙六年（1667）八月立。存恒山飞石窟。碑高 56、宽 94 厘米。浑源知州邓源灊立。

【碑文】

恒山永革陋規碑記

寰區之山不可勝紀，而五岳之名峥峥焉。以其爲天樞地軸所由，關社稷禋祀所并重也。

恒山北嶽，属在渾邑，向因曲陽飛石之説，望秩大典成具文久矣。自我皇清御宇中外，悉入版圖，爰從廷議，改歲祀於恒山，甚盛典也。余刺是州，斯土斯民，嶽實庇之，且歲廟孟夏恭慶，恒嶽一大勝會，四方之紳衿善信，朝山進香者，或施錢帛，或捨牛畜，舊例令鄉約監收，交州支用。余詢及陋規，不禁爲之太息曰：人將以物献神，而蒞兹土者詎可返私神物乎。矧恒經累劫烽火，廡宇傾毁，修舉尚属缺典，而本山住持衣鉢無資，茶菓莫供，亦神物不能爲神享，是豈敬神之至意哉。余自順治十八年冬蒞任來，以迄于今，凡香税等物，皆令鄉耆兼收，仍發住持度量工物，留爲修葺神廟之助，而衣食不致窶乏，香客可以少欵，則是以民之敬神者應爲神用，而神人欣悦，陋例永除不武，神靈之赫赫，鑒此在上也哉。歷年以來，行之既久，日後相沿者，當以此爲定則，無得藉口往轍，仍蹈私匿。神物之愆將見：神庥普徧，香火永新，翊皇圖而福黎庶，垂之奕禩無疆矣，爰用伐石刻銘以誌悠久也。

時康熙六年歲次丁未八月之望

奉直大夫知渾源州事鄧源灊立

重修恒山十王庙记

【简介】

清康熙十三年（1674）九月立。存恒山白虚观。碑高160、宽72、厚19厘米。碑额为圆首双龙，碑边为缠枝纹。赐进士云中守虞山孙鲁撰文，大同府推官马隆登镌石。

【碑文】

重修恒山十王廟記

古昔聖人，以神道設教，凡於幽明之故，死生之説，鬼神之情狀，靡不窮兲理，而格其原，蓋其原始及終，游魂精氣，至義實理，非同虚無杳渺，惑世誣民者之爲也。余幼奉瞿曇教，讀其書，有於靈山受記時三十四天中之神號閻羅王者，爲地獄主考校死者罪業，以付所司。其説近於虚無杳渺，恒爲儒者所不道。及讀《太上感應》《文昌化書》諸書，種種談果報事如契扆卭，誰非冥冥之中有主宰之者歟。經言三千大千世界，鐵圍兩山，黑闇之間，謂之地獄。昔有昆沙國王，與維陀始王共戰，兵力不如，因立誓願以我後生爲地獄主治此罪人。昆沙王者即今閻羅王。又經言罪人火炎化，閻羅王大聲告勅癡人，獄種以儒者之説証之。所謂地獄者，吾心之黑業是；所謂閻羅王者，吾心之靈明是。夫人自有知識，即有善惡二因，善者爲忠臣、爲孝子、爲節婦、貞夫、信友；其惡者淪墜迷痴，沉溺食瞋，造亂作孽，種種罪惡從心所生。苟或平旦清明、暗室屋漏，嗜欲退聽機械不生之時，静坐思維，鬼神臨之赫赫業業，雖以桀跖之惡，操莽之奸，有不惕然知儆，汗流浹背者乎。世無生而不死之人，當其生也，無欲不求；遂及其將死也，迴視生平所求何在，唯有一腔黑業懺悔不了。是則地獄現前，閻羅考校，牛頭阿□森列左右，神識自首毫無隱昧，可不畏歟，可不戒歟！世所祀閻羅十王，固將以震動慴服於世，俾悍者，慄愚者懼，大奸巨猾惕息而不敢前。是神道設教，正興王法聖訓相發明，其以覺世化俗善心則一也。世傳東嶽泰山主者崔府君，掌人生禄命修短，善惡昭報不僭；兹北嶽神靈固當檀化一方，主司民命。嶽廟之陽崖向有十王殿，歲久頹敗。康熙癸丑中秋，余之秋祀，偕州守三韓喻齋宣君，顧而嘆曰：是古昔聖人所謂神道設教者乎？蓋謀所以新之。宣君曰：諾。遂捐資鳩材，數月工成，而問余爲之記。

康熙十三年甲寅九秋下浣　大同府推官馬隆登 鐫石

賜進士第中憲大夫雲中守虞山孫魯譔（印二方）

重修白龙祠记

【简介】

清康熙十四年（1675）五月上旬立于恒阴白龙祠，现存恒阴白龙王堂。青石质，圆首方座，额雕游龙云头，边缠枝纹。碑高163、宽80、厚20厘米。额篆“重修白龙祠记”6字。下部有残损，保存较好。本郡庠生闫佳凤撰文，王家宾篆书。

【碑文】

重修白龍祠記

渾源庠生閆佳鳳撰文

□狐庠生王家賓篆書

恒嶽之背，渾㶟之陽，去城數里許，蜿蜒盤曲而上，又二里迤邐若□恒巔，形坐高崗，右□平地舊有白龍祠。剏自先朝，維恒之靈，興雲布霧，潤澤南畝共一方之民。社□甘雨而介穆□□，婦子盈寧以穀我士女者，匪淺鮮也。

矧天子有祈穀之典，率土蒼生禱祠而求者，建廟奉祀，咸邀福澤矣。啻我䙡地居邊塞，土高風寒，非藉雨暘時若之助，□足以謀室家？第廟歷年深遠，瓦□摧殘，榱桷蕩然，墻壁圮壞，不蔽風雨，神儀爲之變色，櫺户盡廢無存。禋祀曠邈，時多鳥獸□□；蓁荆塞道，勝地久致荒凉。野樵俗子，踏瀆實甚。運際陽九，修理□典。凡遊憇者不勝離黍興嗟，而神明果其無恫乎。歲在甲寅春，道衲衛清泉棲遲恒山，目擊神傷，遂謀衆善李逢帝輩，鳩工庀材，乞募諸士，增築墻垣三十丈，闊其前制，改修大殿三楹，東西浄室六間，左右鐘鼓二樓，大門一峙，砌以石級。舊有道院，葺爲厨舍，殿宇覆以鳥革，聖像莊以金碧，櫺窗繪以輪奐，墻壁飾以塗塈。丹堊輝煌，燦然爲之改觀。晨鐘夕鼓，□焉爲之美備。神明肅瞻視之威，廟貌壯瑞麗之色，較昔日所不相逕庭也哉。逾乙卯夏，其工告竣，道人揖余前曰：“廟工厥成，爰勒石以垂不朽。”今後之駿奔廟中者知其所自終，並以誌捐資者之弗湮也。余唯愧不斐，其何□辭。是爲記。

渾源州知州　宣成義

吏　　目　王再祥

渾源城守備　張進奎

渾源州儒學　蘇篤慶

貢　　生　張雲漢

生　　員　張雲風　李　亨　張雲翼　白可先　王船正

西城

李　灝　李　汴　李　源　李恒炳　李恒煥　李弘基　何祖武　閆佳鳳　熊明德　李映蔚　張亮熙

鄉耆

李逢帝　楊增顯　李　涵　王一正　劉國盛　温栗然　賀雲鳳　王藎臣　楊震亨　張齊□　李永馥

白奉璋　張文在　薄海徵　劉　標　馬呈祥　張有禄　張可謨　郭天壽　穆俊舉　白　强　賈自隆

高國寵　邢憲道　馬維宦　劉　道　黄　富　陳　敏　王扶龍　張自安　楊自植　王尚明　馬駿英

王清泰　白□□　任新民　武安周　張　甫　田龍澤　張登有　武應元　孟宗孔　馬勝旺　楊自中

霍　氏　陳永體　賈承志　劉　元　白　俊　李芝榮　張應選　王九錫　侯　桃　王崇榮　寧榮威

韓　美　李永良　沈體統　劉　福　沈樂玹　梁　宇　□　□　白尚順　李汝貴　張　位　葛士俊

王永太　李春福　□□忠　□□慶　孔茂才　閆運新　段國臣　史世芳　□□□　趙家□　李扳龍

白可祉　高　龐　楊朔太　張　善　楊宗初　李發秀　趙禩昌　邢　義　□侍才　張　藴　王可才

李撫世　孔進才　毛自新　焦維有　白生蛟　葉崇仁　橥茂財　羅　榮　杜　遺　余進寶　李似桂

周滿貴　李三旺　余化龍　李忠仁　閆保策　趙滿倉　王　金　白　甫　張　柳　徐□□　胡宗□

趙　然　麻茂盛　三　才　周之禎　姚　璧　嚴在英　黄昌極　孫　守　張友財　孫　海　杜九緒

范進庫　□□□　□□□　□□□　席□栢　白　有　李時對　王元德　□　□　王丹中　郝久成

侯加戎　賈來選　□□□　□□□　閆　禄　祁守全　□計雲　王　昇　楊光顯　李奇先　翟宗杰

楊明德　李□□　張時政　李應宣　趙　俊　逯　才　武崇盛　趙　正　李褭枝　雷應奇　祁思全

謝　徵　李巡和　晋有財　劉從仁　郭進忠　邢　進　崔登俊　劉鳳騰　楊賓祥　李希發　郭　玉

張　用　黄　紳　任文明　俠　位　蔣承坤　余先和　趙廷□　李盛□　李寸金　馬進□　孫積德

□永圖　閆從爾　王　□　梁雲成　馬　倉　史計賢　梁　孪　張　奇　唐　俊

塑匠　□慶福

畫匠　□　禄

木匠　張□□　李似立

石匠　李□旺

泥匠　□　金

鐵匠　李　正　等

康熙十四年歲次乙卯五月上浣之吉日　立

創建羽化堂记

【简介】

清康熙十六年（1677）五月立。存恒山舍身崖羽化堂处。碑高153、宽70、厚19厘米。圆首，额为云头纹，碑边为缠枝纹，青石质。浑源州庠生阎佳凤撰文、书丹。奉直大夫知浑源州事宣成义、吏目王再祥、大同灵丘路浑源守府张进奎、巡检沈禧立碑。

【碑文】

創建羽化堂記

渾郡庠生閻佳鳳頓首撰書

恒山衛道士諱清泉，河東夏縣人也，性賦剛毅，立念最空，年甫二旬，蚤知四大色身，爲不常割愛，雲□□乎夙有仙風道骨。始學黄冠法具，願求出世因緣，後上武當受持戒籙，壽當六十有八，歲在丁巳四月十三日黎明起榻沐浴着衣，斂膝端坐，瞬息而魂升羽化矣。

郡侯宣伯，素欽道行，常施供養，因羽化而缺霞接，捐銀五兩倡，郡衆善協力，建堂一楹，敦命塑工型骨肖像，次第落成。鄉耆楊珍顯、李逢帝等揖余爲記。余覽《道德經》，嘗攷玄教，而近于儒。昔孔夫子有猶龍之嘆，是知人稟二氣成形有此身即具此性，凡趨食色嗜欲者性之氣，趨天德嗜善者性之理，君子所以貴有不謂性命之辯也。人之知是性理，不以情緣迷妄，其□□總屬此心。余亦不識脱胎化骨，白日飛升之義。云何，以衛羽客者，初居山海關，遭明鼎沸之秋，投廣昌繡駟嶺武仙長爲師，力勤苦行，修路數年，口不貪滋味，日以黄虀延生，身不欲好衣，聊以破衲飾體，奚啻圯橋納履之訓也，方授以運坎離之法。與余曾言玄此理，知其修煉鉛汞、丹成漆珠，則可謂不趨食色嗜欲，而存心養性，若有符於修身俟命之説也。來我渾郡，開達望峪崎嶇之路，修磁窑口難構之橋；不惜遺力，勸募萬緣，建關聖廟宇，剏文昌殿閣，重修城隍廟、白龍祠、東北二岳行宫；布施鱗集，不染文錢。語云：財色兩忘，莫問道，共斯之謂與。居止恒峰二十餘年，守真抱樸，時誦玉函。迨丙辰春，宣伯詣山祭享樂謀修永安大寺，欣然不辭。更無歧别玄釋之見，尤悟三教異名而同原，其去于區區庸陋之流者不相徑庭也哉。余不敏，姑旌其實蹟，以愧不淑者，俾後人知衛羽客之所由來，併知所由去云。是爲記。

捐資善信　田龍澤　孟繼中（等七十二人，名略）

旹龍集大清康熙十六年夏五月立上浣之吉

奉直大夫知渾源州事加二級宣成義吏目王再祥

大同靈丘路渾源城守府張進奎　巡檢沈禧

闔山道友董清江　釋友如寬

永革陋规碑记

【简介】

清康熙二十年（1681）立。存恒山苦甜井处。高140、宽63、厚20厘米。边纹缠枝状，青石质。叶九思镌石。

【碑文】

永革陋規

致祭恒山，道府例來陪祀；盡禮欽差，皆出諸里民。事竣且受勞儀而去。余醜其行，故捐俸以除積弊焉。

復州葉九思鐫石

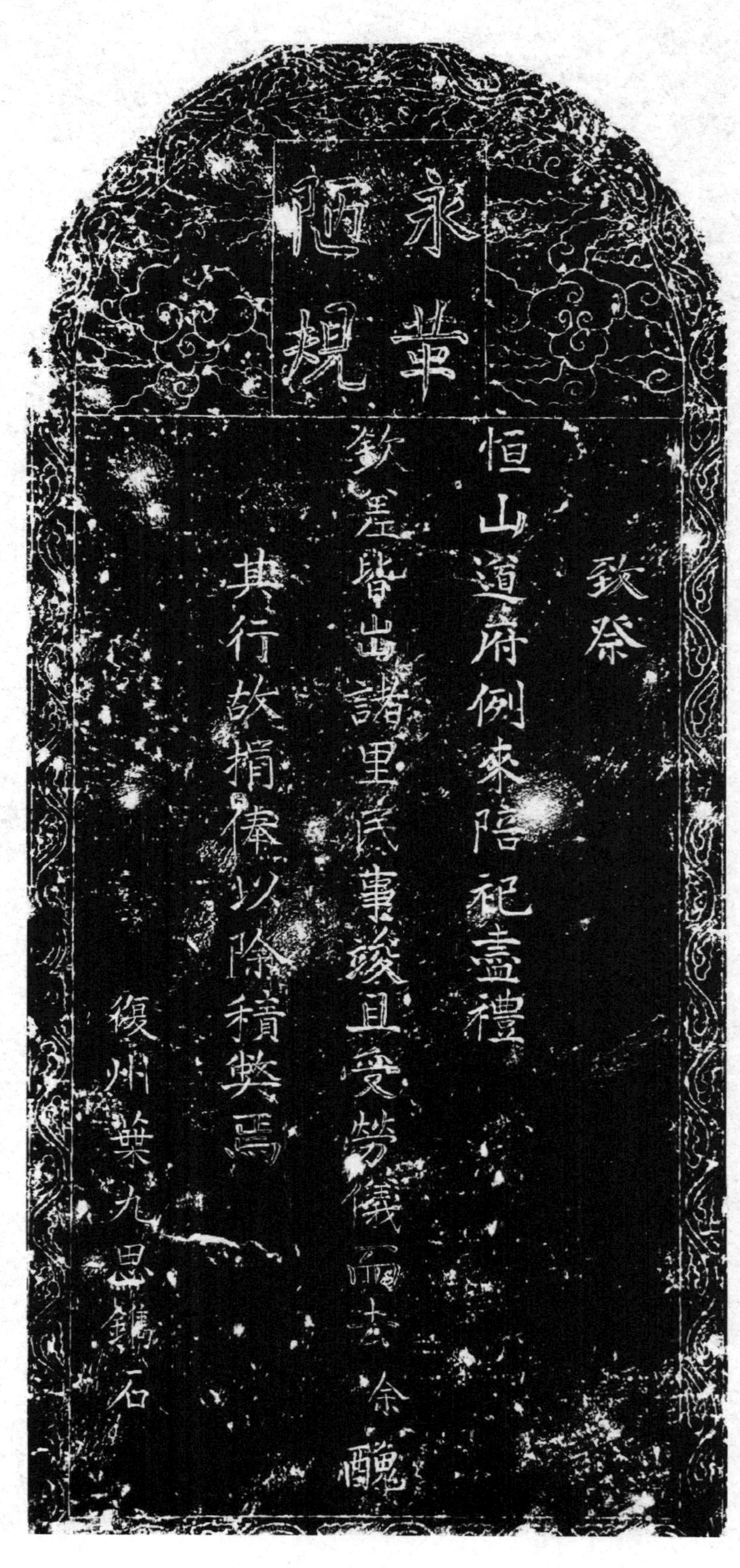

进蜡会引

【简介】

清康熙二十一年（1682）八月立。嵌于北岳庙寝宫窗台墙壁。高55、宽92厘米。由张大谐书丹。

【碣文】

進蠟會引

夫善者降祥，不善者降殃，夫道不易之理也。施茶施湯，以結萬人之緣；供燭供蠟，預修光明之果。由是渾郡西関舖行人等集會捐資歷年，於肆月朔日之期，衆信恭謁北嶽恒山老爺位下，虔献蠟燭進紙拈香。所有在會人等，今刻石以垂不朽云爾：

黄士富　李維清　武安周　楊自登　郝仁英　范進庫

馬俊英　馬騰旺　郭應奇　田正發　杜　懿　賈承志

孟宗孔　郝承望　王崇榮　張　用　張有禄　黄　紳

黄成玉　李如秀　趙　樸　張來喜　張　梅　邢　仁

王永泰　孫光先　趙　俊　李希孔　王　輔　邢　進

張應選　孟繼中　郝國仁　馮興泰　羅成富　倪三節

韓　美　段志壯　杜文宗　王　錦　謝金成　劉振威

樊榮芳　史志保　王　秀　張洪士

石匠　楊有才

張大諧書

康熙貳拾壹年歲次壬戌桂月上浣之吉立石

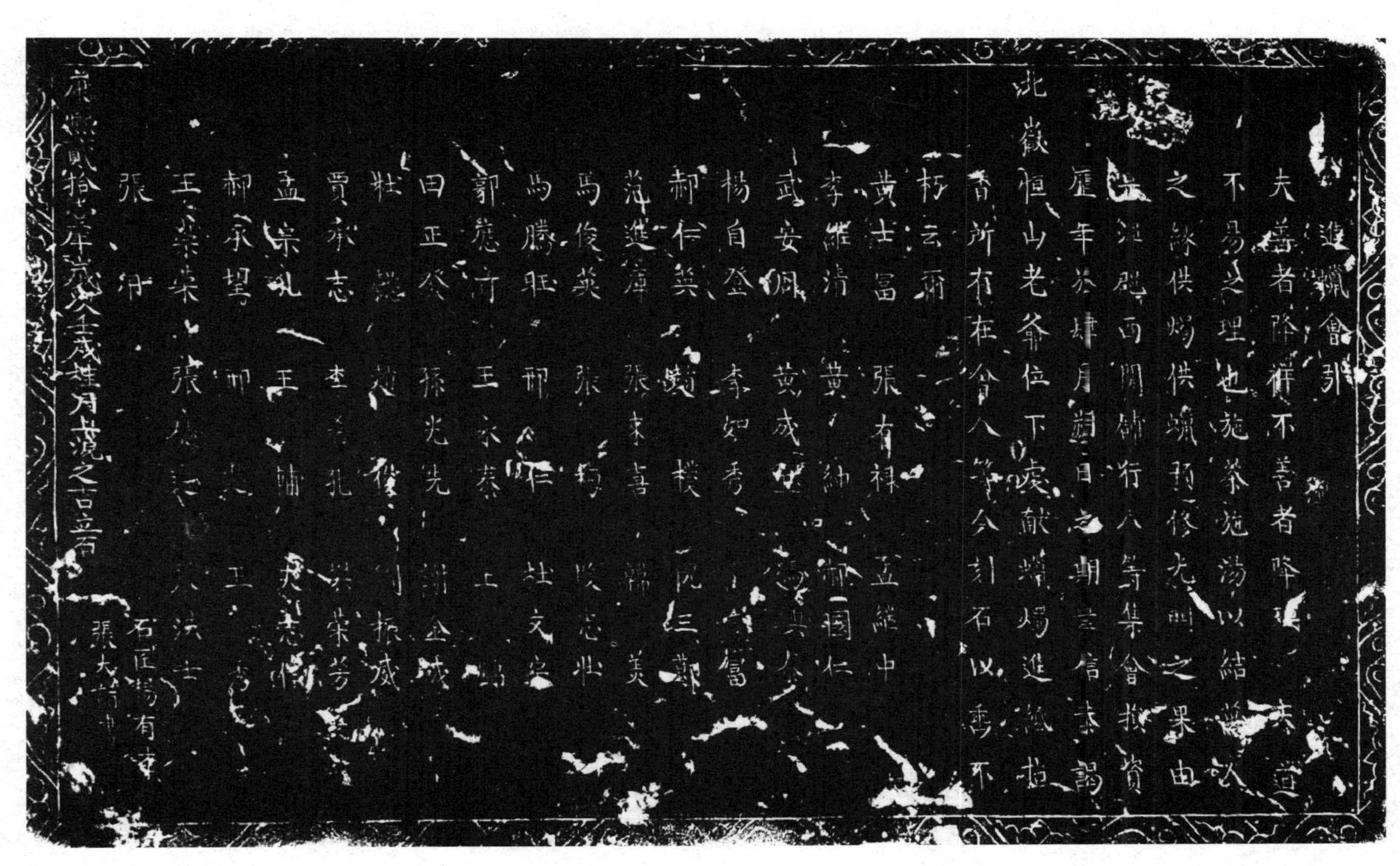

重修恒山岳庙碑记

【简介】

清康熙二十四年（1685）八月立。存恒山恒宗殿处。碑高187、宽78、厚20厘米。圆首，方座，缠枝纹边，青石质。由浑源知州张应薇撰文勒石。

【碑文】

重修恒山嶽廟碑記

恒山五嶽之北嶽也，派首崑崙，宿應畢昴，自虞舜北巡狩，躬行望秩，歷代帝王莫不褒封輯瑞崇祀報功，載於史，詳於誌，無容贅矣。惟是地處朔漠，野曠山深。四月八日鄉民報賽而外，杳無游覽蠟屐之跡，而常住黄冠僅三人，瘦同饑鶴，術乏折驢。憚野獸之奔騰，杜門而坐；□諸懷之隱見，高枕夢游。無惑乎雨雪蝕亭臺而湍潟，風濤震榱桷而飄零。環山廟貌，如鱗空虚，一任摧折，以視嵩岱衡華□□於輪蹄交會之區，登眺繹絡不大相逕庭也哉。甲子冬，皇上恩詔，内一款敕有司繕修嶽廟，毋褻神庥。斯誠聖天子念切，冀州畿輔□□布澤資生，惟玄嶽是賴，拳拳於誥命者凡以爲民耳，□員宇下者誰不欽遵恐後焉。薇適自閩移晋，乙丑仲春十七日受渾源州事。念一日，會蔚州知州耿夔忠奉委查閲恒廟傾頽狀，薇得以會同造册申報，内正殿柱朽壁裂，工大費繁，不能不難見於色，然度其勢之不容已也。即日發貲，命匠采木石備鐵灰諸磚瓦，一時紳士編民蒸蒸鼓動，樂助錢谷，而群材以次漸理。惟苦殿懸孤峰之半，峭壁峻嶒，幽谷險翳，運負於藤蘿鳥道之中趔趄維艱，一水一土，必自山腰曲折而上。自三月至五月物力齊集，迺於六月初三日祀神興工，撤舊更新亦如創始。及命巡檢張正嘉董其事，鄉約五名分其任，書識三名紀其緒，住山工匠九十人，趨事往來者不與焉，至七月朔正殿告竣。於殿東造更衣廳三間，殿西造厨舍三間，殿前石磴百級，昔斜而今正矣，兩廡山門十餘間，昔殘缺今整肅矣。然後分工造省牲亭，砌井泉亭，添蓋寢宫、會仙府之漏濕，毕正馬殿各牌坊之欹邪。凡此御祭必經之地，至七月終□一備美無遺，階題壯麗，丹雘陸離。至是半載之憂勞爲之一慰。後念道旁真武、純陽二廟墻垣廢頽，椽柱多頽，神像端好得無餘恫，乘此庀材鳩工之便，咸修葺而更新之。又文昌、龍王等廟泥瓦滴瀝，塑工剥落，概加補飾晝一觀瞻。此雖報文之所未及，抑以求人心之安耳。八月朔，始從事前山門左右牌坊及近路之觀音殿，甃瓦砌磚，换木顔額，翬飛軒舉，一路之氣象改觀矣。自此神居逸豫，祀事輝煌，蓄風雲於在宥，施雨露於寰中，養育群□，皆由詔書勅行之所致也，小臣力作何足計焉。

旹龍集康熙二十四年歲在乙丑秋八月中浣之吉

奉直大夫知渾源州事□蜀張應薇盥手撰文　勒石

督工巡檢　張正嘉　井田　高宗臣

督工鄉約　白應禮　曹整　王豪

重修恒山嶽廟碑記

恒山五嶽之北[illegible]也，[illegible]昴宿應畢昴。自舜北巡狩躬行望秩，歷代帝王莫不褒封輯瑞，崇祀報功，載於史[illegible][illegible]無[illegible]

蔡矣。但是地處[illegible]漢，[illegible]山深，四月八日[illegible]其報賽，而外杳無遊覽[illegible]巖之跡，而常住黃冠僅三人，瘦同饑鶴，[illegible]之[illegible][illegible]肘

[illegible]之[illegible][illegible]杜門[illegible][illegible][illegible]懷之[illegible]光高[illegible][illegible]遊無惑乎[illegible][illegible]亭臺西淌瀉，風濤震撼，[illegible]而飄零，環山廟貌知[illegible]空[illegible]一[illegible][illegible]

析以視嵩岱衡華[illegible][illegible]於[illegible]歸交會之區，登眺繹絡，不大相逕庭也哉。甲子冬

皇上恩詔內一款，飭有[illegible]修嶽廟，毋[illegible]神[illegible][illegible][illegible]

聖天子念切冀州[illegible]輔，[illegible]渾資生，惟[illegible]京嶽是[illegible][illegible]恭奉於

諭令者，允以為民耳目。予下吾誰不[illegible]遊[illegible]為嶽道，自閔移晉乙丑仲春十七日受渾源州事。念一日，會蔚州知州[illegible]愛忠

奉委查勘恒[illegible]廟，[illegible][illegible][illegible]以會同遊[illegible]，[illegible]內正[illegible]柱朽壁裂，工大費繁，不能不難，見於色。然度其勢之不容已也，即日[illegible]

[illegible][illegible]匠[illegible]木石[illegible][illegible][illegible]一時紳士[illegible]民，[illegible]不勤樂助錢[illegible][illegible]群材，以次新經。惟昔殿[illegible][illegible]之[illegible]峭[illegible][illegible][illegible][illegible][illegible]

[illegible][illegible][illegible][illegible][illegible][illegible]中[illegible][illegible]維[illegible][illegible]水二[illegible][illegible]自山[illegible]曲折而上，[illegible]三月至[illegible]月物力齊集，[illegible]於六月初三日祀[illegible]興工

[illegible][illegible][illegible][illegible]知州始[illegible][illegible][illegible]張正嘉董其事，鄉約三名分其任，書識三名紀其緒，住山二區九十人，趨事往來者不與焉。至

七月朔正殿告[illegible][illegible][illegible][illegible][illegible]衣[illegible][illegible]殿西[illegible][illegible]合三間，殿前石壁百級，昔斜而今正矣。[illegible][illegible]山門十餘間，昔[illegible][illegible]今[illegible][illegible]

[illegible][illegible]然後合二道首[illegible][illegible][illegible]砌[illegible]泉亭[illegible][illegible]宮會仙府之滿溫斧正馬殿各牌[illegible]之款邪危此

[illegible][illegible]必經之地，至七月[illegible]一[illegible][illegible]矣[illegible][illegible][illegible]起[illegible][illegible][illegible][illegible][illegible]至是半載之[illegible][illegible]之一慰。後念道旁真武純陽二廟墻垣[illegible][illegible]

[illegible][illegible]多[illegible][illegible][illegible]端好得[illegible]餘桐乘此危[illegible][illegible]二之[illegible][illegible][illegible]而[illegible][illegible]之。又文昌龍王等廟泥[illegible][illegible]剝落，概加補飾，畫[illegible]

[illegible]此雅[illegible]文之所未及，抑以求人心之安乎。八月[illegible][illegible][illegible]事[illegible]山門左右牌坊及近路之觀音殿[illegible][illegible][illegible][illegible][illegible]木[illegible][illegible][illegible]

[illegible]一路之氣象改觀，自此神吾遊[illegible]祀事[illegible][illegible]當[illegible][illegible][illegible]施雨露於[illegible]白養育群[illegible]

詔[illegible][illegible][illegible]致也，小臣力[illegible]何足計焉。

[illegible]集康熙二十四年歲在乙丑秋八月中浣之吉

奉直大夫知渾源州事[illegible][illegible]應徵盟手撰文勒石[illegible]

督工巡檢張正嘉

督工鄉約[illegible]

永安寺置造供器记

【简介】

清康熙二十六年（1687）六月立。镶嵌于城内永安寺传法正宗大殿西朵殿窗台间。高 62、宽 83 厘米。由浑源州守府徐超、妻萧氏等倡导刻石。在封建社会，碑碣主倡人为女子实属罕见。

【碣文】

永安寺置造供器記

丙辰之歲，殿宇重塑。畫工攄誠，繪壁協力。冥陽水陸，諸神悉備。金碧輝煌，焚香引氣。修設道場，年逢夏四。祀奉香燭，供器乏具。時在丁卯，集衆同意。捐施錫鐵，製造爐器。八十七觔，大小各異，三十二件，貯藏本寺。慎終如始，不得玩愓。用垂悠遠，詎可廢棄。名刻石碣，以綿事祀，善力常興，後人勿替。功次序列，是以爲記。

渾源城守府　徐　超　蕭　氏

渾源州吏目　王再祥

巡檢司巡檢　張正嘉

貢　　　生　張雲鳳

庠　　　生　葛生光　李映尉　□　心　陳　藎　武開周　朱正□　徐之玉　任昌□

余進賨　晋□論　楊九智　王樂榮　田玉成　白呈玉　李汝貢　王超先

田□澤　王　孝　程北天　閻佳鳳　張崇典　謝呈隆　侯加戎　武安周

邢　仁　康四維　余國賨　李逢春　陳獻禮　賈　成　郝登典　王長春

王　瑾　李　倉　趙　□　賈才□　祁　明　王真玫

鄉　　耆	李□帝	鄉　約	張元	薄門張氏	白所成	李名奇	李國英	趙滿倉
	邢　義	白呈英	王應雨	馮興太	李之秀	吴國寶	劉　訓	徐　通
	□九華	□文標	徐文道	王大臣	戴　升	海　湧	楊光武	王門賈氏
	侯治邦	李瑛奇	田志繁	楊重印	王　明	余養鱗	劉　軒	張銘鼎
	王明玉	王　業	孔　緒	趙一朝	李世榮	徐進興	趙伏戎	劉大喜
	路　真	孟明達	祁　印	劉　道	李永新	左國章	周滿貴	趙起光
	賈志隆	趙　樸	陳喜祚	陳進庫	張居敬	王福寶	夏宗孔	楊　成
	陳君印	劉進舉	趙伏財	逯俊英	劉　林	劉生惠	逯　財	

皇清康熙二十六年歲次丁卯夏六月十日立

住持常桐施錢貳千肆百文

化□□施錢貳千肆百文

化□□禄圓滿

錫匠　祁明

石匠　蔡相

皇帝遣内阁四品侍读学士王国昌致祭于北岳恒山之神碑

【简介】

清康熙二十七年（1688）十二月立。存恒宗大殿下。碑高163、宽74、厚21厘米，圆首阴刻双龙，方座，高34、长82、宽56厘米。碑边缠枝纹，青石质。由太常寺笔帖式冯世泰撰文。浑源知州张应薇立石。

【碑文】

康熙二十七年歲次戊辰十二月乙丑朔越十一日丙辰，皇帝遣内閣四品侍讀學士王國昌致祭於北嶽恒山之神曰：惟神冀方作翰，畢昴儲精，乾道資功，坤儀馮德。朕纘承祖宗丕基，虔□明祀，兹以皇祖妣孝莊仁宣誠憲恭懿翊天啓聖文皇后神主升祔太廟禮成，特遣專官，用申秩祭，惟神鑒焉。

司香帛祝文太常寺筆帖式馮世泰

陪祭官署大同府事中路通判葉九思

渾源州知州張應薇勒石

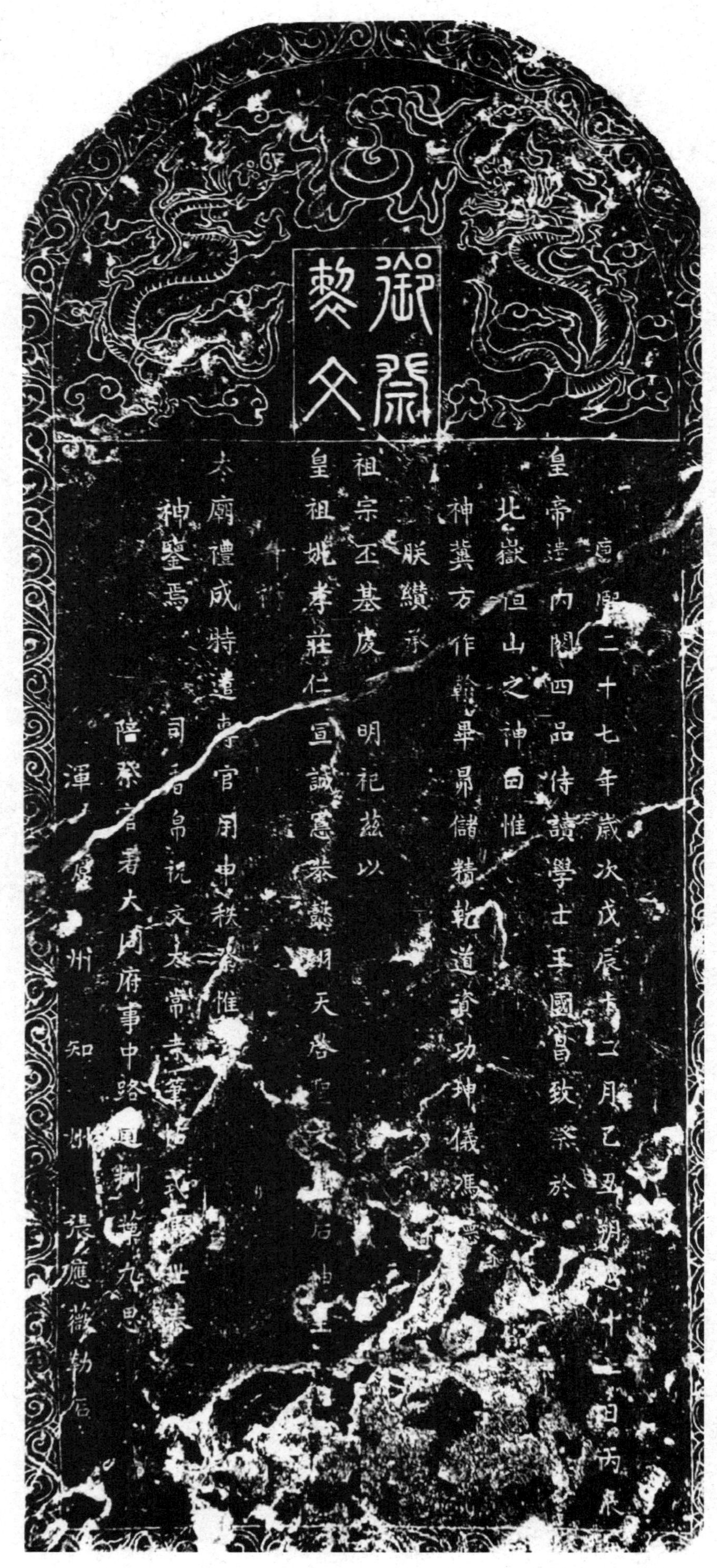

陪祀恒山诗碣

【简介】

清康熙二十九年（1690）立石，存会仙府门庭北墙。高48、宽66厘米。由叶九思题书。诗文漫漶不清。

【诗文】

陪祀恒山

恒山列五嶽，元旦□□禋。効順神功舊，追尊聖孝新。

蒼松鱗□□，峭壁□彩雲。巡幸到蓬萊，鏡洽尧舜春。

再遊恒山

陪祀匆匆思再逢，果然今又到壺中。山巔風□□鋪樹，松杪虬棲忽韻風。

大奇琴臺雲過爽，翠□芝峪□來融。仙家境界多□鶴，何必叨叨□□□。

……

康熙二十九年歲次庚午□復州葉九思題

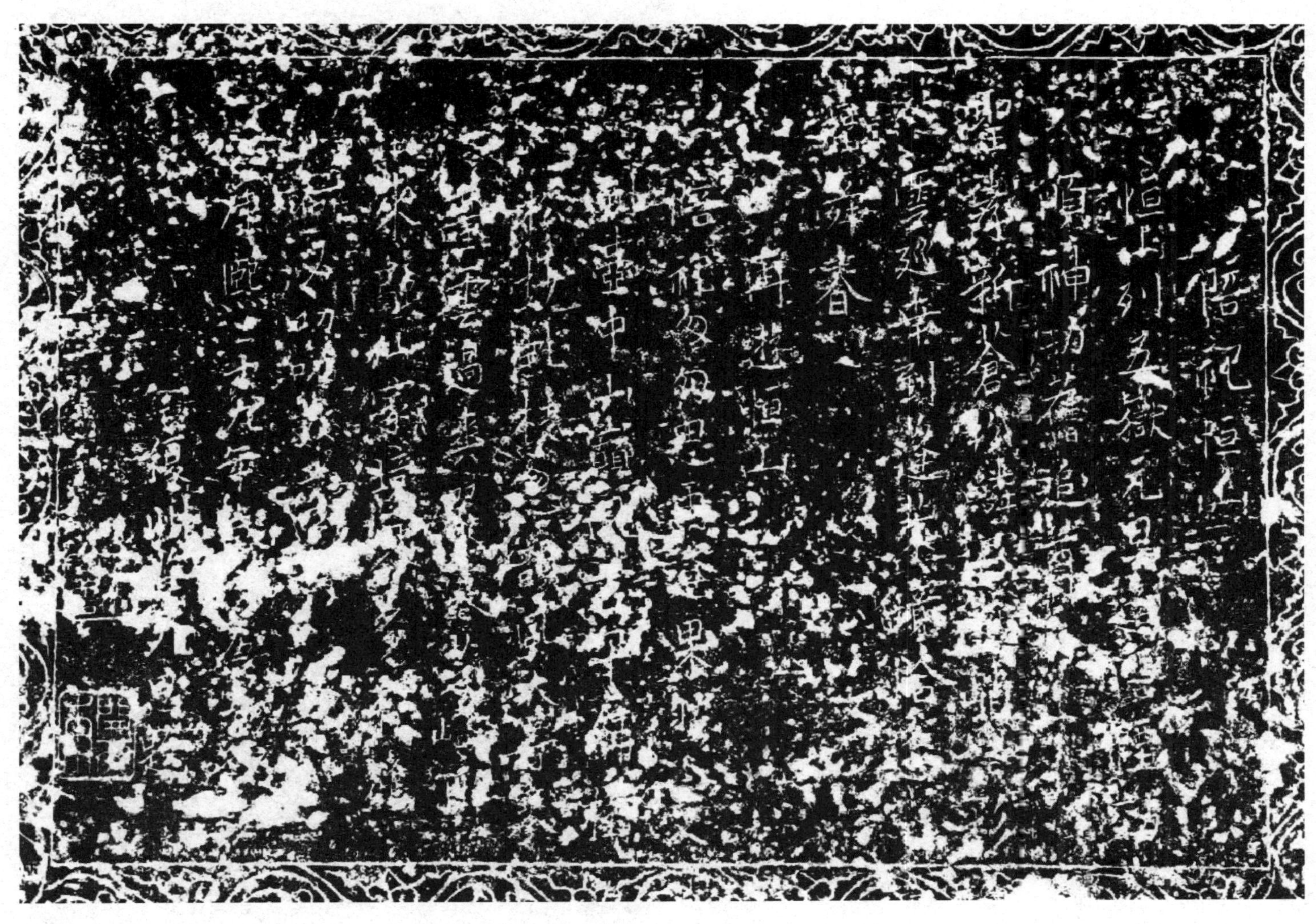

重修龙山寺碑记

【简介】

清康熙三十三年（1694）九月立。存荆庄大云寺。碑高165、宽68、厚18厘米。圆首方座，青石质，首刻双龙，边刻缠枝纹。碑下部残缺。国学选拔贡生王家宾撰文、书丹。

【碑文】

重修龍山寺碑記

國學選拔貢生王家賓撰文并書丹

按《輿國志》：雲中有豐隆山，其形勝壯若游龍，盤旋曲折，遠可數百里，直接五臺文殊大院，山腰有泉□□□□潮之湧其中，常有龍出，故又名龍山。是山亦晋省一名境也。山北，即古恒陰郡鄉名荆家庄，有寺近山□□龍山持焉。上下兩院相爲聯絡，上院則有觀音殿，東至火燒溝獅子崖，南至麻黄嶺，西至土臺子大口□，北至田家墳，四至開具嘉靖二十六年碑記可考。而下院則惟此寺中塑佛像，東西則以觀音、藥王祖師、伽藍配之，天王、金剛層次森列，鐘鼓樓以及三官、地藏左右星布，不儼然一大觀乎。但年遠碑蝕無□，□□□□明朝重修兩院，宜不識創始何代。自前國朝丁未間，住持老僧號明亭者，携徒真玫目擊此寺摧殘，募修匾記，今已念七餘載矣。……天地間之物能保其常新不衰乎。未幾，而佛像削色矣，榱桷凋殘矣，瓦甓剥落，墻垣……師能有爲於前而啻不能有爲於後，其何以謂記述耶，逾不惜身力苦志募衆捐金……雖本寺……亦不暇顧，啓蒙而出，覓匠重修佛像削色□□□如故也……□□也，瓦□之剥落□□之□圮者焕然更新也。嗣是而鐘鼓遠聞光芒四射□□氏寧喜乎其湮始於仲……秋之畢欲礱石以爲不朽之記。問余惟文……也□□□生於梵國修於雪山説法……萬世法王身俾天下後世還宗其教，且遺經於……群迷……種子者其功豈淺鮮……大地無衆生矣。

旹皇清康熙三十三年歲次甲戌秋九月吉旦

臨濟□□

皇帝遣户部右侍郎贝和诺致祭于北岳恒山之神碑

【简介】

清康熙三十六年（1697）八月立。存恒宗殿下。碑高170、宽68、厚21厘米。碑首为双龙云头，碑边为缠枝纹，青石质。太常寺七品笔帖式拉答、浑源知州王国辅勒石。

【碑文】

維康熙三十六年歲次丁丑八月戊申朔越三日庚戌，皇帝遣户部右侍郎貝和諾致祭於北嶽恒山之神曰：惟神德居坤位，雄峙朔方。静鎮遐陬，環拱北極。朕以勦除狡寇，三履遐荒，期掃邊塵，□安中外。今者祗承神佑，塞北永清，用告成功，專官秩祀。維神鑒焉。

司香帛祝文太常寺七品筆帖式拉答

陪祀官大同府知府加三級葉九思

渾源州知州加四級王國輔勒石

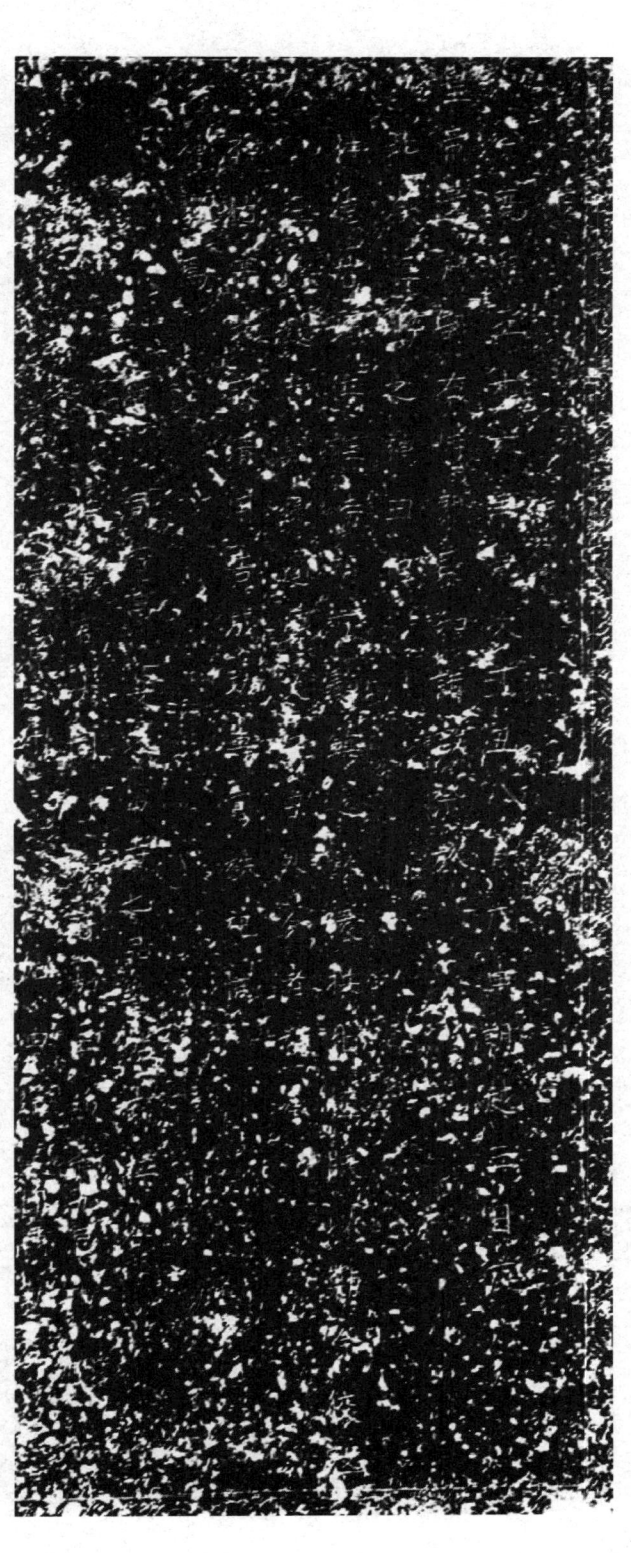

重修罗汉寺圣像碑记

【简介】

清康熙三十九年（1700）十月立于罗汉寺，现存罗汉洞内。青石质，圆首云头，缠枝边。碑高131、宽56、厚16厘米。额题“碑记”2字。断为两截，上部字迹不清。

【碑文】

曩念遊恒山，瞻望上下，見夫翠屏峰萬仞，茂林蔽日，其中仙靈雲氣變幻卷舒，難以名狀。其西有羅漢洞，嘗過而登焉，其勢雖不比恒嶽之大且高，地坐向陽，鍾最靈秀。炯樹迷離，虎豹常出其左右；溪雲變幻，風雪時會其上下。山藉水而染色，水賴山以有聲，美哉，誠渾郡之勝境也。其廟貌墻垣不知幾經修理，奈年遠日舊，難免風雨摧殘，而聖像因而塵垢矣。於康熙三十八年適逢居民善衆目覩心傷，有志金粧，遂募之城鄉，不數日像一改觀焉。今工成勒石，求予爲文，予自愧失學，遑敢□文，姑且聊以爲序云爾。

旹康熙三十九年庚辰孟冬之吉

住持僧海殿　徒寂禄

皇帝遣内阁侍读学士加六级卢起隆致祭于北岳恒山之神碑

【简介】

清康熙四十二年（1703）四月立。存恒宗殿下。碑为青石质。碑高178、宽82、厚22厘米。碑额高89、宽93厘米。碑首刻盘曲双龙，碑边刻缠枝纹。太常寺笔帖式郭俊、浑源知州刘显功勒石。

【碑文】

維康熙四十二年歲次癸未四月丙子朔越十日乙酉，皇帝遣内閣侍讀學士加六級盧起隆致祭於北嶽恒山之神曰：惟神秀峙冀州，巍臨代郡，拱衛京輔，奠定坤維，朕祗承休命統馭寰區，夙夜勤勞，殫思上理，歷兹四十餘載。今者，適屆五旬，海宇昇平，民生樂業，見輿情之愛戴，沛下土之恩膏。特遣專官，虔申秩祀。尚凴靈貺，益錫蕃禧，佑我國家，共登仁壽。神其鑒焉。

内閣八品筆帖式金啓復

司香帛祝文太常寺筆帖式郭俊

陪祭官大同府知府加三級葉九思

渾源州知州劉顯功勒石

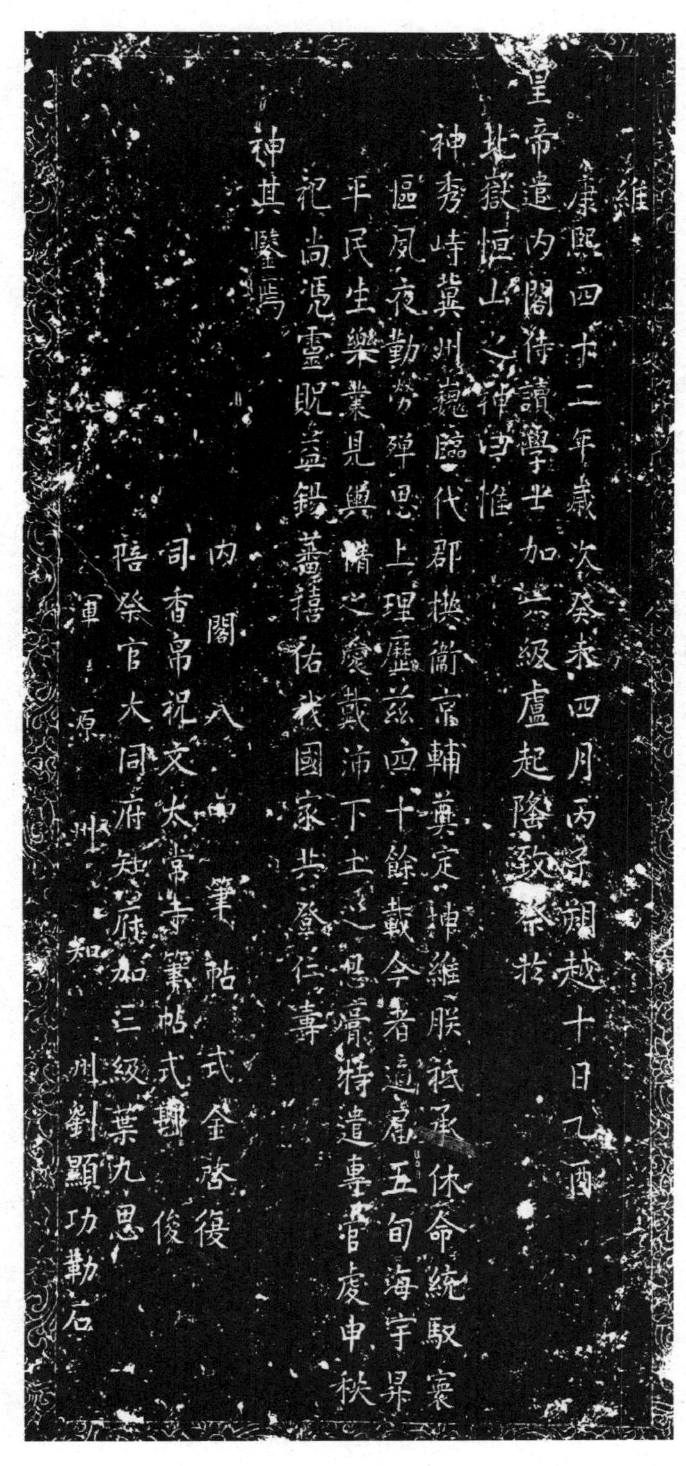

重修关帝庙碑记

【简介】

清康熙四十三年（1704）十月上浣立于三岭村关帝庙内，现存三岭关帝庙内。砂石质，碑首圆形，雕双龙、云头，边缠枝纹。碑高137、宽64、厚27厘米。额题“重修碑记”4字。候选训导李永馥撰文并书丹。碑体保存较好。

三岭关帝庙位于浑源城北15公里三岭村原同浑公路旁，背依广华山。建有正殿三间，东西配殿各三间，前院有戏台，过亭两旁有钟鼓楼，正殿两侧另有二层楼，上下各三间。始建年代虽无明确记载，但从传统戏曲《走雪山》中可以断定为明朝中期前所构。戏剧《走雪山》中的雪山指的就是广华山。据传天启年间吏部尚书曹于汴被魏忠贤谗言所害，满门抄斩，幸存的小姐曹玉莲与仆人曹福星夜逃难，爬险峰，过雪山，走进三岭关帝庙避寒，曹福脱下棉袍盖在小姐身上，一觉醒来曹小姐发现曹福冻死在自己身旁。呼天天不应、叫地地无声的曹小姐向关圣帝君陈述冤情，并许愿昭雪后重塑金身。村人将曹福掩埋于关帝庙附近的山上。曹小姐奔向大同，找到公爹马总兵。手握重兵的大同总兵马芳岂肯善罢干休，活动朝中大臣，联名上疏弹劾魏忠贤，天启帝下旨将魏忠贤凌迟处死，并平反曹天官冤案，马芳功加一等，曹玉莲封为诰命夫人，追封曹福为义仆，并在大同市城东御河桥畔的高丘上为曹福建造庙宇，人称曹夫楼。后来，曹小姐还愿，捐资重修了三岭关帝庙。

【碑文】

重修關帝廟碑記

候選訓導李永馥撰文併書丹

夫事有曠百代而相沿者，以其有所創爲於前，即有所繼爲於後也。渾城西北三嶺窑距城三十里餘，康熙十八年間有庠生李永新目擊斯區，惻然動念，奮然募衆捐資起建關帝廟一座，巋然屹立可觀。不意去歲癸未，天雨浩大，山石崩裂，以致椽櫨摧折，墻垣塌倒，神像削色，輪奂非故。觀瞻者莫不感慨，往來者咸爲諮嗟。當是時也，逝若流水，誰復整其頽落？有新之子庠生仙桂者，意欲□其舊觀，願頗殷。於□卜，於是起而任之。曰：“目今歲歉時艱，粟騰米貴，人皆菜色，孰無嘆聲。募化誠難，施捨不易，欲行補葺捄敝，莫若量力清囊。”經始於季夏，落成於季秋。蓋顯靈爲三界之鎮，而崇構動萬姓之懽。然而仍舊貫者固已更新，可曰成大事者惜小費乎！更爲之新增馬殿，創建鐘鼓二樓，於以彰神威，揚神武，其信然歟。嗣是而下，茶房加以瓦甓，住持者亦有所憑依焉。由是丕廠報祀，永助香火，神霧爲之陟降，士庶於焉皈依，良非誣也。故因重修併新增，功成告竣，以豎芳碑。俾後之君子往來於其間者，知其始末云。是爲記。

旹龍集康熙四十三年歲次甲申十月上浣之吉　敬立

功德主　庠生李仙桂

住持　任來貴

塑匠　榮　儒

木匠　李玉彩

泥匠　劉□□

石匠　李繼旺

重修碑記

重修關帝廟碑記

夫事有曠百代而相沿者以其[illegible]創於前即有所[illegible]為於後也渾城西北三嶺窰沱城三十里餘康熙十八年間有庠生李永新自睹斯區[illegible]然動念然募衆捐貲起建關帝廟一座巋然屹立可觀不意去歲癸未夭雨浩大山崩裂以致榱棟摧折墻垣塌倒神像削色輪奐非故觀瞻者莫不感慨[illegible]歲為諮嗟當是時也逝若流水誰復整其頹落有新之子庠生仙桂者[illegible]其舊觀頹頹殷於此卜於是起而任之由自今歲歎時艱粟騰米貴人皆菜[illegible]孰無嘆聲[illegible]化誠難施捨不易[illegible]補葺㨂妝莫若量力清囊經始于季夏[illegible]成於季秋蓋顯靈為三界之鎮而崇構動萬姓之懽然而仍舊貫者固已更新可曰成大事者惜小費乎更為之新增馬殿創建鐘鼓二樓於以彰神威揚[illegible]武其信然歟嗣是而下茶房加以兀覺住持者於有所憑依焉由是[illegible]嚴[illegible]永助香火神靈為之陟降黍庶於焉皈依良非誣也故因重修併新總功成[illegible]幾以豎芳碑俾後之君子往來於其閣者知其始末然是為記[illegible]

龍集康熙四十三年歲次甲申十月上浣之吉敬立

功德主庠生李仙桂

[illegible]貴 [illegible]石匠李[illegible]

皇帝遣太常寺卿加五级李敏启致祭于北岳恒山之神碑

【简介】

清康熙五十二年（1713）闰五月立。存恒宗殿下。碑高183、宽96、厚22厘米。圆首，刻双龙，边刻缠枝纹，青石质。由浑源知州马象观勒石。

【碑文】

祭文

維康熙五十二年歲次癸巳閏五月初一日，皇帝遣太常寺卿加五級李敏啟致祭於北嶽恒山之神曰：惟神標鎮冀方，鍾靈北陸，綱衛坤軸，拱衛神京，朕纘受鴻圖，撫臨區宇，殫思上理，夙夜勤求，惟日孜孜不遑暇逸。兹御極五十餘年，適當六旬初屆，所幸四方寧謐，百姓乂和，稼穡歲登，風雨時若。維庶徵之協應，爰群祀之虔修。特遣專官，式循舊典，冀益賛雍熙之運，尚永貽仁壽之休。俯鑒精忱，用垂歆格。

七品筆帖式衆神保

陪祭官大同府知府加二級紀録六次洪璟

渾源州知州加一級馬象觀勒石

颂岳诗碑

【简介】

清康熙五十七年（1718）立。存恒宗大殿处。碑高 119、宽 58、厚 23 厘米。圆首，方座，座高 24、长 47、宽 60 厘米，缠枝边，玄武岩质。额题“西兆元功”4 字。由王先声题，王勛书，杨玉春镌刻。

【碑文】

東岱大夫之松，西華仙人之掌，南衡龍書螭篆，北恒金鷄玉羊。

特恩丙寅拔貢乙酉科舉人候補内閣中書古仇猶王先聲符夢甫題　男丙子科舉人吏部題名截取知縣王勛陟屺述書

康熙戊戌律中林鍾

山麓楊玉春鐫

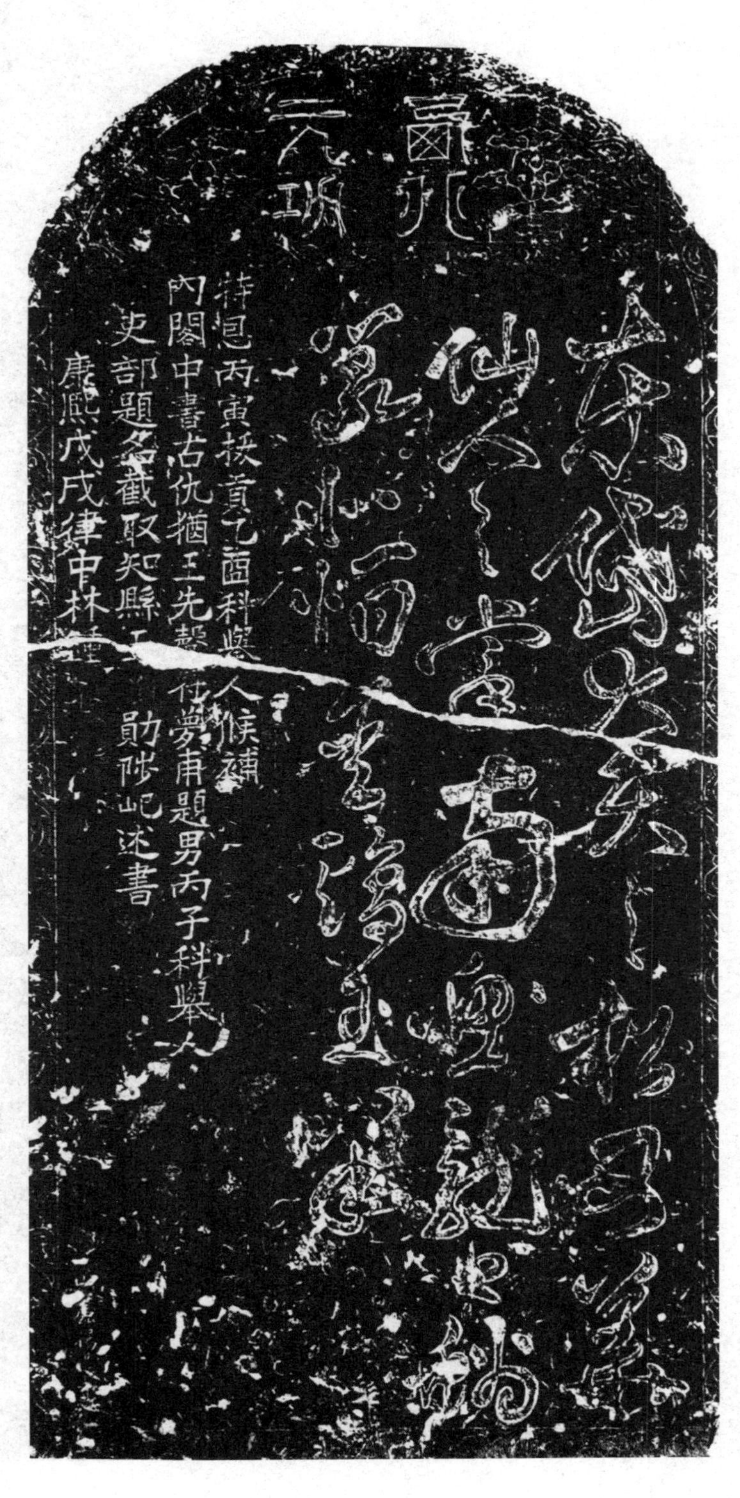

皇帝遣国子监祭酒李周望致祭于北岳恒山之神碑

【简介】

清康熙五十八年（1719）二月立。存会仙府处。碑高207、宽92、厚23厘米。圆首刻双龙云头，边刻缠枝纹。浑源知州郑占春勒石。

【碑文】

祭文

維康熙五十八年歲次己亥二月甲辰朔越二十有二日乙丑，皇帝遣國子監祭酒李周望致祭於北嶽恒山之神曰：惟神秉兹恒德，鎮彼朔方，長閟靈符，永爲國瑞。朕纘承祖宗丕基，虔恭明祀。兹以皇妣孝惠仁憲端懿純德順天翼聖章皇后神主升祔太廟。禮成，特遣專官用申秩祭，惟神鑒焉。

筆帖式加一級白素

陪祭官大同府知府加二級紀録五次樂廷芳

渾源州知州鄭占春

皇帝遣都察院左副都御史伊特海致祭于北岳恒山之神碑

【简介】

清雍正元年（1723）正月立。存会仙府处。碑高178、宽86、厚30厘米，圆首刻双龙，边刻缠枝纹，青石质。正文后配有蒙文。由刘毓岩勒石。

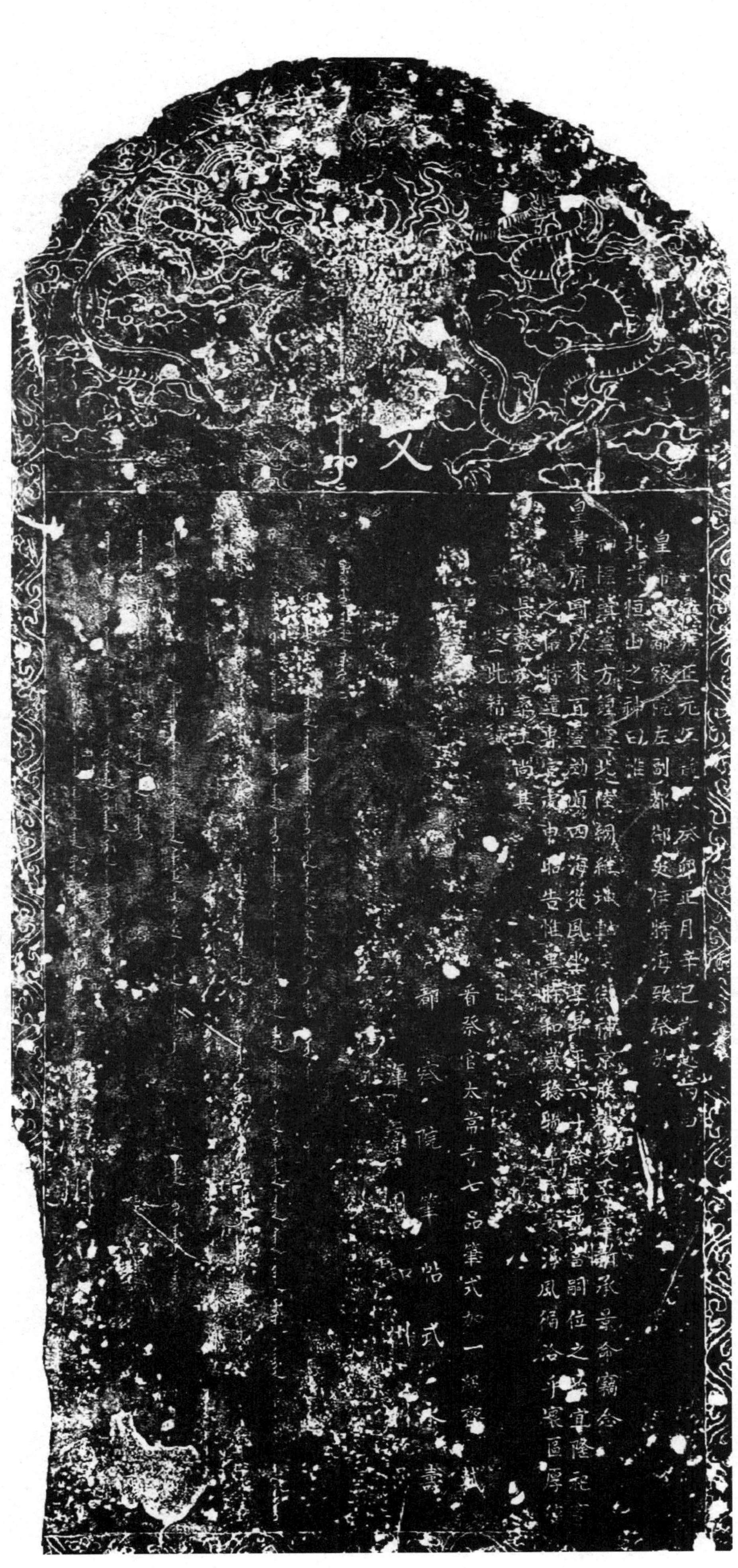

【碑文】

祭文

維雍正元年歲次癸卯正月辛巳朔越丙申日，皇帝遣都察院左副都御史伊特海致祭於北嶽恒山之神曰：惟神標鎮冀方，鍾靈北陸，綱維坤軸，拱衛神京。朕纘受丕基，新承景命，竊念皇考膺圖以來，百靈效順，四海從風，坐享昇平六十餘載。茲當嗣位之始，宜隆祀享之儀，特遣專官，虔申昭告。惟冀時和歲稔，物阜民安，淳風徧洽乎寰區，厚德長敷於率土。尚其歆格，鑒此精誠。

看祭官太常寺七品筆帖式加一級齊軾

都察院筆帖式永壽

渾源州知州劉毓岩

（蒙文同書祭文，略去）

重修怀仁固碑记

【简介】

清雍正八年（1730）九月立。存西坊城怀仁固须眉寺。碑高108、宽56、厚17厘米，圆首，刻云头，边刻缠枝纹，青石质。有漫漶处。

【碑文】

重修懷仁固碑記

嘗聞有始之者開於先，即有繼之者紹於後。兹懷仁固其峪兩峯交翠，□□四壁巍然，所謂名實兑副真不虚傳者也。其間有佛殿三楹、主像三尊、□菩薩像十有二尊，始於明時，迄於清代，歷年亦云久矣。瓦壁不無凋落□□，金身亦有殘缺之憂。有應郡袁成芳者，相約於渾郡王弼等曰："先人尚有□治之嘆，吾人可憚繼述之勞？況人之居室不堪者不可以棲止，而神之祠□□其若斯者乎。"因而議鳩工議庀材，於五月興工，八月告成。但此山□功費□□□□□與他處概論者也。水土自負貲而進磚焉從荷肩而來，其功□□□□……難也。□不□勞者功必成，不言痤者效自獲，由是外……矣。内……金身莊嚴矣。向之凋落不堪者，而今不焕然改□□□□，其□□傳□其□，篆刻銘於石，以爲不朽云。……仲……恃□施銀壹兩……

文潜

工會首　劉展　劉□　王繼舜　袁文潜

木匠　張　安

畫匠　李國相

塑匠　榮登舉

油匠　□懷德

石匠　梁鳳臺

雍正八年九月穀旦

修理山岭道路碑志

【简介】

清雍正十年（1732）立于三岭村，现存三岭关帝庙内。青石质，圆首方座，云头缠枝边。碑高134、宽58、厚16厘米。碑座长65、宽50、高30厘米。额题“用垂悠久”4字。碑体风化严重，下部漶漫不清。

【碑文】

修理山嶺道路碑誌

凡有興作，必有記載，所以示不忘也。渾邑城北有山嶺……勝屈。故舊有□關聖廟也。右有茶房，以使行者至此暫作小歇息事也。但前後之路或卧於山側，或間於溝渠，不免水逼石摧。前……其如獨力無資，功難告成。何歲在□□，本府正堂王大老爺……有難行之勢，約君邑侯凌老爺修理。兩念相合，□命城門鄉約……不等釆爾，善樂施文，念住持日用無資，□□□田料理。正□議畫間，……耀、張鵬、李崇谷、李成國、麻芝蘭、趙開基、李如楷、王福、王喜、王舉……土，以作香火衣食之費。仍將地畝之糧始終□□完納。不□有……端，各立憑約。凌老爺硃批存留。今工既就，□□□有所……目覩斯碑，知王凌二位老爺爲此一路諶成……亦不至掩没無傳也，此立石之意也。夫至若修倡……毋以此爲詞。

大同府正堂　王　□

渾源州正堂　凌世升　捐銀二兩

今將施捨房地姓名，坐落四至開明：

門喜、門選施廟西鋪房一間，併房西土窑。地界……五道廟，西至塄南至施主地至道。又山嶺西道南地二十畝，南北畔界，東北至道，西至施主……南北至溝。門生李架村西北架坡山地十畝，南北畛。東至山，西至道，南北至溝。王福、王喜……至溝。張福、劉大發、任有金施村西小南□地十五畝。東至王福，西至白士奎，南北至溝……畛，東西至溝，南北至塄。鋪西地十畝。南北畛，南北至溝，東至門九旺，西至門九鶴，趙開基施……至溝。以上共計地壹頃拾畝，其各姓施捨文卷，□□西関鄉約吕輔廷經管。

城関鄉約

楊益芾　陳　典　吕輔廷　余　□　李堯實　趙　□

旹大清雍正十年歲次壬子仲夏之吉

用垂悠久
大清雍正十年歲次壬子仲夏之吉

重修大石堂寺碑记

【简介】

清雍正十一年（1733）九月立于黄花滩村朝阳寺，现存该寺遗址。青石质，圆首，云头缠枝边。残碑高118、宽70、厚17厘米。额题“永锡元和”4字。碑下部残缺。甲午科举人白贲撰文。

【碑文】

重修大石堂寺碑記

東山有石堂寺，由來舊矣，吾儕之居是山者飲和……物。早自祖父以迄子孫，胥相忘神庥于何有焉。但歷年久遠，宇□漸近圮隳。……神裡幾難容厰，不獨一山人目擊神傷，即往來姓氏……悼嘆者，所謂入廟思敬，諒有同情也。奈是……稀，增修有懷，貲財莫逮，因募化各方，廣集鎡……其墻垣，益其森植，新其神貌，難未敢云。金碧輝煌，煥然維新，而風雨攸除……聊可以棲諸神而少伸衆庶之憾也。用是勒諸貞珉，永垂不朽……

原任直隸解州安邑縣儒學訓導郡人白所養施錢一千文

會首　白所興　張喜　翟弘孝　李要　程建謨　程建業　李鬱

木匠　楊通

泥匠　崔福

塑匠　王德

石匠　李榮　張發

住持　□□□

本郡甲午科舉人白賁撰

旹雍正十一年九月吉日立

板方寺房地产碑铭

【简介】

清乾隆初年（约1737年前后）立于千佛岭板方寺，现存该寺遗址。碑为圆首，缠枝边，青石质。碑高114、宽51、厚16厘米。额题“流芳”2字。碑体风化严重，多处字迹漶漫不清。

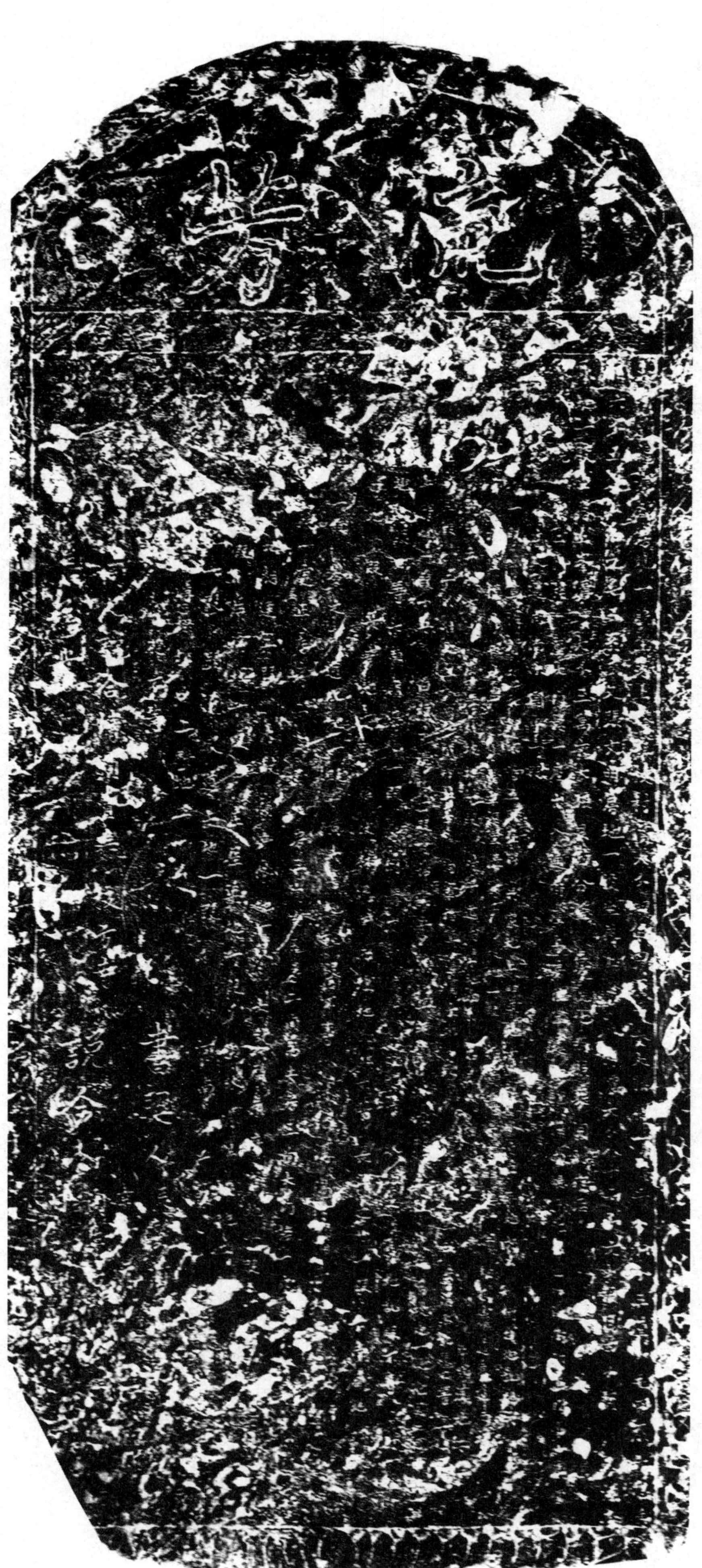

【碑文】

□□到福□□房地一段，坐落上□□□□村。□□□□□□□□□文。大糧□□□□□□□三厘□毫四，系六□□□六□五□□□五毫五，系□□。張文明房地一段，坐落上答圪枝村，價大錢八十二千文，□□四錢整。□□□□地一段，坐落□峰溝，價大錢三萬文。大糧銀四分整。房院地□照□開列於後……門樓一座，出入通街。崖□房□□處，房地□□碾子□□□□□□□□□□□□當街，通街南頭。南□園十二段，一段□□□溝，背地□□□□等五段在夥。吴家地上畔□□□□□□水泊□□地七畝。松樹□地亂□□等。□□□□□□□□□□□□，□福禮□嘴子陽坡地一段，□□□□□□地一半。松樹嶺道東，□□□□□□□□□□五段，有□□□□□□坡地一段，□對□道南平地……牛喘溝地六段……溝嘴子地一段……西溝□□段不等。□□□上畔林一段，□□□白娘子溝北一段，□□□五畝……陽坡地一段，□□□□□□□不等。又南嶺渠地一段，松樹溝、炭窑溝地□□□等。□□□溝□地亂段不等。……楊伏林溝□西坡地亂段不等。沐□溝陽地嘴子地……一處，正瓦房二間，西瓦房三間，南瓦房二間，西土房三間，大門樓一座，……地相連在段，大□嶺□條地二段，大□嶺□□□地一段……地一段，□莊屋梁地一段，□林耩陽坡地二段……一段，□□□窯道土地一段，小河南地□□……上畔地二十八畝。……不等。

□□□□説合，情願賣□板方寺

書契人　侯贊清

説合人　辛□元　田生□　白□□

白龙王堂焚修之资碑记

【简介】

清乾隆初年（约1739）立于恒山白龙王堂，现存该处。青石质，圆首，缠枝纹。碑高170、宽73、厚18厘米。碑体风化严重。

【碑文】

奉龍太爺感應分懸空寺□□□三百伍斗以供□□□白龍王堂焚修之資

今開捐資姓氏

陸弘樓　孫永清　余　浩　趙汝爲　趙士益　各施銀二兩

張明　□□修　任啓文　□□□　□□□　□□□　□□□　□□□　□□□　□生斌　白明　□□□　□□□　□□□　□□□　□□□　□□□　姚□□　賈連捷　東升號　穆熙星　孫景章　黄德興　□□□　趙惠高　□□□　□□□　□□□　張廷□　孟光□　梁國柱　□□□　馬□□　來朝□　戚屏　王顯奇　□興□　□□成　□□唐　李朝□　各施錢一兩

郭有明　杜□文　□□□　□□□　□□□　□□取　□良桃　賀培元　李葉林　王通明　田天惠　□□佑　□□□　高□□　□□□　□□□　□□□　□□□　張訓　高仰攀　中榮　蔡金　吕兆然　岳□忠　陳大右　於正明　安加公　安加□　張奇□　牛福才　孫立楊　高三奇　白生成　趙俊　趙連　劉光明　張進禄　各施銀二兩

白正心　白□□　白光采　王汙　謝廷祝　楊正時　武貴□　榮□□　□□□　□□□　□□□　□□□　□□□　□□□　□□□　楊如正　李支　走□　楊□　馬□□　□貞　高玉選　康連登　彭福　□□□　各施銀五分

□□田　段田偉　安加品　穆樹　□□□　□□□　□□□　□□□　□□□　□□□　□□□　張普思　各施錢□千

□達　周連　常廷好　□□□　安加卿　李國成　□日月　左□□　□□□　□□□　張□時　□□　孟文達　王雲龍　□標清　李玉林　餘生和　侯孝　趙發　陳功　□□□　□□□　□□□　□□□　□□□　□□禄　童京雲　李樹奇　張樹　張傔　尚士如　趙京　□□□　□□□　李貞董□□　□□□　張珍　孟玉乾　蔣正元　丁如林　王玉□　□□□　孫□□　張兵　吴士□　史文貴　張上禮　張顯照　安加瑞　□成功　□大智　黄榮先　喬正　文汗　吕大昭　徐懷玉　張清運　賈仲意　程九樂　杜□　□□□　□□□　□□□　侯□□　高升　祁通　杜祥　李貴　李隆□　□□□　王成治　□□禮　□定周　張□□　黄圖恒　郝有慶　胡勇　李起　孫祥　李尚周　張通　李尚先　韓天裏　尤頤　周□夏　郭玉順　白呈相　□光　□亞有　任起鳳　臧自通　藺萬明　王喜　趙連　□浜　□□□　來有　安印□　李連　田□　各施銀一千

張□　魯才　苑國公　張亮　□榮　孫禮　姚聚財　劉湖　起印前　王榮　高洪　許貴　□□仁　□□智　王位　王禄　賀光興　楊文　楊□　武恩　宋懷聰　白起　白祥　王汗玉　季德柱　□光先　安正成　王□□　劉□□　張　忠　傅文士　張珍　王贊　王佐　王敬　楊勝英　王維周　□□□　劉寶　高斗星　白所元　白賁　劉均　趙□　劉唐　龔□　張進富　葛□□　各施小錢一千

張天義　張□□　劉文　張舌儒　張介　照行　王孝　郭□化　王成□　陳天虎　楊文　熊設思　穆維然　□奮周　康發　□爾文　楊汝成　□□□　□□□　□□□　熊得泰　田□□　禹生璞　吴旭　徐星　康寬　□□□　□喜　王□安　王□元　白通　王永和　任玉言　苑□相　馬進昌　張□　張因宣　馬成□　李三成　張□□　吴奇□　張允升　□□閏　李法祥　李金　謝廷俊　張元　□□□　□□□　趙瑞　王永太　王永□　□□□　李仙□　張元　塔永威　張金□　□□□　□□□　□□□　趙之□　張□儒　田玉成　□□□　□□□　朱超　□□□　□□□　□□□　劉建□　劉□德　田生枝　杜花　安□□　徐志正　徐志彦　徐志寬　□□□　柳蓉　王三雨　李正

高□士　□□兵　□暐　王宏必　李照　□玉秀　□□□　楊生光　劉致中　王加貞　王加光　王加章　侯三德　薛安　孫守烈　孫守□　□□□　□明　苑素仕　馮□　□宗　劉記旺　余有章　庞有忠　喬正　□□□　陳喜　張貴元　白□□　白其高　王佐　白□□　梁文　白所法　白所□　□□□　白光奇　白昭　白先亞　田□　白所□　白日躋　劉釋　白月貴　□□□　□□□　□□□　楊玉春　安□□　□金　孫恭　孫羡宗　劉天助　劉朱　馬來旺　□明周　仝士金　各施小錢五百文

趙普□　楊開　萬□□　董□　陳□□　翟光宏　徐花　□萬有　劉保□　郭□　□孝前　唐宗　□□□　唐介　柳光采　劉印□　□□□　□□□　□□□　□□□　柳□泫　王廷□　王興旺　王清告　郭維宗　王□□　王□□　王□　王□　段有金　鄭義　王□□　焦應暉　耿□□　□□□　鄭威　□□登　高□　楊光　馬遠　白□　白法　劉天□　白文玉　□□生　□順　白□　王治緒　牛正時　白所□　白呈畐　白所成　王星成　白呈法　白顯德　李法　白日富　孫先□　李□　趙有正　□□□　史可興　史可□　白所奇　□榮　□維良　□茂元　□順　□□□　劉成往　□矢法　□□德勝　謝□英　王□升　劉心機　艾有禮　文存知　王保知　趙存直　梁甫宗　趙守信　李如興　□□□　□□□　趙文　□□□　□□□　□□□　□□□　唐自富　唐自□　李國□　柳□　孫□表　麻存雨　麻在肖　麻勝雨　高成功　□進喜　麻秀寔　麻□□　□□□　白化鳳　孟錫秀　孟□□　孟□□　王守仁　□三有　□富　王加□　王□信　□□□　□維朝　□□□　□□乾　劉全王承乾　閆文啓　焦文思　張鳳五　□□□　李堂英　趙□　王達　温□思　李化春　李北□　李安材　李茫荃　趙伏□　□□□　劉深　李維時　李宗堯　□先正　□□□　□有城　□□洪　□□艮　郝清泉　各施小錢四百　高旺　張順　各施小錢五百

□大才　侯選施□□□　侯登施鹽□□　熊釗施□一合　魯達施鼓一面

□□□　張真　趙成　□□□　□□□　□□□　□□□　□□□　□□□　□□□　□□□　□□□　□□□　□□□　□□□　狄□□　張文富　張有成　張雲貴　史可□　張天俊　蔡澍　蓮登雲　續成功　高一仁　杜焕　張奇　□悟　張思榮　劉文興　□表德　王福元　王昔明　□□□　□天艮　劉汗文　張成業　李生雲　李雲花　□一玄　劉富　李正遠　田喜鳳　□成桂　□□□　□□□　□□□　馬□　熊得□　孟玉祥　梁守明　□□□　張公　□□□　蔡□□　劉景奇　李成唐　楊□柱　李□□　趙金　張士旺　謝廷有　□沂才　賈廷秀　武天輔　龔上□　穆樂山　劉□　劉冕　曹國訓　郝生花　□□□　□□□　楊應時　趙進忠　□□□　謝立英　李本浴　王盡□　□自置　張培元　劉守全　□□□　張□　杜起　楊□東　□永□　李天林　賀廷□　張□□　□□□　各施小錢貳佰

□□□　□□□　□□□　□□□　□□□　□□□　□□□　□□□　王安山　牛法雲　劉□　□□□　□□□　□□□　王守乾　張清運　趙中和　牛□□　吴通　□□□　史可□　史友□　史表　王以官　趙明恩　李高申　王存明　□□□　趙大明　王上□　趙公□　□□□　許存□　李□　王□□　王自成　□□□　□□□　各施小錢五千文

城鄉院頭□□　蔡村合村施小錢五千　海村合村施小錢貳千　□□□　□□□　□□□　□□□　□□□　楊勝□　郭□□　李堂□　高代　白□元　史有□　□□□　孫祥　李天臨　□順　□□□　□□□　田山封　□□□　王興□　□玉林　張奇　韓官陽　朱績□　安□□　李木花　王賛　□功　王有乾　□□□　□□□　□□□　□□□　□□□　白光□　白長有　劉立功　□□□　仝士金　穆□周　□□□　□□□　□□□　□□□　王秉□　□□□　……

皇清诰封征仕郎原江西广信府安义县县丞廷琢穆公墓志铭

【简介】

清乾隆十一年（1746）六月立于李峪村穆家坟，现存李峪村穆家坟。砂石质，圜首，缠枝边。高198、宽70、厚18厘米。额题“墓志”2字。风化严重，字迹漶漫不清。由山东道御史张考撰文，总兵官李如柏书丹。

【铭文】

皇清誥封徵仕郎原江西廣信府安義縣縣丞廷琢穆公墓誌銘

□□大夫提督河南學正都察院山東道御史史鄉眷弟張考拜撰文

□□及第十任總兵官眷姻晚生李如柏頓首拜丹書

廷琢□□□□□□□□□□□，余素熟悉，素品端方，居心正直，有古良士之目。今歲忽聞訃音，不禁唏噓者久之。素習行誼義，無何，嗣君人龍持□□□□□□□□□□□□□□□□□□□□□無可辭□不揣弇鄙，用述實蹟。公諱璞，字廷琢，自太公祖静齋公振先業□□□□□□□□□□□□□□□□□□□□□□行三也。賦性孝友，舞斑衣於高堂；無愧錫類，茂荆花於樂圃。克敦友恭，平心應物堪□□□□□□□□□□□□□□□□□□□□□□高風便可嘉者，金石矢志，心口相符，取與不苟真哉。其行幾鍾區豆釜之屬，出入維□□□□□□□□□□□□□□□□□□□□□不能决者，□□公一言以平其憾。彼穎永長者、東海義士何以加此？傾□□□□□□□□□□□惟以耕讀□業，以□匾示勤儉，堂書“百忍”，所云燕翼詒謀者，至誠有焉。至於愛惜人材，尤有□□□□□□□□□□□□□□□□□設家□助盤餐，不惟成□，兼欲有以成物，抑且性嗜客游，情殷好客。强年失偶，誓不再續。持□□□□□□□□□□□不可殫述。而獨於朱文公格言，時懸榻壁，一以自警心目，一以訓教子孫，其不伸節於昭昭，不墮行□□□□□□□□□□□，以至不封殖以自私，務施資以濟物，修廟宇以敬神，明造梁橋以通行旅，磊落光明，表裏如一。所□□□□□□□□□□□□□□□□□□□□□不該在□公□□。公生於康熙己酉年二月廿八日，卒於乾隆丙寅年六月初七日。

勅封□□□□□氏、秦氏、鄭氏淑範，宜□□□□□□□稱好逑□□恩榮孺人。子六：長承姬，原任江西玉山縣縣丞，李氏出；□□□□□□□庠生。次昌姬，庠生，□□□□。次憲姬，庠生，鄭氏出。女三：長適太學生武杼；次適萊蕪縣知縣董舒；次適太□□□□□□□□□□□，承姬出；□□□□□□，□姬出；□□□□，昌姬出；萬科□□□，延姬出；知福及第，宣姬出；慶科、福科，憲姬出。曾孫三：金、漢、自，明出；□□□□□□□□□□□□□□□□□□□□□□□□□□□□□□□哲人德茂材良，爲政於家，化行其□，克昌後裔，瀉水長□。

重修大墙耳楼碑记

【简介】

清乾隆十二年（1747）九月立。存悬空寺碑亭。圆首方座，首雕双龙。高159、宽69、厚18厘米，青石质。郡学生张志文书丹，刘琦正撰文，黄肇统篆额。由知州张树玉主导修建。

【碑文】

重修大墻耳樓碑記

郡學生　張志文書

劉琦正撰　黄肇統篆

郡南磁窑口夾峪□中有懸空寺一所，不知創於何代，據舊鐘碑大明樂昌王香火院也。時有致仕官翟萬，係昌府儀賓，協□圖明月極□□衆，於萬曆四年繼建前樓數間，鑄銅像一百一十八尊，以實之大鐘一口，大磬一元，護寺水地五十畝，起坡地一頃零，誠哉其勝地也。第其境山高風烈，不三五年而樓閣墻垣遂有瓦解者、摇動者、殘缺者，甚而至於塌者墮者連成□□。國朝隨破隨補，嚮亦不一而足也。獨惜近年來，大墻圮毀，逼臨菩薩閣底，南北耳樓前厦並落，計自雍正元年以迄今歲已經歷二十有五年矣。司廟之僧静坐不理，而郡之富家大族亦未有過而問焉者，斯寺不幾廢耶。今有本州善士孟文達、黄圖恒、熊釗等嘆斯寺之創始備極工巧，仰凌九霄雲天，俯視萬仞石壁，乃渾郡一大觀也，聽其盡剥烏乎可。矧兹者古鑄銅像雖僅百尊其一，而飛閣懸樓依然倚巖聳峙，鐘磬地畝又具在焉。當此之時猶可爲也，過此以往嗟何及矣。於是，咸慨然以鳩工是也。先建大墻，次修耳樓，墻成樓就，外又復於閣簷樓户。神肢佛體，瓦解者補之，摇動者穩之，殘缺者增之益之，更從而粧飾之。自孟春徂季秋工竣□□□也。約算材料工資所費不過百金。竊念院固墻堅，群樓賴以不墜，後有同志嗣而葺之，即大興工作諒亦嘆羡斯舉□□居多也。予故不揣鄙陋，直叙其事，以誌不朽云。

奉直大夫知渾源知州張樹玉

渾源城都司府官保

渾源州儒學學正王先第

渾源州儒學訓導王二會

渾源州吏目□維楫

□□地四畝水地三畝

東坊城張□□□水地二段

督工　黄圖恒　孟文達　熊釗　白日際　安旺榮　張宏　張禎　張壐　李陽明　張志文　郭存德　劉秩　高連枝　張寥　張象太　李成材

泥匠　牛登殿　毛天祥

畫匠　王加品

木匠　武繼仁

塑匠　榮登仕

石匠　楊生珍　楊生珠

今將本寺地畝坐落、銅像鐘磬開後：彌勒佛銅像一尊現在，菩薩銅像一尊現在，韋陀銅像一尊現在，又菩薩銅像一尊被乾隆十年住持遺失。

嘉靖三十八年鐘二口，萬曆三十五年鐵磬一元，乾隆三年鐵磬一元、無字磬一元，孫九璜等造磬一元。口前西道路南順道地五段共五十畝，東至大河，南至本寺坡地，北至道，西至張姓；起坡地一頃有零，東南至紅沙坡盤道，北至本寺水地，南至三清殿，西至通大溝，其地四至分明。

大清乾隆十二年歲次丁卯菊月下浣穀旦立

住持　李萬庫　楊□

旧碑记

【简介】

清乾隆十二年（1747）十月立。存悬空寺。碑高93、宽74、厚19厘米。为后续重修大墙之补记。

【碑文】

舊碑記

本寺外院有萬曆十八年修翠屏口大路舊碑一座，止有碑身，並無碑趺，傾卧在地多歷年所矣。前面撰文層剥殆盡，後面小字殘傷無跡。幸被文學生□□爵督□會□西關外楊家井張永正等諸人姓名□真楷得□，今□銘於石，庶前人之功不至湮没無傳，是爲記。

後續重修大墻清數石碣記：

嘗觀積善積惡，雖由乎人，竊念餘慶餘殃，實應乎天。衆肥家世，固不乏其輩，始勤終怠今亦多有其人。欲表清白於心中，須刻事名於石上。

計開：

孟文達妻王氏，長子一成，次子一文。

黄圖恒係吏員妻白氏，長子肇統係廪生，次子緒統，三子一統，四子正統，長孫江南，次孫江西。

熊釗母范氏，妻王氏。

共化錢二百吊六千三百文，木匠工資七千五百文，泥匠工資三萬文，塑匠二資三千文，畫匠工資二千文，石匠工資五千文，小工工資六萬五千七百有零，小米共費七石有零，買家匙器物一萬四千三百有零，零星雜用八千二百有零，外貼本寺租粟十石又小麥五斗。

大清乾隆十二年十月初十日立

皇帝遣日讲起居注官翰林院侍讲学士龚渤致祭于北岳恒山之神碑

【简介】

清乾隆十四年(1749)五月立。存恒宗殿。碑为圆首方座，首雕云头，高160、宽74、厚26厘米。边刻缠枝纹，细砂岩质。浑源知州张树玉勒石。

【碑文】

御祭文

維乾隆十四年歲次己巳五月戊申朔越祭日二十二，皇帝遣日講起居注官翰林院侍講學士龔渤致於北嶽恒山之神曰：惟神秀挺幽燕，靈承畢昴，朔方雄長，翊衛京畿。兹以邊徼敉定，攝位，慈寧晋號，慶洽神人，敬遣專官，明伸殷薦。神其鑒焉。

司香帛祝文太常寺筆帖式德昌

陪祭官大同府知府朱汝珩

渾源州知州今陞蒲州府知府張樹玉

陪祭官大同府知府加一級紀録□次□□□

皇帝遣詹事府詹事兼翰林院侍读学士苏楞烜致祭于北岳恒山之神碑

【简介】

清乾隆十七年（1752）正月立。存恒宗殿下。碑为圆首方座，首刻云头，边缠刻枝纹，高 117、宽 60、厚 20 厘米，细砂岩质。座高 23、宽 64、厚 53 厘米。由浑源知州龙云斐勒石。

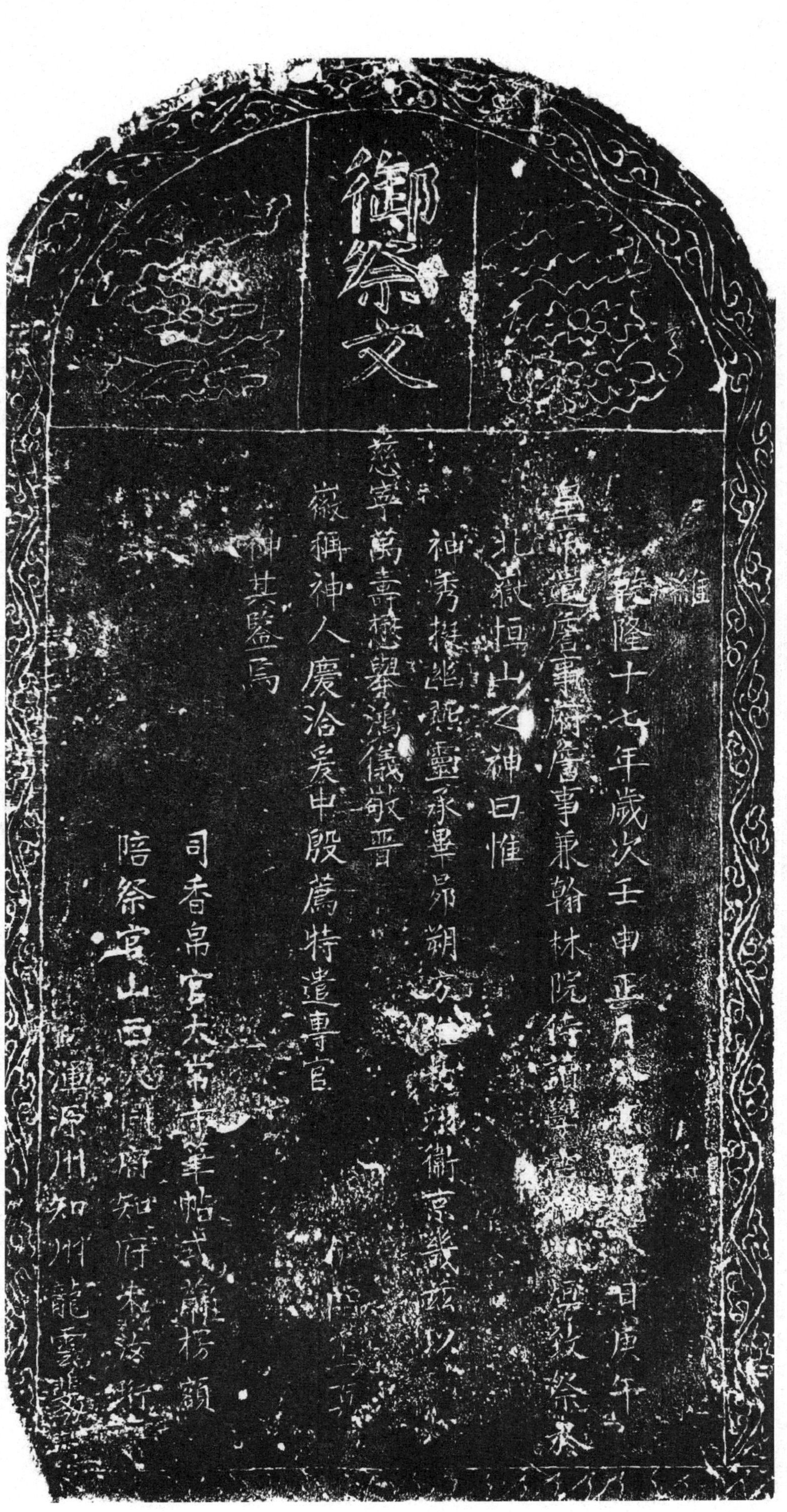

【碑文】

御祭文

維乾隆十七年歲次壬申正月癸□□□日庚午，皇帝遣詹事府詹事兼翰林院侍讀學士蘇楞烜致祭於北嶽恒山之神曰：惟神秀挺幽燕，靈承畢昴，朔方雄長，翊衛京畿，兹以慈寧萬壽，懋舉鴻儀，敬晋崴稱，神人慶洽，爰申殷薦，特遣專官，神其鑒焉。

司香帛官太常寺筆帖式蘇楞額

陪祭官山西大同府知府朱汝珩

渾源州知州龍雲斐

重建白龙神祠碑记

【简介】

清乾隆十九年（1754）九月立于白龙王堂，现存该处。青石质，圆首，云头纹。碑高160、宽73、厚18厘米。额题“重建白龙祠记”6字。碑边为缠枝纹，风化较重。廪生王锡桓撰文，庠生熊纮绊书丹。

【碑文】

重建白龍神祠碑記

延陵廩生王錫桓撰文

渾䟤庠生熊紘縪書丹

雨暘時若，萬物生成，神□□民大矣，□□治之南，恒嶽之背有白龍神祠一所，創自萬曆乙卯年，重修於康熙乙卯年。創者修者無非爲甘霖普降而永荷神庥也。有□□康熙乙卯，迄於乾隆壬申，历七十八載風雨摧殘，不惟廟貌盡壞，且神像悉凋。時值亢旱，州人請出䟤龍太爺就地而祈禱，許願重爲建立，惟祈甘雨及時。禱畢即雨施，萬民歡悦。隨問□□□化□土，興作於十八年，告竣於十九年，共用銀叁佰餘兩。闔郡四時同感神惠而欣然樂施者，比比□□之石，以昭神靈，抑著人力，用垂不朽。

渾源知州龍雲斐

渾源城都府蘇朗阿

儒學正　馬凝瑞　崔縪

訓導李耦

吏目周開運

募化督工鄉約　熊釗　黄文甲　孟文連　王雲龍　趙珩　賈□□　張□□

　　余奎　劉雲　□孝　白發祥

住持道人　王清溥　徒□□□

□匠　張陽正

塑匠　榮登仕

石匠　仝國瑞　男登朝　登高

畫匠　喬正

木匠　唐玉選

泥匠　李枝

大清乾隆十九年歲次甲戌菊月上浣之吉立石

重建白龍祠記

皇帝遣詹事府詹事兼翰林院侍读学士温敏致祭于北岳恒山之神碑

【简介】

清乾隆二十年（1755）七月立。存恒宗殿下。圆首方座，首雕云龙。高210、宽79、厚20厘米，碑边为“拋不断”，青石质，稍残损。细砂岩质。座高23、宽64、厚53厘米。由浑源知州龙云斐勒石。

【碑文】

御祭文

維乾隆二十年歲次乙亥七月朔越庚子日，皇帝遣詹事府詹事兼翰林院侍讀學士温敏致祭於北嶽恒山之神曰：惟神天府標奇，靈承畢昴，永綏朔土，翊衛京畿，兹以平定準噶爾大功告成，加上皇太后徽號，神人洽慶，中外蒙庥，敬遣專官，用申秩祭，惟神鑒焉。

司香帛官太常寺筆帖式齊拉渾

陪祭官山西大同府知府李果

渾源州知州龍雲斐

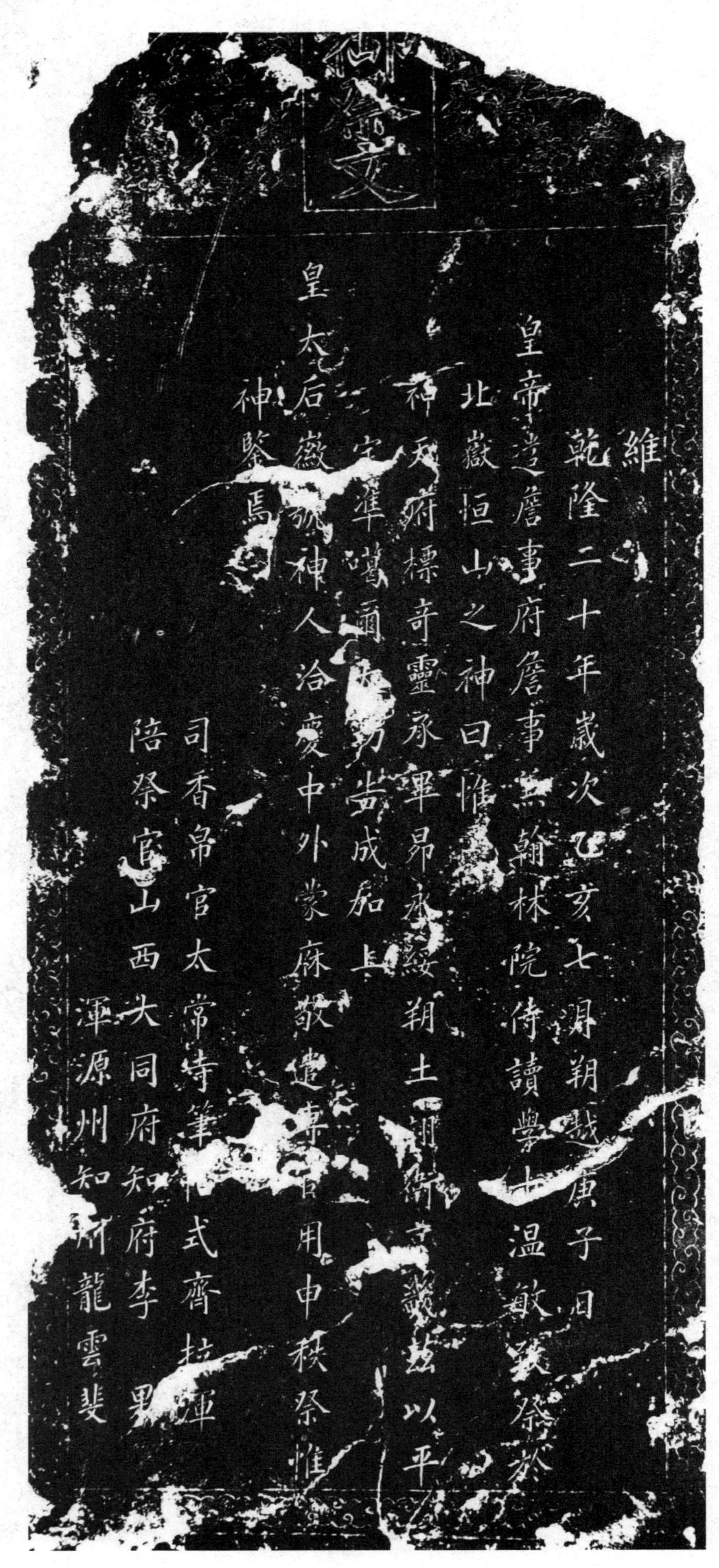

板方寺重修碑记

【简介】

清乾隆二十四年（1759）八月立。存千佛岭板方寺。碑高147、宽64、厚18厘米，青石质。由住持僧照福、照禄，徒普德、普徧立石。

【碑文】

渾之南皆山也，飛狐一峪層巒聳翠，石木森然，乃神京之境地。距渾七十里許，鴿子峪右側，鳥道崎嶇，樹陰隱隱，巉巖之下漸聞水聲，觀者板方寺也。洪武二年初建祖貫於刹，焚修重修不序。

大清康熙甲午孟春，僧寂寛叩募十方貴官諸君，檀那衆善助缘成玉，重修佛殿三楹，東西兩配，天王過殿俱設，與千佛洞上下參差相依，亦渾十大寺者耳。緣其有住持諷唄之聲，亦止存爲古蹟之名，無聲遠達之音。前配鐘鼓二樓、山門，重修殿宇，自備錢糧，似今刻碑不昧前緣，施財助力皆爲無量功德。安知一念之感發，盡作七寶莊嚴與祇樹給孤園爲並興也哉，則地方寔重望□日也。

渾源州正堂加一級馬像升

渾源州正堂加三級鄭□春

渾源州城守府加一級姚希□

渾源州儒學學正加一級王松齡

渾源州儒學訓導加一級張昂

渾源州督捕聽加一級傅德倫

渾源州王家莊堡巡司加一級周士禄

大同府税課司署理王家莊堡巡司王傑

渾源州王家莊堡巡司加一級商太華

本州貢生實授解州安邑縣儒學訓導白所養

廣昌縣拔貢原任受□□學正王賓

靈邱縣候選訓導劉世德

渾源州僧正司晋□□

渾源州僧正司照行

監生程鵬　武安周　程履祺　劉世恩　謝朝　庠生白所涵　楊際春　楊丕顯　葛榮光　鄧開先

儲山住持　隆壽　宗桂　祖祥　海禎　心覺　寂舜　真學　清滿　澄治

廣登　荐福　興照　意曉　廣順　性寰　法珍　寂桂　宗源

寂貴　性弘　傳明　性奇　隆州

道人　郭陽生

各行

木匠　藺玘　張九仁　吴起寳　蔡力　張九禮　賈愛

泥匠　王才　吴繼庫

瓦匠　王寳　郭玉　胡鎮

塑匠　王家蒙　王繼

石匠　張鴻昇

大清□□□己卯仲秋穀旦立

住持僧　照福　照禄　徒普德　普徧　同立

重修西岩寺碑记

【简介】

清乾隆二十六年(1761)九月立。存英庄西岩寺。圆首方座。高148、宽66、厚19厘米，缠枝纹，青石质。

【碑文】

聞之神道以設教者，聖人爲天地立心，爲生民立命，使之整飭有所依據耳。于是立壇壝建廟貌，以爲棲神祭祀之所也，豈偶然哉。兹者，鶯架庄之西北有刹焉，北起泥溝，山峯巒之俊秀起伏，而開吉帳。東至本村寺頂地，西連東伏常峪溝，左右嵯峨，龍轉虎向而深藏。南觀杏山，青松挺秀，百卉點綴，

寔天生之錦帳、地造之粹屏也。居神佳境不幾與巫山恒宗並茂哉。然斯刹也，不知創自何時，建于何人，先明重修已有幾矣。迨至兵燹，荒凉寂寞，僅存基址。有雲游道人甯來積者至此，斬荆捨力，募化重修，功未大就已駕鶴矣。粗就者將□不數載，而圮頃又甚焉，于是鄉人共嘆吉地不得其人。孰意否極泰來，地運將興。有郡城講法大和尚國璋禪師，于十八年新春過此午餐一歇，鄉人偶語□此，齋終隨喜一見，而志願居止焉。及居覩廟貌之頹側，黯然而神傷，動修建之念想悖然而莫遏，爰同鄉人共議募化，于十四年春三月起工，二十六年秋九月告竣。煌煌乎，廟貌改觀矣，赫赫乎，廟所焕新矣。金粧塑像，大異昔日，規模形勝，遠勝前轍，神乎感應，人力藉成，春秋享祀，不使人整飭而得所依據乎。故曰：神道設教，聖人與天地立心，爲生民立命之大功也。予故樂爲之記，以遺后世傳。

旹大清乾隆二十六年歲次辛巳秋九月上旬吉日立

暹之子增廣生員□學誠

□□□肄業貢生馮輅

會首人　朱朝殿　王暹　高君奇　高君錫　□□□　馮展　馮有　趙金明

木匠　任有玉

泥匠　趙滿良　王普

塑匠　榮登仕

瓦匠　梁啓富　郭才源

畫匠　李昇

石匠　武緒　武功

助工　隆壐

本寺住持　通玉　徒弟心亮　孫源度　法侄孫如龍

皇帝遣太仆寺少卿觉罗志信致祭于北岳恒山之神碑

【简介】

清乾隆二十七年（1762）正月立。存恒山恒宗殿下。圆首方座，玄武岩质。首雕云龙纹。碑高137、宽59、厚22厘米。座高34、长82、宽56厘米。由浑源知州桂敬顺勒石。

桂敬顺，清朝江苏泰兴人。字昭翼，号介轩。与郑板桥多有交往。清乾隆二十二年（1757）任浑源知州，任期主持修缮了永安寺，修葺恒麓书院，为书院书斋题匾“崇古”，为书院后堂题匾“仰止”。在编修《浑源州志》的同时，重新撰《恒山志》五卷，是目前较翔实完整的旧恒山志。

【碑文】

御祭文

維乾隆二十七年歲次壬午正月乙未朔越十三日丁未，皇帝遣太僕寺少卿覺羅志信致祭於北嶽恒山之神曰：惟神坐鎮燕畿，平臨冀野，既左環於瀛海，亦右接於太行。星分畢昴，峰巒稱河朔之雄；地據幽并，形勢表恒陽之重。兹以慈闈萬壽，懋舉鴻儀，敬晋徽稱，神人慶洽。仰靈祇於北嶽，敬薦明禋；禮巨鎮於仙巖，聿修祀典。尚其來格，鑒此寅清。

司香帛官太常寺筆帖式哥拉渾

陪祭官山西大同府知府嘉祥

渾源州知州桂敬順

修建浑源州城墙碑记

【简介】

清乾隆三十二年（1767）六月立。现存永安寺传法正宗殿西朵殿后。碑为青石质，高 66、宽 158、厚 21 厘米。

【碑文】

山西大同府渾源州調任安陽□□□書丹中□城章程，以便核實辦理，平道將□州承備城垣□□□立石碑□樣理合開造：

今開一南門外城墻磚面□□□丈二尺□□□□丈二尺□□。一東門甕城外南墻，接連□□□□□□□□高二丈，内有□□□五丈折高一丈。一西門□□南面墻一段，長三丈六尺，高二丈。一北門西甕城南面墻根一段，長二丈，高一丈。一挖補西甕城西南墻根一段，長一十一丈，高九尺。一抹飾西門外北甕城根□，長一十一丈六尺，高一丈。一南門拖東垛墻下城墻一段，長五丈，高五尺。一挖補東南城脚一段□高一丈一尺，長六丈一尺。一城頭週圍垛墻□十七段，共長一百一十一丈八尺，高六尺。一補修過垛口六個。一東西甕城垛墻，共長四十七丈，均高四尺。一自西南城角起，至東南城角止，共裂縫五十四條。一西門攔馬墻，長一十五丈，高三尺。一南門馬道墻，長六丈，折高八尺。一南門馬道海漫，長六丈，面闊一丈。一東門馬道墻，長十四丈，折高一丈二尺。一西門馬道墻，長九丈，折高九丈五尺。一抹挖補西門甕城□□内□□，共長九丈八尺，折高一丈。一抹飾挖補西門二層門□□□，長四丈三尺，折高五尺。一抹飾西門三層門洞□□□□，長□丈，均高一丈三尺。一抹飾西門三層門洞内西□墻，湊□五十丈，均折高二丈。一抹飾西門三層門洞併裏面墻，長十丈，高一丈。一土胎，自南城第一段起，□□南城止，共計一十九段，共長一百一十四丈，高六尺一二丈，寬四五六七尺不等。一土胎水衝窑一個，見方一丈，深□尺。一南門外土心一處，長三丈三尺，寬三丈二尺二寸，折高三尺。一東甕城外土心共三段，共長二十七丈，高一二丈不等，寬三四七尺五寸不等。一東南城上面土心下凹，長二十六丈，寬一丈，合計□尺五寸。一城垣週圍頂面海漫，共長三百四十二丈，折寬一丈，高二尺。一城内週圍水口十一道。一東西大城樓併四角樓，共六座，外又捐修南城樓□座。一東西修城門□處，共門□□□。

乾隆三十二年歲次丁亥六月穀旦

大同府同知陞任貴州遵義府知府鄭廷望兼修

大同府通□□調任平陽府霍州知州王墀承修

大同府□大同縣縣丞林昌瑚兼修

重修乐楼碑记

【简介】

清乾隆三十二年（1767）七月立于原城关西顺街古戏台旁，现存西顺街一住户门前，作了铺垫的门阶。青石质，平首，缠枝边。碑高135、宽70厘米。碑体破损不清，廪生谢绪安撰文，徐□珠书丹。

【碑文】

重修樂樓碑記

天下事，有所得已者，不必勞力傷財。也有所不得已者，又何可憚煩惜費而坐視毀敗也。西門裡城内有聖帝関夫子廟，舊有樂樓，閱數年而風雨傾頹，頓見減色。夫廟宇自應棲神，固宜昭其巍焕，而樂樓獻戲亦當爾，其觀瞻□□□□，大天講論屬目之地，過往官商必經之區，此修葺之缺在所不得已者矣。於是募化者有人、鳩工者有人。瓦泥木石，丹雘塗堊，工始於二十七年，告竣於二十八年。斯舉也，不惟有以壯廟貌之觀瞻，且勝會獻戲，而神人以和矣。爰誌石以垂不朽云。

廪生謝緒安撰文

□□徐□珠書丹

整理督工會首　李向明　張大□　熊得□　姚紹唐　杜崇志

建樂樓石匠人　王　珠　　木匠人　王登殿　施　工　　畫匠人　侯　□

住持道人　趙復珠　徒□本音　孫楊□舜　重孫□□□

龍飛大清乾隆三十二年七月穀旦

移造乐楼起建灶房碑记

【简介】

清乾隆三十七年（1772）七月立。存英庄村龙王庙。方座，青石缠枝边。碑高 117、宽 54、厚 17 厘米。首题“重修”。浑源州武村生员李廷玺撰文，忻州儒学训导、本村贡生冯辂书丹。

【碑文】

移造樂樓起建灶房碑記

武村生員李廷璽謹撰

從來事之未有者固貴創于前，而事之已有者犹宜善於後。如蓠架庄村旧時非無樂楼，但去庙階永遠，其院不能廣廓，以故献戲之時夯之于庙外者焉，有堆于屋上者焉，狹隘若是可㚟然静听乎。閤村人等覩舊制之弗廣，即恢廓乎。前□移樂楼于往南，展庙院有三丈，建瓦室于東西，創前人之未有。且于廟也，换以新□復爲彩畫，務使堪爲棲神之地；其于院也，樹其垣壁，漫以磚瓦，更使足爲壯观之所。今而後較之往昔，不惟廓然而廣大，更且焕然而文明。□□遠日深，不無損傷之虞，乃因其損傷而補葺之，庶前美不淹，而經理之数人亦共有餘榮焉，是有所望于後之居是鄉者。計共布施小錢三十一万二千文，開一宗賣木值使小錢二万五千五百文，一宗木匠工小錢一万三千文，一宗泥匠工小錢二万三千四百文，一宗石匠工小錢一万三千文，一宗油匠顔色工小錢三万八千五百文，一宗地價小錢一万六千五百文，一宗瓦匠工小錢八万二千五百文，一宗土工小錢八万文，一宗等□花用小錢二万文。

直隸忻州儒學訓導本村貢士馮輅敬書

本村福智寺住持僧源□源渡小錢四百文

會首人　馮泰　高福　王光翊　王學曾　高仰　馮殿元

木匠　韓成良　　泥匠　劉起

石匠　武續　　油匠　馮功

瓦匠　郭財源

畫匠　胡万年施小錢壹千文

住持僧　演宗　通義

大清乾隆三十七年歲次壬辰孟秋上浣吉日

重修千佛洞寺碑记

【简介】

清乾隆三十八年（1773）六月立。存千佛岭千佛寺。碑为圆首，上顶雕双龙，缠枝边，青石质。碑高145、宽69、厚21厘米。由乡人杨克嶷撰文、书丹。

【碑文】

重修千佛洞寺碑記

□岳姓大□□□□整□□□……

佛生□□□以清净普救爲念，故名曰菩薩、曰如來古佛也。佛□□之□其先未有，自唐以來其教大興於□□，創廟宇以爲禋祀。此渾郡城南七十里右山側千佛洞建□□□千□□□□目韻景物幽僻林□□□□也。歷經千載而修葺未當稍息，迄今廟□頗□金身微□□□□住持東西兩院僧前雖□居，兹因廟貌彫落，不忍坐視□同居協力重新，遂請金峰店、龍嘴、楊家庄花□□□□□□用出於本山林木者半，出於募化四鄉者□□□□修理。將及一載，於今告成。□□殿□□鐘鼓樓三門無不全修，聖像復新，東西禪房亦焕然改觀。當游祀之暇，因想近□鄰村人□□□界□□樹□□官事□興俱欲□以垂不朽，庶風景常新，而千佛洞之幽境不□□……今將山林地畝開列於後：東至官山與楊□彩，西至大鋤榆峽谷□樹梁頂，南至南嶺大石頭窊，北至北峰洞買到木口峪，大麻地溝契地。東至龐涓陀，西北至窩弓尖，西至黑狗背東坡，北至高崖□。買到岳□磨□□□地壹段，南北□，東至塄坡，南至溝，西至口慎德，北至溝。□沙陀梁地壹段，南北至南王道西至道，東至□□□，北至牛尚德。楊家墳坡地壹段，□西□東□楊本義，南至□□□，北至塄。寨背地壹段，西□東北至張九恩，南至楊本義，西至溝。買到牛受德、牛受勤、牛受宫先生耕地，坐落講堂村沙坡壹段，東□□重議，南至牛崇德，西至遼道，北至大卧單溝南。平地壹段，東至牛崇德，南至坡西楊重義，北至官道。窩地壹段，東至官道，南至河，西至牛崇德，北至坡南。場面壹段，東至高德，西至河□□寇□□，北至圪塄。高、趙、牛三家夥土堂亦賣。在夥處取用磚□□□□□會灘地壹段，東至崖□□□，西至楊□□□，北至塄。壤溝地壹段，東西至溝，南到河，北至塄□□□□□□本義、牛慎德□□□萬有銀、楊生□□□順。

賜進士第奉直大夫知渾源州正堂閆慶雲

渾源州王家庄堡巡司紀録三次尉良佐

渾源州王家庄堡庠生楊克嶷樂山氏撰書

會首人　楊本義　牛明元　牛贊當　張文　牛慎德　牛□德　楊本□

寇青　高□□　牛勤□　楊□□　牛□□　牛□德

（木泥匠、塑油瓦匠花名从略）

住持　竇瑞

徒□□□□□□□

徒孫祖武善鐫

喬進寶　楊如松

乾隆三十八年歲次癸巳林鐘月吉日立

重修碑记

【简介】

清乾隆三十九年（1774）六月立于张庄村关帝庙，现存该村关帝庙。青石质，圆首，缠枝边。碑高156、宽60、厚18厘米。额题“永垂悠久”4字。曾被作为捣钢筋的垫石，因此破损很严重。

【碑文】

重修碑記

稽之古，凡有功德于人者，皆尊奉而禋祀焉。関聖帝君其護國佑民，德澤遍九州，四海蒙福庇者，雖深山僻壤之處，莫不圖形畫像，争起承之。吾村舊有関帝廟，創自義民白義、白俊、羽士魏清泉等。但歷歲滋久，風雨浸壞。況修廟之初，地址居中，規模狹隘，誠不可不後移而整修也。獨是工役浩繁，繕葺細瑣，整修正未可輕言矣。夫前人創於始，今日顧聽其敞壞乎？由是村人偕釋子群心協力，廣募化，密修理，規模廣於前，而美不踰其制，修餙增於昔，而人不知其勞。當夫工完告竣，肅拜宇下，瞻仰之間，金碧輝煌，光彩奪目，□□□□□□□□□□□□□焉。然在帝君□□震耀今古者，初不係乎廟之修不修也，而村人獨區常□□□□□□心境，愛戴灝焉。在帝君修□□親廟□，以誌不忘云。

特授修職郎武鄉縣教諭白光瑩施□□□□□□□□□□□地址五尺濶六□

□進士出身奉直大夫知渾源州事加三級紀録五次嚴慶雲捐銀伍兩……

分□□□□□□□大同渾源城守備□才三捐銀伍兩

渾源……楠　蘇廷楷捐銀壹兩

（略）

石匠　徐　興

主持僧　性善　徒清映　清和

乾隆三十九年歲次甲午年六月榖旦立

“耸翠流丹”题刻

【简介】

清乾隆三十九年（1774）刻，存飞石窟寝宫东崖。高 67、宽 158 厘米。由雁平使者锦洛题书。

【题刻】

乾隆甲午之春

耸翠流丹

雁平使者錦洛題

皇清敕授征仕郎原任江西广信府玉山县左堂人龙穆公碑序

【简介】

清乾隆四十二年（1777）四月立于李峪村穆家坟，现存李峪村穆家坟。青石质，圆首，缠枝、回字纹。碑高135、宽64、厚16厘米。碑首残损不全，碑身风化严重。由候选知县张国玺撰文，候选训导张象高书丹。

【碑文】

皇清勅授徵仕郎原任江西廣信府玉山縣左堂人龍穆公碑序

甲子科舉人候選知縣眷姻弟張國璽頓首拜撰

公諱承姬，字人龍，性敦孝友，才負經濟，固廷琢公之令嗣也。余素舌耕詎家，嘗聞太公嘆曰："余老矣，不克報國。所生六子，不使一人出力王事，晏安家食，豈臣子所應爾乎？"公其長也，幼而失怙。李太君先逝，繼母鄭太君撫育養正，長而穎異，弱冠遊庠，州宗凌公特舉孝廉，因命公奉陝西土方例加捐縣丞。丁巳六月特授江西南康府安義縣左堂，淚別赴任。□太公訓子清、廉、勤三字爲官誡，公身體而力行之，不敢少替，安義士民咸嘖嘖頌至清、稱惠愛也。戊午辛酉督餉二子勤□□□，經濟有才，上憲題調廣信府玉山縣左堂，署理堂半載，興利除弊，玉山子民均沾恩澤。不幸丙□夏□遭□太公之□，哀毁骨立，丁艱旋里。臨歸之日，百姓卧轍攀轅如失慈母，公之政教慨可知矣。及抵家門，扶棺而慟不欲生，孺慕之誠如將終身喪葬殯祭悉遵古禮守制。候補加捐正印，大展經綸，殊堪自慰。孰意戊辰六月忽得痰疾，溘然而逝。胡天不恤殄我哲人。幸有胞弟雲龍公，念公靈柩在堂，繼嗣無人，過合龍公三子諱掄元者承其嗣也。景仰其生平，追述其一生，不亦悲夫！公生于康熙壬申年五月二十一日，卒于乾隆戊辰年六月二十七日，享年五十有七。歷任十年，皇清勅封徵仕郎。元配原氏，繼配孟氏俱贈孺人；妾室劉氏、郭氏俱合葬于祖塋。子一掄元，元配陽高賜進士李巍之三女；繼配田氏、張氏。女四：長適江南兩淮鹽運事知事武士□；次適庠生孟步雲；三適應州庠生王謂；四適庠生張彭齡。孫男二：長緝泰，妻劉氏，次緝袞，俱業儒。觀子孫瓜瓞綿綿，要皆公之積德昌後云爾。

乾隆肆拾貳年肆月　穀旦

候選訓導眷弟張象高頓首拜書

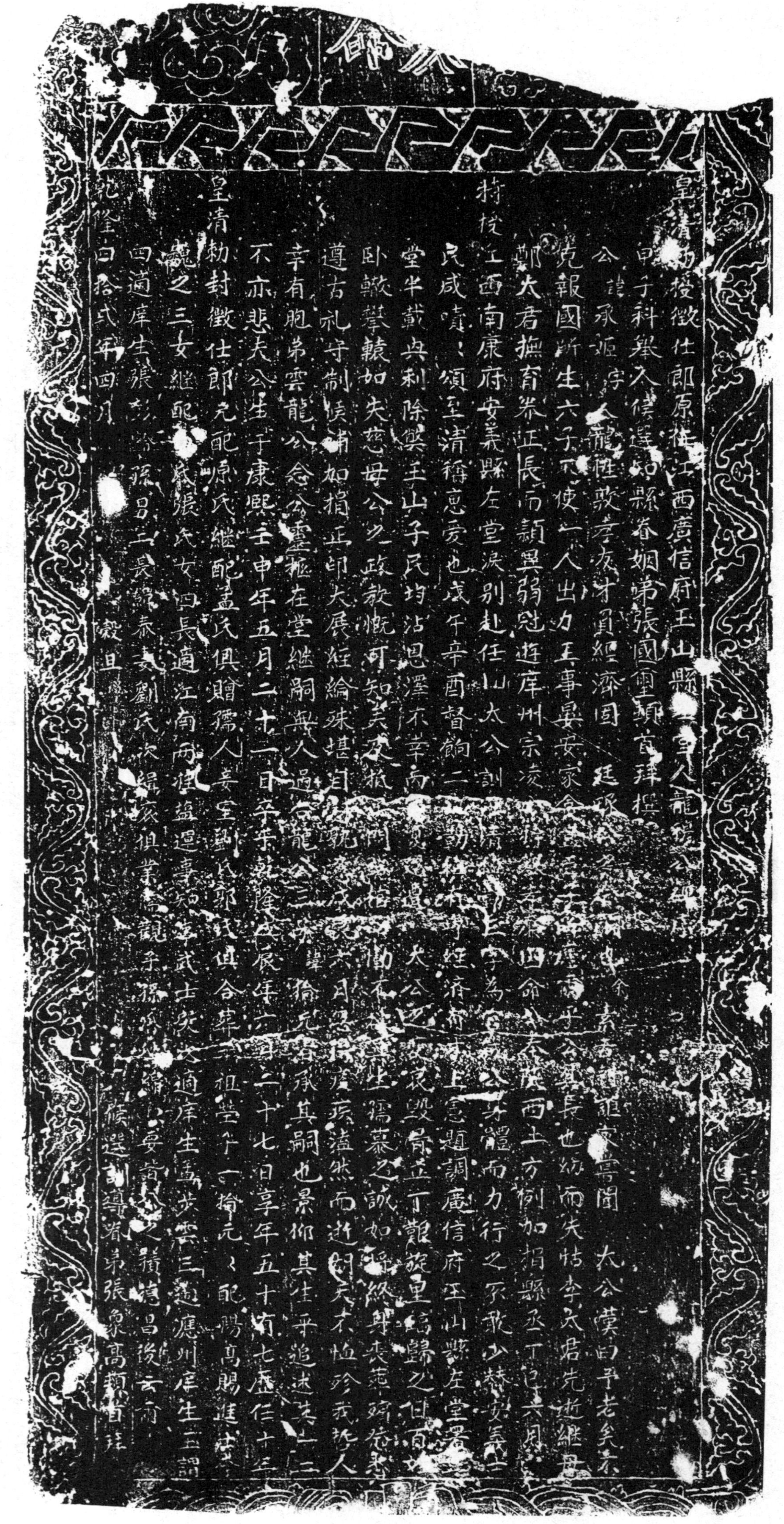

重修灯山楼拣补庙宇创造古桥序

【简介】

清乾隆四十三年（1778）立于浑源县城北神溪村律吕神祠，现存该庙。碑额残损，青石质，圆首，缠枝边。碑高127、宽55、厚19厘米。由庠生敖和世撰文，庠生敖济世书丹。

【碑文】

重修燈山樓揀補廟宇刱造古橋序

庠生敖和世沐手撰

庠生敖濟世敬心書

蓋聞周穆記迹於弇山之炲，秦始刻銘於嶧山之巔，碑從此始。至後誌以記德，遵循先主立石之典，以著不朽之義者也。如我神谿村舊有燈山樓，想其光彩於我鄉者有年矣。群睹土木損壞，敢不興造作之工乎？不惟是又鳳山下有古橋一座，且連巑石，下流清泉，其車路已廢，而迹猶存，於是人心鼓躍，尚欲創之，前者繼之，後者亦然。□路方知今□勤者，古之勞，諒可敢以頹敗自甘而因循□□。幸有丁酉吉辰初動□修之功，群爲區，共爲策，夙夜匪懈，勞而心，竭而力，不日功成，維兹小邑定徽人傑，□持出良，神靈尤有感於憶濟責積三世之相，埋蛇享令尹之榮，無非輕施好義之所致也。我鄉衆善各捐錢財協力助工，其德豈淺鮮哉。是以序。

敖盛世　施磚一千塊

□□仔　施髮成願　楊永安　牛常

董事人　郭永忠　李建直　郭清　敖名世　敖平世

崞縣石匠　王玉　張起枝

木　　匠　尚高愷

畫　　匠　鄭得官　石安

乾隆四十三年歲次戊戌孟秋上浣吉旦

住持　皓月

監立施地捐資碑記

【简介】

清乾隆四十四年（1779）立于大磁窑乡黄土坡村三官庙内，现存黄土坡村东北山坡三官庙旧址。青石质，圆首，云头、缠枝边。碑高120、宽51、厚17厘米。额题“用垂永久”4字。风化严重，下部残损。本郡增广生陈昌言撰书。

【碑文】

監立施地捐資碑記

本郡增廣生陳昌言撰書

嘗讀《詩》曰：“神之格思，不可度思。”則知神也者，人人所敬畏而莫敢忽者也。蓋入廟生敬，理所當然。既有廟宇以棲神像，固宜朝夕焚香以祀之。是以合村公議，請一住持早晚焚香，殷勤拭塵。庶神之金身得以光彩，而殿宇不致損壞。然必有養膳，而住持乃可久居。又擇其樂善好施者於己業内酌田土之肥厚施入廟中，一以奉神明之香火，一以給住持之衣食。合將施地捐資姓氏，爰刻石以誌不朽云。

城北辛莊村忠里七甲人，韓玉、韓先施姚家嘴地上段一半。

韓清有黄土坡村姚家嘴地一段情願施捨。下段一半又將貳年租，作小錢貳萬文。

計開施地畝數

高天從施滴水崖頂地一段，西至溝。徐奪施元馱子背地四畝半，小西坡地二畝。

徐杰施樓子梁地上下兩段，四峪地三畝。徐裳施大窑頭地一段，又同侄廷用、廷璞三十三年施座廟地一段。

劉瑛、劉瓏暨侄懷海施大窑頭地一段、紅土地叁畝、南坡頂地貳段五畝，西至閆王鼻。徐浩、徐奪、廷柱夥内施四峪地一十二畝。徐廷柱施協子地二畝，廟前地二畝。

徐瑞施四峪地二畝。徐廷瓚施洌坡地四畝半。陳法施廟前圪坨共地二畝半。

火廠寺村郭義施水□窊荒山一段，南至大板溝陽槐，西至施主熟地鼻梁下通河，東至王本□□，北至寺院。

整理人　徐党　徐杰　徐奪　徐貴

設歷定夜明鐘律年燈油小錢二千文。

石匠　薄正綱

瓦匠　仝進財　施錢四千

住持　□□

大清乾隆四十四年歲次己亥荷月念一日立

重建茶庵记

【简介】

清乾隆四十七年（1782）七月立。现存东坊城乡大板沟关帝庙。青石质，圆首，回字纹边。碑高135、宽55、厚16厘米。额题“建庙碑记”4字。下部风化严重。由浑源知事严庆云撰文，郡人常安世书丹。

【碑文】

重建茶庵記

渾源城南之十五里有山焉，東並恒嶽，西接玉泉，一徑蜿蜒貫其迺，□下四十里中無居人，多柴木，俗因呼爲柴木溝村，而嶺南一帶無慮，數十村來州城者悉由焉。又可徑達繁邑。噫，亦□矣哉。余以乙未十月經其處，未至巔，則已風雨□□。僕馬攣縮不能支，望見破垣，趨而就之。余亦下馬，有守者傴僂出迎。問之，曰：“此古關帝廟遺址也，昔有僧人施茶於此。因虎患，人皆繞行箭杆梁，路遂塞，廟亦廢，重開不過七八年，民來此僅二年數□□□。有石窑村男婦三人，過此戰慄不能言，以微火温湯熨之，越宿乃行。”予聞而惻然曰：“汝一人焉能守此？”則曰：“□□□□嶺南北大姓過此者，如某某等咸勉留。且言將重修，過冬無成，不能復待也。”予曰：“是誠在我。”遂記所告姓名，集□□□□，故咸曰：“懷此久矣，願共捐修，以便行旅。”越明年，丙申告峻（竣）。去舊址南半里許，建正殿三楹祀關帝。東西廂房六、鐘鼓樓二、門樓一，墻垣悉磚砌。凡費錢一千四百五十六千有奇。余又爲謀守者食，清出西十字村黄□□灰溝一處官地，並本處護廟地，現得租數石餘，亦可以垂永久矣。是後也不朞月而告成司事者十有九人，暨出資□□，並勒于碑，而余爲之叙其巔末如此云。

賜進士出身奉直大夫知渾源州事今陞刑部直隸司員外郎漢沔嚴慶雲撰

郡人常安世　王者相　書丹

乾隆四十七年歲次壬寅蕤賓上浣之吉

重修云峰寺碑记

【简介】

清乾隆四十七年（1782）八月立。存云峰寺大殿院。方首，青石质。碑高152、宽68、厚20厘米，碑边回字纹。额题“永垂不朽”。由庠生冯焕撰文，演宗书丹。

【碑文】

重修雲峯寺碑記

蓋聞渾郡之南有地名天賜溝者，乃亘古相傳碧霞紫霧之境也。山形異異如龍虎□□從，其水溶溶雲漢而特出，□天之生，是所以□□而佛也。仙境名爲雲峯，雲峯而外就有者是也，□秀者哉。我見其層巒崖巍，参五嶽而□□□□；奇峯屹立，衝九霄而峻極九天。章巘山靈，含翠草遺芳，雖海上□山亦不過此，此真仙洞源□園，□釋□参禪之地也。古之創修遠不可□□，□萬曆在位雁門道奉勅委武衛中軍監修廟宇，繪象神尊，迄於今二百有餘年矣。古迹雖存，傾壞甚多。住持僧目擊心傷，因會集寺主衆善長者捐資化緣仍舊重修。不數月，而樓殿交輝，規模如之一振，廟貌改觀，氣象於以從新。□神聖有感樂棲此土，而上□天鍾靈毓秀之意，□□荒廢，即釋子参佛拜像之念幸有托足已。功成告竣，爰立石以垂不朽。

碧谷寺住持　傳玥施銀□兩　徒法霈　侄法雲　徒孫演文　演宗　演□

曾孫□□　□□　□□

翠善寺住持　宗璉施銀五錢　徒道珩　侄道興

千佛洞住持　同玉　同玥　同瑞　施銀一兩

板方寺住持　通利　通成

東觀住持道人　孫來全施銀一錢　杜楊貞施銀一錢

財神廟住持道人池來成施銀一錢

會首人　王志恭　□光榮　王志日　胡光前　王鐸　郝光宗

木泥匠人　馮有芳　馮有義　馮有智

畫匠　王恩聰　王恩敏

石匠　劉鳳福　張爾有

住持僧　法城　徒演宗　侄演官

龍飛乾隆四十七年八月中澣穀旦

庠生馮焕撰文

住募化僧演宗敬書

重修关帝庙碑记

【简介】

清乾隆四十七年（1782）八月立于浑源城西18公里处涧村的关帝庙内，现乃存于该庙。青石质，圆首方座，回字纹。碑高155、宽77、厚25厘米。座长82、宽51、高26厘米。额题“碑记”2字。碑体下部风化较重，字迹漶漫不清。由庠生王德化撰书。

【碑文】

重修關帝廟□

蓋聞：廟貌昭其赫奕，祀典焕其輝煌。凡神之有功德於民者無不修壇壝而禋祀之，以明昭報於萬世也。故請稱肅雝焉，《書》記禋望焉，《禮》嚴三祀五祀焉，《春秋》列凡享大祭焉。豈非因俎豆之文建爽塏之地，昭神明於萬古哉？况我關聖帝君精忠報漢，大義參天，受累代加封之典，昭萬古不爽之靈。凡其福國庇民者，蓋無地不然也。惟我澗村僻處郊外，素稱荒墟。鄉中耆老傳言：起念施地，實自侯公。久有建廟修壇之意，無奈地堉民貧、募化不果，所謂有志而未逮也。至近年來浸淫之患頗息，風雨之澤因時，凡向之被水害者今且獲水之利，以故耕三而餘一焉，耕九餘三焉，漸積連累。而村中頗有室盈婦寧之樂，外鄉亦有善施相助之情，豈非帝君福國庇民之驗哉。我鄉老嘗黍稷之馨，動崇祀之念，撫倉箱之盛，興建宇之思，因於時村中修設廟宇，昭帝君之赫奕，崇祀典之輝煌。即於廟前并建戲樓，以爲闔村報賽之所。暨乎大功告竣，而主伯亞族又恐久而浸地，於是勒請珉政以作後之同心著補而革之，度斯廟之不朽也，以垂永久。是爲記。

庠生王德化敬撰書

經理人　侯存仁　侯依中　朱偉　王有　侯榮中　王家棟　侯英　常豐泰　侯朤　侯明　侯瓛

泥匠　孟績

木匠　袁聞富　劉宗

石匠　邢常順　樊克峻

畫匠　侯成奇　李肇唐

住持　劉公

大清乾隆四十七年歲次壬寅桂月吉旦

重修律吕庙墙房院碑文序

【简介】

清乾隆四十八年（1783）冬立于神溪村律吕神祠，现存该庙碑廊内。青石质，圆首，缠枝边，碑额云头纹。碑高148、宽66、厚19厘米。中题“万古流芳”4字。因砌渠用，断为两截。庠生敖和世撰文，住持济世敬心书丹。

【碑文】

重修律吕廟墻房院碑文序

庠生敖和世沐手撰

蓋律吕者調理陰陽之謂也。其實無書可考，其靈屢有明驗，如人存志太奢，愆尤日甚，神則振怒而冰雹自加。轉念而敦仁重義，敬謹常存，神則庇佑而甘霖普降。是神也豈可輕忽乎哉！乾隆辛丑廟墻房院損壞已極，我鄉衆善人等各捐貲財，又從各處募化，歷造三載，幾乎不能成功，會首住持等另加錢糧，方得大功告成。自此神廟有輝煌增慶之觀，而人民得沾雨露之恩。故所以立石，以誌不朽云。

今將各一處施財人等開列於後：

蔚州　邵家堡施大錢三千文　辛孟庄施小錢三千文　陳家澗施小錢三千文　董魁施大錢一佰文　刘傑施大錢一佰文

應州　白蟒神村施大錢六千文　土橋鋪施小錢三千文　東圪坨鋪施小錢二千文　亂嶺関施小錢一千六百文　代柴峪施小錢一千文　西谷家庄　車道口　謝熺　蔡榮　各施小錢一千文　椽廠村施小錢八佰文　井溝村施小錢八佰文　顧関村施小錢六佰文　沙梁溝施小錢□佰文　蔡樹溝施小錢□佰文　石墻之村施小錢□佰文　白玉泉　王北宰　共施小錢□佰文　梁山貨鋪施小錢一千文　范瓦窑施小錢五佰文

藏經庄　張培法　姜正　楊會　楊生　楊敦本　楊永林　各施小錢五佰文

刘官兒庄頭閣村十二人施小錢五千六佰文

□麗家山東庄　麗門氏　麗宗用　麗宗玘　各施小錢五佰文　麗玘英施小錢四佰文　□化家□　楊先□　楊勝英　各施小錢一千文　范寶　麻必茂　各施小錢□佰文

唐家庄　唐正施小錢一千　賈發施小錢一千

花家疃　庠生孫纘堯施小錢一千

園行　施小錢二千人名　刘泉　刘湖　施小錢二千五佰人名　王忠　張明善　韓剛德　張進禧　胡天財　施小錢二千二百人名　魯維國　苑寶　馬義　施小錢一千人名　張璠　吴鈞　張科　吴鐸　張會　馮林　趙宏毅　苑貴　王公　王玉　胡玥　趙明旺　陳富　麗尊生　張玘　王有　胡善述　□士碩　刘振先　刘培光　馬榮順　苑金　安崇信　馬崇德　李有　施小錢五百人名　苑文照　康吉　□□□　□□□　□□□　施小錢□百人名　苑□□

董事人　郭清　牛文鬱　郭維禮　張□　郭志　牛佛　敖淑世　敖和世

石　匠　王玉　□□□　任□義　王柱

泥　匠　毛□吉　趙大利

畫　匠　馮連□　侯成德

住　持　湛□

共收錢糧小錢陸佰貳拾伍千五百文

共花費過小錢陸佰壹拾叁千五百文

皇清乾隆四十八年歲次癸卯仲冬　吉旦

住持　濟世敬心書

萬古流芳

重修碑记

【简介】

清乾隆五十一年（1786）七月立。存千佛岭板方寺。圆首，座深埋，青石质。碑高150、宽64、厚19厘米。额题“万古”。风化较重，多处漫漶不清。由李蔚世撰文，照寿书丹。住持普德偕同众徒、徒孙立石。

【碑文】

重修碑記

莫爲之前雖美弗彰，莫爲之後雖盛弗傳。渾城南舊有板方寺，固所稱上刹也。但代遠□□廟貌傾頹，釋子普德顧而憫之。爲此募化四方，鳩工庀材，將佛殿三楹、兩廊配殿重新蓋造外，又增修馬王、元壇二祠。圮者修之，無者補之，□□□至秋功竣，果然殿宇宏廠，金碧輝煌，非復從前之觀。顧功程浩大，不可無傳，□□□□□□□□□善人姓名，並勒□□以垂不朽云，碑石誌盛。

靈邑廪生李蔚世薰沐頓首□撰

釋子照壽薰沐撰書

□子□□□生張伏壽施銀□□錢　張伏和施銀一兩五錢　張伏生施銀一兩五錢　張伏峯施銀一兩五錢　張太施銀一兩王錢　□□□施銀一兩五錢　張伏□施銀一兩五錢　□□□施銀一兩　李之明施銀八錢　張伏昌施銀八錢　王□施銀五錢　張伏世施銀五錢　張伏□施銀五錢　張□□施銀四錢　張伏□施銀□□□　□□峯施銀五錢　張開順施銀五錢　張所峯施銀五錢　張寳施銀五錢　王洛施銀五錢　王榮富施銀五錢　張伏義施銀五錢　張汝伯施銀五錢　張鶴施銀五錢　張元施銀四錢　張伏興施銀三錢　張伏□施銀三錢　張守順施銀三錢　□□□施銀三錢　□□□施銀□□□□　高的貴施銀一錢　張□後

施銀三錢　馬儒施銀三錢　李堂宣施銀三錢　張伏□施銀三錢　張□施銀三錢

上塔圪枝村

張□□施銀□□　張□□施銀一兩　張□峯施銀一兩　張廷秀施銀一兩　張□□施銀一兩　張□□施銀一兩　張維成施銀一兩　張維□施銀一兩　□□□施銀六錢　張繼旺施銀二錢五　尚恩施銀□錢　王官施銀六錢　王監星施銀五錢

張維義　張維□　張進□　尚文　張培後　王成芳　劉萬銀　劉萬全各施銀四錢

張印文　張維才　張大榮　張成喜　王明有　張至成各施銀三錢

程大□　張伏利　張德榮　張大有　楊榮　張進財　張維富　張維正　張維法

張維繼　李□恩各施銀三錢

下塔圪枝村

吴□施銀三兩　王成□　張鳳廣各施銀一兩五錢　王□生施銀一兩三錢　李鳳官施銀一兩　張玉廷施銀一兩　趙富施銀八錢　□□□施銀六錢□□　□之成　□□的各施銀六錢　□進寶　王之仁　張鳳岐　張鳳法各施銀五錢　張鳳喜　王□□　張洪興　王的昇各施銀四錢　魏法施銀三錢三分　王自禮　張□英　張鳳□　王自義　王□德各施銀三錢　張□玉施銀一兩　監□□□施銀□□　□□□施銀□□　繹□□□施銀一兩

張月　張榮先　張□□　王世榮　劉宣　劉世寬各施銀三錢

西辛莊村

張登寶施銀一兩

張自賓　高□禮　張□□各施銀□□□□

□□□　□□□　宋□　王□富　□□□　□□□　葛昌　吴□法　各施銀三錢

東辛莊村

盧全　□喜　聶文各施銀四錢

□玉　□世玉　□□□　□□□　王□　任國良各施銀□□□□

□□□村

□□□施銀四錢

□□□　□□□各施銀□□□□

□□□施銀□□□□

古樹臺

王德□施銀六錢

鄭法　李有庫　施銀三錢　孫世喜施銀二錢□□

釋子□□施銀三兩三錢

各行匠人

塑匠□□□　□匠□萬□　泥匠□建

木匠張□□　□匠王□禮　泥匠張達

董事人　吴連　王世□　張伏□　張世□　張□□　張維□　張伏□　張□□

住持僧　普德　徒通□　通□　徒孫新□　新□　新□□　曾徒孫源真　源同　源喜

大清乾隆五十一年歲次丙午仲秋桂月穀旦立

买地布施碑记

【简介】

清乾隆五十四年（1789）八月立，现存大磁窑镇黄土坡村外。砂石质，圆首，缠枝纹。碑高134、宽63、厚16厘米。额题“万世流芳”4字。风化严重，字迹漶漫不清。

【碑文】

壽理以□，正人立事，□□爲要。今□所買黍頭地，荒□□□□□□□□□□□十八年，買牛生泰□□□□□□□，□□楊崇山，西至塄，北至□□溝。又買東河兒地三段，亘至牛同□□□□□□□定□，北至河。□□元年，又買四十畝□地，□□□□年□兩□至牛周□□□□□榆林地兩段，東面至牛生成，南面至土□□。十二年，又買小木□□地□□□□□□□□□□□□南至塄，正北□□□□□□□，西至李月明，□至□□□至□□場面窩□一段。又買牛尚德□地一段，□□□□□□地□□生成管業□□□□成□家墳丘地一段，東至□樹林，西至□室，南至墳，北至翟姓□。十三年，□□□□□□□□□□□□□□北至南至□□□□□□□□□一段，東至□□□，西至道東□李樹官□□□□□□□□□□□□□□□。十四年，買牛立□□□□□□□□□□□□□□□□□，東至牛生成，西至姚□，南至趙進朝大塄，北至□灘，□□□□□□□□□□□□。十四年，買張廷奇□□□□□一段，東至牛生成，西至□□□溝，北至楊李二姓，墳盤在内，□爲界，而嶺地□□□□□□來牛□□場面一半。東至塄，西至聖水，南至□□□□玉山□南十老□。買□□張明德棋盤地一段，東至張□，西至高姓□□道，北至張賓。又買東坡地一股□段□□，東至□姓，□□□□□□□□□溝，南至山頂，北至牛建宫，荒□在内。□□□□□□□□□□□。五十年，又買□張自德坐落龍□房地一段，□地一段，東至□□，西至高莊白舉，南至官街，北至李海碾□□四至在出水□□街。又村南𡋾地一段，東至出入，西至楊獻吉，南至官道，北至□坡，□□□本相連，樹株在内□。五十四年，將前後□□□□□岳爾珠，文糧壹兩，又帶朱升德等，大糧肆錢，□□□□□□□□□大糧陸錢陸分，帶牛裏成，兑地大糧貳錢□□□□□□□□錢貳分。帶張運等，大糧壹錢□分伍厘，共大糧□貳兩□□□分。帶楊尚榮、楊如松木□□豪地□□土□□錢叁分陸厘，□□□大園等地□糧叁分。

（以下施钱人等，因风化十分严重，字迹模糊不清，故从略）

旹大清乾隆五十四年歲次己酉中浣桂月立石

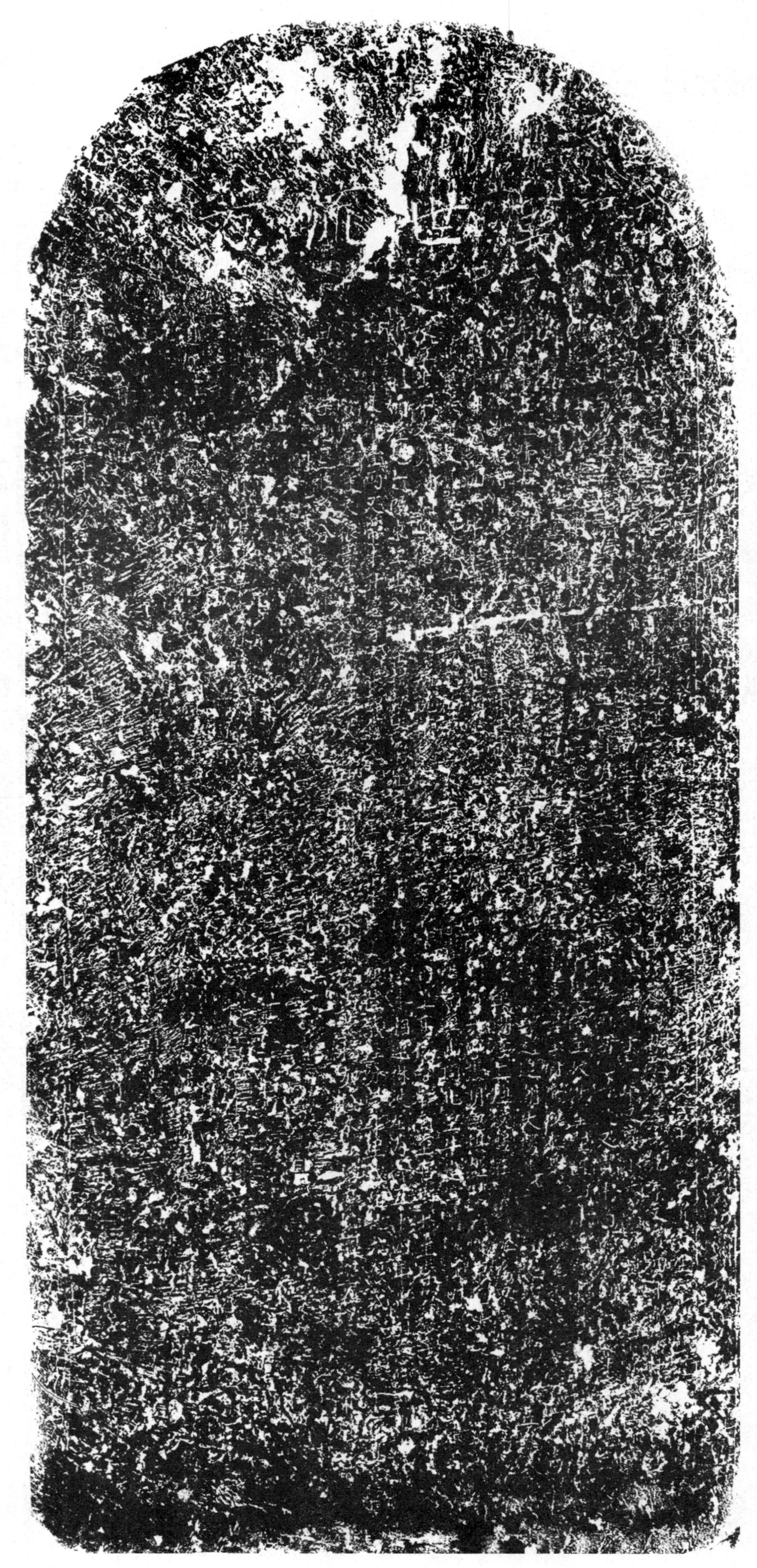

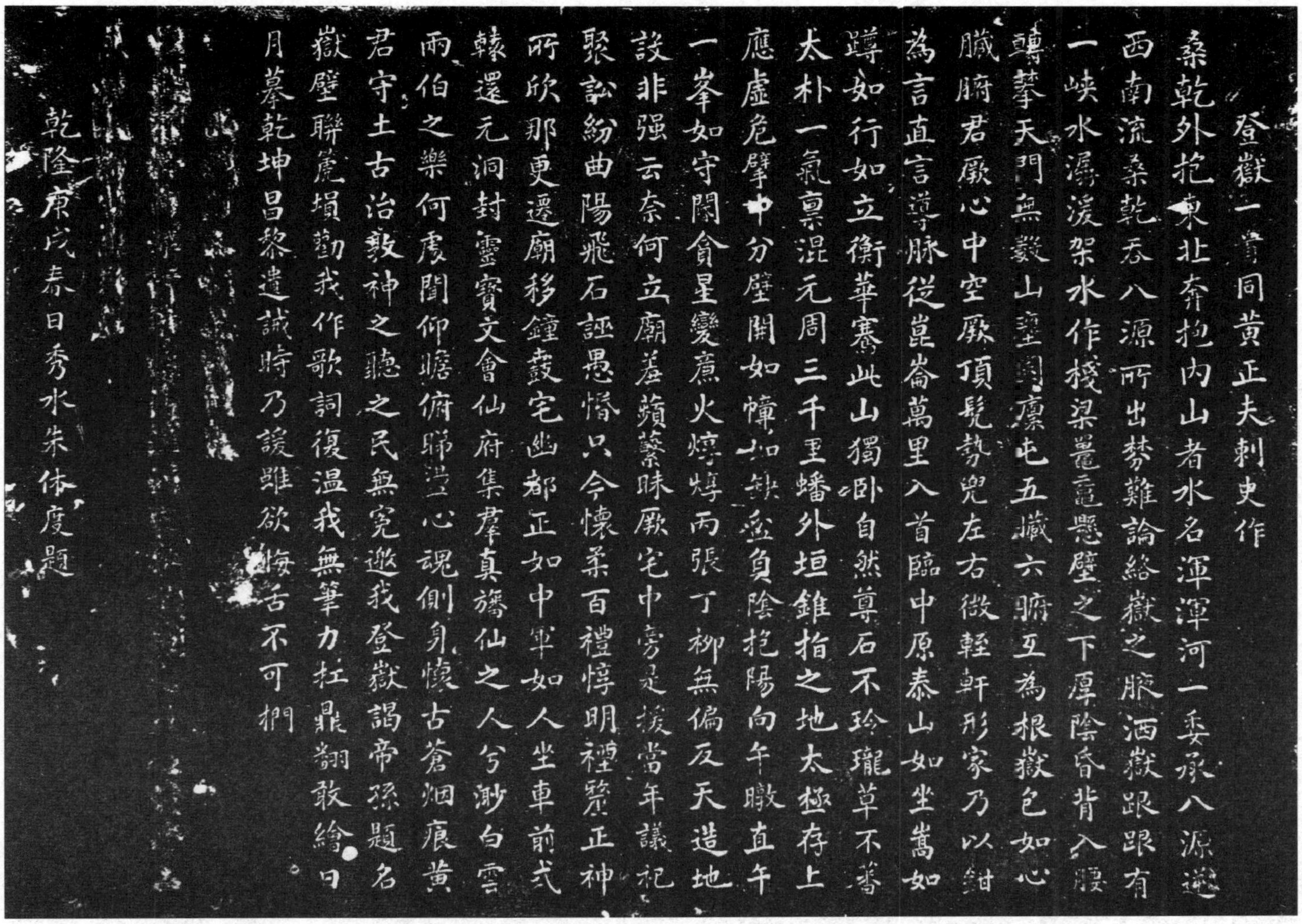

登岳一首同黄正夫刺史作诗碣

【简介】

清乾隆五十五年（1790）立。碣文镶嵌于会仙府西墙体。高 65、宽 89 厘米。由朱休度题书。

【诗文】

登嶽一首同黄正夫刺史作

桑乾外抱東北奔，抱内山者水名渾。渾河一委承八源，遡西南流桑乾呑。
八源所出棼難論，絡嶽之腋洒嶽跟。跟有一峡水潺湲，架水作棧梁鼉黿。
懸壁之下厚陰昏，背入腰轉攀天門。無數山壅囷廩屯，五臟六腑互爲根。
嶽包如心臟腑君，厥心中空厥頂髡。勢兜左右微輊軒，形家乃以鉗爲言。
直言導脉從崑崙，萬里入首臨中原。泰山如坐嵩如蹲，如行如立衡華騫。
此山獨卧自然尊，石不玲瓏草不蕃。太朴一氣稟混元，周三千里蟠外垣。
錐指之地太極存，上應虛危擘中分。壁開如幃如缺盆，負陰抱陽向午暾。
直午一峯如守閽，貪星變廉火焞焞。丙張丁柳無偏反，天造地設非强云。
奈何立廟羞蘋蘩，昧厥宅中旁是援。當年議祀聚訟紛，曲陽飛石誣愚惛。
只今懷柔百禮惇，明禋釐正神所欣。那更遷廟移鐘鼓，宅幽都正如中軍。
如人坐車前式轅，還元洞封靈寶文。會仙府集羣真旛，仙之人兮渺白雲。
兩伯之樂何處聞，仰瞻俯睇盪心魂。側身懷古蒼烟痕，黄君守土古治敦。
神之聽之民無冤，邀我登嶽謁帝孫。題名嶽壁聯篪塤，勸我作歌詞復温。
我無筆力扛鼎翻，敢繪日月摹乾坤。昌黎遺誡時乃諼，雖欲悔舌不可捫。
乾隆庚戌春日秀水朱休度題

朱休度黄照恒山庙勘舆形势碑

【简介】

清乾隆五十五年(1790)正月刻石。碣镶会仙府东墙体。高62、宽76厘米。广灵县知事朱休度题，知浑源州事黄照书丹。

【碑文】

乾隆歲在上章閹茂月正月望，有主客二人同登大茂山。展禮畢，相其陰陽，客言主：“山應虛危，針路爲至。中直午峰，得兼貞象，乃二五妙合天然之正位。惜乎立廟者舍正就偏，且統外勢，亘數百里如卧，而主山内包如心，故於文从亘从心。”主曰：“客之言然。客復詢巘下井泉故無名，盍名履一泉。”主復曰：“然。然則吾當築亭旁之。”主知渾源州事龍溪黄照，客知廣靈縣事秀水朱休度，同官曰僚，宜聯名鐫於壁。於是客題主書。（印二方）

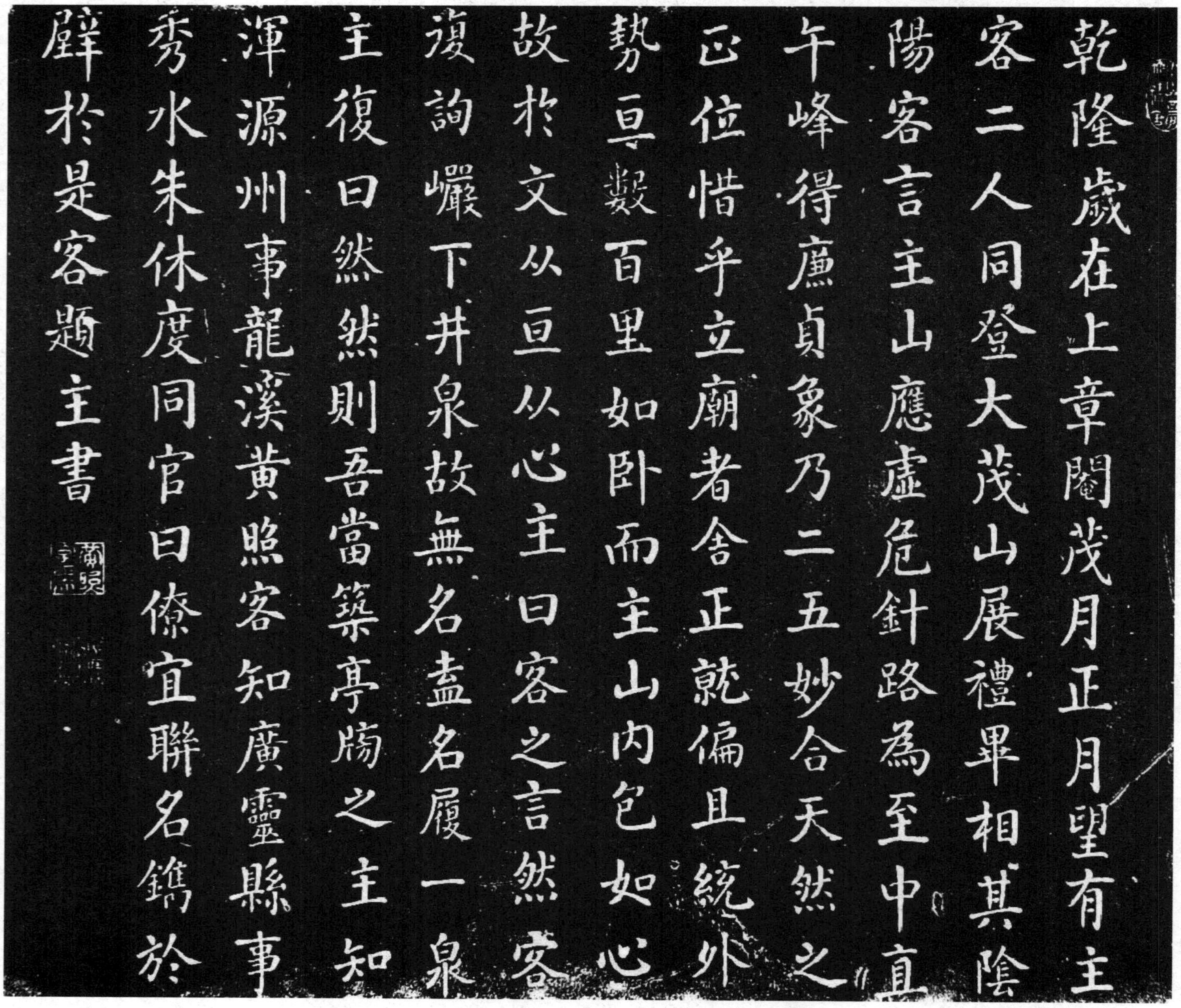

重修观音殿碑记

【简介】

清乾隆五十八年（1793）四月立。碑存尧村观音殿。碑为青石质，圆首云头，缠枝边。碑高127、宽60、厚16厘米。座高36、宽68、厚40厘米。额题“万古流芳”。由刘汉屏撰文，刘守忠书丹。

【碑文】

重修观音殿碑記

生員劉漢屏薰沐撰

劉守忠敬心書

自古刱修庙宇，起造寺院，非徒故事，原以備神靈之棲，答庇佑之恩者也。如我窑村，旧有观音殿，其保護於我鄉者非一日矣。但歷年久遠，不無風雨損壞之失，詎可聽廢瓦頹垣，不思復修，而苟焉以從事□。玆者閤村人等群睹土木傾敗，因起包築石臺之念，虔心起造，各捐其貲，立願重修，共秉虔誠。□自癸壬吉辰，初動補修之功，特以土崩瓦解，非一石之可就；燕寢清香，賴衆工之協力。於是人心鼓躍，尚欲創之前者繼之後；不日而成，方知今之勤者古之劳。如竹苞，如松茂，登登而興百堵；避風雨，去鼠雀，矻矻而頌維墉。從此一派庙貌莊嚴，璨然可观，碧瓦粉堞，較前不侔。維此小邑足□人傑之特出，良由神靈之有感耳。我鄉衆善協力助□，其德豈淺鮮哉。功成完足，勒石不朽云。

董事人　郭禮　高朝　劉潤　高謙

泥匠　楊永貴

木匠　韓貴恕

石匠　王大央

畫匠　喬官

大清乾隆歲次癸丑孟夏上浣穀旦

重修龙神庙碑记

【简介】

清乾隆五十八年（1793）八月立于浑源城南黄土坡村东北处山坡龙神庙旧址，现存该处（被黄土掩埋）。青石质，圆首，云头、缠枝边。碑高148、宽80、厚18厘米。额题“重修碑记”4字。风化较重，字迹不清。由本郡李守身撰文。

【碑文】

重修龍神廟碑記

本郡武村李守身沐撰

□思東作方典，□賴神□之保佑，時當而成，均沾蒼天之福庇之，視居民歌農休寧者，皆願以酬答神無盡也。間嘗聞原有舊廟一所，無如風雨損壞，塌倒無存，是前者不得不重修於后也。伏爲衆善信士樂施地土，後捐資財不等。歲次癸丑年又啓建，焕然一更。庶幾勝會不替，善果長存矣。今特爰爲伐石，以示勸引。

計開：

徐奪施元圪子貝上平地四畝半，東至陳姓，西至陳姓，北至劉姓，南至道火燒溝村。

郭義施銀二兩，施米槽山地一段，西至本主熟地□梁，通下河□，南至大板溝山尖，北至寺院，東至本……

徐奪施銀五兩，施前河坡地一段，水泉地一段，東北至徐廷珍，西至溝，南至水泉，大小榆樹一切在內。

徐奪□侄徐廷夆、徐廷柱三次同心施照山地半段，四至照契兑驗，大小樹株一切在內。徐廷夆施銀七錢，徐廷柱施銀一兩五錢。

龍王堂村　邱印海、藺德各施銀六錢七分。程通、張福各施銀五錢。孫士施銀三錢三分。

明法施銀三錢五分。

整理人　徐奪　徐党

石匠　薄正綱

木匠　方連

畫匠　侯成德

大清乾隆五十八年歲次癸丑仲秋月吉日立

重修罗汉洞碑记

【简介】

清乾隆六十年（1795）十月立于罗汉洞寺院内，现存罗汉洞内。青石质，圆首，云头、回字纹边，无座。碑高152、宽73、厚18厘米。额题“万世流芳”4字。碑体基本完好，布施花名不清。

【碑文】

重修羅漢洞碑記

盖聞廟者神之所憑依，神者人之所庇蔭。是故廟不新則神不悦，神不悦則人不安，此廟宇之所由來也。翠屏之陽有羅漢洞者，其來也遠矣，開創不知起於何年，而重修已經数次。自三十九年修理之後，去今不過二十年耳，而餕饘薦臻，補輯乏力，以致廟房傾頹，僅存墻址。及州主宣公入莅兹土，民和年豐，大非昔比。住持貨君慨然有整修之志，因是邀請會首募化各鄉，修房屋七間，鐘鼓門楼各一間，圍墻一周。不数月内而廢者興，傾者起矣。行者見神有所栖，降福通乎一郡。人有所庇，樂業遍於各村，誰不歸功於首事者之勤，重慕乎施者之義，而樂爲相傳於無窮也哉。是爲記。

奉直大夫渾源州事正堂加五級紀録十次宣枋

渾源州儒學副堂加一級紀録一次李養本

分守山西大同渾源城守府加三級紀録五次雙德

渾源州右堂候補經廳紀録一次尚長慶

渾源州儒學正堂加一級紀録一次姚振祖

鄉約　王德榮　楊仲時　范德全　徐懷義　趙林　毛奮先　王天成　□□□　□□成　刘富　郝廣成

會首　王德武　王　賓　□北成　黄廣明　張正成

郝家寨

庠生張煖小錢三千　張涓小錢一千　庠生張富小錢一千　武舉張勇小錢一萬三千　庠生張建中小錢二千　庠生張剛小錢□□　張騏小錢一千　文生張景陞小錢五百　廪生文修文小錢五百　張佐小錢一千　□正小錢一千　□進□小錢五百　張世泰小錢五百　張寛小錢五百　□□□小錢五百　張□小錢五百　李生寶小錢三百　李和小錢六百　張養小錢三百　張九義小錢四百　張重鼎小錢一千　徐萬有小錢一千五百　張九寛小錢五百　張品小錢五百　鄭有倉小錢五百　□□□小錢五百

張家庄

庠生白先昇小錢一千　白光湖小錢一千　白蔚米小錢一千　庠生白遺米小錢一千　監生白永齡小錢一千　田進粟小錢一千　王孝小錢一千　白功成小錢一千　尚英小錢一千　李正時小錢一千　白務本小錢一千　白□□小錢一千　□□□小錢一千　白金□小錢一千　白□富小錢一千　白□□小錢一千　白廷□小錢一千　白□□小錢一千　白□禮小錢一千　任悦小錢一千　楊世隆小錢一千　田進谷小錢六百　白廷秀小錢五百　毛福小錢伍百　白益來小錢六百　刘□壐小錢二千　□冀小錢二千　孫戴小錢一千　詹王小錢二千

下盤坡

孟重陽小錢四千五百　□德載小錢四千　王德有小錢二千　王選小錢二千　李光智小錢一千　徐大發小錢二千　黄光玥小錢一千　王才小錢一千　孟宗陽小錢千二百　王得□小錢一千　□□□小錢一千　陳明小錢千四百　李士旺小錢一千　□□□小錢一千　賈生智小錢六百　任　有小錢五百　王連小錢五百　石代小錢五百　李士俊小錢五百　□□小錢五百　楊永林小錢五百　楊永貴小錢五百　梁發財小錢五百　孟三毛小錢五百　郝重明小錢六百　趙倉小錢九百　侯净明小錢五百　孟生寶小錢五百　張自新小錢八百　晋萬寶小錢五百　姜相才小錢六百　刘正八錢六百　楊永倉小錢六百　郭寛小錢五百　翟萬有小錢五百　趙貴小錢五百　郝才小錢五百

大磁窑

梁相小錢一千五百　集成鋪小錢一千五百　安樂小錢六百　趙守業小錢九百　翟英小錢一千　□發枝小錢六百　薄久有小錢六百　王□弼小錢一千　□□□小錢五百　黄廷小錢一千　靖萬式小錢五百　米富小錢一千　□□□小錢五百　刘斌小錢五百　王浩小錢一千　翟老東小錢二千　天吉常小錢一千　翟奪金小錢五百　王天位小錢一千　薄孝道小錢五百　翟金企小錢五百

黄土坡

徐鐸小錢四千　徐當小錢五百　靖良貴小錢五百　陳法小錢一千　徐言小錢五百　徐見喜小錢六百　陳梁小錢五百　徐崇小錢五百　監生党文壽小錢一千　董禄小錢一千　杜文成小錢五百　戴恩小錢五百　董雨小錢三百　董雲望小錢三百　牛萬糧小錢三百

寒水溝

黄明經小錢三千　趙德宗小錢二千　刘廷選小錢二千　穆林小錢六百　刘萬福小錢六百　王前小錢五百

前長峪

侯重小錢九百　李玘小錢三千　仝樂小錢九百

麻黄溝

徐通小錢三千　闗宗順小錢三千五百　陶吉通小錢九百　韓林小錢九百　曹柱小錢六百　曹有財小錢六百

青花碗

李三柱小錢一千五百　李愷小錢九百

東□庄

王維民小錢六百　□□□小錢六百　□□□小錢六百　吴國富小錢九百

後長峪

張文仲小錢九百　王□小錢二千　□文□小錢六百　張志仁小錢一千三百　侯□成小錢□□　□□□小錢六百　張志善小錢六百　侯林小錢六百　侯君小錢六百　穆三維小錢六百　焦生秀小錢六百　刘發小錢五百　王福民小錢一千八百　王瑞民小錢一千　王恭小錢一千五百　王敬小錢一千五百　王發小錢二千一百　張世禄小錢一千五百　王德華小錢一千五百　明善小錢二千　王進寶小錢五百　李達小錢一千　楊義小錢一千　王□小錢一千　王□小錢三百　□□□小錢□□　□□□小錢三百　□進法小錢三百　王□蓮小錢三百　張□來小錢五百　□□□小錢五百　張慧小錢六百　刘生喜小錢三百　張□志小錢三百　藺文小錢一千

唐家庄

唐正小錢五百　賈發小錢一千五百　刘大生小錢一千　監生任佑小錢一千五百　馬騰霄小錢一千　柳望天小錢六百　張啓發小錢五百　石生金小錢一千三百　尚有財小錢八百　張達小錢五百　賈長起小錢三百　賈長興小錢三百

停旨嶺

黄啓小錢五百　黄萬倉小錢五百　賈長有小錢三百　石登舉小錢三百　崔大馬小錢三百　□□□小錢三百　□□□小錢三百　□□□小錢三百　和生愛小錢三百　侯興小錢三百　賈宇荷小錢三百　史王□小錢六百　雷進財小錢五百　董禄小錢一千　杜文成小錢三百　□思小錢五百　黄雨小錢三百　董雲旺小錢三百　朱萬糧小錢三百　薄進功小錢三百　狄萬糧小錢三百　監生張效孟小錢三百　庠生張彭齡小錢三百　趙元勲小錢三百　張守忠小錢三百　孫來金小錢三百　刘本緒小錢三百　田程五小錢三百　王進琮小錢三百

本城

萬明德小錢一千　吕西缸坊小錢一千五百　天成當小錢一千　程盡忠小錢一千五百　公□□店小錢一千　大德缸房小錢一千　天太缸房小錢六百　□金缸房小錢一千　張□小錢一千　李士俊小錢一千　郭全小錢一千　翟光秀小錢一千三百　仝有小錢一千　苗□印小錢一千　□□缸房小錢

一千　□□□小錢一千　萬□缸房小錢一千　□□缸房小錢六百　大□當小錢一千五百　□□缸房小錢六百　□□缸房小錢一千　永和缸房小錢五百　萬□□小錢□□　□□□小錢□□　協□鋪小錢五百　□□缸房小錢一千　東永昇小錢五百　□□□小錢一千　趙來成小錢三百　高成周小錢一千　廪生李清覺小錢二百　玉皇閣小錢二千　黄明德小錢一千五百　黄貴小錢六百　葛世明小錢二百　黄正魁小錢五百　萬昇缸房小錢五百　李淳小錢一千　永隆焕小錢一千　合順元小錢五百　復盛公小錢三百　世美□小錢四百　恒有德小錢五百　孫望桂小錢五百　栗德本小錢一千　西恒有小錢五百　李昌林小錢五百　高復榮小錢六百　義盛軒小錢五百　常盛館小錢五百　名架□鋪小錢四百　趙飯鋪小錢五百　德成□小錢三百　□富得小錢六百　魏世禄小錢五百　胡文錦小錢六百　李□富小錢□百　苑肉鋪小錢四百　萬□□小錢□百　□□有小錢□百　刘來得小錢二百　趙好根小錢三百　孫□武小錢三百　趙開北小錢三百　崔有小錢二百　安門子小錢二百　□尚萬小錢二百　熊效明小錢三百　趙宏治小錢三百　徐重元小錢三百　趙起順小錢三百　陳明□小錢四百　刘公小錢三百　翟位小錢五百　郭維小錢五百　李世元小錢五百　侯舉小錢五百　史永興小錢五百　徐銀小錢五百　王光法小錢三百　邱發財小錢五百　東昇□小錢一千　復昇□小錢五百　薄世禄小錢一千　隆□缸房小錢五百　熊蓮小錢六百　馬有德小錢一千　□國正小錢四百　宋傳霖小錢三百　高仁貴小錢四百　蒙自重小錢五百　興榮飯鋪小錢三百　靖希聖小錢四百　高謙小錢三百　張培猷小錢四百　□□鋪小錢四百　天合義小錢四百　明治小錢三百　郅福小錢三百　張十子小錢三百　董萬寶小錢三百　聞海小錢三百　聞□小錢三百　余帽鋪小錢五百　胡銀鋪小錢三百　永昇君小錢一千　升成鳳小錢五百　天全瑞小錢三百　刘大元小錢一千　刘周小錢三百　唐威小錢三百　尚有財小錢三百　庠生黄克仁小錢三百　張曜小錢三百　張代小錢三百　柳五倉小錢三百　柳和小錢三百　張有江小錢三百　穆修□小錢三百　穆發明小錢二百　唐宗玉小錢□百　柳越小錢□百　柳泉小錢□百　武德元小錢三百　王養生小錢五百　唐德小錢五百　刘永小錢□□　張德小錢五百　趙元州小錢三百　徐大功小錢二百

大清乾隆六十年十月穀旦立

住持　毛和貴　徒高教興　錢敖成

重修碑记

【简介】

清乾隆六十年（1795）十一月立于三岭关帝庙门前，现存三岭关帝庙内。青石质，圆首，云头、回字纹边，方座。碑高 164、宽 64、厚 17 厘米。座长 70、宽 53、厚 33 厘米。额题“永垂悠久”4 字。风化严重，断为两截。郡增广生李庄撰文，其侄李长善书丹。

【碑文】

重修碑記

嘗聞建廟立祠，原欲啟佑後人，勤爲補葺，而非第炤燿一時計也。渾邑三嶺，雲中通衢，崞山要衝。舊有関帝祠，創造之始無容復述。跡其南□恒岳，北映桑乾，巍巍廟貌誠有焕然偉觀者。厥後多歷年所，塌毁日甚。州牧黄公往來斯地，睹遺跡而驚訝咨嗟，增修之志萌矣。癸丑歲諭余伯弟產而屬之曰：“此爾家功德祠也，整理重修非爾孰任。財貲不給者，多方募化共襄厥事。上可以格神庥，下可以綿世德，誠盛世也，何辭之有？”爰承黄公命，糾集族衆，會鄰鄉親友，合郡中郡外開緣捐資，即於是歲興工，復仍舊制，設立茶房，俾後之往來行人解渴，搜楛者得以瞻仰。二知昔扶漢室，今佑清時，神功實浩大焉。越甲寅告竣，爰勒瑱珉，將後之覽斯石者誠所興廢，以續黄公斯舉永垂不磨云耳。

刑部山西司員外郎前知渾源知事黄昭

渾源州正堂加五級紀録十次宣枋

渾源城守府加三級紀録五次雙德

渾源州儒學正堂姚振祖

渾源州儒學訓導李養本

渾源州吏目加一級尚長慶

渾源州王家堡巡檢潘心啟

木匠　王德貴

泥匠　温子祥　張德全

畫匠　王有旺　喬官　薛文明　李昇　胡萬年

石匠　王大興

乾隆六十年十一月下浣之吉

御祭碑文

【简介】

清嘉庆元年（1796）三月立于恒山会仙府，现存恒山会仙府御碑亭北。砂石质，圆首龙凤纹，碑边缠枝纹。只有上半截，残碑高 104、宽 67、厚 17 厘米。额题“御祭文”3 字。由太原镇总兵官德龄致祭。

【碑文】

維嘉慶元年歲次丙辰壬辰月吉朔越……皇帝遣太原鎮總兵德齡致祭於北嶽之神曰：惟神功資朔土，位應辰星。《水經》標石窟之奇，地志表蘭臺之勝。亘冀方而作鎮，衆山聿拱夫威靈；國臨代郡以垂庥，五穀屢覘夫蕃熟。玆乾隆甲周，嘉慶紀元，懋舉崇儀，特申昭告：福佑葉純常之義，禮秩攸崇；嘉名符悠久之徵，馨香用薦。惟祈鑒格，式是居歆。

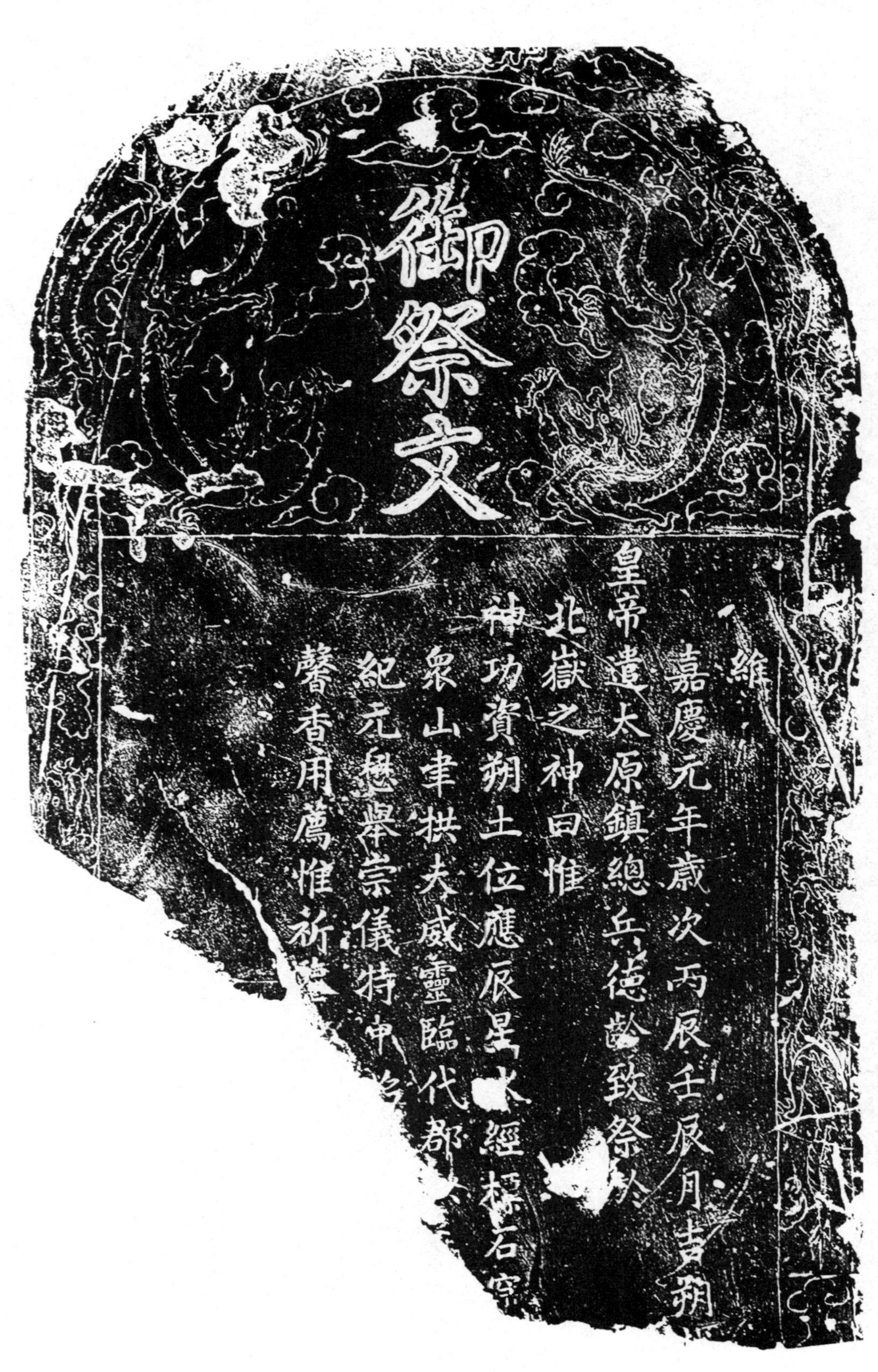

穆公碑记

【简介】

清嘉庆二年（1797）七月立于李峪村西南山坡的穆家坟。青石质，圆首，碑阳为缠枝纹，碑阴为回字纹。碑高128、宽58、厚15厘米。额题“碑记”2字。横卧在地，下部风化较重。董世荫撰文，常山仲书丹。

【碑文】

（碑阳）

嘉庆丁巳孟秋穀旦

皇清恩榮庠生顯 考穆公諱肇姬 妣李孺人 蔡孺人 府君墓

男培元　長元　起元　經元

孫緝義　緝敬　緝熙　緝庥　緝善　緝禮

曾孫大順　大治　大亨　大成　大通　大教　大本

元孫興世　勒石

（碑阴）

人生一世，石火電光，所不泯者有表里足稱之行耳。舅翁賦性慷慨，好守禮義，每□名教自飭，事雙親承歡，子職罔人，伯仲和樂，友道無虧。比至入世周旋，和睦鄉鄰，遇有緩急，一力周全。嘗自命曰：“爲人無益於世，何貴爲人？”故宗族里党□□□，排難解紛，勞而不施。即州里有大事要，亦以利人利物爲心。然誓不白吃人一酒，白使人一錢焉。丁亥，郡侯魯公興立銀號，市人趨利，乘機欲以病民。公直請於州主，定其章程，增減隨時，俾民不至甚困，里人稱頌，口碑載道焉。隨逢鄉飲盛典，群競舉爲大賓，以彰德行，公力辭不受，夜潜伏田園，訓教子孫，不願聲聞。東街舊有設立缸房，日久，内多虧損，幾致中外鼓噪不寧，不惟歇業而已。公内壓子姪，外安夥計，於有事而化爲無事，忍讓吃虧，鄰舍亦皆稱德。南山柴木嶺塗路崎嶇，先世大人始建茶坊，以便往來，以備早晚。後因猛虎爲患，漸致摧殘。公復整修，行人重得休息。郡侯嚴□經此，亦作記稱善焉。種種所行如此，倘所謂自命不誣者，非耶，余不喜飾説，謹摭大畧以作流連，且以勸表兄弟子姪輩。料舅族親疏必有得知其深者，當以余多所未盡，而非阿好云爾也。謹誌。

愚甥尉蘿董世蔭敬撰

晚生常山仲書

建修文昌阁碑记

【简介】

清嘉庆三年（1798）五月立于浑源城南黄土坡村东北处的文昌阁，现存该处废墟之中。青石质，圆首云头，回字纹边。碑高152、宽58、厚22厘米。额题“碑记”2字。风化较重，漶漫不清。武村庠生李□奎撰文并书丹。

【碑文】

建修文昌閣碑記

武村庠生李□奎撰并書

從來作善者不以一善止，積功者必欲功德多。如黄土坡村，地雖僻壤，功不一端，既修三官廟，後創文昌閣，誠以文昌者一十七歲爲大夫，千百年間可文衡。今建閣以奉之，則□以成文續書之。仕庶自此而衆斯文之美，可由是而隆然。事不易就，功每雖成，維廟與閣□。□興立於乙卯歲，告竣於戊午年。功成之後，果如前言，則建閣之功爲不小矣。建碑刻文，永誌千載，□□秋□□。

大磁窑

集成鋪施銀一兩　王廷必施銀七錢　安樂施錢七錢　王廷理施錢六錢

薄九有　王天佐　穆法枝　王喜堂　薄守業　王廷連　王廷玉　王德明各施銀五錢

李向明小錢一千　王天佑　安全施銀五錢　薄效通　崔有後　吴廷各施錢三錢三分

城中

隆盛缸房　趙山貨鋪　永隆鋪　□尚志　得盛成　三太成　恒隆缸房　東升鋪各施銀五錢　天德缸房　興盛缸房　常威缸房　□日昇施小錢二千

趙功高　永盛缸房　全□缸房　廣全缸房　永成缸房　樂全鋪 各施銀三錢三分

家柳樹村

趙成章　施銀二兩　趙忠施小錢二千

郝成功　李先成　趙要　趙中　趙□才　賀成□　□隆　劉贊　劉懷海　唐彔各施小錢一千

高希孔　高計孔 各施銀三錢三　曹永升　□文各施銀三錢

許太富　宋有　張福　王明　喬法　狄萬有　孫光各施小錢一千

高家莊

杜得□　趙□前施小錢一千五百

八角地

張亮施小錢一千五百

趙天亮　趙德　劉有義　劉　太　□□□　陳順　□□午　□□□　魏□各施小錢一千

□匠　侯成的

畫匠　□□智

□匠　王有明　三人施銀一兩

住持　王才

大清嘉慶三年端陽月吉旦　立

创修三官庙碑记

【简介】

清嘉庆三年（1798）六月立于浑源城南黄土坡三官庙内，现存该村三官庙遗址。青石质，圆首云头，缠枝边，无座。碑高158、宽64、厚20厘米。额题“永垂百世”4字。横卧于田野。风化严重，漶漫不清。李廷玺撰书。

【碑文】

創修三官廟碑記

李廷壐撰書　施錢□□□

今夫作善作惡者，斯人之類鑒善鑒惡者。三官之神是三元尊神，因不可不建廟以敬奉也。以故本村人等姓氏不一，各起誠心，或爲之施貲財，或爲之施善地。人□□喜捨□□願施，第事□可以獨成功大，必負衆助。既一村以展其利，又□四鄉以化其財，遠捐近募，以其成也。□是廟也，畫棟雕梁，煥然有光彩之美。磚包瓦覆，□然有磐石之安。然事有興盛，不無衰殘。年遠之後，有固損壞，而復爲補葺，都是又創修者之所厚望也。

□奪、徐奪，施銀十兩，又施地……地一段，山地一股，南至崖根，□□□神堂，西至龍盆峪，東至除榆槽。又施伯莊房道空地一股，西北至施地本主。南至溝，□至廟崖根。菜地一段，下菜地一段。

經理人

徐奪　徐傑有印契所買劉黨旌墳後地一段

木匠　方連　泥匠　周柱

瓦匠　保施小錢二千

石匠　徐珍　徐必施小錢二千

施累計秋租莜麥五石五斗，許住持又使作爲打明鐘、定夜並香油錢。

大清嘉慶三年歲次戊午季夏月上浣吉立

重修千佛洞碑记

【简介】

清嘉庆六年（1801）立。存千佛岭千佛寺。碑高150、宽54、厚17厘米，青石质。额题“永垂攸久”。风化较重。浑郡庠生张灵光撰文。

【碑文】

重修千佛洞碑記

渾郡庠生張靈光敬撰

蓋聞佛生西域，□□□□□□莫不□考。渾郡之城南舊有千佛洞，距城七十餘里，創建難□□，此地有崇山峻嶺，□□□□□□□□□，廟貌森峩，峰壘溝□，□書之寔屬勝境。□代遠年湮，殿宇□□，諸神木龕及禪室鐘鼓二樓塔洞□□□風雨摧殘，□人□之莫不贊嘆。故三村等雲集聚議，願急行葺補，復募化各鄉之善士，□□□□□□□□□□□□□□□□□□□□此雖人力之爲，寔□□□之□□恐□波，因題序以誌千古。

徒□□施銀壹兩

監生牛步月□□□□□伍拾千文

（以下地段四至和會首人捐資花名因碑文模糊不清從略）

大清嘉慶歲次辛酉年□□□冬月□□□

募化僧人　同瑞

郭玉佩墓碑

【简介】

清嘉庆八年（1803）五月立。存尧村郭家老坟。碑高153、宽50、厚16厘米，圆首方座回字纹，碑边缠枝纹，青石质。额题“追远’。孝男仓正、仓全立碑。

【碑文】

（碑阳）

大清嘉慶八年仲夏吉旦

皇清待贈先 考公諱玉佩
妣郭門趙氏 墓碑

孝男倉正　倉仝　敬立

（碑阴）

郭氏墓記

今夫墓之有誌，豈徒誇前人之懿美，闡先世之奇英，以聳動當時之耳目已哉，蓋必舉其艱難苦楚，出而表彰之，而爲子之心庶乎稍慰矣。我父郭公諱玉佩，母趙氏係炳公女，由今憶昔，父母之艱苦，真有不堪忘者。粵稽我祖産業有根，自父成立，朝夕相從，躬耕渡日，克儉克勤，日積月累，置産二頃。胡天不吊，未獲壽永，四旬有四，辭世先瞑。遺兒孤苦，六歲有齡，寡母節烈，永矢永競，或速之嫁，誓死堅凝，撫孤延歲，備歷艱辛，望兒成立，教誡維殷，捐衣减食，屈指難明，真乃苦立守貞，宜活百歲。孰意焂然一疾，命亡壽終，痛母一世，不得抒忱。延及今日，家道漸興，房園地土，既多且盈。父母若在，共享豐寧，少酬鞠育，方慰兒心。惜乎既逝，徒切憂情，流涕踴躃，莫盡胸襟，哀詞數語，畧表寸衷。嗟乎，我父！昔能與子孫立基業，今不能與子孫共豐盈。痛哉，我母！昔能與兒等同艱難，今不能與兒等享安樂。寤寐思之，輾轉難已，爰立碑銘，以誌不忘云爾。

重修乱岭关林泉寺

【简介】

清嘉庆九年（1804）三月立于浑源城东沙圪坨镇乱岭关村林泉寺，现存该寺院。青石质，圆首云头，边为缠枝纹。碑高133、宽65、厚16厘米。座长88、宽45、高22厘米。额题“重修碑记”4字。保存基本完好。

林泉寺位于浑源城东20公里处的乱岭关村北山坡之上。寺后松柏茂密，寺前泉水淙淙，靠松临泉，故名林泉寺。寺院始建于金大定年间，明代嘉靖时寺僧觉洪增修，以后多有修缮。寺庙基本完好。

【碑文】

（碑阳）

重修乱嶺関林泉寺

佛君三界悲愍，四生爲度。詳述降臨凡世，億劫修補，方歲正竟賢者。蓋聞福自神降，善由人修。福者，善之應也。自往古以今，兹由都會以及州里未有善果修而福祉不隨者也。兹因佛殿上下，神像、木石、磚瓦破碎，一切補修。二郎過殿補修。新建馬王廟一處，影碑二面。廟以莊四壁觀，伏願有位宰府樂施金錢，義士仁人廣積行德，行半滴悉是福田，錙銖亦成勝果，况行見乎？烏新革翬斯飛，廟貌依然如故。美哉輪，美哉奂，神像燦然維新。伐松樹叁科，辨銀價五拾陸兩錢不足。人名、金財願施方名著者。

共募化小錢伍萬叁仟貳百文

泥匠工資小錢玖千叁百八十文

瓦匠工資小錢叁萬壹仟八百文

石匠工資小錢壹萬七千文

畫匠工資小錢肆萬九千文

土工工資小錢貳萬八千叁百五拾文

木匠工資小錢叁千伍百文

零切花用小錢壹百吊零壹千五百文

經領人　趙存仁　賈登城　周降　李通　李科

石匠　王大位

木匠　高尚福

泥匠　侯柱

畫匠　馬積

瓦匠　尚寬

住持　王字仁

嘉慶歲次甲子年季春月　立

（碑阴）

（布施花名漶漫不清，略）

重修碑記

重修乱嶺關林泉寺

佛君三界悲愍回生為度群迷降臨凡世億劫修補方歲正[illegible]者恭聞福首

神降善由人修福者善之應也自往古以今茲由都會以來州里未有善福[illegible]

而福祉不隨者也茲因佛殿上下神像本宇磚瓦破碎一切補修二郎過殿兼

修新起馬王廟一處影碑二面廟以莊四壁觀伏願有從宰府樂施金錢義士

仁人廣積行德行半滴悉是福田錙銖亦成勝果況衍見乎烏新華翚斯飛廟

貌依然如故美哉輪奐哉與神像燦然維新伐檢叁科辦銀[illegible]伍拾壹[illegible]錢

不足人名金財願施方名著者

共募化小錢伍萬叁千八百文

泥匠工資小錢玖千叁百捌拾文

泥匠工資小錢叁萬壹千八百文

石匠工資小錢壹萬七千文

畫匠工資小錢肆萬九千文

土工工資小錢弍萬八千叁百伍拾文

沐匠工資小錢叁千伍百文

彩功花用小錢壹百吊零壹千伍百文

嘉慶歲次甲子九年季春月 立

經理人

趙存仁 賈登城 周隆 李通 李科

石匠王大位 木匠高尚[illegible] 泥匠侯[illegible]杜 畫匠馮精 [illegible]匠尚寬 住持王字仁

黄启元夫妇墓碑

【简介】

清嘉庆十年（1805）九月上旬立于浑源城西郊黄家老坟，现砌于黄家老坟附近的水渠里。碑体上、下部残缺，青石质。残碑高105、宽62、厚13厘米。

【碑文】

嘉慶乙丑菊月上浣穀旦

皇清恩賜貤封宣武大夫 顯考黃翁諱啟元府四品
恭人顯妣黃母劉老太太 君墓

男德深　德溥

孫龍光　爾蒲　爾公　爾候　爾穀　鳳儀

曾孫國泰　萬□　萬選　萬邦　萬有　萬糧　萬清　萬慶　萬勝　占雲

元孫靈臺　玉臺　金臺　星臺　月臺　奉祀

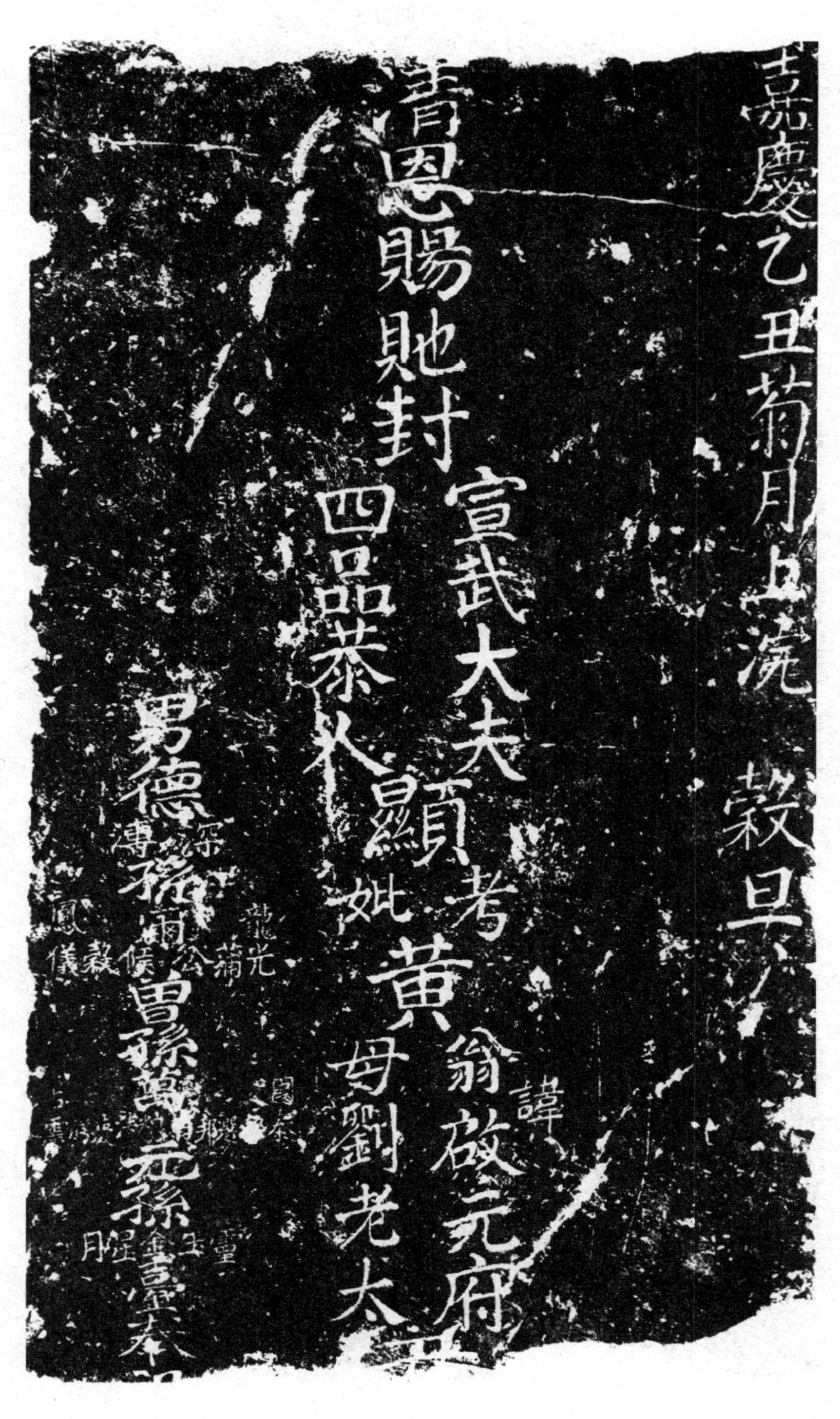

御祭碑文

【简介】

清嘉庆十四年（1809）四月十二日立于恒山会仙府，现存会仙府御碑亭东下方。砂石质，圆首，缠枝边。残碑高116、宽66、厚19厘米。额题“御祭碑文”4字。碑体风化严重，下部残损，字迹不清。由詹事府少詹事梁上国致祭。

【碑文】

維嘉慶十四年歲次己巳四月二十日皇帝遣詹事府□詹事梁上國告祭於北嶽之神曰：

惟神垣靈代耙，作鎮冀方。蘭臺徵《地志》之書，石窟載《水經》之記。應辰樞而拱衛，嘉名永協純常；奠朔土以嵯峨，厚德適乎悠久。玆以朕五旬展慶，萬國臚歡。懋舉崇儀，特申昭告：列秩視三公之貴，禋祀宜隆；綿區標四塞之雄，提封永庇。用祈鑒格，式是居歆。

捧香帛官　□□□

陪 祀 官　□□□

祀岳碑

【简介】

清嘉庆十四年（1809）六月立。存恒山白云堂苦甜井旁。碑为平首，回字纹，青石质，已断为二截。碑高 148、宽 60、厚 17 厘米。知浑源州事广阿□存礼撰文、书丹。

【碑文】

嘉慶壬戌春，予奉命來牧渾源，恒山在州之境内，書所謂北嶽者也，其□紆磅礴，屹屹隆隆，配乾象㕓坤，維長養收藏，爲萬化樞，前志言之詳矣。自我世祖章皇帝從禮臣請，辨曲陽飛石之誣，而改祀恒嶽於州南二十里之麓至於今，聖聖相承。凡國家豐功鉅慶，必命官虔臨奉章告奠，百六十餘年矣。龍章鳳藻，鎮峙巖阿，絳闕琳宫，輝煌雲日，所以妥山靈崇祀事，福海内，鞏黄圖，有其舉之莫敢廢也。前之牧是州者歲修月葺，不一其役，予甫蒞州事，即蠲吉齋沐展禮，步山椒而肅拜瞻。竊見楹宇就頹，門闕無存，零磚剩瓦，散漫於陂陀榛蕪之間，喟然曰：“嘻，一至此乎！”州之人謂予曰：“自去歲秋霖爲灾，山溜衝激，崩崖頹石，州民之室廬蕩析不可勝數，而廟亦遂岌岌乎，震凌之不免焉。”州之人將敬修之，以灾痍初經未能逮也。予維恒岳爲朔方之鎮，致瑞弭灾，其保障於州人尤多，且祀典攸係，而廟貌不完守上者其焉避咎。因爲請於大吏。時郡憲李太守親詣相度，首捐金以倡其事，而州人士踴躍争趨，勸事樂功，其急於廟之成，不啻郡太守與予焉。富者輸其財，能者效其力，以庀以鳩，維誠維謹。凡竭蹶奔走於危崖風雨之際者，自八年閏二月迄九年秋九月，始訖工而落厥成。規如其舊，功加於新，向之頹楹壞廡，今皆翬飛鳥革矣。予喜夫神居□□，朝廷秩祝有以肅明禋，且嘉州人士之事嶽維虔，而宜爲岳之所禧也。因紀其事，而繫以辭曰：

巍巍恒嶽奠龍荒，重華肇祀禋柴望。貍□疈辜垂百王，元牲黝幣禮有常。安玉片石何荒唐，矯誣神明神所愴。我皇正祀辨位方，肅清廟兮山之堂。奉嘗祗告龍文章，巖阿焜耀般琳琅。歲月風雨歷久長，神棲震隕驚我甿。擔石求木走不遑，爰作新廟焕重光。雲楣芝□聳且莊，薦牲醴兮召巫陽。神恍惚兮來馨香，纁□翠蓋靈旂張。風泠泠兮雲翔翔，神之來兮紛休祥。和風靈雨繁百昌，永息夭札壽命康。佑我民兮祚我邦，萬年斯祐維神□。

誥授奉直大夫知渾源州事廣阿□存禮撰并書

嘉慶十四年歲次己巳荷月穀旦立石

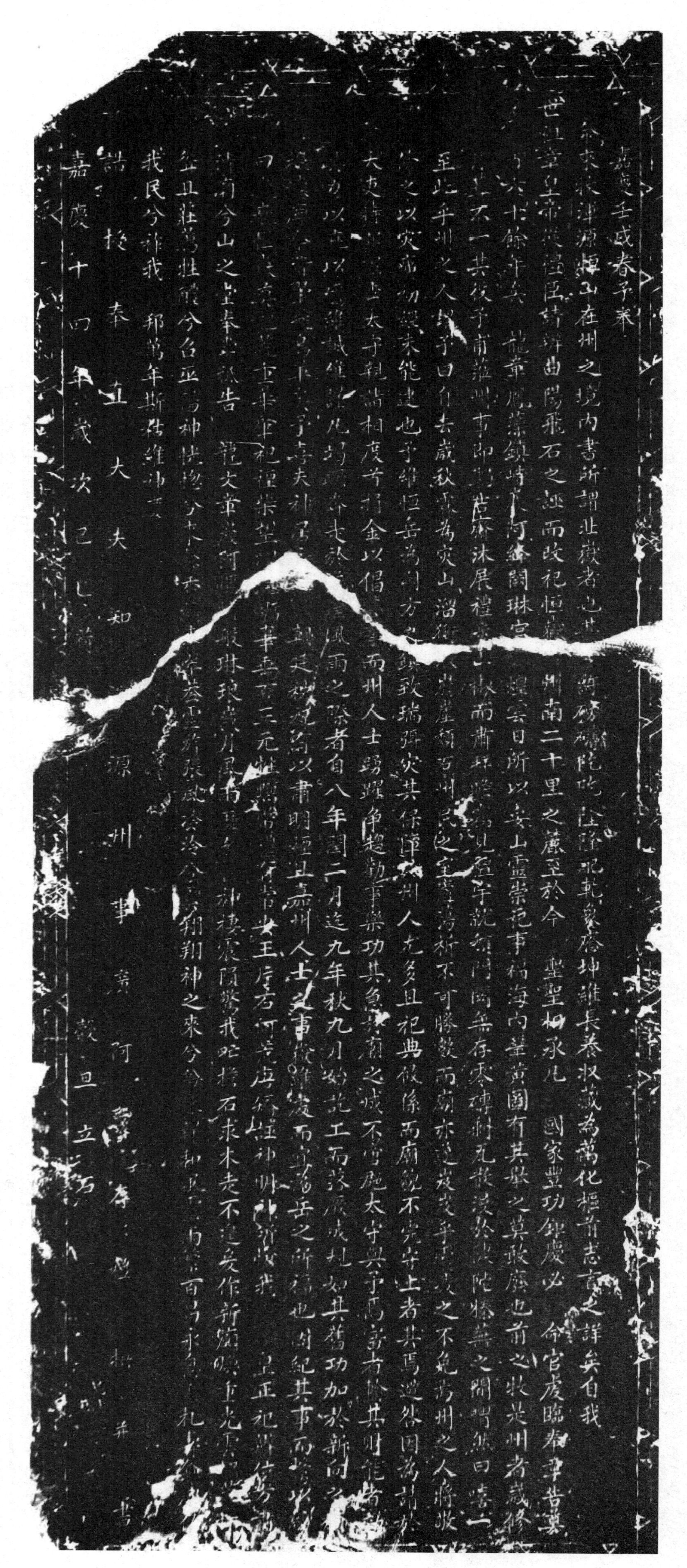

重修黑石寺碑序

【简介】

清嘉庆十四年（1809）八月下旬立于浑源城西南40公里处的千佛岭乡北堡村黑石寺，现存该寺遗址。芝麻白大理石质，圆首，缠枝边。上部有所缺损。高158、宽84、厚19厘米。额题“万古不朽”4字。

【碑文】

（碑阳）

重修黑石寺碑序

神灵之地惟像是憑，粤自立基乃是北京廣福寺僧人道曉，號洞明，雲遊四方，偶到此地，觀其勝境，山清水秀，真是住修之地。因而不殫勞苦，取石于山，取木于林，整修佛殿一所，廟貌巍峩，燦然可觀，至大晋（明）成化五年獨自告落成功，猗歟盛哉。但年遠日永，風雨損壞，村人不忍坐視，張天佑、張國□，每每與村人公議重修聖寺，以復原始，奈功成浩大，錢糧缺乏，不能補葺，不免募化各方資財，助力成功，施財善人姓名開列于後，以誌不朽云爾。

计開

平型関

都□府□□□助艮（银）十两

巡政廳楊助艮四兩

署□廳馮助艮五兩

營□廳　　助艮二兩

合　營　　助艮二兩

張建訓助艮二錢　陳　登助艮二錢　興義□助艮二錢　張寧壽助艮二錢

趙豐林助艮二錢　周奉恩助艮二錢　于　珍助艮二錢　何　順助艮二錢

白大成助艮三錢　慶元當助艮一兩　豐盛太助艮三錢　慶長店助艮四錢

王文太助艮三錢　張　榮助艮四錢　師興明助艮二錢三　□貴助艮三錢三分

訓草村

王福通施艮一兩　王　金施艮二錢　王　義施艮一錢五　王春生施艮三錢

楊　海施艮三錢　王　明施艮三錢　米的貴施艮三錢　王　贊施艮三錢

孫成文施艮三錢

碧谷寺

普淳施艮六錢

南堡村

郭幫才施艮二錢五分　郭幫元施艮一錢五分　任　庫施艮一錢五分

劉發富施艮一錢五分　閆登元施艮一錢　楊得意施艮八錢

郭尚艮施艮八錢　任　倉施艮七錢　楊　仁艮六錢

楊名有施艮六錢六分　楊德用施艮六錢六分　閆登貴施艮六錢六分

楊的夆施艮六錢六分　張發財施艮五錢　閆和容施艮六錢六分

戴峥榮施艮五錢　楊世恩施艮四錢　田　起施艮一兩

吴得富施艮一兩　任　恩施艮四錢

上村正村

費存明施艮一兩　費正厚施艮六錢　費艮實施艮三錢　陳起有施艮四錢

劉　興施艮三錢　馬　富施艮四錢　李　通施艮四錢　陳　發施艮三錢

楊　有施艮三錢五分　侯　旺施艮三錢　費存財施艮三錢
寬坪村
張　綸施艮二錢　張修昇施艮二錢　張修信施艮三錢　劉　愷施艮二錢
張廣華施艮三錢　張廣居施艮三錢　張　琦施艮三錢　張　□施艮五錢
劉　旺施艮三錢　張　煥施艮三錢　張修德施艮三錢　張全仁施艮四錢
張　富施艮三錢　張　統施艮五錢　張　深施艮四錢　張　涇施艮三錢
張　綜施艮三錢　李　有施艮三錢　張立雲施艮三錢　張　智施艮三錢
張　正施艮三錢　張所法施艮三錢　張士銀施艮三錢　張士錢施艮三錢
劉　發施艮三錢　張壬賓施艮三錢　張修業施艮五錢
周家溝村
劉　元施艮一兩　楊記泰施艮七錢　劉　福施艮五錢　劉生滿施艮三錢
大坪村
周　玉施艮六錢　周有庫施艮四錢　劉世玉施艮三錢　劉世禄施艮三錢
劉秉銘施艮三錢　閆滿庫施艮三錢　張　林施艮二錢　周　文施艮二錢
劉世興施艮三錢　劉世旺施艮四錢　劉世泰施艮三錢　張　雲施艮三錢
周　有施艮二錢　閆永昌施艮三錢　劉秉義施艮四錢　劉秉乾施艮三錢五分
閆　通施艮二錢　周艮合施艮三錢　于　金施艮三錢　劉世用施艮二錢
周　禄施艮三錢　閆發財施艮二錢
下村正村
程玉亮施艮二錢五分　程　太施艮三錢　程玉彩施艮一兩一錢
劉　玥施艮八錢　楊　連施艮六錢　楊　珠施艮三錢
程　斌施艮三錢　張　成施艮三錢　楊天喜施艮三錢
陳　悦施艮三錢
澤青嶺村
李崇發施錢二百六十　裴世民施艮六錢六分　劉有義施艮四錢
安　仁施艮五錢　劉　起施艮三錢五分　謝文夆施艮三錢五分
仇　起施艮三錢　趙明望施艮二錢五分　楊永德施艮二錢五分
趙明發施艮三錢　趙明有施艮三錢　李　植施艮二錢五分
李　旺施艮三錢　田大發施艮三錢五分　裴世賓施艮二錢五分
李子貴施艮三錢五分　李安民施艮二錢五分　楊福善施艮三錢五分
楊五福施艮二錢五分　武有官施艮二錢五分　楊起旺施艮二錢五分
李崇德施艮二錢五分　楊占魁施艮一兩　李　林施艮三錢
李　旺施艮三錢　楊　支施艮三錢
臭水溝村
武成官施艮一兩二錢　楊　海施艮一兩　劉秉清施艮三錢　郭有法施艮三錢
黑狗背村
翟上達施艮五錢　于　禎施艮三錢　于　榮施艮二錢　趙生富施艮二錢
破對兑村
王　昇施艮一兩　薄福通施艮六分六錢　薄世富施艮五錢　薄　玉施艮五錢
薄福成施艮四錢　樊　重施艮三錢　高　明施艮三錢　劉　元施艮三錢
王萬有施艮三錢　薄世庫施艮三錢　王萬庫施艮二錢　張萬民施艮三錢五分
王洞才施艮三錢　王　根施艮三錢　薄世賓施艮四錢　王　璠施艮三錢
王萬民施艮三錢　薄世隆施艮三錢　薄效成施艮三錢　王存法施艮三錢

王天才施艮三錢　薄　富施艮三錢　張的官施艮式錢　王存理施艮三錢三分
張　印施艮三錢　張　仁施艮三錢
西葫蘆頭村
李三聘施艮三錢　李有金施艮五錢　鄭國安施艮五錢　鄭國有施艮四錢
李　起施艮五錢　李　玉施艮三錢三分　李有才施艮二錢五分
龍窩坡村
王三義施艮三錢　張　起施艮三錢　張　君　施艮三錢　劉士金施艮三錢
任士金施艮三錢　宋法富施艮三錢　王二會施艮三錢
董家莊村
高法儒施艮六錢六分　高崇儒施艮四錢　董　義施艮三錢　閆三娃施艮三錢
翟　明施艮三錢三分　張法儒施艮三錢　翟文起施艮三錢　張起儒施艮三錢三分
喬溝兒村
沈天福施艮三錢二分　張建儒施艮三錢三分
上答圪枝村
尚存理施艮二錢　劉　法施艮二錢　張文秀施艮三錢　張進禮施艮三錢
張世喜施艮三錢　曹文有施艮三錢　張六典施艮二錢　杜　林施艮三錢
張存義施艮二錢　梁貴文施艮二錢　王的富施艮二錢　張大世施艮四錢
劉萬民施艮二錢　殷　全施艮二錢　張大正施艮二錢　張維心施艮四錢
白草坪村
王成治施艮三錢
火燒溝村
張　恒施艮三錢　李尚金施艮五錢　白　富施艮五錢　黄　才施艮四錢
程　林施艮四錢　程　奇施艮三錢五分　王有安施艮三錢　白　昌施艮四錢
李　保施艮三錢　白□□施艮三錢
水圪坨村
樊　順施艮三錢　□□□施艮三錢　魏□支施艮三錢　□□□施艮四錢
□□□施艮三錢　韓□□施艮三錢　樊自□施艮三錢　劉□□施艮五錢
□□□施艮三錢　□□□施艮三錢　□　金施艮五錢　□　寬施艮三錢
温家莊村
樊　秀施艮一兩　李玉富施艮四錢　□□□施艮五錢　□□□施艮二錢
温□□施艮□錢　温□□施艮□錢　温展□施艮□錢　温□□施艮三錢
温廷弼施艮三錢　温廷□施艮四錢
□□堡村
王國祥施艮四錢　王大賓施艮三錢　王士俊施艮三錢　王作賓施艮三錢
王建忠施艮三錢　王士立施艮三錢　楊　連施艮三錢　王進寶施艮四錢
裴　夆施艮三錢　劉茂時施艮三錢　王創都施艮三錢　楊　贊施艮四錢
王創寶施艮三錢　王言仁施艮三錢　裴世□施艮四錢　王鳳太施艮三錢
王若賢施艮四錢　裴世封施艮三錢　王創民施艮三錢　裴世太施艮二錢
王創禮施艮二錢　王士臨施艮六錢　王希王魯施艮六錢
南莊莊村
□□□施艮三錢　薛生□施艮五錢　李樹才施艮三錢　□□□施艮□錢
趙□□施艮三錢　薛才聖施艮五錢　薛才盛施艮三錢　高　富施艮□錢
（碑阴风化严重，字迹不清，布施花名从略）

郭士英马氏墓碑

【简介】

清嘉庆十九年（1814）闰二月立于浑源城北 6 公里处的尧村郭家老坟。白灰色大理石质，圆首云头，回字纹边。碑高 138、宽 58、厚 18 厘米。额题“万古流芳”4 字。碑文中有多处人为破坏。

【碑文】

大清嘉慶十九年閏二月 穀旦

<table><tr><td rowspan="2">皇清勑授□□郎顯</td><td>考</td><td rowspan="2">郭</td><td>翁士英</td><td rowspan="2">之墓</td></tr><tr><td>妣</td><td>門馬氏</td></tr></table>

孝男郭琣立

塔儿村创建关帝文昌魁星观音五谷马王庙记

【简介】

清嘉庆十九年（1814）二月立于浑源塔村关帝庙内，现存塔村关帝庙中一库房内。青石质，圆首云头，回字纹边。碑高137、宽64、厚14厘米。座长73、宽43、厚28厘米。额题“永垂不朽”4字。由郭恒瑞撰文并书丹。

【碑文】

塔兒村創建關帝文昌魁星觀音五穀馬王庙記

從來城府之中，例建關帝廟並馬王庙；學宫之内，創建文昌閣與奎星樓。惟五穀之神例無專祀。然壇有先農，廟有八蜡，無然爲農事設，則以五穀神旁之亦無不可。至若觀音者，其由來無可考，大抵西域之神流入中國民間相沿而祀之，以故其庙所在多有。我國朝湛恩□歲，群生澍濡，而尤昭幽明爲一體，特借神道以設教。其在祀典者，今有司以時行之；即不在祀典者，□□民間自祭之。凡欲使生盛世者，明有所稟承，山有所敬畏，相與安居樂業，長享太平云爾。如塔兒村關帝君閣古所未有，今創始者也，其鄉之先人嘗歎建庙而未逮。至嘉慶十八年，閤村人等衆議捐材庀工，又復募化於鄰近，爰建庙一所，而列關帝、文昌、奎星之神於其前，並以觀音、五穀、馬王之神位其後。建禪堂，安住持。畫棟雕梁，奠朔方而表仁；翬飛鳥革，映川嶽以流芳，庙貌輝煌，耀人耳目矣。由是歲和年豐，民安物阜。斯豈非神靈之呵護者哉，豈非先人躊躇於數十年之前，□期成於數十年之後者哉？故以爲誌。

渾源州儒學生員郭恒瑞輯五氏沐手敬撰并書　係許村人

雙松寺　净山　施小錢一千五百

經理人　李先位　牛大重　李生翠　喬永金　張秉成

石　匠　徐　珠施小錢三千

木　匠　李進孝施小錢一千五百

泥　匠　劉清瑞

□　匠　楊永貴

塑　匠　王有旺施小錢三千

瓦　匠　仝　輅施小錢三千

龍神寺住持　善　友　周秉泰　施地六畝，坐落黄黍窩，又有聖地貳畝，共地八畝四分一。

住持僧　覺玄施銀五兩，係五台塔院寺人。

旹大清嘉慶拾玖年歲次甲戌又二月吉日

永垂不朽

塔兒村創建關帝文昌魁星[illegible]五穀馬王廟記

從來城廟之中倡建關帝並馬王廟學宮之[illegible]建文昌閣[illegible]奎星[illegible]惟五穀之神創無專記[illegible]

育先農[illegible]無[illegible]為農事設則以五穀神[illegible]亦無不可[illegible]者[illegible]其由來無[illegible]大抵西域

之神流入中國民識相沿而祀之以故其廟所在[illegible]有我國朝[illegible]恩[illegible]生[illegible]而尤昭山明

為一體特借神道以設教其在祀典者今有司以時行之即不在祀典者[illegible]閣自祭之凡欲使生

[illegible]世有關帝所[illegible]敬畏相與安居樂業長享太平云[illegible]如塔兒村[illegible]帝君閣古所未有今

創始者也其[illegible]遂廟而未建至嘉慶十六年閣村[illegible]衆議捐[illegible]工又復募化於鄰近

爰建廟一所兩列關帝文昌魁星之神於其前並以[illegible]五穀王之神位其後建禪

堂[illegible]住持畫棟[illegible]朔方而表仕[illegible]飛鳥革[illegible]川[illegible]廟[illegible]耳目美由是歲和年豐

民安物阜斯豈非神靈之呵護者哉豈非先人躊躇於茲[illegible]成於數十年之後者哉故

以為誌

涇源州儒學生員郭恒瑞[illegible]五氏沐手敬撰并書

[illegible]雙松寺淨山施小[illegible]一千[illegible]

李先位[illegible] 十大重[illegible] [illegible]徐珠施小[illegible]三千 [illegible]李進孝施小[illegible]一千五百

劉清瑞 [illegible]永貴

經理人李生[illegible] [illegible]王首旺施小[illegible]三千

香[illegible] [illegible]軒施小[illegible]三千

張秉成

[illegible]住持[illegible]周秉泰施地[illegible] [illegible]生落黃秉泰[illegible]施[illegible]又有香地式畝[illegible]四分一

住持僧[illegible]玄施[illegible]五[illegible]係五台塔院寺[illegible]

者

大清嘉慶拾玖年歲次甲戌又二月[illegible]吉日

重修神山寨庙宇碑记

【简介】

清嘉庆十九年（1814）七月立于神山寨龙神庙，现存白龙王堂庙内。青石质，圆首，顶雕双龙云头，碑边为缠枝纹。碑高150、宽62、厚18厘米。额题“重修碑记”4字。顶部左上角破损，右下部风化且破损。由贡生修职郎候选教谕刘士珍撰文并书丹。

【碑文】

重修神山寨廟宇碑記

嘗聞山不在高，有仙則名；水不在深，有龍則靈。是斯寨名神山，不在高而有仙也；溝環聖水，不在深而有龍也。先代創建、重修皆無可考，相傳有避兵禦變之事，固所稱雄峙一方，阿護萬民者也。國朝定鼎以來，我先祖漢章公、術公、煥公，於康熙五十一年幸值時和年豐，人物平康，故身任其事。僅募一村之貲財，頗補廢墜之殘缺。不知幾費經營，敬抒誠悃，東側之下泉水効靈，工動而涌出，工竣而遂竭，豈非諸神之感應乎？我等萃處此方，理宜承緒先人之業，往反山寨，頓昧聖像凋零之悲，因而目擊心傷，修理之責何敢辭焉？是以閤村公議：大厦之將傾，獨力難支；鄰鄉之募化，共成效速惟是。凛凛於聖帝加封之榮，惕惕於龍神易位之舉。雖亦虔誠卜祝，恐致疎略之罪。然必奉疏以告，始行移請之事者也。於是謀議克諧而神聖安位，永蒙庇護之澤。廟貌巍焕，金像莊嚴，群仰輝煌之觀。庶幾繼續，前烈焕然一新，不致墻傾瓦解聖像凋殘也已。然而山形有常，人事易逝，不敢以今日之功勝於古昔耶，使古人之業不墜今人已耳。自此以往，若轉舊成新，踵事增華是深所望於後人者也。刻石兩通，一以誌衆善捐貲之美意，一以續先人竪碑之誠焉尔。是爲序。

恩榮己巳年貢生修職郎候選教諭劉士珍撰文并書丹

一宗　磚瓦木植顔料共合錢一百廿三吊

一宗　人工驢工吃用共合錢一百四十吊

一宗　各行匠役工資共合錢一百五十四吊

一宗　油酒柴炭并開光花用合錢一百九十八吊

一宗　捐本村鄰村布施共合錢六百零五吊

經理　甲子科武舉劉攀龍　劉紹漢　庠生劉岳　劉清素

木泥匠　劉致邦　劉立邦

石　匠　王天位　徒李有福

油塑匠　侯俊　張輔

住　持　玄杞　徒孫清寛

大清嘉慶十九年歲次甲戌蕤賓之吉旦立

皇帝遣太常寺少卿桂龄致祭于北岳恒山之神碑

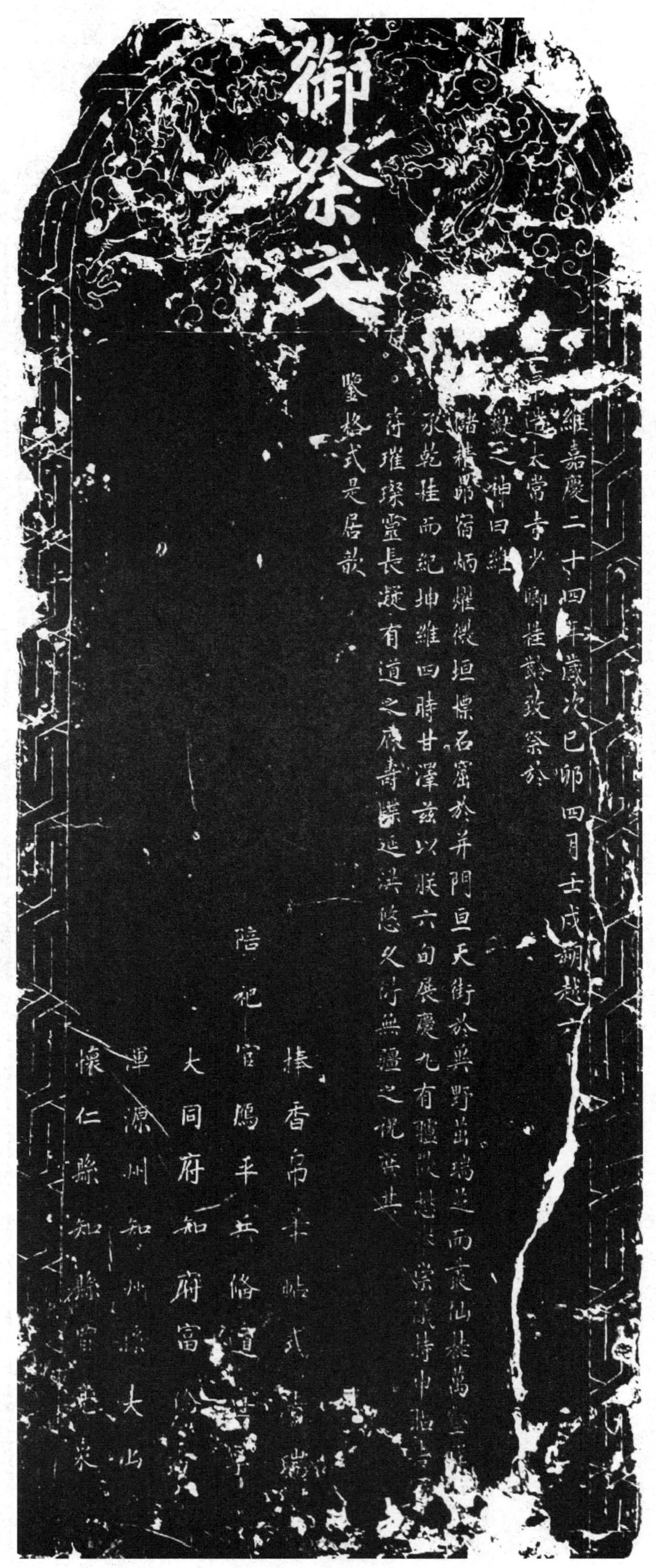

【简介】

清嘉庆二十四年（1819）四月立。存恒山恒宗殿下。碑为青石质，圆首方座，回字边。碑高174、宽65、厚14厘米；座高40、宽54、长73厘米。由浑源州知州孙大山等立石。

【碑文】

御祭文

維嘉慶二十四年歲次己卯四月壬戌朔越六日，皇帝遣太常寺少卿桂齡致祭於北嶽之神曰：維神儲精昴宿，炳燿微垣，標石窟於并門，亘天街於冀野。茁瑞芝而叢仙桂，萬壑祥雲；承乾桂而紀坤維，四時甘澤。茲以朕六旬展慶，九有臚歡，懋舉崇儀，特申昭告：

寶符璀璨，靈長凝有道之庥，壽牒延洪，悠久衍無疆之祝。庶其鑒格，式是居歆。

捧香帛筆帖式清瑞

陪祀官鴈平兵備道世寧

大同府知府富倫布

渾源州知州孫大山

懷仁縣知縣賈亮采

恒山诗碑

【简介】

清嘉庆二十四年（1819）四月立。镶于恒山会仙府西墙体。碣高71、宽95厘米。由上海□□题书。

【诗文】

雨晴天似沐，遥巖翠紛滴。策蹇踐夙邀，幽尋勇無敵。
紅坡倏在目翠屏山足有红土数丈，俗名红煤坡，風泉聽噴激。
心知磁峽近，隨境欣所覿。飛甍構何年，俯空寺在壁。
入山兹方始，未暇問卓錫。兩崖徐束身，衆巒互張羃。
壑底天晦暝，時恐走霹靂。蛟龍倘逼人，赤手誰□擊。
側聞太白祠，岩雲護翠甓。壯觀留巨筆悬空寺道左石壁有李白“壮观”二字，斯人久寥寂。
同諸君游恒嶽入磁峽作

修綆朝朝百丈牽，一泓今古自澄鮮。
神龍亦解在山好，不逐青雲飛上天。
潛龍泉

玉局冰絃付渺冥，石臺漠漠數峰青。
我來散髮雲端坐，晝聽松風夜玩星。
栔棋臺

借問仙壇上，仙人幾度來。我隨元鶴至，採藥碧山隈。
檜老階前立，雲閒洞口堆。石扉曾不閉，解帶一徘徊。
會仙府

看山倏以暮，古觀且銜杯。岩月鐘何處，松風鶴下來。
道人能記憶，往歲此徘徊。始信重游好，新詩對佛裁。
宿道院

開窓納嵐影，遠勢望中分。野鳥響空翠，山人耕白雲。
游心渾太古，對酒有同群。盡日晴疑雨，松濤萬壑聞。
道院閣中作

山中細雨歇，客子幽興劇。往者誰采芝，斯境聞最僻。
褰裳幾同儕，相戒毋踐屐。雲穴嵌壁高，其北離咫尺。
撥莽微得逕，紆迴蛇行澤。後趾緣前踵，俯肩乃聳脊。
高長梢及眉，棘暗刺妨額。心虞虎豹叢，風號舌頻咋。
一步足一憩，短笻莫可掖。險歷昧近遥，力殫忘採摘。
松根絡石密，瑶草何處碧。暗谷稍稍泉，唇乾獲瓊液。
莫云精力疲，聊遂登頓癖。
紫芝峪

直上危樓心魄驚，斷崖削壁競交撑。平蕪西望一千里，老鶴下來三兩声。
洞口雲奇還肖佛，松間瀑古恍聞筝。仙人不見殷王子，蓬虆連天拂畫楹。
登舊殿左岩軒鶴樓

採得元芝荐一觴，巍然榱棟仰輝光。山中日月黄冠老，杖底風烟白鳥翔。
萬嶺松花寒颯□，九天仙樂響玎璫。蒼巒南望還奇絶，便擬乘雲下太行。
上恒宗殿

振衣直上俯荒遐，踏破峰頭萬丈霞。紫府極天盤鸛鶴，黄河劃地走泥沙。
雲端仙客吹笙過，頭上紫星信手拿。會御長風游碧落，笑看塵海幾人家。
登恒嶽絶頂

入山不厭深，出山稍若速。是日風揚沙，勢并欲拔木。
仙人亦何處，歷歷墳在目。嶽脊人少行，境險路誰熟。
避棘斜聳肩，践磴窘移足。壁危無懸蘿，崖嵌或類屋。
怪禽毛帶青，野鼠眼炫緑。俯瞰絶壑中，隱隱走群鹿。
紆廻已千折，云方在山腹。木老更陰森，石怒互抵觸。
兩旁洞深竅，保無猛獸伏。吾生命微賤，終作牛觳觫。
頭上雷屢轟，脚底雲亂逐。冷雨落如注，襟裙泥塗辱。
下山始及晴，綺霞散林麓。回首萬仞岡，逍遥翔黄鵠。
大風由仙人，墳緑嶽陰尋。
上下山遇雨
嘉慶己卯閏四月仲澣　上海□□

重修北岳恒山庙记

【简介】

清嘉庆二十四年（1819）四月立。存恒山恒宗殿下。碑为青石质，圆首缠枝纹。高183、宽65、厚14厘米。额题“重修碑记”。由知浑源州知州孙大山撰文。

【碑文】

重修北嶽恒山廟記

四山環繞而中央下者渾源城也，其東南堅凝厚重者恒也。予少時有志於五嶽未及游。乾隆乙卯歲，任河南爲登封令，得瞻中嶽嵩山，其瑰奇壯麗，爲天下之山之所拱向赫赫矣。後于役蘭州過華陰，又幸睹西嶽，而知華與嶽並見於子思之書，其形勢同，皆罕有倫比。然予蒞登封僅月餘，出華陰又爲過客，不得致誠盡禮以奠酹於二山，并登絶頂以極觀覽焉，則景仰之志未已也。己亥夏來守是邦，登其堂，與恒面居，朝夕聽政，時兢兢然如有所鑒，然則山之精爽神明可概見矣。人之論山者，必曰草木蓁茂，謂山之多生殖也；又曰突兀萬仞盤居千里，謂山之巍然高且大也。然而人知山之功與勢，而不知山之靈；人知山之靈而不知恒山之靈之尤異也。夫以畢昴之精居北方，上應元武其位定矣，得天地嚴凝之氣其體正矣，爲萬物歸藏之所其用神矣。其在《易》曰□□□，又曰恒亨利貞，取諸恒久而不已者如是哉。自宋時遷恒之祀於曲陽，錯僞謬濫不知所宗。我朝始釐正之，因而大建廟宇以爲神霱，百餘年來，歷歷修舉，迄今己卯歲爲我皇帝六旬萬壽，命大臣禮於方嶽，予職守此土，因淂登山視事，然其墻垣宫室咸以近時踈於整葺，殘缺者十有八九，非所以承聖天子修明禋祀之旨，奠山靈於漠漠也。用是請於郡守，聞之方伯，并藉士民之力以更新繼舊，而觀厥成焉。庶幾四方之人聞而至者，見夫廟宫美蕾，知我國家有崇祀名山之典，北嶽有□威嚴奠安鎮撫之神，而予景仰之志，亦於此淂過半矣。

誥授奉直大夫知渾源州事藍田孫大山撰

董事　監生孫旺棏　貢生栗滠　武舉黄國治　武生姚廷杰　李士修　吕繼曾

廩生戴世文

嘉慶二十四年歲次屠維單門孟夏之吉立

闔州紳民捐資姓名太繁不及備載

恒岳诗碣

【简介】

清嘉庆二十四年(1819)十二月立。存恒山会仙府东墙。高42、宽42厘米。由汤贻汾撰文、书丹。

汤贻汾（1778—1853），字若仪，号雨生、琴隐道人，晚号粥翁，江苏武进人，居南京。清代著名书画家。祖及父均以死效忠清王朝，他世袭云骑尉，做过三江守备地方武官。太平军攻陷南京后，投水而死。擅画山水，亦写墨梅花卉，笔致秀逸。兼工行草魏碑和诗。与戴熙并称“汤戴”。著有《琴隐园集》《画筌析览》等。

【诗文】

恒嶽

六月鶺鴒裘，凉風黑帝秋。亂雲生馬足，獨立衆峰頭。
西壓崑崙塞，南臨十二州。得閒窮五嶽，便欲到浮邱。

恒麓馬上

華裡青帘沽，經過數舉杯。路從郇口盡，山到馬頭開。
澗水隨人去，鐘聲帶雨來。高吟過恒嶽，峰頂落春雷。

嘉慶己卯十二月毘陵 湯貽汾雨生甫并書

善施碑记

【简介】

清道光元年（1821）十一月立。存西坊城关帝庙。碑为青石质，圆首方座回字纹，高138、宽69、厚18厘米。额题“碑记”。丁郁文撰文，孙光先书丹。

【碑文】

盖聞前人立規業基於創始，後人奉制功歸於守成。自制産安民，而西坊城之村以名，即有官灘草廠之界以立，東至馮郭二姓，南至王興世南截，西至正山道，北至堡墻北截，北至裴村道，西至堡墻。其村中户口紛紛，彼也掘泥土，此也牧牲畜，其彰名較著，自古爲昭矣。□□村人辛居正，時當束手，爲勢所迫，未審在己之據，突起出售之情，於嘉慶二十四年，遂將此灘出賣於楊姓父子名下。今村人芻牧無地，泥土無資，出入無間，□□□尤過其地，無不觸目傷心，思其情，無不此嗟彼怨。由是，于廿五年村人公議共擇領袖爲辯曲之人，各出資財爲盤月之費，併將辛居正於廿一年所賣之講道渠同詞并控，由州及府、由府至院，原案仍歸州衙判斷，莫逃公□。蒙州王孫太爺官印大山公愛民之情。謀無訟之漸，雖講道渠同屬公産，發買主□□不妨從權姑緩，惟草廠逼近村莊因地居其要，先爲遵憲追還。自是而□□□□□，其物仍需乎其澤，名則一村争奪之力，寔則三官庇覆之靈也，彼前此之所横爲估賣者，皆因年遠無徵，遂至相沿以滋其事也。至今而後，倘不鑒其前非，以流傳於後世，而或復有故轍之蹈焉，豈不追悔無及哉。於是，凡村中一切善施聖地，並作文誌之，以垂不朽云。

廪生丁郁文撰　孫光先書

興詞人　王治世　馮相

石匠　王興世

大清道光元年歲次辛巳十一月十八日穀旦

石刻柱联

【简介】

清道光初期（约道光三年，1823 年前后）镌刻，现存城内文庙后院西墙下。青石质。高 155、宽 32 厘米。

【联文】

至樂無聲惟孝弟；

太美有味是詩書。

重修北岳恒山绅士行户布施碑记

【简介】

清道光初年立。存恒宗大殿下。碑高222、宽75、厚16厘米，青石质。额题“永垂不朽”。

【碑文】

重修北嶽恒山紳士行户布施碑記

任儼施小錢貳百一十吊　栗潛施小錢一百七十吊　楊鳳翥施小錢一百二十一吊　耿瑝施小錢一百九十八吊　楊全義施小錢一百零五吊　楊毓桂施小錢□□四百　程化周施小錢八十四吊　孟相齊施小錢八十四吊　楊椿友　楊梅友　楊百裹施小錢七十一吊　程尚　陳復禮　陳復□　陳復□　李玥泰以上各施小錢七十吊　李世亨　張祉以上各施小錢五十六吊　翟世璠施小錢五十二吊　白壁英　張大文以上各施小錢五十吊　陳直施小錢四十九吊　高岱施小錢四十八吊二百　仝步蟾施小錢四十五吊　陳明　翟桂馥以上各施小錢四十二吊　李春□施小錢卅吊　白魯　葛如蘭以上各施小錢四十吊　孫占魁施小錢卅六吊　張懷珍施小錢卅五吊　李成基　張書升以上各施小錢卅三千六百　趙守業　劉大章　張法以上各施小錢卅三千　白永齡施小錢三十兩　郭士昇　郭居岐　季得貴　田望雲以上各施小錢二十八吊　楊法　許長樂以上各施小錢□□五千　張禄　葛繼顕以上各施小錢二十四吊。

當行

三合成　永昇矗　永矗聯　永焕矗　永聲益　景德義　萬和美　興成毓　三和德　復昇純　萬成義　毓美德以上各施小錢四十二吊　天合義施小錢三十吊

四鄉當行

永順天　萬盛川　源恒當　萬升當　永安矗　合順當　源泉映　繼成當　增盛川　永昇當　永慶當　豐盛當　永義當　恒茂當以上各施小錢二十一吊　東盛當施小錢二十吊　永成亮施小錢廿一吊　德成當施小錢三吊。

裱行

東永隆　永隆焕　永發裕　合順元　天章文以上各施小錢三十五吊　天順義　永成隆以上各施小錢三十五吊　忻州慶泰公孟望齊　蔚州廣

成瑞以上各施小錢廿一吊　三裕德　興隆功以上各施小錢廿五吊二百　三成公施小錢卅二吊三百　三德和　樂全美　同興元以上各施小錢廿八吊三百卅　天佑當施小錢三十吊　新盛恭施小錢廿二千三百文　永合珍施小錢二十二吊　天元店　永盛店　三盛店　常盛店以上各施小錢十八千二百　東永昇施小錢十五吊　三盛和施小錢十一千六百

缸房行

三泉益　永全盛　合成羡　儀盛鳴　光全儀　東盛明　德盛雲　南雙德　山永裕　恒榮功　和義明　元成美　永成信　元恒盛　永公焕　永泉焕　萬福昌　山玉美　樂盛雲　元成雋　三泰和　北三和　三義和　南三和　同新美　毓元缸房　永恒缸房　永成缸房　永興缸房　天元缸房　萬和缸房　天德缸房　萬恒缸房　萬成缸房　永和缸房　中和缸房　永世缸房　毓和缸房　永盛缸房　萬元缸房　萬通缸房　萬順缸房　萬億缸房　萬興缸房以上各施小錢十二千六百　永豐號　全盛澧　萬隆旺　山成玉　劉紙房以上各施小錢十二吊　三榮缸房　□□成　□□□　□□□　北□德施小錢十二千六百　西興缸房　正元缸房　萬德缸房　萬承缸房　□成缸房　醇美缸房　興盛缸房以上各施小錢九吊　大盛明施小錢八千三百卅　永慶店　萬和店　永世店以上各施小錢八千四

大同恒盛良毛□德以上各施小錢廿吊　萬興魁施小錢廿二吊六百　復興成　東義合　廣德裕　興順發以上各施小錢九千八百。大同永昇裕施小錢九吊二佰　世恒鳴施小錢九吊　萬儀永　隆成世　元恒裕以上各施小錢八吊四　隆盛永　張帽舖以上各施小錢八吊　安繩舖　福星肉舖各施小錢七吊二　合順缸房　聚成缸房　永泰缸房　恒茂缸房　四合木店　山成木店　趙山貨舖　安山貨舖　陳山貨舖　孫山貨舖　唐山貨舖以上各施小錢六吊三　中和店　光義成　光義永　永明德以上各施小錢……永聲連　宋帽舖　西盛號　三盛缸房以上各施小錢五吊　景德店施小錢九千五佰　雙德鳴施小錢九千□□　永成店施小錢五千二　侯大餅舖　明盛餅舖　侯二餅舖　永茂餅舖　□合餅舖　雙成餅舖　高餅舖　張餅舖　黄餅舖　廣成裕　三成永　常盛公以上各施小錢五千六　義和盛施小錢三吊　萬盛缸房　大德缸房　運成缸房　興盛號　（下批）顧官缸房　恒隆茂　合盛成　玉成世以上各施小錢四千五　恒盛茂　天慶義　天益元　尚餅舖　高帽舖　永順染房　□百厚染房　□□□以上各施小錢四千　翟德喜施小錢三吊　復元成　□和成　源順缸房　集成缸房以上各施小錢三千六　雙承義　沈餅舖　吴餅舖　孟餅舖　王餅舖　徐大餅舖　萬義餅舖　萬成餅舖　三順餅舖以上各施小錢三千五　三盛葜　黄帽舖　喬帽舖　常帽舖　來席舖　張席舖　李繩舖　高繩舖　天合成　永盛紙房以上各施小錢三千　毓成公施小錢二千八百文　侯三餅舖施小錢二千六百文　徐餅舖　王油房　宋油房　沙河李油房　西門李油房　徐油房　仁德堂　和合堂　天玉堂　張帽舖　馬染房　保合堂　萬和餅舖　廣合油房　新盛染房以上各施小錢二千五　山□玉施小錢二千四百　胡紙房　三成□　三合堂　郭肉舖　李帽舖　武帽舖　孟帽舖　郭帽舖　馬帽舖　三盛帽舖以上各施小錢二千文

創建观音殿奎星楼碑记

【简介】

清道光三年（1823）十月立于浑源城南黄土坡村东的观音殿，现存该殿废墟之中。青石质，圆首，缠枝纹。碑高155、宽62、厚16厘米。额题“用垂久远”4字。风化严重，字迹漶漫不清。由东威毛村儒学增生李桢撰文并书丹。

【碑文】

創建觀音殿奎星樓碑記

東威毛村儒學增生李楨撰並書

從來善作者，必因其地；善備者，必稱其時。地之坦者功易成之，時之和者功易就之，此千古興作之常規也。黄土坡村北山之陽有三官庙、文昌閣二所，已建於嘉慶四年，至道光元年又建观音殿、奎星楼於其庙。則盖以观音者察世之善惡，奎星者掌世□□□□□□□作庙以奉祀也。但此地上有石山聳然而峙立，中有幽壑窈窕而深藏，下有清泉脩然而仰出，地非平坦之地矣。且時值盛夏，土潤溽暑，大雨時行時非，和煦□□矣，興作必或難矣。然而至誠可以格天，大德必得神佑，善念可舉衆志僉同，一村可展其力，四鄉□助其財，疏泉鑿石，厚其基址，勤其垣墉，崇其堂構，餙其藩籬。塑神像、畫神功，自六月以至九月而庙已成矣。焉知所謂地非平址之地，時非和煦之時，而竟能成其功者，是雖人力之所爲，寔則神灵之默鑒也。爰是作序，以垂永世。

耆賔□□召　耆賔徐廷靖　監生□玉　三人共施七尺柴檩十二條　丈二柴柱兩條

整理人　徐廷柱　徐廷選　徐廷□　□□□　□□□　□□□

石匠　徐珠　子豐年　大年施錢五千文

木匠　李林茂　侄李　蔭施錢二千文

泥匠　王賔施錢二千五百文

瓦匠　劉伏成施錢一千文

塑畫匠　王琦　侯璧　施錢貳千文

大清道光三年歲次癸未孟冬穀旦

住持道　王合相

用垂永久碑

【简介】

清道光初年（约道光四年前后）立于浑源东坊城乡大板沟关帝庙，现存该启内。青石质，圆首方座，云头，缠枝边。碑高 128、宽 56、厚 14 厘米。额题“用垂永久”4 字。下部风化严重。

【碑文】

賜進士出身奉直大夫知渾源州事今陞刑部直隸司員外郎嚴慶雲施銀肆兩

渾源州吏目蘇廷楷施銀貳兩

修道會首　武信郎　張澍　殷登

麻黄溝官地，東至龍山閉，西至溝口白石崖嘴，南至梁頂，北至梁頂。

西十字官地，東至雙山子東溝梁頂，西至楊家溝梁，南至梁頂，北至河溝。

土灰溝官地，東至梁頂，西至溝門，南至梁頂，北至梁頂廟。

修廟會首　周覆明　徐義　高發　張禮　焦祥　李生廷　國學生　周全　庠生禹用中　庠生穆肇姬　武信郎　張乾　庠生王者相　國學生仝智　李三恭　郭義　馬維元　穆迎貴　王恭　王登吉　郝榮

匠人

石匠　王玉　王大興

泥匠　周邦漢　范世英

木匠　李生榮　穆代

塑匠　杜大華

油匠　李伸

瓦匠　李寶財

住持僧　洪昌

善友　張九貴　聞起　趙官

显考碑銘并序

【简介】

清道光五年（1825）二月立于浑源城西郊之黄家坟，现作为水渠砌石存于浑源城西原黄家坟附近。青石质，圆首，回字纹边。碑高118、宽60、厚15厘米。额题“没世不忘”4字。碑首同碑体间断裂。

【碑文】

顯考碑銘并序

子連臺述

噫！吾先祖之子惟吾父一人而已。幼而明敏，長復剛直。當弱冠時，以弓馬勇而名列郡庠，厥後鄉闈未售，雖不獲大用於朝廷，而超超品望於家庭里巷之間，其正直有堪風者。壯年後生吾兄弟五人：胞兄文臺、胞弟元臺、胞姊妹各一。以道光乙酉年二月初五日遘疾不禄，壽終正寢。嗚乎！有識者莫不云良木其壞、哲人其委矣。春秋五十有六。

君張氏本郡志仲公之長女也，備習禮法、潔差蘋藻，其治家也有道，其教子也有方，後□□□喪八年終於内寢。

不孝之臺，永矢弗□，敬爲勒石，爰叙實録以祀焉。銘曰：

餘慶未已，厥生先子，名未大成，没恨泉裏。其一

顯妣禮則，當時見美，□□於□，徽音用紀。其二

荣赠介宾曾祖翟士珠孺人徐陈氏墓铭

【简介】

清道光六年（1826）正月立于许村翟家老坟，现存许村双松寺院内。青石质，圆首，云头，缠枝边。碑高135、宽61、厚29厘米。碑阳额题“皇清”2字。碑阴风化较重，为云头回字纹，额题“水源木本”4字。

【碑文】

（碑阳）

榮贈介賔曾祖翟翁諱士珠孺人徐陳氏墓銘

祖來岐　鳴岐　鳳岐　儀岐

曾孫桂馥　桂馨　敬祀

（碑阴）

嘗聞物本乎天，人本乎祖，孫之有祖猶木之有本、水之有源也。祖之有孫猶□之□□，水之有分泒也，昔我□祖持己待人，既足爲一門之令範，興家立業，又堪爲累世之儀型。孫概慕流連，寤寐難忘。爰勒之金石，播之聲詩，□耀後世，而垂無窮，豈徒衆一家之觀瞻，眞閭里之仰望哉。將□隆報本之文，深追遠之志焉耳。

大清道光六年孟春月吉日 立

水源木本

布施碑

【简介】

此碑立石时间约在道光七年(1827)，存北岳恒山崇灵门处。碑高206、宽70、厚19厘米。额题“永久”。青石质。

【碑文】

馮樂施小錢七千六百文　黄萬年施小錢七千五百文　孟成　任天喜　穆喜　熊龍章　張禹　以上各施小錢七千文　石□□施小錢六千文　李光元　孫大成　李正儒　名然　李□　孟子修　王尚志　□□海　包貽謨　熊懷珍　李永全　李泰□　孟富財　郝尚貴　孫德光　李德合　杜光舉　吴殿明　史光宗　李成富　張大金　薄安　姜三重　湯任賢　李玉吾　張建功　王翠　靖寧和　翟永安　左克岐　孫章錫　李天會　劉洪先　張伯淳　白福通　以上各施小錢四千文　劉斌施小錢三千□百文　武文　晋紹文各施小錢三千七百文　張富　□□　靳守富　以上各施小錢三千六百　陳宗仁　常天錫　陳進遠　方伸　何義　劉老五　張天全　王禮賢　李林　劉懷進　王喜進　傅吉　以上各施小錢三千四百文　□□　張恒瑞　各施小錢三千四百文　王存仁　郭步文　靳守□　張成宗　穆兆純　任通　郭映乾　侯朝　王□　麻必興　王江　言□相　白□基　李進智　賈登成　喬尚昇　喬尚英　武□文　金萬有　高□威　李潤厚　郭滿　□□　程世興　劉天義　高□□　任□□　趙□　陳兆熊　田時治　王憲　曹述旺　劉澄清　于讓　張福聖　張宗聖　劉文棟　李袍　王生榮　張虎　馬驥　張謨　盧天申　于化龍　左銘　郝福連　王國□　郭成國　馬聰　鄭殿□　龔尚維　龔義合　白老七　劉恩仁　王堂　□□釋　□□鐵匠　李天□　張倫元　吕進忠　李二鐵匠　王從豈　王□武　牛純連　郭茂桂　郭桓　賈興邦　王維周　王輔世　李光元　趙九儒　韓名　潘文通　潘文元　王存周　張盈　孫尚舉　王道成　劉加貴　劉爾功　郭岐　温尚金　左通年　白英　牛大德　陳謨　趙俊　任仲　任有　姜大　趙金保　樊世宗　吴福周　白日興　楊榮　陳國貞　李清　海福　王安仁　王璟　王順　王永太　楊玉　李玥　李正華　張鼎正　趙國珩　王進寶　史玉璽　史尚江　熊存元　熊伯　潘起蛟　黄星臺　趙連元　張天海　李清源　張明　劉全　王學元　翟永全　李自明　梁成宗　白進喜　雷福　石正通　王世昌　以上各施小錢三千文　劉珍　劉體仁　李常興　黄印　以上各施小錢二千文　仝美峻施小錢□□□□□　合盛□施小錢二千文　張存依　侯天育各施小錢二千五□　白正　趙清雲　牛恒泰　任發根　辛文彩　孫林芝　張存粟　樊黨　翟庫　劉義　楊玉　陳連　劉喜通　高秉勖　張忠信　梁酒房　曹遷佐　任福成　牛明遠　馬成龍　李枝雲　杜成　趙□　張汝楫　王自明　袁天旺　陳業　李士洪　李國生　王天貴　張喜□　高文奎　王天寶　楊聚德　葛禄　孫宣　趙興明　曹珍　葛清香　張文秀　趙枝　穆崇　穆進賢　劉忠元　高起富　鄭寬　劉殿龍　李中　穆林　以上各施小錢二千文　王染房　常盛店　吕□　鄭染房　永和園　任德珍　程兆鵬　左翠基　張道全　李萬珍　山成店　孟大店　德全店　永全店　左大金　張文明　張福生　王自璠　牛成童　孫永太　陳進榮　郭攀龍　白全照　王正興　張天太　侯家榮　王廷珠　王吉　李申　陳恩太　義成店　□成鹽　李繩房　□□□　白□□　邢□偉　四合照　以上各施小錢一千五百文　葛忠　喬高陞　楊玉各施小錢一千八百文　吴福焕　牛霞振　吴進富　段金　靳玉榮　郭直　韓明　陳愷　□瑜　許尚　石天叙　龔元　劉桐　李銀樓　楊克昌　鄭愛仁　張子義　□清　□東昇　李考明　郭□瑞　范尚禮　□太　趙□□　仝有　李生本　李得本　熊尚鰲　李成明　曹喜明　張嘉謨　申滿良　范繼德　郭旺　廣舉　王德□　李永清　張□　□志光　馬元龍　陳□銘　王廷中　□厚仁　高明　鄭寬仁　榮棟　李萬義　李萬有　李杰　包世祥　韓昭　郝自學　李生　□□太　李良仁　田□俊　□□泰　楊□　李相　趙生　趙金庫　孟師叔　張履忠　張伏忠　劉興業　高斌　王法銀　張成□　劉清直　楊富林　李文昇　高世偘　□慶　宋會　宋義　郝天潤　李明　李亮　劉兆林　張所善　秘摇　唐俊　劉成雨　張□　王天成　許楝　穆玉憶　王富　□印　□

孝　□崇富　李州　□□□　張□　杜興成　雷亮　田進喜　田金　田艮　張成　姚發　姚貴　姚□恒……藏□　郝世俊　傅盛　劉崇印　高尚明　張進忠　陳錫五　薛艮　王敬　薄攀桂　徐尚義　左鴻基　楊富德　侯贊元　劉昭　張珍　牛步雲　李□□　□□□　張□智　王有文　珠琦　□大户　喬永興　秦官　□□　郝□　吉文　□□□　劉鋭　李艷　□□寬　孫光前　麻逢元　麻逢全　楊全　左普　張立科　關萬全　安永順　張文桂　高萬興　范齊賢　孫士進　白凌雲　高文勲　張存正　張連　楊成　賈常　耿喜　仝福　劉潤　郭倉　田的□　徐上美　□熊　郝鳳龍　以上各施小錢一千五百文　余肉舖　存仁堂　張染房　翟餅舖　世興店　楊糧籽房　以上各施小錢一千文　曹老三　趙起文　葛仲　劉仲　李斯立　董雲喜　郭仁湧　高培功　高天相　牛步月　王貴　李清　郝自通　郝自寬　張平世　張守基　王天富　王培先　張仁　□□仁　以上各施小錢一千八百文　田餅舖　元恒餅舖　北自成店　各施小錢一千文　合順鳴施小錢□□□　李敷桓　李暢恒　馮永濤　麻艮　許棟　郝富　薛文秀　左集祥　王廷俊　李登恒　李重蟾　李儲男　田恒　侯英　王翔　李全□　牛鐘世　牛和世　左得深　以上各施小錢一千四　温餅舖　金餅舖　德盛舖　雙成功　福源號　天錦□　以上各施小錢九百文

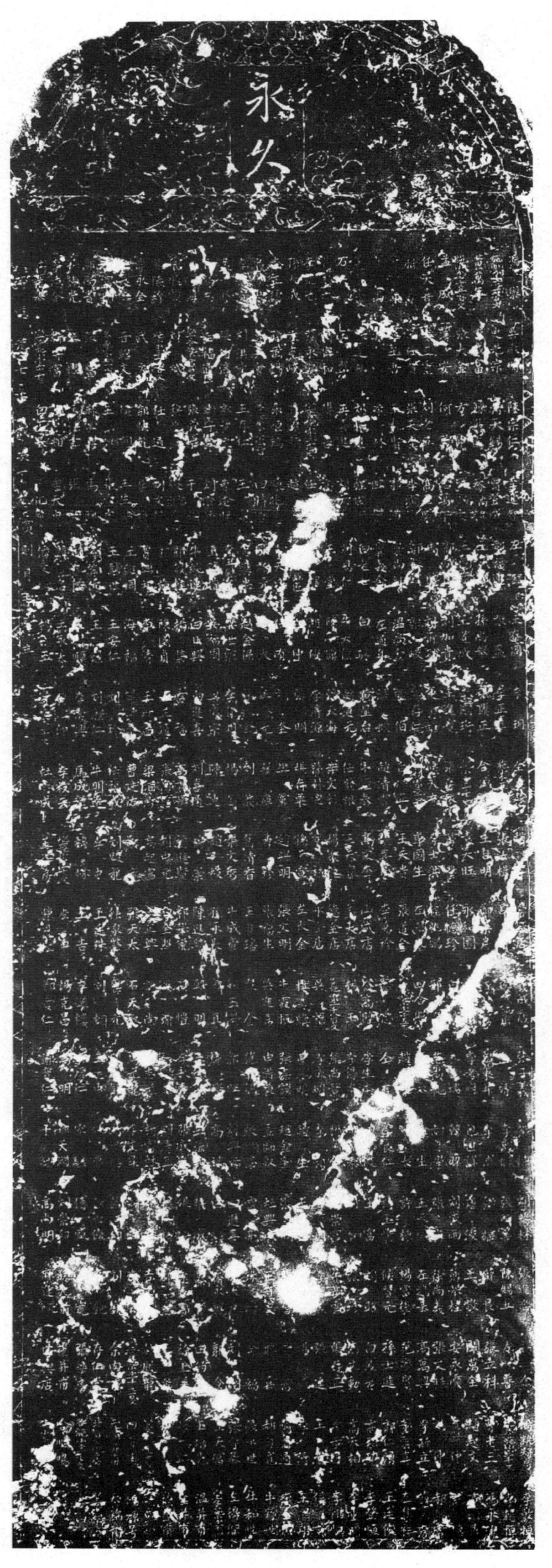

重修北岳恒庙记

【简介】

清道光七年（1827）九月立。存恒山大殿下之崇灵门。碑为青石质，圆首方座，上雕盘龙，边为缠枝纹。高 153、宽 71、厚 17 厘米。额高 72、宽 73 厘米。姚克□撰文、书丹。

【碑文】

重修北嶽恒廟記

《易》曰：雷風恒君子，以立不易方，大不易方恒象也，於雷風何所□□，豈非以其鼓，羣靈昭宣元化，自有不疾而速□。余窃因是以考恒嶽之山。恒之衛爲貞，有大道化成之義，嶽之方爲坎，具出雲降雨之功，且其拱翊京師，□虧邊野，又□□□，嶽所能擬議，是以聖天子歲命使臣修方祭之儀，陟其高山，天章輝映，典至鉅也。恒峯故有嶽廟，余於壬午春來典是州，瞻謁之餘，窃傾頽無以妥神靈而肅籩豆，即欲鳩工相度，歲比不登未遑也。越三載屢獲有年，乃授成民而後致力之義，集紳耆而告之曰：“夫神在天垂精於畢昴，在地作鎮於邊圉，而在人則司水旱疾疫之事。其有禱必應者，散見於歷代之史，與西方之有同人民。今余與二三子咸獲嘉祉緊神力也，人庇其庥，而神不康其祀，於典無乃闕乎。”遂首捐廉奉倡，闔郡人士亦復踴躍捐輸，共勷厥役。乃擇廉謹者經理出納，毋隨工毋廢時，逾年工告成，而請余爲記。余維嶽神之代天宣化，其功莫可紀已。特進推其恒久不已之義，俾知綿延萬禩，與國咸休，立我烝民，莫非爾極，則後之守兹土者亦宜凛有舉莫廢之工，既勤垣墉，惟塗塈茨，相與嗣而葺之，用以答神休而昭來許也，則恒之時義大矣哉。若夫曲陽大茂之辨，虹橋雲路之觀，前人之述詳矣，余可無録焉。是爲記。

授奉直大夫知渾源州事加五級紀録十次王志敬　施小錢伍萬文

董事人　廪生戴世文　永焕矗　興成毓　三裕德　興隆功　姚廷杰　天合義　永聲益　東永昇　永合珍　監生孫旺棡　三合成　萬成義　永發裕　永隆焕　武舉黄國治　三和德　復昇純　東永隆　天章文　監生吕琮　永矗聯　萬和美　合順元　永成隆　景德義　毓美德　天順義　雙德鳴

大清道光七年歲次丁亥夷則月　吉日立

重修千佛洞观音阁钟鼓楼并南北庙碑记

【简介】

清道光七年（1827）十月立。存千佛岭千佛寺。碑为圆首青石质，有残损。高152、宽67、厚19厘米。额题“万古迹”。浑源州儒学庠生 梅□□撰文、书丹。

【碑文】

重修千佛洞觀音閣鐘鼓樓并南北廟碑記

渾源州儒學庠生 梅□□撰書

□□渾郡誌書所載，每云千夫□□，如□□等□□竇峯等寺固十大寺之數也，至於城南□孤峪創建千佛洞一所，亦何年□列十大寺之數哉，□□□□□建之其用心是建而且□也，殊□至矣，其北倚孫龐二寨，古跡雄然而有據，其南通板方古寺，□屋□續而當雲其東西二地□□□塔二座，其八方之拱維，繞重屬高，□□□□□□□相兼之，寺前寺後清流曲件，□□當其時届春光。又聞鳥鳴嚶連，繼如縷儼，有□管同□之雅韵也。美哉善哉！□□□之造□秀，然□猶實飛狐峪之一大觀已，但地址高崗風猛雨驟，勤修易毀，大上創修不絕如縷，儼有嘉慶十八年重修過，迄今十有□載矣。聖像垣墉摧殘剥落之致，閤寺僧衆早已目覩而心傷，雖有附近居民，第人烟寥落亦之莫可奈何也。已□而延□□□六年春，寺中住持協同金峯店、龍嘴、楊家莊三村衆善民，虔誠募化十方資財，幸而蒙默佑，厥工告竣。今時際刻石竪碑，向今□□□方丈而作序，姑以□衆□□□□□名，不□竇□。

□蔡捐錢壹□□　□張捐錢叁□□

龍嘴村　金峯店　楊家莊

三村會首　萬興　張君常

經理帳目

任甲榮　楊占奎　劉　震　牛化虎　牛化龍　牛化世　劉化蛟　李偉　□禮　張日榮　□□金

各泥畫瓦匠

王玥奎　張玉英　劉永元　馮申　李生煥　侯體偉　楊潤　李直　張天元　趙守業　並清真

恒

□□處僧　□疋　侄□□緒　□明　□榮　□□寬　域□　威宣　印宣　彥亮

槐

□孫　凈安　凈富　凈有　凈顯　凈仁　凈源　凈□　凈伏　凈修　珍富

清道光七年歲次丁亥年　月既□穀旦

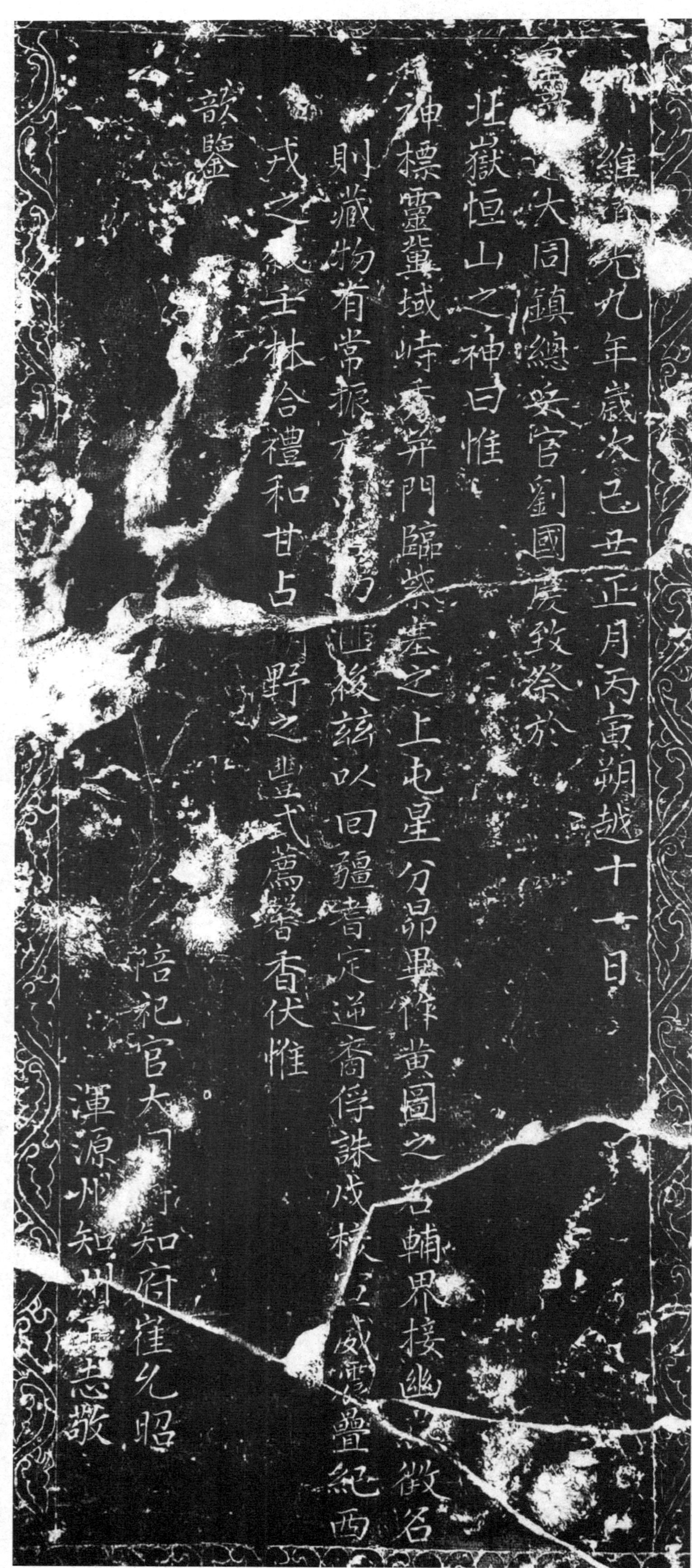

皇帝遣大同镇总兵官刘国庆致祭于北岳恒山之神碑

【简介】

清道光九年（1829）正月立。存恒山恒宗殿下。碑为圆首缠枝纹，青石质，下部稍损。碑高141、宽61、厚17厘米。浑源知州王志敬勒石。

【碑文】

維道光九年歲次己丑正月丙寅朔越十一日，皇帝遣大同鎮總兵官劉國慶致祭於北嶽恒山之神曰：惟神標靈冀域，峙秀并門，臨紫塞之上屯，星分昴畢；作黄圖之右輔，界接幽燕。徵名則藏物有常，振旅□□□匪後。玆以回疆耆定，逆裔俘誅。戍校宣威，震疊紀西戎之叙；壬林洽禮，和甘占朔野之豐。式薦馨香，伏惟歆鑒。

陪祭官大同府知府崔允昭

渾源州知州王志敬

常康侯公教泽碑

【简介】

清道光十年（1830）立。由河南布政使栗毓美撰文。栗公对其恩师常康侯公的家世以及治学精神给予充分的肯定、由衷的赞扬。

【碑文】

康侯常老夫子，君子儒也，生平讀聖賢書，即學聖賢事。久親炙者可知若不可知。渾郡于國初兵燹以後通制義者，自先生之高祖歲貢啓明公，始傳于子廩生景樂公，孫歲貢直公，遞傳于歲貢挺松，有嗣，是家學相承箕裘莫墜者。

自吾師勤學好問，揣摩者久之于斯道。有心得所由，循循善誘，引翼多方。而兹土之文風，視前爲盛焉，且其意不重文。

先生幼而好禮，坐立必端，無戲言，無戾色。比長，則心懷民物，志切經綸。其識量所周實，洞悉帝升王降之故。奈有志未逮，遺憾九泉，惜哉。

然而名世者勛猷，傳世者教澤。憶同堂講學，先生調色藹然，而規法則嚴。而正學者，執經請業，懍若神明。雖有桀傲之人，見先生幾無所措手足。

其著述則有《學庸一貫論》《四書本義直解漢唐宋明四朝史》，略言近而指遠，詞簡而意賅。吾門久欲付梓，先生曰："不可，是未足問世也。"然至今抄習相沿，亦幾家有藏本。

且夫古今來大器晚成而卒職任間，曹以致學術之淹没而弗彰者，曷可勝道。

吾師年逾强，任售鄉闈後，經大挑，復列二等。補右玉都諭，越十餘年。拃升薄州府教授，保困頓若斯與然，雖未膺顯宦，而文教廣焉。兩都人士附驥尾而行，亦彰者甚伙。而吾輩家居，久睽道範，鄙憫復生，望先生如望歲焉。

適吾師致仕旋里，年已八旬，猶手不釋卷。凡我同人請謁之□，輒與論列古今，終日無倦意。

嘗有言曰："人皆云聖賢不可學，而至誤矣。余豈敢謂能學聖賢哉。但學得一二分亦不愧爲讀書人，故其褆躬也。"

首重孝友而尤恐子孫未克力行之也。爰名其堂曰"孝友堂"。

信乎道學精微，蓋耄而益進與。

維時冢子山仲，已貢均。次子山鳳，已魁桂。籍非吾師大有功于多教，胡能若此無知。

相聚四載，溘然而終。今吾輩哭之，痛追思不已，而發之爲言。長言之不已，而勒之于石。

非云足以彰德也，亦聊志銜感之情于弗置云。

栗毓美頓首拜撰

关帝庙建修碑记

【简介】

清道光十一年（1831）十月立。存千佛岭板方寺遗址。圆首回字纹，青石质，风化较重。碑高168、宽65、厚18厘米。额题“万古”。由李梓年撰文，陈文魁书丹。

【碑文】

關帝廟建修碑記

嘗聞渾郡之南有板方寺焉，又名小西天，載在州誌，□而且恒岳□北，唐川□南，真蓬萊仙境也。佛殿諸廟前已修葺，□□□□而常處□廣達心願，復建者伏魔大帝一祠也。念關聖帝者□而□之正德昭萬古之精忠，讀春秋而燭光燦於今古，代吴魏而浩氣□乎乾坤，理宜建廟，以乞□神佑。今於道光辛卯年，經理聖事，砍伐松林，□□□□築用，已而功福告竣，□□神靈之助也。又置田産以爲寺中香火之貲，子孫世守之業者也。是宜刻石，以誌不朽云。

□□□縣白羊村貢生李梓年敬撰

渾源州王莊堡儒生陳文魁書丹

石泥木畫匠　吴□□　□□□　李廷喜　□□□　白桂　□□□　侯體偉　□九經

一宗共用板三佰二十付，二十塊板七十五付，二十四、三十二塊板四十、四十一付，二十八塊板五十四付共賣板價小錢一千六佰吊零伍千三；

一宗共賣松杆樹六佰二十六顆，賣價小錢七佰四十一吊六佰文，共賣小錢六十五吊整；

一宗五項换地、猪、羊、驢、壽材共换板十八付，三宗共出房地價小錢一千六佰二十三吊零九十九文；

一宗共出木匠大小工價一佰六十一吊二佰文，出利錢謝人、油、酒、吃食、開光等項花用小錢三佰二十二吊零三十文；

共出過户税契小錢一佰一十二吊零八佰八十文，出修關帝廟泥木石畫匠工小錢一佰一十千文。

常處僧　源喜　源艮　徒廣富　廣億　廣達　侄□□　孫緒有　緒常

大清道光十一年歲次辛卯十月穀旦

文庙补栽树木记

【简介】

清道光十五年（1835）三月立于县城文庙内。现存文庙西院墙下面。碑高 54、宽 66、厚 17 厘米。回字纹，青石质，由王恩荣撰文，程世香书丹。

【碑文】

文廟補栽樹木記　　　　石工　王□□刊

嘗聞樹人之計百年，樹木之計十年。余於癸巳秋，秉鐸斯庠，蓋年已八十矣，時慕壽考，作人之化，迄今未忘。謁廟後，喜其殿宇宏敞，堂廡整齊，惜前後左右無一喬木，未免減色，擬將封殖之，以樹木解不能樹人之誚。時堂翁方友山亦涖任伊始，歲甲午仲春丁卯，祭畢進齋，長程、世亨等謂之曰：“州治文廟前與明化堂兩旁宜栽松柏，以壯觀瞻。”諸生因事關學校，莫不唯命。隨度地擇日，共計栽一十六株。余喜適與己同好，遂引滋培爲己任，勤加灌溉，不使動摇。踰年樹皆欣欣向榮，將來拔地倚天之盛始基之矣。即以卜友山翁他年樹人之計焉，亦宜余雖倖選壽考雅愧作人。然沃其膏而啓其華，庶可追杏壇化雨，俾後之諸生摩挲其下，謂我或本郭槖駞種樹文而猶知遵守其法者，故勒石以誌所由來云。

渾源州學訓導沁源王恩榮撰

癸酉選拔程世香書

道光拾伍年桃月上浣穀旦

增置恒麓书院经费记

【简介】

清道光十五年（1835）立，河东河道总督栗毓美撰文。记述恒麓书院创建之始末，以及栗公道光十五年寄千缗于家乡捐助恒麓书院经费后，使书院走出困境、日趋兴盛的经过。

【碑文】

吾邑居恒山之麓，雁門五臺峙其西，桑乾天鎮亘其北，生此鄉者類皆敦厚樸誠，具爲學子質。

魏晋以前經學之盛，共推河朔。豈不以質厚則思深，思深則學粹。不徒苟且，塗澤以取悦于世歟。

然昔之人有聞，今之人無聞，非無其材也。有其材而老成典型，日以湮没以教之者，非復魏晋以前之學業也。然則欲使學者居今稽古，自小成以迄大成，非善教之不爲功。

州治東舊有恒麓書院，日久頹廢不治。國初州牧龍君雲斐、桂君敬順踵議修葺，規模初具。而經費無措，士子家各爲塾，塾各爲教，不獲群萃。州處相觀而善之，益又無名師友提撕，樂育于其間。見聞日就弇陋，是以登春秋榜者落如晨星焉。

乾隆三十六年，嚴刺史慶雲改舊院址爲義塾，而别建書院于城東郭外，廓其規制，籌其度支，聘其有文行者爲之師，使邑之秀良以時肄業。雖條約漸修，而經費猶未裕也。

余少時嘗讀書于此，弱冠後出爲吏者，垂四十年。其間以奉諱旋里，廬居三年，罕與閭里相接。服除，又復馳驅仕途，所至都邑未嘗不求實學勵人材，而獨不獲與鄉人士共計貫于書策琴瑟間，良足憾也。

道光十五年，奉命總督東河，越三年，始得以俸入所，余寄千緡益諸生膏火資，并寓書州牧存諸案牘，收十一息爲以久計。

夫書院之設，豈徒國家之用名之所在，即實之歸也，教之所被即學之成也。

我朝聲教四訖漸仁，而摩義者二百年于兹矣。

作人之化，豈靳于方隅，士苟卓然自立，不以詞章曲學累其心，不以小就苟安囿其志，又安見古今人不相及耶？

昔明楊忠愍公，貶狄道州驛丞，狄道素無文士，乃創立書院，爲之師以課之。不數年而學校聿興，士風丕振，登科第者踵相接也。

是僻壤窮鄉猶易爲教，况吾邑擁山河之勝，承先哲之遺。其生長于斯者，又皆樸厚敦誠，具爲學之資。磨礲而砥礪之，造就又何可量哉。

是爲記。

皇帝遣山西太原镇总兵官台费音致祭于北岳恒山之神碑

【简介】

清道光十六年（1836）正月立。存恒山恒宗殿下。圆首方座，青石质，周边为缠枝纹。高148、宽59、厚20厘米。浑源城守备庆禄勒石。

【碑文】

御祭

維道光十六年歲次丙申正月乙酉朔越二十日，皇帝遣山西太原鎮總兵官台費音致祭於北嶽恒山之神曰：惟神代郡鍾靈，并州作鎮。石扃疇稽其幽邃，天街羣仰其高明。星應□辰，崇嶺紀四成之峻；宮瞻太乙，長河通千里之程。奠朔方而畿甸相維，高嶽咸資拱衛；列祀典而衡嵩並秩，嘉名早協貞恒。茲以慈壽延洪，愉臚中外；縠稱晋奉，慶洽神人。盛於北始，由於南具，天地尊嚴之氣；勞乎坎成，言乎艮副，唐虞望秩之酬。瞻駿嶽以延釐，酌蠡椐而致告。丕彰肸蠁，來鑒馨香。

承祭官山西太原鎮總鎮台費音

陪祭官渾源州知州方熙

渾源營守備慶禄

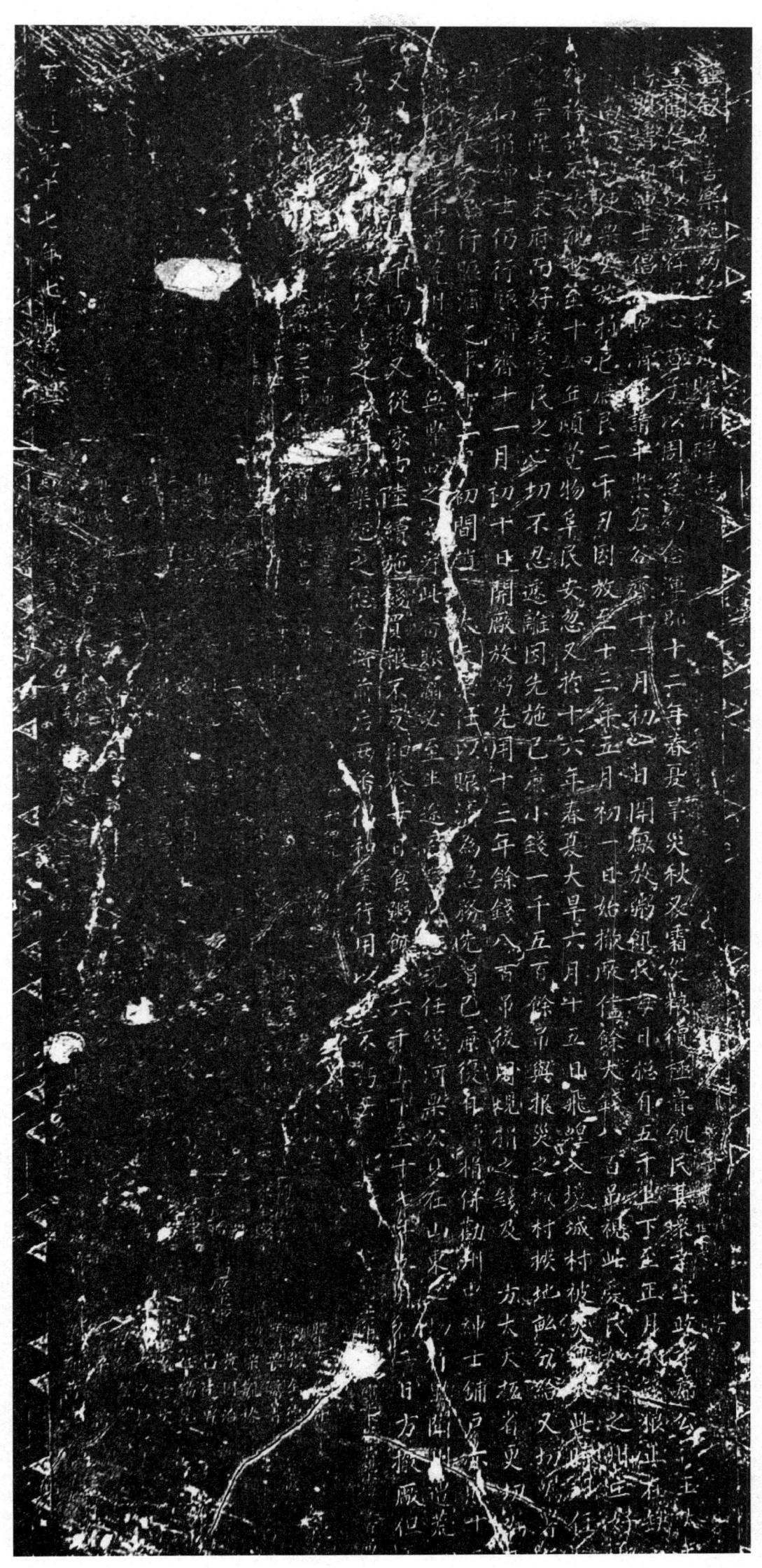

谨叙好善乐施两次救荒赈济碑志

【简介】

清道光十七年（1837）七月立。存浑源城内栗家坟。碑为青石质，圆首缠枝纹，高150、宽76、厚23厘米。由李时瑜、戴世撰文并书丹。

【碑文】

謹叙好善樂施兩次救荒賑濟碑誌

歲貢李時瑜戴世文撰書

蓋聞，仁者以慈祥居心，君子以周急爲念。渾郡十二年春夏旱災，秋又霜災，糧價極貴，飢民甚衆。幸宰政孝廉公王太天傷，敦請郡紳士倡捐賑濟，并請平糶倉谷，齊十一月初一日開廠放粥，飢民每日揔有五千上下。至正月底，錢糧正在缺乏，河南布政使栗公放捐己廉艮二千兩，因放至十三年五月初一日始撤廠，儘餘大錢八百吊。視此愛民如子之州主，好義紳衿，誠不數覯也。至十四五年，頗覺物阜民安。忽又於十六年春夏大旱，六月十五日飛蝗入境，城村被災無數。此時現任雖榮陞山東府，而好義愛民之心切，不忍遽離，因先施己廉小錢一千五百餘吊與報災之城村，按地畝分給，又切囑署任翁倡捐，紳士仍行賑濟，齊十一月初十日開廠放粥，先用十三年餘錢八百吊，後用現捐之錢及方太天抵省，更切囑□趙□太天急行賑濟之事。十二月初間，趙□太天榮任，以賑濟爲急務，先捐己廉，復自續捐，併勸州中紳士舖户，亦照十二續捐。奈連年遭荒，州中實無鼎富之家，看此番賑濟必至半途而廢。孰意現任總河栗公，身在山東，心切梓里，聞州遭荒，心又竭已，□捐三千兩後，又從家内陸續施錢買糧，不及即發，每日食粥飢民六千上下，至十七年五月初二日方撤厰。但善□芳名□□□謹叙好善之心，顯彰樂施之德，今將前後兩番倡和美行用以誌不朽云。

戴世文十六年□□補併本歷共施小錢三百吊

□□□□□□□□施小錢三百九十吊

□□□□□□□□施米□大石、小錢三十吊

現任渾州布政使梁美施銀二□兩

此銀奉上憲　交州……城鄉□□□城□□米五以□□谷□□石五斗谷子一百五十七石五斗，餘發四鄉，係十二年之事；

□□□□正堂 □□ 施銀一千五百吊□□災地分絡

署渾源州正堂□□施小錢六百五十吊

特授渾源州正堂 □□□ 施小錢四千八百七十吊

渾源州吏目趙維培施小錢一百零五吊

現任山東總河 栗毓美 施銀二千兩换小錢八千八百吊□□□五□

通州候補府 栗毓杞 施小錢一萬五千吊

任錫恩　楊鳳儀以上各施米□□石　任錫五　栗毓椿　任錫筱以上各施米二十五石　任□施米三十石　郭居岐　高岱以上各施米二十石　李世□　張正品　馮世榮　馮世昌以上各施米一十石　楊恒榮　陳善□　陳善述以上各施米一十石　栗向陽施米六合　栗毓秀施米七石二十　戴世□施米五石　吕述曾　黄國治　張世榮以上各施米五石　黄萬年施米二石七斗　李得貴施米二石五斗　宋□□施米……一千　張……程□　王□立　劉選　武强　劉作□　孫善治以上……三一千　□岐鳳施米五斗小錢二千□□餘厘　□殿元　張明玉以上各施小錢十五千　梁正運　□恭各施小錢十千　楊……袓……六千　邢佃元……高步成　侯贊奎　蔣朝海各施小錢五千

計開行户　西元成　三太號　□□□　北三和　永恒號　永盛號　永和號　東元號　永德號　萬元號　永慶號　合成號　和義號……興隆號　永豐號　東恒成　萬通號　萬興號　萬德號　萬□□　恒□□　永泰號各施小錢……　德……毓和號　光金儀　天德號　毓元號　毓隆號　永儀號　恒成玉　永新號　萬和號　義德號各施小錢四十千　南山玉　北山玉　南三義　北三義　同新號　山映恒　萬承德　東盛明　□□□　□□□　萬恒號各施小錢四十千　永世號　全美號　雙成號　永全盛　中和號　全盛號以上各施小錢四十千□□□□□號……

粥厰董事

監生李君府　□吏張全德　守御所栗毓菁　□□□□栗毓椿

武生黄國治　武生吕述曾　□□□任錫恩　□□□戴世文

□□□栗毓杞　□□□孫翠峯　□□□栗崇　□□□郭萬□

住持……

石匠　□□□

大清道光十七年七月穀旦

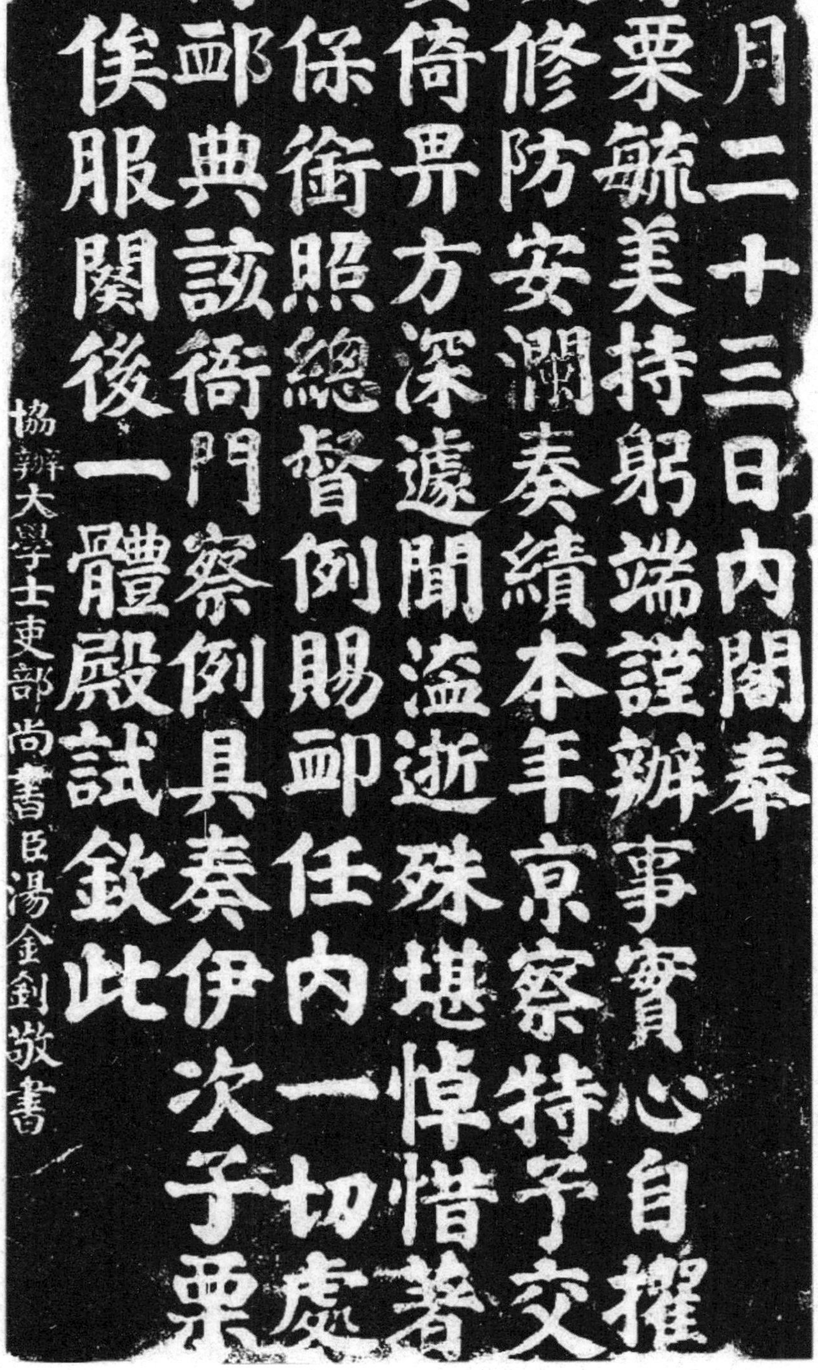
道光二十年二月二十三日内閣奉
上諭河東河道總督栗毓美持躬端謹辦事實心自擢
任河督以來慎厥修防安瀾奏績本年京察特予交
部議敘河工劇要倚畀方深遽聞溘逝殊堪悼惜著
加恩賞給太子太保銜照總督例賜卹任內一切處
分悉予開復應得卹典該衙門察例具奏伊次子栗
燿加恩賞給進士俟服闋後一體殿試欽此
協辦大學士吏部尚書臣湯金釗敬書

恩旨碑

【简介】

清道光二十年（1840）二月立。存城内栗家坟栗氏佳城前右侧碑亭内。碑为汉白玉质，碑高265、宽114、厚38厘米。碑边浮雕游龙状，碑额高100、长125、宽50厘米，其双龙戏珠环抱篆额。座系赑屃。高75、长121厘米。由协办大学士、吏部尚书汤金钊书丹。

汤金钊（1772—1856），字敦甫，又字勋兹，萧山人。号称“西门汤氏”。其家世代以经商为主。惟有他勤奋好学，乾隆五十九年二十二岁举乡试第一，嘉庆四年仅二十七岁的汤金钊高中进士，选庶吉士，授编修。嘉庆十三年入值南书房。1861年后充任礼部侍郎、吏部左侍郎。道光七年任左都御史、礼部尚书，不久充南书房总师傅。旋调吏部尚书、工部尚书、户部尚书之职。道光十八年以协办大学士调任吏部尚书。咸丰四年，值汤金钊六十寿诞之际，朝廷加封他太子太保衔，并御书“庆衍恩荣”匾额，恩宠有加。享年85岁，谥为文端公。

【碑文】

道光二十年二月二十三日，内閣奉上諭：河東河道總督栗毓美，持躬端謹，辦事實心，自擢任河督以來，慎厥修防，安瀾奏績，本年京察，特予交部議敘。河工劇要，倚畀方深。遽聞溘逝，殊堪悼惜。著加恩賞給太子太保銜，照總督例賜卹。任内一切處分悉予開復。應得卹典，該衙門察例具奏。伊次子栗燿加恩賞給進士，俟服闋後一體殿試。欽此。

協辦大學士吏部尚書臣湯金釗敬書

御制祭文

【简介】

清道光二十年（1840）三月立。存栗家坟内牌坊北左。碑为汉白玉，高274、宽117、厚40厘米。碑边雕云龙。碑额高129、长128、宽58厘米，系双龙戏珠，中有“御制祭文”四字。座为贔屃。高67、宽54、长131厘米。由举人许瀚书丹。

许瀚（1797—1866），清代杰出的朴学家、校勘学家、金石学家、方志学家和大书法家。其书法尊奉颜体，丰腴端庄，遒劲道健，今保存在磴山西峰上的许瀚书碑，以及为栗毓美书的御祭文，是他书法成就的代表作。

【碑文】

疆宇職崇，保障得人，昭底定之庥；朝廷勲奬，疏排樹碣，隆飾終之典。惟植品無慙夫柱石，斯旌功倍著於旂常。載錫絲綸，俾光泉壤。爾晋贈太子太保銜，原任河東河道總督栗毓美，持躬端謹，任事真誠。拔從山右之英，命作河陽之宰。初遷階於州署，防汛敘功；繼剖篆於郡齋，會垣領守。迨被繡衣，而司糧運；旋移英簜，而及河工。來楚北以提刑，譽稱明允；轉嵩陽而敷政，業著屏翰。乃由承宣中土之司，遂膺持節總河之命。籌工備稽，期不踰夫始霜；濟運疏淤，候先乘夫未雨。節財而帑歸實用，率屬而功鮮虛邀。合兩地以兼防，箭流永静；計五年之莅任，瓠子無虞。頃當察典以酬庸，方資倚畀；詎意積勞而成疾，頓悼淪徂。爰考彝章，特頒優卹；憫其劬瘁，謚以恭勤。引一品兼圻之例，銜晉端闈；著千秋樹石之輝，文垂寶翰。生前罣議，念勲而悉逭鐫階；膝下推恩，賞世而齊榮題塔。聿彰異數，用表貞忱。於戲！績懋東河，藉慰廑懷於磐奠，恩敷北闕，永垂偉烈於碑銘。勖爾後昆，昭兹來許。

大清道光二十年三月　日

乙未科舉人候選州同臣許瀚敬書

修职郎王溥安人张氏之墓碑

【简介】

清道光二十年（1840）五月立于浑源县城西 13 公里处的西留村王家老坟。现存西留村西头古戏台院内。青石质。碑帽为双龙戏珠，高 73、宽 73、厚 20 厘米。碑体高 138、宽 61、厚 16 厘米。碑首碑体分离，碑座遗失。由景山官学教习常山凤撰文。

【碑文】

皇清恩賜武魁例贈修職郎王翁諱溥安人張氏之墓

勅授文林郎乙酉科經魁景山官學教習姻再姪常山鳳頓首拜撰

銘曰：

賢哉武公，忠信之質。壽而榮渥，倍深培德。同堂五世，濟濟其昌。耕讀傳家，熊然有光。

長子介賓廷舟　孫監生辰　介賓寅　貢生子正　曾孫文生清元　文生定元　福元　優生維元　玄孫詩榮　詩棠　紀　綱　繹　詩梅　礽孫繼業　培業　奉祀

二子監生廷楝　孫廩生起　曾孫襄元　憬元　毓元　玄孫□□□

三子廷玉　孫道　曾孫天元　會元　玄孫才　奉祀

四子介賓廷賢　孫增生聰　聘　曾孫德元　廩生占元　葆元　文生翰元　玄孫堂　室　宮　鈇　鉞　奉祀

道光二十年五月初二日立

“德建”碑

【简介】

清道光二十年（1840）七月立。存云峰寺大殿院。碑为青石质，圆首刻云头、双龙，回字纹边。高100、宽56、厚17厘米。额题“德建”。字迹有漫漶处。由白有成撰书。

【碑文】

蓋聞修行砥石名者，寔之賓也，積德成名名者，德之輿也。人有功德，豈可又世無名哉！天賜溝雲峯寺舊有永居禪師，法名曰普証，蒙佛者之福□，始□繼亨，賴祖師之栽培，前貧後富，業久居於雲峯，又繼居於淘沙，房地坐落於淘沙，碑迹竪立於雲峯。然其爲人也，務稼穡同甘苦，頃克欽者□有以也，薄飲食、惡嗜慾，稱克儉者豈虛語乎。而且正直是好，非禮弗履，廉潔爲懷，自强不怠。於是援□之歌曰：

青山蒼蒼，白水泱泱。禪師之風，山高水長。置田幾頃，玆銘不忘。

今將普證禪師所置房地開列於左。

計開：所買各契據俱在普証手内所存。道光五年買天順義坐落淘沙村房院一處，正房五間、東房三間、西房二間、東厠一個、門樓一間、街外東厠一個、東房後空地在内出入通街，東至大墻、西至甄姓、南至牛姓、北至聖地；又買山地一股園樹兒地一段，東至溝、南至王徐二姓、並至圪塄溝、北至河圪塄、並至王姓、西至白姓、並至溝；大崖底地一段，東至河、西至小溝、南至石崖、北至溝；□堂溝門地一股，東南北俱至溝，西至墳，隨帶良艮四錢五分，價小錢三百六十五吊；六年置郝光著坐落淘沙村山地一股杏樹窊地一段，東至溝底、南至溝、並甄姓、西至圪塄、北至溝、並郝姓；長畛地一段，東至道、南西至圪塄、北至溝、并賣主大良艮三錢，價小錢三百一十五吊；九年買王佐坐落淘沙村山地一股，鍋帽地一段，東至張姓、南至孫張石三姓、西至孫姓、北至買主大良艮二錢五分，價小錢八十六吊；十三年買安有樂坐落淘沙村山地一股杏樹臺地一段，東南西俱至溝，北至永世虎地并圪塄□□町地一股，東至道、南至圪塄、西至王訪、北至河大良艮二錢，價小錢九十吊□□□□□□□□□。

雲峯寺

生員白有成撰文□□□□

石匠　曹占鰲　□□村

董事人　郝□□　郝先法　王天順　孫廷喜

常住僧　同珍　徒孫沙□　沙□

大清道光二十年歲次庚子秋七月穀旦立

建修文昌奎星朱衣阁钟鼓楼南北禅房碑序

【简介】

清道光二十年（1840）九月立。存西坊城关帝庙大殿殿院。高156、宽62、厚18厘米，平首方座，顶部雕双龙，青石质。额题“绵远后世”碑边为莲花为主的花卉纹。贡生丁郁文撰文，庠生王敦伦书丹。

【碑文】

建修文昌奎星朱衣樓閣鐘鼓樓南北禪房碑序

貢生丁郁文撰

蓋聞衣食無慮，然後生禮義之心；經典能明，方可遂功名之願。我西坊城村亘古以來，地畝雖多，而惜其土瘠，材比出焉，而苦其家貧，又運未開，每致慨於風氣之陋也。孰意天運循環因久，必令其亨復，氣數周轉否極，必令其泰來。幸我村預先人之功德，於乾隆三十年，欲沃土之我有思興起之無術，與裴、義二村從西尾毛夥買大渠一道，雖未多淤地畝，然於此已肇其基也。不意於道光十四年，河水倒岸，盡向西流，所謂水道流河之語，信不虚矣。然非河神之庇佑，萬不至此。蓋足食既賴有阿護之靈，生材亦宜有鍾毓之秀。彼衡文教而有權，點青雲而有筆，司陰隲而無差者，惟文昌、奎星、朱衣之神爲其宗也。村衆由是擇乎其地，相乎其宜，於三官老爺廟前，創建三聖樓閣一座，鐘鼓樓二所，南北禪房六間，後依巍峨廟貌，前臨來往通衢，取先天文明之象，鼓後人上達之心，惟異文運之漸開，豈但有以肅觀瞻而已哉。當夫興功之先，又恐人心不齊，錢糧難以募化，於是村中公議，花費多寡凡村屬莊農之家各按地畝攤錢，有牛犋之家，按牛犋拉土拉石，分管工匠之飯；零星門户，量力揆工化錢，以成盛舉。猶恐世遠年湮，漫無所徵，遂作碑文永垂衆善芳名，以誌不朽云爾。

庠生王敦倫沐手敬書

經理人　耆賓王治世　耆賓孟世英　王匡世　貢生丁郁文　馮廣應　耆賓張賢　李春　王全德

耆賓李生陽　侯統　田法　王眷世長院　羅亮

石匠　郭向城　郭維成　施小錢乙千文

木匠　劉山玉　施小錢乙千文　李春　李英　薛世印施小錢二千文

劉廷選　施小錢乙千文

塑油匠　王岐　施小錢二千文　侯思孝　施小錢二千文

泥匠　王全德　楊永

瓦匠　羅金

大清道光二十年歲次庚子九月上浣穀旦

皇帝遣大同府理事同知兴龄谕祭于晋赠太子太保衔原任河东河道总督栗毓美之碑

【简介】

清道光二十年（1840）十一月立。存栗家坟内西侧碑亭之内。碑高270、宽116、厚40厘米。碑额高129、宽128、厚58厘米。浮雕双龙戏珠，中刻“御制碑文”四篆字。碑座赑屃，高66、长129、宽58厘米。碑边雕云龙，汉白玉质。两广总督祁𡎴书，大同府同知兴龄受命谕祭。

祁𡎴（1777—1844），字竹轩，一字寄庵，山西高平义里人。祖父祁果是工部员外郎，父亲祁汝棐曾任中书科中书。在书香门第的熏陶下，他十四岁考中秀才，不久中举，嘉庆元年（1796）十九岁便高中进士。在刑部任职期间，因会审宗室敏学的案件出了问题被革职，在长达三十年的过程中一直在刑部担任郎中、员外郎的小官。道光四年（1824）后先任河南粮盐道，旋调浙江按察使，贵州布政使。道光九年（1829）出任广西巡抚。道光十三年调任广东巡抚，在任期间一是修筑加固虎门炮台；二是实行屯田制，即以本地之田，养本土之民，以耕屯之民为御敌之兵；三是建筑战备仓库；四是在广东附近的州县成立社学，编制义勇军，为抵御外寇做出很大贡献。善诗文、工书法的祁𡎴，以花甲之年总督两广，因劳累过度，于道光二十四年五月二十八日病逝广州，享年六十七岁，朝廷授予祁恭恪公谥号。

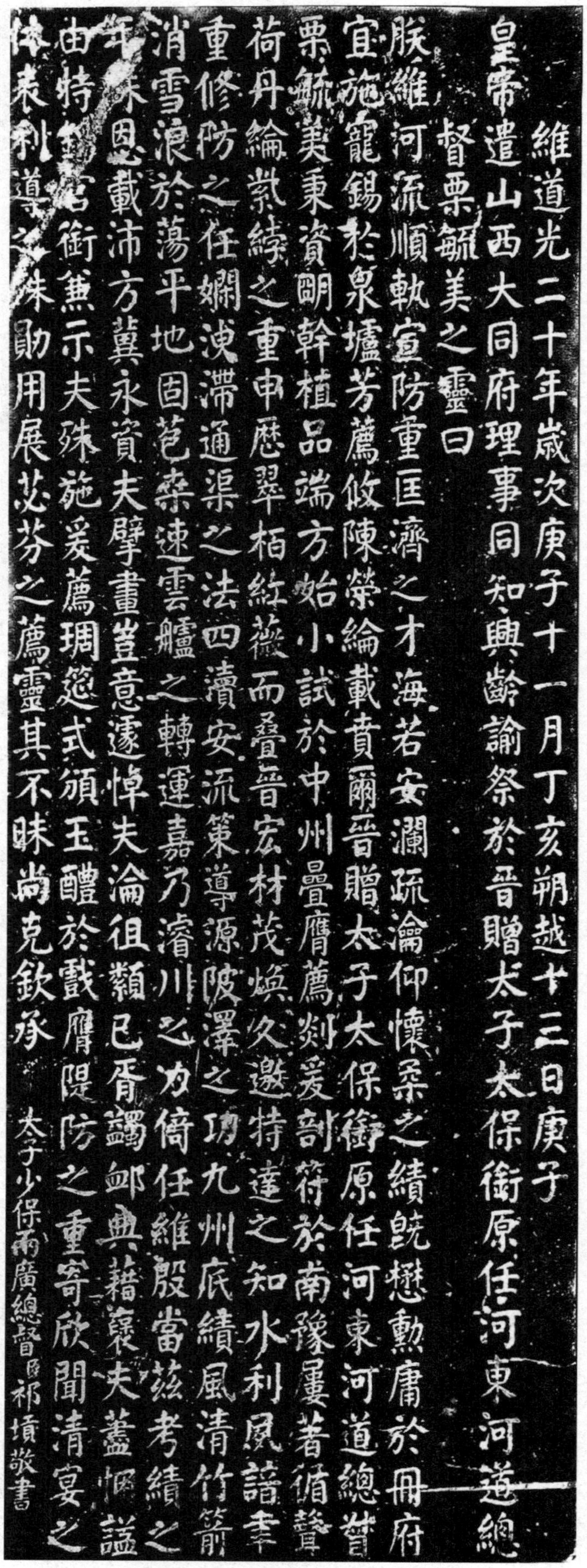

【碑文】

維道光二十年歲次庚子十一月丁亥朔越十三日庚子，皇帝遣山西大同府理事同知興齡諭祭於晋贈太子太保銜、原任河東河道總督栗毓美之靈曰：

朕維河流順軌，宣防重匡濟之才，海若安瀾，疏瀹仰懷柔之績。既懋勲庸於册府，宜施寵錫於泉壚。芳薦攸陳，榮綸載賁。爾晋贈太子太保銜、原任河東河道總督栗毓美，秉資明幹，植品端方。始小試於中州，疊膺薦剡；爰剖符於南豫，屢著循聲。荷丹綸紫綍之重申，歷翠栢紅薇而叠晋。宏材茂焕，久邀特達之知，水利夙諳，聿重修防之任。嫺洩滯通渠之法，四瀆安流；策導源陂澤之功，九州底績。風清竹箭，消雪浪於蕩平；地固苞桑，速雲艫之轉運。嘉乃濬川之力，倚任維殷；當兹考績之年，殊恩載沛。方冀永資夫擘畫，豈意遽悼夫淪徂。類己胥蠲，卹典藉褒夫藎悃；謚由特錫，官銜兼示夫殊施。爰薦琱筵，式頒玉醴。於戲！膺隄防之重寄，欣聞清宴之休，表利導之殊勛，用展苾芬之薦。靈其不昧，尚克欽承。

太子少保兩廣總督臣祁𡎴敬書

粟恭勤公神道碑铭

【简介】

清道光二十年（1840）立。存粟氏佳城外东侧碑亭内。碑高234、宽117、厚36厘米；碑额双龙戏珠，高120、长125、厚50厘米。碑座为赑屃（头损），高75、长129、宽52厘米。碑边浮雕游龙，汉白玉质。这通由江南才子彭邦畴撰文，清代大书法家祁寯藻书丹、清代经学大师阮元篆额的“粟公神道碑铭”，堪称国内碑刻中“文、书、额”三绝。

祁寯藻（1793—1866），山西寿阳人，字叔颖，又字淳甫、春圃，晚号观斋，清代著名学者祁韵士的第五个儿子。嘉庆十九年（1814）二十二岁时，以殿试二等第二名选为翰林院庶吉士。道光元年（1821）直南书房，三年督湖南学政，十一年迁翰林院侍讲学士，累迁礼部侍郎。道光二十年任兵部尚书，次年改任户部尚书，在军机处行走。在对英的问题上，祁寯藻立场鲜明地站在主战派方面。道光二十九年命祁为上书房总师傅、协办大学士。咸丰即位后，尊命老师祁寯藻为体仁阁大学士，兼管兵工二部，并长军机，成为立朝正直的一代宰相。咸丰驾崩后，在弘德殿同翁心存教授年幼的同治习文。同治五年病逝，享年七十四岁。谥文端。政事之余，祁寯藻热心并参与诗坛活动。《近代诗钞》将祁列于编首，成为道咸年间的盟主。祁寯藻是清代杰出的书法家，由小楷入真行、出颜柳，参以黄庭坚，深厚遒健，自成一格，达到“大书深刻”之绝诣。所谓大书深刻即是重厚端平，体极庄雅，不假造作，肃然见垂绅搢笏的风度，那就字如其人了。为粟毓美所书的碑阳大字、碑阴小楷完全体现了他的风格，是国内罕见的珍品。

阮元（1764—1849），字伯光，号芸台，江苏仪征人。清代著名学者，乾隆五十四年（1789）赐进士出身。充翰林院庶吉士，次年授编修。五十六年二月以大考一等第一名，擢詹事府少詹事，入值南书房的日起居注官。十月充文渊阁直阁事，五十八年提督山东学政。六十年擢内阁学士兼礼部侍郎。嘉庆四年充经筵讲官、会试副主考，不久升浙江巡抚。后官至湖广、两广、云贵总督，体仁阁大学士。曾在杭州创立诂经精舍，在广州创立学海堂，提倡朴学，罗致学者从事编书刊印工作。所著《畴人传》《积左斋鼎彝器款识》，提供了研究我国历代天文学家、数学家和古文字学的资料。论文重文笔之辩，提倡骈偶。善书法，尤工篆书。

【碑文】

（碑额）

粟公神道碑銘

（碑阳）

皇清誥授光禄大夫，兵部侍郎兼都察院右副都御史，總督河南、山東河道提督軍務，晉贈太子太保謚恭勤栗公神道。

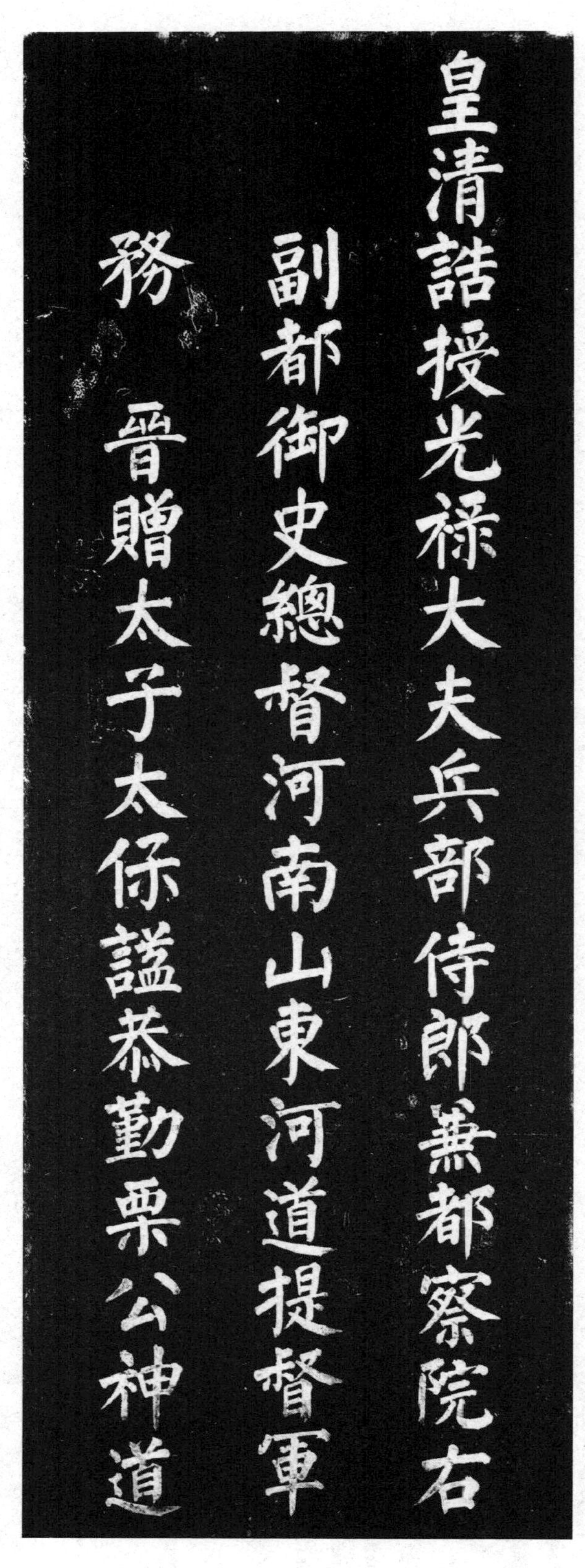

（碑阴）

皇清誥授光禄大夫太子太保兵部侍郎兼都察院右副都御史總督河南山東河道提督軍務加六級賜謚恭勤栗公神道碑銘

賜進士出身資政大夫前日講起居注官翰林院侍讀學士加五級南昌彭邦疇撰文

賜進士出身光禄大夫經筵講官户部尚書南書房翰林軍機大臣加二級壽陽祁寯藻書丹

賜進士出身光禄大夫太子太保予告大學士前經筵講官南書房翰林管理兵部事務加三級儀徵阮元篆額

道光二十年二月十有八日，河東河道總督栗公以巡河勞瘁，致驟疾，薨於河南鄭州行館。事聞，上震悼，奉有持躬端謹，辦事實心之諭。加太子太保銜，賞其次子舉人燿爲進士。下部議卹議，上予謚恭勤，賜祭葬。先是，正月舉行京察大典，公與樞廷同邀議敘，直省大吏惟兩河，亟知上之垂注於疏濬者深矣。次年七月，孤烜等奉公匶歸葬於州城東北之官台原，林少穆督部已銘其藏。玆以墓道之文見屬，余與公爲同歲生。公之治河刱拋甎法，曾以書來商榷者再，余爲引申其說，公以爲知言，是不可辭。按狀，公諱毓美、字含輝、號樸園，先世居山西代州繁峙縣，明季被兵，高祖有庫始遷大同之渾源州，故公爲州人。曾祖英，祖德本，讀書不仕，世有隱德。考渥，廩貢生，候選訓導。妣白氏，繼母孫氏，皆以公貴，贈封如例。公生而穎異，年十七補博士弟子員，二十四充嘉慶辛酉科選拔貢生，恭應朝考，以知縣用籤分河南。初補寧陵，再補武陟，若温縣、原武、孟縣、安陽、河內、西華、淇縣、修武，攝篆八邑，皆有政聲，凡歷親民之官者二十二年。至道光癸未升光州直隸州知州，越歲即授汝寧府知府，調開封府升河南糧鹽道，調開歸陳許兵備道。庚寅擢湖北按察使，壬辰擢河南布政使，甲午護理河南巡撫，乙未授河東河道總督。綜公宦蹟四十年中，惟在湖北兩年，余與河南相終始。蓋司牧既久，周知利弊，逮履乎其任直舉而措之耳。而自監司以來不十年，晋階極品，亦其素所儲蓄者裕也。且公之治河不自任河督，始其知武陟也，修沁隄協辦馬營壩，堵合韓村漫口。其轉運也，建三清濟運之議。其任方伯也，適祥符下汛有塌陷處，時撫軍入闈，河督河道俱公出，公即率廳員趕築柳壩，護保無虞，應變之才先見於此。而以甎代埽之法，於武陟濬濠及承挑賈魯河時，見遠年舊甎沙泥浸灌，斧鑿不能入，已留意及此矣。天下事可與樂成，難於慮始。方公之刱建甎壩也，咸以爲口實，即幹練工員亦不無疑懼。公力排浮議試行，悉臻穩固，而論者猶謂爲倖成，恐盛漲時前功盡棄。蓋料販石工無由獲利，爲之騰謗於工次，而浸聞於京師，致御史參駮。使者勘臨，曾不能抵其罅隙，不得已以新甎質嫩暫停燒造爲言。公亦雅，不欲與人争勝，遂合辭入奏。至十八年疊遇險，工甎壩均屹立不動，衆心胥服，而公亦確有把握，乃攄誠具疏敷陳利害，聖心爲之洞悉，前議始行。夫甎與石無二致也，碎石坦坡之說行之久矣，不知運石遠而甎近，取石難而甎便，購石昂，而甎廉。石入水而滑，甎入土而凝；石經時而漸泐，甎歷久而彌堅。且料可架空，而甎之尺寸不能紊，埽可走失，而甎之融結不能移，此其固工節費，亦大彰明較著者，然必持之久而後定，治事之難可勝慨哉！至濟運之法，以濬泉瀦水築隄通縴爲要務，而潦不洩水以淹民田，旱不閉閘以妨農事，尤兢兢致意焉。溯自莅任，屢慶安瀾，經費節省至百餘萬之多，宜上之軫念於無窮也。比公歿，而祥工之役興矣。蓋公之立心以誠，任事以勇，體國以忠，愛民以實。雖危疑震撼而不爲之摇，險阻艱難而不爲之奪，及臻厥成晏如也。至其任地方，禮先賢，旌節孝，周士類，恤民隱，嚴保甲，急災賬，决疑獄，掩遺殣，美不勝書。故公歿後，所至之地咸立專祠，濟寧州則士民與兵丁分建，若欲求庇其所私者，自非入人也，深何由得此？而寧陵附祀吕新吾先生祠，襄城附祀湯文正公祠，則理學名臣一身兼之矣。河南會城西北之張家灣向無工段，公先於附近間築甎壩，歿之前歲，周覽至是，謂將生險，工謀俟春融增築，而公不及待。比祥工漫口，河溜直衝，城幾不保，正危急間，官吏憶前所示方略，因默禱於公，果著靈貺，仍賴舊壩稍殺其勢，城乃獲全。於是萬口同聲，以公爲河神，肖像以祀，且達於聖聽。雖杳冥之說儒者不言，要其聰明正直，而壹生爲英，歿爲靈，亦有功於民，以死勤事之義歟！附表諸墓，俾後之景仰者，知公之體魄在是，而神亙周行天下也，懿哉。爲之銘曰：

恒山極天高峩峩，龍泉風虎星騈羅；磅礴積氣鍾靈多，偉人特起扶皇柯；寰中巨患陽侯波，搴茭下楗徒奈何！公奮勇力驅蛟鼉，以甓代石無殊科；物窮必變理則那，聞者咋舌惟婞嫛；疏寫終使馮夷和，九重倚畀神護呵；功成廟食民登歌，巫陽下招衆滂沱；雲車風馬來游河，玉纓瓊弁垂髟髟；靈蚺蜿若綴佛螺，幽宫雖閟光自它；佳城式卜山之阿，豐碑屹峙文不磨。

栗氏佳城石匾

【简介】

清道光二十年（1840）十月，镌刻于栗家坟门庭之上，高 27、宽 120 厘米。

【匾文】

栗氏佳城

栗家坟牌楼联语石匾

【简介】

清道光二十年（1840）立。栗氏陵园冰雕玉砌的大牌坊为汉白玉质。牌坊正面立柱高 195、宽 30 厘米，镌刻悼联一副：“伟绩著宣防、传列名臣瑶阙星辉分昴毕；巍阶尊保傅、神安永宅玉华云气护松楸”。横联上方正中为“宫太保河东河道总督栗恭勤公茔”。两边分刻“崇祀名宦，崇祀乡贤”。

牌坊背面的横联亦为“宫太保河东河道总督栗恭勤公茔”。两边分刻栗毓美生卒年月，孝男元配。

【联文】

宫太保河東河道總督栗恭勤公塋

崇祀名宧　崇祀鄉賢

偉績著宣防傳列名臣瑤闕星輝分昴畢

巍階尊保傅神安永宅玉華雲氣護松楸

宫太保河東河道總督栗恭勤公塋

公生於乾隆四十三年八月二十日亥時，薨於道光二十年二月十八日子時，享壽六十有三。

配吴夫人　弟毓彩　毓菁　毓森　毓杞　子烜　燿　孫國華　國賢　曾孫恩溥

石刻楹联

【简介】

本联虽无落款，据考证约为清道光二十年（1840）前后镌刻。现存浑源县城麻家大院后院绣楼一层东西厢墙体，高220、宽36厘米。字体为行草。边为回字纹边。

【联文】

處世無如爲善好；

傳家惟有讀書高。

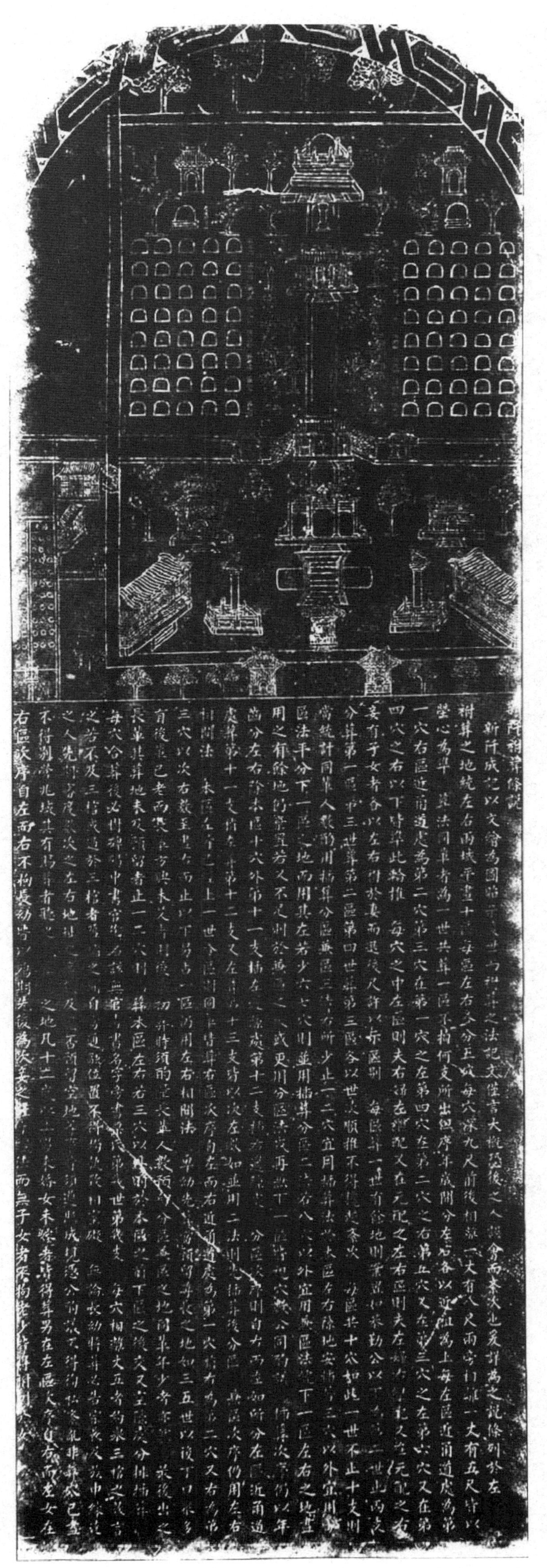

新阡祔葬条说

【简介】

清道光二十三年（1843）七月立。存栗家坟。碑高220、宽84、厚24厘米。圆首方座，云头。回字纹，汉白玉。座高59、长116、厚63厘米。系栗氏的坟谱。碑阴为先恭勤公新阡记，由栗燿撰文、书丹，栗煊记。

【碑文】

（碑阳）

新阡祔葬條説

新阡成，記以文，繪爲圖，昭示後世。而附葬之法，記文僅言大概，恐後之人誤會而紊次也，爰詳爲之説。條列於左：

祔葬之地統左右兩域，平畫十區，每區左右各分五穴，每穴深九尺，前後相離一丈有八尺，兩旁相離一丈有五尺，皆以塋心爲準。葬法：同輩者爲一世，共葬一區，不拘何支所出，但序年歲間分左右，各以近祖爲上。每左區近甬道處爲第一穴，右區近甬道處爲第二穴，第三穴在第一穴之左，第四穴在第二穴之右，第五穴又在第三穴之左，第六穴又在第四穴之右，以下皆準此輪推。每穴之中，左區，則夫右婦左，繼配又在元配之左。右區，則夫左婦右；繼配又在元配之右。妾有子女者，各以左右祔於妻，而退後尺許以示區别。每區葬一世，有餘地則棄置。如恭勤公以下爲第二世，止兩支，分葬第一區，第三世葬第二區，第四世葬第三區，各以世次順推，不得攙越紊次。每區共十穴，如此一世不止十支，則當統計同輩人數，酌用插葬、分區、兼區三法；若所少止一二穴，宜用插葬法於本區左右隙地安插；若三穴以外，宜用分區法，平分下一區之地而用其左；若少六七穴，則並用插葬、分區二法；若八穴以外，宜用兼區法統下一區，左右之地盡用之，有餘地仍棄置。若又不足，則於兼區之後，或更用分區法，或再兼下一區，皆視穴數公同酌議。插葬次序仍以年齒分左右。除本區十穴外，第十一支插左邊隙處，第十二支插右邊隙處，分區次序則自右而左，如所分左區近甬道處，葬第十一支，稍左葬第十二支，又左葬第十三支，皆以次左數。如并用二法則先插葬後分區，兼區次序仍用左右相間法，本區左首已經上一世分區，則同輩皆葬右區，次序自左而右，近甬道處爲第一穴，稍右爲第二穴，又右爲第三穴，以次右數至盡右而止。以下另占一區仍用左右相間法。卑幼先葬，當預留尊長之地，如三五世以後，丁口衆多，有後輩已老，而長輩方興未艾者，則後輩初葬時須酌量長輩人數，預留分區兼區之地，同輩年少者亦然。最後出之長輩，其葬地未及預留者，止一二穴，則插葬本區左右；若三穴以外，則於本區之前下區之後交叉空隙處，分排插葬。每穴合葬後必樹碑碣，中書官銜名謚，無官者書名字，旁書栗氏第幾世第幾支。每穴相離丈五者約舉三棺之數言之，若不及三棺或過於三棺者盈縮之間自當通融，位置不得拘執，致相窒礙。無論長幼，將葬必告宗長及族中練達之人，先期審度。數次之左右、地址之廣狹及應否預留空地等事，皆須遵照成規，竟公酌議，不得徇私紊亂；非葬穴已盡，不得别營兆域；其有賜葬者聽之。葬殤之地，凡十二歲以上男未婚女未嫁者皆得葬，男在左區，次序自右而左，女在右區，次序自左而右，不拘長幼皆以殤期先後爲次。妾之謹守禮法而無子女者，不拘老少皆得附列於女。

（碑阴）

先恭勤公新阡記

惟吾栗氏，自國初遷居渾源，始祖經九公卜葬於州城南一里之南花園，繼世者祔葬焉，地陋旁無可拓。乾隆四十七年，顯曾祖資政公乃别營官臺之原改葬顯高祖通奉公於新兆官臺。距城東二里，土脈墳厚。術者謂郡城秀氣實萃於斯。既而族葬漸繁，勢亦蹙焉。嘉慶二十一年，顯祖資政公卒於豫，顯考恭勤公扶櫬歸里，鄉之業堪輿者紛紛以秀穴踵告，敏其地去祖塋悉遠。公憮然曰："非先人志也！"乃卜葬於通奉公塋東北數武，甄龍定穴，宵宅丕安。道光二十年恭勤公薨，蒙恩賻葬，飾終之典至優，極隆於例，當特建新塋用昭寵賁，然而恭勤公之葬先祖也，不卜於地而卜於志也，今之奉公以葬也，其敢不於公之志卜也。去祖塋則非先志，祔旧兆则隐国恩，審量於二者之间，必求其两全而无憾。於是，即通奉公茔之西垣外，相度吉壤，为恭勤公營墓。域衡廣三十七步有一尺，縱長八十四步有二尺，周繚以垣。區四之一爲外域。南啟門，門外碑亭二：左鐫神道，右勒恩旨。門内數武，跨石梁爲延澤橋，橋之北左右立華表，又北建坊；坊之北左建謚法碑，右建諭祭碑；其東西偏循垣建廡各五楹，爲眡摡所，歲時墓祭於此，眡濯摡焉！自坊而進，甬道隆起，八步爲中門。門三楹輔墻翅張狻猊耦踞。左右設角門，進爲内域，甬道二十八步有奇，旁列石羊二、虎二、馬二、石人四，夾而進，近墓十五步，爲子孫展拜地，覆以亭，三室三階，顔曰："永懷"。又北爲墓臺，窀穸安焉。臺高二尺有五寸，左右兩階，階五級，封高丈有六尺，遵定制，不敢不及亦不敢過也。墓旁稍北，左立石依土神，右刻阡記，距墓臺各十步。墓前禁步，外爲子孫祔葬地，此正域之規模也。域以外西南拓地數武築室廬，守塋者舍焉。又西稍南拓地爲憫塚，葬中殤以上男女之未婚嫁及妾之無子者，皆繚以垣，旁達外域。葬法：祔祖域者，左右以年次、前後以世次，各以近祖爲上。其葬殤則男左女右，以近中爲上，妾無出者祔於女。後之祔葬者慎依厥序，奕世毋紊。如是，則規模既廓於舊兆，而子孫仍依夫祖宗，仰荷國家優䘏之恩，追體顯考惇叙之志，庶乎其有當歟。爰爲阡記，用示後昆。

道光二十三年七月 穀旦

誥授朝議大夫安徽廬州府知府男烜謹記

欽賜進士乙未科舉人男燿謹書

先恭勤公新阡記

惟吾粟氏自國初遷居渾源始祖經九公卜葬於州城南一里之南花園[illegible]

資政公乃別營雷台之原改葬顯高祖通奉公於新兆雷台距城東二里[illegible]

[illegible]嘉慶二十一年顯祖資政公卒於豫顯考恭勤公扶櫬歸里[illegible]

日非先人志也乃卜葬於通奉公塋東北數武[illegible]定穴宵宅至安道光二十年[illegible]

恩葬葬飾終之典至優極隆於例當特建新塋用昭

寵眷然而恭勤公之葬先祖也不卜於地而卜於志也今之奉公以葬也[illegible]

國恩[illegible]重於二者之間必求其兩全而無憾於是[illegible]通奉公塋之西垣外相度吉壤為恭勤公[illegible]

八十四步有二尺周繚以垣區四之一為外域南啟門門外碑亭二左[illegible]

[illegible]

[illegible]

八步有奇[illegible]

[illegible]高二尺有五寸左右兩階階五級封高丈有六尺遵定制不敢不及亦不敢過也[illegible]

十步墓前禁步外為子孫祔葬地此正域之規模也域以外西南拓地[illegible]

[illegible]

右以近中為上[illegible]

國家優卹之恩[illegible]爰為阡記用示後昆道光二十三年七月[illegible]

誥授朝議大夫安徽盧州府知府男烜謹記

欽賜進士乙未科舉人男[illegible]謹書

司土之神碑

【简介】

清道光二十四年(1844)立。存栗家坟东部。碑高220、宽85、厚26厘米，圆首方座，汉白玉质。座高57、长122、厚58厘米。

【碑文】

（碑阳）

司土之神

（碑阴）

栗毓美家族世系表

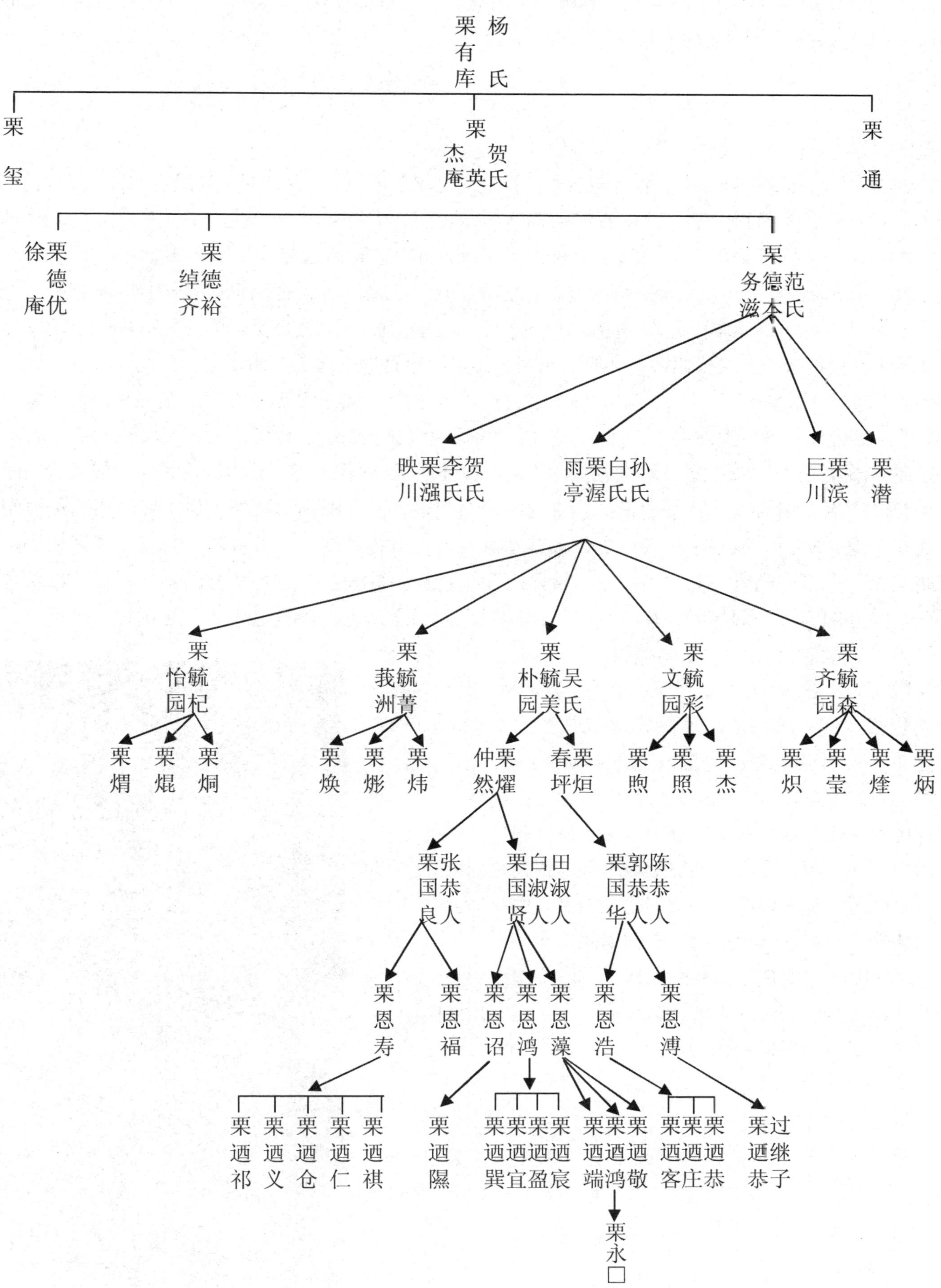

迺字輩下還有栗永金、栗永康、栗永□、栗永昶等四人，不知是何門。

滿清道光皇帝爲栗毓美後輩賜名聯：國恩迺永錫，嘉慶晋其昌。

重修圆觉寺碑记

【简介】

清道光二十五年（1845）六月立。存浑源城内圆觉寺。碑高138、宽65、厚22厘米，圆首云头，青石质，碑边回字纹。由刘必莲撰文。

【碑文】

重修圓覺寺碑記

順覽郡志，悉州北一隅，有圓覺寺建於金正隆三年，修於明成化元年。偶一過之，因思古人相陰陽、度方位，立寺命名非苟焉已也。院中實塔七級，西出雲□，南峙翠屏，左置恒峯，右挹玉泉，爲之文廟武廟之左翼，文風所繫夐乎！閤郡之偉觀，而亦祈福庇民之地也。憶余癸丑冬奉旨來渾，至丙辰間三載，沐荷□治隆化治，山嶽效靈，雨暘時若，□歲豐登，士親絃誦，民安節儉，再過斯寺俯仰久之矣。由金迄明至今數百年，不無上□於鳳鳥，□月之穿，蟲蟻之蝕，神之弗妥，咎將矣歸！用□□不自，□捐廉首創，集都人士，按次第輪將，胥踴躍樂於從事，匝月聚金錢二千餘貫。噫！此固好善之恒心，抑亦□洽求養欲之無庸□致也。是年四月鳩工庀材，擇諸紳中勤能者董其事經營，至九月而棟宇維新，規模碩大。計山門三楹，中院塔供佛像，後□墻，再後大殿舊止三楹，建塔後之左，供 南海觀世音像。余命以連翼添建三楹，右供 送子觀世音像以□之，左護法爲 韋馱北嚮，右護法爲張仙址嚮遂覺門敞整齊，而於面塔無少偏倚，益莊嚴中正矣。東南嚮爲關聖殿，西南嚮爲地藏殿，環廊廡院東西配殿塑伽藍、達摩二像，兩旁式鐘鼓樓，各至前，東客堂西僧舍，俱各秩然，局勢軒豁。落成諸寺展禮畢，余顧謂諸紳曰：夫不知圓覺之名之義，□云清净□□，實珠映於五色隨方各□義□佛之自在，如珠之圓也。又云輪有四義：一圓滿義，輪之爲名流演圓通，此圓之義也！佛覺也，覺一切種智，後從覺，□恃如性夢覺，故謂之覺，此覺之義也。□□援儒祭釋然，知來□往聖人之智圓南，神先覺後覺，聖人之以道覺，民體其義，則知圓覺之大有裨於民，固不僅於斯□求之，然未嘗不於斯寺驗之也。自愚以生圓也覺也，不致寂滅無傳也，則今日之舉實堪自慰，且樂得吾渾之民相興共慰焉爾。是爲誌。

特援渾源州正堂加六級紀録十二次宣枋壹兩

山西大同渾源城守府加五級紀録十次善明捐銀捌兩

州儒學正堂加一級紀録二次□□□捐銀貳兩

州儒學副堂加二級紀録四次李□捐銀貳兩

州王家莊堡巡檢加二級記録三次□□□捐銀伍兩

渾源州右堂□□府經略加一級紀録一次□□□捐銀伍兩

渾源州僧正司慶興募化□誠

嘉慶四年季秋九月□□□□之吉

廪生劉必蓮敬書

董事人　朱稱英　趙元州　戴日□　孫五□　宋□　程久如　孫□□　王□實　左恒峰　徐陞　孫永盛　張齊良　劉□□　戴日德　左廷謨　□法

住持　清虚

徒申□　孫□舉　曾孫景忠

大清道光貳拾伍年季夏六月穀旦

住持　喜全　徒勝得　代理勒石

皇帝遣大同镇总兵积庆致祭于北岳恒山之神碑

【简介】

清道光二十六年（1846）立。存恒山恒宗殿下。高 143、宽 63、厚 18 厘米，圆首方座，周边回字纹，青石质。由浑源知州王乃棫勒石。

【碑文】

御祭

維道光二十六年歲次丙午庚寅月丁巳朔越祭日庚申，皇帝遣大同鎮總兵積慶致祭於北嶽恒山之神曰：惟神位統并州，職崇代郡。躔紀大辰之次，峯傳太乙之名。屹爾層巒，誌蘭臺而選勝，崒然雄陣，峙榆塞以專威。界雁門、廣武之交，六郡咸資環衛，尋上谷、漁陽之胝，羣山咸列屏藩。兹以壽延洪，愉臚中外，徽旨晋奉，慶洽神人。朔方顯四塞之嚴，用宣昭報，望秋視三公之貴，式薦明禋。布祥雲而永奠坤儀，涓吉日而靈承泰祉。芬芳用告，神貺丕臻。

主祭官大同鎮總兵積慶

陪祭官大同府知府雙寶

渾源州知州王乃棫

渾源城守府蘇明阿

“云路”石匾

【简介】

清道光二十六年（1846）五月吉日立。现存浑源城北8公里处的上韩村文昌阁门洞上方之阳。高45、宽98厘米。

【匾文】

道光二十六年仲夏穀旦

雲路

創建洞門

"龙门"石匾

【简介】

清道光二十六年（1846）五月刻。现存浑源城北8公里处的上韩村文昌阁门洞上方之阴。高50、宽102厘米。

【匾文】

龍門

道光丙午年榴月穀旦

重修罗汉洞碑记

【简介】

清道光二十八年（1848）九月二十四日立于罗汉洞寺院，现存罗汉洞内。罗汉洞位居悬空寺南一公里许的西侧。山崖间有天然石洞，旧日依洞建有罗汉寺，寺内供奉铁铸十八罗汉像。罗汉洞旁还有达摩洞，供奉达摩祖师像。两处寺洞现处于恒山水库之中，其寺院已废，并被库水淹没。近年来，库内水位下降，罗汉洞又显露出来，遂发现了古碑三通。青石质，圆首云头，缠枝边。碑高127、宽60、厚16厘米。额题“万古流芳”4字。保存基本完好。由山长举人、河曲黄锦撰文，李云程书丹。碑阴“捐资姓氏”中，字号众多，不难看出道光年间浑源工商业的繁荣情况。

【碑文】

（碑阳）

重修羅漢洞碑記

山長舉人河曲黄錦沐手撰

渾源州城南十里許，左恒嶽，右翠屏，兩山夾溪，望之若龍蟠然。緣口入内五六里，有洞附翠屏之脊，面恒陽回，環半山而幽曲可挹，土人相傳爲羅漢洞云，但不知創脩於何年矣。丙午，余主講恒麓書院。明年北上，道經是洞，未及攀躋，第見垣宇頹圮，慨然者久之，恐不能重脩以壯山嶽之觀也？又明年，約同人遊恒，復經是洞，而已焕然改觀矣。但不知募緣與經理者何人也，而一年之内竟前後易觀也耶。是歲余移北極閣，適主持請記重脩金龍口羅漢洞顛末，乃知是役鳩工於丁未三月吉日，越七月而告竣。住持焦明月募化甚力，邀請經理人實董其事，余喜其廢而復興也，爲之記。

李雲程書丹

經理人　王占元　左樂業　耿大德　王清傑　張文富

油匠　馬清魁　李攀龍

石匠　王步明

木匠　王連

塑匠　左向業

住持道人　張元英暨徒焦明月

大清道光二十八年歲次戊申九月二十四日吉立

（碑阴）

捐資姓氏

守梁所張殿元施小錢五吊　奉政大夫栗毓森　萬隆旺　三義公　大德元　萬慶隆　毓泰和　孟成孟明　孟有　賈全有　以上各施小錢叁吊　天元文　天章文　三盛和　三德和　永明盛　慶永興　萬成旺　永合成　楊鳳儀　監生孟仕齊　增生王清俊　史志　吴興宗　白成堯　穆向榮　李成□　李繩祖　樂全義　吕　强　以上各施錢貳吊　毓和號　永豐號　萬和號　合成義　同德成　南三和　北二和　和玉美　西萬順　萬隆缸房　三太和　鄭餅鋪　天德儀　復元號　和義明　和盛德　廣德真　永發榮　南山玉　復成號　毓隆號　同盛魁　元盛德　永世店　萬興店　衆成店　□□育　永望隆　三□盛　信義成　復信成　雙德珍　雙得明　南雙德　和義公　和成美　楊莊恒茂缸房　復成缸房　李錦春　訓導　戴世文　王天富　熊興周　王文宣　孟居鄴　郝尚義　永興店　德興榮　以上各施小錢一千五百文　復文堂　永育珍　永德珍　恒陰茂　慶成隆　三和美　永益恒　慶泰公　天成義　廣德成　德義隆　明盛號　永全盛　富裕明　世忠義　天裕成　世成榮　永慶育　望隆店　興榮店　雙合成　徐餅鋪　元恒成　同成玉　廣盛美　德盛昌　和成公　興隆榮　東義合　萬億旺　萬興旺　萬景隆　萬德義　福慶榮　毓順天　雙盛德　德順榮　西元成　永慎德　德盛榮　福盛榮　永亨

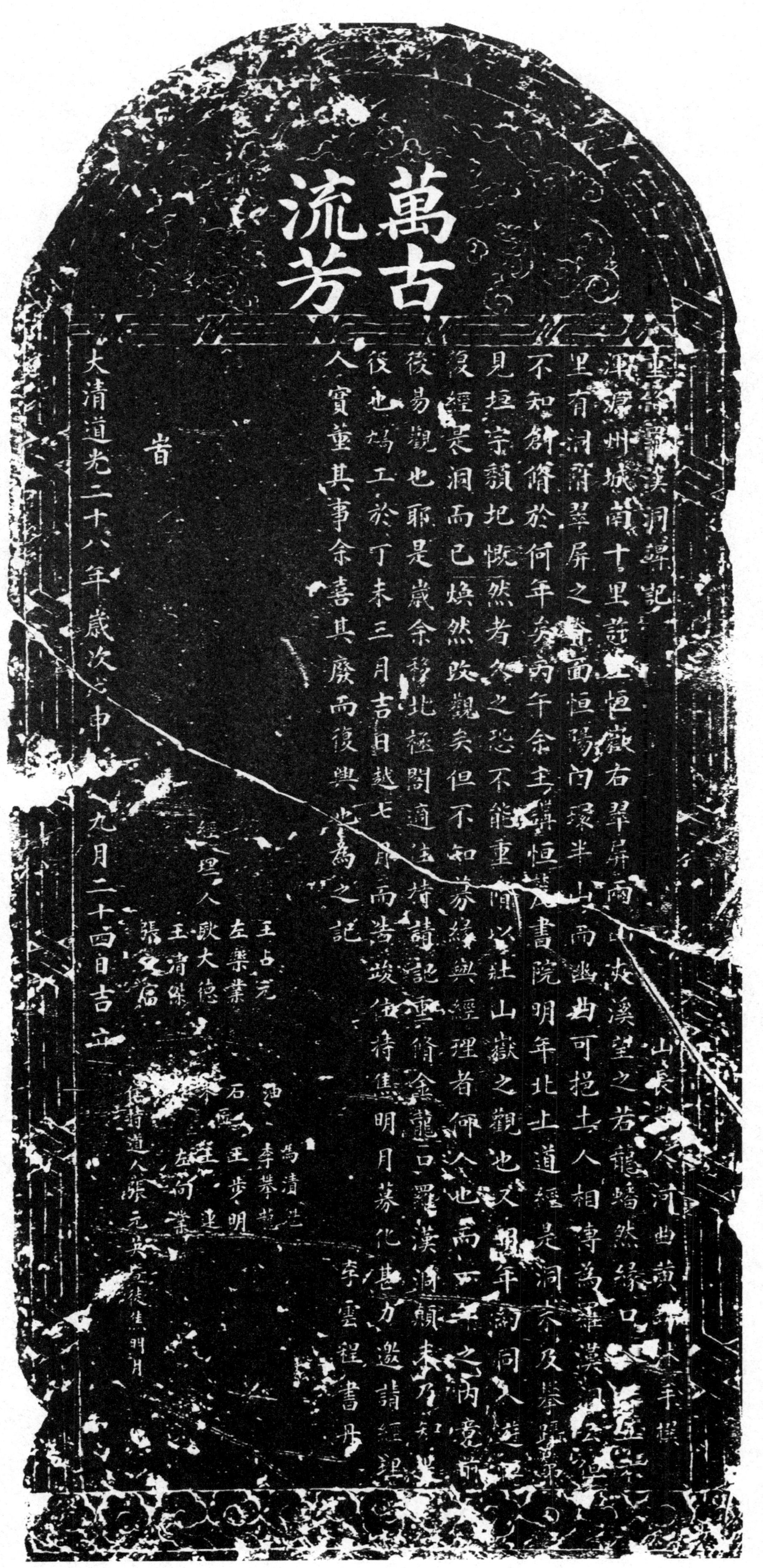

萬古流芳

重修羅漢洞碑記

灤州城南十五里許上恒嶽右翠屏兩山夾溪望之若龍蟠然緣口山長河曲黃[illegible]本手[illegible]
里有洞爾翠屏之[illegible]面恒陽向環半山而幽曲可挹土人相傳爲羅漢洞[illegible]
不知創脩於何年矣丙午余主講恒麓書院明年北上道經是洞亦及攀躋[illegible]
見垣宇頽圮慨然者久之恐不能重葺以壯山嶽之觀也又明年約同人游[illegible]
復經是洞而已焕然改觀矣但不知募緣與經理者何人也而一年之內竟[illegible]
復易觀也耶是歲余移北極閣適住持請記重脩金龍口羅漢洞顛末乃知是
役也鳩工於丁未三月吉日越七月而告竣住持焦明月募化甚力邀請經理
人實董其事余喜其廢而復興也爲之記　李雲程書丹

首

經理人　王占元　左樂業　歐大德　王清[illegible]　張[illegible]福

爲清[illegible]　李[illegible]　石匠王步明　[illegible]連　左[illegible]業

住持道人張元[illegible]　徒焦明月

大清道光二十八年歲次戊申九月二十四日吉立

成　山玉永　德盛元　恒義號　程油房　富德民　興和民　□□□　和慶美　廣德裕　高蘇鋪　公議店　余肉鋪　復興隆　永義德　山成玉　天合店　復成店　復興隆　三義和　豐裕亨　永盛　永成　永和　源盛　增盛店　大德　玉成　協成　德成　萬隆　單愷　白素　李進忠　劉聰　吕發陽　魏昇　張鵬夆　陳善述　孫善智　張維世　劉還　龐俊德　白有財　馬維龍　文輔世　王福榮　王福有　崔銀　李玉清　郝先榮　郝良珠　郝光美　郝光興　穆占雲　翟世盛　苗喜　姚太　劉金武　李玉慶　張有信　柳旺枝　劉成堯　梁公相　禹興　閆大定　薄全　白萬金　翟永茂　張光有　王連　牛天富　馮修世　李永清　左法龍　薛俊　殷尚志　王枝　喬生銀　王吉　張萬金　孟世禄　李豐潤　辛直　邱林　張世榮　石有　孫錫昌　屈洪平　胡福元　徐文佑　張殿元　楊英　車世興　王占鰲　王占魁　孫槐　萬德店　萬有珍　以上各施小錢一千文　廣德昌　金成德　孫熙　吴成明　劉德用　白映魁　元恒店　以上各施小錢五佰文王金　施小錢一千文　壯班　施小錢壹千文　快班　施小錢貳千文　皂班　施小錢叁千文

經理人　王清傑施小錢玖千伍百文　耿天德施小錢玖千伍百文　左樂業施小錢玖千伍百文　王占元施小錢貳千文

木匠　王連施小錢三千文

石匠　王步明施小錢壹千文

泥匠　左向業施小錢叁千文

油匠　馬慶奎　李攀龍　施小錢陸千文

一宗木料棧子錢　小錢陸拾千文

一宗用磚瓦土錢　小錢伍拾玖千文

一宗石灰磚土脚錢　小錢肆拾伍千文

一宗木匠包工錢　小錢貳拾壹千文

一宗油匠包工錢　小錢貳拾伍千文

一宗泥匠包工錢　小錢肆拾貳千文

一宗石匠包工錢　小錢拾壹千伍百五十文

一宗鐵匠包工錢　小錢伍千文

一宗做木供器一付　小錢伍千文

一宗修道買炭零工　小錢肆拾千文

一宗盆稭子串條　小錢伍千文

一宗開光花用　小錢貳仟玖佰文

以上十二宗共花小錢叁佰廿伍□

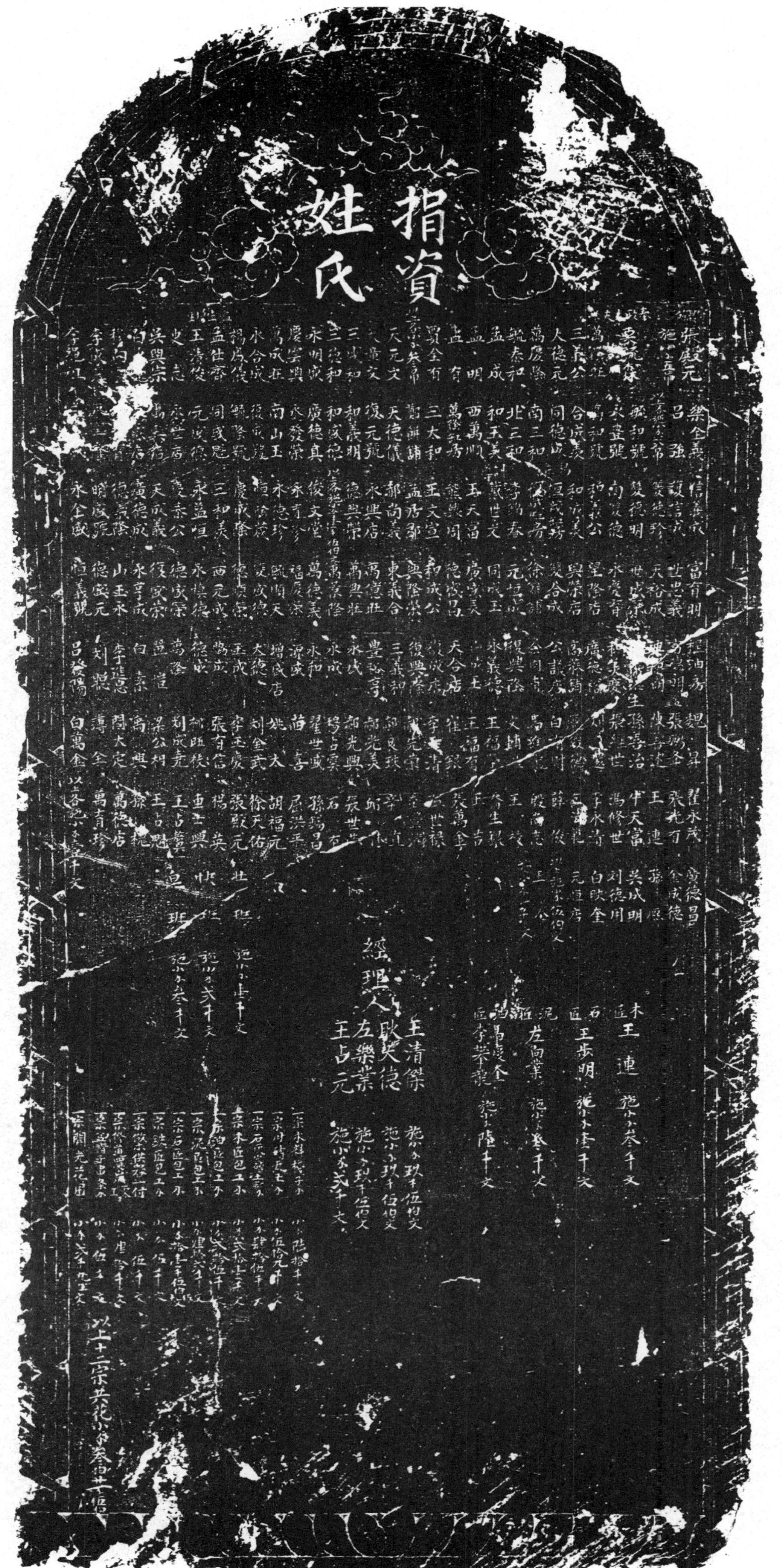

重修碑序记

【简介】

清道光二十九年（1849）立。存浑源城南千佛岭乡小复旦村西北之碧谷寺。高 141、宽 68、厚 18 厘米。额题“留芳奕祀”，圆首缠枝纹。由庠生赵治世撰文书丹。

【碑文】

重修碑序記

蓋聞莫爲之前雖美弗彰，莫爲之繼雖盛弗傳，凡事大衹然也，而况修壇□建廟宇乎。渾郡十大寺之數，城南有一碧谷寺，自古以來創建，建立佛殿一所，廟貌巍峨，金神偉嚴。此地有崇山峻嶺。茂林修竹，又有清流激湍，映帶左右，使聞而觀之者莫不肅然起敬矣，樂而再延，其久不無風雨所損傷，而基頹墻傾亦嘗人民爲補葺。固□住持尚與五村人等□繫□傷，不忍坐視，爰請會首化貲財，興工動衆，務庀爾村，務鳩爾工，規範準繩用□□□□□粉白黛緑施黝堊於墻垣，無不焕然而維新，雖不能媲美於前，亦可綿遠於後矣。玆當功成告竣，勒碑刻字，以垂千古不朽。

庠生趙治世沐手敬撰書

碧谷寺四至開列於後：東至東梁背尖兒山，西至王倉墳大溝北，南至龍廟石化樹坡，北至黄家地紅化嶺

五村會首人　張一愷　馮□　單□元　張舉　張浩清　趙貴　翟永祥　唐興　白筱龍　劉浩　任殿仕

石匠　朱光斗　田得銀施小錢一千五百文

木泥匠　馮步珍　馮步月施小錢一千文

瓦匠　楊□　侯正和　張林施小錢三千文

油畫塑匠　侯時和　李□□　李時春　□□桂　胡貴

住持　同忠　同德

弟子沙桂　沙梅　施小錢三萬

徒侄沙雲施谷米三石

徒孫界□

龍飛大清道光二十九年歲次己酉季春月上浣之辰穀旦立

皇帝遣山西太原镇总兵乌勒欣泰致祭于北岳之神碑

【简介】

清道光三十年（1850）四月立。存恒宗殿下。高 140、宽 61、厚 14 厘米，圜首方座，回字、缠枝纹。由浑源知州王乃棫立石。

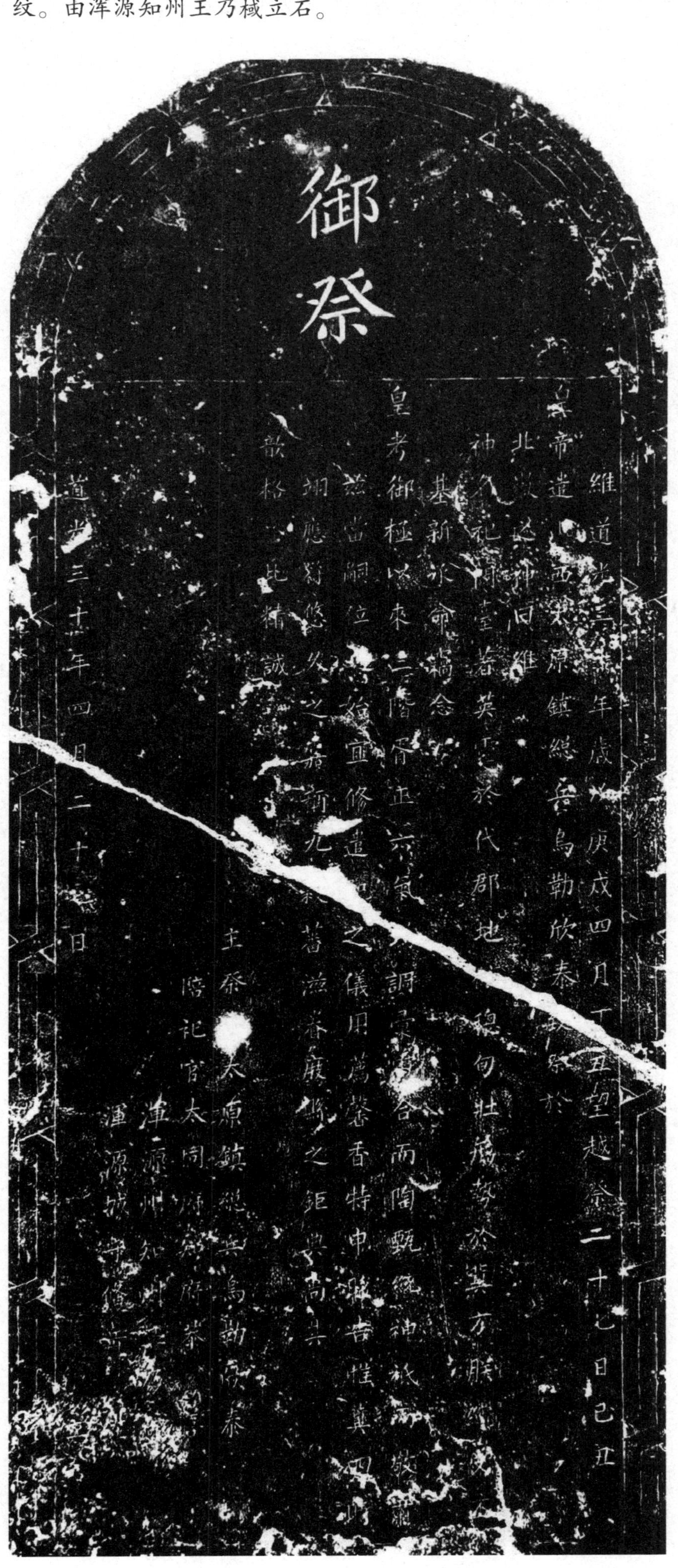

【碑文】

御祭

維道光三十年歲次庚戌四月丁丑望越祭二十七日己丑

皇帝遣山西太原鎮總兵烏勒欣泰致祭於北嶽之神曰：維神名祀蘭臺，著英靈於代郡，地依穗旬，壯形勢於冀方。朕纘受丕基，新承命。竊念皇考御極以來，三階胥正，六氣均調。彙□合而陶甄，統神祇而敬肅。兹當嗣位之始，宜修遣祀之儀，用薦馨香，特申昭告：惟冀四時翊應，符悠久之嘉稱，九穀蕃滋，眷㡉縣之鉅典。尚其歆格，鑒比精誠。

主祭官太原總兵烏勒欣泰

陪祭官大同府知府恭善

渾源州知州三乃棫

渾源城守備岳□

道光三十年四月二十七日　立

重修龙神庙碑志

【简介】

清道光三十年（1850）八月立。存西留村村西古戏台。高165、宽66、厚17厘米。圆首，缠枝、回字纹，青石质。额题“永垂悠久”。已断为二截，横躺在地。由增生田卜庆撰文书丹，住持厖起龙勒石。

【碑文】

重修龍神廟碑誌

蓋聞廟之謂貌，所以寓神象也。歷古以來，駚疃村龍神廟依然有之。第歷年多，所惜殿院破碎，廟貌損傷，固無以安神象也，且當日之廟貌褊淺，地勢卑狹，亦無以壯神觀，改舊圖新，易小爲大，理所宜然。於是，闔村士民思欲廣其地勢，高其廟貌，以悦神靈之感應，因而於道光二十八年，減献戲之花費，猶慮其不足，復爲捐斸布施，以作重修之費□。當是時也，本宜各建廟宇，以安神靈，奈村小力弱、資費難支，因以関帝神、五谷神、財福神配合於其中，雖非創始之舊迹，而煥然維新，亦可以慰諸神，祐一鄉之安寧。迄今功成告竣，難掩捐助之人名，是以建立碑文以傳後世焉耳，於是爲誌。

增生田卜慶撰書

經理人　虞加祥　牛喜明　石永奎　耆賓孟世英　王天明
　　　　耆賓郭本源　吴嘉鴻　郭培源　吴萬恒

施捨人　李淋　文生郭有恒共施地五十

聖寺地　石家嘴地五畝　　道當澗地一畝
　　　　夾道地二段八畝　　橋西地三畝　　陀子地三畝
　　　　上小墻地五畝　　大糧折艮一兩五錢三
　　　　下小墻地四畝　　支米一升七合　豆一升一合
　　　　廟前地二畝　　玘米七合　豆二合
　　　　澗西地三段卅二畝　　共折艮二兩一錢

木匠　王秉直

石匠　王仲元

泥匠　朱映午

塑匠　□永

油匠　田世寬

瓦匠　賈明

大清道光三十年中秋上浣穀旦

住持　厖起龍

重修白龙王堂各庙新建魁星庙碑志

【简介】

清道光三十年（1850）八月立于恒山后背白龙王堂处，现存该处。青石质，双龙戏珠，缠枝纹。碑高134、宽61、厚15厘米。额题“万古流芳”4字。碑首多有风化。由候选布经历刘廷瑛撰文，书吏禹九州书丹。

【碑文】

重修白龍王堂各廟新建魁星廟碑誌

蓋聞莫爲之前雖盛弗傳，莫爲之後雖美弗彰。創建斯廟由，與恒嶽一脉，毓秀鍾靈，龍驤虎躍，應時庇民。始於萬歷乙卯年創建，继於康熙、乾隆年重修。自兩次重修之後六十餘年並無修理，幾乎廢弛。適有崞縣下古村人貢生鄭品，因母病延醫不痊，來州訪醫。遊至斯廟，在吕祖位前祈禱：“保佑母病如好，捐銀重修廟宇。”祈禱之後，神靈感應，母病漸愈。遂於道光肆年興州民楊天化督工，整理續修純陽楼二間，新塑關聖帝君、鍾離老祖二像，楼下添盖禪室三間、厨房三間，圍墻、山門。共用銀四百餘兩，不期三月而成。廟貌固已修理署備，惜無養贍，無人住持，仍廢如舊。於道光拾肆年里民羅昌齡充當總約，不忍坐視，據情投稟前任州主方天案下。州主洞悉前情，從懸空寺撥來地租粟貳石伍斗，從城玉皇閣撥來轆轤，把溝地壹段拾肆畝，隨帶屯粮。又裴村王永成施西坊城地拾畝，隨帶屯粮均照訟過割。由此安插主持，贍養足而香火㑹，廟事整而神靈安，作廟翼翼億萬斯年。自鄭公重修之後，但山高風猛，廼隔二十餘載坊墁傾頹，廟貌日形殘缺。今經主持張教貴邀請禹興等十一人董事修理，急力勸捐，衆善踴躍資助，鳩工庀材，增無壯有，不止黝堊丹漆，金碧輝煌，頗稱偉觀；又配盖鼓楼一座，新建魁星廟一座。雖人事之經營必有所籍，而成若非恒嶽之靈秀不逮此也。兹續其端，以著其後。爰爲之勒石，永垂不朽云爾。

候選布經歷劉廷瑛撰文

書吏禹九州書丹

奉直大夫渾源州事陞山東青州府同知方熙

奉直大夫渾源州正堂加五級紀録十次王乃棫

經理人　閆玉清　書吏黄海鰲　高永太　徐天佑　典吏禹興　總約羅昌齡　典吏白承堯　高奇偉　馬維龍　白毓秀　邱福

泥匠　李順　馬全

刻字　段士英

木匠　郝天財

塑匠　王琦

畫匠　白緒堯

新舊住持　僧正司喜全　道人張教貴暨徒侄勝興　勝得　勝榮

大清道光三十年歲次庚戌中秋月上浣穀旦立

萬古
流芳

城内各乡众善士捐建碑

【简介】

清道光末年（约 1850）立于恒山大殿下，现存此处。青石质，圆首方座，回字纹。碑高 160、宽 67、厚 20 厘米。保存基本完好。

【碑文】

城内各鄉衆善士

貢生田從徹　薄順　耆賓楊舉元　監生李文魁　王宗　耆賓李斌　趙喜　武生孟清選　郝光新　郝文耀　張環　從九梁吉運　劉殿魁　廪生劉漢璧　柳望枝　監生禹化邦　趙良壁　耆賓王經綸　靳更新　守府張化蛟　榮步蟾　文生左步月　郝德科　文生郝國華　郝光潤　武生李永秀　賀天叙　從九趙有　徐盛年　周代　張榮　各施錢□吊

白玉胱　田有吉　李世寬　王福申　史佐清　王福全　杜永和　翟玉林　張生春　成花　穆大勇　李寬　楊映礏　靖守智　各施錢伍吊

廣慶亨　福成帽舖　李鍾英　劉尊賢　增盛有　順成缸房　廣盛隆　耆賓龔三元　張耀　安貞　趙步起　竇得倉　劉榮　劉舉桂　葛全香　崔俊　德成世　各施錢四吊

張釧　葛五乾　郭相　王廷賢　王廷倫　王□　麻歧山　李津　趙九金　龔世雲　郭文運　張喜　李滿　劉永通　舉人藺世俊　孟自成　孟緒宗　翟雲成　張興魁　沈成喜　金臺　劉順　監生趙開基　穆碗舖　天佑缸房　義盛祥　牛化麒　三盛德　李福　裕成鹽店　各施錢四吊

廣義馬　廣成德　四義成　馬　麟　明盛店　雙儀長　清和成　德和公　和盛店　天寶元　以上施錢五吊

元旺成　興盛元　永興票店　王大科　温碗舖　趙碗舖　張蔴舖　萬順成　黄優昌　張錦文　任德明　明清賢　王佐　楊保定　馮成公　趙亮　祝永　陳玉林　義盛有　陳國運　各施錢三吊

趙占魁　增新號　山慶店　萬景隆　吴肉舖　福慶榮　復合肉舖　信義榮　鄭基□　蔡村和盛成　聚義成　天慶義　天合昌　德合義　復盛榮　田增盛　沈太　三盛瑞　各施錢四吊

薄珍　復陞成　三裕昌　復盛店　張問明　義順和　王泰魁　寇麟趾　文瑞　張直　恒興泰　張化林　各施錢三吊

劉映　劉登魁　劉有旺　劉有榮　趙連　王登瀛　李國安　李香　康明　楊恒秀　郝九經　郝良珠　郝光龍　温執中　趙珍　李向陽　聚錦源　發興永　閆大才　源興永　李上林　福慶昌　廣盛魁　李儒林　廣盛德　瑞興成　祥盛有　瑞興店　瑞興美　瑞興合　源盛永　各施錢三吊

張愷　文生王建國　張守文　葛幽香　白永增　葛仲義　趙英　陳王童　永成帽舖　□□　唐朝　從九張超世　薄義　曹林　劉發　唐金　柳滿山　李津　劉元　文生張守文　孫培珩　李有槐　麻玉林　耿爾貞　梁天福　麻恒有　從九禹興邦　耿爾耆　左仁倫　張培堂　郭存禮　劉光金　各施錢三吊

張進科　耆賓喬大喜　穆如璧　高如恒　晋景新　侯天梅　侯天錫　王言德　温子義　李開基　榆次同義恒　郝國治　武生陳保　張旺　武生郭智禮　靳乃新　貢生于繼紹　穆山玉　盧輔世　介賓王天爵　姜太公　貢生王清元　郭相清　郭起清　郭運龍　郝九如　高一品　陳占龍　任天桂　彭慶林　魏陞　各施錢三吊

左方儒　白成銀　趙天相　張有信　李彦　楊福貴　張有禄　張成富　唐光金　穆紹成　孟清彦　張尊賢　田從雲　史永魁　增生李繼春　劉興盛　貢生李榮春　徐尚德　武生李永安　徐正福　徐發申　徐全禮　□國彦　趙世雄　許天佑　楊桂　熊岳崙　楊桂士　劉懷清　李永招　馬兆祥　各施錢三吊

楊君弼　文生李子川　郭恒智　增生郭增榮　葛崇　張執良　鄭生太　趙存智　張保世　張明珠　王登進　張吉　王登科　劉炳悦　高五福　耆賓王　政　尚九叙　尚本立　王存善　耆賓尚

元龍　尚麒　廩生尚鬱文　尚雲林　尚九疇　武生李肇恩　石玉銀　武生田啓元　孟先爵　僧人净貴　孟占魁　孟景岐各施錢三吊

楊翠芳　楊毓峰　楊春耀　孟應旗　孟應召　黄清雲　褚維棟　佘現龍　武舉李獻吉　薛世旺　從九李長吉　庠生翟雲會　薛世珍　歲貢黄攀月　靳天福　文生郭育　王守和　雷堂　雷明遠　沈天常　沈大慶　張仲　許藹　廣祥　從九白壁英　高連　劉寶　恩貢臧寅　李敏　監生劉式祖　侯宣　各施錢三吊

張杰　張有善　劉志謙　孟世興　麻玉林　吴全　石興旺　姚焕章　張輔士　廩生靖錫命　趙存智　史上奉　陳文錦　劉懷智　張環　晋國太　徐長齡　王佐　張志正　翟嘉穀　賀三元　王好善　順德昌　復信榮　魁順啟　永發椿　佘訓　廣聚恒　泳積店　天興成　萬成油房　各施錢三吊

三盛恒　萬盛榮　萬保成　合義成　廣德堂　佘興瑞　耆賓尚元魁　天成功　萬育成　葛方榮　武生李春奎　高德恒　義合成　張安申　各施錢三吊

傅吉人　栗榮　栗萬棟　許佐　王殿元　梁吉　孟通　唐貞　沈愛　李生花　賈順　王永德　丁烜　王凝　徐悦　張有成　王治世　張琢　張兆熙　吴起榮　張德　史守印　陳富　吴凌有　王永申　張林　吴寬　劉生治　穆禎祥　吴代　石□榮　劉□　雷占□　史正禮　王九章　沈大富　劉桓　王守謨　沈大明　沈孝　徐寬　徐義　李林　閆寬　王守照　清雲　楊明遠　郭明　左良業　鄭攀順　許國俊　鄧毓英　師杰　山成玉　王永明　唐潤屋　張永　劉達　以上各施錢一吊五百文

李菓　劉國棟　劉玘中　張□安　邢亮　李占賓　楊旺　李有　劉大富　鄭孝　王應　張林枝　馬秉健　孫林　張全　賈聰　陳真　賈琮　穆九裕　柳海　唐玉昌　赫樹德　柳桂　柳林　賈見龍　安國　張全有　穆天柱　唐君海　安文元　劉貴　尹富　左正富　左大永　朱秀林　山毓成　左復業　徐成德　穆長春　袁世純　左發曾　田繼宗　左喜曾　左兆業　左維棟　晋登桂　高奉堂　高榮　李兆瑞　郝先發　李萬銀　楊海　閆公　穆元　侯永太　任永發　王舉　楊世望　張玥　賈榮　孟清奎　孟清聘　賈明　王化明　張焕　王孝　孟福　藺永世　馬世昌　李春盛　李貞　王存恩　龔海旺　王登雲　劉清雲　陳繼才　郝富全　徐世寬　李可取　劉懷禮　高鳳　張良　馮寬　馮遇貴　王殿　徐大富　王有緒　李文忠　鄭□　李向日　馬明　王崇賓　李□□　陳生福　禹□善　劉永林　陳邦業　武生仝永隆　仝永雍　王進美　王立世　白寬　王寬世　許天佑　楊　誠　杜希文　田德明　劉步雲　王永世　梁萬寶　吴萬洞　許國佐　王萬福　李玉美　强天德　張□　劉旺雲　劉全　米振山　趙培　馬炮舖　張席成　馬旺雲　李德　李長春　沈富　李廷雲　史合成　史合全　李占春　張善述　范德　徐常旺　閆愛　王偉　王永言　王方　劉太　劉元　劉枝　劉軒　劉旺　劉雲　王永魁　王永義　李全義　王堂　程官　程祥　雷震遠　王相　馬秉乾　邢泰　高攀鳳　許吉　李旺　李振春　李玉春　李文成　李德香　來殿元　李堂　李全　李宏　李□　史潤身　郭士秀　狄生雨　張官士　范雲　王福林　臧占魁　許德福　許常富　許鍾靈　許萬福　許五福　許常福　許潤福　王前　沈佃元　武林官　張榮　王成　吴生雲　張萬有　靳天官　杜榮　靳天秩　劉開榮　樊斌　李玉　雷通　雷和　李潤　史上榮　史上仁　高起榮　張景榮　張瑞榮　王九圍　郝占奎　麻占春　麻福陽　吴順　吴直　吴永　薄志亮　張明正　介賓董汝蘭　石路　楊海開　李光園　萬義公　祁培清　張統　周吉　李廷佑　張彩　吴開應　師養賢　張國安　張申　樊正山　劉開旺　郭文明　吴生　晋毓香　黄世香　趙訓　孟天才　趙玘和　李含英　郝福曾　楊九林　臧文科　高才林　高雲林　張德壽　文獻章　自成正店　李上前　喬旺　邱福有　史福　王明世　王永成　黄桂馨　吴景治　甄大德　廉玉　王九德　劉福生　馮占元　馮占公　耿清雲　高連科　尚步雲　李天喜　貢生李毓喬　馬登鰲　劉宏　翟鳳雲　侯璧　王彦兵　吴雲　賈珍　黄耀　張步林　文生張德讓　楊向陽　張清元　王萬庫　王宣　田從世　趙行　秦□龍　馬秉義　張宗盛　李曾　雷聲遠　李向陽　郝玉　慶義染房　來大定　高樂　戴君宣　許國正　吕正位　穆三福　賈玉珍　邱桂山　王軒　以上各施小錢□□□

菓子園　李永　馬維　各施錢四吊

李和　李瑞　馬崇訓　各施錢貳吊

吴愷　徐進德　王斌　李□新　張維　李有　侯柱各施小錢二吊
亭子嶺　石福忠　□海寬　黄瑞　黄兆亨　施小錢三吊
李述園　陳富　石福全　張全　張林　崔啓　各施小錢二吊
賀存仁　張興旺　張隆　馬秀　黄永恒　仝太　張有和　吴喜　白安　各施小錢一千五百文
白進　白義　白榮貴　吴九成　康萬富　崔寬亮　白路　姜文舉　張文全　陳孝賢　吴順　吴成
相　以上各施小錢一吊
停旨嶺會首石福忠　李述園　吴喜
果子園會首李永
蘇家屏會首熊貴福
花家町會首廩生余子亨　□城訓導栗峻
畢村會首臨興訓導　程毓昌
南路會首任芳

栗恭勤公偕吴夫人合葬墓碑

【简介】

清咸丰元年（1851）三月立。存栗家坟栗毓美墓墓道前。高 172、宽 82、厚 27 厘米。碑阳缠枝纹，碑阴回字纹。碑额高 89、长 96、宽 42 厘米。额雕双龙。碑座高 44、宽 64、长 122 厘米。全系汉白玉质。

栗毓美（1778—1840），字含辉，又字友梅，号朴园，又字箕山，山西浑源城关人。从小聪颖过人，六岁能文，七岁能诗。老师出上联“星垂天放弹”，栗毓美则以“月照海含珠”巧对，一时传为佳话。

清嘉庆七年（1802）以拔贡出任河南温县、孟县、安阳、河内（今沁阳）、西华等县知县。后历任知州、知府、按察使、布政使、护理巡抚等职，颇有政绩。道光十五年（1835）出任河东河道总督，主持黄河中下游的水利工程，是首创抛砖筑坝法的水利专家。河督任上深入民间，走访群众，因地制宜地实施抛砖筑坝法，既有效地防止了水患，又为国家节省了大量的钱财，深受河南人民的爱戴。每当出现险情，他都亲临现场。1840 年早春，黄河出现险情，他顶着狂风冷雨奔赴郑州胡家屯现场，因积劳过度于二月十八日猝逝于黄河大堤之上。一生从政近四十年，大部分在河南，黄河沿岸人民立庙建祠当神供奉。时至今日河南百姓还称赞他“功在河，德在民”。当他的灵柩从河南北上运往家乡时，沿途群众挥泪相送，千里不绝。

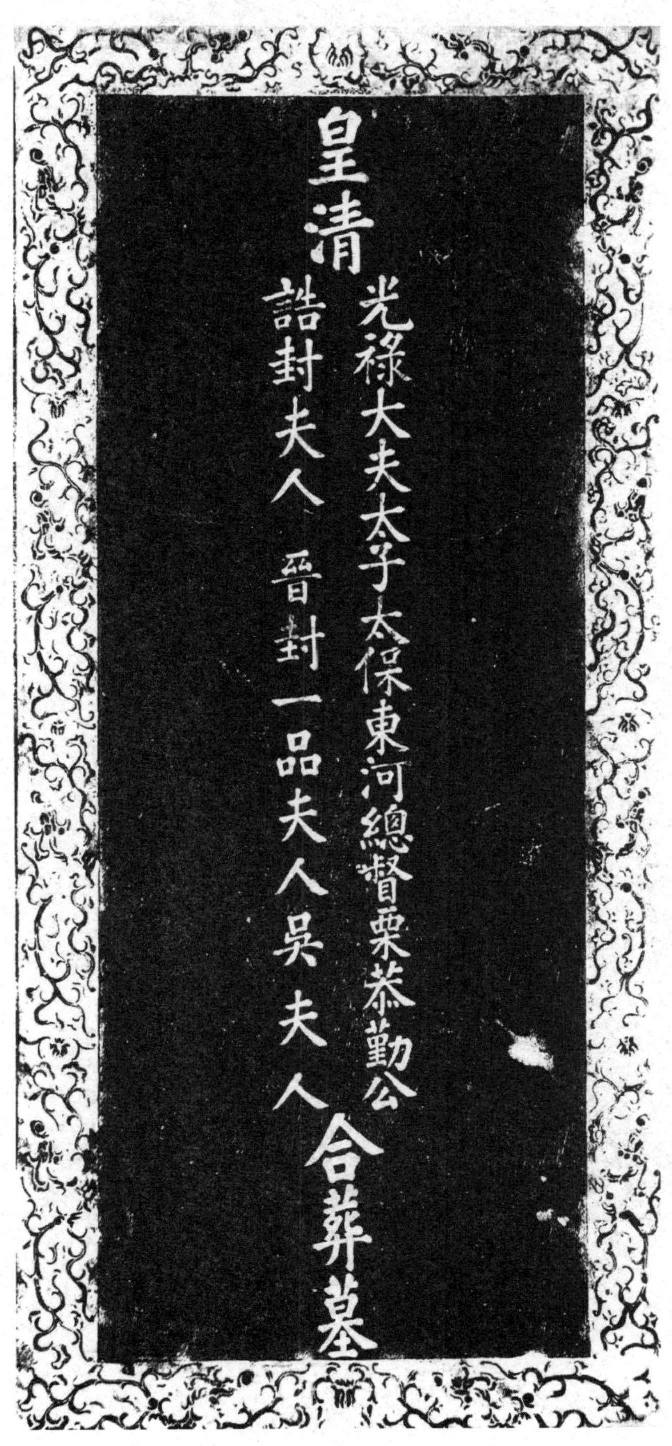

栗毓美死后被道光皇帝勅封为太子太保，赐谥“恭勤”，加封原配吴氏为一品夫人，赐次子栗燿进士第，而且将修建道光陵寝所剩材料，遣原班工程人员为其修建了规模恢宏、冰雕玉砌的栗氏陵园和府第。栗氏陵园现被列为国家级重点文物保护单位。

【碑文】

（碑阳）

<table><tr><td rowspan="2">皇清</td><td>光禄大夫太子太保東河總督栗恭勤公</td><td rowspan="2">合葬墓</td></tr><tr><td>誥封夫人　晋封一品夫人吴夫人</td></tr></table>

（碑阴）

公生於乾隆四十三年八月二十日亥時，薨於道光二十年二月十八日子時，享壽六十有三。

夫人生於乾隆四十二年十月二十八日卯時，卒於道光二十九年閏四月十一日子時，享壽七十有三。

<table><tr><td rowspan="2">子</td><td>烜</td><td rowspan="3">孫國</td><td>賢</td><td rowspan="3">曾孫恩溥</td></tr><tr><td rowspan="2">燿</td><td>華</td></tr><tr><td>良</td></tr></table>

咸豐元年歲次辛亥三月立

皇清
光祿大夫太子太保東河總督栗恭勤公
誥封夫人 晉封一品夫人吳夫人 合葬墓

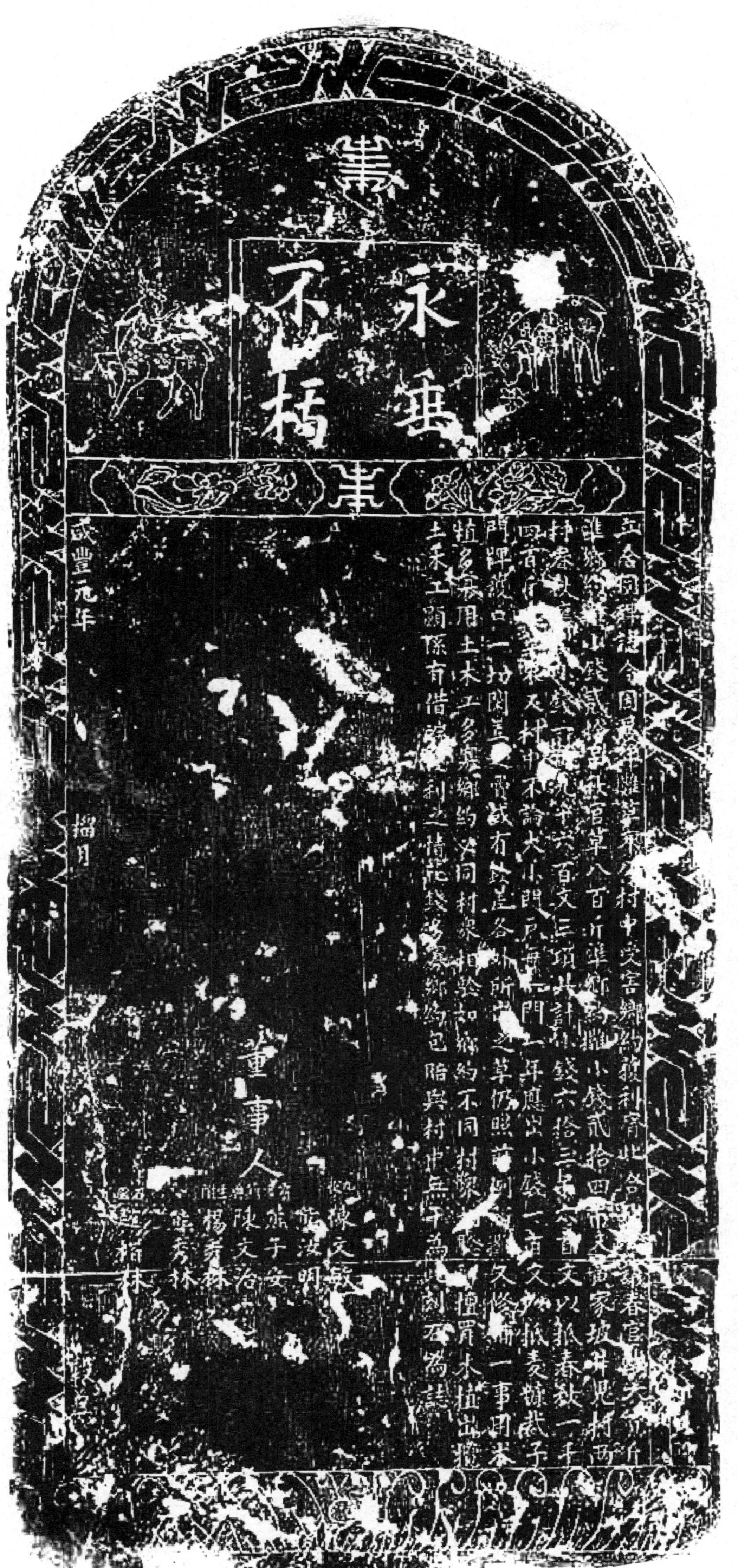

立合同碑志

【简介】

清咸丰元年（1851）五月立于浑源城东杨庄村三圣祠，现存该处。圆首，回字纹边。上部正中刻有篆书“寿”字，额题“永垂不朽”4字。下面两侧刻有犀牛和梅花鹿。保存基本完好。

【碑文】

立合同碑誌

今因屢年攤草不公，村中受害，鄉約獲利，齊此全村公議：春官草六百斤，準鄉約攤小錢貳拾吊。秋官草八百斤，準鄉鄉攤小錢貳拾四吊文。黄家坡井兒村兩村春秋應交小錢一萬九千六百文，三項共計小錢六十三吊六百文，以抵春秋一千四百斤之草□。又村中不論大小門户，每一門一年應出小錢一百文，以抵麥糠、裁子、門牌、護口一切閑差之費。或有欽差各外所出之草仍照前例所攤。又修補一事，用木植多寡，用土木工多寡，鄉約必同村衆相驗，如鄉約不同村衆相驗，私擅買木植出攬土木工，顯系有借端獲利之情。花錢多寡鄉約包賠，與村中無干，爲此刻石爲誌。

董事人　從九陳文敏　熊汝明　耆賓熊子安　典籍陳文浩　附生楊秀林　熊秀林

石匠　趙石林

重修三岭关帝庙记

【简介】

清咸丰元年（1851）六月立。存三岭关帝庙门庭。碑高172、宽65、厚17厘米。浑源州儒学文生李熙撰文、书丹。

【碑文】

重修三嶺關帝廟記

天地吾知其至廣也，以其無所不覆；載日月吾知其至明也，以其無所不照臨；江海吾知其至大也，以其無人口不容納；忠□吾知其□□重君臣情深。兄弟，廣不能逃其數，明不能私其貲，大不能亡其險衛哉。

關聖破曹魏以勤漢室，吞孫吳以輔炎劉，非日非月光之所被者遠，不江不海□之所及者博，是誠足鎮山河安社稷，而□□□之保障也。吾郡北三嶺有關帝專祠，不知創於何年，但即碑記考之。乾隆五十八年，州牧黄公偶經此地，見廟貌摧殘，金玉剥落，此衆生酌議重修。大施補葺，要皆因此地崎嶇，往來行人多有行李之苦，又搭起茶房數間，以爲行人安歇茶水之便。至六十年□公榮□宣公涖政，竪碑告竣，迄今又歷五十餘年，山高風猛，比前之摧殘零落之更有甚焉。始有宋立功不忍坐視傾頽，頓起善念，□□勢孤力薄隻手難成，因聞小道舖有李濤，亦有好善之心，於是到彼處邀請此人。此人一聞是言，踴躍赴工，欣然而至。□□□□□□請，而願效勞者又數人。將見募化者有人，督工者有人，不數月，而大功成焉。金身則以金飾，廟宇俱以丹塗，焕然□□□□□□，觀殿□幾，神靈之式憑矣。工起於道光廿五年，越元年勒石以誌者，初非表施財者之慷慨，執事者之殷勤，以求神之佑，□□□願仁人君子踵遺，而屢加修葺，永不至於摧殘，乃爲執事者之厚望也。是爲序。

渾源州儒學文生李熙撰并丹書

奉直大夫知渾源州事加五級紀録十次王迺域

特授山西分守大同渾源城守府加五級紀録十次蘇明阿

經理人　禹興　武興旺　李元州　李立功　李濤　張銘　李九如　餘燮　吕忠　李生華　李攀月　袁萬良　李務本　王葆元　王存仁

鐵匠　郭全　余成龍　馬仁

木匠　吴國助　王壯吉

泥匠　石毓秀

瓦匠　賈　明

工頭　武雲　李濤

油畫匠　李清　侯元　李直　張林　余燮

住持　朱光斗

大清咸豐元年歲次辛亥 荷月中旬穀旦立

例赠修职郎显考郭翁讳士伟例赠孺人显妣郭门□氏李氏墓志

【简介】

清咸丰二年（1852）八月立。存尧村郭家坟。碑高153、宽67、厚18厘米。圆首方座，缠枝边。碑首刻双龙。青石质。由子郭恒德立石。

【碑文】

皇清

咸豐二年八月中旬　穀旦立

<table>
<tr><td rowspan="2">例贈</td><td>脩職郎</td><td rowspan="2">顯</td><td>考</td><td rowspan="2">郭</td><td>翁諱士偉</td><td rowspan="2">墓誌</td></tr>
<tr><td>孺　人</td><td>妣</td><td>門</td><td>□氏
李氏</td></tr>
</table>

男<table><tr><td>廪
貢</td></tr></table>郭恒德奉祀

诰封武略骑尉显考郭翁讳士俊安人显妣郭门安氏孟氏墓碑

【简介】

清咸丰二年（1852）九月立。存尧村郭家坟。碑高123、宽61、厚14厘米。圆首方座，云头花卉边，青石质。由男郭增立。

安人，宋徽宗时所定命妇封号，在宜人之下，自朝散郎以上至朝散大夫封之。明清时则为六品官封号，如系封给母亲及祖母则称为“太安人”。

【碑文】

咸豐二年九月　穀旦立

<table>
<tr><td rowspan="2">誥封</td><td>武畧騎尉</td><td rowspan="2">顯</td><td>考</td><td rowspan="2">郭</td><td>翁諱士俊</td><td rowspan="2">墓碑</td></tr>
<tr><td>安　　人</td><td>妣</td><td>門　安孟　氏</td></tr>
</table>

男武生郭增奉祀

皇上遣山西太原镇总兵乌勒欣泰致祭于北岳之神碑

【简介】

清咸丰二年（1852）九月初七日立。存恒山崇灵门。高143、宽73、厚15厘米。圆首方座，回字纹。浑源知州程国观勒石。

【碑文】

御祭

維咸豐二年歲次壬子九月戊申朔越祭日甲寅，皇上遣山西太原鎮總兵烏勒欣泰致祭於北嶽之神曰：維神作鎮冀方，宣靈朔野。精凝畢昴，北辰上□於黄圖；秀挺幽并，左海遥環於紫塞。峙滄溟而表異，十三□瑞靄聯輝，接長白以稱雄，億萬載福源緜祉。朕寅成宏典，肅舉上儀。兹以咸豐二年四月初二日恭奉宣宗效天符運，立中體正，至文聖武智勇仁慈儉勤孝敏成皇帝，主配享圜丘。禮成，特遣專官，敬申昭告：惟冀功資翊衛，司出雲降雨以延康；德庇烝黎，媲山鞏川增而篤祜。尚其鑒格，歆此苾芬。

主祭官太原鎮總兵烏勒欣泰

陪祀官大同府知府萬濟

渾源州知州程國觀

渾源城守備盧全麟

咸豐二年九月初七日立

重修马王庙等碑记

【简介】

清咸丰四年（1854）五月立于浑源大磁窑村马王庙，现存大磁窑学校。青石质，圆首云头，缠枝纹。碑高130、宽68、厚16厘米。额题“万古流芳”4字。保存基本完好。由廪庠生员穆培春撰文书丹。

【碑文】

且廟者貌也，所以貌昭千古而使有苞桑之固、磐石之安焉。神者像也，所以□□萬年而使有精英之托，靈爽之憑焉。顧莫爲之前，雖美不彰；莫爲之後，雖盛□□。竊惟城南大磁窑村舊有窑神、馬王廟一所，非不足以妥侑神靈，而焜□□瞻，但代遠年湮，視廟貌不無傾圮，觀神像亦多凋殘。嗚呼！人爲神主，其誰不□□傷心乎。兹者闔村父老同心商議，因而捐資募化，鳩工庀材，使狹隘者易其□□，剥落者從而補葺。又以五谷、奶奶諸神，主陰陽之造化，握生育之權衡，□□未備其制，今亦莫不棲以殿宇□以神靈。癸丑歲，始經於春三月，落成於秋七月。肖形塑像，焕然改觀；竣宇雕墻，倏忽頓誠。盛事也，亦鉅典也。厥工告竣，因舉闔村之姓氏，刻石而銘諸碑陰云，是爲序。

廪庠生員穆培春撰并書

董事人　鄉約薄大山　鄉約袁□昭　穆青雲　任天喜　王永泰　温如玉　薄玉明　禹俊　趙倉　翟世永　王嘉賓　從九穆秀

泥匠　高萬

石匠　郭元魁

油匠　李直　馬慶魁

銀鉄匠　張福

瓦匠　張元

木匠　禹□　王嘉

大清咸豐四年歲次甲寅仲夏復月下浣沐手敬書　穀旦

主持僧　清真

萬古流芳
大清咸豐四年歲次甲寅仲夏月

黄万清墓志

【简介】

清咸丰五年（1855）正月立于浑源县城西郊黄家老坟，现砌于黄家坟附近水渠。青石质，回字纹边，上下部都残损。残碑高 94、宽 63、厚 14 厘米。

【碑文】

大清咸豐伍年歲次乙卯孟春月中浣穀旦

皇清榮授 庠生 顯 考 翁 諱萬清府 君墓誌
孺人 妣 母 黃 趙 張 穆 氏 老 太

男 連臺 文臺 元臺

率孫 智承 振業 曾孫 守□

好义碑

【简介】

清咸丰七年（1857）八月立于浑源西留乡上祝安村，现存该村龙神庙遗址。青石质，圆首，回字纹边。碑高165、宽64、厚17厘米。由大同府儒学生员白学诗撰文，浑源州儒学生员李映棠书丹。碑体基本完好，可惜已作为新建戏台的围边，任人践踏。

【碑文】

例授登仕佐郎張翁超世號萃英好義碑

本村四鄉外州縣公送好義碑

大同府儒學生員白學詩敬撰

渾源州儒學生員李映棠敬書

大清咸豐七年歲次丁巳酉月下澣穀旦

皇帝遣大同镇总兵庆德致祭于北岳恒山之神碑

【简介】

清咸丰十年（1860）五月立。存恒山恒宗殿下。碑为青石质，圆首方座，回纹边状。高 151、宽 64、厚 13 厘米。浑源知州李守清勒石。

【碑文】

御祭

維咸豐十年歲次庚申五月壬午朔越祭日丙午，皇帝遣山西大同鎮總兵慶德致祭於北嶽恒山之神曰：惟神儲精昴宿，炳曜微垣，臨代郡以垂庥，亘冀方以表鎮。還衆山而拱衛，萬壑祥風，覘五穀之蕃滋，四時甘澤。兹以朕三旬展慶，九有臚歡，懋舉崇儀，特申昭告：實符璀璨，純常葉有道之徵；壽牒延洪，悠久慶無疆之祝。庶其鑒格，式是居歆。

主祭官大同鎮總兵慶德

陪祭官大同府知府李汝霖

渾源州知州李守清

渾源城守備岳陞

咸豐十年五月十三日立

整创重修碑文

【简介】

清咸丰十一年（1861）冬月立于浑源城东南30公里处的黄花滩村东北山崖间的朝阳寺，现横卧于该寺遗址。青石质，圆首云头，缠枝边。碑高136、宽65、厚18厘米。额题“永垂不朽”4字。断为三截。由许国宾撰文，许国祯、许国英书丹。

【碑文】

整創重修碑文

渾源州國學生員許國賓沐手敬撰

咸豐辛酉年三月既望，李大老爺涖任渾郡，政通人和，百廢俱興，乃重修眼望峪黄花灘村北崖大石堂朝陽寺。此寺自明時隆慶三年仲夏月建立，但有横木墨迹，而未刊碑誌，□□□與□土而未書姓名。有萬曆三十年、雍正十一年重修娘娘廟碑文。至於佛殿、関帝、二郎、眼光等廟無重修碑誌可考。迄今二百餘年水淹□漲，雖有廟貌，幾無形影。自嘉慶五六年間五月初一日，獻戲趕集至今。上年又起會獻戲，會過，好善人目擊神傷，有意重修，竊嘆勢孤力寡，苦於難成。於是闔峪邀集好善之人公議稟報，蒙李大老爺親書施捐白銀三十三兩。面諭會首務要委婉募化，以修聖功。又蒙守府岳太老爺親書施捐白銀三十三兩，督學張老師、任老師、右堂吴老爺、守廳荆老爺、王莊堡委廳劉老爺、副守廳李老爺、代理額外姚老爺、稅務孫老爺各施捐白銀十六兩五錢。余等事至善之有師，募化之得力。於是乎捐貲成美，而致力於神。敬修佛殿，正位於北。而左右□□□，東祀眼光，西奉二郎，関帝居東於左，而昭穆其倪輔。娘娘位西於右，而保佑子孫。各廟玲瓏，而前建神棚，兩廊律吕神、牛馬王、山神、五道、理神、明辯等。威薦馨香，昭文章以肅威儀也。禪林排列，建立鐘樓，欲留住持，而聲聞四達也。增修戲臺祀報神恩也。此其間不無□曲周辯之事，幸閤峪之得人而有努力上前者爲之，任怨任勞一年餘矣。由是整創重修朝陽寺於大石塘者崔巍乎，果有成功也。而且募化真金，而舊像之金□亦立見，其重修焕乎，其有文章焉。閤峪十餘村約報每年五月初一日獻戲趕會，輪流會首先濟□□喜神悦，□馨香而無讒慝。而此寺之告竣，始可千載留芳云。

特授渾源州正堂加三級紀録□次記大功一次李鏡清施捐銀三十三兩

特授渾源城守府加五級紀録十次岳科施捐銀三十三兩

特授修職郎道光甲辰科舉人渾源州學正張吉□施銀十六兩五錢

特授渾源州儒學訓導任景山施銀十六兩五錢

特授渾源州右堂吴津施銀十六兩五錢

特授渾源州營守廳荆國保施銀十六兩五錢

特授渾源營王莊堡守廳劉培成施銀十六兩五錢

特授渾源營守廳李大山施銀十六兩五錢

代理渾源營額外外委姚□□施銀十六兩五錢

州署管理稅務孫覺羙施銀十六兩五錢

總理人　從九仝建弼

從九車士興

守御府郭萬里

歲進士□□訓導劉繩祖

□酉科舉人□縣訓導王尊賓

思貢生李光啓

從九張峥

耆賓薄榮貴

耆賓張光世

四　班　皂班　郭志成

□班　曹□□

□班　張文月

□班　趙秉忠

総經理頭　□□□

渾源州國學生員　許國禎　沐手敬書

大同府附生□　許國英

大清咸豐十一年歲次辛酉仲冬月上浣之吉

重修□□三官真武新建牛马王财福祠序

【简介】

清同治元年（1862）二月立。存西坊城关帝庙。高164、宽64、厚18厘米。圆首方座，青石质。顶额云头缠枝，碑边亦云头缠枝纹。额题“流芳”。庠生张从达撰文，庠生张海观书丹。

【碑文】

重修□□三官真武新建牛馬王財福祠序

庠生張從達敬撰

從來□□□廟宇，原欲垂後世爲永圖；後□建宏模，亦欲補前人所未備。我西坊城村舊有……何時，迨嘉慶道光年間已經重修二次。嗣後凡前代所建之廟宇皆整齊畫一，煥然可觀，獨兹廟土木雖未圮壞，基□□□□。歲次己未村衆公議，皆欲乘運會之方隆，增其舊制。於是謹選董事之人即興募化，不數日，聞已增百萬。越明年□□春，□□遺始歡聲並作，諸事調理無不盡善，錢項計數而均齊，土石按車以輪載，管飯則牛犋之家，人工並零門而合作。經之營之不數□，□□告竣，將見神像則金碧輝煌，棟宇則丹青炳爛。又且緒二祠於南北，規模已較前而寬宏，建廣厦於中□，廟貌亦因之而生色□。是村曰大小廟宇巍巍然，擅一村之勝氣焉。此雖人力之精誠，實由神靈之所默佑也。落成之後勒石以銘記，使衆善芳名永垂不朽云爾。

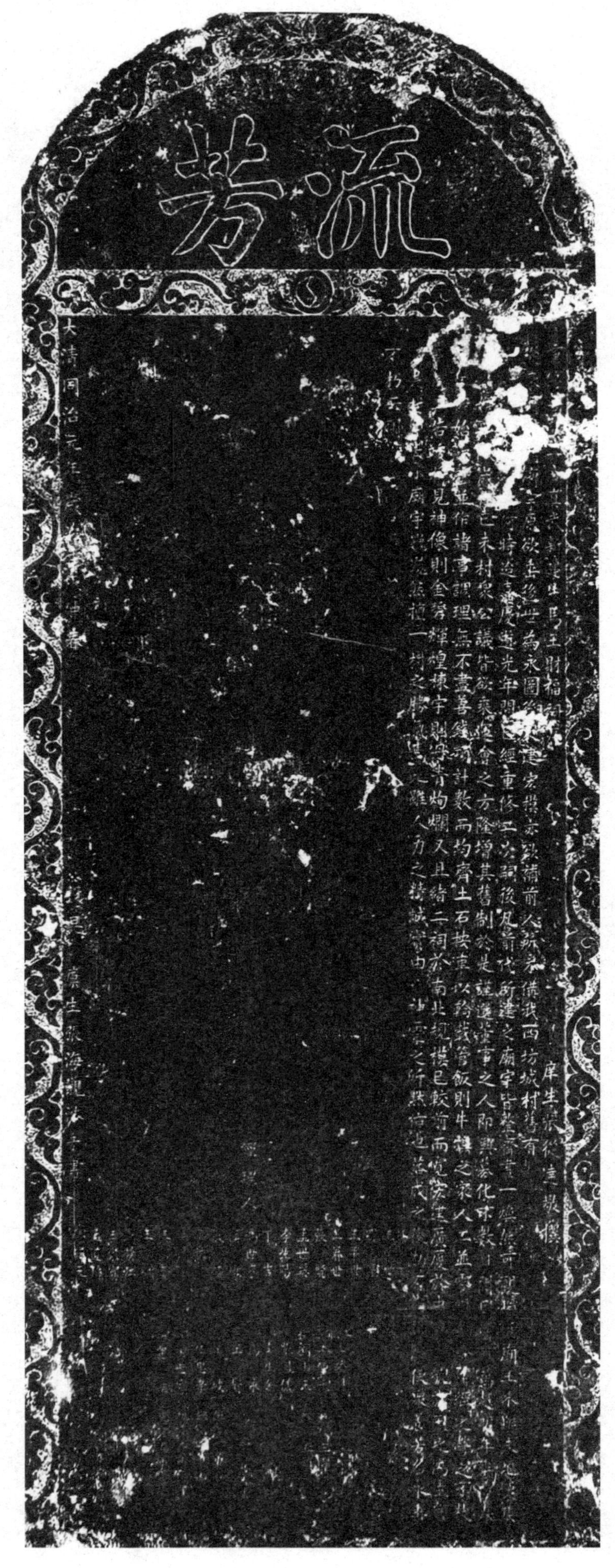

經理人　馮奐　王臣世　羅亮　王平世

王眷世　張賢　孟世英　李生陽

丁吉　馮世亨　侯順　張才

馮光應　馮光瑞　王都　王綱

張景江　王家實　孟道傳　馮舉元

工頭　王登科

石匠　王仲元施錢三吊

木匠　劉山玉錢五吊

泥匠　楊永　王賢　張鳳儀　李生金施錢五吊

油匠　王岐施錢二吊

侯思孝施錢二吊

田世寬施錢二吊

瓦匠　賈明施錢五吊

大清同治元年 歲次壬戌仲春穀旦

庠生張海觀沐手書

关帝庙重建碑记

【简介】

清同治二年（1863）二月立于浑源涧村关帝庙内，现存涧村关帝庙内。碑体有所破坏，座深埋。青石质，圆首云头，缠枝边。碑高172、宽65、厚19厘米。额篆“万代流芳”4字。

涧村关帝庙坐落于浑源城西15公里处的涧村当村。不知创建于何代，从旧址上看，除三间正殿保存外，其他钟鼓楼、乐楼、戏房、南北二门、社房、马棚均倒坍，早已失去往日光华。

【碑文】

関帝庙重建碑記

蓋聞神庙浩蕩，默佑一鄉之豐隆。殿宇輝煌，咸昭十室之康泰。神固依人而行，人實賴神而庇。我村関帝廟皆云虔設多年，並不知創自何代。雖有碑石，僅銘于乾隆四十七年重修之工。上有正殿，殿右則配以兩間社房。南有樂楼，楼後亦設以戲房、馬棚。自道光三十年七月中旬增修社房三間，又將戲房、馬棚挪移于社房，西增修正戲房、南馬棚一小院。雖屢經增修，摠未及修理樂楼、正殿，又何嘗營造南北山門，亦且規模狹隘，未足壯觀。況殿宇歷年剥落，樂楼經日傾頹，往來行人猶爲擊目，合村士庶豈不關心？夫世室屋壞，春秋譏焉，群不共也。盖精忠覺世，世人不敬則無神，庙貌不修則不威，神靈之地敢視其荒廢也？歲在辛酉，神誘其衷，合村人等擬復營造，但工大費繁，非前理人□能步舉。于是合村募化，得捐四百餘銀，乃鳩工庀材，百廢俱舉。土榖香燈，帳榱題之非故；枌榆耆舊，將鳩葺之方新。移樂楼後座于通衢，爲功豈耿；增報亭連修于正殿，運動彌宏。南門北門均建修，有如翬飛鳥革；墁院窯房齊整理，無不慶衍光生。院宇更覺□厰，基趾密如石金，棟楹樑節悉更舊□。經始于咸豐辛酉年春季興工連修，于同治壬戌年中秋告竣。雖云仍舊宇，實係鼎□，傾者正，缺者完，剥者飾，廢者興。聳翠流丹，金身焜燿。視前之制法尤爲美備矣。夫一舉善念，而捐資効力莫之爲，而爲者□固人之和，實神之和有以使之也。《書》曰：“□神人以和，其此之謙與，不有以誌之。”孰知備其制者何時？廓其基者何時？協力共濟者何人？慷慨樂施者又何人也？因爲捄之貞珉，俾後世継起者亦相傳增修勿□云尔。是爲序。

上面牌對廩生耿映宿書　　下面牌對貢生劉洞書

□業生李震亨敬撰　係侄庠生王受福沐手書

經理人　侯天錫　朱永泰　王家孝　王悦　劉璜　侯亮　朱永倉　王言德　侯舉　吴萬倉

起像人　侯紀

泥工人　楊永

石工人　朱映武

木工人　王謨

瓦工人　賈明

油畫工　侯思孝　田世寬

住持　劉献龍

大清同治二年如月上旬　吉旦

布施碑

【简介】

清同治二年（1863）立于浑源黄土坡三官庙内，现存该庙遗址。青石质，圆首云头，回字纹边。碑高 132、宽 63、厚 18 厘米。额题“碑志”2 字。上中部多有风化处。碑文载有 120 余处店铺，足见当时浑源城经贸之繁荣。

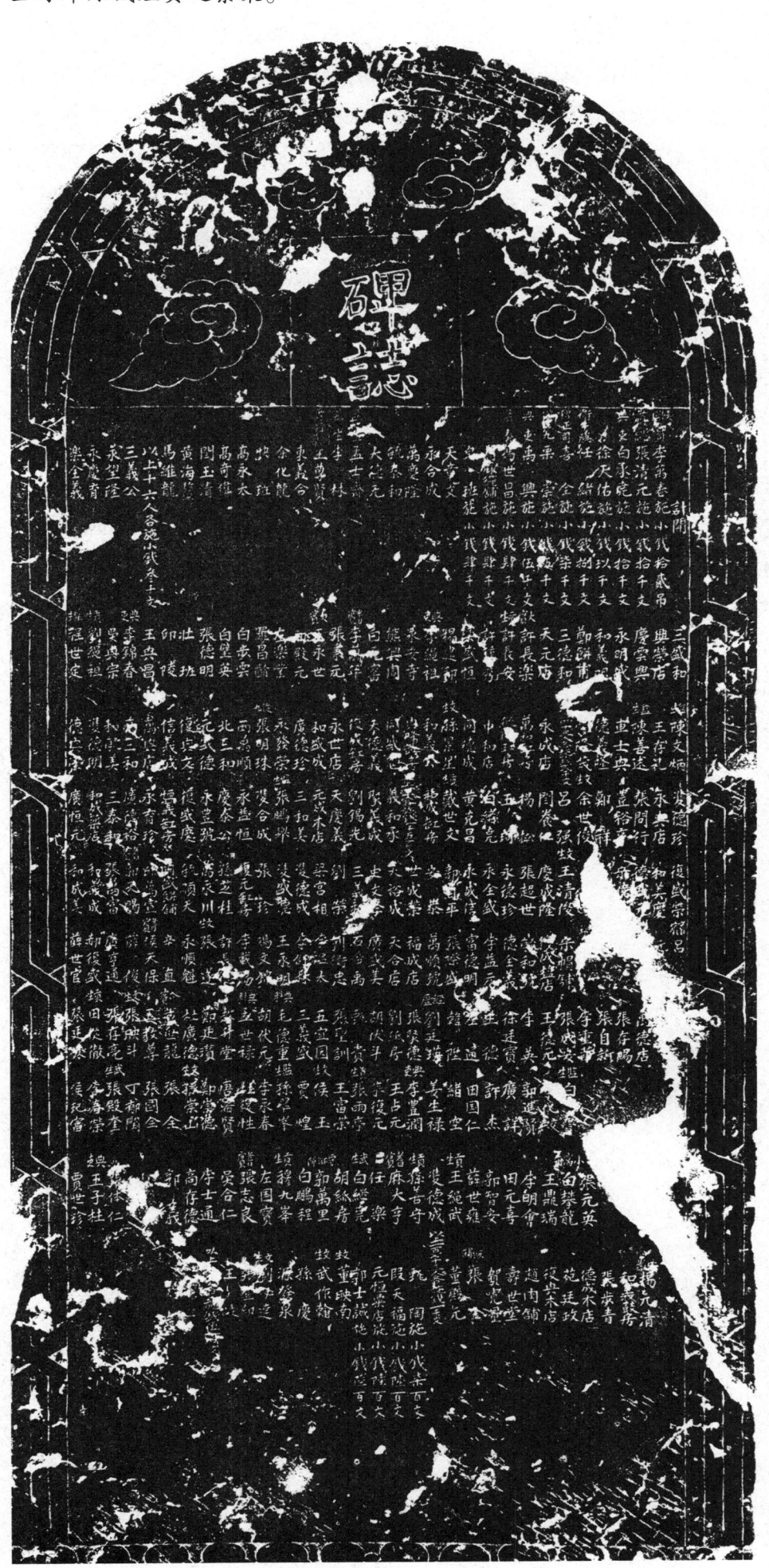

【碑文】

計開

候選都司李萬春施小錢拾貳吊

安徽宿州知州張清元施小錢拾千文

典吏白承堯施小錢拾千文

徐天佐施小錢玖千文

衛千総任緒施小錢捌千文

僧正司喜全施小錢柒千文

從九栗從施小錢伍千文

典吏禹興施小錢伍千文

齎奏馬世昌施小錢肆千文

尚蔴繩舖施小錢肆千文

皂班施小錢肆千文

天章文　永合成　萬慶隆

鯍泰和　大德元　監生孟士齊　監生李林　平陸縣訓導王尊賢　東義合　余化龍　快班　高永泰　高奇偉　閆玉清　黄海鰲　馬維龍　以上十六人各施小錢叁千文

三義公　永望隆　永慶育

樂全義　三盛和　興榮店

慶雲興　永明盛　和義明

鄭餅舖　三德和　天元店

大賓許長樂　貢生許長安

許鍾秀　樂盛恒　楊建邦

典吏李繩祖　永安寺　熊興周　白元窑　耆賓 李萬年　張秉元　大賓王永世　邢殿元　左樂業　羅昌齡　白步雲　白璧英　張德明　壯班印陵　王興昌　典吏李錦春　吴興宗　貢生劉繩祖　監生陳世定　監生陳文炳　王存禮　監

生陳善述　車士義　德義隆　□隆茂　以上四十三人各施小錢貳千文

永成店　萬和缸房　中和店　同德成　文生孫景星　和義公　興隆缸房　同盛魁　天德義　復成缸房　永世店　和盛成　廣德珍　永發榮　從九張明珠　西萬順　北山和　元盛德　復興文　信義成　萬興店　南山和　和毓美　雙德明　德興榮　雙德珍　永興店　張問行　豐裕亨　鄭祥　文生余世俊　吕强　閆養仁　楊松　王琦　白緒堯　黄克昌　貢生戴世文　和成缸房　以上四十人各施錢一千五百文

義和成　聚義成　劉錫光　天慶義　元成木店　三和美　監生張鵬舉　雙合成　永益恒　慶泰公　永豐號　復盛慶　恒益缸房　永育珍　廣德裕　三泰和　和成藥店　廣恒元　復盛榮　和美慶　德盛元　宋偉□　□□□　文生王清俊　慶成隆　張超世　永德珍　永全盛　永成信　郭自平　安恭　世成榮　天裕成　史文年　三義和　劉榮　梁宫相　雙德成　雙盛德　張珍　復元缸房　孫芝桂　萬永川　毓順天　明盛餅舖　邱萬宣　郭天賜　張萬富　和義成　和成美　耆賓吕□　元盛□　□□□　□□□　□□□　宋帽舖　復成鹽店　毓和號　德全義　李益元　富德明　張際盛　萬順號　福成店　天合店　廣盛美　石希禹　劉衡忠　李温太　李舒林　王永明　馮文錦　李載錫　徐長德　文生張遂　永順魁　辛植　耆賓侯天保　薛俊　廣亨通　郝復盛　薛世官　□□□　萬德店　張存陽　張自新　李重華　張成安　王德元　李英　徐廷賓　王德　左通　韓陞　經歷劉廷瑛　張聚德　劉紙房　胡伏斗　甄貴　張聖訓　五宜元　三義盛　典科毛德重　胡伏元　典科孟世禄　敖升堂　鄭廷瓚　杜廣德　介賓戴世龍　王教尊　文生張映斗　張存亮　貢生田從徹　張廷楝　監生白魯　李化蛟　郭進賢　廣詳　許傑　田國仁　緒空　姜生禄　典吏李豊潤　王占元　朱復元　貢生張雨亭　王富榮　文生侯玉　賈煌　監生孫翠峰　李永春　杜復性　唐希賢　鄭存德　文生孫崇山　張全　張國全　丁玉潤　武生張殿奎　李春榮　侯玘富　張元英　小窩單村白攀龍　王鼎瑞　李明會　田元喜　郭智安　薛世雍　貢生王繩武　雙德成　貢生孫善守　耆賓麻大亨　任樂　武生白繼堯　胡紙房　守御所郭萬里　白鵬程　貢生穆九峰　左國寶　耆賓張志良　吴合仁　李士通　高崇德　郭義　張體仁　典吏王子柱　賈世珍　楊元清　和義鼓房　張步青　德成木店　苑廷政　復興木店　趙肉舖　壽世堂　賀寬量飯舖　張金　董殿元　以上一百七十三人各施錢一千文

甄陶施小錢柒百文　段天福　施小錢陸百文

元亨粟店施小錢陸百文　郭士誠施小錢陸百文　文生董映南　文生武作翰　孫慶　源發泉　文生劉必蓮　張登印　王岐　以上各施小錢五百文

創修三圣祠并重修钟鼓楼戏房马厩碑志

【简介】

清同治二年（1863）夏立于浑源杨庄村三圣祠，现存该处。青石质，双龙戏珠额、方座。额高63、宽70、厚17厘米。中刻“千古写昭”4字。碑身、碑额、碑座均分离异处。碑身高149、宽66、厚13厘米。碑边为缠枝边，基本完好。熊守龄书丹，熊耳源撰文。

【碑文】

創修三聖祠並重修鐘鼓樓戲房馬厩碑誌

嘗思國以民爲本，民以食爲天。五谷者民生所急需者也。雖然無火不能逑其生、無財不能利其用，於以知火神、五穀神、財神三聖之有関國計民生者，非淺鮮也。於是我村欲於龍宫之右創爲三聖之祠，因而閤村公議，衆善捐貲，佃錢者有人，效力者有人，以先年空闊寂寞區競成穆肅煌美之廟焉。無如舊有鐘鼓二楼前人建立於院中，雖云廟貌輝煌，但不能大其观瞻，凡今之人莫不爲之□□狹隘，局面褊小哉。所以重議基址，復加布施，按畝攤錢，移形易地，建鐘楼於巽方，遷鼓楼於坤位。至于戲房創在東北，馬厩置於震宫。猗欤休哉！不数月工程告竣，焕然改觀，人之力欤，亦神之助也。欲流芳于萬古爾，刊石爲誌。

山西大同府渾源州城東楊家庄　生員熊守齡書　業儒熊耳源撰

一宗入布施錢一千一百九十五文

一宗入地畝錢三百四十六千文

一宗入家局錢壹萬三千文

以上三宗共入錢十千五百五十四千文

一宗出木植錢二百七十五千一百廿文

一宗出磚瓦錢二百二十一千二百卅文

一宗出木工錢七十九千三百文

一宗出泥工錢八十六千八百文

一宗出油工錢五十千文七百文

一宗出鐵匠工錢九千五百文

一宗出日月工錢一百九十五千文

一宗出飯錢一百三十千文

一宗出石錢四十四千三百六十文

一宗出零用錢五百零七千九百九十文

以上十宗共出錢一千六百千文

除□□净短錢四十六千文

佃錢人　□□陳文□　從九陳文敏　典籍陳文治

董事　熊秀林　陳占隆　耆賓熊子安　熊岳崙　楊毓秀

匠人　瓦匠　仝九成　戴國亨

油匠　王奇

木匠　熊松林　聶寶　熊佐周

石匠　陳瑞　趙百齡

泥匠　熊攀柱

工頭　張法

住持僧　登洗　覺瑞

大清同治二年孟夏穀旦立

重修悬空寺碑文

【简介】

清同治三年（1864）九月立。存悬空寺碑亭。高159、宽69、厚16厘米。圆首方座，青石质。碑头为双云龙，碑边缠枝纹。额题“永垂不朽”。由王尊贤撰文、白学诗书丹。

【碑文】

重修懸空寺碑文

郡城之南有恒山，恒山之西有翠屏，翠屏東北隅有上不在巔、下不在麓而宫殿垣墉倚伏於幽崖峭壁間者則曰懸空寺。是寺也，虹橋飛跨，雲閣遥連，柱礎參差，基址危險，不知者以爲神爲之也，其知者以爲人爲之也。夫引繩墨運斤斧庀材鳩工，謂之爲人爲之宜也，而神何爲乎。然天下事有人力可得而及者，亦有人力不可得而及者，至力不得及而以心及之，此其中應有神助焉。予生也晚，不知是寺創建何時，但考斷碣殘碑中有金朝大定年號，可知其由來久矣。方予幼學時，聞縉紳先生恐其殘廢，久欲整修，奈一切工匠皆以竪架甚難屢爲所沮。咸豐九年秋季，有木匠劉山玉者，會集紳士十數人，聲言修補無難，願相助爲理。甫經具稟請修，劉山玉因染瘟疫暴卒事遂中止。同治二年春，衆紳士又鳩合諸工會議重修，仍多爲竪架所難。木匠張廷彦言自有修法，無須竪架，及開工時，但循陳跡易舊换新，每到用架時，則以大繩結圈，一圈束在腰間，一圈登在足下，將繩頭挽在椽板，實際隨其高下長短運動，是寺本懸空，修之者亦有時而懸空也，於是不逾年而工已告竣。於戲，此豈人力所能爲哉，則謂之爲神爲之也亦宜。

前知渾源州正堂加五級紀録十次記大功一次李鏡清捐修

前解州平陸縣儒學正堂道光辛卯恩科舉人王尊賢撰文

大同府學增廣生員白學詩書丹

董事經理人

賜封中憲大夫張明珠

辛卯舉人平陸訓導王尊賢

己酉拔貢候補知府栗國華

歲貢李光啟　歲貢李佩棠　議叙九品張峥　貢生張存江

候補主事李富春

典籍陳文治

議叙九品任瑺

廪生栗嚴　監生白桂元　監生薛裕亨　監生馬登霄　從九戴國安　耆賓薄榮桂　大賓車士興　文生王清俊　從九宋生祥　從九宋天元　監生孫善治　監生孟仕齊　從九黄耀廷　監生崔永慶

傅寶　董汝連　王崇賢　羅汝舟　賈爾熾　劉國柱　穆廷鳳　張佰年　李永年　趙崇倫

當行　大德昌　大德元

布行　廣亨元　雙合成

錢行　四合公　慶豐永

耆賓　楊渭

店行　永世店　中和店

缸行　廣德真　西永義　和盛亮　天興成　源慶成　永明盛　永旺隆

石匠　王好義　李鳳鳴

木匠　張廷彦　岳生春　劉山玉

泥匠　李生瑞

鐵匠　王正全　王治國

瓦匠　李世寬　戴瓦窑

油塑畫匠　李直　馬慶奎　王琦　李攀龍　王興運　李可取　白成章　張世恩　李瑞　王占鳳　于功

管帳房　余映成　武培成

育布施人　邱福

工頭　段廷選　張恒安

火房　張文舉

脚户　王佐

三清殿住持　李道士

住持戒僧　喜英

善友　王仁

大清同治三年歲次甲子菊月中澣穀旦

大清同治三年重修复上布施芳名碑

【简介】

清同治三年（1864）立。存悬空寺碑亭。高141、宽60、厚19厘米。圆首螭枝，青石质。碑边回字纹。额题“重捐芳名”。

【碑文】

大清同治三年重修復上布施芳名碑

忻州募化人　李樹棠　張文鉤

參將王長齡　文生王　讃艮三兩

源泉長　祁永　聚祥二兩

謙和成　興盛協　德盛東　縣萬順店　各一兩

平遥永裕厚　獲鹿天順店　四合店　□□隆合店　各三兩

澤府恒義店　太谷三同店二兩

從九薛俊施錢四十吊　監生孟仕齊施錢三十吊　貢生程家麟施錢二十吊　大賓車士興　赤泥泉閤村各施錢十五吊　貢生王翰元　吏員李錦春各施錢十二吊

貢生李佩棠　監生孫善治　典籍程步宿　正九任璐　從九段連孝　耆賔劉元善　石嘴王好義各施錢十吊

壯班　快班　皂班　各施錢十吊

吏員　薛世雍　楊玉　施錢八吊

永備窰　南水頭閤村各施錢七吊

吏員楊永　王占鰲　余喜　庫吏杜元相　從九品李攀月　從九品戴國安　王作仁　劉緒堂

蔚州　元慶長　亨成章　德本裕　敬勝永　元聚隆　全成義　德昇恒　元興德　行邑天興店　板方寺本翠　以上各施錢六千

武生王占元　禹九州　四衙閤班　李錫珍　石嘴王國治　劉德昌　師伊　監生耿瑞廷　文生韓際唐　黄克昌　張家堡齊佃元　從九宋生祥　白桂元　從九宋天元　貢生程步瀛　監生程步岡　正九張峥　晋更新　以上施錢五千

何永林　恒泰德　白占鵬　馬仁龍　捕班　以上施錢四千

耆賓薛世禄　楊珠　于先運　張觀敏　從九孫志德　孫明德　薄榮桂　王占奎　黄九恒　黄瑞　張海寬　石福忠　訓導栗俊　從九栗岳　楊本秀　武占奎　名光宗　張世明　郝鳳□　晋陽　從九高尚義　耆賓苑廷政　守御所白官瑛　劉開基　侯廷　劉兆儒　郝良珍　楊英　馮鋭　王居亳　馮錦　高守德　高桂　天成義　恒茂缸房　祖祺　劉瞻　韓禮　恩貢李光啟　王天桂　高英　劉昭　任旺龍　王萬吉　李有春　楊居泰　從九劉坐清　從九黄愈耀　文生孫紹宗　貢生王步雲　貢生余子亨　姚崇德　王林　于天利　都司郭文林　恒隆茂　介賓仝文彩貢生程步鰲　□□程兆慶　李晋　石門窰　下關雙榮店　冉莊天合店　東昌城永和店　王快萬和店　沙窳萬寶店　段莊天慶店　下關萬隆店　山溝于占魁　王快安順店　嶺底永合店　行邑天興店　隆興店　復興店　魁順啟　李占鰲　梁世英　各施錢三吊

吕强　朱明　趙祥　文生孫九齡　楊治世　劉漢長　劉漢德　孫百齡　李文彬　姜蒲　姜全文　姜全忠　耆賓姜全玉　楊秀　楊自重　武喜　左鼎　李元瑞　郭太興　穆良佐　邱實仁　郭兆禮　榮安禮　于安仁　禹得功　胡萬奎　尚林桂　郝志誠　王伏昌　左國寶　王舉　張明正　監生劉以德　楊九齡　郭德成　劉必魁　王慶永　從九王還　元盛雲　傅實　天合店　李廷玉　馮掌曜　王斌　馮昭　高舉　高滿　楊岩　長領王梅　靖守仁　孫换林　劉克盛　劉源澄　劉順堯　劉　贊　劉向堯　辛盛　貢生白瑞信　余起　彭琢　北店牛安　孫步元　王萬倉　東辛莊李春光　王錦　郭增

重捐芳名

大清同治三年重修後上布施芳名碑

禄　韓自盛　李萬本　趙自林　韓自德　停旨嶺張全　高斌　竇德萬　王左　高奇偉　嶺底永興店　沙窳復全店　龍嘴山義店　文生李成溪　白金池　李成秀　孫守仁　鄧清秀　李述元　胡萬里　李有林　李玉　武福　竇德喜　陳安邦　李國俊　穆銀庫　門世寬　楊守貴　李正樂　耆賓仝文業　文生王世榮　文生程步辰　柴寬　柴永興　嶺底永興店　尤振基　以上施錢三吊

劉紹堯　張體元　張俊元　馮彦直　高步喬　高守先　王政　馮彦林　牛悦　郭和　楊志明　楊世英　楊世昌　孫旺　劉廷佐　劉宇　孫佃士　李柱　張盛貴　賀有仁　張興旺　張龍　馬秀　黄永恒　仝泰　張有和　吴喜　尚步雲　馮官　杜福林　張永　張瀝　行邑謙和永　以上施錢一千五百

楊兆鳳　王文　王作林　薛玉林　李正元　岳世禄　僧人青玄　日興店　王永世　田德明　徐俊　唐曜　李英　王斌　靳天順　靳永盛　劉世富　朱喜曾　許仲奎　王九公　馬蛟　王士安　應州張秉慧　余乾　吴臣相　吴順　萬成油房　陳孝賢　張文金　姜文舉　白溶　㡳寬量　康萬富　吴九成　白榮桂　王悦　范位　孫振鋼　范喜　范世榮　范春芳　楊俊秀　范全　王學文　楊居泰　姚俊德　麻純　段富貴　劉漢緒　緒寬　郭賓　王典　劉漢元　王士英　孫兆蘭　孫榮芳　范榮　廩生范廷槐　李文元　趙元龍　趙大運　劉建忠　劉廷招　劉喜　王有仁　馮明　劉寬　王天龍　王秉龍　熊桂成　瑞生榮　李永清　章大□　王步雲　郭仲元　孫振亨　李旺枝　鄭占元　鄭占富　鄭占明　天成功　劉步雲　杜喜文　賈玉珍　以上各施錢一吊

馬仁林施錢七吊

致祭恒山碑文

【简介】

清同治四年（1865）八月立。存恒宗殿下。高156、宽66、厚21厘米。圆首方座，回字纹。蔡森撰文、郑连科书丹、王好义镌额。

【碑文】

御祭

致祭恒山碑文

蓋聞二儀有象，體天地之含生；大造無私，合幽明而一致。是以我皇上御極之初，適小醜跳梁之候，命大學士兩江總督世襲一等侯曾國藩 率師征剿，克復南京，上釋聖天子風雷之怒，下攄億兆民衽席之安。特遣告奠山川嶽瀆，用申假享。奉旨命太原城守尉慶丁艱，改派按察使司鍾因帶兵防堵潞澤，奏奉諭旨派大同鎮總兵慶德，率大同府知府李汝霖等致祭。維同治四年閏五月癸未之望越祭日辛卯，敢昭告於北嶽恒山之神曰：維神德協中藏，功孚朔易。俯臨坤軸，控形勝於幽并；仰應乾圖，耀光芒於昴畢。溯賓符而紀已，告嘉績以明禋。兹以粵逆蕩平，國威宣播。戢琱戈而偃武，迅奏膚功，酌玉斚以升香，式酬靈貺。伏願昇平普慶，得安士庶於禹甸湯郊；仁壽同登，共洽生成於河清海晏。永垂瑱珉，用誌不朽云。

大同府儒學廩膳生鄭連科書丹

致祭官山西大同鎮總兵慶德

陪祭官特用道山西大同府知府李汝霖

署渾源州知州候補知州慶顯

署渾源城守備畢清選

渾源州吏目劉庭蘭

九品銜任瑺　貢生李佩棠接帛

部主事李富春捧香　廩生栗嚴□□

典籍陳文鳳接爵　國學生孟任齊捧爵

歲貢生李光啟接爵

國學生孫善治捧祝

從九宗生祥捧祝

附貢生王清俊讀祝

大清同治四年歲次乙丑仲秋 穀旦

渾源州　判慶□□從九蔡森撰文

刻字王好義敬鐫

住持王元吉恪守

遵断勒碑

【简介】

清同治五年（1866）七月立。存黄花滩乡陡咀烈士陵园内。高114、宽54、厚16厘米。圆首双龙，回纹边。这是一通罕见的案例碑。

【碑文】

遵断勒碑

特授渾源州正堂，加五級，尋常加二級，紀録十次，孔□□爲勒石曉諭，以垂久遠。□照得州屬□水泉，雖在黄花灘村白永和地内，惟石嘴村衆人吃水素取於此，現因白永和任意攔阻，即據栗萬寳等聯名呈控告。經本州勘訊明確斷，今仍照向□取水，不準白永和恃强阻止。第恐挑水出入踐傷田禾，諭令白永和地邊讓路二尺以便行走，此路如有坍塌應歸石嘴村民人等修理。□立案外，合行勒石示諭。爲此，示仰□處附近居民及鄉保人等知悉，自示之後，爾等務宜各安本分照舊取水，均毋争執滋事，致于重咎各宜凛遵，毋違。特示！

右仰通知告示

石匠　曹占鰲

大清同治五年七月初八日　立

修建城隍庙开销碑记

【简介】

清同治五年（1866）立。存永安寺。高140、宽59、厚16厘米。云头圆首，回字纹，青石质。额题“永垂不朽”。贡生张清彦书丹。

【碑文】

前後共收過布施錢捌千九百八十吊，今將花費開列於後。

一宗米面油酒鹽醋錢壹千五百八十四吊

一宗桐油顔料紙貨錢壹千四百六十吊

一宗磚瓦石灰土椽檩小錢五百九十吊

一宗共木匠工小錢九百零肆吊柒百文

一宗共鐵匠工小錢壹百陸十六吊

一宗共泥匠工小錢壹百伍拾八吊叁百文

一宗畫匠工錢貳百柒拾貳吊陸百伍十文

一宗石匠刻碑開路零工小錢壹百肆拾吊

一宗抱台基人工小錢肆百柒拾陸吊

一宗邱福工小錢貳百柒拾九吊叁百文

一宗城隍廟豎杆小錢肆拾吊

一宗管帳先生工小錢叁拾四吊

一宗鐵釘鍋銅錢貳百柒拾八吊三百文

一宗供棹坑棹彩鼓醮紙爐錢捌拾吊

一宗共驢工麥糠炭錢伍百九十九吊

一宗共小工火夫厨工錢肆百四十四吊

一宗零花用錢壹千零貳拾伍吊

貢生張清彦書丹

正董事

恩貢李光啟　貢生李佩棠　正九張峥　舉人王尊賢　誥封四品張明珠　監生孟仕齊

知府栗國華　貢生王清俊　主事李富春　廩生栗嚴　耆賔薄榮桂　監生任瑞

從九馬登霄　監生薛玉亭　從九宋天元　從九宋生祥　典籍陳文治　監生孫善治

從九戴國安　從九白桂元　大賔車士興　□□五行

石匠　李鳳鳴　刊

募化住持僧　喜霙　徒勝景　徒孫因隨

大清同治五年歲次丙寅季冬月穀旦

永垂不朽
大清同治五年歲次丙寅季冬月
正董事

悬空寺布施碑志

【简介】

清同治五年（1866）立。存悬空寺碑亭。高204、宽66、厚16厘米。平首方座，青石质，回字边。

【碑文】

懸空寺布施碑誌

貢生白夢連施錢三百吊

都府張殿元施錢一百五拾吊

從九張環施錢一百吊

下辛安合村吴萬義等施錢八十吊

欽加同知廣靈縣正堂馬施錢十二吊

員外郎張觀岳施錢六十吊

吴城合村邢執蒲等施錢六十吊

候補知府栗國華施錢五十吊

候補主事李富春施錢五十吊

光禄寺署正程兆椿施錢五十吊

高鳳鳴施錢□十吊

陳文彦施錢□十吊

戒僧喜霙施錢□十吊

齋奏陳復禮施錢四十吊

典籍陳文鳳施錢四十吊

□封□□大夫張明珠施錢四十吊

貢生侯贊周施錢四十吊

上辛安合村高通等施錢四十吊

當行慶雲興施錢三十三吊

永合成施錢三十三吊

萬慶隆施錢三十三吊

大德昌施錢三十三吊

當行　恒茂德　大德元　大德和　毓泰和　各施錢三十三吊

從九楊永長　侯傑　張萬世　熊性周　監生李春光　從九王眷世　從九趙廷相　南水頭合村李濂等　北榆林闔村　各施綫三十五吊

貢生李琳施綫二十五吊

貢生熊大昇　侍詔常清萊　從九李恒魁　翟家窊合村靖立銀等　各施錢二十四吊

三盛和　永明盛　永旺隆　廣亨元　德裕長　永世榮　東義和　永發育　廣德裕　廣慶元　天章文　雙合成　永益恒　慶豐永　四合公　四盛店　永興店　永世店　各施錢二十二吊

慶泰公　從九宋生祥各施錢二十一吊

貢生張存盛　同知馮昱　州同左相南　舉人田延年　從九王都　從九　王志奇　念灃溝合村王正存等　武生李芳　文生楊秀林　上韓村合村李成德　南榆林合村鄉約等　從九翟振翔　從九翟振翱　葛九業　典籍楊茂林　從九顧明德　從九賈永秀　武生榮文章　從九陳文毓　陳文穎　各施錢二十吊

三和美　永育珍　永德珍　各施錢十九吊

高家嘴合村高直等　大賓李毓秀　各施錢十八吊

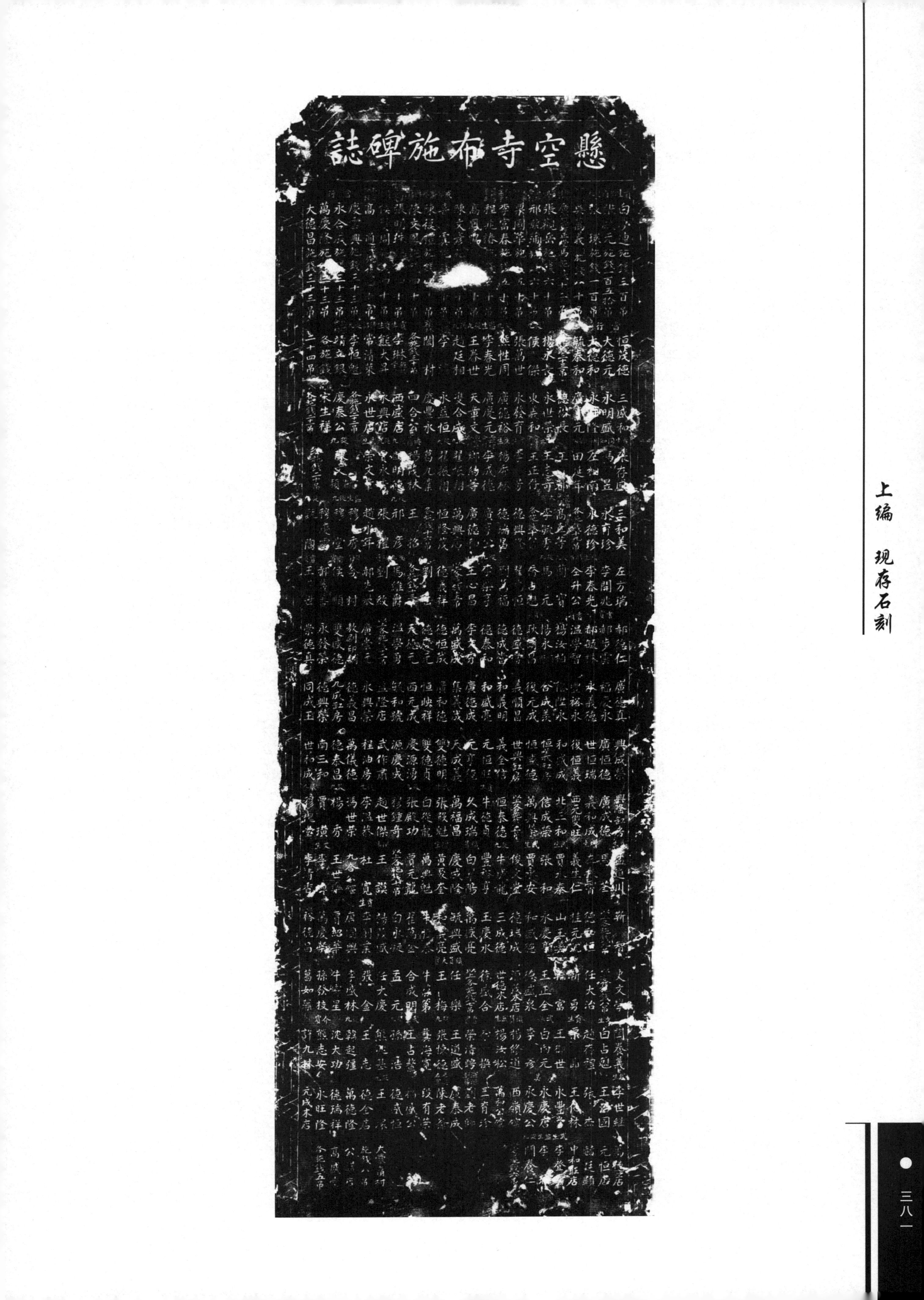

懸空寺布施碑誌

德興隆　德瑞昌　廣亨公　廣德和　萬興店　恒隆茂　各施錢十六吊

王招　從九邢彦　張禮　趙永年　監生穆秀　從九穆堂　穆慶雲　從九甄陶　左方瑞　李開兆　監生李春光　職員仝升公　從九藺賓　從九馬元　喬占魁　翟鳴恒　劉萬福　從九李樂亨　職員王心昌　以上各施錢十五吊

德義祥　劉嶽　各施錢十三吊

從九馬維爵　職員劉紋　郝先舉　引子溝合村　耆賓侯順　郝義善　耆賓王匡世　郝德仁　耆賓郝步雲　郝毓林　耆賓温學智　楊汝柏　楊永順　楊永旺　貢生耿爾昌　德盛當　德成當　德泰和　李文秀　萬盛成　德恒成　德慶元　天德元　温學勇　以上各施錢十二吊

廣崇元　敔印刷鋪　雙盛德　永發榮　崇德真　廣德真　福慶永　永義德　豐裕永　裕陞永　合成美　復元成　義順昌　和義明　和盛亮　廣德成　集義成　廣和德　恒映祥　西元成　毓和號　益隆店　永興榮　德義昌　九成缸房　德興榮　同成玉　興成榮　廣恒德　世恒瑞　復恒義　和盛成　恒義缸房　恒盛德　世興缸房　義全信　元恒旺　元亨德　天成義　雙德明　雙德貞　廣源涌　源慶成　武作肅　程油房　萬義德　德泰昌　南三和　世和成　興隆缸房　廣成德　義和成　西元雙旺　北三和　信成榮　萬興榮　以上各施錢十一吊

恒泰德　貢生牛德貞　久成瑞　萬福昌　武生張殿魁　白從龍　從九張殿功　穆鐘奇　趙世傑　從九李温恭　馮世榮　從九楊秀　賈璜　舉人穆槐堂　武生孟道川　馬荃　增生左振霄　義生仁　武生賈永泰　張和　武生賈永安　俊文堂　從九牛成龍　豐裕亨　職員白翠陽　慶成隆　增生　黄聚奎　萬興魁　賈元龍　以上各施錢十吊

佾生王謨　杜寬　九合公石窑　王世樂　文生李焯　李清香　靳智　以上各施錢九吊

德和恒　桂元號　山玉美　永慶亨　和盛德　德瑞成　三成德　玉慶永　萬盛亮　毓興盛　和義亮　牛恒泰　翟萬金　白永凝　楊茂盛　貢生李創業　唐國興　賈紹華　萬慶榮　裕德昌　史文學　以上各施錢八吊

任大治　靳勇　韓富　王正全　德盛泉　源茂木店　世德木店　德盛合　以上各施錢七吊

職員任樂　大賓王梅　牛葆第　合成明　孟元　任大慶　張金　李盛林　牛寄星　孫發枝　葛如藻　閻養義　文生白占魁　趙存禮　貢生栗晶　王御世　武舉白向元　李彦　職員楊修道　武生楊汝鬆　李换　耆賓榮清聘　王道盛　從九張懷德　龔海寬　武生王占鰲　從九孫浩　熊兆基　王志　從九韓起疆　沈大功　介賓熊治安　許九林　武生李世繼　王治國　張傑　王化林　廣靈永豐當　永慶店　永慶公　西嶺石窑　萬和公石窑　王育珍　渾源訓導　劉老師　廣泰成　廣靈右堂陳老爺　段有榮　福盛公　從九王環　德全店　萬德隆　德瑞祥　永旺隆　元木成店　萬德店　元恒店　赫廷顯　中和旺店　武生李登雲　監生李瑞　從九閻養仁　以上各施錢六吊

大孌嶺村施錢八吊

公議店　高盛堂　各施錢五吊

重修云峰寺二旃碑序

【简介】

清同治六年（1867）五月立。存云峰寺大院。高138、宽68、厚20厘米，圆首腾云纹。碑边缠枝纹。额篆“寿”字，并题“永垂不朽”。千佛洞僧人净僊撰书。住持僧沙清立石。

【碑文】

重修雲峯寺二旃碑序

千佛洞僧人净僊撰書

蓋聞積德雖無人見，行善自有天知。起寺建塔乃爲行善之本，修橋補路實是積德之源也。渾源州城南有天賜溝古刹雲峯寺，乃是佛境之地，先人修蓋歷年已久。迄今風雨損壞，殿宇傾頹，又兼二旃廟宇全無，道路斷絶，惟有準提、真武神像二尊，風吹雨淋，譬如久無衣而難遮軆，神無廟而乍存身。住持□□目睹心傷，不忍坐視袖手傍觀。志欲興工，獨力難成，邀請衆村會首幫助募化四方，其寺之功成告竣，焕然齊整。今將姓氏芳名爰勒諸石，庶乎佛日增輝，永垂不朽矣。

一宗共募化小錢一千零七十吊

一宗石木泥小工工小錢一百四十四吊

一宗吃食零用鐵器小錢四百零四吊

一宗豎碑花用小錢五十吊

一宗磚瓦木植駝脚小錢一百五十吊

一宗油畫顔色金工小錢三百三十吊

一宗開光花用吃食小錢二百五十吊

以上共花用小錢一千三百二十八吊

下短小錢二百五十八吊

僧□買來趙姓二人薄姓一人房院□

□□□莊子房九間半，厠坑三個，化樹林地六段，梁西□地一段梁南安口地一段、大八叉地一段、三分子地一段、石夾地在伙一段、碓碢地上段場面一個，屋地半塊、牛羊走道吃水碾磨官山草地在伙。買價小錢一百三十吊，隨帶地内山下大林，折銀一錢四分九厘。募化佃錢僧人□□

會首人

鄉約郝光銀　郝先發　孫　俊　趙鴻祥　郝守分　楊永福

□生郝光興　郝光潤　王殿元　郝文焕　安學曾　劉　崇　禹大福　王進寳

門道王治世施小錢二千伍佰文

造字段士英施小錢一千五佰文

木匠治景治施小錢一千五佰文

木匠李枝施小錢一千五佰文

泥匠王國珍施小錢一千五佰文

泥匠郝福祥施小錢一千文

耆賓張仁施小錢三千文

畫匠李可取施小錢一千文

畫匠馬清魁

門道郝峯雲施小錢二千文

石匠楊攀桂施小錢一千五佰文

木匠治萬義施小錢一千五佰文

泥匠治景美施小錢一千五佰文

泥匠馮瑞施小錢一千文

油匠臧文魁施小錢三千文

畫匠張世有施小錢一千文

瓦匠李烜城　郭銀施小錢二千文

大清同治六年歲次丁卯榴月穀旦立

住持僧　沙□　沙清

□□　□□

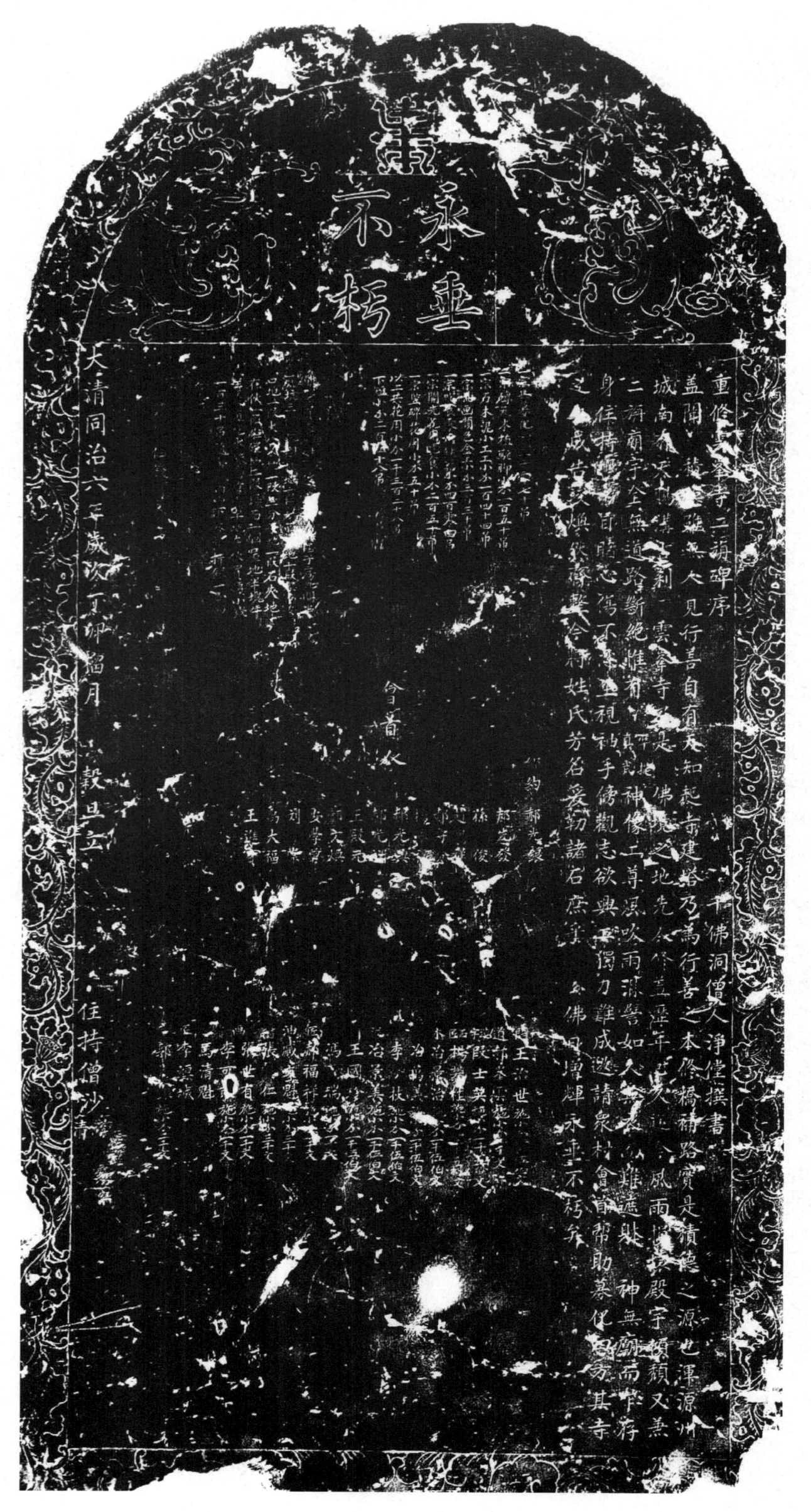

重修恒岳行宫碑记

【简介】

清同治六年（1867）九月立。存浑源城南关村北岳行宫大殿右后。碑高 180、宽 72、厚 22 厘米。圆首回字纹，上部破损较重，青砂石质。由浑源州正堂孔庆德领衔立碑。

【碑文】

重修恒嶽行宫碑記

嘗聞食德必思圖報，善□□貴善，因嶂山建置久，環恒陰□，鍾靈毓秀，無非維嶽降神。春祈秋嘗，聞宮情□者績，行宮之設，由來舊矣。然而召□竇樹舉少室，以恒□□□竇天錢債，柰死□□轉厚不有所□，其何以興斯宮也。粉垣□□，捨身剥落，衆紳士偶□目覩□□人圖弗□□□，嘆金容再焕艱，同□□□□山，孰知香界□新，□比泰山之鞭石□。太貞呵護有靈，尤善信捐施□□鳩工，於春□之□□告竣於嶽天□□□□□□□□□□□□□之□□□□□羅村重□，都是再□□□□於是□既伐，紫篆應鎸，雖非珊瑚七天，春蠶織□，量之碑願仿□□□楼苦□□頭陀。

大同衔軍功遇缺即補直隸州渾源州正堂孔慶德

丙戌科舉人渾源州儒學□□□□暢

丁亥科舉人渾源州儒學□□劉元鎧

□□□□□衔渾源州吏目劉庭蘭

□□知事 邢九如於□□八年□□□南□□□□□□□□□道巷□西向東□□五處

□願施□□□□□□□□□□貳□□□□

太貞□□□□作爲香火□□□□

經理人　吕□佑　貢生□□□

貢生□國瑞　貢生李□棠　□□□萬年　□□薄光啓

□□黄舉遠　□□黄舉□　□□□□　□□張有經

□□徐□慶　三盛瑞　德合義　恒茂德　公議店　尉遲瀛

李□常　□□□　三和美　義合成　□成德　雙盛榮　□□□　□世□　郭生枝　胡天銀

曹聚□　□攀雲　周正祥　王彦　張有□　張存信　馬仁　王□瑞　王□　張清□

□□□　張恒　李□□　李□□

鐵匠　李□□　王步雲　張天桂　王□奎

同治六年歲次丁卯菊月穀旦

住持道□□□郭保海　徒桂□

御祭碑

【简介】

清同治七年（1868）五月十一日立于恒山会仙府，现存会仙府御碑亭东下。砂石质，圆首，缠枝边。碑体只残存下半截，残碑高81、宽69、厚18厘米。由太常寺笔帖式普喜领衔大同府知府朱汝珩、浑源州知州张树玉奉旨代祭。

【碑文】

……戊辰五月甲申朔越十一日甲午

祭於

……翼衛京畿蕃滋土穀朕仰

……舊章专官秩祀

司香帛祝文　太常寺笔帖式普喜

陪祀官　大同府知府朱汝珩

浑源州知州张树玉

飞石窟摩崖题刻

【简介】

清同治十年（1871）四月立。镌刻于飞石窟北崖。由南海孔广陶题书。在其题书的右方并列刻有登北岳诗章，由李宗枢识。

【题刻】

同治辛未四月南海

孔廣陶題名

【诗文】

登北嶽弍章

石磴巃嵸紫霧重，金宫窈窕碧蘿封。雄蟠朔土中原緲，俯控胡天北嶠宗。千古洞岩栖暮液，有旹僊聲落長松。奕臺石窟空豐草，欲向青天問故蹤。

中石疊山人李宗樞識

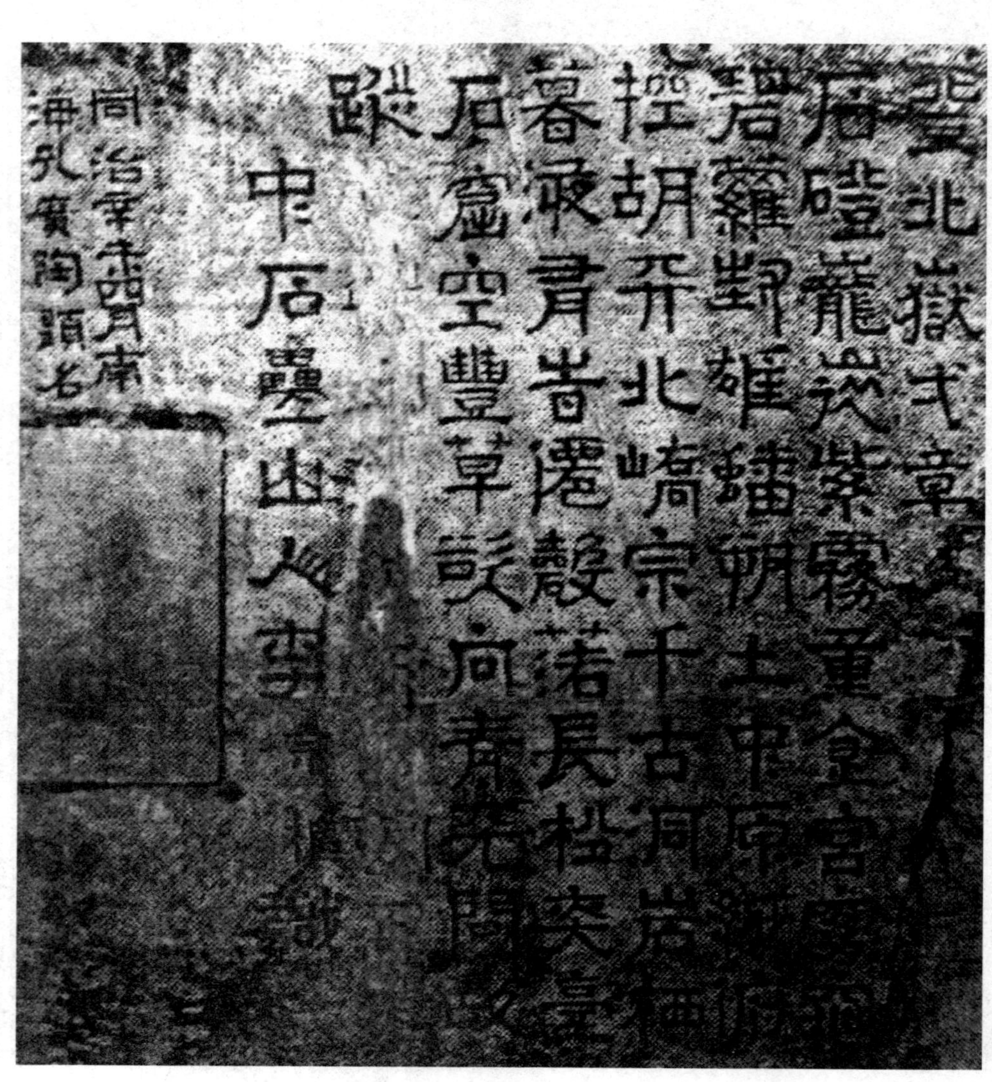

北岳庙碑

【简介】

清同治十二年（1873）八月立。存苦甜井东。高155、宽66、厚20厘米。平首方座，回字纹。修职郎候选训导李戴恩撰文。高日午书丹。

【碑文】

北嶽立廟，以祀北嶽恒山之神，古制也。昭昭秩典壇墠肇自成周，矗矗崇山廟寝興夫元魏，累代勤桑土之綢繆，熙朝啓規模於宏敞，此非徒壯一郡之觀，實以國之大事在祀神也。孔老父台蒞任，政通人和，百廢俱興。辛未春因有重修嶽廟意，爰属紳耆而諭之曰："國家典制致祭恒山有事必舉，今嶽廟神厨朝房公署等處俱有頹圮，一旦祭告舉行，恐無以奉□翰而駐皇華，升毛血而致齋沐也。"遂先捐廉以爲士民倡，紳董等遵諭勸捐。竭三年力，將所醵緡錢次第修葺，自朝殿、青龍白虎二祠、會仙府、御碑亭，以及寝宫、九天宫、文昌閣并神厨、朝房、公署等處，俱修葺完密。材取於山，力傭於民，工不虛祟，費皆核實，經□□始於辛未孟夏，告竣於癸酉仲秋。廟貌輝煌，頓改舊觀。是歲雨暘時若，年穀順成。州人士咸相頌曰："非嶽神之降福不及此，非□賢老父台之蒞政誠敬足以感格，亦不及此。"爰記其事，以告將來。至於山之事物景象，前已備載於《恒山志》中，斯文不復贅述。

特用府花翎在任候補直隸州渾源州知州卓異候陞加五級紀録十次孔廣培

渾源城營守備隋帶加二級恒順

特授渾源州儒學學正加三級紀録五次張吉元

特授渾源州儒學訓導加三級紀

録五次王寅恭

特授渾源州吏目加一級孟廣誠

欽加六品銜王莊堡巡檢安遇豐

欽加游府銜花翎平型関都司加五級紀録十次 傅輝捐小錢六十吊

例授修職郎候補訓導丁卯歲貢生李戴恩 撰文

儒學咨 郭優行 廩膳生員 高日午書丹

經理人　千總吕國祥　正九品任□　從九品陳文彦

大賓余　燮　監生孫志德　武生高鵠

廩生高日午　州同田從徹　李永祥

訓導李戴恩　貢生張　佑　李述園

訓導栗　巖　從九王汝相　貢生薛永亨

署正李佩棠　監生□□林　從九金廷弼

署正張存江　貢生王開國　當行

廩貢蔡國瑞　□□邢九如　布行

廩生栗　盛　從九姚德睿　錢行

監生直國梁　貢生李鳳舞　店行

署正宋天元　□□楊兆鳳　缸行

從九張懷德　從九張述

監生孫善治　□□郭秀　□生崔永

從九白桂元

同敬立

石匠　馬仁　賈祥　王緒　寇存禮　王好義　李福貴　陳金光　王瑜　仝榮

泥匠　康得銀　蔡得青　李蓮芳

木匠　李玉　王德　靳鴻運　李雲　葛秀

油塑匠　黄正　李瑞　李潤　張世恩　張仁　李攀龍

鐵匠　王正全　王大治

工頭　張明科　田作霖　張全　段羅厮　王□厮　張恒安

住持人　王元利暨徒任明

大清同治拾貳年歲次癸酉仲秋穀旦

龙神庙关帝庙白衣殿鹿鸣山崇福寺三官庙财神庙城神庙重修碑记

【简介】

清同治十三年（1874）九月立。存王庄堡崇福寺内。高126、宽66、厚18厘米。圆首缠枝边，青石质。额题“万古流芳”。陈际泰撰文，陈谦书丹。

【碑文】

龍神廟、關帝廟、白衣殿、鹿鳴山、崇福寺、三官廟、財神廟、城神廟

盖聞育生民者本乎天，而代天祐民者從乎神，所以建立廟宇謹塑金身，惟□□安位，方爲有妥神靈，而民之求應祈福有其所，祭祀報德得其地矣。詳思其大矣哉。

王庄堡舊有諸神廟宇，歷有□□，不無傾圮。於是同治六年衆紳士舖行將各廟盡皆□……七月間，大雨□□□，晝夜不止，各處廟宇無不滴漏，墻垣多有倒壞，堡外……地基水墜頹壞，過殿、十王殿、靈官廟塌倒，木料損壞，闔堡人等觸目心驚，共……冬不能動之。於十一年紳士、舖行、住持僧人募化捐貲，本堡善人無不樂從……修理一年，錢力不足。本年又逢大雨，墻垣又多損壞。十二年，公議復同闔堡……勸捐貲，衆皆樂輸。揭窊廟宇，補塑神像，固壘墻垣，鹿鳴山新垛地基，新蓋過……神棚、戲台盡皆彩畫，而廟貌巍峨，焕然改新，以壯其觀。屢年河水大發，將馬……十餘丈照舊補齊。恐有不虞，北門外新垛護城壩一條，修理二年工成告竣……

兩次捐貲揔合一筆，以上碑記因勒片石以爲之誌。

欽加六品銜陞用主簿王家莊堡分司安遇豐施銀三兩

本堡業儒陳際泰薰沐撰暨子謙謹書

經理人　耆賓陳保玉　大興當　大賓李文魁　德成當　登仕郎王玉山　德盛當

耆賓陳□… …劉……都司張……

大清同治拾叁年九月吉日　穀旦

重修马王庙碑志

【简介】

清同治十三年（1874）腊月立于浑源永安镇王千庄村马王庙，现存该庙。青石质，圆首，雕双龙，边缠枝、回字纹。碑高108、宽47、厚12厘米。额题“永垂不朽”4字。保存基本完好，右下角有所残损。由庠生崔毓秀撰文书丹。

【碑文】

重修馬王廟碑誌

嘗考引重致遠，《周易》列其辭，伯禱存誠，《毛詩》要其載於以知。馬祖垂靈，古先王尚且情殷享祀，士民詎忍相忘。是故我村舊有馬王廟、報神亭以崇祀典，伯遺跡雖留，却無誌可考。從未知昉自何代，創自何人。惟覺此年湮日久，棟宇摧殘，旁觀者莫不觸目傷懷，矧我村悉被神功默佑，奚能久聽其頹靡。爰是合村公議，按地畝人力捐施，重修此廟，蓋謂巖阿華采，神靈雖不假其威，然必棟宇峻起，聊可竭酬神之志。故輒將廟宇禪林北則後坐丈餘，以廣其基；西則寬展數尺，以擴其地；東則廟角鐘鼓移坐於前。惟正南報神亭仍依舊跡瓶造。至於廟院圍墻，與堡巷對正。東西廟門一皆泯其舊跡，以大其觀瞻，自是而神靈享祀，人心庶可稍慰也已。朱子云：“設主祭所者，正謂此也。”時工告竣，煥然維新。斯爲序。

山西大同府渾源州州學庠生崔毓秀敬撰并書

甎瓦錢、木工錢、石工錢、泥工錢、傭工錢、油工錢、材木錢，七宗共總花費小錢貳千壹佰叁拾叁吊陸佰伍拾文。

經理人　楊成　楊威　武舉楊茂林　李亨　白耀　武生馬麟　許天佑

石匠　李福貴　曹師夫

木匠　俞師夫

泥匠　康大福　孫師夫

油塑匠　季興昌

工頭　楊明

大清同治十三年歲次甲戌冬梅月穀旦

皇帝遣大同总兵马陞致祭于北岳之神碑

【简介】

清光绪元年（1875）七月立。存恒宗殿下。高160、宽60、厚18厘米。圆首方座，回字纹，青石质。浑源知州贺树恩立。

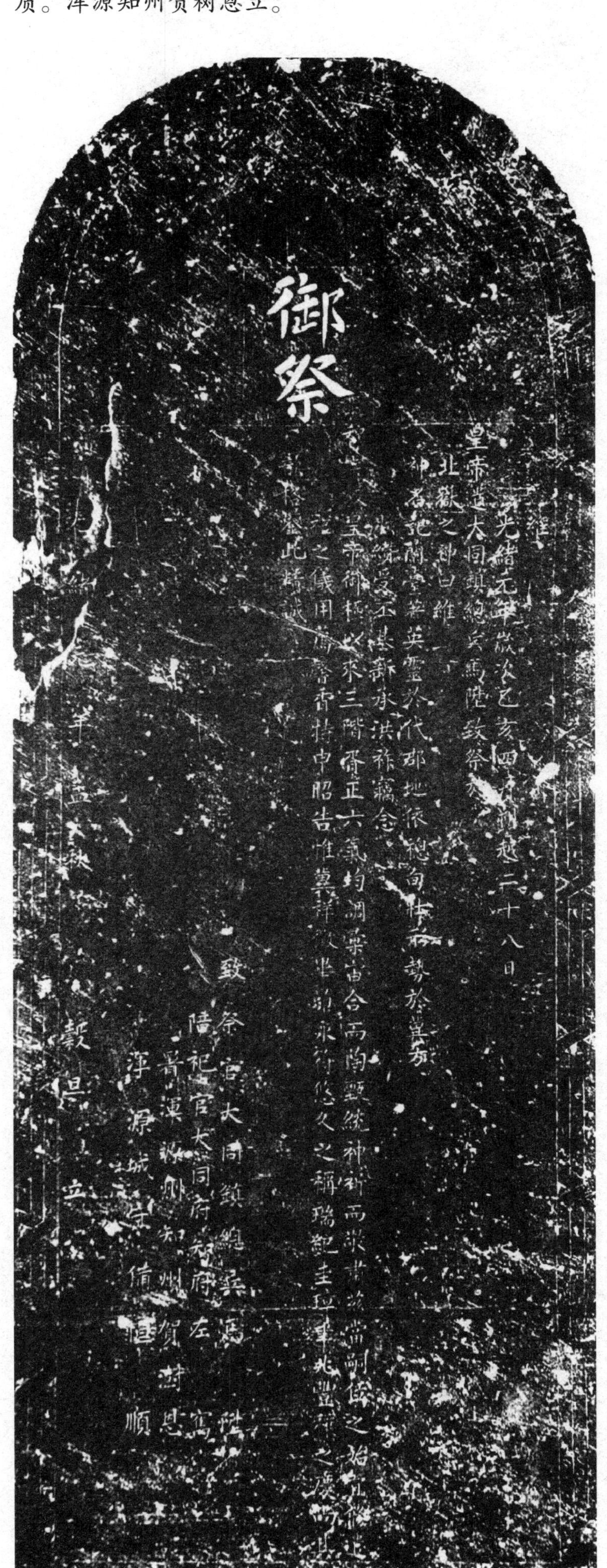

贺树恩，光绪初任浑源知州，上任伊始就组织了一百五十多人的州署修志局。分设总勘、总校、总理、编修、誊录、采访等部门。分工合作，各尽其职。经过三年努力，于光绪六年（1880）完成了一部十余万言的《浑源州志续》，保存了乾隆到光绪120年间的浑源地方历史资料。与此司时，还于光绪五年（1879）完成了《恒山志》的编纂，对浑源文化建设起到重要的作用。

【碑文】

御祭

維光緒元年歲次乙亥四月朔越二十八日，皇帝遣大同鎮總兵馬陞致祭於北嶽之神曰：維神名記蘭臺，著英靈於代郡，地依稷甸，壯形勢於冀方。朕纘受丕基，新承洪祚，竊念穆宗毅皇帝御極以來，三階胥正，六氣均調，彙宙合而陶甄，統神祈而敬肅。茲當嗣位之始，宜修遣祀之儀，用薦馨香，特申昭告：惟冀祥徵畢昴，永符悠久之稱，瑞紀圭璋，聿兆豐穰之慶。尚其歆格，鑒此精誠。

致祭官大同府鎮總兵馬陞

陪祀官大同府知府左寯

署渾源州知州賀澍恩

渾源城守備恆順

光緒元年孟秋穀旦立

石刻坟联

【简介】

清光绪初年镌刻，存杨庄村南陈家老坟。坟边竖立两根石柱，通高 182、宽 18 厘米。

【联文】

水出於源自源淵而分支分派；
人本乎祖由祖宗以生子生孫。

捐资芳名碑记

【简介】

清光绪二年（1876）六月立。存苦甜井处，高 156、宽 66、厚 16 厘米。青石质，圆首回字纹。此碑是修缮恒宗大殿各村所捐款之名单。本邑庠生李寿祥、李敏祥同书丹。

【碑文】

（碑阳）

捐貲芳名

麻地坪合村捐錢廿吊　韓風嶺合村捐錢廿六吊　龍官莊頭合村捐錢三十四吊　後化嶺全村捐錢十四吊五百文　小嶺合村捐錢五十五吊　磨石溝合村捐錢三十八吊　腰家坪合村捐錢八十二吊　膠泥圪坨合村捐錢一百吊　小西溝合村捐錢四十四吊　榆窊合村捐錢廿二吊　亂窩鋪捐錢六十二吊五百文　蘇家坪合村捐錢卅十吊　盆頭溝合村捐錢廿六吊　青磁窰合村捐錢八十八吊　東水溝合村捐錢十四吊五百文　西嶺合村捐錢四十七吊五百文　寨溝合村捐錢十五吊五百文　郝家灣合村捐錢卅三吊五百文　麻達合村捐錢廿□吊　澗村合村捐錢卅三吊五百文　荆莊合村捐錢五十三吊　□村合村捐錢□十二吊　鵰窩合村捐錢七十吊五百文　小麥峪合村捐錢卅吊　進士溝合村捐錢廿七吊五百文　北花峪合村捐錢四十六吊五百文　羊投崖合村捐錢一百一十八吊　唐家莊全村捐錢十三吊　下盤驛合村捐錢九十二吊　大磁窰合村捐錢九十二吊　李家窰合村捐錢廿六吊　李老溝合村捐錢卅吊　小道溝合村捐錢廿吊　張家莊合村捐錢七十二吊　古磁窰合村捐錢三十吊零五百文　雕窩梁合村捐錢十五吊　大西溝合村捐錢九吊　小銀廠合村捐錢十八吊五百文　細腰合村捐錢二十吊　黄崖村合村捐錢六十六吊　深澗合村捐錢廿吊　宋家莊合村捐錢十五吊　屈家坪合村捐錢十二吊　羊常水溝合村捐錢十吊　東西栢林合村捐錢廿吊　上柏林合村捐錢七十五吊　小臥端合村捐錢十七吊　峯臺鋪合村捐錢十五吊　二嶺合村捐錢五吊　南花園合村捐錢四十吊　廣泥溝合村捐錢二十吊　顧冊合村捐錢廿吊　同知李琳捐錢伍拾吊　賈朝喜捐錢廿吊　王千莊合村捐錢九十吊　西辛莊合村捐錢六十四吊　後洞溝合村捐錢二十吊　郭家莊合村捐錢六十吊　黑石合村捐錢四十吊　黄土坡合村捐錢二十一吊　上下橋兑溝合村捐錢□吊七百文　亂窩鋪合村捐錢八十吊　董家莊合村捐錢十二吊　沈家溝合村捐錢二吊　東葫蘆合村捐錢九吊　圪坨合村捐錢廿八吊　下疃合村捐錢十一吊　西尾毛合村捐錢十一吊四百五十文　晉家莊合村捐錢三十吊　李峪合村捐錢廿吊　北坡頭合村捐錢四吊　中莊鋪合村捐錢□□　金峰店合村捐錢七吊　港陽合村捐錢廿吊　李家莊合村捐錢三十六吊　下宮印店合村捐錢八十五吊　后常峪合村捐錢廿吊　孟家窰合村捐錢四十吊　佳柳樹合村捐錢廿五吊　高家莊合村捎錢十二吊　石窰子合村捐錢□□吊　□□子合村捐錢十五吊　官兒合村捐錢三十吊　穆家莊合村捐錢六十六吊五百文　土嶺合村捐錢四十吊　上祝安合村捐錢□十吊　下祝安合村捐錢三十吊　西郭家莊合村捐錢廿吊　程務本堂捐錢四十吊　高鸞捐錢廿吊　貢生李鳳舞捐錢□□吊　閻迎豐　陳繼虞　王正全以上各捐錢十吊　陳瑛捐錢六吊　白琇□　楊得明　侯瞻雲以上各捐錢五吊　武生高鵠捐錢十吊　閻廼新　王永安以上各捐錢四吊　王萬良　王明　王玘　合成明　康升　張重義　劉占林　戚□□　高達以上各捐錢三吊　廪生李毓彩　王志成　袁恆　李萬隆　牛士功以上各捐錢二吊　馬順　張文魁　王舉　王繼宗　王悦　侯照德　李可取以上各捐錢□吊　李□□　□得銀以上各捐錢十吊　張全　張仁各捐錢三吊　朝殿住持王元利各捐錢五十吊　奶奶廟住持任明重捐錢壹佰吊　黄文滔施神像鬚　深明義　合功施神像眼珠

計開：同治十年至十二年所入佈施停旨嶺地租錢項均已用訖

十三年修馬殿前牌坊一座，停旨嶺真武廟一處，崇靈門前石臺基后修第三次長十餘丈高五丈餘三處共花用小錢壹千壹百玖拾柒吊，入賣木料小錢壹千壹百壹拾捌吊，係十年松樹坪自倒枯樹一株，十三年老龍王廟旁自倒乾樹一株除做牌□□將軍柱□根□餘□木變價，入十三年停旨嶺地租小錢伍拾

捐貲芳名

吊，入十三年恒山后背地租小錢貳拾吊零捌佰文，入賣舊繩舊錢器小錢叁拾柒吊叁百文，除花用過淨存小錢貳拾玖吊，光緒貳年崇靈門前石臺□又劉公項復修并竪碑先造字花用小錢壹千陸拾九吊捌佰文。

光緒元、貳年停旨嶺地租小錢壹百吊。

入元後恒山後背地租小錢貳拾吊零捌百文，同治十三年□小錢貳拾玖吊浄短小錢貳拾玖吊，浄短小錢貳拾吊。

齊光緒二年，十王殿安設住持一人，恆山后背地租作為住持養贍。

停旨嶺自同治十二年□□開墾地租五石作為恆廟歲修之費

光緒二年六月望日立石　邑庠生李壽祥、李敏祥同書丹

（碑阴）

捐貲芳名

衆舖户捐小錢九千吊

九品王子奇捐錢乙百吊又捐金錢乙百吊，□□張殿元捐錢乙百五拾吊

傅家坡合村捐小錢乙百吊

毓泰和　永合成　西永世德　蔚長湧　大德昌　萬德昌　萬慶隆　恒茂德　慶雲興　永世德　以上各捐小錢六十吊

貢生張玉　監生張萬選　陈玉如　麻家莊合村　上韓村合村　西窩舗合村　以上各捐錢五十吊

三盛和　四合公　慶豐永　永世店　永興店　和盛店　中和店　恒泰德　永義和　恒茂盛　福恒德

永世榮　永發育　廣德裕　廣慶元　三盛亨　雙合成　德瑞祥　廣衡元　德裕長　永望隆　三和美

指挥常清萊　　縣丞冯昱

從九張懷德　主事李富春　貢生張存盛　李恒奎　劉元善

西留村合村　泉子頭合村　典籍陳文治　以上各捐錢四十吊

永慶隆　德慶元　天德元　義成裕　義泰成　恒茂當　大興當　德盛當

知事邢九如　中書白翠陽　州同左向南　監生碾槽溝　千揔榮文章

賓峯寨合村　梨園合村　淺澗合村　北榆林合体　碾槽溝合村　以上各捐錢三十吊

貢生張吉祥　陳善性　貢生熊日昇　千揔仝白麒　從九牛成龍　贾永秀　以上各捐錢二十五吊

信成榮　天福成　裕陞永　義全信　和盛成　恒盛德　榮德真　德興榮

德盛昌　豐裕永　世新店　義恒昌　慶源湧　雙德貞　興隆榮　大德生

恒益永　恒德永　元泰成　廣慶成　德恒昌　興成榮　復恒義　雙盛德

和義明　恒陞永　復盛昌　北三和　毓元號　元恒旺　廣德隆　大德成

恒映祥　萬錦昌　德泰昌　德裕昌　集義成　恒益成　義順昌　合成羡

恒義宗　西恒盛　廣成德　義合成　德盛榮　福慶永　三盛瑞　義興公

廣雲隆　義盛和　德益祥　永益恒

貢生蔡國瑞　義家寨合村　臧家莊合村　劉家莊合村　從九張步雲　以上各捐錢二十吊

北紫峯合村　南紫峯合村　各捐钱十吊

恒義貞　德慶店　馬紅染房　永生和　慶泰長　監生楊永常

小辛莊合村　張玉　以上各捐錢十五吊

毓興榮　復恒昌　廣恒隆　榮生德　德合義　明清賢　監生張釗

□□黄兆恒　以上各捐錢十二吊

署正张存江　訓導□严　從九仝廷弼　監生孙志德　文德成　万义旺

天興成　復元恒　恒有文　裕慶永　東信成榮　萬復成　永興榮

毓和號　西元成　天順恒　恒茂缸房　義源店　興盛恒　德盛和

永發椿　德和公　清和成　廣義馬　天慶義　久成榮　天實元

義生仁　廣義貞　萬德店　聚義成　豐裕亨　萬慶店　萬慶榮
慶成隆　協和厚　廣鎰源　德瑞店　萬景缸房　萬慶旺
暖泉永成帽舗　广盛隆　源泉湧　顺成永　源顺成　忻州署正张洪绩
永德珍　萬盛和　從九劉智　介賓張九如　經歷王壽椿
廩生張輔相　從九李温恭　正九任璐　典籍张茂业　從九翟振翔
從九翟振翱　杨珠　監生金台　從九姚德睿　贾元龙　贾从龙
耆賓张榮　张明珠　牛德贵　王文龙　杨廷云　文生杨秀林
貢生馬鳴鸞　賓馬乘鸞　賓吴鼐　灣子合村　上王坪合村　王名教　以上各捐錢十吊
曹希植　胡海　訓巢合村　路家溝合村　以上各捐錢九吊
萬興魁　張麻舗　德合成　元恒店　敖紙舗　和順亮　安國政
典籍楊茂林　從九楊權　李樂亨　從九梁吉運　白明德　從九吴國楨
小寨合村　西河口合村　水峪合村　以上各捐錢八吊
寨頭合村　南溝合村　以上各捐錢七吊
耆正宋天□　貢生张佑　万成油房　广盛店　恒盛育　兴盛元
和盛榮　和慶木店　雙義木店　萬盛木店　廣成毛店　久成瑞
德盛泉　梁建功　楊起鳳　復信榮　從九段興孝　段通孝　段達孝
李印先　餘全　柳旺枝　從九白桂元　監生孫善治　楊占雲
武生李錦雲　耆賓李耀　翟文運　從九程世德　貢生李創業
監生熊大周　武生李登雲　武生楊茂林　文生劉奪標　貢生興盛安
董家溝合村　以上各捐錢六吊
慶成恒　蔡紙房　恒盛瑞　裕順染房　長盛美　山榮店　永合店
同義成　魁元昌　恒裕成　德成榮　增新號　山裕淳　永恒公
祁餅舗　魁順啟　合義成　順德昌　萬隆昌　雙儀長　世德木店
介賓王大德　王大金　李春美　李春榮　李春喜　石如意堂　傅玉
李永祥　黄建中　李耀先　許萬福　貢生田□□　□世寬　甄大店
馬維爵　張□明　孫承曾　王皮舗　復合成　王英　貢生王開國
禹天德　賈林　千總耿啟明　吴興宗　王汝椿　王汝柏　監生李林
楊貴雲　馬獻祥　崞縣楊良棟　楊正雲　耆賓李世亨　張盛典　田西成
解章　貢生韓際唐　貢生王作義　西灣合村　蔡家峪合村
嶺丁合村　新莊子合村　上牛還合村　以上各捐錢五吊
湧源長捐錢廿吊　雙盛昌捐錢十吊　三泉成捐錢一吊
下韓村　東西街合村 捐錢八十五吊　姜家溝 捐錢十五吊
南榆林捐錢三十三吊　車道口捐錢十八吊　南楊莊捐錢四吊
西坊城捐錢一百吊　李千莊捐錢二十吊　駝峰村捐錢五十五吊
顧關捐錢五十吊　田村捐錢五十吊，花家疃合村　捐錢七十二吊七百五十五文
生員賈永　泰安捐錢廿五吊　塔兒村捐錢三十八吊零九十二文
桂椿堂捐錢五十吊　占錦劉雲捐錢二十吊　西辛坊捐錢二吊
海村合村捐錢廿二吊二百文　蔡村合村捐錢一百吊零五千文　翟家窊捐錢九吊
楊永順旺　捐錢六十一吊　鐘樓坡合村　捐錢廿五吊二百文
菓子園合村　捐錢五十三吊　尹家嘴合村　捐錢十吊　辛坊合村　捐錢八吊
晋家莊合村　捐錢十吊　師道傳監生　捐錢十二吊
師大儒　師永吉　師永興　師　超　李世隆　余相雲　劉廷選
貢生李子川　孫步僑　翟獻朝　歲貢靖錫命　翟集州　白王顯　翟雲程

以上四千　翟鳴恒　十吊　翟雲會　三吊　翟潤鵬　三吊
翟鳳鑾　翟臨彩　共四吊　進士侯長翼　捐錢十吊　監生侯國□　捐錢六吊
增生侯永煥　侯廷英　侯振綱　李成功　侯果　李清　以上捐錢二吊
山陰山合村　捐錢十六吊　吕家窊合村　捐錢十八吊　劉家莊合村　捐錢廿吊
臧家莊合村　捐錢　十九吊六百文　張崇德捐錢八十吊　南坪合村　捐錢十七吊
趙家坪合村　捐錢八十三吊　牛口峪合村　捐錢十吊　水溝合村　捐錢十八吊
張和　捐錢十吊　松樹灣合村　施錢五吊　吴瑞　郭義隆　閻祥
趙得明　吴祥　趙興盛　劉步雲　劉旺雲　李德　劉清雲　白清璧
劉生雲　趙國喜　劉科　以上捐錢四　三　二　一吊
净石合村　捐八十七吊，西王舖合村　捐錢五十五吊　張步雲從九　捐錢廿吊
上鶯鷂溝合村　捐錢三千　張得寬　張培業　田登　白玉□　周世元
侯有成　張秀　以上捐錢一千五□□文　清水溝合村　捐錢九吊
監生彭如　捐錢八吊　生員張功業　捐錢五吊
彭財　彭煥　彭瑞　以上捐錢一吊五百文　泥溝合村　捐錢廿一吊五百文
麻地前後對兒溝合村　捐錢廿吊　李榮一千五百文　張萬財四吊
張萬和三吊　介賓王國智　捐錢六吊　耆賓王國安捐錢五吊　范通元四吊
賀仁　賀全　馬海　張仲　邱萬香　王步棠　王佐棠　許國瑞
許登鰲　楊潤　王鴻亮　以上捐錢一百吊
□靄　捐錢一吊　許棠　文生肖國楨　邱萬□　王際堂 以上捐錢□□
耆賓許國林　黄花灘合村　捐錢八十六吊八百文　打虎溝合村　捐錢十吊六一一文
幹土嶺合村　捐錢卅三千三百文　石嘴合村　捐錢□□□
劉元□　□成□　劉潤□　劉萬□　竇□□　李富　李□
范榮　劉有珍　梁吉　高武　以上捐錢三千文
大仁莊合村　捐錢七吊二十文

万古流名布施碑

【简介】

清光绪初年（约1876年）立于浑源东坊城乡大板沟村关帝庙。砂石质，圆首，回字纹边。多有风化处，字迹不清。碑高124、宽52、厚11厘米。额题“万古流名”4字。

【碑文】

仝大倉　管溝王玘　雷　寬　王　當　雷　元　李　津　林天福　麻　印
郭連成　曹攀德　郭富成　郝　維　劉萬成　劉萬雲　劉萬谷　張　林　李春梅
田　正　李生堂　白　升　趙紀□　季成名　仝柱恩　孟　喜　陳　旺　侯正祥
張　俊　張有珍　張　喜　王天明　王天珍　王　正　薄　義　□□金　□□玉
薄伏印　張光有　張□世　趙玘祥　李名太　左尚□　王　連　王占業　張　光
□　□　王　玘　王士奎　左和寬　王　年　王　恒　仝玘當　王　升　王　彦
周德潤　焦　英　李青日　師洪宗　張文順　王　治　王玘用　郝天金　石　旺
仝喜增　楊　焕　仝喜經　仝居□　屈高林　陳中貴　□連禄　仝□□　仝展羽
李　仁　王　佐　郭治邦　郭引印　仝來鳳　仝化道　侯　永　高　岡　侯　勲
王存德　王存艮　仝　□　□　寬　□　□　□　□　□　量　張　明　焦　恩
焦士村　馮培宗　馮培成　李萬□　高　玉　高　印　李萬興　陳　禮　仝　□
張福元　焦　□　張生有　張有□　喬　□　張　□　張　禮　穆生旺　韓　德
師有栓　趙廷□　李　□　李　□　王□□　王□□　趙□□　李　寬　穆宗文
張功有　穆□龍　李文太　段喬焕　師　崇　李　登　周玘白　翟萬富　王　□
□□□　段業明　王道同　李　□　穆焕章　穆號□　李　雲　穆存周　王正邦
穆□仁　劉青元　李奇香　王理元　張有珠　張興□　楊三喜　□□雲　張全富
王伏良　詧文太　仝　太　張　有　白　珍　王　福　靖　□　李　明　王　印
穆滿□　李玉□　□香枝　王守詧　李　記　李元喜　□□海　劉　雲　劉興旺
薄玉明　段廷棟　劉萬庫　王天才　郭禮富　王德元　姚德興　□　興　□□明
□□玉　□　和　張□富　王正和　左文□　左國林　王□業　穆元□　左和旦
李　吉　徐德明　張　有　徐長文　徐長有　徐長富　徐　連　徐長福　徐長通
姚廷相　徐全旺　徐　全　李永明　臧□宗　鍾世寬　左光龍　王治世　李萬順
楊萬金　閆　公　郝九霄　姚五章　李　寬　李向雨　穆　元　許天福　楊潔松
崔兆明　郝現林　劉文□　孫治□　徐　富　翟文盛　黄□與　張　旺　王　宣
張映奎　楊　佐　張天有　武登□　徐國仁　石九□　韓興桂　趙連登　趙全祥
王永安　王　枝　明　相　陳　俊　張□顔　余　起　任　福　劉桂香　仝　德
趙鴻蒲　趙　□　趙　寬　趙鴻□　陳　官　張步奎　楊培成　屈大升　趙鴻福
張興業　張世寬　何成海　藺　成　常　寬　王尚全　趙　斗　高　義　王　俊
焦德義　閆　敏　以上各施小錢乙千文

重修碑志

【简介】

清光绪初年（1877年前后）立于浑源东坊城乡大板沟村关帝庙。青石质，圆首，回字纹边，方座。碑高148、宽60、厚12厘米。额题“重修碑志”4字。损坏严重，上部断为两截，中部断裂，下部左角残缺不全。

【碑文】

廟

麻黄溝官地東至龍山閑，西至溝口白石崖嘴，南至梁頂，北至梁頂。

西十字官地東至雙山子東溝梁頂，西至楊家溝□，南至梁，北至河溝。

土灰溝官地東至梁頂，西至溝門，南至梁頂，北至梁頂。

本處

有邊□上下堎　各段不等荒熟津面□地乙股。

□□灣東坡地乙段東至塄，西至梁，南至聖林，北至嘴。

大山尖陽坡地乙段東至邊墻下堎，西至梁頂，南至白姓，北至聖地。

柴木嶺

東林子一段東至徐冕，西至梁，南至□□，北至聖地。

西林子乙段東至梁，西至林底三岔口，南至大窊，北至大溝。

大牛圈溝地林乙股東至梁尖，西至中心嘴底，南至山閑，北至中心凸山閑。

徐廷福　七年言過施捨杆樹肆科

杜永安　杜永和　施東林子下半荒地乙段，東至徐冕，西至聖林，南至聖林，北至聖地。

任　印　施捨木供器乙付

周　亮　施石灰七十斤　王化美　施石灰三伯觔

改建庙碑序

【简介】

清光绪四年（1878）八月立于浑源西留乡上祝安村龙神庙，现存该庙遗址戏台围基处。青石质，圆首，缠枝边。碑高 168、宽 65、厚 16 厘米。额题“万古流芳”4 字。碑体断为两截，且有磨损处。由业儒张学程撰文书丹。

【碑文】

改建廟碑序

業儒張學程撰文並書丹

廟以改建名示，不忘舊也。上祝安當村舊有龍神廟、樂樓，由來已久矣。自道光二十八年重修，自今已非一日矣。風雨漂摇，墻壁頽毁，於同治十二年閤村士民人等商議重修樂樓，三月動工，九月告峻。至於功成之後，又思正殿狹小，廟宇不全，衆神難以棲止，於是十三年重修龍庭，因小擴大，毁舊造新。東新配三官神廟，西新配五谷神祠，廊東重修鐘樓一座，創修禪室二間，廊西創修鼓樓一座，又新配禪室一間，樓南創修樂室一所，西又重修山門三間，以爲神人所蹈之處。不意三月動工，九月告峻，而廟貌焕然改觀，庶人神無不喜悦矣。是爲序。

施地人　監生張有智　□地一十畝

施席人　監生張有智　□□十六桌

經理人　監生　張有智　張□世　温□章　□□章　張□世　張有禮　張建辰

温□章　張有明　張恒世　張建衡　温大章　張國君　張有功　杜肴曾　武官　張有銀　温有章　温憲章　郭治金　郭進寶　温祥世　武生訾　武堂　張宗世　温彦章　張化世　温明世　温萬章　郭治元　温成世　杜生榮　杜珍　温明章

石匠　王仲元

木匠　臧嘉謨　李世興

泥匠　張玉海　楊永

瓦匠　張生貴　陳德世

油匠　田世寬

鉄匠　張貴

住持　温明章

大清光緒四年八月穀旦

重修关帝庙钟鼓楼并彩画庙宇碑记

【简介】

清光绪五年（1879）七月立于浑源大磁窑村关帝庙内，现存大磁窑村旧小学。青石质。碑高124、宽60、厚20厘米。额题“万古流芳”4字。保存基本完好。由庠生穆维岐撰文书丹。

【碑文】

重修關帝廟鐘鼓樓竝彩畫廟宇碑記

嘗聞廟非神無以見其靈佑，神非廟無以狀其觀瞻，況乎名垂漢代，忠義直貫天人，聖顯本朝，威靈常昭日月。如大磁窑村關帝廟一所先已完備，前人既費制作之精，今乃催殘，後人詎無仍舊之意？於是鄉中父老目睹神傷，仍鐘樓之基址竭力經營。覩廟貌之污□，捐貲彩畫，迨至聿觀厥成，人咸覩神靈之赫奕，昭茲來許，誰弗慶禪室之崇新也？予非誇村中勝富，聊以序有創不能無因云爾。

庠生穆維岐沐手撰竝書

穆旺書

一宗　共上布施小錢二百一十七吊

一宗　木直磚瓦小錢三百吊

一宗　油工花過小錢三千吊

一宗　木泥工小錢一十八吊

一宗　仲匠人飯小錢七十六吊

一宗　後捐布施小錢二百零七吊

一宗　佃碑工飯小錢二十六吊

董事人　穆錦春佃碑小錢四吊　穆耀佃碑小錢四吊　穆翌佃碑小錢四吊　穆潮佃碑小錢四吊　石大福佃碑小錢四吊　穆鍾岐佃碑小錢四吊　穆維歧佃碑小錢四吊　穆貞佃碑小錢四吊　常安世佃碑小錢四吊　翟獻周……

石匠　王好義

木匠　劉三雲

泥匠　蔡文元

畫匠　馬象光

住持　□□□

大清光緒伍年歲次己卯孟秋月上浣　穀旦

萬古流芳

重修创修□□碑志

【简介】

清光绪五年（1879）九月立于浑源县城东15公里处的杨庄村三圣寺，现存该处。青石质，平首，云头纹，枝叶纹边。碑高166、宽70、厚18厘米。额题“万古流芳”4字。断为两截，风化较重。由附贡生陈玉寿撰文。

【碑文】

重修創修□□碑誌

蓋聞金人西□□以佛名焉，三清立世而道□□□□□□救難而普惠焉。至於龍神行施雨之澤，山神、五道明五路之厄，合而祀之無□□烟而敬，分而禱之，各有報享之區。人欲祈其神，禱其靈，則必修其廟、金其象，然后可以祈禱矣。憶我村諸廟創立之年時，惜乎難稽，惟有嘉慶九年復修之碑猶存，迄今亦年湮日久矣。風毀雨灑之處，新者自不新，固者更難固。各廟之痕跡聖象幾乎泯滅焉，能大其觀瞻哉？所以閤村公議，衆善樂□施錢者有人，□□力者有人，革舊鼎新，廢者可以舉壯麗之質，□者又能金飾畫補塑之工。敢□一一盡力而舊貫猶仍，庶可承先□□□□□□神之靈也，猗歟休哉。不數月而功成告竣，善哉美矣。擇一□而陳供開光，此雖人之力歟，亦神之感焉。欲流芳萬世，而刊文以誌。

山西大同府渾源州楊家莊村附貢生陳玉壽撰文

一宗　入布施錢九百八十四千文

一宗　出木植小錢五十五千九百文

一宗　出磚瓦小錢一百四十七吊六百七十五

一宗　出鐵器小錢二千四百三十文

一宗　出日工小錢一百六千二千七百五

一宗　出木工小錢二十一千八百文

一宗　出泥工小錢六十四千八百三十文

一宗　出油工小錢四十四千三百文

一宗　出石工小錢二千三百文

一宗　出衆匠人飯小錢六十八吊

一宗　出脚小錢四十一千一百五十七文

一宗　出開光戲錢四十四千六百文

一宗　出□□□貨小錢三百一十四吊七百七十一文

以上十二宗共出錢九百九十六千二百一十三文

净短小錢一十二千二百一十三文

董事　附貢生陳玉壽　附生陳玉先　武生熊衆生　從九楊玉彩　監生楊毓珍

匠人

木匠　聶文元

泥匠　張自强

油匠　李瑞　杜有志

石匠　趙禄

工頭　楊成山

住持僧　英慶

大清光緒五年夷則之月下浣穀旦立

修缮千佛寺捐资芳名碑

【简介】

清光绪六年（1880）立于浑源县千佛岭千佛寺，现存该寺。青石质，圆首方座，回字纹花卉边。碑高112、宽66、厚16厘米。额题“青天白日”4字。此碑上布施人员为地方官员和有功名的人士，可见当时上层对建寺修庙重视之程度。

【碑文】

欽加運同銜賞戴花翎渾源知正堂加五級紀録五次記大功十五次阮捐廉小數錢壹百千文

授額渾源王莊堡等處地方分巡司加九級紀録二次俸滿堪膺保薦沈□□捐廉小錢壹拾千文

□授新平路渾源州守府加三級紀録五次景□□捐廉小錢叁千文

王莊堡城守備牛□□捐貲大錢一千文

從九劉傑施大錢三千文　又北峰寺修□堂施大錢二千六百文

歲貢穆維岐施小錢四千二百文

馬□發施大錢一千四百文

□□張□雲施大錢一千四百文

李明棲施大錢一千四百文

李圍施大錢一千四百文

趙國瑞施大錢十六千二百文

□生楊□□施大錢十一千二百文

耆賓吴訓施大錢八千四百文

耆賓李榮陽施大錢二千文　又十七年至二十一年施工管賬八個月

介賓王禄施小錢二千一百文

介賓劉富施小錢二千一百文

千總張光斗施大錢四千二百文

監生趙陞施大錢七千文

耆賓張瑞雲施大錢二千五百文

從九張瑞施大錢二千五百文

監生張杰施大錢二千八百文

武有施大錢二千六百文

瓦匠　張珍

泥匠　張鳳鳴

木匠　張仁　萬嵒

石匠　吕有成

泥匠　侯玉

木匠　邢崇旺　李九河

李占鳳　張萬世　王智明　張萬安　楊積善　張萬智　馮景　張德　油工以上八人

重修财神庙碑记

【简介】

清光绪六年（1880）九月立于浑源县西辛庄村财神庙，现存该庙内。青石质，圆首，缠枝边，座系后配。碑高123、宽59、厚17厘米。额题“盛事流传”4字。保存基本完好。由庠生张运庚撰文，业儒张运亨书丹。

西辛庄村财神庙坐落于西辛庄村内。两进院，门前有数百年孤柳一株，与钟鼓楼相映成趣。前院正殿为财神殿，后院有大仙庙。财神殿内有清光绪六年财神壁画，为当地著名画师李伯龙和西辛庄村画师张寿山所画。据传当年张寿山正在五台山作画，西辛庄村民于是便请浑源城著名画师李伯龙作画，张寿山得知后，匆匆从五台山赶回，同伯龙联手合作。开光时壁画璀璨夺目，如出一人之手，一时传为佳话。

【碑文】

嘗思成大業者不同流俗，懷善心者不發異言。如新莊村財神廟風雨已有年矣。自舊基初壞之時，覩斯廟者莫不目擊心傷，咸願爲之修理。無奈意有餘、力不足。□□村中耗財處多、求財處少，致令縱有餘貲而顧彼失此，則修理之事勢難猝辦矣。至近來幾年，村中衆□□等感豐年之屢降，易舊廟以重修。因之復振規模，以定章法，每按祭祀之候而陳供設醮，則人竭其誠，神享其祀。省演戲之費□爲修廟之資。頭年修正殿，次年修戲臺以及後庭。斯工之舉也，本由勤儉而成，天必鑒之，神必原之，人亦服之。由是廟貌輝煌，村容變化，牲畜日益繁，財利有所求。家給人足，以致速富。曲全其美，莫若此矣。猗歟休哉，是誠閤村之衆也，後人其尚踵而行之可也。

渾源州儒學庠生張運庚沐手敬撰

業儒張運亨沐手敬書

經理人　趙天成　督工趙天申　張玉佩　王誥　張萬金　趙天春

年會首　張世仁　監生趙秉淵　張績　張蟾　劉尊賢　郭體元　劉泉泰

石匠　王法　王興　王琳　郭仁

木匠　王誥

泥匠　張喜　單得寶

鐵匠　劉宗和　原文

油匠　黄文元　張壽山　李潤　李慶

瓦匠　賈清　賈守珍

住持　李常

大清光緒六年歲次庚辰戌月穀旦　勒石

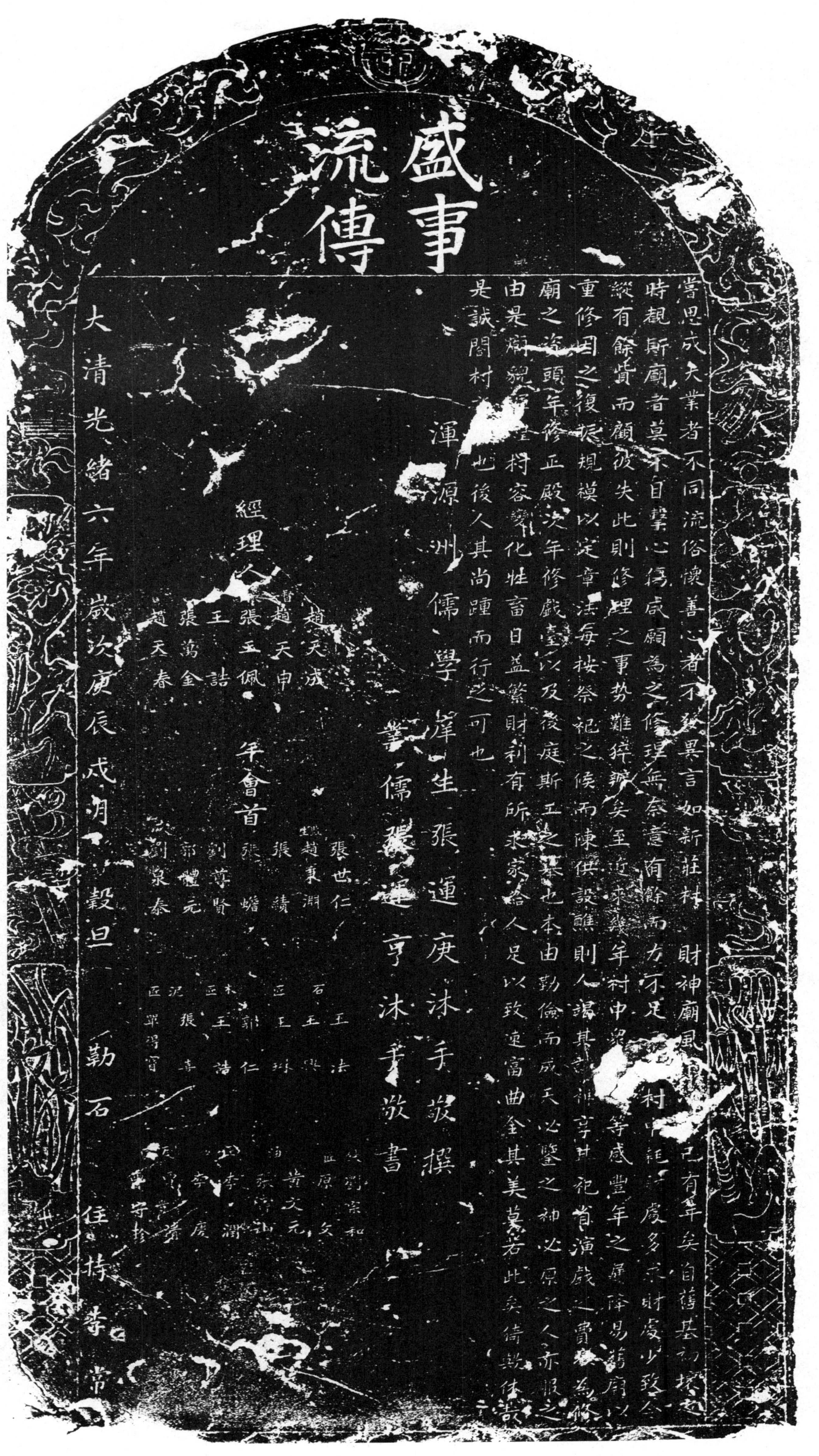
盛事流傳
渾源州儒學庠生張運庚沐手敬撰
業儒張運亨沐手敬書
大清光緒六年歲次庚辰戌月 穀旦 勒石

重修大云寺记

【简介】

清光绪六年（1880）九月立。存荆庄大云寺。高 145、宽 66、厚 19 厘米。圆首青石缠枝纹。额篆“极乐世界”王子奇撰文，王九州书丹。部分残损。

【碑文】

重修大雲寺記

本郡從九王子奇撰文　胞弟從九王棠長子從九王九州書

歲在庚辰春王正月古號荊棘莊村，至今奉龍山靄雪，阿彌陀佛更名經籍，乃村眾善信弟子仰觀大雄寶殿，以迄今□龍宮微有不以為然者。已刹那間，而□□大殿燦爛，鐘鼓樓、配殿、過殿、山門、關帝、藥王、菩薩殿與香生邑矣。雖曰人力，實聖功耳，善信勉乎哉。彌陀彌陀，既同聲嚮善，以修古刹更凝神。壹志以住粒米中，慈母就是觀世音。三皈五戒先忠孝，十惡八邪首貪淫。搖錢樹種在鷲山嶺，聚寶盆安在度書不必靈山問陸沉。善信勉乎哉。彌陀彌陀。

化緣會友

六品銜張存江　署政蔡國瑞　貢生呂文炳　從九穆大勇　從九郭秀　□□　郭錦

經理人　郭金善　耆賓徐瑚　王永清　武文施金五佰吊　賀寬政施錢七千　李興　郭維楨　曹恆　郭順運　徐文　從九王九州　孫萬山

石匠　徐世昌　徐世芳　徐百田

木匠　張印功

泥匠　楊永

畫匠　王步寅　李潤　白存禮　黃文元各施錢三千

瓦匠　尚萬寶

大清光緒六年九月上浣穀旦

住持僧　修梁　修柱

重修碑记

【简介】

清光绪七年（1881）六月上浣立于浑源西南山东坊城乡大板沟关帝庙，现存该庙内。青石质，圆首，方座，回字纹。碑高125、宽56、厚11厘米。碑阳额题“万善同归”4字。风化严重，多处字迹不清。碑阴额题“永垂不朽”4字，碑文亦字迹不清。

【碑文】

（碑阳）

蓋聞聖廟者，文武神聖之廟也。前人卜地以創建，唯去歷久而如新；後人尊古以重修，惟願相□而□□。况此廟内文不僅聖廟已也，原有関聖帝君殿，左右馬王、財神廟二所，□有東西禪房六間，鐘鼓二樓，門口有山神、觀音廟前後兩間。歷年久□，風雨損壞，衆善人等無不目擊而心傷，於□至同治九年公議，募化四方，好善居士貲財重修，一時而磚瓦出工，廟貌之莊嚴，渾郡之勝景也。故刻石永垂不朽……

特授渾源州正堂孔廣增施小錢貳佰吊

……

一宗　木工……錢……七千四百五十五文

一宗　泥工……百五十五文

一宗　油工□花小錢三千文

一宗　磚瓦共合小錢乙萬二千八百文

一宗　買木料共合小錢三萬乙千六百文

一宗　窯房棧子小錢二十吊

一宗　買架局（傢俱）共花小錢三十千文

一宗　用石灰共花小錢乙千五百九十文

一宗　小工共花小錢九萬七千六百九十文

一宗　用稭共花小錢□□□□

一宗　開光用小錢□□□□□□

一宗　歲用雜項小錢五百二十五文

（下部因风化严重，文字从略）

大清光緒七年修造　同治十年立碑記

經理人　李培棠　元成木店　張佑　張存江　宋天元　栗修嚴　□□臺　段□孝　王連　徐□□　喬□□　徐義　王□選

泥匠　榮禄　□玉　張必元　張廣

油匠　李攀龍

木匠　賀有　白世榮　劉虎存　安鴻運

石匠　趙世□　王好義　施小錢三吊

住持　張明正　緒文

大清光緒七年歲次辛巳辛未上浣吉日　穀旦

（碑阴）

（碑文模糊不清，从略）

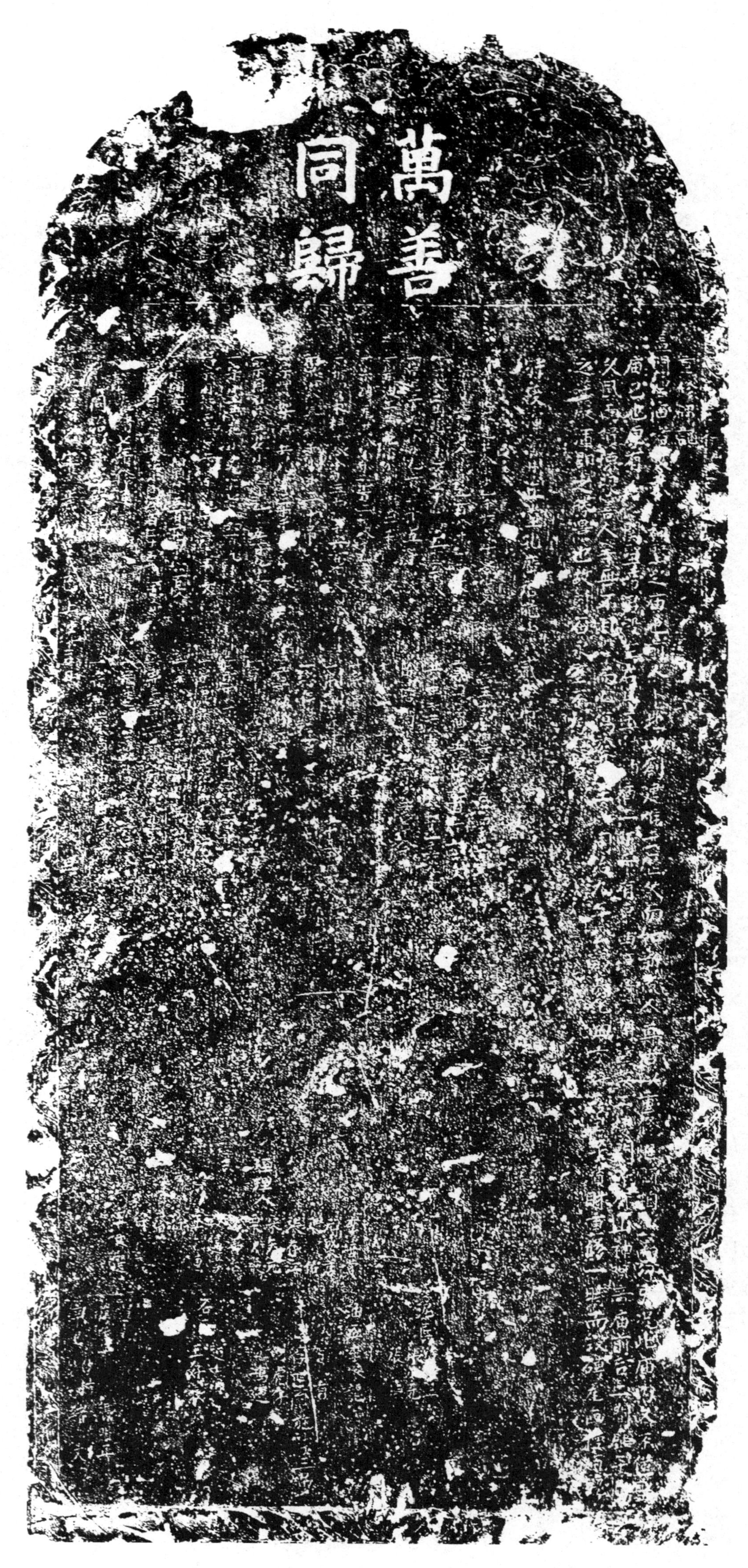
萬善同歸

重修千佛洞碑志

【简介】

清光绪七年（1881）十月立。存千佛岭千佛寺。高138、宽66、厚19厘米，圆首，青石质，碑边为莲花、宝瓶等。额题“万善同归”。由净禄师徒立石。

千佛岭为恒山支脉，在恒山主峰天峰岭正南偏西约25公里处龙咀村西。顺着寺沟跨涧越水西行5公里便到达千佛岭。自然景观十分奇特，融北国的雄浑与江南的毓秀为一体。向有“塞上江南”之美誉。千佛岭顶有一光洁如镜的大峭石。峭石上建有千佛宝塔，宝塔下有三个岩洞，名曰千佛洞。洞内四周雕刻着数以千计的石佛像。千佛洞西建有金碧辉煌的寺院，名曰千佛寺。从千佛寺南行2公里，在绿树掩映中原建有板方寺，亦称下寺。从千佛寺上行，而后下行2公里，深沟的半山坡上建有碧峰寺，其自然景观十分幽寂。

【碑文】

蓋聞重修千佛洞碑誌

署渾郡王堂賀施銀伍兩　署渾源城守府池施銀肆兩　渾郡儒正堂張施銀伍兩　渾郡儒副堂王施銀伍兩　渾郡王庄堡分巡司沈施銀壹兩　渾郡王庄堡城守廳徐施銀伍錢　□□張步雲施小錢佃小錢二百一十吊　都司張蔭雲施小錢一百七十吊　衆會首張海　黑狗背施小錢一百七十吊　羊投崖施

小錢一百五十吊　會首人趙國璽施小錢一百五十吊　孫林　龍嘴村施小錢一佰伍十吊　劉殿魁　中莊鋪施小錢一百五十吊　翟永祥　楊家莊施小錢一百四十四吊　老君殿施小錢一百二十吊　武登有　牛□忠　金峰店施小錢三十五吊　李榮施小錢三十五吊　楊永常　小道溝施小錢二十吊　白琇　汗陽溝施小錢十吊　甄九成南花園施小錢捌吊　張富　王莊堡施小錢叁吊　張級　中庄鋪施小錢三十吊

王庄堡　德成當施大錢伍千文　大興當施大錢伍千文　德盛有施大錢三千伍百文　大□成施大錢三千文　德和有施大錢三千文　廣盛隆施大錢三千文　福慶成施大錢貳千伍百文　祥盛有施大錢伍百文　新盛有施大錢貳千文　世興隆施大錢一千伍百文　隆盛源施大錢一千三百文　大茂隆施大錢一千文　義成永施大錢一千文　大信店施大錢一千文　大只成施大錢一千文　訓導楊向辰施大錢一千文　和盛明施大錢一千文　白耀太施大錢一千文　耆賓陳三六施大錢七百文　楊廷祖　水磨村　張亮　復和成　監生王有口　德亨涌施大錢一千文　監生李□　白國太施大钱伍百文　万德成水圪坨村□□□□□……各施大钱伍百文　唐县杨沛　李寶施大钱肆百文　王庄堡大昌店　張彥　復自成　肖超　蘆□　劉□　白登　福盛有　王茂林　文長印　孟善吉　武生李桂榮　吳訓各施大錢五百文　張卿雲施大錢四百文　下牛還村高鵞施大錢三千文　李德秀施大錢一千文　李自有　楊岐山　肖明起　陳尤閈　張□　張福　馬旺　馬交　李回各施伍佰文

黑狗背村　李紅施大錢五百文　□□施大錢五千文　張智施大錢三千五百文　於吉施大錢三千文　牛鳳祥施大錢二千文　馬俊施大錢一千六百文　□□施大錢一千伍百文　邢量施大錢一千伍百文　于敬珍施大錢一千五百文　于祥施大錢一千三百文　樊天明施大錢一千文　馬忠施大錢一千文　馬秀施大錢七百文　牛寬法施大錢陸百陸拾文　牛福　樊生印　穆有世　馬枝昌　張增　郭富六人各施大錢三百文　王道藩施小錢三千文

上下塔圪枝　張自順施大錢三千五百文　馬□□施大錢二千文　牛□成　張有富各施大錢壹千文　張福順施大錢八百文　陳佃奎施大錢七百文　牛長順　牛建德　許祿　于義　牛建月　王□棟　王治國　趙成貴　卢彥忠　張海十人各施大錢六百六十文　王雲施大錢八百文　王士朝王陞各施大錢八百文　朱守富　趙福全　□達云　王凡印　張建業　王□□　賈□□　□□□各施大錢五百文

王滿仔　葛檀□　常□□　□富才　張茂　王有各施小錢□□文　王相　李岐云　陳天貴　蘇彥清　趙恆　李□美　王玉國　王萬庫各施小錢四百文　王作林　于錦各施小錢二千二百文　郭文祥施大錢一千伍百文　于凌才施大錢一千伍百文　陳昭　□□□　黃土坡　周奇□　□□□□福施小錢□□□　王□富□亮施大錢伍百文　□福金辛庄村仝日林施大錢四千文　刘明　張德恆施大錢一千文　張順　高正堂各施大錢一千文　陳日□　仝金安　陳日明　陈通□□□施大錢五百文　張□云施大錢六百六十文　劉奎珍施大錢五百文　何云成施大錢五百文

鴿子峪村　張青云施大錢貳千文　張祥云施大錢貳千文　張斌施大錢貳千文　張有施大錢一千五百文　趙成化　□□□　□□□　□□□　□□□　穆新喜　張換　張□□　□□□以上九人施大錢一千文　劉富施大錢八百文　武□□　□□□各施大錢八百文　鴿子峪村監生張□□施大錢八百文　王攀桂施大錢七百文　張禮施大錢七百文　張祿　栗□宣　黃照成　趙登　□□堂　張□雲　張□才　李□忠八人各施大錢六百六十文　李富云施大錢六百文　張云施大錢六百文　李萬珠　穆桂枝　李佔　李進本　劉培元　張運元　侯永□　張守銀　張彥　翁枝　□□□　□□十二人各施大錢五百文　鴿子峪村□□□　李玉□　翁桓　李艮　王天福　陳德　□□□　□□明　穆□□　張凡□　穆□□施大錢五百文　□成　□□□　范生□施大錢四百文

油匠　王富云　李先五　□富　王喜

石匠　楊吉善　何玉成　張鳳鳴

泥匠　李杰　王保信

住持　僧淨祿　真琦

徒侄　真□　徒孙　立

大清光緒七年拾月初十日穀旦

建庙布施碑

【简介】

清光绪七年（1881）立于浑源县恒山庙，现存恒山庙。青石质，圆首，回字纹边。碑高 122、宽 57、厚 14 厘米。额题“永垂不朽”4 字。

【碑文】

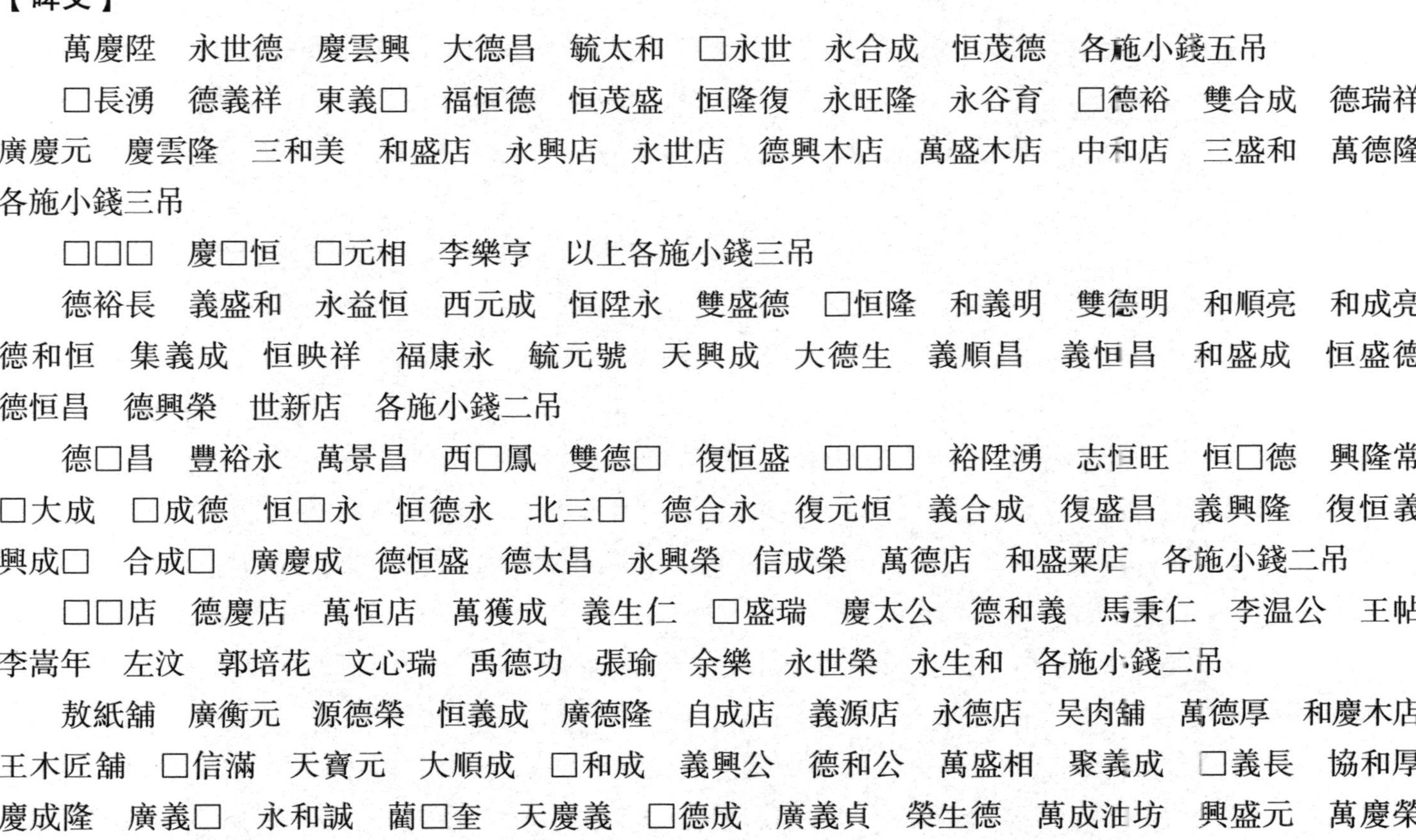

萬慶陞　永世德　慶雲興　大德昌　毓太和　□永世　永合成　恒茂德　各施小錢五吊

□長湧　德義祥　東義□　福恒德　恒茂盛　恒隆復　永旺隆　永谷育　□德裕　雙合成　德瑞祥　廣慶元　慶雲隆　三和美　和盛店　永興店　永世店　德興木店　萬盛木店　中和店　三盛和　萬德隆　各施小錢三吊

□□□　慶□恒　□元相　李樂亨　以上各施小錢三吊

德裕長　義盛和　永益恒　西元成　恒陞永　雙盛德　□恒隆　和義明　雙德明　和順亮　和成亮　德和恒　集義成　恒映祥　福康永　毓元號　天興成　大德生　義順昌　義恒昌　和盛成　恒盛德　德恒昌　德興榮　世新店　各施小錢二吊

德□昌　豐裕永　萬景昌　西□鳳　雙德□　復恒盛　□□□　裕陞湧　志恒旺　恒□德　興隆常　□大成　□成德　恒□永　恒德永　北三□　德合永　復元恒　義合成　復盛昌　義興隆　復恒義　興成□　合成□　廣慶成　德恒盛　德太昌　永興榮　信成榮　萬德店　和盛粟店　各施小錢二吊

□□店　德慶店　萬恒店　萬獲成　義生仁　□盛瑞　慶太公　德和義　馬秉仁　李温公　王帖　李嵩年　左汶　郭培花　文心瑞　禹德功　張瑜　余樂　永世榮　永生和　各施小錢二吊

敖紙舖　廣衡元　源德榮　恒義成　廣德隆　自成店　義源店　永德店　吴肉舖　萬德厚　和慶木店　王木匠舖　□信滿　天寶元　大順成　□和成　義興公　德和公　萬盛相　聚義成　□義長　協和厚　慶成隆　廣義□　永和誠　藺□奎　天慶義　□德成　廣義貞　榮生德　萬成油坊　興盛元　萬慶榮　長盛義　復和肉舖　皂班　以上各施小錢乙千文

喜□　施錢三吊

緒文　心寫　施錢四吊

陰果　施錢乙千二百文

永垂
不朽

贞元会纪事碑

【简介】

清光绪八年（1882）七月立。存北岳行宫。碑高140、宽63、厚18厘米，圆首叵字纹，青石质。额题“永垂不朽”。

【碑文】

貞元會紀事碑

爾峰賀大老爺，於光緒七年閏七月捐廉並籌捐共湊足小錢肆千肆百吊整，作為資本發商，按月壹分生息，每年共得利小錢肆百□拾捌吊，以備每年補修恆山廟宇。八月初十日恆山聖誕，設陳供獻牲、山上諸廟香紙油燭、栽培樹木、交糧等項費用。

介山鄭大老爺，於光緒八年七月，而因賓興會費用拮据，同紳董商酌，撥在賓興會小錢壹千吊整，申詳立案。至此本會淨存小錢叁千肆百吊，每年共得利小錢肆百零捌吊，每年六月底、年底兩次收利，每年出入花用一切費項，經理紳董等明分帳以昭慎重。

黄老府君及夫人墓碑

【简介】

清光绪九年（1883）五月立于浑源城西郊黄家老坟，现砌于黄家老坟附近水渠。青石质，回字纹边。碑中间断裂，下部多有残损，残高110、宽55、厚12厘米。

【碑文】

大清光緒玖年歲次癸未榴月中旬　穀旦

皇清待贈顯考妣黄老府太君諱爾穀母耿氏之墓

男……　孫……　曾孫……

奉祀　立石

“雄秀”题刻

【简介】

清光绪十一年(1885)镌刻于浑源县恒山会仙府山崖。字体约高 80、宽 145 厘米。由孔安国题书。

【题刻】

光緒己酉……

雄秀

孔安國鈞題

贞元胜会碑记

【简介】

清光绪十二年（1886）立。存浑源城内北岳行宫。高 140、宽 63、厚 18 厘米。圆首，缠枝纹，青石质。高□□书丹。浑源知州贺澍恩撰文。此碑记述了筹措恒岳公费，禁止开荒伐木创立贞元胜会之经过。

【碑文】

貞元勝會

筹捐恒嶽公费禁止開墾培植树木創立贞元勝會纪事碑

恒嶽名山也，古名大茂，以其功资镇撫，泽被生民，尊为北嶽。考之《書》，虞舜望祭山川，冬月朔，巡狩至于北嶽祀典，尊崇由来尚矣。

厥後歷代隆祀曲陽廟，歷逢慶典。欽差致祭，嗣以禱□，应时□□，宸翰尊崇之道，超邁千古。我浑源附居山麓之陰，科第□□，人才□起，仕宦名臣接踵而興，數十年□無水旱□火之虞，有年□順成之樂，北賴恒嶽□□，曷陽克臻此，邇□□時不時樵牧，不禁辟地開窑，無所廢止，以致松柏稀疏，草木零落。同治甲戌，我□□□□郡侯由來甯□權斯土，己亥歲恭邇□，皇帝御極之初，□□欽差致祭，我□□□□□□之榮□□，心□即思整□□籌資來秉，而解組去後興思民有餘憾。至乙卯冬我□復權斯土，萬姓歡呼，履任後即以□□□□□□□立貞元會，先自捐銀叁佰兩，□小錢壹仟伍佰吊，又籌□費小錢貳仟玖佰吊，共合小錢肆仟肆佰吊，發交□城□行，按月壹分生息，香燈及□□□□，添雇人數、□□山林費用，積□餘資朝殿□□□。可擇要□□□自虎風口以上□太廟嶺、火燒坡、紫芝峪□東□□□。九天宮道□□□□□□□□□□各地□□封□□□□詳明□□□□不□□種違者送官懲治。所有停旨嶺下□坡，向有租地為各村住持口食之用□□□□□□□□□□□□□□□□□□□□□永為定章，爭議之口，命紳董等經□之鳴□□□□□□□□□其心盛斂，非至，□□無以申其禁令，□□公□□□□□□之靈，洞察其誠，有以成此志，□□□不敏世榮，是鄉敢不□□□□□□□□公命□此義舉。自茲以往名，□□□□□□□□□不可□□□□，同酌議勒旨鑒名以□来者，是為紀。

□□□□□□渾源□□□□□□

戊寅□生高□□書丹

經理　紳董□□□　覺□　□□　蔡國瑞　李戴思　張□□　□□　□□

□□柩　田汝□　呂國□　薄文蔚　□□奎　□恩□　仝敬立

石工　□□

圆寂大禅师照立超诸墓志

【简介】

清光绪十四年（1888）十二月立。存西留村古戏台。高 128、宽 53、厚 15 厘米，圆首回字纹，青石质。

【碑文】

告白：超諸病故，可惜乏徒，殯葬立石，盡其所有。

圓寂大禪師照立原籍直隸河澗府、超諸原籍山東濟南府流寓僧二義墓誌

贊曰：久守戒規，勤儉質樸，不蔓不枝，表里如一。

大清光緒十四年歲次戊子十二月穀旦立

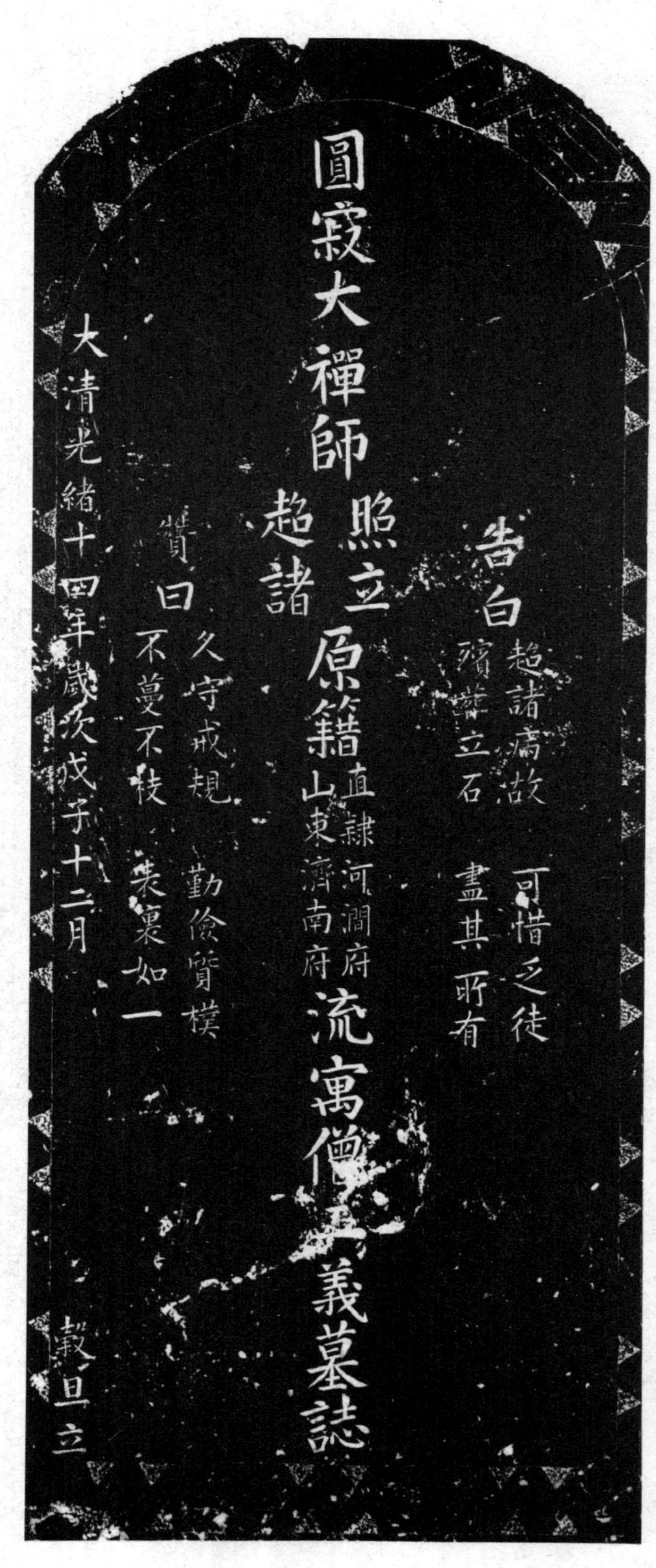

重修三清殿文昌魁星朱衣阁纯阳宫白衣殿碑志

【简介】

清光绪十六年（1890）七月立于浑源翠屏山三清殿院内，现存三清殿。青石质，回字纹边。保存完好。碑高92、宽50、厚12厘米。额题“万古流芳”4字。由生员梁蓬山撰文书丹。

【碑文】

大清光緒拾陸年歲次庚寅秋七月上澣穀旦重修三清殿文昌魁星朱衣閣純陽宫白衣殿碑誌

渾郡城南十里許翠屏山有三清殿、文昌魁星閣，創作之始代遠年湮，詳無可考。康熙七年、道光二十九年履有增建。蓋其文昭炳炳，應命世之英賢；魁筆煥煥，兆國家之科第。自同治年間李州牧將文昌、魁星、朱衣神象移至城東書院，由是廟宇損壞。迨後，州人思易而完之，費鉅未敢易爲。每履其地，無不感傷。己丑孟秋仍其舊址新建文昌、魁星、朱衣閣，補修三清、白衣、純陽宫。於是廟貌尊崇，文光遠射。登其山而清幽可樂，覩其廟而焕然常新。次年七月功成，聊以丕我郡之文風矣。是爲記。

生員梁蓬山書并撰

經理人　武生薄興業　從九侯奪魁　耆賓董慶南　職員劉漢東　貢生段廷柱　生員梁蓬山　張典　牛映槐　張正文　五行首

從九侯奪魁施馬道地一段十六畝，坐落石莊道，隨帶地内牧米照紅契交納，每年租粟除納糧外，餘作爲七月社會花用，不許後人出賣。如有出賣，罰買地人市錢一百吊文。

住持僧　因和　徒自越　施錢十千文

万善同归碑

【简介】

清光绪十六年（1890）九月立于浑源城北10公里之二岭村关帝庙，现存该庙大殿前。

二岭村关帝庙位居村东北隅，庙宇占地约3000平方米，建筑面积近400平方米。院内北部高台上建殿堂五处，中为正殿，正殿面宽三间，进深二间，正殿内中塑关圣帝君金脸坐像，下面两旁站立关平、周仓及其他文官武将。关帝左右分别塑刘备、张飞，这种组合在本州其他关帝庙内十分少见。正殿两旁为朵殿，朵殿共有四间，两大两小。紧靠正殿的绞大的东朵殿为五谷、财福神庙；正殿西面紧靠大殿较大的西朵殿为奶奶庙。五谷、财神庙东面的朵殿规模略小，为北岳大帝恒山爷庙。奶奶庙西面规格略小的西朵殿为奎星庙。同正殿相对应的庙院南建有戏台。院内西部为一排禅室。规制齐全的二岭村关帝庙历史上曾经是香火旺盛的“三教合一”的庙宇。现存残碑两通。风化较重，字迹不清。万善同归碑圆首方座(座为后配)，通边回字纹，青石质。高118、宽48、厚14厘米。额题“万善同归”4字。由本州李实严撰文并书丹。

【碑文】

盖聞神也者，妙萬物而爲言者也。神道之靈由於人心之感，吾二嶺舖欲重之敬之，窮無廟宇神像可祀。春秋常思供獻，難伸俎豆之儀；朔望亦知焚香，莫展椒醑之□。于是閤舖共議，奮然量理，揆日鳩工，同心協力，量地度材，創建牛王、馬王、關帝、龍王、□神廟，又蓋□三間，以爲□報之地。鐘樓一座，禪房四間半，馬棚弍間，山門、垣墻一重，至時完美。奈功程浩大，蕞爾微區獨力難成，不憚艱勞以募化城鄉，衆善共□，聖寺不期月而臺址告成，不數月而廟宇完美。雖屬人力，實由神靈之默佑也，廟貌巍我，以爲一村增光；神像輝煌，實是千古壯觀。愚負鄉望，敬書鄙情，一以見神靈之有益，因而述今人之功修，列名刻石，以誌其萬古不朽之意也。

本鋪工費一総木料小錢貳百九十捌吊七。一宗磚瓦小錢一百四十七吊。共花費人工捌百五十個，共飯一千二百五十口。一宗零用小錢四百一十五吊。

本州南水頭李實嚴沐手撰文并書

孫　泰　施小錢陸拾吊，施地一畝半。

孫　保　施小錢陸拾四吊，又施活、木料小錢貳拾陸吊。

王　鳳　施小錢陸拾玖吊，施地二分。

經理人　左萬安　趙常春　監生段廷柱　從九龔大永　楊翠　胡萬富　孫泰　孫岩　孫保　王毓龍　王攀龍　王獻龍　王毓堂　王毓寶　王毓珠　郝攀龍　施活、磚瓦小錢貳拾吊

共拾一宗　壹千玖百叁拾吊貳仟玖百文

石匠　胡寶

木匠　高朗

泥匠　石文　李殿堂

油匠　臧玉堂

一宗　木匠手工小錢玖拾捌吊柒佰文

一宗　泥匠手工小錢伍拾捌吊

一宗　油匠手工小錢壹佰伍十吊

一宗　石匠手工小錢一百□□吊

一宗　工飯小錢伍百吊零五千五百文

車工驢工二宗合小錢壹百貳拾五千文

大清光緒拾陸年歲次庚寅菊月上浣　穀旦

萬善同歸

蓋聞神也者妙萬物而爲言者也神道之[illegible]灵[illegible]於人心之感吾[illegible]嶺鋪欸重[illegible]
[illegible]無廟宇神像奇祀春秋嘗[illegible]供獻難[illegible]神祖豆之儀朔望亦知焚香莫展[illegible][illegible]之
[illegible][illegible]于[illegible]鋪共議奮然量理擇日鳩工同心協力量地度材[illegible]
牛王[illegible]又[illegible]三間[illegible]以[illegible]釋之[illegible]鐘樓一座[illegible]房四間半馬棚弍間山門垣墻
[illegible]時[illegible]美[illegible]功程告[illegible]莫[illegible][illegible]但独力難成亦[illegible]艱勞以募化[illegible][illegible]
關帝廟聖寺期月而[illegible]告成不數月[illegible]廟宇完美雖屬人力實由神靈之[illegible]
龍王[illegible][illegible]巍巍哉以爲一村增光神[illegible]輝煌[illegible]是千古壮观愚[illegible][illegible][illegible]敬[illegible]
綵神 一見神靈之有[illegible]因[illegible][illegible]合人[illegible]功修列名刻石以誌其[illegible]古不朽之[illegible]
一也本鋪工費一總木料小錢弍百[illegible]十捌吊七一宗磚瓦小錢一百四十七[illegible]
共花費人工捌百五十個共飯一千二百[illegible]十口一宗零用小錢四百壹十五吊
南 沐 孫 泰 [illegible]千玖百叁一宗木匠手工小錢玖拾捌吊[illegible]
本州木李[illegible]叢撰文并書 孫 岩 共捨[illegible] [illegible]弍千玖百文一宗泥匠手工小錢伍拾捌[illegible]
頭 孫 保 右胡寶[illegible]一宗油匠手工小錢壹百伍十[illegible]
孫[illegible]施小米陸拾吊施地一畝半 李萬金 王統龍 [illegible]匠高朗一宗石匠手工小錢[illegible]百[illegible]
孫保施小米陸拾四吊 經理人 趙[illegible]富 王[illegible]記 [illegible][illegible]堂[illegible]共手飯小錢伍[illegible]吊[illegible]五千五百文
又施柏木[illegible]弍拾陸吊 段廷柱 王欽龍 施[illegible][illegible]
晋 [illegible][illegible]大 王[illegible]堂 [illegible] 張[illegible] 王[illegible]
王鳳施小米陸拾玖吊施地弍分 胡香富 郝[illegible]貴 [illegible]王堂畫工[illegible]工[illegible]宗合小錢壹百[illegible]

大清光緒拾陸年歲次庚寅菊月上浣穀旦

皇帝遣山西太原镇总兵署理大同镇总兵官林成兴致祭于北岳之神碑

【简介】

清光绪十六年（1890）十月立。存恒宗殿下。高154、宽62、厚21厘米。圆首方座回字纹，青石质，由浑源知州□□勒石。

【碑文】

御祭碑文

維光緒十六年歲次庚寅九月丙戌朔越十五日壬午，皇帝遣山西太原鎮總兵署理大同鎮總兵官林成興致祭北嶽之神，曰：維神上通象緯精靈，鍾昴畢之英，右翊燕京拱衛，肅風雲之氣。宮表紫微而作鎮，化裏黑帝以持權。名既志於蘭臺，典宜修夫柴望。玆以朕二旬展慶，萬姓騰歡，懋舉崇儀，特申昭告，仿朔巡而秩祀，企并域以升香。惟冀寶蘊靈符，三晉之雲山永奠；功蕃嘉穀，九邊之稼穡常豐。陳此苾芬，尚其歆格。

致祭官太原鎮總兵署大同鎮總兵林成興

陪祭官大同府知府國鈞

渾源州知州□□

渾源營守備景新

署渾源州學正王錦江

渾源州訓導張文銘

渾源州王家莊堡巡檢沈福同

渾源州吏目孔廣賚

光緒十六年十月　日立

武德骑尉郭增及孺人墓志

【简介】

清光绪十八年（1892）五月立于浑源尧村郭家老坟，现存原址。白灰色大理石质，圆首，回字纹边。碑的中心部分多有磨损。碑高110、宽48、厚14厘米。

【碑文】

光緒壬辰年仲夏　穀旦立

<table>
<tr><td>皇清</td><td>勅授本邑武庠生
誥封武德騎尉</td><td>郭翁諱增</td><td>号益成
郭孺人</td><td>墓誌</td></tr>
</table>

男文麟　文忠　文炳　文耀　文慶　奉祀

温天佑及夫人墓志碑

【简介】

清光绪二十一年（1895）三月立于浑源上祝安村温家老坟，现存该村内戏台旁。青石质，圆首，缠枝边。碑高120、宽50、厚14厘米。额题“世代源流”4字。

【碑文】

大清光緒二十一年三月中浣吉立

<table><tr><td rowspan="2">清故顯</td><td>考</td><td rowspan="2">温公</td><td>諱天佑</td><td rowspan="2">之墓誌碑</td></tr><tr><td>妣</td><td>蘭王氏</td></tr></table>

長男□章　次男仁章　三男□章

孫行一□□　二□□　三起□　四治□

曾孫行一存周　行二存謙　行三存明

行四存恭　行五存敬　行六存清

行七存讓

玄孫□□　奉祀

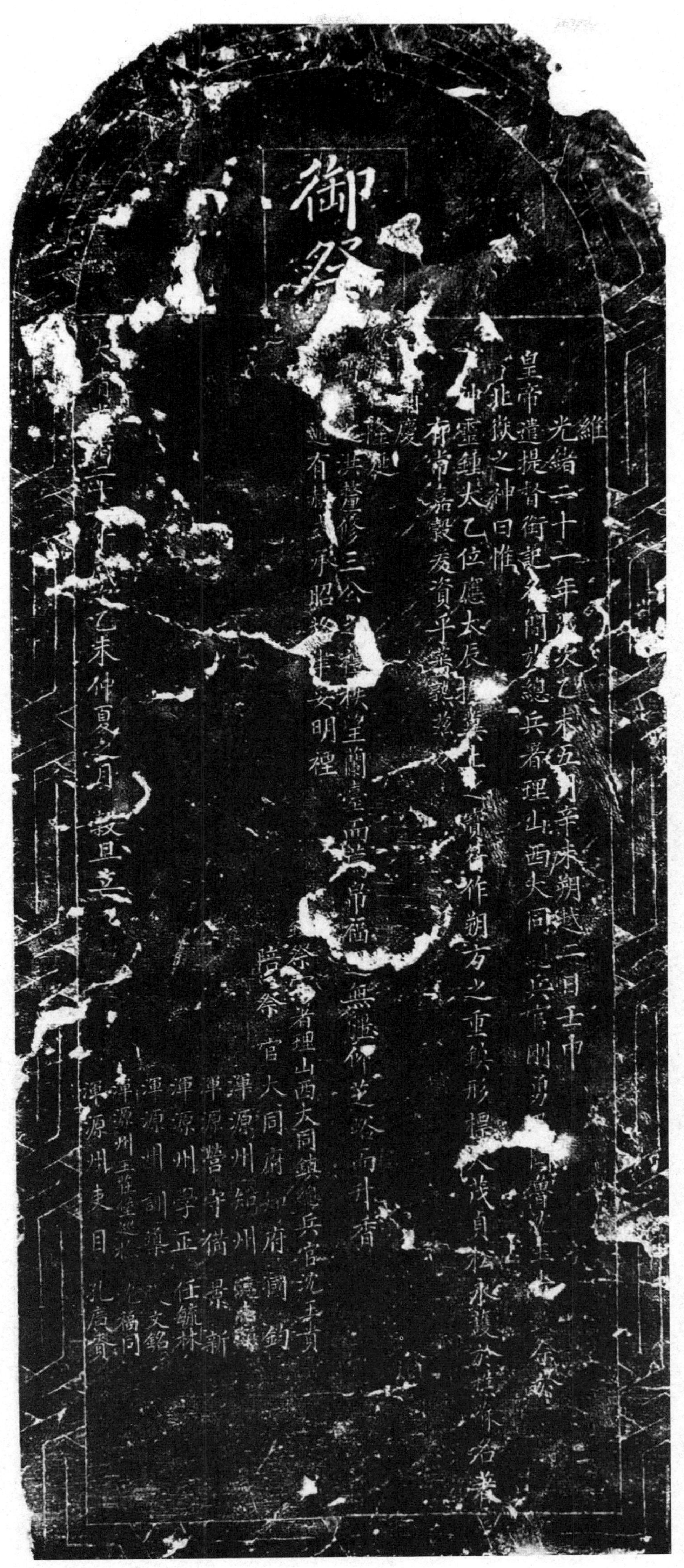

皇帝遣总兵署理山西大同镇总兵官刚勇巴图鲁沈玉贵致祭于北岳之神碑

【简介】

清光绪二十一年（1895）五月立。存恒宗殿下，高157、宽67、厚21厘米，圆首回字纹，青石质。陪祭官大同府知府国钧，浑源营守备景新、浑源州学正任毓林、浑源州训导张文铭、王庄堡巡检沈福同、浑源州吏目孔广赉同立。

【碑文】

御祭

維光緒二十一年歲次乙未五月辛未朔越二日壬申，皇帝遣提督銜記名簡於總兵署理山西大同總兵官剛勇巴圖魯沈玉貴致祭於北嶽之神曰：惟神靈鍾太乙，位應大辰，握冀土之寶符，作朔方之重鎮。形標大茂，貞松永護於樵蘇；名著有常，嘉穀爰資乎蕃熟。茲以□□□慶，徽號□隆。延萬壽之洪釐，修三公之禮秩。望蘭臺而薦帛，福邊無疆；仰芝峪而升香，靈通有赫。式承昭裕，聿妥明禋。

致祭官　署理山西大同鎮總兵官沈玉貴

陪祭官　大同府知府國鈞

渾源州知州知州□志□

渾源管守備景新

渾源州學正任毓林

渾源州訓導張文銘

渾源州王莊堡巡檢沈福同

渾源州吏目孔廣賚

大清光緒二十一年歲次乙未仲夏之月　穀旦立

万善同归碑记

【简介】

清光绪二十一年（1895）五月立。存千佛岭千佛殿前。高 112、宽 68、厚 14 厘米，圆首缠枝边，青石质，由岁贡李凤棲、耆宾李荣阳书丹。

【碑文】

萬善同歸碑記

渾郡之千佛寺十大寺之一地，其來久矣。至崇山峻嶺，深林茂樹，環繞於寺前后者□□成矣。考之往古，屢廢修已非一次，近數年間經理無人，住持不法，以致廟貌坍塌異常，林木則砍伐殆盡，即禪室墻垣宇基址已乎無存。此固氣數使然，要□人事之□□也。自□□天□□城廂寺觀百廢具興，每念及此悽然動情，因徧諭紳董勸□招安，□且囑以恭諸多人共□勝事。至募化之時，又捐廉首倡，以為鼓勵。於是人心皆悦，助貲者無不樂善而好施；眾志成城，鳩工者咸願赴公而趨□。將見舊之剝者，今則巍然壯觀矣，舊之飄零者，今則煥然更新矣，舊之觸目傷心者，今則懔乎上若臨肅然而啟敬矣。此雖眾人之維持，實賴州主之振興也，第美而弗彰，盛何以傳。玆當工竣，爰為勒石，以誌不朽云。

歲貢李鳳棲　耆賓李榮陽　書丹

福臨善地經理人　耆賓李榮陽　貢生吳訓　楊永常　監生張傑

□□穆維岐　呂□雲　呂□□　□□　□□國　□□□□□□

張光斗　行布主司高奋□□劉傑　監生趙陞　王祿　耆賓張瑞雲　□□張福

監生劉富　武有

住持□□嚴　徒侄呂端　徒侄孫自亮　登明

大清光緒二十一年五月中浣穀旦

纪事碑

【简介】

清光绪二十一年（1895）十二月立。现横卧于浑源城内南顺大街耶稣堂（洋堂）院内。破损十分严重。残高172、宽68、厚22厘米。缠枝纹，青石质。知浑源州事赖庆荣刊立。

【碑文】

欽□□□銜署理山□等處承宣布政使司布政使河東兵備盐法道加二級紀錄十次，□□□□□□亦禁事案，蒙□□□岑批，據署渾源州□□□□該州陋俗，每遇雨澤愆期，遊□□吉□□聚□□神，□□□□報復，□□□□□衙門，擧鼓吶喊，必令本官出拜而后已。去夏得雨稍稀，□□丑□□習□□神，□□□之□□□無□紙迎接教民，又在堂禮拜，眾民怒稱大旱由於該堂作祟，羣起而攻之，將教堂拆毀，傳教士□□□紬□□□仁□□聖訓，乾隆十□年十一月。

上諭□□閣省風俗□□□巫僰□□□□時，遂有無備之徒，意在歛錢肥己，某處神佛靈驗，聚眾進賽，或將神像抬□□衙署，□人地方官，□□□□□種□□□□□法，凡地方遇有水旱，自省下夫吏以至州縣□司，固當竭誠祈禱，為民□□□命士　□蒞藉□□□□□制官□□□□釁□事甚為風，□□心之□比風□不可嗣後，□永行□倘千

（注：此处中间约有两竖行空白）

□□□撰示頒□□□□□外□□□□□□□一體禁止等因，蒙此查之□□□□□□□□期□□所有事，况抬□□□事□不□即無□□□□應為工，現時晉省教堂甚多，□□□亦有此風肇，俱在所□□□□無形一□□□為此示，仰閤省軍民人知悉，嗣后遇有大旱，祇準各自虔禱不得聚眾抬神，違者□□□治罪□□□□□□□□□毋違。□切特示。

右仰通知

光緒二十一年十二月　日穀旦

署渾源州事漢中賴慶榮錄示刊立

王憬元及夫人郝氏墓志

【简介】

清光绪二十六年（1900）夏立于浑源西留村王家老坟，现存西留村村东水渠边。青石质，圆首，游云纹，碑边回字纹。碑身已断为两截。碑高 148、宽 58、厚 18 厘米。

【碑文】

大清光緒二十六年歲次庚子下浣□夏　穀旦

皇清故人王翁顯 考憬元 妣郝氏 墓誌

長男坦　孫選才　奉祀

次男發　孫書禮　書義　奉祀

兰州府知府栗烜墓碑

【简介】

清光绪三十年（1904）七月立。存栗家坟。高148、宽70、厚19厘米。碑额为双龙，中有“荣锡千秋”四个篆字。碑座方形。碑为汉白玉，碑边缠枝纹。因破坏严重，碑阴无法辨认，只残存碑阳文。由长孙栗恩浩立碑。

栗烜，字小园，栗毓美长子，出仕后任刑部员外郎，由刑部郎中出任庐州（今合肥市）知府。到任后，走访调查擒拿郭二虎等地痞，依法惩处。苏州平民李某被生意伙伴图财害命，栗烜调查取证后，将其正法。庐州百姓无不称赞栗公破案神明。栗烜调任兰州知府之初，适逢驻军因欠饷闹事，因前任未及时处理，遂致营兵哗变。栗烜闻讯后，速奔营地，安抚官兵，答应补饷，一场动乱得以解除。不久栗烜卒于甘凉兵备之任所。

【碑文】

<table><tr><td rowspan="2">皇清誥</td><td>授中憲大夫藍翎道銜</td><td rowspan="2">甘肅蘭州府知府栗公諱烜號春坪合葬墓</td></tr><tr><td>封 恭 人 □恭人</td></tr></table>

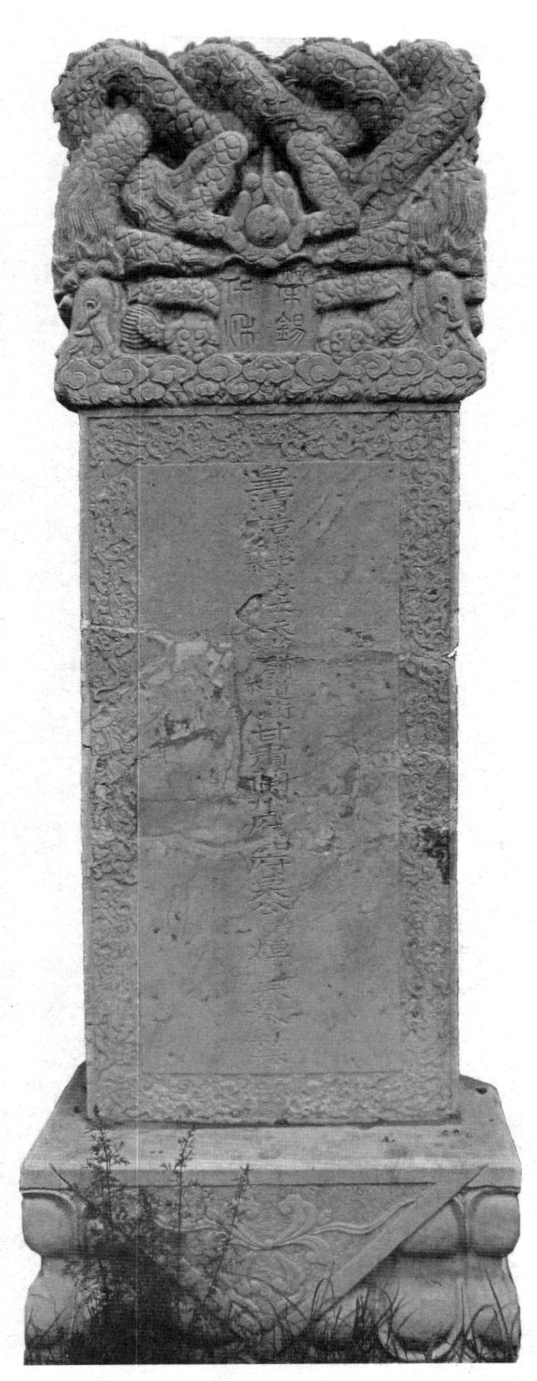

诰授中宪大夫晋赠通议大夫子□赵老先生德泽碑

清光绪三十一年（1905）正月立。现存城内南关村小唐庄处。其碑形制较为特殊，碑质青石，四面正方体，碑高150、宽58、厚58厘米，额高63、宽64厘米。碑额为二龙戏珠，碑座为一巨赑屃。碑的外面是一轿式碑亭。四根正方体的石柱雄托轿顶，厚重而壮观。其柱高220、宽20厘米。由田应璜撰文，赐进士出身绥远城将军贻□谷篆额，钦加内阁中书张官书丹。

碑阳（东向），浮雕双龙，中篆“皇清”2字。

碑西向，浮雕双龙，中有“宠锡龙章”4字，边为云头万字纹。

碑北向，浮雕二龙戏珠，中刻“鸿恩三锡”4字。缠枝边，碑右上角破损。

碑南向，碑高150、宽58、厚58厘米。额高63、宽64厘米，浮雕二龙戏珠云头，中有“世爱皇恩”4字。

【碑文】

（碑阳）

誥授中憲大夫晉贈通議大夫子□趙老先生德澤碑

（南向）

親友

花翎四品吏部李廷揚　花翎補用知府張□鈺　甯武營都司郭從彪

藍翎三品封職李生年　內閣中書銜張官

遊擊銜崔鳳儀　遊擊銜李芳

屯留縣教諭田應璜　永和縣教諭溫國珍

候選教諭王暨和　丁酉舉人葛斐然

□□□□□張鳳鳴　□□□□□

□□□　□□□□□　□□□

三□□封職薛貴　山東補用縣丞張兆鉞

順天補用縣丞張庶富　順天補用典史張庶豫

順天補用縣丞張兆第　直隸候補典史張㞯

都司御張甲箴　都司銜郭增泰

都司御薛國義　□□□□□ □□□

汾陽縣訓導白□公　□□候選李□□

安徽試□□ 張式玖　分省試用巡檢張覲政

河南候補巡檢李玉山　河南候補巡檢田應昌

候補典史董成章　千總銜余書藩

千總銜崔文華　五品銜李佩緩

五品銜李永年　五品銜李成芳

五品銜李世俊　五品銜張甲銘

五品銜常鉀鐸　五品銜張學程

五品銜楊臣觀　六品軍功任纘

武舉郭從虎　武舉郭從龍　武舉段經元

武舉郭榮熙　候選訓導劉學文　候選訓導陳彝

候選訓導李兆芝　拔貢楊益元　歲貢李延齡

歲貢禹善政　附貢栗國信

附貢栗恩有　貢生傅瑞　貢生呂洪德
貢生劉嗣秀　廩生李廷誥　廩生穆鐘秀
廩生王建績　廩生程斗南　廩生常穎章
廩生張子和　廩生王豫和
廩生常漢章　增生崔維嶽　庠生陳軾
庠生高映月　庠生穆郇　庠生張景隆
庠生劉學聖　庠生禹奠淄　庠生張鳳彩
庠生宋增　庠生怡吉士　庠生韓錫齡
庠生余欽烈　庠生耿臻榮　庠生李景泉
庠生薄興業　武生熊增翼　武生郭從聖
待詔李圍　巡檢余亮　□録張甲勲
監生李□綬　監生武繼文
監生段廷柱　學生韓上卿　從九劉嗣漢
從九陳君聘　從九張俊
從九周大成　從九任多權　從九張九維
從九李湘　大賓石瞻雲
大賓姚德俊　介賓楊向榮　介賓穆殿元
耆賓徐超　耆賓左平士
田成玉　常殿華　楊亨　田應夔　梁映月
王烜　楊萬桂　王元
姚毓麟　王秀　張存實　裴兆魁　高崇信
寇功　李希堯　楊永亨
楊貫永　錢行　四合公　當行　廣聚亨
貨行永世榮　店行永興店
缸行德興榮　僧正司同安　戎衲僧賢儒
道正司辛元善　道士孫元章
石匠張順　鐫字趙國富　□賓楊世茂
廩生姚寅　廩生高永齡　庠生李俊
庠生薛國珍　庠生薛國政
男　趙國良　趙國安　趙國鈞　趙國英
孫男　席珍　同立石

（西向）

……人將刻石表衢，以彰潛德，遠寓書於余屬撰述其實，而伐石以待，□□□□□□□□□□言□於客坐談里巷瑣事，義懔懔形於色，四坐莫敢抗顏心異焉，長與公冢子元臣交稱莫逆，因得知公事甚詳，去歲客至京師，聞公訃，誄以數言倉卒未盡意，今諸君子倡義舉闡幽光，余得秉筆以相兹役幸已，其敢以固陋辭。謹按：公諱廷選，字子青，業商而行俠，少失怙，食指繁，貧不能讀，始以什一自贍，兄及弟咸以成立，當是時，吾鄉以□然之策，起家者勢甚，張公出為之雄長而心弗善也。子甫就傅即專，致力於儒業，隆禮厚幣昭敬

大清光緒三十一年歲在旃蒙大荒落

恭者無不至，師道藉以尊，士有遭厄者，赴之乏者周之，率不問其賢否。曰：吾以崇儒術耳。庚子之變，拳匪四起，魚腹狐鳴假神怪，縉紳先生惑焉。公曰是左道何能為，即偕同志倡民團，器械旗幟立辦，潰湧入境公禦之，手擒兩巨匪，餘悉驚逸，人以為神，公卒，不伐其能，以故人益多之。歲壬寅以事至燕遘暴疾，醫藥少瘳矣，歸則□□之，待決者迫公無虛日。公復應之如平時。踰年疾大作卒於家，實光緒二十九年之二月初十日，□□□臣以拔萃官□京師，公就視之道出直屬之，蔚州鄉人某與其妻在焉。妻少艾，為豪右所窺，故貸□□□□其息迫取儻否，必以妻壓□□至瞋目句豪言，若欲厚息耶，豪諾，即解囊贈之，以乘輿載其□□□□□理誦義，豈偶然哉？公少時家不中資傭，

（北向）

且日讀千餘言，識者知為偉器，投筆服賈或惜焉，竊謂古昔尚實業不隘其途，太史公書儒俠等論貨殖褒述而能及人也。末世騖名舉，學業事功概屬之儒，而儒益小俗，益偷矯飾詐偽奚取焉，公以絕異之姿進與時逐專趨人之急甚於已私，而武不犯禁、市不棄道，志所未逮者且以付之後人是可傳也。吾聞明啟禎間定興鹿太公苦節急難，遠近交稱，其子忠節公善繼卒，以真儒光史冊，子孫濟美，至於今弗替吾邑，去定興纔數百里，公之行誼，其殆聞鹿太公之風而興起者，與天之報施善人，往往不於其身，而於其子孫，予將於公覘流澤焉。元臣兄弟勉乎哉。爰為之辭曰：魯以儒教朱家獨異周俗，商賈劇孟，睚眥燕趙古多奇士，例出類而拔萃矯矯，先生知二子之是隘，大茂維嶽，雲霞煥蔚，昔降之神，今昌其世，渾邪滮邪，其未澌邪，先生之澤，豈有既邪？

欽加內閣中書銜屯留縣教諭田應璜撰文

賜進士出身理藩院尚書銜綏遠城將軍貽□穀篆額

欽加內閣中書銜揀選知縣張官書丹

大清光緒三十一年歲在旃蒙大荒落陬月　穀旦

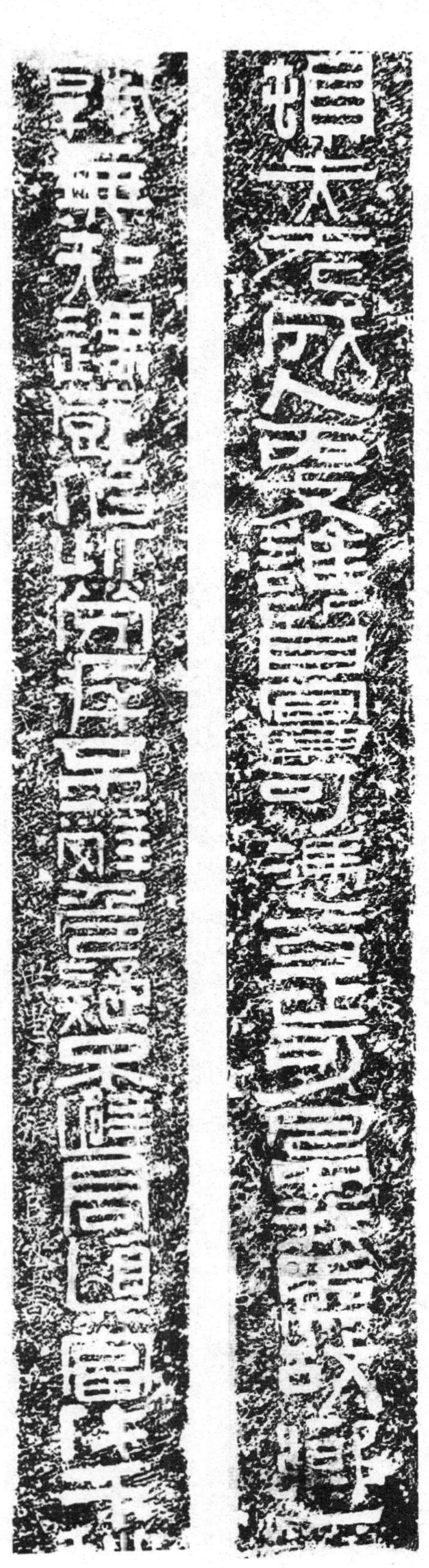

【联文】

（碑前两旁石柱楹联一）

頓失老成人更誰質實可憑公正可風我需故鄉一□；

孰無知遇感似此勞瘁不辭危疑不避君真當代千秋。

（碑前两旁石柱楹联二）

是何曠世逸才衹今大茂風雲猶餘奇氣；

我易北邊俠者此后平原肝膽更向誰人。

世愚姪田應璜拜題

（碑北向两旁石柱楹联）

好義急公譽合鄉黨；

尊賢樂善慶流子孫。

晚學生李景全拜書

（碑北向两旁石柱楹联）

東國人倫真不朽；

北方學者莫式先。

皇帝遣大同镇总兵官孔庆瑭致祭于北岳之神碑

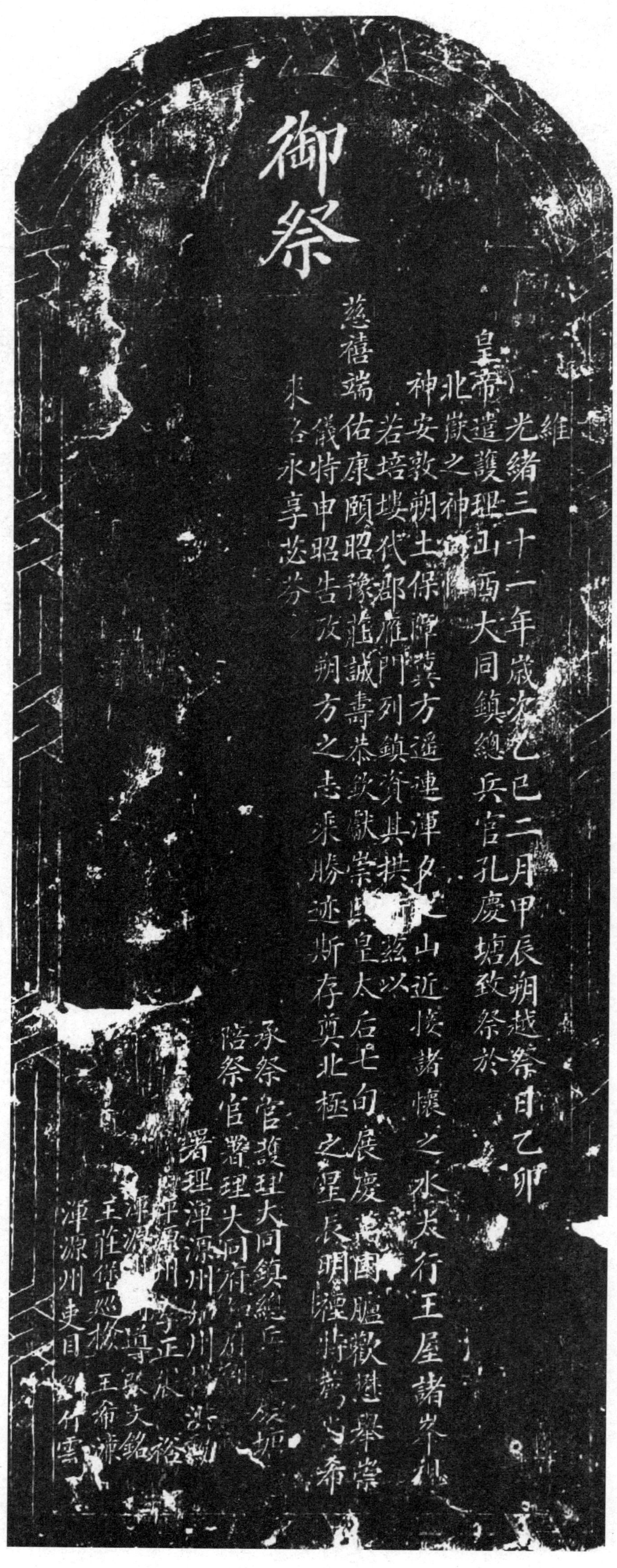

【简介】

清光绪三十一年（1905）二月立。存恒宗殿下。高 134、宽 55、厚 18 厘米。圆首方座回字纹，青石质。由浑源州知州杨洪勳等同立。

【碑文】

御祭

維光緒三十一年歲次乙巳二月甲辰朔越祭日乙卯，皇帝遣護理山西大同鎮總兵官孔慶瑭致祭於北嶽之神曰：惟神安敦朔土，保障冀方。遙連渾夕之山，近接諸懷之水。太行王屋諸峯，視若培塿；代郡雁門列鎮，資其拱衛。茲以慈禧端佑康頤昭豫莊誠壽恭欽獻崇熙皇太后七旬展慶，萬國臚歡，懋舉崇儀，特申昭告。攷朔方之志乘，勝迹斯存，奠北極之星辰，明禋特薦。尚希來格，永享苾芬。

承祭官護理大同鎮總兵孔慶瑭

陪祭官署理大同府知府劉瀛

署理渾源州知州楊洪勳

渾源州學正張裕

渾源州訓導張文銘

王莊堡巡檢王希濂

渾源州吏目劉竹雲

穆维岐墓志铭

【简介】

清光绪三十一年（1905）七月立。存永安寺大殿後。碑高 114、宽 50、厚 13 厘米，青石质。落款风化较重，难以辨认。

【志文】

金石之刻所以詔萬世，或納於内舍，或置之宗祏，其□□□於通衢者，蓋古者坊表之意。記曰：行可為坊，言可為表。然坊□□□也，為較詳體例，雖不無少羼，其於發揚潛德，以永有道者無窮之思則一也。鳳山穆公諱維岐，鳳山其字也，幼則視履端慤。□□逝，公視弟益謹，所以策勵提携者無不至，終其世，莫敢以析爨進者。其讀書務明大義，日夜摩淬，期身踐而力行之，不為章句□□公，公遂棄絕舉子業，不克竟學。久之，父與弟相繼卒，公伶仃持門戶，自待益刻，而家日益起，遂稱素封焉。時祖母劉太孺人，母□□其不匱之思，於族黨貧乏者佽助之，無少者流蕩於非彝者，收恤而教焉。其於鄉黨也亦然。居恒謙抑自下，然接之者無敢以□□，不改者以微言諷其父兄，不為世俗情面，門譽之態，聞者悚然亦莫以為忤也。里有爭訟，必排解之，使兩無所歉。其婚喪不舉者，□言四布。邑人聚而祈雨，以小故驟掠教堂致其室，公喟曰：禍其始此矣。鋭身出，譬喻百端，首輸巨資以彌縫之，事竟以寢。是歲也，□歡聲大騰，咸以為公實活我。越五年，為光緒之三十年十月二十八日，而公卒於家。邑之人殷殷田田，如有所失，奔走相告，語或□子。出則必恩澤及於天下，處亦為鄉黨所具瞻，其自待宜何如者。或乃以輕財好施為任俠之行，儒者擯而勿之道，於是世道益□傾斥，蓋藏不以概其心，此豈小夫私智之所識哉？然則此雖一鄉之行，即其可以推之天下，而無扞格者也。穆氏明初自汾州府介州人，始遷者文智公也。既而再遷於州城南之大磁窑，自公而居大磁窑者已七世。曾祖諱熙、祖諱向雲、父諱秀，代有隱德，故老能。年五十有七，葬村南之孟家窑，直其家五里而近，寔為恆嶽之北麓。配高太孺人無出。繼配田太孺人，生子郇字晉卿，邑庠生。四女耽於學，□九流書習之皆有心得。以重資蓄良藥療治病者，疵厲災疫之時，人多恃公以無恐。嘗訓郇曰：汝輩得長為讀書人足矣。垣共筆硯者二年，得夫聞公之行誼，余忝掌渾教，未及謁公。而公卒，郇以狀來徵文曰：此鄉人意也。夫如公之為人，則所謂應乎。□一命之士，存心及□。洛學遺言，是曰任恤。性公大德，斂於一方。何位之屈，而澤之長。悃愊靄如，得夫者厚。瑟若圭璋，匪豊其蔀。持□□冠，解紛排難。處世獨行，躡跡東漢。不斷不礱，不揭為祟。行吾之素，濟世之窮。樹德百年，沾溉何止。有子淵騫，蔭應在此恒山之□□。

渾源州學堂總教習世愚姪澤州府鳳□□□

儒學附生世愚姪□□□

儒學廩生世愚姪□□□

大清光緒歲在旃蒙大荒落瓜

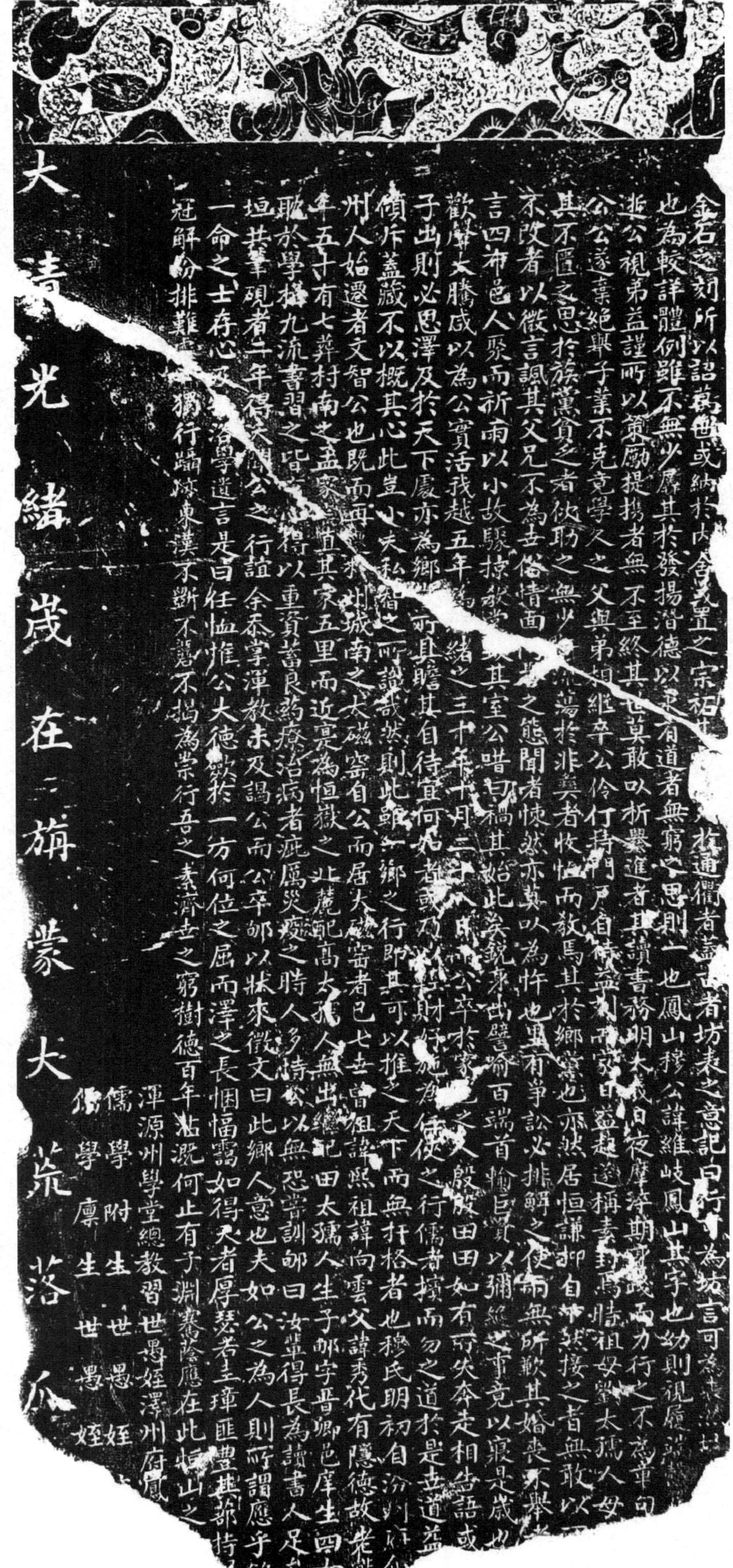

金石之刻所以詔萬世或納於內舍或置之宗祏[illegible]於通衢者蓋古者坊表之意記曰行可為坊言可為[illegible][illegible]
也為較詳體例雖不無少靡其於發揚潛德以[illegible]有道者無窮之思則一也鳳山穆公諱維岐鳳山其字也幼則視履[illegible][illegible]
逝公視弟益謹所以策勵提携者無不至終其也莫敢以析爨進者其讀書務明大義日夜摩淬期[illegible]踐而力行之不[illegible]章句
公公遂棄絕舉子業不克竟學父之父與弟相繼卒公伶仃持門戶自[illegible]益[illegible]而家日益起遂稱素封焉[illegible]祖母[illegible]太孺人母
其不匱之思於族黨貧乏者佽助之無少[illegible][illegible]蕩於非[illegible]者收恤而教焉其於鄉黨也亦然居恒謙抑自[illegible]然接之者無敢以[illegible]
來改者以微言諷其父兄不為去俗情面[illegible]之態聞者悚然亦莫以為忤也里有爭訟必排解之使兩無所歉其婚喪不舉[illegible]
言四布邑人聚而祈雨以小故騷擾敘[illegible]其室公嘆曰禍其始此矣親來出譬喻百端首[illegible]以彌縫之事竟以寢是歲也
歡聲大騰咸以為公實活我越五年光緒之三十年十月二十[illegible]日公卒於家[illegible]之[illegible]般[illegible]田田如有所失奔走相告語或
子出則必思澤及於天下處亦為鄉[illegible]所具瞻其自待宜何如者或以[illegible]財[illegible]施為[illegible]便之行儒者擯而勿之道於是在道益
傾[illegible]蓋藏不以概其心此豈小夫私[illegible]之所識哉然則此雖一鄉之行即其可以推之天下而無扞格者也穆氏明初自汾州[illegible][illegible]
州人始遷者文智公也既而再[illegible]於州城南之大磁窑自公而居大磁窑者已七世曾祖諱熙祖諱向雲父諱秀代有隱德故老能
年五十有七葬村南之孟家[illegible]直其家五里而近寔為恒嶽之北麓配高太孺人無出繼配田太孺人生子郇字晉卿邑庠生四女
耽於學[illegible]九流書習之皆[illegible][illegible]得以重資蓄良藥療治病者疵厲災疫之時人多恃[illegible]以無恐嘗訓郇曰汝輩得長為讀書人足[illegible]
垣共[illegible]覩者二年得[illegible][illegible]公之行誼余忝掌渾教未及謁公而公卒郇以狀來徵文曰此鄉人意也夫如公之為人則所謂應乎[illegible]
一命之士存心[illegible][illegible]洛學遺言是曰任恤推公大德[illegible]於一方何位之屈而澤之長悃愊靄如得天者厚瑟者[illegible]璋匪豐其部持[illegible]
冠解紛排難[illegible]獨行踰[illegible]東漢不斷不躁不揭為崇行吾之素濟世之窮樹德百年沾溉何止有子淵[illegible]蔭應在此恒山之[illegible]

渾源州學堂總教習世愚姪澤州府[illegible]
儒學附生世愚姪[illegible]
[illegible]學廩生世愚姪

大清光緒[illegible]歲在[illegible]旃蒙大荒落[illegible]

重修上塔圪枝村各庙碑记

【简介】

清光绪三十一年（1905）十月立。存上塔圪枝村关帝庙。高186、宽68、厚20厘米，圆首方座。碑首云龙，碑边莲花纹。青石质，杨国恩撰书。

【碑文】

重修上塔圪枝村各廟碑記

蓋聞惟神有靈，所以為生民之庇佑；惟廟棲神，隨四季而承當，以此作廟，奕奕百靈覝焉。今我上塔圪枝為五莊之葆瘴，亦北嶽之中灵。村中舊有廟，自創修以來，多歷年所，迨今傾頹甚極。閤村不忍坐視，每欲補葺，但緣財力不足，遷延至今，村中耆老凄然聚議，共欲復修，以仍舊貫。於是老幼勃然興起，莫不各願捐資，合力重修，共勷勝事。於今工程告竣，各廟巍然復起，煥然更新，不惟昭神靈之庇佑，且以壯一方之觀瞻。厥后凡我同人隨時修理，尤所厚望焉。是為誌。

王莊堡國學庠監生 楊國恩沐浴敬撰並書

張國正施小錢六百六十一千文

張喜珠施小錢六十六千八百文

張玉施小錢六十一千八百文

張銀施小錢六十一千八百文

張瑞施小錢六十一千八百文

張宣施小錢六十一千八百文

張永施小錢四十九千七百五十文

王記施小錢五十千七百五十文

張世施小錢四十三千七十五文

張福施小錢四十三千七百五十文

高掌施小錢四十三千七百五十文

張連貴施小錢五十八千文

張煥施小錢卅四千五百五十文

張官成施小錢卅四千五百五十文

張勝雲施小錢卅四千五百五十文

張富施小錢卅四千文

張立成施小錢廿五千八百文

張兆貴施小錢廿二千四百文

祝田倉施小錢廿一千八百文

張耀貴施小錢十三千文

經理人 張國正 張玉 張銀 張瑞 張宣 張喜珠 張連貴 張永 張世 張福 王記
高掌 張煥 張官成 張富 張立成 張騰雲 祝田會 張耀貴 張兆貴 李九河

匠人 石 劉德

木 李九河

泥 張智榮 張鳳舞

畫 左師夫 陳清 楊榮 李冠杰 韓師夫 申慶 王治利

大清光緒叁拾壹年歲次乙巳十月穀旦立

朝议大夫栗国华及夫人合葬墓

【简介】

清光绪三十三年（1907）七月立。存栗家坟，碑高113、宽53、厚18厘米。汉白玉质，碑边芭蕉纹。额高64、长59、厚23厘米，浮雕二龙戏珠，碑头中有题额“其昌百世”四字。方座高44、长84、宽50厘米。子栗恩浩、栗恩源立碑。栗国华为栗烜之子。

【碑文】

（碑阳）

<table>
<tr><td rowspan="3">皇清誥</td><td colspan="2">授朝議大夫湖南醴陵縣知縣廣東候補府知府</td><td rowspan="3">栗公諱國華號豫生合葬墓</td></tr>
<tr><td rowspan="2">封　恭　人</td><td>郭　　恭　　人</td></tr>
<tr><td>陳　　恭　　人</td></tr>
</table>

（碑阴）

公生於道光乙酉年五月十九日卯時，卒於同治辛未年三月十一日未時。

郭恭人生於道光三年十月十八日巳時，卒於咸豐七年閏五月二十日午時。

陳恭人生於道光戊戌年十二月十五日子時，卒於同治丙寅年六月初七日子時。

子恩浩　恩源

孫廼恭　廼莊　廼容　廼敬　廼端

大清光緒三十有三年七月　長子恩浩

大云寺议定条规碑记

【简介】

约光绪末年立。现存荆庄大云寺。碑高148、宽56、厚17厘米。额题“万善同归”。圆首青石质，破损严重。

【碑文】

合將議定條規逐□□□

計開

一、大雲寺廟産永歸村中，社□經理，寺僧不得干預。

一、村眾僧人不得捨立十方設壇傳□致干例禁。

一、寺內僧人不得過二名，每名年給粟不得過十石。

一、寺內僧人二名，須守清規，不許召集游僧干預它事，違者更换。

一、寺內粟租除給僧人貳拾石外，餘皆歸入學堂之租的歀。

一、歸入學堂之租，使學董會同社首經理賬目須留清。

一、出租地畝既歸，學董社首共經理，均不得狗私舞敝者議處。

一、每年清算帳目一次填榜示眾，底賬闔村人人許閱。

一、寺內房舍除講堂齋舍外，方許僧人居住，不凖僧人強佔。

一、條規既經闔村公議決定，又蒙州尊批凖，以為永守，違者議罰。

立憑據人荊家莊社首仝闔村人等。情因大雲寺房地契據遺失，蒙州尊張大老爺批凖另立憑據，以為確證，並將舊日契據凖其注銷存案作為無用，日后如有出現舊日契據來向寺中要索滋問等情，社首人等除不承認外，立行稟官追究懲處，並將房地數目刻碑示眾，以為永遠遵守。空口難信，公立憑據存照，今將房地數目開列到於左：

沙嶺地壹叚陸拾畝，糞地壹叚陸拾畝，交茲地壹叚肆拾畝，沙佔地壹叚五十畝，又沙佔地壹叚陸畝，南甲道壹叚叁拾貳畝，北甲道地壹叚陸畝，又北甲道地壹叚拾畝，鋪彥地壹叚肆拾伍畝，東園地壹叚玖畝，亂墳地兩叚柒畝，西峪門地壹叚拾貳畝，桃卜地壹叚伍畝，喬家地壹叚拾伍畝，官溝灣地壹叚伍畝，下紅頭地壹叚拾畝，上紅頭地壹叚陸畝，高板蛇坨地壹叚柒畝，清元號地叁叚拾伍畝，劉家圪坨地壹叚陸畝，四十畝地兩叚貳拾畝，黃土坡地壹叚肆畝，八不拉地壹叚拾畝，西官地壹叚陸畝，□塄地壹叚陸畝，麥坨地壹叚叁拾畝，又□□地壹叚叁畝，賀家墳地壹叚□陸畝，小紅道壹叚陸畝，二裡半地壹叚拾伍畝，葦子地壹叚肆畝，上見東地壹叚拾壹畝，下見東地壹叚拾叁畝，麻地壹叚叁拾畝，郭家填地壹叚拾叁畝，龍山寺上院山地壹股，□谷山地壹股，寺后地壹叚拾伍畝，禪院壹叚……

經理人　大賓郭乃昌　徐文　廩生郭興業　郭金堂　郭喜善　郭上林　段德成　李存福

段開成　賀寬運　郭安世，貢生白養德　李耀　劉際明，□榮　孫□　劉日斗

王耀　曹珍　郭永和　張文　黃登甲　王富　劉□　徐連　王威　辛俊

工頭　郭喜善

石匠　徐百福　王興

木匠　張效賢　劉忠

泥匠　郝師傅

油匠　張振緒

住持禪師　能慧

萬善
同歸

重修大云寺禅堂并改良庙规记

【简介】

清宣统元年（1909）十月立。存荆庄大云寺后院。高162、宽60、厚18厘米。圆首回字、花卉、寿字纹。碑边为回字花卉纹。青石质，破损严重。额题“永垂不朽”。由优廪生郭金堂撰文，童生徐百川书丹。

【碑文】

重修大雲寺禪堂並改良廟規記

中國自神道設教以來，積數千年，庵觀寺院徧於境内，其流弊所極莫堪，□□僧侶禪宗佛教者也。佛教創於釋迦牟尼，始因印度國婆羅門教，立西階級，暴虐平民，遂存救世之心，入山而參禪悟道。學成返國，大破婆羅門之籓籬。其慈悲及於印度，其斯理傳於天下，非無可取者也。釋迦凡而教法衰，其徒因不容於印度。由西藏而散遊東方，自漢迄今□詔既久，愚民無知皆以佛法為中國之教也，不知佛法行於印度，得其大利。自入中國而后，非徒無益，□□大患，何也？從其教者，或因貧寒而謀衣食之資，或在遊民而為便利之計，甚或無賴之徒假借名號，而因之惑世以誣□。其始姑為宗佛教之家，其終流於飽暖而無教。我村大雲寺創立最古，故名人迷信最深，而於僧□□群視爲利藪，其奸謀詭術皆欲借傳戒爲名，實欲□□作十方，以爲永遠肥身之計，所以重修禪堂二次，以致連年涉訟良有以也。若非大加改良，村中廟中釀禍皆有不可勝言者矣。此于任勞任怨，而爲是深思遠慮之舉也。后之有識者，觀厥改良條規及立案之□，因當知余之苦心耳。是爲記。

本村優廩生郭金堂撰

童生徐百川沐手書丹

大清宣統元年歲次孟冬月中浣穀旦

大磁窑村初等小学堂捐款碑记

【简介】

清宣统三年（1911）四月立于浑源大磁窑小学堂，现存大磁窑小学堂旧址处。碑高 93、宽 75、厚 14 厘米。额题“斯文在兹”4 字。青石质。保存基本完好。由优附生穆郇撰文并书丹。

【碑文】

大磁窑村初等小學堂捐款碑記

庚子變法以後，中國學堂徧地林立，其間因款絀，忽興忽廢者層見叠出。先父鳳山府君有鑒於此，且悉古者黨庠之説、外國蒙學之益，欲集村中父老各出巨貲組織一蒙小學堂，以爲造就人才之地。惜事未成，而先父歿，郇彼時肄業本省大學堂中學專齋，未敢提倡此事也。歲次乙巳，朝廷頒普及教育之明文，渾郡亦創設蒙學五十餘處，此學堂乃因之以成。唯時□□，貲雖由諸善士捐廉而出，而常年經費猶無所措手。於是集衆公議，從村中地畝、房□、□□輪盤三項下暫爲捐助，以助燃眉之急，如是者已五載矣。郇竊以爲蒙學之設，本意□□□人才之基礎，而常年的欵所不能□者也。若但就此三項捐助而出，恐代遠年湮，地□□□以收，房院之毁壞，碗甕輪盤之消售减色，不獨閤村人民有財乏貲罄之嘆，且於擴□□□□前途，大有阻礙。此未雨綢繆之策，不得不思患預防者也。今春，村中父老約郇集貲□□，□□有成城之力，集腋有成裘之事，遂籌捐渾錢貳仟壹百吊作爲常年的款，動利不動本金，暫緩地畝房院碗甕輪盤之捐助。事既畢，父老欲刻石囑郇爲記。郇不文，爰誌數語，以□□□，敢云繼志述事，作善好施，作碑記以垂不朽也。聊以冀後人，因此而擴充之，斯則□與□□等有厚望也，是爲記。

優附生穆郇撰文並書

經理人　□□□　□□□　附貢生穆維信　優附生穆郇

鄉約　王世榮　石匠　寇耀

大清宣統三年歲次辛亥孟夏之月下旬　穀旦立

重修叹士峪口石坝碑记

【简介】

清宣统三年（1911）十二月立。存王千庄村龙泉寺前院。高153、宽68、厚19厘米，圆首回字纹。额题“萬古流芳”。由沈维翰撰文，栗恩湛书丹。

【碑文】

重修嘆士峪口石壩碑記

蓋聞莫為之前雖美弗彰，莫為之后雖盛弗傳。如我王千莊與張家莊並顧冊三村俱在嘆士峪大沙河水之西南，如許、武二村為此趾，坐落俱在大沙河水之北。至於清水輪流，原有明文舊章可考，無須闡述。今番勒石非為紀盛，寔與鄰村因壩興訟，莫計□平之后，不得不思甚久遠，以為考據之端。竊以我王千莊與張、顧等村，自國初原有預防洪水之堤壩，因修葺不勤，以及屢年漫滅，特至道光三十年間，我村與張家莊見河南性命難保，急思重修堤壩。不意河北鄰村之人與我等村因壩興訟，上憲□批大同吳大老爺訊斷，云河南之性命倍□於河北田園之利息，直斷立案，令各修各壩，各護各村，有碑可考。不意光緒年間洪水漲溢，又將我壩屢屢沖壞，不但損我田屋，而其性命傷去數十，因於光緒二十八年間籌修興工，而武村假冒災情，出面阻我，而一面橫築，以致我南北村人等互相爭訟，先曚賴大，后繼阮天，雖經大同朱公祖來州訊驗，俱無斧斷，以致我等村冒死投省三次鳴冤，所覔者吳天斷案□明碑文，殊契志書種種有考，幸撫憲批委明幹大員彭公祖來州看驗，斷諭我等村堤壩不修，性命攸關。斧判無情，仍照吳天斷案，將武村壩外之重壩拆去，不令伊逼水害鄰，致傷性命，象□□□□□□□修壩以保田園。斷伊壩內樹株與我□夥，非伊自有，亦蒙立案后，斷我村築堤壩三十八丈五餘，以備□□□□□□□□西壩相對，撫憲又開洪恩，工賑倉穀壹千五百餘石，以助貲釜，以備參考，令各修各壩各護各村。不料□□□□□□□□□揮之控越界，又勞彭公祖二次看驗。親久工竣，而后回省，河北之人意猶不忿而翻控，撫憲又批道憲，道憲□□□□□□□祖來州。飭會仍照前斷具完案。至此兩邊俱服，雖局外之人皆以為平和也。俱念河南之性命不敵河北之□□□□□□□此我村與張顧二村勒石以垂久遠，以備考查云。再者我村挨壩栽植樹株數十，更設看壩房屋，每年或營造其房，或添植樹種，二者□□□並不干於張顧兩村而已。

沈維翰撰　栗恩湛書

三村經理人

張家莊　貢生白鳳喈　貢生白□達　□□白鳳舞　□□□□玉　□□□□三　□□　□□貴　武生白義麟　從九白湧江　從九劉喜　從九王德政　白秉宜　白清和　白至昌　白相泰　白永泰　黄執中　李旺　白雙鳳

顧冊村　五品□□張存津　孫□承　廩生張庶林

王千莊村　廩生沈維藩　增生王鳳舞　武生楊植　武生楊楫　廩生張維翰　□□沈懋昭　李墉　孫勲山　吳聚岐　李愷　任坐榮　許公　李馥　楊得山　楊崇業　李紅桃　白金魁　楊應士　楊榮　楊萬林　孫世元　楊寶照　許繼業　劉永换

大清宣統三年歲次辛亥梅月中浣穀旦

萬古流芳

武德骑尉郭文忠及夫人冯氏麻氏墓志

【简介】

清宣统三年（1911）十二月立于浑源尧村郭家老坟，现存原址。白灰色大理石，圆首，回字纹边。碑中多有人为磨损处。碑高 104、宽 52、厚 18 厘米。

【碑文】

宣统三年梅月中旬立

皇清誥封武德騎尉郭翁諱尉忠□馮
馬氏墓誌

男從肅　從府　從政　從虎　奉祀

男從彝　從化　從聖　從治　奉祀

程兆元与夫人葛氏之墓碑

【简介】

清代立石，现存浑源城西北毕村，砌在村东的水渠里。青石质，圆首。碑高 105、宽 40 厘米，厚度因砌在渠体，难以测算。

【碑文】

<table><tr><td>皇清例贈修職郎乙酉拔貢程</td><td>字會乙
翁諱兆
號桂□</td><td>元孺人葛氏之墓</td></tr></table>

男謙□　謙□

中华民国

重修雲峯寺碑記

蓋聞積善雖無人見行善自有天知起寺建塔乃為行善之本修橋補
天寺溝古刹雲峯寺乃是[illegible]之迎先人修建[illegible]已久今此道路
坐視袖手傍觀志欲[illegible]工[illegible]力豈成遂請衆善長者同會鄉耶落化僧
蘇二樓純陽呂祖聖像袖而無依人而無名開通道路出而有入入而
未足其心獨天寺溝山形異異其水溶溶端而有[illegible]含草野嵐芳舊
葉予得意視其山巖龍虎二形之岳以翁而[illegible]雄[illegible]峻凡景全全又非
始而為願卯[illegible]普心之吉行深餘過矣感添恭等[illegible]金而修成誠功
幸有杜足已工成告竣是功碑誌永垂不朽矣本寺比丘僧自美作

晴远楼楹联

【简介】

晴远楼地处浑源城西关街东段、商业楼背后，坐南向北，为二层砖木结构小楼。此楼建于民国初年（约为1914）前后，临街二层楼壁两旁镌刻楹联一副。高200、宽30厘米。“晴远楼”三字高42、宽140厘米。

【联文】

晴遠樓

曉風吹開一天雲霧；

夜月照澈萬里江山。

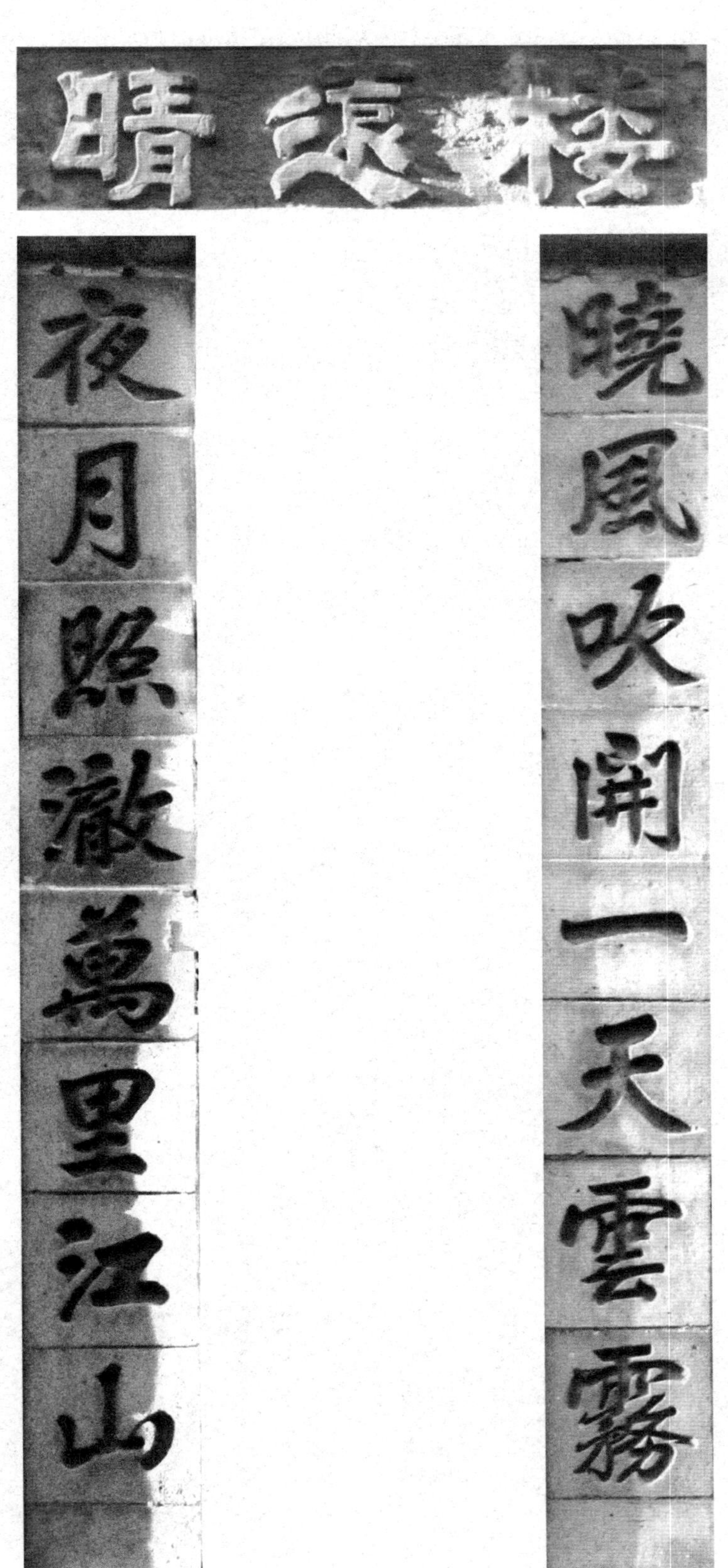

重修垛河口石桥碑记

【简介】

中华民国4年（1915）立，现存西留村垛河口旧石桥南山坡下。青石质，圆首方座，花卉缠枝边，右上部破损严重。碑高168、宽76、厚14厘米。由刘桢撰文并书丹。

【碑文】

重修垛河口石橋碑記

庠生劉楨撰并書

蓋聞烏鵲填橋恃天工以渡織女，山徑成路藉人力以濟棧車。故我西留村之垛河口，崎嶇險阻，雖不若蜀道之難，而巉巗高峻，行之難通，其往來叠脚峻嶒，車馬難行其方便，於是啓之、闢之，創造之功，先人□導先路；修之、平之，重修之力，後人望步後塵。矧當此之時，車轍改其舊度，迺左迺右未能合轍，石徑仍然奇險，自西自東未得通衢。如功不重作，先何以守後何以待也哉。爰是愚等因向鄉鄰外村捐金修葺，以爲王道蕩蕩，王道平平云爾。

一宗　石工花用小錢 三百零六千九百六十一文

一宗　車工、小工花用小錢 四吊三千八百七十文

一宗　開光花用小錢 六萬零四百三十六文

一宗　因石工開山花用小錢 四萬零六百六十文

一宗　上布施、齊布施 一萬六千零六十三文

一宗　算賬花用小錢 十四千文，寫碑花用小錢 六千文

一宗　打碑花用三十七千一百九十文，建碑花用小錢 三十五千文

一宗　宣統沙錢短數共小錢 五千四百三十文

一宗　□□□□□□共花用小錢 五百六十五千六百一十文

一宗　□□□□□□□布施小錢 五百六十五千六百一十文

經理人

王禮耀　王維旺　孫月明　王化神　王化生

王化興　孫萬寶　名映奎　□□□　□　□

民國四年歲次乙卯 瓜月　吉日 立

清四品封衔例贡生薛於唐先生墓志铭

【简介】

中华民国5年（1916）立。存栗家坟西南墙角下。高61、宽41、厚8厘米，青石质。由郭象升撰文，王国珍书丹。

【志文】

墓志銘

清四品封銜例貢生薛於唐先生墓誌銘

大同當天下北郡，士風豪勁，往往肖其山川，而渾源特以文秀甲一郡。然治生織嗇，不敢以逐末相高，彬□乎質有其文者也。於唐先生生其邑，□躬端謹，言呐呐步宿宿。少席祖父遺産而未嘗以車馬騁於里門，中年家益充裕，然混蹟吏□□□□□自若也。薛氏著籍渾源不知所自起，先祖俊、父永亭皆業農賈。逮先生用捐輸得例貢生，列於縉紳。予年二十二北出雁門應渾源中學堂總教習之聘始識先生，屢飲於先生家。先生夫人英才，明善居積，家事小者盡處分不復關白。三子四女孫曾繞膝，先生蕭然無所事事，則遇親知談竟日，或籠白翎畫眉之類翔步女墻間。予每誦《后漢書》馬少游語以為不可及也。予客渾源二年而去，去五年而喪其偶。先生第三女猶待字，遂妻予，予就婚再出關，先生家方有訟事，意忽忽不樂扶杖出，見病已深矣。予纘娶后入都，得學部七品小京官，清祚旋傾，倉皇避難於先生所。先生所以相慰藉者良厚。民國元年三月南旋復為之餽贐辦裝，自是不復見先生矣。悲夫！悲夫！先生性愿慤，不能為人世機，□事□當乾□之愆，釀成□訟。予以捐資息案，聞者莫不寃，其事□□事之殷，無肯出一語。相直者蓋者石衛尉知其故矣。嗚呼，曷勝道乎。先生自遭變故不復身聞邑中事，舊所綰水利黃耆各局總皆謝卻之，而望諸子成名，殊假以天之道，先生子孫當必有崛起者矣。先生諱貴，於唐其字，生於清咸豐十年三月十一日戌時，卒於民國四年陰歷八月初十日戌時，年五十有六。娶於吳，長先生四歲，生子三，國仁日本法科大學畢業生，國義山西大學堂畢業生，國禮清國子監生。女四，長適張甲箴，已歿，次適張甲銘，三適予，四適張甲□。六□女□永享公艱於嗣，年四十始生先生，故幼以怙愛失學，然生平擇地而蹈無一事苟簡，以偶於非義，雖勤學好問豈何加焉。君子善人不敢知，抑猶在有恆之次乎。國仁將以民國五年陰歷 十月十九日葬先生於富兒窩祖塋，書來敬銘曰：生詩禮家，為足□翁。一命再命，循□益恭。啟予乎復教子，足以此始、亦以此終。後有千載，識此山宮。

愚子婿清史舘名譽纂修官前學部七品小京官己酉科拔貢晉城郭象升頓首聯文

堂侄清附生聘王國珍拜書

[illegible]居先生墓誌銘

天同[illegible]其山川[illegible]年源將及文秀甲一郡[illegible]治生[illegible]以[illegible]末伯尚[illegible]其[illegible]

[illegible]先生生[illegible]步[illegible]少帝[illegible]文遺[illegible]而來[illegible]以平馬[illegible]州[illegible]家[illegible]

[illegible]若[illegible]不始所自起先生祖後父永亨皆[illegible]選先生用[illegible]程[illegible]

[illegible]年二[illegible]之[illegible]哉先生屋飲[illegible]先生[illegible]夫人[illegible]才明善居[illegible]守事

[illegible]不[illegible]於先生[illegible]無所事事則[illegible]知[illegible]日或[illegible]首[illegible]眉之類

[illegible]朝少文[illegible]明[illegible]後[illegible]友也子[illegible]源二年而去去五年而[illegible]其[illegible]先生

第三文[illegible]待字[illegible]妻[illegible]子[illegible]閩先生家[illegible]有[illegible]事[illegible]急不[illegible]杖出見病已[illegible]矣

[illegible]要後入都[illegible]部[illegible]清[illegible]傾倉皇[illegible]於先生所先生所以相[illegible]良辱

[illegible]代[illegible]元年三月[illegible]為[illegible]自是不復見先生[illegible]大[illegible]不能為人世[illegible]

[illegible]歲年[illegible]以相[illegible]莫不[illegible]股無背[illegible]一語相[illegible]石

[illegible]知[illegible]道乎先生自[illegible]敢不[illegible]所[illegible]各局總[illegible]

[illegible]成名殊[illegible]以天[illegible]道先生[illegible]必有[illegible]者[illegible]大先生[illegible]於[illegible]十年十二月十

日戌時卒於民國四年陰歷八月[illegible]時年[illegible]有六[illegible]長[illegible]先生四歲[illegible]三[illegible]仁日[illegible]大學畢業

[illegible]山西大學[illegible]國[illegible]女四長[illegible]甲[illegible]三適[illegible]甲[illegible]

[illegible]泉於[illegible]年[illegible]先生[illegible]學[illegible]生平[illegible]地[illegible]

何[illegible]君子[illegible]人不敢知[illegible]在石[illegible]民國五年陰歷十[illegible]月十九日[illegible]先生於[illegible]

[illegible]曰[illegible]

生[illegible]命[illegible]命[illegible]子[illegible]後[illegible]以[illegible]十歲[illegible]

[illegible]子[illegible]史[illegible]名[illegible]學部七品[illegible]京官[illegible]頓首[illegible]文

[illegible]推[illegible]附生[illegible]三國[illegible]

重修白龙王堂各庙碑志

【简介】

中华民国5年（1916）立于浑源恒阴白龙王堂，现存白龙王堂内。青石质，圆首，缠枝边。多有风化，字迹不清。碑高118、宽53、厚14厘米。碑阳额题“永垂不朽”4字，碑阴额题“流芳百代”4字。杨泽撰文并书丹。

【碑文】

（碑阳）

重修白龍王堂各廟碑誌

萬曆之際，恒嶽之陰有白龍王堂焉。乾隆年間州牧龍君集金三百，已經重建。道光之際，崞人鄭品施金四百，同楊君天化廣增樓閣，復大補修。今也舊跡雖存而殿堂傾危，半屬荒落。宣統四年，楊君世茂追思先人之遺德，不忍廢弛，于今朝遂施錢壹百叁拾串，獨自監工，先修正殿，再增建兩廊，□遊者或可棲止也。奈工未竣，而款不繼□□，于民國元年糾合執友好善之士集腋成裘，而兩廊房屋始得告竣。爲之勒石，以誌不忘捐資者，亦可留芳名于萬世云爾。

日本農學得□士　楊澤撰文并書丹

經理人

張庶林　楊世茂　段經元

楊萬山　王　烜　賈錦繡

陳兆麟　李元德　劉執英

石匠　仝好樂

木匠　王化龍

畫匠　楊　明

泥匠　熊啟發

舊住持　靖　大

新住持　孫相善

中華民國五年仲秋月下旬立石

（碑阴）

宣統四年　楊世茂施小錢壹百叁拾吊。

民國元年　楊萬山施小錢叁拾吊，温積善堂施小錢壹拾吊，安文斗施小錢伍吊，□□□施小錢伍吊，□□□、□□富、□□□、穆□文、陳世奪五人各施小錢三吊，郝常盛、馮大觀、安汝極、王青錫、福興榮、穆直、孫緒、德茂榮八人各施小錢二吊。

三盛公、楊作楫、吴英、張國海、薄慶、顧天錫、安貴、永巨榮、孟訾、張國英，右十人各施小錢一吊。

廣新義、慶□太、王化龍，右三人各施小錢一吊五百文。

復施茂、王烜、楊萬山各施小錢三吊。

楊世茂、陳□□、段經元各施小錢七吊。

李嘉蔚、李元德二人各施小錢二吊，劉永川施錢一吊。

花用欵

宣統四年

一宗出補修正殿工、支材料小錢壹百三十吊。

一宗入收楊乜茂布施小錢壹百三十吊。

民國元年

一宗出工支木料小錢一百一十五吊三百四十文。

一宗出碑石工支小錢一十五吊。

右二宗共合小錢一百三十吊零三百四十文。

一宗共入收布施小錢九十七吊五百文。

一宗入收賣草包小錢二吊五百文。

一宗入收後施布施小錢二十七吊。

右三宗共合小錢一百二十七吊。

“礼拜堂”门匾

【简介】

中华民国5年（1916）镌刻，现存浑源城内南顺大街天生堂的礼拜堂门庭之上。匾高67、宽170厘米。

【匾文】

中華民國五年

禮拜堂

救主 1916

湖北布政使司栗燿与孙夫人合葬墓

【简介】

中华民国 7 年（1918）立。存栗家坟。高 135、宽 65、厚 28 厘米；额高 63、宽 72、厚 37 厘米，浮雕双龙。碑边回字纹，汉白玉质。由栗燿、栗国贤、栗国良及孙辈立碑。

栗燿（1808—1862），字仲然，栗毓美次子。道光十五年（1835）中举，皇上以其父有功，恩赐进士。咸丰二年任湖北汉阳府知府。当时正值太平军攻占湖北之际，因指挥有方、廉洁干练被巡抚胡文忠所赏识，升任兵备道。后因督导荆江抢险防洪有功，于咸丰十年（1860）升任湖北按察使，并代理湖广布政使。

栗燿勤于政事，事必躬亲，终致积劳成疾，于同治元年（1862）病逝。栗燿一生勤奋好学，博览文史，工书善画，喜爱金石，世人皆以雅士待之，其作品多有传世。

【碑文】

（碑阳）

<table><tr><td rowspan="2">前清誥</td><td>授通議大夫晉封資政大夫</td><td rowspan="2">湖北布政使司栗公諱燿號仲然合葬之墓</td></tr><tr><td>封淑人晉封夫人　孫夫人</td></tr></table>

前清誥
授通議大夫晉封資政大夫
封淑人晉封夫人孫夫人
湖北布政使司栗公諱燿號仲然合葬之墓

（碑阴）

公生於嘉慶戊辰年七月初二日酉時，卒於同治壬戌年十一月初四日亥時。

夫人生於嘉慶十年十月初一日卯時， 卒於光緒七年八月初七日辰時。

子國賢　國良

孫恩壽　恩藻　恩鴻　恩福　恩詔

曾孫迺倉　迺義　迺仁　迺宜　迺盈　迺隰　迺巽　迺祺

中華民國七年六月中浣穀旦立

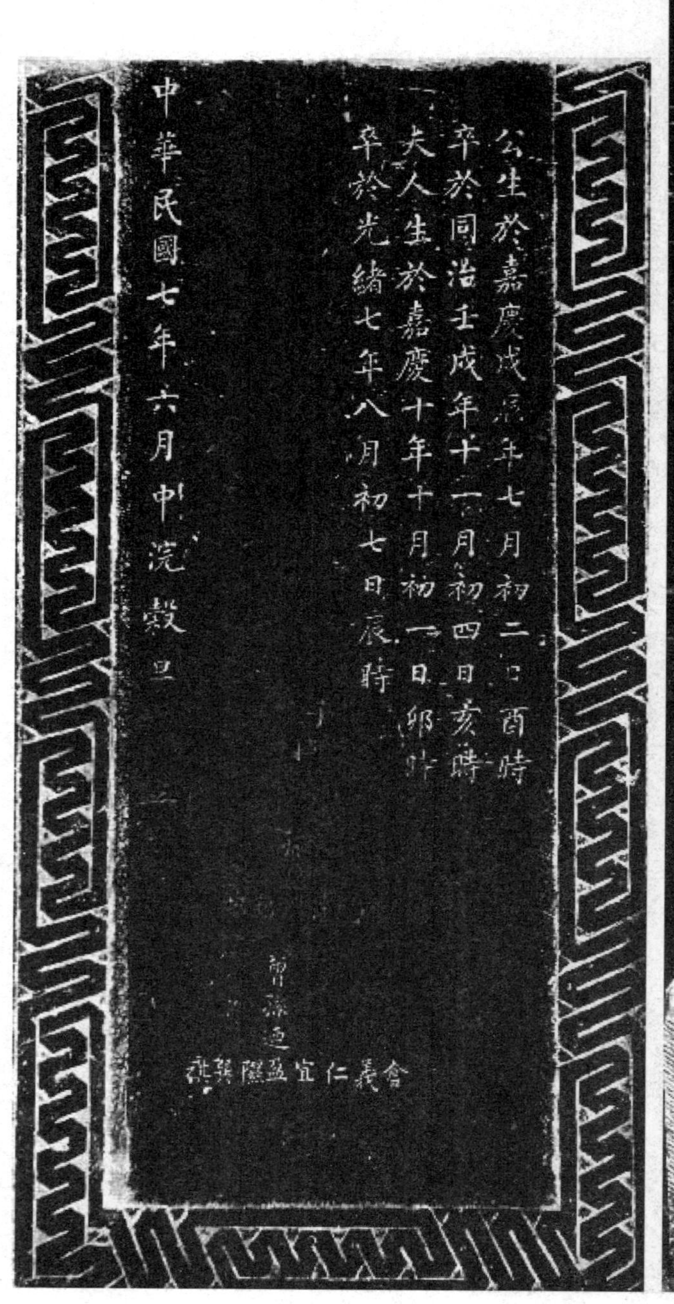

重修云峰寺碑志

【简介】

中华民国 7 年（1918）八月立，存云峰寺天赐禅林殿院。高 140、宽 66、厚 18 厘米。圆首方座，青石质。首刻双龙、日月莲花。碑边宝瓶、禅杖、梅菊兰竹。额题“万善同归”。本寺住持自美刊立。

自美（1876—1971），出生于河北蔚县大蔡庄村一个富裕的农家。七岁时在五台山出家为僧，1899 年随其师莺有返回浑源圆觉寺、五峰观。而后又在云峰寺住持七载。四处奔波募化，对圆觉寺大加修葺。1908 年住持许村双松寺，历四十八春秋，一直到 1956 年进城参加医务工作。

自美从小受佛宗的熏陶，是虔诚的佛教徒。他云游四海，广交教友，在宗教界声望颇高。

自美精于医道，尤善妇科，对恒山中草药大有研究。他不但对患者用心诊治，有求必应，而且收徒授艺，把自己平生的秘学无私地传授给后人。

【碑文】

重修雲峯寺碑誌

蓋聞積善雖無人見，行善自有天知。起寺建塔乃為行善之本，修橋補路實是積德之源也。渾源縣城南有天寺溝，古刹雲峯寺乃是□佛境之地。先人修蓋歷年已久，全無道路斷絕。惟有住持得意目睹心傷，不忍坐視袖手旁觀，志欲興工，獨力難成，邀眾善長者同會幫助募化，僧人得意創立東西禪庵、移足三門、鐘鼓二樓、純陽呂祖聖像。神而無像人而無名，開配道路出而有入、入而有出，而居之是不遂志也。遍觀崇峯未足其心，獨天寺溝山形異異，井水溶溶，端而有靈巒含萃，野嶺芳圍，似佛境之地，乃釋子拜像天外紫雲峯。予得意視其山峩，龍虎二形，之岳以飾，而大雄寶殿凡景全全，文非餘偈，亦住持得意創建庵参禪之地。始而為願耶，發肯心之志，行深餘過矣。感添恭等，概會而信戒誠誠効也，傾心而助之漸漸所成，仰惟幸有托足已。工成告竣，爰勒碑誌，永垂不朽矣。本寺比丘僧自美作緣序撰書。

讚曰：四時佳景逗爭魁，誰識庵前松竹梅。碧雲朝天摩日月，蒼梧入地振風雷。數竺翠色空中秀，幾點清香半岩開。白頂老僧惜泪洒，何人贏得久参倍。

啓曰：月宮半岩佛境禪，兩邊羅漢在天盤。沉香聖像日增輝，飛來聲聞妙吉祥。

一宗共花用泥木石開光小錢一千四佰叁拾伍吊文

一宗共收過佈施小錢玖佰叁拾伍吊之文

一宗下短小錢四佰玖拾吊文

一會人五家同佃小錢伍拾吊文

住持自美佃小錢四佰四拾吊文

經理人郤秉忠佈施小錢拾吊文

郝攀鳳小錢貳拾吊文　王掌財小錢貳拾吊文　王漢小錢貳拾吊文

安存和小錢貳拾吊文　安首和小錢拾吊文　郝占清小錢拾伍吊文

郝殿緒小錢拾吊文　楊瑞雲小錢伍吊文　郝長緒小錢叁吊文

石生寶小錢叁吊文　張慶龍小錢叁吊文　常九仁小錢叁吊文

石匠木泥工造字造像

張旦仔佈施小錢貳吊文　穆福元佈施小錢壹吊伍佰文

李萬亨佈施小錢貳吊文　辛月桂佈施小錢貳吊文

左向日佈施小錢貳吊文　李典佈施小錢壹吊伍佰文

楊明佈施小錢壹吊伍佰文

住持僧比丘自美　徒弟比丘行誓　比丘行川　行雨

中華民國柒年仲秋月穀旦立

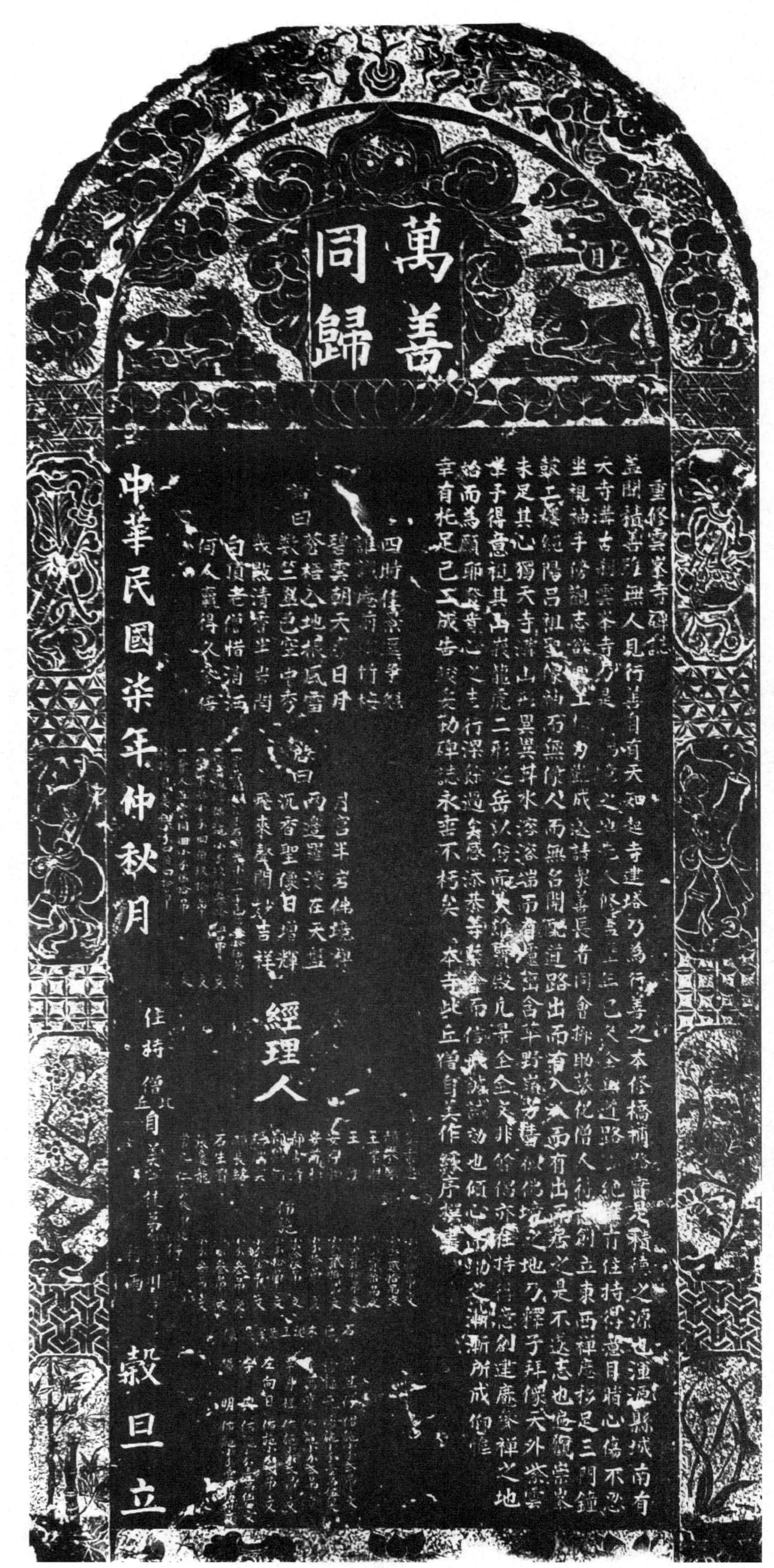

中宪大夫栗国贤与夫人合葬墓碑

【简介】

中华民国 10 年（1921）三月立。存栗家坟。高 136、宽 65、厚 25 厘米。额高 71、宽 62 厘米，额雕双龙，缠枝边，中有“报本追远”四字。碑阴额刻“五世其昌”。座高 44、长 80、宽 60 厘米，汉白玉质。子恩藻、恩鸿、恩诏立石。

【碑文】

（碑阳）

<table><tr><td rowspan="2">前清誥</td><td>授中憲大夫</td><td>欽加鹽運使銜
湖北補用知府</td><td rowspan="2">栗公諱國賢號魯生合葬墓</td></tr><tr><td>封恭人</td><td>晉封淑人　田白淑人</td></tr></table>

（碑阴）

公生於道光丁酉年四月初八日午時，卒於光緒丁酉年二月二十九日未時。

田淑人生卒年月日未詳

白淑人生於道光己未年五月二十八日午時，卒於光緒丙午年十二月十四日午時。

子恩鴻　恩藻　恩詔

孫迺盈　迺宜　迺隰　迺巽　迺宸

中華民國十年歲次辛酉季春下浣立

奉政大夫栗恩浩与宜人姚夫人合葬墓碑

【简介】

中华民国 10 年（1921）六月立。存栗家坟，高 118、宽 58、厚 17 厘米。圆首缠枝纹。座高 42、长 69、宽 42 厘米，汉白玉质。子栗迺恭、栗迺庄、栗迺容、栗迺敬、栗迺端及孙羣同立石。宜人，明清时对五品官员妻室的封号。

【碑文】

（碑阳）

清 授奉政大夫 候選知縣 / 介休縣教諭 栗公諱恩浩號養吾合葬墓

封宜人姚宜人

（碑阴）

公生於咸豐丙辰年九月二十五日丑時，卒於光緒戊申年正月二十八日未時。

宜人生於咸豐丙辰年九月初一日寅時，卒於光緒癸卯年正月十二日申時。

子迺恭　迺莊　迺容　迺敬　迺端

孫永鑫　永康　永昶　永謙

中華民國七年歲次辛酉季夏上浣立

修职郎栗恩源与夫人合葬墓碑

【简介】

中华民国10年（1921）六月立。存栗家坟。高116、宽57、厚18厘米。圆首缠枝纹。方座，座高41、宽56、长69厘米，座正面为莲花，汉白玉质，由过房子栗廼恭立碑。孺人明清时对七品官员之母或妻室的封号。

【碑文】

（碑阳）

<table><tr><td rowspan="2">清</td><td>授修職郎河南禹州吏目</td><td rowspan="2">栗公諱恩源號養泉合葬墓</td></tr><tr><td>封　孺　人　任任任程　孺　人</td></tr></table>

（碑阴）

公生於同治丙寅年六月初六日吉時，卒於光緒戊申年八月十七日卯時。

元配任孺人，繼配任、任、程 孺人，生卒年月日時未詳。

子廼恭

中華民國十年歲次辛酉夏季上浣立

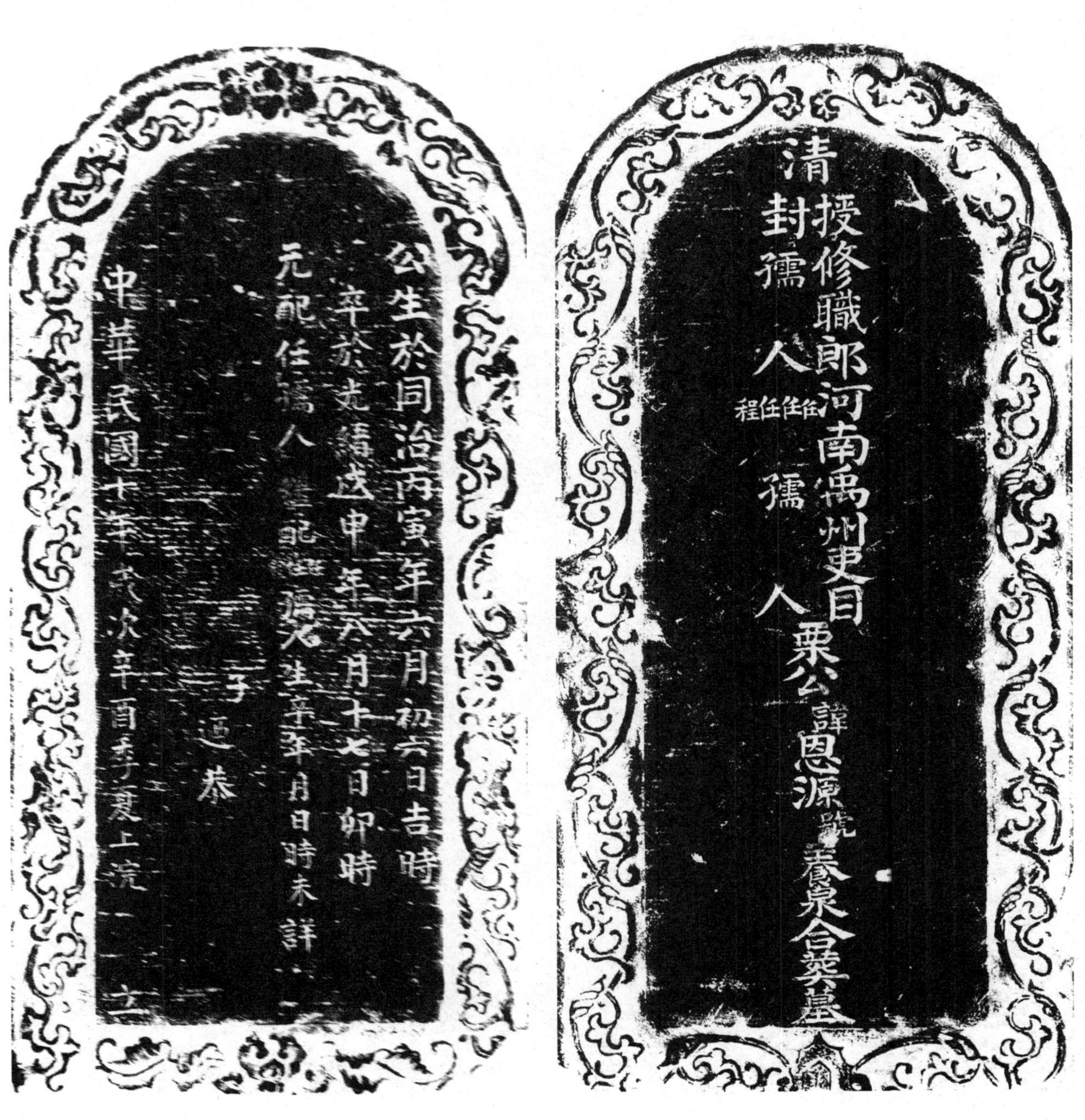

朝议大夫栗国良与张夫人合葬墓碑

【简介】

中华民国10年（1921）四月立。存栗家坟。高126、宽60、厚23厘米。额已破损。座高44、长80、宽60厘米，汉白玉质。子恩福、恩寿及孙辈立石。

恭人，明清对四品官员妻或母的封号。

【碑文】

（碑阳）

誥授朝議大夫 賞戴花翎欽加知府銜
特授雲南南安州正堂 栗公諱國良號浚生合葬墓
封 恭 人 張 恭 人

（碑阴）

……

一月二十三日寅時，卒於光緒十四年七月二十一日丑時。

恭人生於道光二十八年八月二十日吉時，卒於光緒二十三年正月初八日巳時。

子恩福　恩壽

孫廼祺　廼仁　廼倉　廼義　廼礽

中華民國十年夏曆仲呂月中浣　穀旦立

苏皖候补府经历栗恩鸿与夫人合葬墓碑

【简介】

中华民国 10 年（1921）五月立。存栗家坟。高 127、宽 51、厚 13 厘米。圆首方座，缠枝纹边，汉白玉质，右下损。由子栗迺宜、栗迺盈、栗迺巽、栗迺宸，孙栗永□立碑。

【碑文】

（碑阳）

<table><tr><td rowspan="2">清</td><td>授賑捐蘇皖候補府經歷</td><td rowspan="2">栗公諱恩鴻號雁秋葬墓</td></tr><tr><td>封 宜 人 程 宜 人</td></tr></table>

（碑阴）

公生於咸豐十一年六月二十九日吉時，卒於民國九年八月十三日。

程宜人生咸豐八年六月二十九日吉時，卒於宣統二年四月十八日亥時。

子迺宜　迺盈　迺巽　迺宸

孫永□

中華民國十年歲次辛酉仲夏月下浣立

重修律吕神祠暨戏楼碑记

【简介】

中华民国14年（1925）立于浑源县城西北的神溪村律吕神祠。青石质，云头缠枝边。碑下部破坏，残碑高77、宽59、厚14厘米。额题“永垂不朽”4字。2013年底从神溪村北水渠中取出，现存律吕神祠。

律吕神祠位于浑源县城西北3公里处的神溪村。神溪村北有一处形如凤凰的小山，名曰凤凰山，凤凰山东南有块约600平方米的孤石，高约10米。孤石四周碧水环绕，其中神德湖最为迷人，神泉喷涌，碧波荡漾，林木掩映，花果飘香，成为历代帝王、文人学士观光游览、垂钓的胜地。北魏太安三年（457）春正月，文成帝拓跋濬曾观渔于旋鸿池。辽代应历三年（935）三月，辽穆宗观渔于神德湖。辽保宁五年（973）正月，景宗“如应州浑源县，如神德湖”。唐代名将尉迟恭也曾光临神德湖。历代文人学士对此处景观题咏者比比皆是，使“神溪月夜”成为浑源八大景观之一。

早在北魏天赐年间（402—407）便在这块孤石上建有律吕神祠，唐代、元代、明清不断地进行修缮。这些建筑充分体现了高大雄伟、古朴庄严的古代建筑技术和风格。维修后的律吕神祠正殿内塑律吕神夫妇像，殿内四壁是近70平方米的四海龙王行云布雨彩绘壁画，笔工精细，楚楚动人。139个人物的画像中充分显示出元代壁画的风格。正殿前为砖雕五龙壁，殿后为钟鼓楼，外院增建了碑廊。山门外南侧原建有大戏台。青山、碧水、古寺、钟声特有的韵味，使其千百年来成为我国北方一处著名的古刹。

此碑虽破损严重，只剩下半截，但从碑中可确知律吕神祠是浑源县最为古老的建筑之一，应加强保护力度。

【碑文】

重修律吕神祠暨戲樓碑記

溯自律吕神祠創自元魏，繼修唐元，歷代之重……鄉之感，□文云：律者屬於陽，吕者……虔禱祝者不止一方，豈知不在一時之誠祝，而在忠……□，陽和而時雨矣。積善之家必有餘慶，積惡之家……律吕神祠屋□□□傾，戲樓地□損壞，耆老召衆商議重修……無所滯□。九月事舉立竣，燦然維新，於是勒石以誌……

共收佈施錢壹千捌百拾捌吊壹百肆拾文

共出石……

共出磚瓦……

共出大小……

共出開光……

共出雜費……

中國民國十四年……

补绘北岳全图记

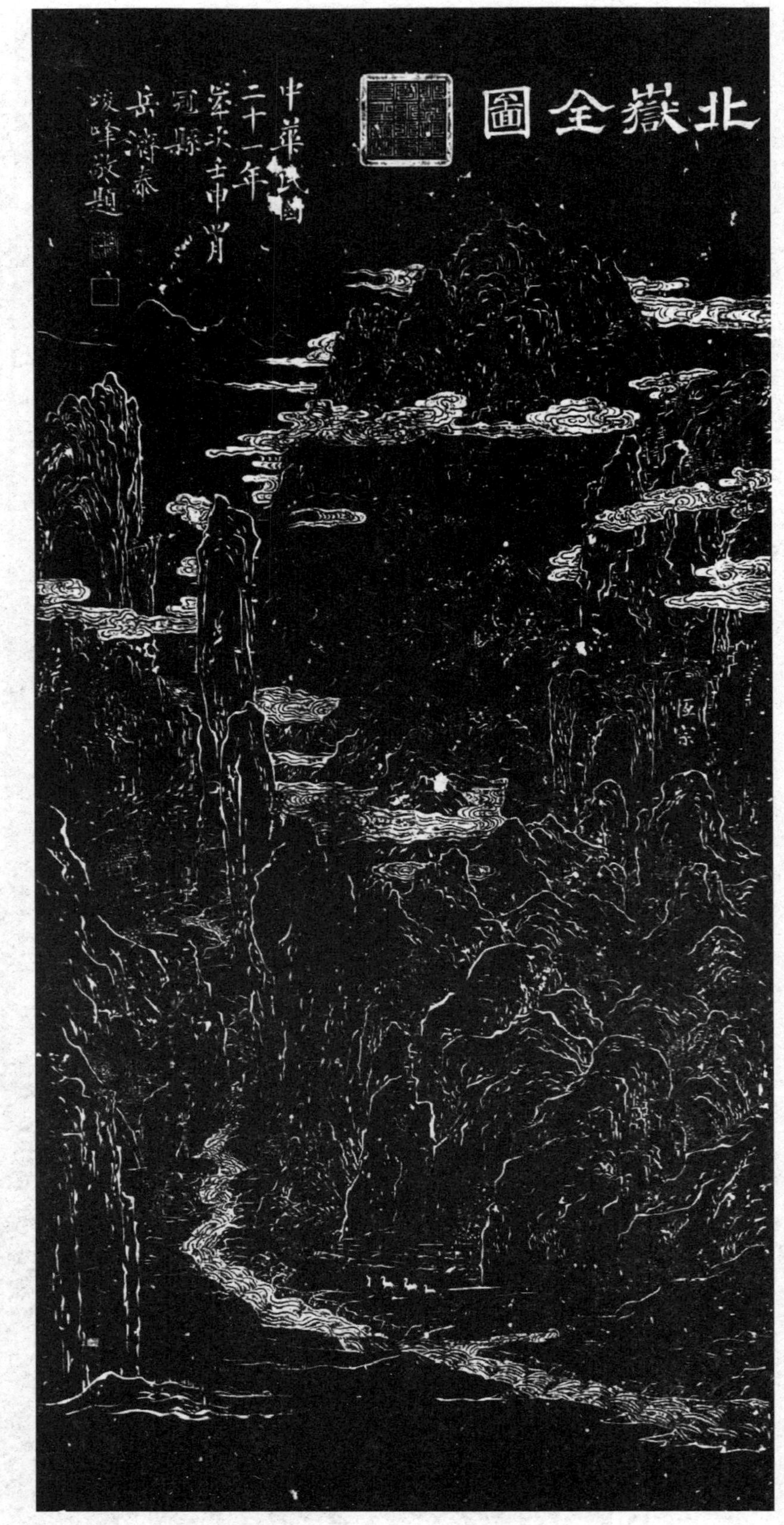

【简介】

中华民国21年（1932）三月立。存恒山会仙府，碑高191、宽77、厚17厘米。圆首，方座，青石质。邑人赵国良书丹，耿建瀛绘图，左士金、左士玉刻石。

赵国良（1871—1935），原名元臣，字潜安。出生于浑源县顾册村。清光绪年间拔贡。入仕后专事慈禧太后起草朝廷公文，人称“小军机”，为正五品。善长书法，尤工柳体，端正俊秀，干净利落，引筋入骨，挺拔笔直。当时浑源商号牌匾多出于他的手笔。其大字更是遒劲有力。当时群众中广泛流传：赵国良写大字，圪溜把弯有劲气。

赵国良对慈禧的知遇之恩铭记在心，清朝灭亡后，蓄发留辫以示仍为清臣。民国初山西督军曾托人劝他出任民政厅长，他拒之不就，隐居在乡，以教书为生。后在友人张官的资助下开设博仁堂药店。期间曾自书一联“自知性僻难谐俗，且喜身闲不属人”以述其志。晚年生活凄凉，以算卦、卖字为生。

耿建瀛（1889—1966），别号恒麓老人，浑源永安镇人。当地知名书画家。从小酷爱绘画，在读书劳作之余，常画山水、牛马。十四岁时进入县城张画铺学徒，刻苦学习，画技大长，其写意山水颇受群众欢迎。民国5年自己开设画店。1930年被聘至五台，为寺庙画壁画。期间接触了许多名人学士，博采众长，使其技艺日渐成熟。在山水画方面，学习“介子园”笔法，运墨着色鲜明和谐。民国中后期多为恒山、悬空寺寺庙画壁画，形神兼备，造型优美。

解放后被聘为山西文史馆研究员，并兼任省群众艺术馆、省工艺美术厂画师。1955年应聘晋祠画山水人物。其作品运笔工精，体态逼真，眉目传神。1956年作为山西画师参加人民大会堂美术组的考查征集工作。一生创作颇丰，《金陵十二钗》《昭君出塞》《西施浣纱》《木兰从军》《夜读春秋》是其代表作。

左士金（1903—1961），字式如，浑源县凌云口村人。十三岁继父逝后便投奔舅父务农，并自学石匠手艺。成年后石匠手艺日臻成熟，但他以学无止尽的心态向更高领域奋进。从书画家赵国良那里得到启示，经过十几年的磨砺，终于成为篆刻名家。解放后参加了大同市玄冬桥双孔石桥的建设，栏杆图案的莲花、白菜，桥头的石狮子均出自他手，1960年进入山西工艺美术厂工作，一面带徒传艺，一面为北京人民大会堂雕刻造型别致、颇具地方特色的工艺品。

左士玉，左士金胞弟，同其兄一样精于雕刻，论其功底，在伯仲间。

補繪北嶽全圖記

民國十八年㙟來守斯土下車後宣揚德意徧問民間疾苦觀風省俗略知地方梗概披閱志書知恆山在城南二十里高三千九百丈有奇上方三十里周迴三十里心竊慕之公餘之暇偕二三同志出城南行至其麓形勢雄偉曲磴盤空孤峰萬仞高插雲際且喜且愕凝神斂氣循坡北上奇花靈草橫松怪石映帶左右目不暇給山半稍憩復行數里始至嶽廟不覺悚然起敬端肅再拜心悅神怡竊歎真天下之奇觀也住持道士獻茶畢即向渠索圖道士曰此山無圖惟有恆志而已夫恆嶽天下之名山也五嶽之一并州之鎮何以無圖況東泰西華南衡中嵩皆各有圖豈此山獨無圖乎意者古祀北嶽於上曲陽即恆山之陽也至明宏治始祀北嶽於恆陰即渾源之恆山也或有圖在彼而不在此歟不然則渾源僻處西偏地非孔道賢士大夫來游者少或於此事缺焉未備歟果爾則㙟將妙選名工詳繪全圖勒之貞珉以補斯缺奈公私交集案牘勞形荏苒三年尚未著手此固㙟作事無恆難期振作者也悲夫有陸軍營長岳峻峰名濟泰者山東儒將也性情博雅又復好古民國二十年秋駐防渾邑分巡要隘道經恆麓即遄迹直上敬朝嶽廟值兵燹之餘敗壞頹樑正在修葺岳公欲披圖坐觀道士亦以前言對岳公不禁悵然者久之踵商於㙟曰名山無圖洵爲缺典余欲補繪全圖以成盛舉君其有意乎㙟曰此余素志也俗務紛披特未舉辦耳今幸公督責而提倡之不惟補山之圖且將以補余之過焉敢不勉旃先是五台張君鑑紳曲沃仇君元珏大寧王君文在任邱王君定遠先後因公來渾游一游山輒以無圖爲憾事而無可如何今聞㙟等有此舉遂欣然曰兩公此舉豈偶然哉此益山靈欲顯赫於天下也不然何諸人同聚於此而又有同聲同氣之雅乎斯圖而果成也則將印刷數十百本分致親友俾向之懷想而不得登臨者一旦得此圖而懸於斗室之中臥游恆嶽之下則向之懷想者今稍如願以償矣豈非人生一大快事余輩雖不文卻願共襄此役而邑人張君裕治麻君席珍張君甲勳張君甲齡于君鎮華或指點繪事或督理工程羣策羣力以數千百年未竟之功不數日而竟蕆事焉豈不懿歟謹述緣起參觀上石以俟後之君子指摘焉

知渾源縣事汾城董㙟雲屏甫識

邑人趙國良元臣書丹　左士金刻字

中華民國二十一年歲次壬申三月　穀旦　住持道士李理一同立石

【碑文】

（碑阳）

北嶽全圖

中華民國二十一年歲次壬申四月冠縣岳濟泰峻峰敬題

耿建瀛繪圖

左士玉刻石

（碑阴）

補繪北嶽全圖記

民國十八年，垚來守斯土，下車后宣揚德意，徧問民間疾苦，觀風省俗，略知地方梗概。披閲志書，知恒山在城南二十里，高三千九百丈有奇，上方三十里，周廻三千里，心竊慕之。公餘之暇，偕二三同志出城南，行至其麓，形勢雄偉，曲磴盤空，孤峰萬仞，高插雲際。且喜且愕，凝神斂氣，循坡北上，奇花靈草，橫松怪石，映帶左右，目不遑瞬。山半稍憩，復行數里，始至嶽廟，不覺竦然起敬，端肅再拜，心悦神怡，竊歎真天下之奇觀也。住持道士獻茶畢，即向渠索圖，道士曰：此山無圖，惟有恒志而已。夫恆嶽天下之名山也。五岳之一，并州之鎮，何以無圖，況東泰西華南衡中嵩皆各有圖，豈此山獨無圖乎？意者，古祀北嶽於上曲陽，即恒山之陽也。至明宏治始祀北嶽於恒陰，即渾源之恒山也。或有圖在彼而不在此歟，不然則渾源僻處西偏地非孔道，賢士大夫來游者少，或於此事缺焉未備歟。果爾，則垚將妙選名工詳繪全圖，勒之貞珉，以補斯缺。奈公私交集，案牘勞形，荏苒三年，尚未著手。此固垚作事無恆難期振作者也。悲夫！有陸軍營長岳峻峰名濟泰者，山東儒將也。性情博雅，又復好古。民國二十年秋駐防渾邑，分巡要隘，道經恒麓，即逶迤直上，敬朝嶽廟。值兵燹之餘，敗瓦頽楹正在修葺，岳公欲按圖坐觀，道士亦以前言對，岳公不禁悵然者久之。歸，商於垚曰：名山無圖洵屬缺典，余欲補繪全圖，以成盛舉，君其有意乎？垚曰：此余素志也。俗務紛披，特未舉辦耳。今幸公督責而提倡之，不惟補山之圖，且將以補余之過焉，敢不勉旃。先是五臺張君鏗紳，曲沃仇君元玨，大寧王君文在，任邱王君定遠，先后因公來渾，每一游山，輒以無圖為憾事，而無可如何。今聞垚等有此舉，遂欣然曰：兩公此舉豈偶然哉。此蓋山靈欲顯赫於天下也。不然何諸人同聚於此，而又有同聲同氣之雅乎。斯圖而果成也，則將印刷數十百本分致親友，俾向之懷想而不得登臨者一旦得此圖而懸於斗室之中，臥游恆嶽之下，則向之懷想者今稍如願以償矣，豈非人生一大快事。余輩雖不文，卻願共襄此役，而邑人張君裕昭、麻君席珍、張君甲勳、張君甲齡、于君鎮華，或指點繪事，或督理工程，羣策羣力，以數千百年未竟之功，不數日而竟蕆事焉，豈不懿歟！謹述緣起，參觀上石，以俟后之君子指摘焉。

知渾源縣事汾城董垚雲扉甫識

邑人趙國良元臣書丹　左士金刻字

中華民國二十一年歲次壬申三月穀旦

住持道士　李理一同　立石

“恒岳山图”题刻

【简介】

中华民国21年(1932)刊，由冠县岳济泰题书。高130、宽72、厚19厘米。青石质，现下落不明。同《北岳全图》相比，似显简单，可能是现保留在恒山会仙府处《北岳全图》的初拟版本。

【刻文】

恒嶽山圖(印一方)

中華民國二十一年歲次壬申四月

冠縣 岳濟泰 峻峰敬題(印一方)

岳灵示晋而胜致祭恒山之碑

【简介】

中华民国22年（1933）六月立。存恒山崇灵门东，高132、宽60、厚16厘米。圆首莲花边，青石质。赵国良撰文，吴姿书丹，住持道士李理立。额题“万古流芳”。下部剥蚀严重。

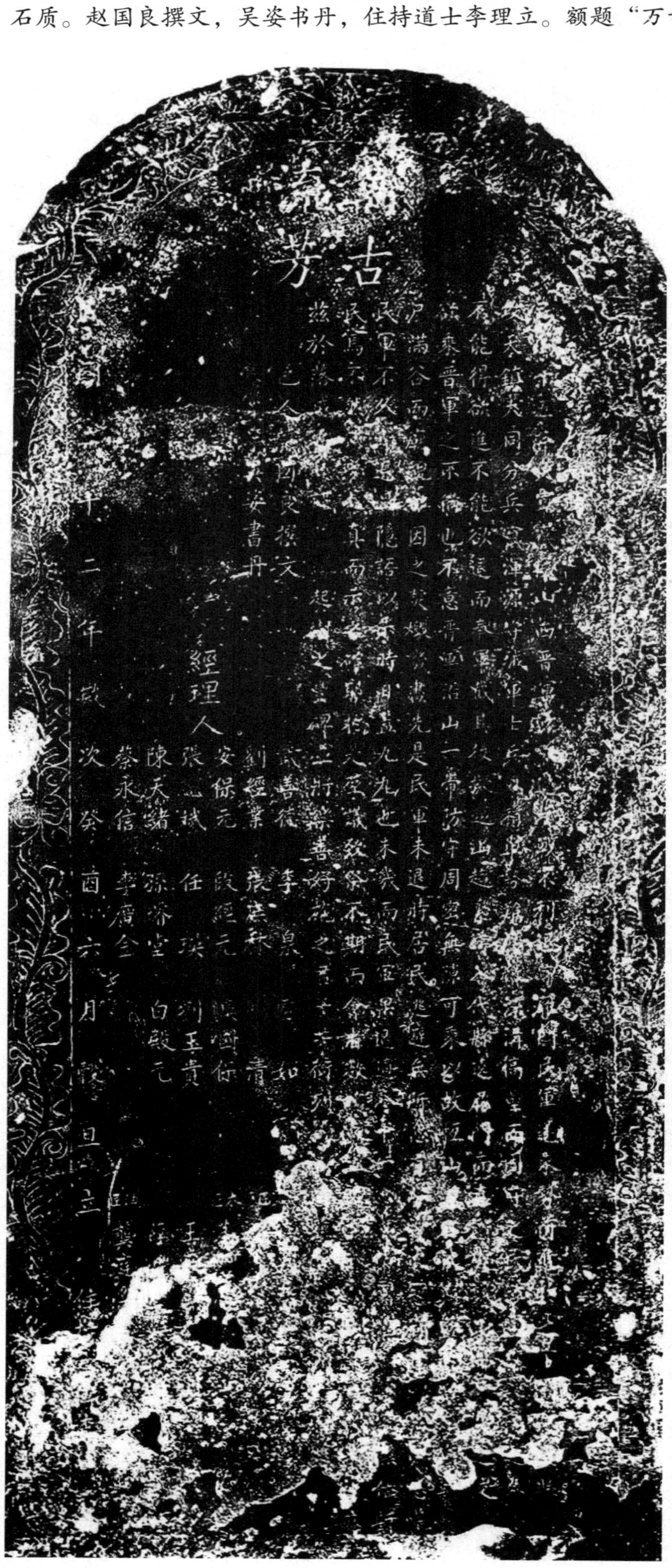

【碑文】

□□十五年民軍竄擾山西，晉軍□□□□戰不利，退守雁門，民軍遂乘勢前進，於是□□□□縣圍攻天鎮、大同，分兵竄渾源。守城軍士兵勇稍單，勢難應敵，深溝備壘而固守之。民……然不能得，欲進不能，欲退而奉軍截其后，擬越山趨繁峙入代縣遶雁門，而直……之，□欲乘晉軍之不備也。不意晉軍沿山一帶防守周密，無隙可乘，以故恒山……積尸滿谷，而廟貌□因之焚燬幾盡。先是民軍未退時，居民逃避無所……恐慌，民軍不久即退，□隱語以示，時日蓋九九也。未幾而民軍果退，適八十一……佑斯民焉，不然□夢□真，而示之確耶。於是群議致祭，不期而會者數……麻。兹於落成□□，謹述緣起，樹之豐碑，並將樂善好施之君子芳銜列後。

邑人趙國良撰文

優廪生吳姿書丹

經理人　武善德　李泉　雪如　劉經業　張庶林　馬清　安保元　段經元　吳國保　張斌　任瑛　劉玉貴　陳天緒　孫璿堂　白殿元　蔡永信　李廣金

石匠……

木匠……

泥匠　王天……

鐵匠　薛……

油匠　龔庭□

民國二十二年歲次六月穀旦立

住持　……

二岭村增建五谷财福神娘娘诸神庙记

【简介】

中华民国23年（1934）仲冬中旬立于浑源二岭关帝庙内，现存该庙关帝大殿前。青石质，圆首，回字纹边。残碑高120、宽47、厚26厘米。破损风化严重，字迹漶漫不清。由孙谦撰文书丹。

【碑文】

二嶺村增建五穀財福神娘娘諸神廟記

二嶺村關帝廟舊有正殿，關帝神位在焉。閤村歷□□□□□□人物，靡不安睹，更幸邇來百福並臻，五穀豐獲，財用餘裕，家給人足。兼□蕃昌，女兒平健。向乎五穀、財、福神、娘娘諸神之庇佑也。惟本村□無祠宇神像，村中男婦欲焚香酬報，苦無定處。每年五月端陽節日，凡有許願，男婦老幼具備香紙供品，同赴鄰近之上韓村娘娘位前跪香還願。往返數里，既多跋涉之勞，更有風雨之阻。村長郝廷□、楊思維□此，遂於本年協力提倡，多方募化，幸遠近善人信士樂於捐施大洋二百六十餘元。不數月腋集裘成，□行構木竣工，於正殿之東西兩旁各建祠宇□間。東宇敬塑五穀、財、福神三位神像。西宇敬塑三聖娘娘之諸神位。越月功成告竣，擇於夏曆九月十一日演戲開光。四方善士□□款來，村□如期雲集，又豈人力所能達到耶？神靈默佑，誠非虛語，是爲記。

□□閤鄉布施人名開列於後

本郡孫謙沐手敬撰并書丹

本　村

□廷瑞　施大洋十元　□廷楊　施大洋七元　□廷廉　施大洋五元

□□傅　□廷楝　□□□　□□□各施大洋三元

田德存　孫述宗　張　永　李有業　陳　章　孫承宗　郝廷楠　□□□　□□□各施大洋一元

張□□　楊國民　王鴻本　王玉貴　孫□齡　孫閔氏　王義　袁培榮　王二福　梁寶　孫敏　以上十一人各施大洋五角

本　城

得聚昌　福□昌　大合泰以上各施大洋二元

□□椿　德本榮　聚□源　茂□□　德□□　程吉春　以上六人各施大洋一元

禹　珍　施大洋四元

永和公　張玉青　田春生　孫　謙　廣勝店　郝廷誥　郝廷祥　以上七人各施大洋五角

南水頭村

恒盛長　施大洋一元

余寬　李□元　李九緒　李五□　李□　李淮　李叔　于禄　鄧□彦　以上各施大洋五角

福成功　施大洋五角　五福成　施大洋五角　九盛功　施大洋五角

東水頭村

于　□　楊□富　于　江　于□滿　郝守全　以上五人各施大洋一元

邱守富　施大洋八角

于生祥　趙　運　李日盛　李得寶　□生才　楊生福　楊天玘　□三孩　劉義　以上九人施大洋五角

下韓村

義俞成　德盛新　趙　瑩　王大仁　以上四人各施大洋一元

屠　宰　□□□　王好德　以上三人各施大洋五角

松樹灣村

李祥　錢□玉　穆□林　□老人　郝廷□　龐二虎　楊廷的　楊長成　石翠爲　以上九人各施大洋

五角

□恒長　施大洋六角

□□□　施大洋七角

□溝村

梁貴　梁天貴　李元才　以上三人各施大洋一元

李路　李天積　李發　李□　李本榮　以上五人各施大洋五角

李步銀　施大洋五角　李□□施大洋五角

□□村

尚義章　尚里章　以上二人各施大洋一元

尚達　尚布文　以上二人各施大洋五角

草梁村

田守貴　施大洋一元

金爲珍　田守成　田公　黄八士　以上四人各施大洋五角

元圪村

劉德仁　段□　以上二人施大洋一元

段大元　□大才　□□□　□□□各施大洋五角

北榆林村

楊培□　楊成富　楊正士　徐占貴　楊昭□　楊佩士　孟廷俊　尚廷雲

楊守正　楊□忠　以上十人各施大洋五角

白道子村

□□□　□□餘　賀□忠　以上三人各施大洋五角

北水頭村

門順　門□　李二旦　田三旦　李永富　王有　以上六人各施大洋五角

東圪圪舖

張永□　張永祥　以上二人各施大洋一元

袁□□　袁貴堂　陳殿□　張永奎　袁緒善　楊同林　楊松林　張發　袁九成　張□□　袁雙文袁相善　以上十二人各施大洋一元

南榆林村

劉濟　劉相　以上二人各施大洋一元

劉開　杜瑞　以上二人各施大洋五角

北紫峰村

劉懷□　施大洋一元

劉印月　梁的昭　梁的明　韓述安　梁珍　梁印用　梁生厫　劉懷相　梁□□

□□□　以上十人各施大洋五角

畢　村

□□□　施□□□□□　徐步瀛　施大洋二元　程順　施大洋一元

狄宗義　施大洋五角

東溝村

楊培□　施大洋一元　耿光武施大洋一元

楊成士　施大洋五角　□　富　施大洋一元　趙成孝　施大洋一元

王振周　王鴻儒　郝廷瑞　郝廷廉　郝廷師　郝廷楊　孫承宗　孫夢齡

孫□□　袁□□　□□□　□□□　施大洋……

民國二十三年仲冬月中浣穀旦立

“圆浑雄厚”题刻

【简介】

中华民国 24 年（1935）夏镌刻，现存于恒山会仙府门西侧的岩壁。总高 115、宽 80 厘米。由东北海城陈兴亚题书。

【题刻】

民国廿四年仲夏

圆浑雄厚

海城陈兴亚题

重修碑记

【简介】

中华民国25年（1936）立。存于恒山。高132、宽60、厚15厘米。圆首青石质。

【碑文】

重修碑記

縣長董垚施票洋拾元　縣長袁興華施大洋拾叁元

恒裕銀號　四合公　省銀行　福裕厚　裕陞公　裕陞泰　義興□　永世榮　得聚昌　廣衛元　廣新義　□成店　□隆益　以上各施洋拾元　李韶和施大洋柒元　王健施大洋□元　財務局　解書堂　陳玉成　何慶溫　李廷誥　穆郇　王治安　許子孝　張永明　李止忠　四合永　德生永　天泰永　豫豐恒　天義成　天元永　永源永　生成廣　誠義德　盛祥德　與□德　□□福　□□□　□□□　裕生慶　裕昇永　廣裕恒　得聚永　德厚榮　毓德成　德興榮　義陞永　德義榮　恒盛公　福盛公　德裕源　恒毓誠　復勝魁　萬景隆　德慶昌　復泰成　三泰長　謙□泰　□□□　恒豐□　聚德昌　永和店　榮慶和　裕表厚　順興成　吉源公　慶和長　以上各施大洋伍元　安保元　張斌　李泉　蔡永信　楊巨觀　劉玉貴　段經元　馬清　李廷俊　劉經業　薛釗　薛錦　穆松標　薛鍾　劉陞　田應詔　麻席珍　賈景秀　尚美昌　任搏文　侯秩　馮光漢　榮鴻勳　邱璧衛　周屏　張甲勳　張玉兆　高映翼　任瑛　李玉樹　韓上哲　張茂源　穆文都　德茂店　楊成發　崔鳳儀　郭兆元　湧世店　萬福榮　雙□永　義□公　□□□　永和義　德聚成　萬隆店　全記紙鋪　恒盛有　和成恒　益和元　以上各施大洋貳元伍角　興順恒　謙義生　茂盛棧　福義生　裕承德　福順誠　德和厚　德聚恒　晉福榮　義源厚　德新厚　德和全　協勝恒　福源昌　德本榮　□泰□　德源長　永泰店　德和隆　福聚森　永盛隆　廣聚榮　三鈺成　福盛隆　復泰隆　謙合源　晉元長　德興成　裕恒店　德興店　萬盛店　富德成　雙議永　富盛恒　中和堂　三合益　聚興茂　三義公　天和泰　詹銅鋪　德勝榮　復和園　張余　周全□　張有勳　尚聰　孫璇堂　王懷遠　王勃　劉重英　李樹棠　程醴泉　馬增祥　陳化活　郭佩嵩　□善德　□謨　王振業　楊世慶　趙文錦　劉文乾　陳天緒　趙復三　馬□晉　劉□□　趙□□　□□□□李玉川　□□□□□包□　張紀□　劉繼昭　楊增榮　□廣金　曹印　以上各施大洋貳元　雙合榮　□昇　永復盛　義德成　源義長　德容店　德義生　福慶永　以上各施大洋壹元伍角……施大洋拾元……施大洋柒元……伍元……施洋二元

白草湾烈士纪念碑

【简介】

中华民国30年（1941）立于灵丘县白草湾村西南之山坡上。抗日战争时期曰于白草湾归属浑源抗日根据地，故此该纪念碑由浑源县军政民各界刊立。碑为平首，六边形基座两层，建有碑亭。碑额高70、宽72、厚20厘米。中有“烈士碑”三字。碑身高130、宽62、厚12厘米。上座每边长46、高10厘米；下座为须弥座，每边长130、高24厘米，镌刻烈士英名。保存完好。

【碑文】

（碑阳）

殺生成仁　捨生取義

（碑阴）

一九四一年五月三十日，渾源各界勒石白草灣山林，紀念爲堅持發展渾源抗日革命根據地與爲解放渾源廣大人民，在偉大的民族抗戰中而壯烈犧牲之諸位烈士。

渾源抗日革命根據地自創造迄今已三年有餘，在與民族内外敵人殘酷尖鋭鬥争中，曾無數次粉碎敵寇進攻與掃蕩，並肅清無數起害民資敵之大幫小股土匪。而一九三九年冬，渾源更英勇掀起反抗武裝投降派之鬥争，最後終于公理戰勝黑暗，投降逆流遭受全渾源人民之共弃。渾源之根據地，乃日漸擴大和鞏固，成爲北岳區西北邊陲鞏固之屏藩，亦雁北向前開展之有利陣地。

在發展和鞏固渾源根據地之偉大鬥争中，諸位戰士或因工作積勞成疾，或是戰場壯烈犧牲。其不畏艱苦、不怕犧牲、鞠躬盡瘁之偉大精神，在全國和全渾源人民的前面，顯示了中國優秀兒女之最高無上的氣節。而諸位英勇光輝之名字，亦將與中國人民、中華民族偉大鬥争歷史，永遠不可分離。諸位之豐功偉業，鬥争精神，將在中華民族解放史上光輝燦爛，永遠不可磨滅。

今日抗戰四載，敵寇精疲力竭，中華民族最後勝利之曙光已經在望，而國内大資産階級違反孫先生之遺志，乃欲蹈大革命之覆轍，積極反共，壓迫進步勢力，欲破壞民族之精誠團結，使抗戰復已趨於萬分危急之際，這種禍國的罪行也就更加重了我們未死者的擔子。

同志們，你們愉快的安息吧，我們絶再接再厲，衝破一切困難，踏着你們鮮紅的血跡，完成你們未盡之事業。

渾源縣軍政民各界暨全渾人民

中華民國三十年五月三十日

（碑座）

烈士芳名

薄寬英：山西定襄人，第一區助理員，1938年10月犧牲于白草灣村。

任幹成：渾源顔村人，工作員，1938年10月犧牲于白草灣。

李　秉：一區桃山人，村自衛隊長，1938年9月被敵殘殺。

安有田：河北靈壽中莊人，六區農會主任，1939年9月犧牲于青磁窑（尸體在英勾村）。

喬　三：一區廣泥溝人，村自衛隊長，1939年9月3日爲土匪王天存殘殺。

盧完芝：五臺豆村人，中共黨員，第二區區長，1939年11月3日反白鬥争中光榮犧牲。

張子賢：二區王莊堡人，舊靈丘十區助理員，1940年2月犧牲。

張守權：二區中莊鋪人，中共黨員，第五區青救會主任，1939年12月9日反白鬥争中犧牲于石咀。

江　權：代縣陽明堡人，雁北辦事處科員，1939年11月2日反白鬥争中光榮犧牲。

孟　雲：忻縣芝群人，大懷陽縣政府科員，1939年12月12日反白鬥争中犧牲于石咀。

高士明：一區西嶺人，公安局警衛隊班長，1939 年 11 月反白門争中昆侖崖戰鬥犧牲。
王治福：渾源川下人，公安局警衛隊班長，1939 年 11 月塔村戰鬥中壯烈犧牲。
田　農：山西臨汾人，中共黨員，第六區區長，1939 年 12 月 27 日犧牲于駱駝澗。
木連存：應縣木家莊人，抗先隊員，1940 年 2 月于敵戰鬥犧牲。
賈永生：山西崞縣人，靈丘十區區長，1940 年 3 月犧牲。
馬　昌：二區下中牛還人，村自衛隊長，1940 年 3 月 29 日犧牲。
裴巨幹：應縣王梓莊人，基幹游擊隊員，1940 年 3 月 21 日戰場壯烈犧牲。
張　立：六區武家莊人，村農會主任，1940 年 5 月 9 日爲敵殘殺。
王　俊：一區桃山人，村長，1940 年 5 月 30 日被敵殘殺。
許步銀：四區紅峪人，模範隊員，1940 年破路犧牲。
王萬才：五區石咀人，中共黨員，基幹游擊隊分隊長，1940 年 6 月 5 日黄土坡戰鬥犧牲。
趙子英：應縣觀音堂人，基幹隊政治幹事，1940 年 6 月 5 日黄土坡戰鬥犧牲。
毛　明：二區中莊鋪人，基幹隊班長，1940 年 6 月 5 日黄土坡戰鬥犧牲。
范　英：五區飲馬泉人，基游隊隊員，1940 年 6 月 5 日黄土坡戰鬥犧牲。
侯士杰：基幹隊班長，一區火石頭人，1940 年 6 月 5 日黄土坡戰鬥犧牲。
張維君：一區火石頭人，基幹隊隊員，1940 年 6 月 5 日黄土坡戰鬥犧牲。
王得山：應縣塞水溝人，基幹隊隊員，1940 年 6 月 5 日黄土坡戰鬥犧牲。
王玉山：應縣塞水溝人，基幹隊隊員，1940 年 6 月 5 日黄土坡戰鬥犧牲。
王生傑：五區井上人，基幹隊隊員，1940 年 6 月 5 日黄土坡戰鬥犧牲。
劉　美：五區龍窪人，基幹隊隊員，1940 年 6 月 5 日黄土坡戰鬥犧牲。
翟　武：一區許村人，基幹隊隊員，1940 年 6 月 5 日黄土坡戰鬥犧牲。
楊鎖定：一區劉官莊人，基幹隊隊員，1940 年 6 月 5 日黄土坡戰鬥犧牲。
王滿九：一區劉官莊人，基幹隊隊員，1940 年 6 月 5 日黄土坡戰鬥犧牲。
牛　福：廣靈人，基幹隊隊員，1940 年 6 月 5 日黄土坡戰鬥犧牲。
許　友：五區泥河村幹部，1940 年 6 月因工作成疾而病亡。
翟　有：一區刁窩人，基幹隊隊員，1940 年 6 月 5 日黄土坡戰鬥犧牲。
王士丘：應縣石窑人，基幹隊隊員，1940 年 6 月 5 日黄土坡戰鬥犧牲。
仝玉梅：應縣土嶺人，基幹隊隊員，1940 年 6 月 5 日黄土坡戰鬥犧牲。
趙雲祥：二區羊投崖村幹部，1940 年 7 月犧牲于下達圪枝村。
陳　前：二區下容易溝人，村長，1940 年 7 月犧牲于下達圪枝。
張　功：一區黄土坡人，基幹隊偵察員，1940 年 8 月 7 日犧牲于駝峰。
陳　井：應縣田莊人，基幹隊政治幹事，1940 年 7 月 8 日犧牲于駝峰。
任虎清：一區人，基幹隊偵察員，1940 年 8 月 7 日犧牲于駝峰。
白樹印：三區白□河人，1940 年 8 月因工作成疾而病亡，村幹部。
王九生：五區廣泥溝人，村農會宣傳，1940 年 8 月因工作成疾而病亡。
任得元：五區橋兒澗人，村農會幹部，1940 年 8 月因工作成疾而病亡。
趙喜才：五區石旦人，村幹部，1940 年 8 月因工作成疾而病亡。
丘　俊：一區昆侖崖人，村代表，1940 年爲敵殘殺。
王　有：一區青磁窑人，村武委會主任，1940 年 8 月爲敵殘殺。
王國慶：一區劉官莊人，村幹部，1940 年因工作成疾而病亡。
段福生：應縣三和號人，四區服務員，1940 年 10 月爲敵殘殺。
甄　順：一區南花園人，中共黨員。
李福民：一區人，模範隊員，1940 年 10 月 9 日爲配合百團大戰犧牲于戧風嶺。

張三宋：應縣人，模範隊員，1940 年 10 月 9 日爲配合百團大戰犧牲于戧風㟂。

張富奎：應縣人，模範隊員，1940 年 10 月 9 日爲配合百團大戰犧牲于戧風㟂。

楊永清：一區南花園人，區武委會主任，1940 年 10 月 10 日犧牲于下牛還。

陳希喜：一區南花園人，1940 年 10 月 10 日犧牲于下牛還。

張志忠：渾源一區幹土嶺人，渾源舊四區、區武委會主任，中共黨員，1940 年 10 月 12 日因工作成疾而病亡。

趙世忠：應縣人，助理員，1940 年因工作而病亡。

劉三川：河北人，一區工會，1940 年 10 月因工作而病故。

狄　昆：大同大王莊人，中共黨員，五區文救會主任，1940 年 11 月 10 日因病而故。

李　玉：一區蘇家坪人，村農會主任，1940 年 11 月犧牲。

李生雲：四區圪坨人，黄□□局工作，1940 年 10 月犧牲。

許　瑞：一區蘇家坪人，村農會主任，1940 年 11 月因工作而病故。

祝秉禮：二區王莊堡人，中共黨員，五區農會主任，1940 年 11 月 3 日于車水河壯烈犧牲。

冶安珍：應縣山羊塲人，基游隊班長，1940 年 12 月 7 日下町村戰鬥犧牲。

岳　喜：應縣觀音堂人，基游隊副班長，1940 年 12 月 7 日下町村戰鬥犧牲。

馬　三：二區幹峪溝人，基游隊員，1940 年 12 月 7 日下町村戰鬥犧牲。

張　梅：應縣黑石村人，基游隊員，1940 年 12 月 7 日下町村戰鬥犧牲。

李　相：應縣圪坨人，基游隊員，1940 年 12 月 7 日下町村戰鬥犧牲。

李生有：一區官王鋪人，基游隊員，1940 年 12 月 7 日下町村戰鬥犧牲。

張文秀：一區大西溝人，基游隊班長，1940 年 12 月 8 日犧牲于膠泥圪坨。

杜四幫：一區昆侖崖人，區服務員，1940 年 12 月犧牲于官王鋪。

張廷貴：一區劉官莊人，中共黨員，區工會主任，1940 年 12 月犧牲于劉官莊。

白子明：一區羊投崖人，中共黨員，一區助理員，1941 年 1 月 9 日犧牲于黄花灘。

李風山：一區蘇家坪人，中共黨員，一區游擊隊工作員，1941 年 2 月 27 日犧牲于劉官莊。

劉　心：五區沙□人，一區助理員，1941 年 2 月 27 日犧牲于劉官莊。

武　保：四區白崖峪人，六區服務員，1941 年 2 月 19 日犧牲于吉略溝。

李　□：一區蘇家坪人，基游隊員，1941 年 2 月 27 日犧牲于劉官莊。

張天國：一區樺嶺人，基游隊員，1941 年 2 月 27 日犧牲于劉官莊。

王榮貴：二區蔡峪人，基游隊員，1941 年 2 月 30 日犧牲于蔡峪。

聶　平：一區麻地坪人，村長，1941 年 3 月 5 日犧牲。

王　日：二區王莊堡人，中共黨員，公安局二區工作員，1941 年 3 月 6 日犧牲。

□永富：一區大西溝人，一區助理員，1941 年 2 月 16 日犧牲于大西溝。

陳建三：二區王莊堡人，中共黨員，一區助理員，1941 年 4 月 15 日犧牲于前樺嶺。

劉創平：應縣西泥溝人，中共黨員，一區青救會主任，1941 年 8 月 25 日樺嶺戰鬥犧牲。

劉　占：靈丘劉莊人，中共黨員，基游隊分隊副，1941 年 5 月 15 日香爐臺戰鬥犧牲。

吕世傑：靈丘蔡家峪人，中共黨員，基游隊大隊長，1941 年 6 月 3 日上寺戰鬥犧牲。

吴丕明：一區樺嶺人，中共黨員，公安局工作員，1941 年 6 月 2 日犧牲于大窑溝。

薛培功：渾源三區人，警衛隊員，1941 年 6 月 1 日犧牲于大窑溝。

劉　義：渾源三區人，警衛隊員，1941 年 6 月 1 日犧牲于大窑溝。

杜銀德：渾源五區人，警衛隊員，1941 年 6 月 2 日犧牲于大窑溝。

朱　躍：渾源五區人，警衛隊員，1941 年 6 月 2 日犧牲于大窑溝。

白世武：四區黄石駝人，中共黨員，四區武委會主任，1941 年 6 月 3 日犧牲于西白洋。

許進孝：一區彭頭溝人，基游隊班長，1941 年 6 月 11 日昆侖崖戰鬥犧牲。

王　玉：應縣正溝人，基游隊隊員，1941 年 6 月 11 日昆侖崖戰鬥中犧牲。

張吉明：應縣後莊旺人，1941 年 6 月 11 日昆侖崖戰鬥中犧牲。

王德三：應縣正溝人，1941 年 6 月 11 日昆侖崖戰鬥中犧牲。

王生明：應縣車莊子人，1941 年 6 月 11 日昆侖崖戰鬥中犧牲。

熊孝林：一區蘇家坪人，一區服務員，1941 年 5 月犧牲于西安口。

吴□樂：一區服務員，1941 年 5 月犧牲于西安口。

雷根子：一區官王鋪人，基游隊員，1941 年 6 月黄土坡戰鬥犧牲。

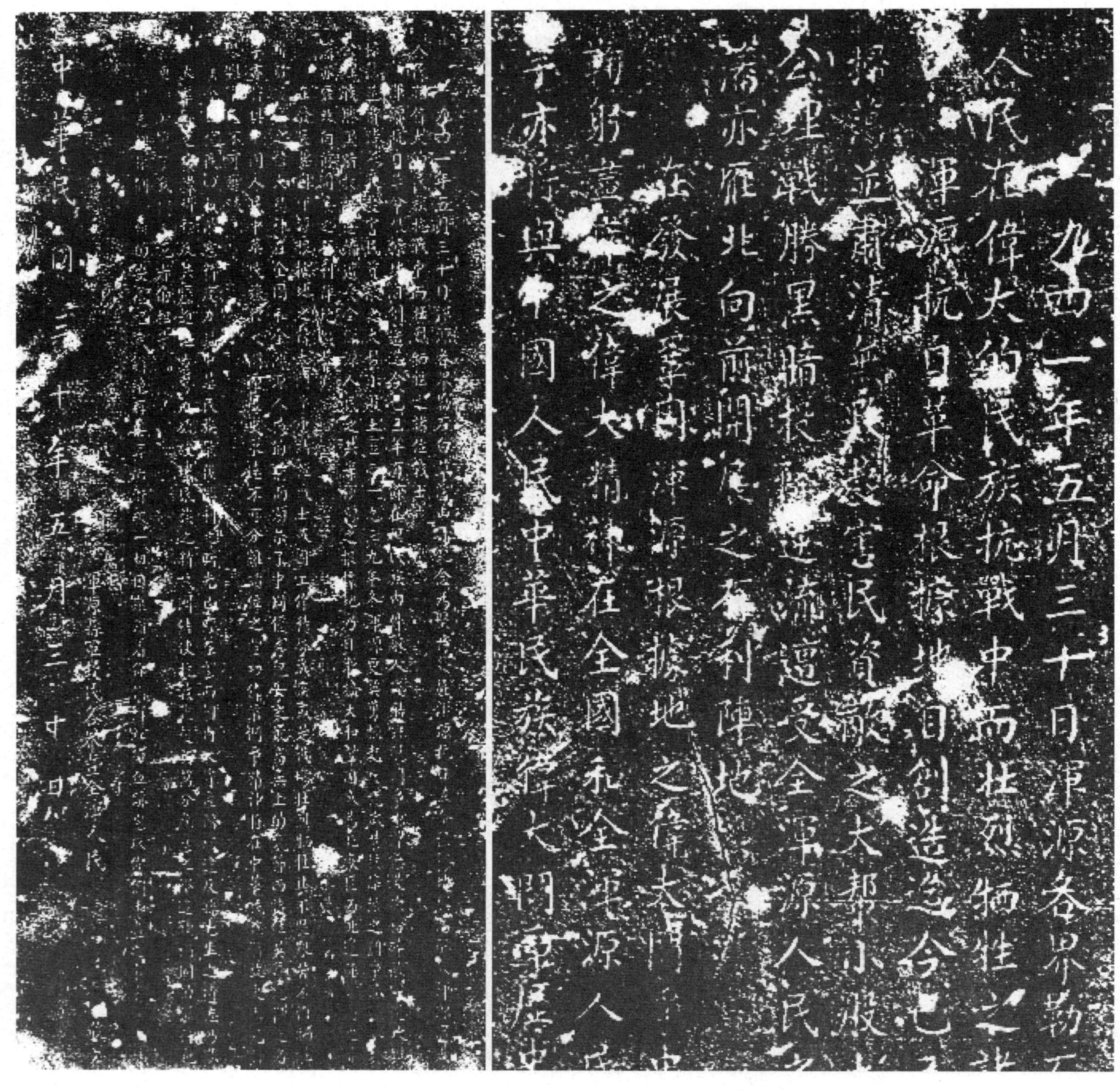

中华人民共和国

於北魏如雕似嵌景冠北嶽傍崖凌空風雨千年歷代
外游客心往神馳我國明代著名旅行家地理學家徐
之江蘊江陰人醉情山水一生漫游足迹大半中華遍
八嵗時即一六三三年季穐興游北國覽罷五台越嶺
抵渾源州登游北嶽諸景在其游記中對懸空寺作了
抵山下兩崖壁立一澗中流透罅而入逼仄如無所向
寵伊闕雙峙武夷九曲俱不足以擬之也三轉峽愈隘
層樓高懸曲榭斜依望之如蜃吐重樓者懸空寺也仰
入則樓閣高下檻路屈曲崖既聳削而寺之點綴兼能
不為巖石壘者爲天下巨觀中華人民共和國成立以
展北嶽重脩明珠放彩蜃樓奇姿驚天下游客如雲仰

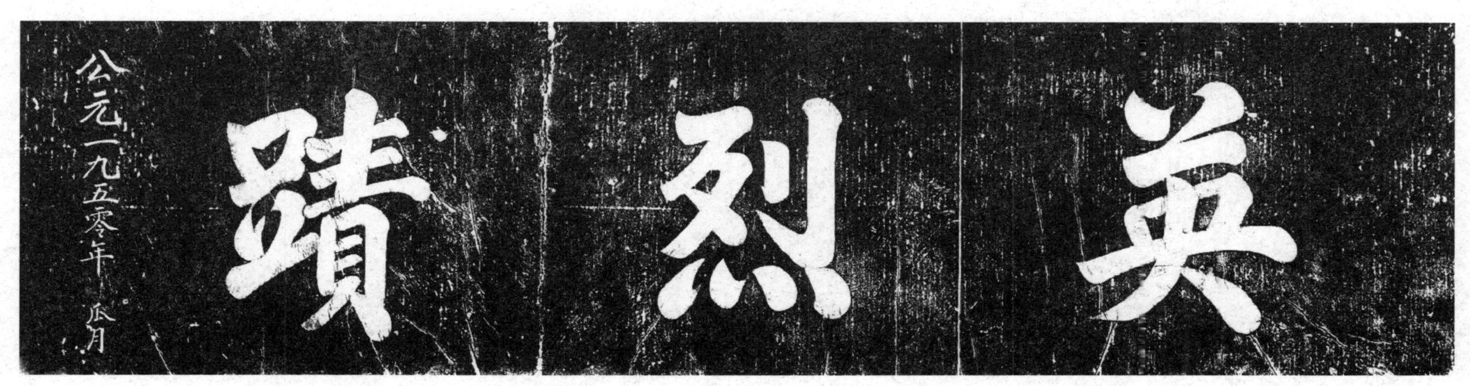

“英烈迹”匾额

【简介】

1950 年 7 月镌刻，嵌于原烈士塔（浑源城西关）门楣间，2007 年移至现烈士陵园处（浑源城北二岭村南）。汉白玉质，高 50、长 194 厘米，字体俊秀佳丽，由邑人李天池书，左士金刻。

【匾文】

英烈蹟

公元一九五零年瓜月

北岳恒山山门石刻

【简介】

1982年刻于天然峭石之上，存北岳恒山岳门湾处。高136、宽68厘米。由国务院批准，建设部监制。

【题刻】

北嶽恒山

中华人民共和国国务院一九八二年批准

中华人民共和国建设部监制

“北岳恒山”题刻

【简介】

1982 年镌刻于浑源县一天然峭石上，现存悬空寺停车场入口处，不规则的石刻高 270、宽 160、厚 80 厘米。碑为大理石质。碑阳“北岳恒山”4 字为行草体。“北岳恒山”右上为中国国家风景名胜区标志，碑右下为落款。碑阴为“神遊”，由中国民族杂志社总编、中国美术家协会会员、中国书法家协会会员、中国民族画院名誉院长郭正英题。

【题刻】

（碑阳）

北嶽恒山

中华人民共和国国务院一九八二年批准

中华人民共和国建设部监制

中华人民共和国国务院一九八二年批准
中华人民共和国建设部 监制

（碑阴）

神遊

《文心雕龍》神思之句，神與物遊之意也。

乙酉年秋月正英书於京華

全国重点文物保护单位悬空寺保护标志碑

【简介】

1982 年立于浑源县悬空寺山门前，黑色花岗岩质，长方形。高 80、宽 72、厚 16 厘米。底座为双层中凹形结构，高 80、长 140、宽 52 厘米。

【碑文】

全國重點文物保護單位
懸空寺
中华人民共和国国务院
一九八二年二月二十三日公布
山西省人民政府立

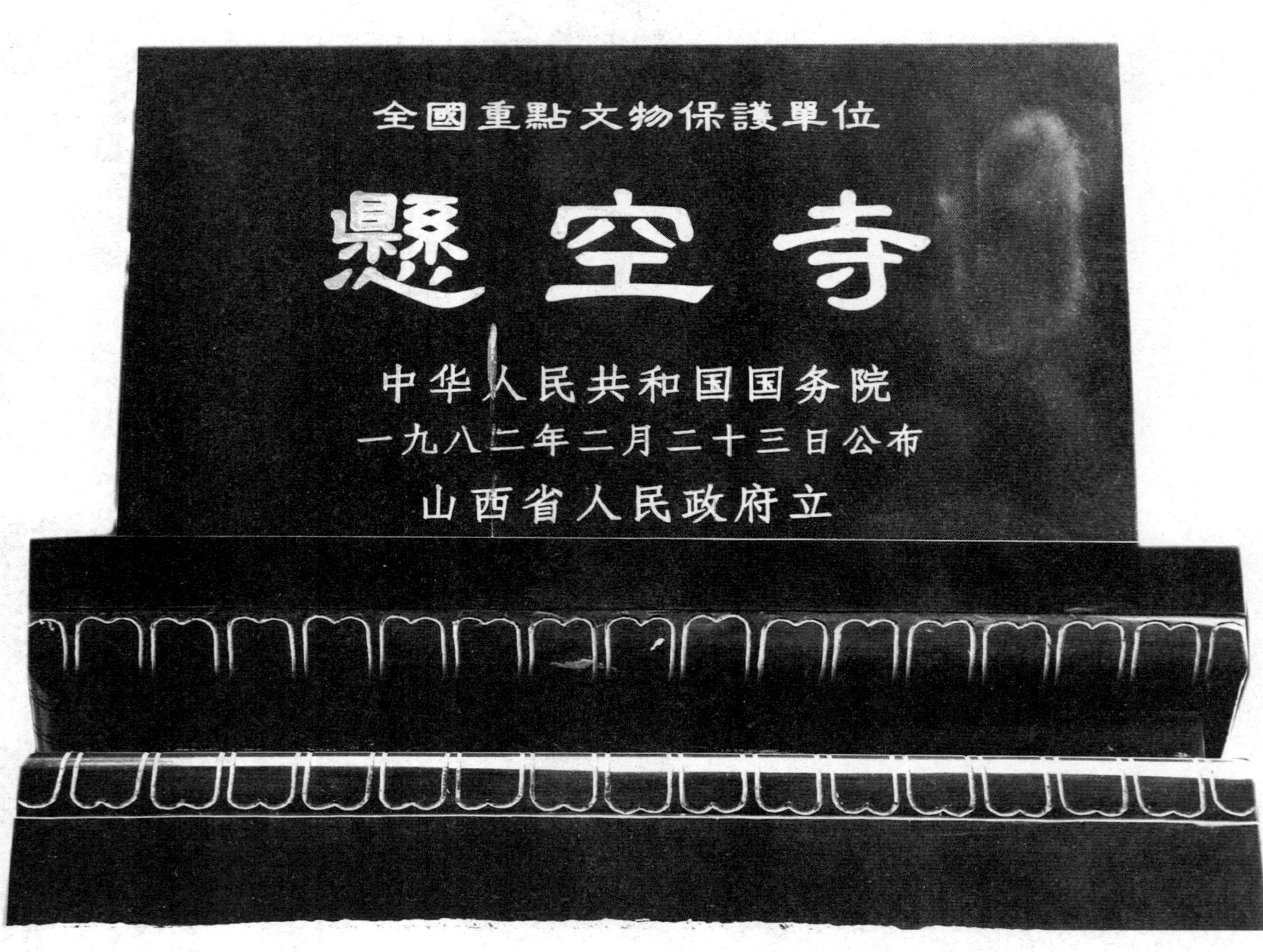

"智源轩"匾额

【简介】

1985年夏镌刻于浑源恒山接官厅门楣间。高30、宽90厘米。由时任山西省外事办主任王善书丹，恒山文化研究会副理事长白明星冠名。

【匾文】

智源軒

王善

霞客亭碑记

【简介】

1986年重阳节（九月九日）立。存悬空寺接待室西南。高151、宽79、厚14厘米。圆首方座，座长102、宽48、高30厘米。汉白玉质，外建古朴典雅之碑亭。额题“万古流芳”。由县长齐平撰文，顾必达书丹，恒山文管所立石。

【碑文】

（碑阳）

霞客遺迹

（碑阴）

霞客亭碑記

懸空古寺始建於北魏，如雕似嵌，景冠北嶽，傍崖凌空，風雨千年。歷代名人稱奇叫絕，中外遊客心往神馳。我國明代著名旅行家、地理學家徐霞客名弘祖字振之，江蘇江陰人，醉情山水，一生漫遊，足跡大半中華，遍踏名山大川。四十八歲時，即一六三三年季秋，興遊北國，覽罷五臺越嶺北行，於重陽翌日，抵渾源州，登游北嶽諸景，在其游記中對懸空寺作了絕妙的贊述：循之抵山下，兩崖壁立，一澗中流，透罅而入，逼仄如無所向，曲折上下俱成窈窕。伊闕雙峙，武夷九曲俱不足以擬之也。三轉峽愈隘崖愈高，西岸之半層樓高懸，曲榭斜依，望之如蜃吐重樓者懸空寺也。仰之神飛，鼓勇獨登，入則樓閣高下，檻路屈曲，崖既聳削，而寺之點綴兼能入勝。依岩結構，而不為巖石壘者，為天下巨觀。中華人民共和國成立以來，隨着旅游業發展，北嶽重修，明珠放彩，蜃樓奇姿驚天下，游客如雲仰巨觀，為紀念三百年前登寺歎勝的霞客老人刱亭表記，立碑以誌。

渾源縣縣長齊平撰文

顧必達書碑

廣靈雕塑廠勒石

公元一九八六年重陽恒山文物管理所立

萬古流芳

霞客亭碑記

懸空古寺始建於北魏如雕似嵌景冠北嶽傍崖淩空風雨千年歷代名人稱奇叫絕中外游客心往神馳我國明代著名旅行家地理學家徐霞客名弘祖字振之江蘇江陰人醉情山水一生漫游足迹大半中華遍踏名山大川四十八歲時即一六三三年季穐興游北國覽罷五台越嶺北行於重陽翌日抵渾源州登游北嶽諸景在其遊記中對懸空寺作了絕妙的贊述循之抵山下兩崖壁立一澗中流透罅而入逼仄如無所向曲折上下俱成窈窕伊闕雙峙武夷九曲俱不足以擬之也三轉峽愈隘崖愈高西岸之半層樓高懸曲榭斜依望之如蜃吐重樓者懸空寺也仰之神飛鼓勇獨登入則樓閣高下檻路屈曲崖既聳削而寺之點綴兼能入勝依岩結構而不為巖石累者爲天下巨觀中華人民共和國成立以来隨着旅游業發展北嶽重脩明珠放彩蜃樓奇姿驚天下游客如雲仰巨觀爲紀念三百年前登寺歎勝的霞客老人剏亭表記立碑以誌

渾源縣〻長　齊　平撰文

顧必達書碑

廣靈雕塑廠勒石

公元一九八六年重陽恒山文物管理所立

穆岳烈士纪念碑

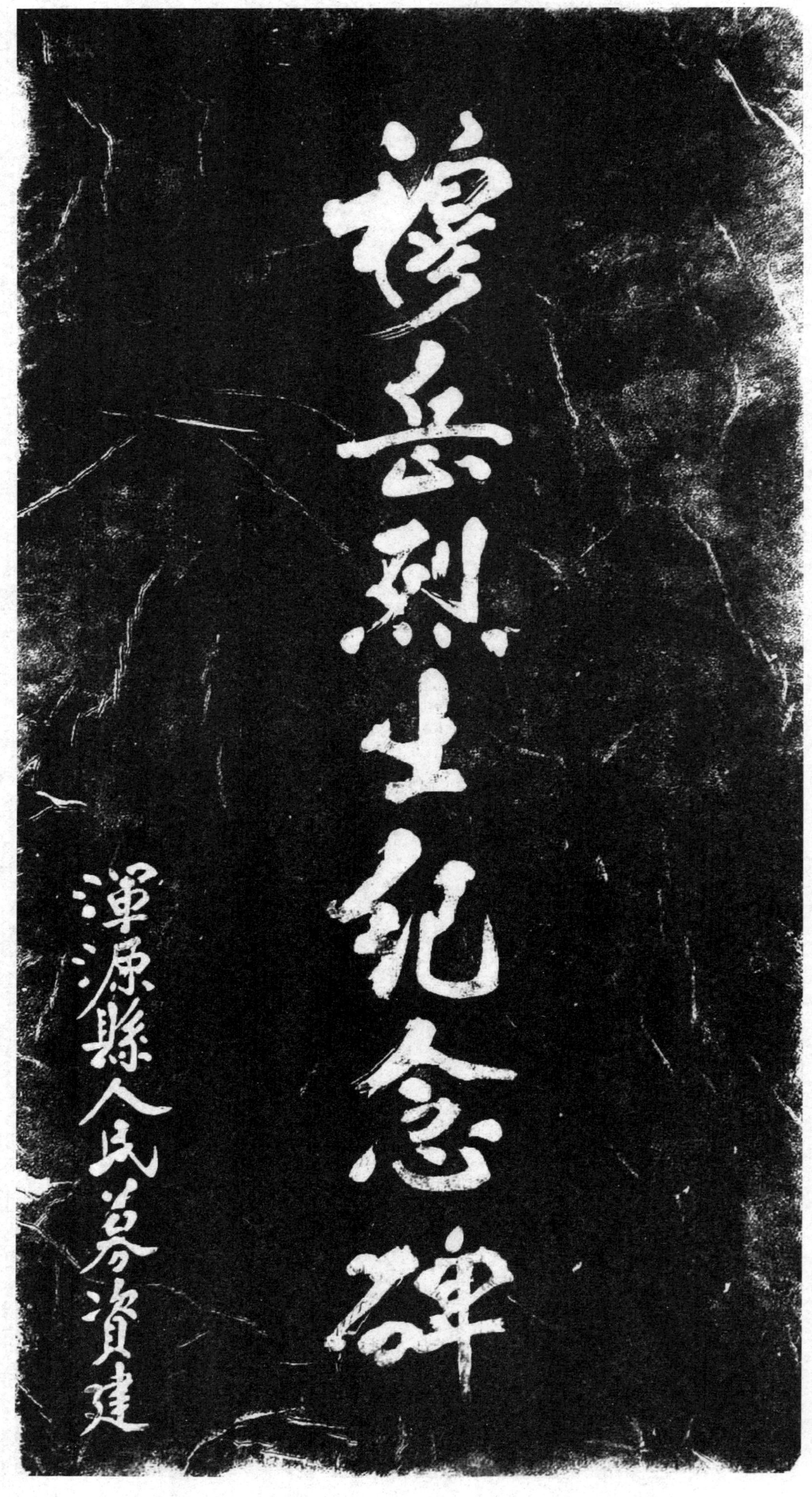

【简介】

1989年3月立。原立于城内西关西沙河桥烈士陵园，2008年迁至新建的烈士陵园。高180、宽96、厚22厘米。碑首为屋脊、党旗。碑座高70、长135、宽94厘米。由唐宊明撰文，马朝旺书丹。浑源各界人士在原县委书记王善倡导下捐资立碑。

穆岳原名穆春芳，1910年12月6日出生于辽宁盖县西二台子村。少年时的穆岳以学业优秀，刚强正直，团结友爱，助人为乐受到好评。考入东北大学后正值“九·一八”事变，东北沦陷，随东北大学流亡北平，加入抗日救国会组织。1937年卢沟桥事变后，奔赴山西投身抗日，十一月加入共产党，不久担任五台县窑头区区委书记。1938年7月调浑源县委书记。1940年任中共雁北地委常委，兼任桑干河武工队政委，不久转回浑源主持浑源中心县委工作，带领群众克服千难万险，开创了以恒山为依托的抗日根据地。1944年7月他奉命担任桑干河工委书记、兼武工队政委。8月3日护送他的老六团一个连的战士及地方干部在赴任途中被700余名日伪军包围于浑源东山石墙村，在指挥部队突围时壮烈牺牲，时年33岁。穆岳关心群众、平易近人、大公无私、光明磊落、浩气长存，是值得怀念的优秀共产党员。

【碑文】

（碑阳）

穆岳烈士紀念碑

渾源縣人民募資建

（碑阴）

浑源县抗日民主根据地创建者穆岳同志，原名穆春芳，一九一〇年出生于辽宁省盖平县小商贩家中。早年求学于东北大学，“九·一八”后随东大入关，“一·二九”学生运动时被反动当局监禁月余。一九三七年加入中国共产党，曾任中共五台县三区区委书记、晋东北特委秘书主任等职。三八年七月任中共浑源县委书记。四零年被选为浑源县县议长及国大代表。四二年参加中共雁北地委常委，四四年开展桑干河地区工作，任该区工委书记兼武工队政委，是年八月三日，在就职途中被敌包围于石墙村，突围时壮烈牺牲，年仅三十三岁，同时遇难者有工委委员李子清、白珍二同志。

平型关大战后，我恒岳大地沦为敌后，旧政权已逃散，斯时土匪遍地、敌特横行，在一片混乱民不聊生之际，穆岳奉命创建恒山抗日民主根据地。任职以来，深入农村发动群众，培养了大批革命干部，建立起抗日民主政权，组织起人民团体，建立了民兵武装，肃清了匪特，改善了人民生活，使根据地欣欣向荣。但在一九三九年春，国民党顽固派县长董闲愁来县夺权未遂，后伪保安司令白志沂率部千余人武装夺权，杀死我军政干部数人，日寇为配合反共又进行秋季大扫荡，加之大雨成灾，数千人死于水患天灾敌祸，使我根据地处于极端困境，穆岳同志领导着全县军民胜利地渡过了困难。浑源根据地的存在是插入蒙疆敌人心脏的尖刀，敌人集中兵力频繁地进行扫荡，增设据点三十余处，杀害县区干部百余人，屠杀群众四千四百余人，环境异常残酷，军民生活极为艰苦。穆岳同志六年如一日，以压倒一切敌人的气概领导着全县军民一次次粉碎了敌人的清剿烧杀，使人民抗日的烽火愈燃愈烈。

穆岳同志是执行党的抗日民族统一战线政策的模范。他团结一切可以团结的力量，特别重视对革命青年的培养，凡是爱国志士有为青年他必亲自培养，因而出现了大批智勇双全忠心革命的人才，成为开创支持根据地的骨干。他艰苦朴素，与人为善，几年中没穿过一件新衣，盖过一床棉被，在那军无粮民无食的岁月，是他和群众一样吃树皮草根，但他对伤病员却十分关心，亲自为他们找吃找药找安全地方休养。在穆岳同志的教育感召下，大批同志自觉勇敢地走上抗日斗争最前线，为祖国献出了青春和生命。他又是一位党性坚强学识渊博才思敏捷的领导人，他毕生致力于浑源县抗日战争和根据地建设事业，他言传身教，光明磊落，联系群众的高尚品德、全心全意为人民服务的伟大公仆的形象，永远留在人间，成为后人学习的榜样，人民每念及此无不感激穆岳同志的功绩。烈士英名将与恒岳齐名、永垂不朽。

浑源人民为纪念烈士功绩，更为教育后人，谨募资建立此碑。

一九八九年八月三日建

撰文　唐突明

书石　马朝旺

刻碑　广灵县雕塑厂

浑源县抗日民主根据地创建者穆岳同志原名穆春芳一九一〇年出生于辽宁省盖平县小商贩家中早年求学于东北大学九一八后随东大入关一二九学生运动时被反动当局监禁月余一九三七年加入中国共产党曾任中共五台县三区区委书记晋东北特委秘书主任等职三八年任中共浑源县委书记四零年被选为浑源县县议长及国大代表四二年参加中共雁北地委常委四四年在察哈尔河地区工作任该区工委书记兼武工队政委是年八月三日在就职途中被敌包围于石墙村突围时壮烈牺牲年仅三十三岁同时遇难者有工委委员李子清白玉三同志

平型关大战后我恒岳大地沦为敌后旧政权已逃散斯时土匪遍地敌特横行在一片混乱民不聊生之际穆岳奉命创建恒山抗日民主根据地任职以来深入农村发动群众培养了大批革命干部建立起抗日民主政权组织起人民团体建立了民兵武装肃清了匪特改善了人民生活使根据地欣欣向荣但在一九三九年春国民党顽固派县长董闲悲来县夺权未遂后伪保安司令白志沂率部千余人武装夺权杀死我军政干部数人日寇为配合反共又进行秋季大扫荡加之大雨成灾数千人死于水患天灾敌祸使我根据地处于极端困境穆岳同志领导着全县军民胜利地渡过了困难浑源根据地的存在是插入敌人心脏的尖刀敌人集中兵力频繁地进行扫荡增设据点三十余处杀害县区干部百余人屠杀群众四千四百多人环境异常残酷军民生活极为艰苦穆岳同志六年如一日以压倒一切敌人的气概领导着全县军民一次次粉碎了敌人的清剿烧杀使人民抗日的烽火愈燃愈烈

穆岳同志是执行党的抗日民族统一战线政策的模范他团结一切可以团结的力量特别重视对革命青年的培养凡是爱国志士有为青年他必亲自培养因而出现了大批智勇双全忠心革命的人才成为开创坚持根据地的骨干他艰苦朴素与人为善几年中没穿过一件新衣盖过一床棉被在那军无粮民[illegible]的岁月里他和群众一样吃树皮草根但他对伤病员却十分关心亲自为他们找[illegible]找药找安全地方沐养在穆岳同志的教育和感召下大批同志自觉勇敢地走上抗日斗争最前线为祖国献出了青春和生命他又是一位党性坚强知识渊博才思敏捷的领导人他毕生致力于浑源县抗日战争和根据地建设事业上他言传身教光明磊落联系群众的高尚品德全心全意为人民服务的伟大公仆的形象永远留在人间成为后人学习的榜样人民公仆[illegible]已不[illegible]穆岳同志的功绩烈士英名将与恒岳齐名永垂不朽

浑源人民为纪念烈士功绩更为教育后人谨募资建立此碑

一九八〇年八月三日建

撰文 唐实明

书石 马朝旺

刻碑 广灵县雕塑厂

云蒙山弟子道恒之墓

【简介】

1989 年立于浑源恒山仙人坟，现存该处。碑为圆首，青石质。高 99、宽 42、厚 12 厘米。额题“龙门正宗”4 字。由道恒弟子圣义等立。碑下有一高 20、宽 30 厘米的青石板，上有刻诗。

【碑文】

雲蒙山弟子道恒之墓

一九零四年生于山東省□邑縣

一九八七年農曆十月十六日□□

弟子　沙暮　聖義　□旭

一九八九年　立

身沉佛門壯志酬，
富貴功名無所求；
恩師遺訓不可忘，
胆義功德青史留。

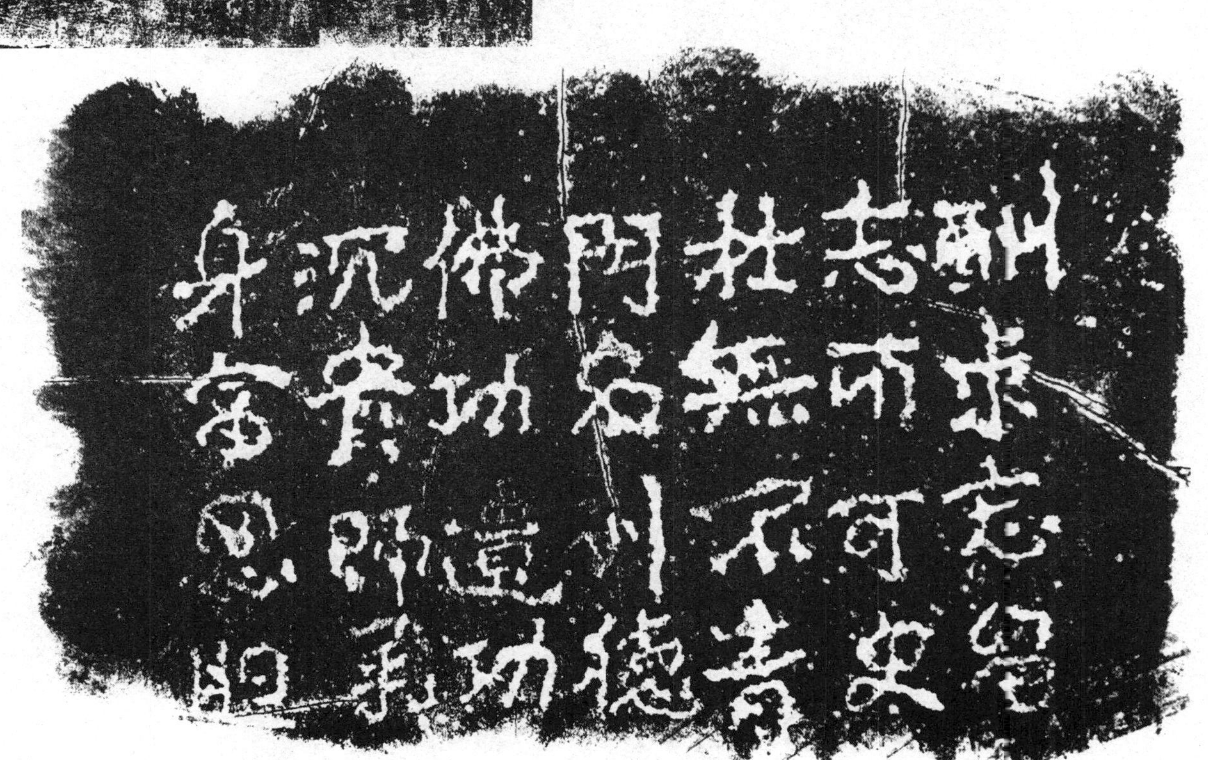

重修会仙府神像碑记

【简介】

1994 年立碑，现存浑源恒山会仙府御碑亭右侧，汉白玉质，圆首，回字纹边。碑高 86、宽 50、厚 8 厘米。圆顶方座。

【碑文】

重修會仙府神像碑記

北岳会仙府集三洞神仙於一庙，全國罕有，庙貌巍巍，神像端莊，道灵仙真，遐迩中外。歷代朝臣莫不致祭，屢年百姓香火常典，祈福致祥、求药問事皆得感应。

當今海内昇平，民生樂業，游山朝聖之風大兴。渾源药材公司經理陈公春田因祭神來庙，目睹廿七位尊仙缺席四五，所馀神像無一不残，不忍袖手坐視，頓起修補之意。遂慷慨捐資二千馀元，并邀集程祖思等众善人募捐佈施，於壬申年夏兴工，歷经兩載至甲戌年夏告竣。全廟焕然更新，保古迹重啟盛世，報神恩於之萬一。游人称讚，土人加額，刻石留名，以昭後人。

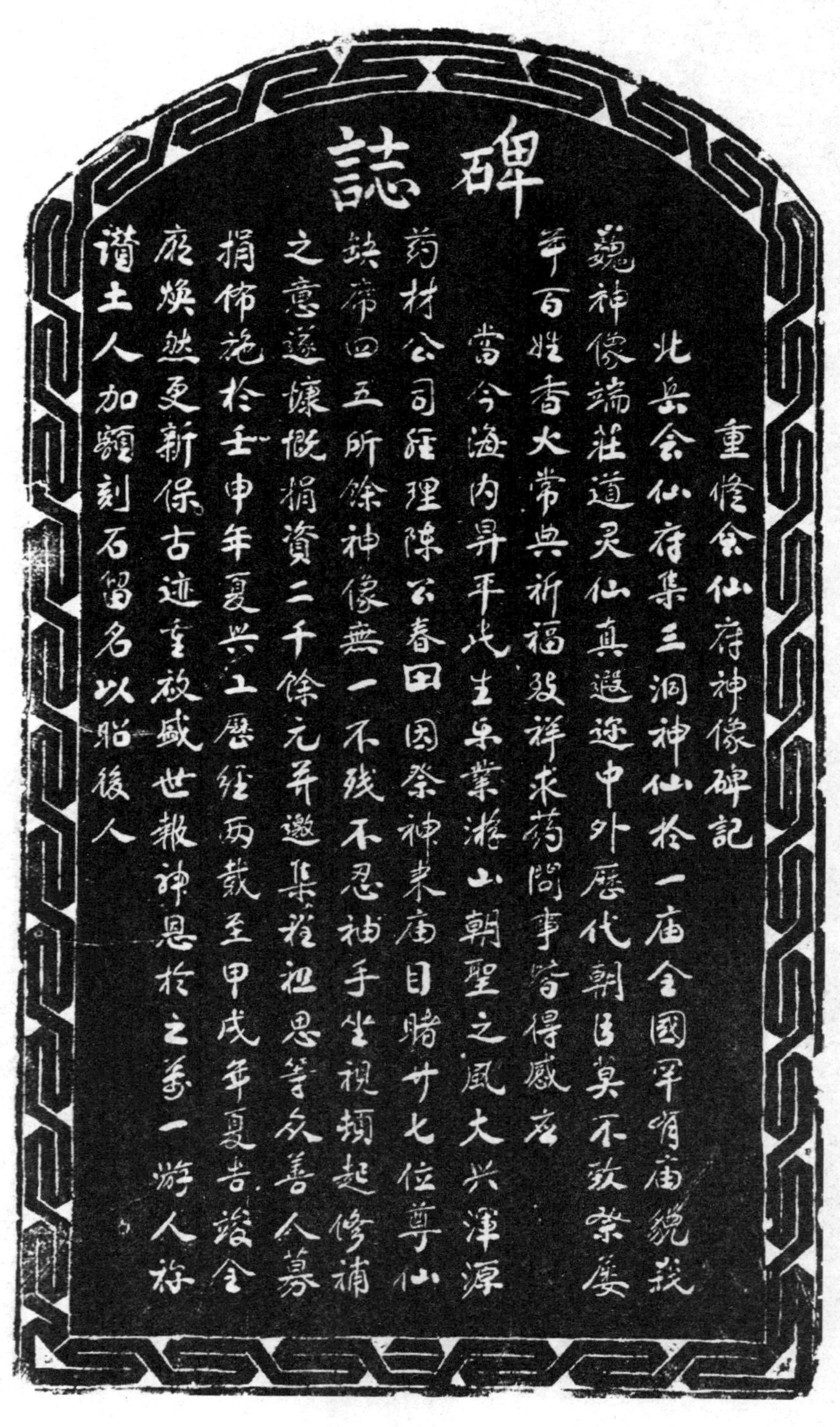

重建恒山山门碑记

【简介】

1995 年 10 月立。存恒山岳门湾东北山丘处。高 190、宽 70、厚 18 厘米，圆首方座，青砂岩。碑边为琴棋书画，回字纹。由恒山文物管理局立。

【碑文】

重建恒山山门碑記

恒山山門，乃登北岳朝恒宗览胜境之第一景觀，原山门建於清末，由白衣殿、三元宮、大戲台、石牌坊等建筑组成。建恒山水庫后，峡谷故道与原山門皆没于萬倾碧波之中。萬山尊五岳，北岳称恒宗，無山門诚乃缺憾，故中共渾源县委、渾源县政府决定重建山門。一九九三年省市县拨款，恒山管理局承办。邀上海同济大学丁文魁教授规划选址，仿北京白雲觀样式，选当地能工巧匠精工细作，历時年余工程告竣。新山門坐东面西，一泓碧玉映衬其前，滿山翠緑装点其后，高十米、寬十六米，四柱七楼，中开三門，混凝土浇注，青石围抱，斗拱舖作，黃琉璃盖頂，正中悬原新華社社長穆青墨宝“北岳恒山”四字，光彩熠熠，下方刻暗八仙图案栩栩如生，两边嵌北岳真形图，吉祥生輝。整個建筑结构严谨，高大伟严，气势雄渾，显道教特征，呈明清風格，瑞氣永在，惠澤八方。

北岳恒山管理局

一九九五年十月立

重修园序

【简介】

1997年8月立。存黄花滩乡陡咀烈士陵园。高148、宽68、厚18厘米。圆首异型座，青砂岩质，碑首为双龙，碑边花卉宝剑回字纹。由黄花滩乡党委、乡政府、浑源县民政局共同立。

【碑文】

重修園序

烈士陵园始建于一九四二年，陵园先后有中共雁北地委常委、渾源县第一任县委书记穆岳等六位烈士安葬于此。四三年，烈士陵园遭到日寇严重破坏，陵园围墻、大门、木塔被侵略者拆除、搗毁、焚烧，墓碑和石条被日寇拉到寒風岭炮楼。园内景象残不忍睹。

解放后，县民政局和当地政府、群众为恢复陵园本來面目，曾多次出資出力修建，但終因財力有限和管理不善，无法使陵园完整保存。“文革”期間又一次遭到严重破坏。

为了加强社会主义精神文明建设，缅怀先烈丰功伟绩，告慰烈士英灵，用先烈们的英雄事迹教育后人，坚定共产主义信念，增强为人民服务的公仆意识，在庆祝中国人民解放军建军七十周年之际，县委、政府高度重视，县民政局、黄花滩党委政府通力协作，终于一九九七年八月建成此园，为烈士修坟建碑，以滋纪念，永垂千古。

公元一九九七年八月　立

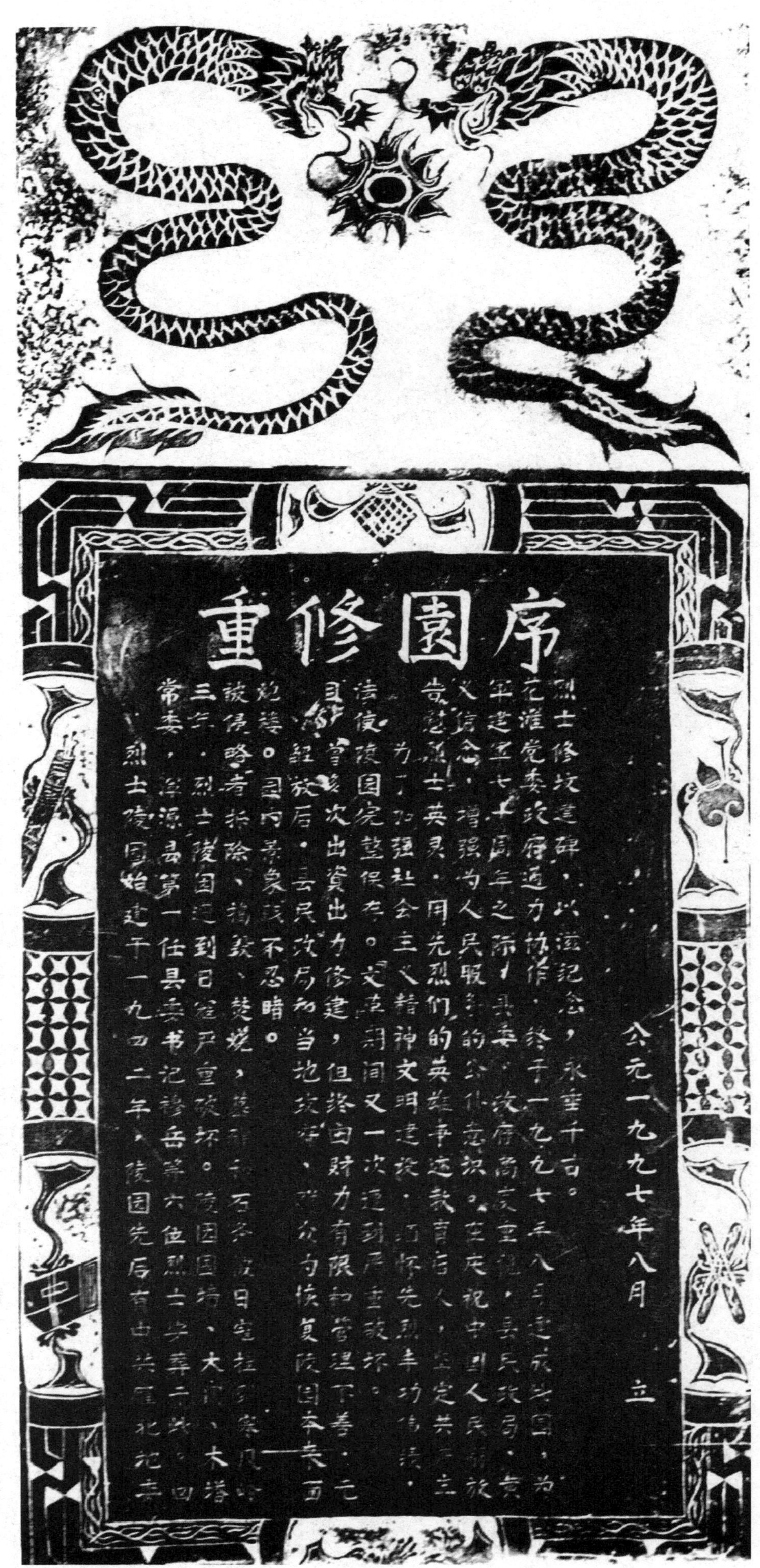

故烈士祝秉礼名留恒岳纪念碑

【简介】

1997 年 8 月立。存黄花滩乡陡咀烈士陵园。高 127、宽 55、厚 9 厘米，青砂石质。碑首龙凤图案。碑边为花卉回字纹。

祝秉礼，1919 年出生，浑源县王庄堡村人，中共党员。抗日战争爆发后，由山西兵工厂转回浑源，组织了二区工人抗日救国会。后调入县工人抗日救国会任主任。1940 年调任第五区区委书记。任书记后广泛发动群众减租减息，多方开展生产自救，使五区的抗日工作搞得有声有色，增强了人民的斗志，打击了敌人的气焰。1940 年 11 月 3 日祝秉礼在五区干水沟开展抗日工作时，被乱岭关据点的日伪军包围。虽经顽强奋战，终因寡不敌众被俘，惨无人道的日伪军将其拴在马尾，活活拖死，年仅 22 岁。

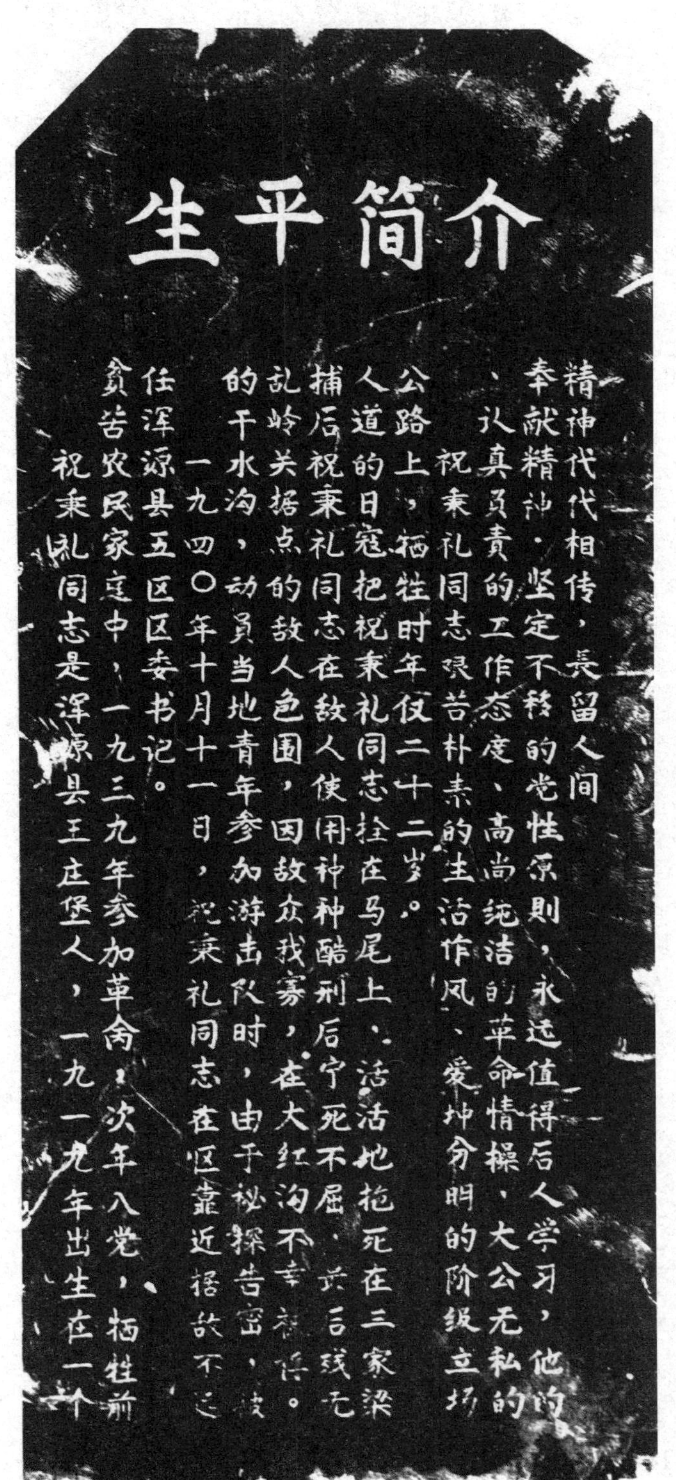

【碑文】

（碑阳）

故烈士祝秉礼名留恒岳

（碑阴）

生平简介

祝秉礼同志是浑源县王庄堡人，一九一九年出生在一个贫苦农民家庭中，一九三九年参加革命，次年入党，牺牲前任浑源县五区区委书记。

一九四〇年十月十一日，祝秉礼同志在区靠近据敌不远的干水沟，动员当地青年参加游击队时，由于秘探告密，被乱岭关据点的敌人包围，因敌众我寡，在大红沟不幸被俘。捕后祝秉礼同志在敌人使用种种酷刑后宁死不屈，最后残无人道的日寇把祝秉礼同志拴在马尾上，活活地拖死在三家梁公路上，牺牲时年仅二十二岁。

祝秉礼同志艰苦朴素的生活作风，爱憎分明的阶级立场，认真负责的工作态度，高尚纯洁的革命情操、大公无私的奉献精神，坚定不移的党性原则，永远值得后人学习，他的精神代代相传，长留人间。

故烈士丁莹永传后世纪念碑

【简介】

1997 年 8 月立。存黄花滩乡陡咀烈士陵园。高 129、宽 56、厚 9 厘米。碑首龙凤图案，碑边花卉、回字纹，青砂石质。

丁莹，1919 年出生于内蒙古自治区萨县一个农民家庭。1938 年奔赴浑源参加抗日，先在昆仑崖一带开辟抗日根据地。同年 7 月加入中国共产党，并任区委委员。12 月调浑源县青年抗日救国会任主任。1940 年 10 月当选为国大候补代表，不久任晋察冀边区参议员，后又任雁北地区青年抗日先锋救国会委员。

在艰苦卓绝的抗日战争期间，丁莹立场坚定，工作踏实，作风正派，有勇有谋，在极其险恶的环境下采取多种形式宣传抗日，发动参军，功不可没。1941 年 8 月，丁莹在上白羊、史家坪等村搞青救工作时，被日伪密探告发于附近的寒风岭据点，日伪军很快将史家坪包围，突围时为掩护群众，不幸中弹牺牲，年仅 22 岁。

【碑文】

（碑阳）

故烈士丁瑾永传后世

（碑阴）

生平简介

丁莹同志是内蒙萨县人，一九一九年出生在一个农民家中。一九三八年参加革命，次年入党，曾任浑源县一区区委委员、县青救会主任，三九年被选为国大副代表，雁北地区“青抗先”委员。

丁莹同志立场坚定、作风正派、工作踏实，在他的领导下，浑源县青救会工作搞得有声有色，当时在工作环境极其险恶的情况下，采取多种形式，组织青年张帖标语、编写歌谣，向人民群众宣传抗日道理。组织青年们学文化、学政治，动员青年人参军抗日。

一九四二年八月在五区寒风岭敌据点附近上白羊村搞青救工作时，被秘探告密，突围时为掩护群众不幸中弹，牺牲时年仅二十二岁。

丁莹同志对革命的杰出貢献，有口皆碑、永垂史册；他的英名与恒岳共存，永传后世。

故烈士牛文斗永垂青史纪念碑

【简介】

1997年8月立。存黄花滩乡陡咀烈士陵园。高128、宽55、厚9厘米。碑首龙凤图案。碑边回字、花卉纹，青砂石质。

牛文斗，1922年出生于浑源县千佛岭乡金峰店村一个农民家庭。1938年11月投身于抗日斗争，同年年底加入中国共产党，后调五区任武委会主任。期间带领武装队员组织群众破坏公路、割电线、埋地雷、打游击、捉汉奸、镇压密探，使敌人闻风丧胆。艰苦朴素、平易近人的牛文斗虽然文化程度不高，但有超凡的组织才能和领导艺术，在他短暂的革命历程中体现了共产党员革命到底的本色。1942年11月，他到白羊村动员青壮年报名参军时，被广灵南村据点的敌军获悉，日伪军包围了白羊村，他与同行的队员奋力冲出包围后，为掩护群众一直战斗到子弹打尽，身上多处中弹，最后将身上仅有的一颗手榴弹拉响，与敌人同归于尽，英勇就义，时年20岁。

【碑文】

（碑阳）

故烈士牛文斗永垂青史

（碑阴）

生平简介

牛文斗同志是浑源县中庄铺乡金峰店人，一九二二年出生在贫苦的农民家中，一九三八年参加革命工作，同年加入了中国共产党。先在区小队当游击战士，后在五区担任武委会主任。在担任五区武委会主任期间，经常组织和带领同志们破坏公路、割电线、埋地雷、打游击、捉汉奸，镇压密探，使敌人闻风丧胆。

一九四二年三月二十日，牛文斗同志在白羊村宣传动员青壮年报名参加游击队时，被南村敌人发现，包围在白羊村，突围时，由于身上多处中弹和枪无子弹的情况下，把身上仅有的一颗手榴弹拉响，与敌人同归于尽，英勇就义，牺牲时年仅二十岁。

牛文斗同志艰苦朴素，平易近人，抗战八年中，经常穿着一双草鞋和补了又补的旧衣，头戴一顶褐色毡帽，腰里系着一个白粗布文件包和一支独角牛手枪。虽然文化不高，但有很高的组织才能和领导才能，在他的身上体现出一个共产党人具备的本色。

故烈士李子清名流千古纪念碑

【简介】

1997年8月立。存黄花滩乡陡咀村烈士陵园。高129、宽56、厚9厘米。碑首龙凤图案，碑边花卉、回字纹，青砂石质。

李子清，原名李误，1915年12月出生于阳高县大柳树村的书香世家。1935年毕业于山西省高级师范学校。“七七事变”后，他先在山西国民军61军担任教官，后投奔共产党。先在党校学习，结业后被抽调到晋察冀边区繁峙县，任三区战地动员委员会主任。1938年7月调任浑源，经穆岳介绍入党。先后担任县政府财政科长、二区区长，1940年10月当选为县议会秘书，1942年7月调任一区区委书记、区长。

1944年7月，随同穆岳赴任桑干河武工队时夜宿石墙村，被叛徒任子善出卖，受700余日伪军包围，壮烈牺牲，时年29岁。

【碑文】

（碑阳）

故烈士李子清名流千古

（碑阴）

生平简介

李子清同志原名李兆江，是阳高县大柳树村人，一九一五年出生在清朝秀才家里，父母是教员。一九三五年毕业于高级师范学校。“七七”事变后，李子清到山西六十一军当了教官，此后在“万百”党校学习了三个月，后调任凡峙县三区动委会工作。不久又调往浑源县任财政科长，县议会秘书，后又任浑源二区区长。一九三八年，由县委书记穆岳同志介绍，加入中国共产党。一九四二年七月，调任一区区委书记兼区长。

一九四四年七月，中共雁北地委决定，组建桑干河武工队，调李子清同志到武工队工作，八月三日，在就职途中被敌包围于石墙村，突围时壮烈牺牲，年仅二十九岁。同时遇难者有中共雁北地委常委、浑源县委书记穆岳同志、五区区长白珍同志、县委通讯员李开国同志。

故烈士穆岳永垂不朽纪念碑

【简介】

1997年8月立。存黄花滩乡陡咀烈士陵园内。高140、宽60、厚9厘米。碑首为龙凤图案，碑边为花卉、回字纹，青砂石质。

【碑文】

（碑阳）

故烈士穆岳永垂不朽

（碑阴）

生平简介

浑源县抗日民主根据地创建者穆岳同志，原名穆春芳，一九一〇年生於辽宁省盖平县小商贩家中。早年毕业于“东北大学”，“九·一八”后随东大入关。“一·二九”学生运动时被反动当局监禁余月。参加革命后，一九三七年加入中国共产党。曾任五台县三区区委书记，晋东北特委秘书、主任等职。一九三八年由于工作需要，调任浑源县委书记，一九四〇年当选为浑源县议长和国大代表。四二年任晋北中共雁北地委常委，四四年任桑干河工委书记兼武工队政委。

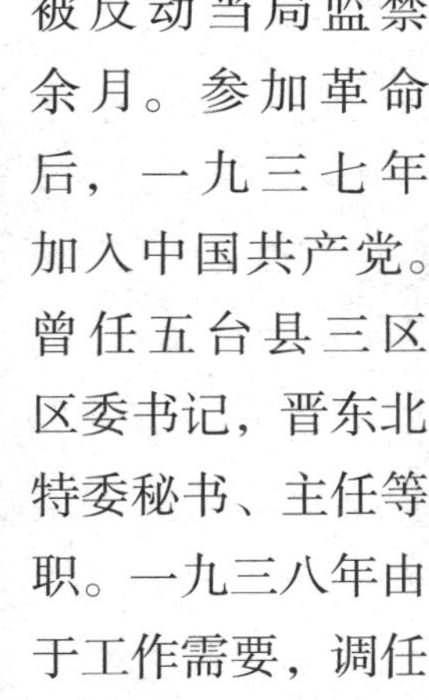

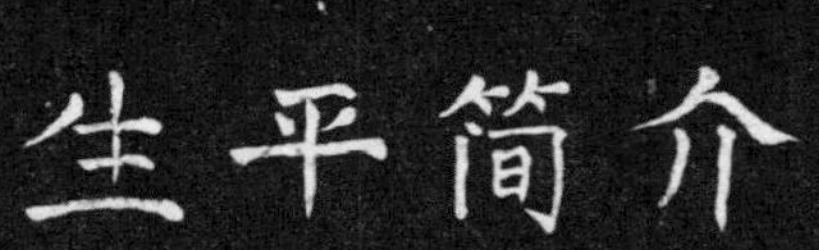

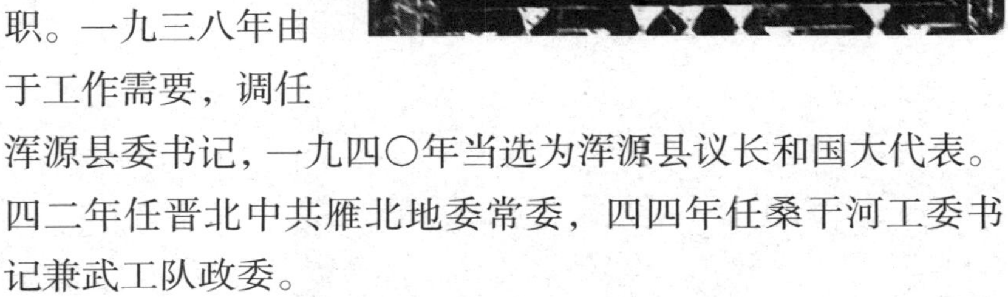

穆岳同志在浑源工作期间，他组建了新的县委，在蔡沟村建立了抗日民族统一战线组织“浑源战地动员委员会”。他带领县委干部，分头深入群众，发动群众，先后在县、区、村，建立了农救会、青救会、妇救会等群众组织和武装组织。在他的带领下，浑源抗日工作有声有色。一九四四年八月三日，由于内奸告密，穆岳同志被日寇包围在石墙村，突围时，由于敌众我寡，当场壮烈牺牲。牺牲时年仅三十四岁。

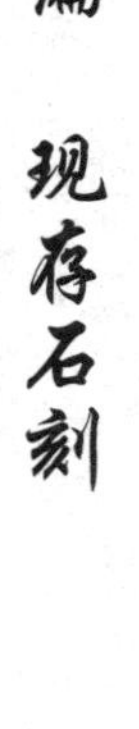

故烈士吕士杰名壮千秋纪念碑

【简介】

1997年8月立。存黄花滩乡陡咀烈士陵园。高134、宽60、厚9厘米。碑首龙凤图案，碑边花卉、回字纹。青砂石质。

吕士杰，1915年9月出生于灵丘县蔡家峪村，从小忠实诚笃，为乡里称赞。1931年到太原投亲谋生，更多地开阔了视野，了解了社会。1937年春不顾家人阻拦，参加晋军，在团城口战斗中，晋军不堪一击，遂弃军返乡，在八路军干部石含英的帮助下，参加了抗日游击队，并担任队长，不久加入共产党。1939年夏任七区区长。1940年10月当选浑源县议会议员，并升任县游击队长。

1940年6月2日，灵丘、广灵日伪军向浑源三区骚扰，吕士杰闻讯后，奔赴现场，指挥战士们猛打猛冲，并亲手击毙日指导员及多名敌人，但终因寡不敌众，不幸壮烈牺牲，时年26岁。吕士杰牺牲后，群众无不失声痛哭，抗日民主政府、八路军一一五师独立团为其举办隆重的吊唁仪式。

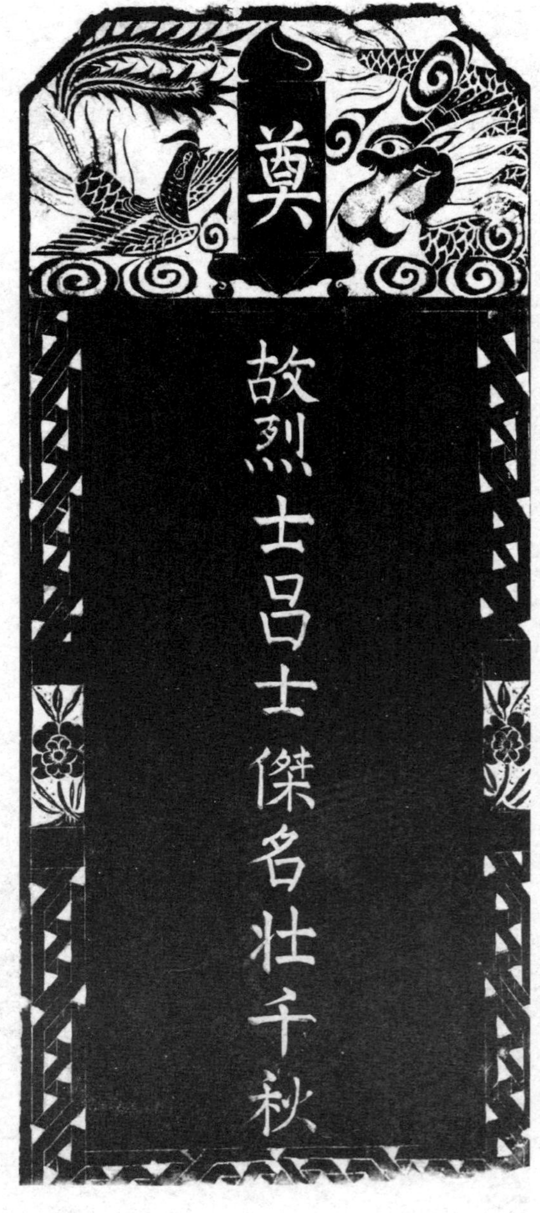

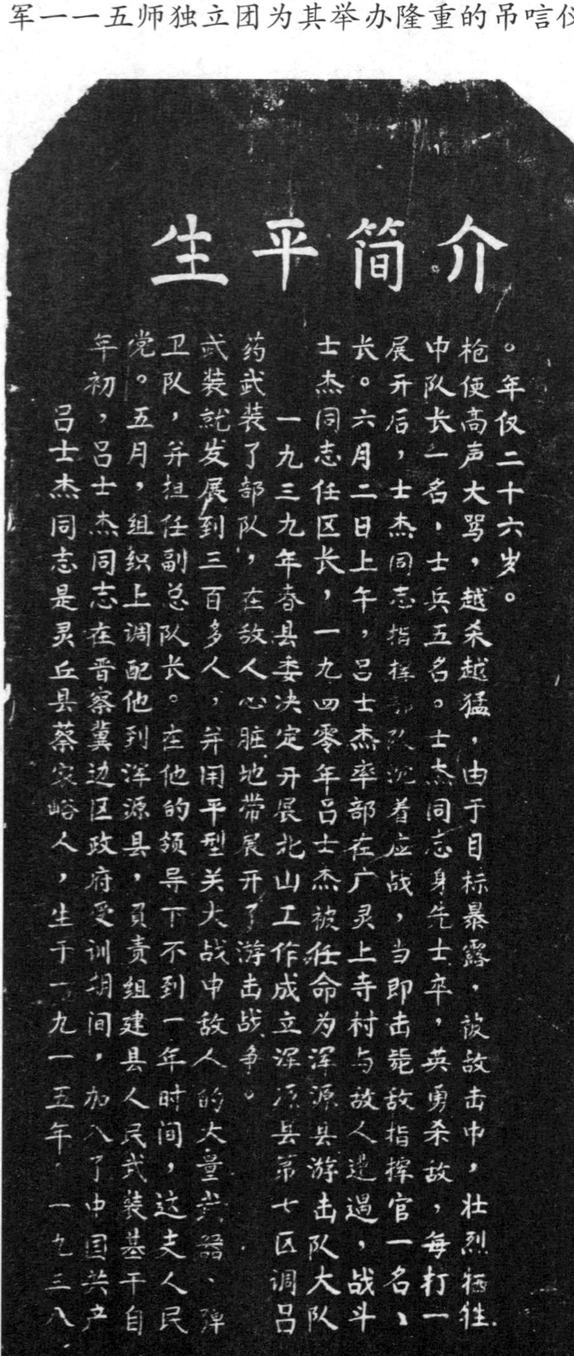

【碑文】

（碑阳）

故烈士吕士杰名壮千秋

（碑阴）

生平简介

吕士杰同志是灵丘县蔡家峪人，生于一九一五年。一九三八年初，吕士杰同志在晋察冀边区政府受训期间，加入了中国共产党。五月，组织上调配他到浑源县，负责组建县人民武装基干自卫队，并担任副总队长。在他的领导下不到一年时间，这支人民武装就发展到三百多人，并用平型关大战中缴获敌人的大量武器、弹药武装了部队，在敌人心脏地带展开了游击战争。

一九三九年春县委决定开展北山工作，成立浑源县第七区，调吕士杰同志任区长。一九四零年吕士杰被任命为浑源县游击队大队长。六月二日上午，吕士杰率部在广灵上寺村与敌人遭遇，战斗展开后，士杰同志指挥部队沉着应战，当即击毙敌指挥官一名、中队长一名、士兵五名。士杰同志身先士卒，英勇杀敌，每打一枪便高声大骂，越杀越猛，由于目标暴露，被敌击中，壮烈牺牲，年仅二十六岁。

“悬空寺胜境”标志碑

【简介】

1998年立于浑源县悬空寺景区入口处。碑为三角棱锥形，寓意佛道儒三教合一。黑色花岗岩质。碑座为白色大理石，四周有栏杆相护，碑顶为马踏飞雁。碑高15.8米，每面底宽250、上宽100厘米。由张文彬题书。

张文彬，1937年出生于山西省浑源县。1963年毕业于北京大学历史系考古专业，毕业后历任河南郑州大学历史系教授、河南省社会科学院副院长、河南省委宣传部副部长、省委秘书长、省人大副主任、国家文物局长、党组书记。主要著作《国有企业改革论》，获中宣部“五个一工程”优秀图书奖。主编的《简明河南史》由河南人民出版社出版。此外还在国家级、省级报刊发表多篇涉及文史的研究性论文。张文彬不忘乡梓，为家乡悬空寺、永安寺的修复耗费了大量心血。

【题刻】

懸空寺勝境

一九九八年七月　張文彬

“北岳恒山”匾额

【简介】

1998年镌刻于浑源恒山入口处岳门湾牌楼之阳面。总高60、宽175厘米。匾额所用材料为当地产的“山西黑”花岗岩，由当代著名新闻工作者穆青题书。

穆青，中国当代著名的新闻记者，曾任新华社社长。从事新闻工作50余年，勤学苦练，不懈进取，足迹遍及大江南北和世界各地。写了多篇在中国新闻史上具有里程碑意义的新闻佳作，为我国新闻队伍建设付出了辛勤的劳动。20世纪50年代曾来过浑源，40年后第二次来浑源，为恒山牌楼题写了“北岳恒山”4字。穆青于2003年10月11日凌晨因病在北京逝世，享年82岁。

【匾文】

北嶽恒山

“绝塞胜境”匾额

【简介】

1998年镌刻于浑源恒山入口处岳门湾牌楼之背面。总高60、宽175厘米。匾额所用石材为当地产的“山西黑”花岗岩。夏桐郁题书。

夏桐郁，当代著名学者、书法家。1932年出生，天津市静海人。毕业于中国人民解放军军委财务学校，历任文化部专员，国家文物局副局级巡视员。其代表作品有《试论中国文博专业干部教育》《书法碑拓知识讲座》《征途放歌》等。在巡视北岳恒山期间，被恒山的“奇绝”所折服，情不自禁地留下“绝塞胜境”的墨宝。

【匾文】

绝塞勝境

歲在乙亥　夏桐郁（印一方）

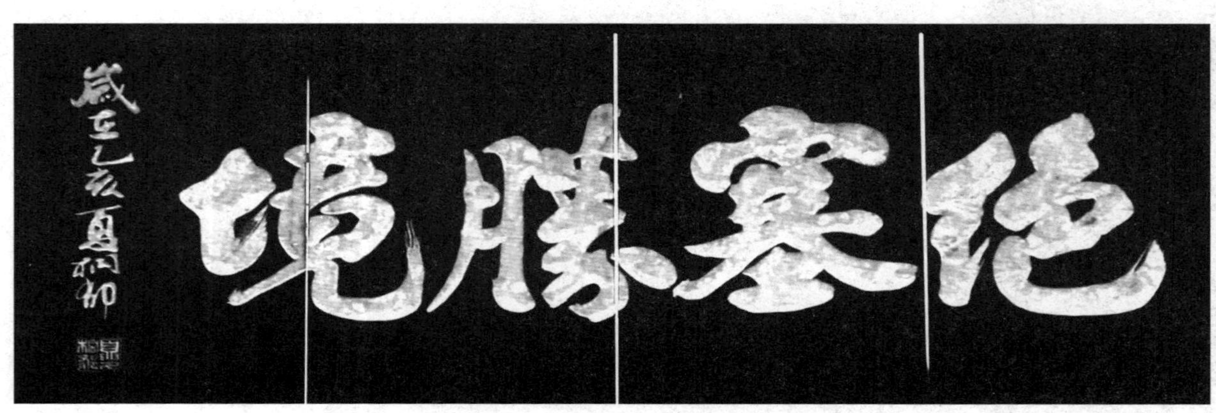

重修广华山关帝庙碑记

【简介】

1999年5月立。存浑源县三岭关帝庙。高185、宽68、厚11厘米。碑首双龙图案，碑边云头纹，黑色花岗岩质。额篆“万古留芳”。由贾宝、白明星、薛世雄、杨祥、齐治同撰，郭永福篆额。住持道士李大堂立石。

【碑文】

重修廣華山関帝廟碑記

恒麓之北有山曰廣華，為渾源县北之屏障，建有关帝庙于三岭村口，地處塞北交通咽喉，東有曹福坟，西茸峰火臺，與关帝庙遥相呼应。关聖大帝東漢晋陽解州人。一生忠義，勇武盖世，生為漢寿亭侯，故後屡受誥封，儒家尊為武聖帝君，道家拜為三界伏魔大帝，佛教称之护法伽兰，护國佑民，济生渡死，护佑行人過往客商屡有应验，香火旺盛，至誠至灵。庙之始建年代不詳。近代曾于乾隆道光年間重修，後毁于文革浩劫。县城善士馬常年君慷慨捐資献料，並邀善士孫存海、道士李大堂及鄰村善男信女化募粮款，興工動土修建庙宇，重塑关帝金身。歷時一載，庙起神立，使古蹟重啟盛世，報神恩人願於萬一，神人安居，共享安樂，刻石以昭後人。

發起善士　馬常年

募捐經辦善士　孫存海

住庙道士　李大堂

撰文　賈宝　白明星　齊治　郭永福　薛士雄　楊祥

書并篆額　郭永福

泥木油畫監工　李廣耒　崔勇

刻石　袁拴紅

公元一九九九年農歷五月十三日吉時立

天赐禅林云峰寺标志碑

【简介】

1999 年 6 月 6 日立于浑源城南 15 公里处天赐禅林山门牌楼前，高 600、宽 130 厘米。由时任中共浑源县委宣传部部长王维平题书。

【碑文】

北岳恒山风景名胜区

天賜禅林雲峰寺

公元一九九九年六月六日

中国北岳恒山图题刻

【简介】

1999 年 7 月镌刻，立于浑源县恒阴果老亭东北方，是进出恒山北路的大照壁。总高 577、宽 1426 厘米。山西黑花岗岩质。是当代比较完美的一幅恒山全图。由北京华星科技有限责任公司技术指导，北岳恒山管理局旅游工艺美术厂张慧聪绘制。

张慧聪，1968 年出生于浑源，大专学历，中共党员，山西省恒山风景名胜区纪委书记。笔名子頃，斋号玄瀚居士，现为中国书画艺术促进会常务理事，浑源县三晋文化研究会会员、山西省青年书法家协会会员、大同市美术家协会会员、大同市工艺美术家协会理事、大同市政协书画院院士、恒山书画院特聘书画家。近几年创作的花鸟画《荷》《风雨情》、山水画《悬空寺》《山重幽静水长流》《梦回恒山》等作品被名家收藏。

【题刻】

中國北岳恒山

北岳恒山攬勝圖（印一方）

北岳恒山龙泉观重修碑记

【简介】

2000年4月立。存恒山苦甜井东。高155、宽65、厚15厘米。碑阳边缘为回字纹，额首刻有篆字章，碑阴额篆“万古流芳”。黑色花岗岩质。捐碑黄旭，撰书祁治，刻石徐仁荣，立石胡觉非、穆岐。

【碑文】

（碑阳）

苦甜井

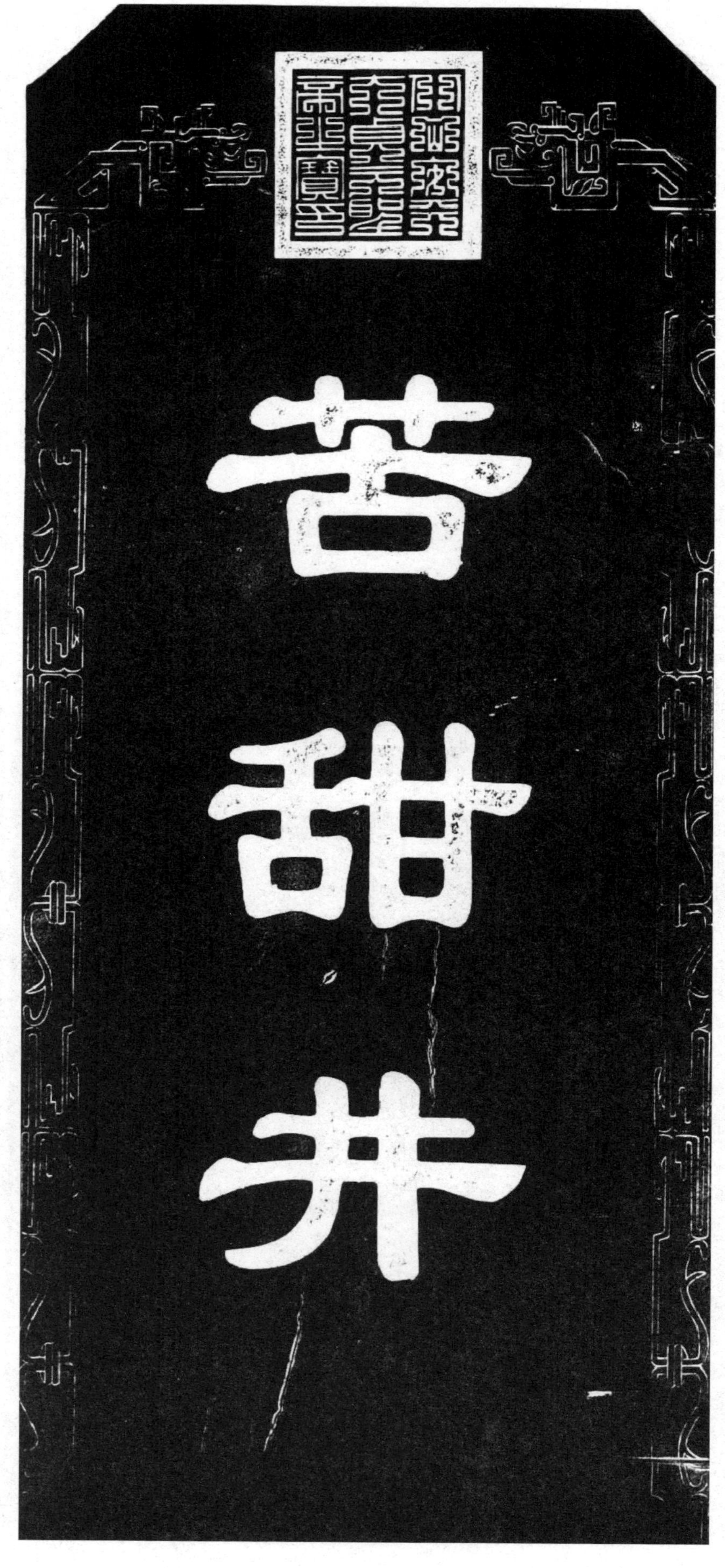

（碑阴）

北岳恒山龙泉观重修碑记

恒山朝殿之下，海拔一八零零米高的岩石坡上有一小庙，名曰“龙泉观”，又名“玄武井”或“苦甜井”。因庙内有井两口，相距仅只数尺，水味一苦一甜，南井腥咸苦涩故被填塞，而北井水甘如饴、味爽可口。此井深约丈余，四周环石，井底有一石缝，水从缝中迸出，清莹如露珠。一日之内万人饮用水源不竭，一年之中一滴不用水不外溢，洲人及邻县乡多有汲取此水熬汤煮药者，疗效倍佳。唐玄宗李隆基下诏书赐御匾曰：“龙泉观”。于是列入十八景之一，称之为龙泉甘苦。

岁次壬申一九九二年雨水连绵经月，促使泥石流滑坡、庙埋井塞，景毁水断……游人香客无不伫立频嗟。

至己卯年秋，經数年之修复工告完竣，将旧庙改新亭。此间有中庄铺乡老君殿村，轻财好善信士关軍，解囊资助，筹募布施，广结善缘，积功德，让千载古迹重启盛世，使众信报神恩与人愿于万一。谨述其事，以昭后人。

捐资首户　关军金额叁万元

捐碑人　黄旭

主持　胡觉非　穆岐

撰书　祁治

工匠　张勇

刻石　徐仁云

岁次庚辰二〇〇〇年槐月

泉古流芳

北岳恒山龙泉观重修碑记

恒山朝殿之下，海拔一八零零米高的岩石坡上有一小庙，名曰龙泉观，人云古井或苦甜井·[illegible]庙内有井两口相距仅只数尺，水味一苦一甜，南井腥咸苦涩故被填塞，而北井水甘如饴味爽可口，此井深约丈余，四周环石，井底有一石缝水从缝中迸出，[illegible][illegible]如露珠。一日之内万人饮用水源不竭，一年之中一滴不用水不外溢，洲人及邻县多有汲取此水熬汤煮药者，疗效倍佳。唐玄宗李隆基下诏书赐御匾曰：龙泉观于是列入十八景之一，称之为龙泉甘苦。

岁次壬申一九九二年丙水连绵经月，促使泥石流滑坡，庙埋井塞，景毁水断……游人香客无不驻立频嗟。

至己卯年秋，经数年之修复工告竣，将旧庙改新亭。此间有申堡铺乡老君殿村，轻财好善信士关军，解囊资助，筹募布施，广结善缘，积功德。壮千载古迹重名盛世，使众信报神恩与人惠于万一，谨述其事，以昭后人。

捐资首户　关　军　金额叁万元·捐碑人　[illegible]

主　　持　胡觉非　穆　岐

撰　　书　祁　治　工　匠　张　勇

刻　　石　徐仁云

岁次庚辰二〇〇〇年槐月

重修龙山大云寺碑记

【简介】

2000年农历六月十九日立于浑源县龙山大雄宝殿，现存该处。黑花岗岩质，平首方座。碑高174、宽60、厚9厘米。额篆“国泰民安”4字。由恒山文化研究会贾宝、白明星撰文，贺立业书丹，贾宝篆额。重修主事柳茂森、张广儒、姜桂花、过秤。恒山管委会徐仁云刻石。

龙山又名封龙山，主峰海拔2266.8米，比恒山主峰还高出260多米。龙山的峰峰岭岭到处是古老的天然森林，云杉、落叶松参天蔽日，榆树、白桦点缀其间。冬日雪挂树枝、雾绕林海的奇妙景观勾勒出一幅“龙山霁雪”的画卷，龙山霁雪是浑源八大景观之一。

龙山峰顶有一山洼，人称“寺洼”，顾名思义，这里曾经是寺庙的荟萃之处。其中大云寺规模最大，始建于北魏初期，是我国北方著名的佛刹，原殿阁堂舍百余间，住寺僧尼多达百人。大云寺东侧玉泉沟里有玉泉寺，寺旁泉水叮咚、花木芬芳，“玉泉寒溜”也是浑源八大景观之一。两处寺院均有下寺，大云寺的下寺在荆庄村，此寺建于金大定六年（1166）。其大殿的壁画系元代绘画珍品，2001年被定为国家级重点文物保护单位。

龙山独具特色，千百年来吸引着众多的文人墨客。金代诗人麻革撰写的《游龙山记》，同元好问齐名的刘祁撰写的《游西山记》，是脍炙人口的传世佳作。元代著名诗人元好问、文学家李冶、中书令张德辉曾多次结伴登游龙山，号称“龙山三老”。诸多文人墨客题写的诗词歌赋之碑石，大部分流失。

曾经辉煌的龙山寺院至清朝日渐衰落，到新中国成立前只剩下残砖破瓦。改革开放以来，恒山儿女目睹神伤，经信士姜桂花、牛继儒、许建国、张广儒、柳茂森、李福英、王美莲、梁月梅四处奔走、多方筹资，修复了部分寺院。上个世纪末，退休干部郭恒顺、乔玉枝夫妇倾全力，历经十几年的筹谋，出巨资相继修建起老母殿、大雄宝殿、龙宫、万寿堂、山神庙、文殊殿、五方佛殿、玉皇庙、地藏王殿等。虽未恢复原来龙岗“千岩万壑，络绎参差，树光日影，烂然五色，翳空蔽日，流泉飞瀑，寺庙连绵，雄丽冠绝”的原貌，但已为龙山景区的开发开好步、起好头。

【碑文】

重修龙山大云寺碑记

龙山古称封龙山，属恒山山脉，雄居翠屏山之坤位，与广华山、恒宗峰、千佛岭成犄角之势。是山奇险陡峭，峰峦叠秀，古木参天，绿树覆掩，自古就有仙圣道佛葺庐结庵，建寺参禅。远不可考，时至北魏初，已形成一处宏大寺院，庙貌森严，金碧辉煌，传为文殊菩萨的古道场，历经千载沧桑，幾成幾仆，殿宇荡然无存。二十世纪末，有代州籍大庆市柳公茂森先生梦中受命，携万金，访龙山，立志重修大云寺。本土信士张广儒、姜桂花、王天义、郝茂、张艮、翟德、李秀枝、黄月娥、张慧芳、吴昌等善男信女，辛苦万般，募得数万，重修大云寺上庙大雄宝殿，煌煌庙观，为浑源旅游又添一新景，即使霞客、三老重游时，当叹为观止。有孙存海水磨町耿公建喜捐得石碑一通，经居生海先生加工，吾等惜其良碑，以拙笔劣文记之。

重修主事：柳茂森　张广儒　姜桂花　过秤

撰文：贾宝　白明星

书写：贺立业

题额：贾宝

石刻：恒山管理局　徐仁云

农历庚辰年六月十九日吉时立

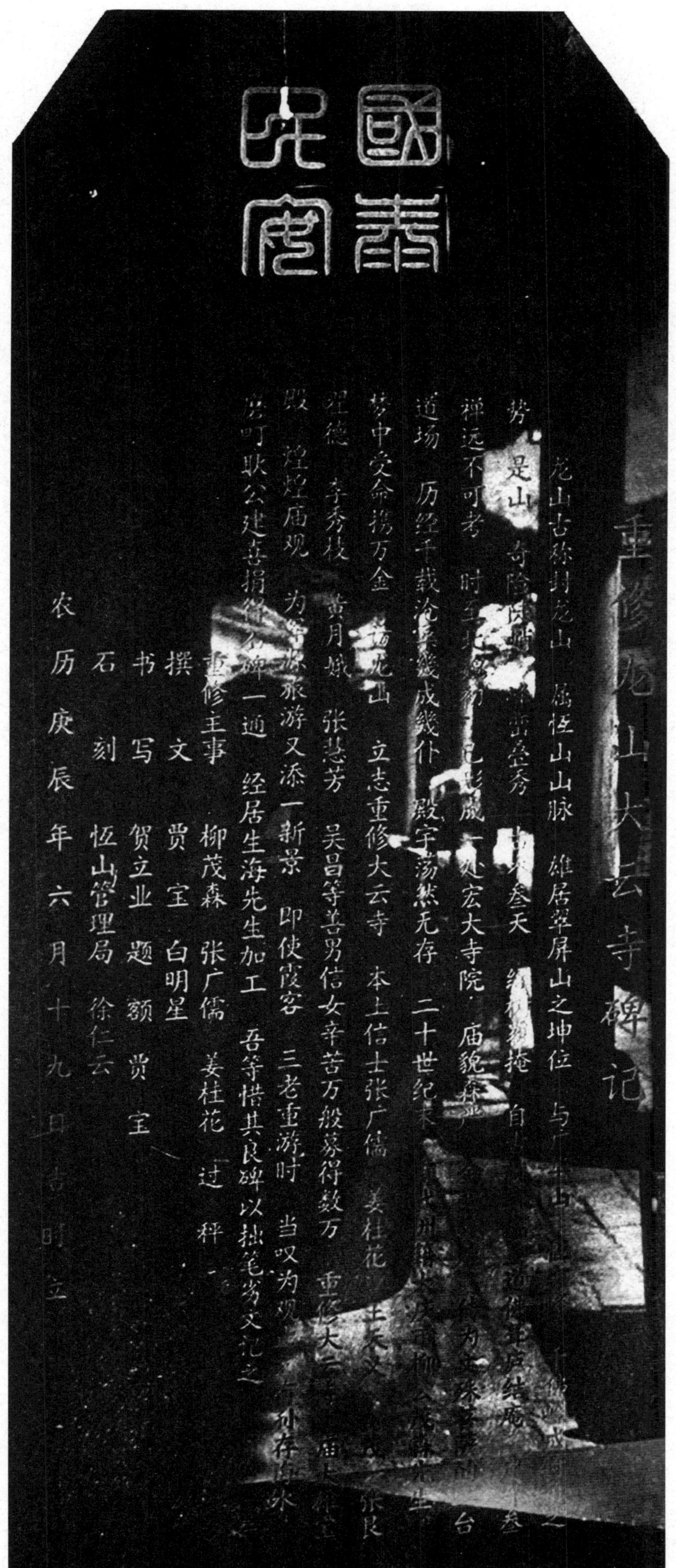
重修龙山大云寺碑记
重修主事　柳茂森　张广儒　姜桂花　过　秤
撰　文　贯　宝　白明星
书　写　贺立业　题　额　贯　宝
石　刻　恆山管理局　徐仁云
农　历　庚　辰　年　六　月　十　九　日　吉　时　立

文殊塔碑记

【简介】

2000年8月立于恒阴白龙王堂处。花岗岩质，平顶云龙纹，碑边缠枝纹。碑高104、宽60、厚12厘米。碑首题“万古流芳”4字。

【碑文】

文殊塔碑記

恒山之荫景秀山奇，为晨练之佳处。己卯孟春，有晨练郑志光者诸人结伴登山，半途忽見白光現一峰巅，众惊愕，遂循而覓至，乃平台丈余，石光而洁，细視有字隐現，曰：“文殊塔址。”异之。或曰：“此菩萨灵示欲吾等为塔也，孰若就此建之何！”众皆领诺，继公推郑君为首，筹措之。

风闻建塔，从者甚众。劳辛年余，遂成。白塔内塑文殊圣像，庄严肃穆，上置金鈡凤乌，寓意吉祥。壮哉！此举善莫大焉。

庚辰仲秋吉日　立

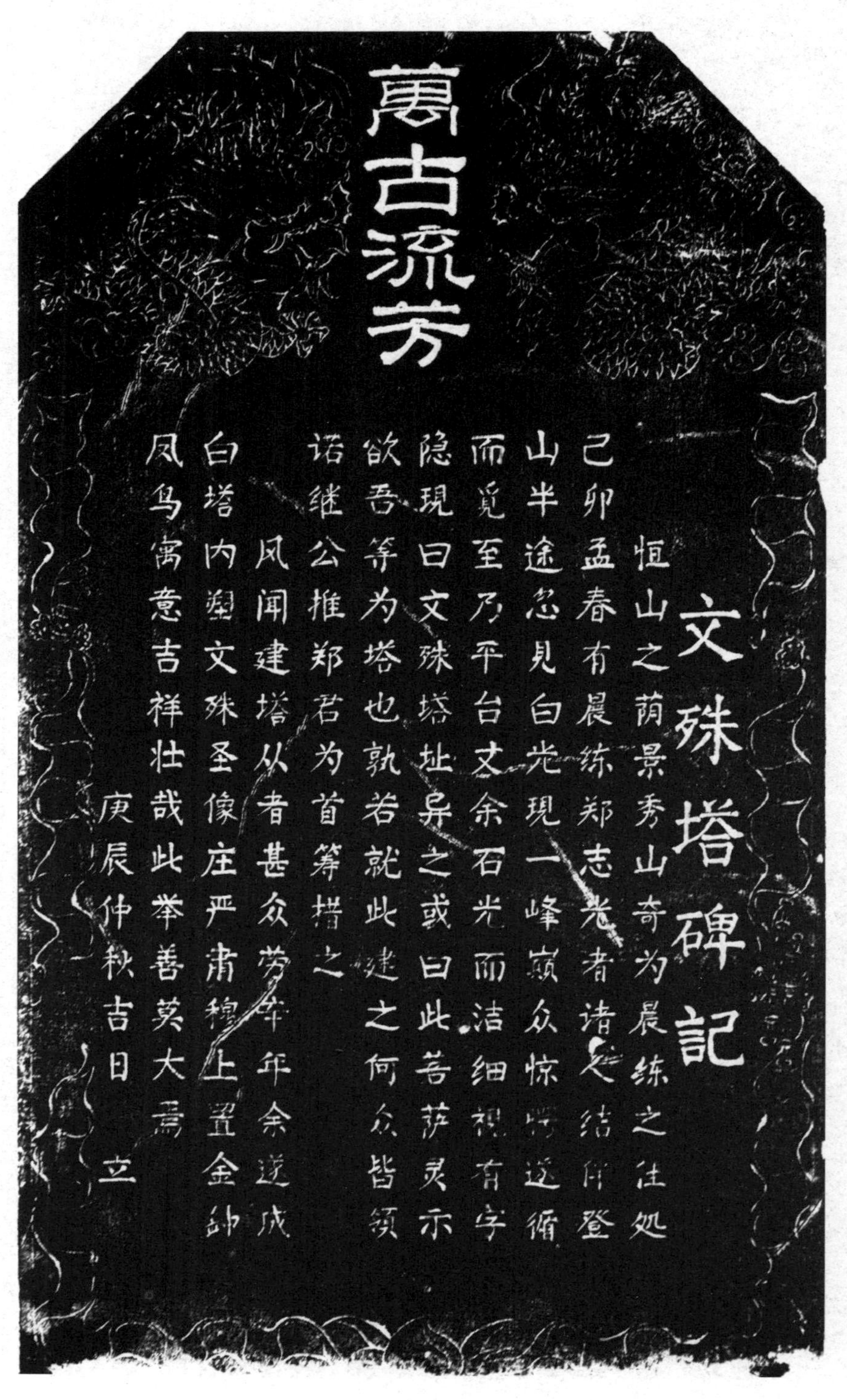

北岳恒山牌楼石匾

【简介】

浑源县城内恒山南路耸立四柱三门牌楼一座，建于2000年，牌楼门楣上方牌匾高90、宽190厘米，花岗岩质，分别由当代国学大师、书法家姚奠中和当代文学泰斗王蒙题书。

姚奠中（1913—2013），山西省稷山县南阳村人。原名豫太，字奠中，别号丁中、刈草、樗庐。自幼喜好书法，日课大小楷，十年不断，初从元代虞集入手，后改学颜，兼学小篆和隶书。1935年考取章太炎先生唯一的一届国学研究生，与鲁迅、周作人同门。抗日战争期间长期在南北各高校任教，以自己讲学的实践，实现自己教育救国的理想。历任贵州大学、山西大学教授、系主任，山西省第五届、第六届政协副主席，第六届全国政协委员，九三学社山西省委主任委员。中国古代文学理论学会理事，山西古代文学学会会长。主要著作有《中国文学史》《庄子通义》《姚奠中讲习文集》等。

王蒙，河北南皮人，1934年10月15日生于北京。中国当代著名学者、作家。著有长篇小说《青春万岁》《活动变形人》等近百部小说，其作品反映了中国人民在前进道路上的坎坷历程。他乐观向上、精力充沛，成为当代文坛上创作最为丰硕、始终保持创作活力的作家之一。改革开放后曾担任文化部长。他是中共第十二届、第十三届中央委员，第八、九、十届全国政协常委。

【匾文】

（正面）

恒山國家森林公園

姚奠中

（背面）

奇峰绝唱

己卯夏日　王蒙

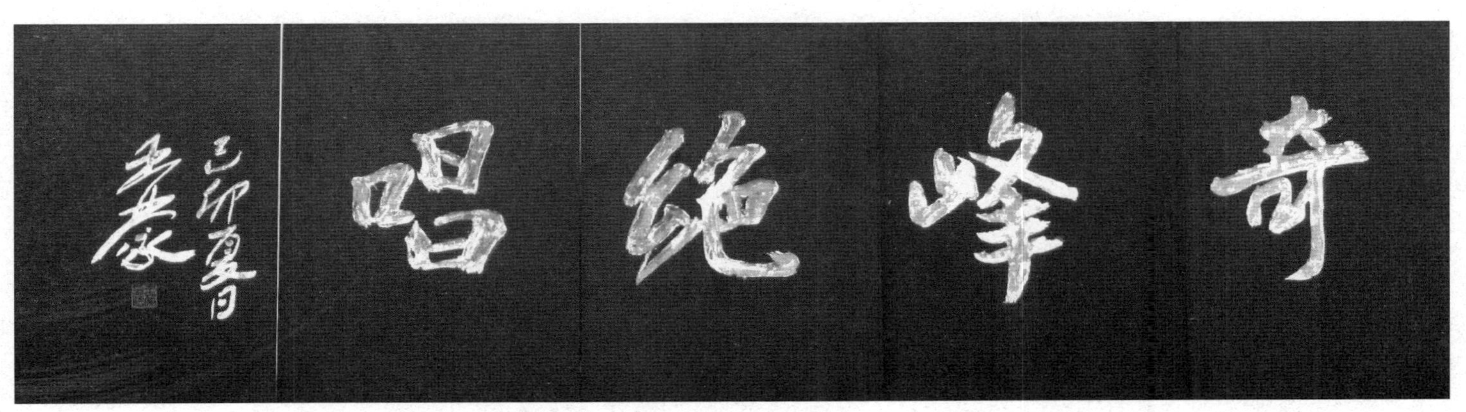

“云峰峡谷”匾额

【简介】

2000 年，浑源县云峰寺天赐沟口修建四柱三门金碧辉煌的牌楼一座，牌楼门楣石匾书“云峰峡谷”4 字，由时任浑源县人民政府县长雷雪峰题书。匾高 35、宽 180 厘米。花岗岩质。

【匾文】

雲峯峡谷

辛巳仲夏

雪峰题（印一方）

果老望岳亭记

【简介】

2000年立。由恒山林场场长刘敬忠倡导捐资，在恒阴红梅坡下修建了“果老望岳亭”，建成后树碑以志。碑高172、宽65、厚11厘米。黑色花岗岩质。额题“国泰民安”。由贾宝、白明星撰文，刘敬忠立石。

【碑文】

果老望岳亭记

恒山与泰华衡嵩并称五岳，齐名天下。山之主脉雄居于山西省浑源城南，群峰比肩，高接云天，叠嶂拔峙，逶迤如行，莽莽苍苍，气势磅礴，世称“人天北柱”“绝塞名山”。恒山之阳，坡缓易攀，庙观多建其上；恒山之阴，断崖层层，壁立千仞，沟壑迷离，怪石嶙峋，鹰飞虎啸，人迹罕至。相傳上仙张果老常在此驻足望岳，静悟玄机。

时值三阳开泰，国运昌盛之际，县委、政府调整产业结构，旅游兴县，投资开发后山，修路筑阶，立壁拓场，力度之大前所未有。恒山林场肩负重托，广植林木，遍洒绿茵，历四十八載辛劳，建成了以龙山天然森林为中心，覆盖天峰岭、五峰山、千佛岭的百里塞上林海。千禧季春，恒山林场全体员工筹资十八万元，在红梅坡兴建果老望岳亭，亭台以八卦为基，直径八米，八面开廊，攒尖单檐，溢彩流金。靠天峰、照州城、望恒宗、揽胜境，笑迎八方佳宾，诚待四海游人，为恒山旅游又添一亮亚新景。

亭为山增秀，山为民造福。爱恒山、建恒山，匹夫有责，亭成拙記，以求民众戮力同心，装点恒山，美化家园，开创伟业。

建设单位：大同市恒山林场

法人代表：刘敬忠

碑记撰文：贾宝　白明星

庚辰年甲申月吉日吉时立

圣水龙潭碑

【简介】

2001 年五月立。存云峰寺圣水龙潭前，碑高 68、宽 96、厚 6 厘米。黑色花岗岩质，由雷雪峰题书。

【碑文】

聖水龍潭

辛巳仲夏　雪峰題

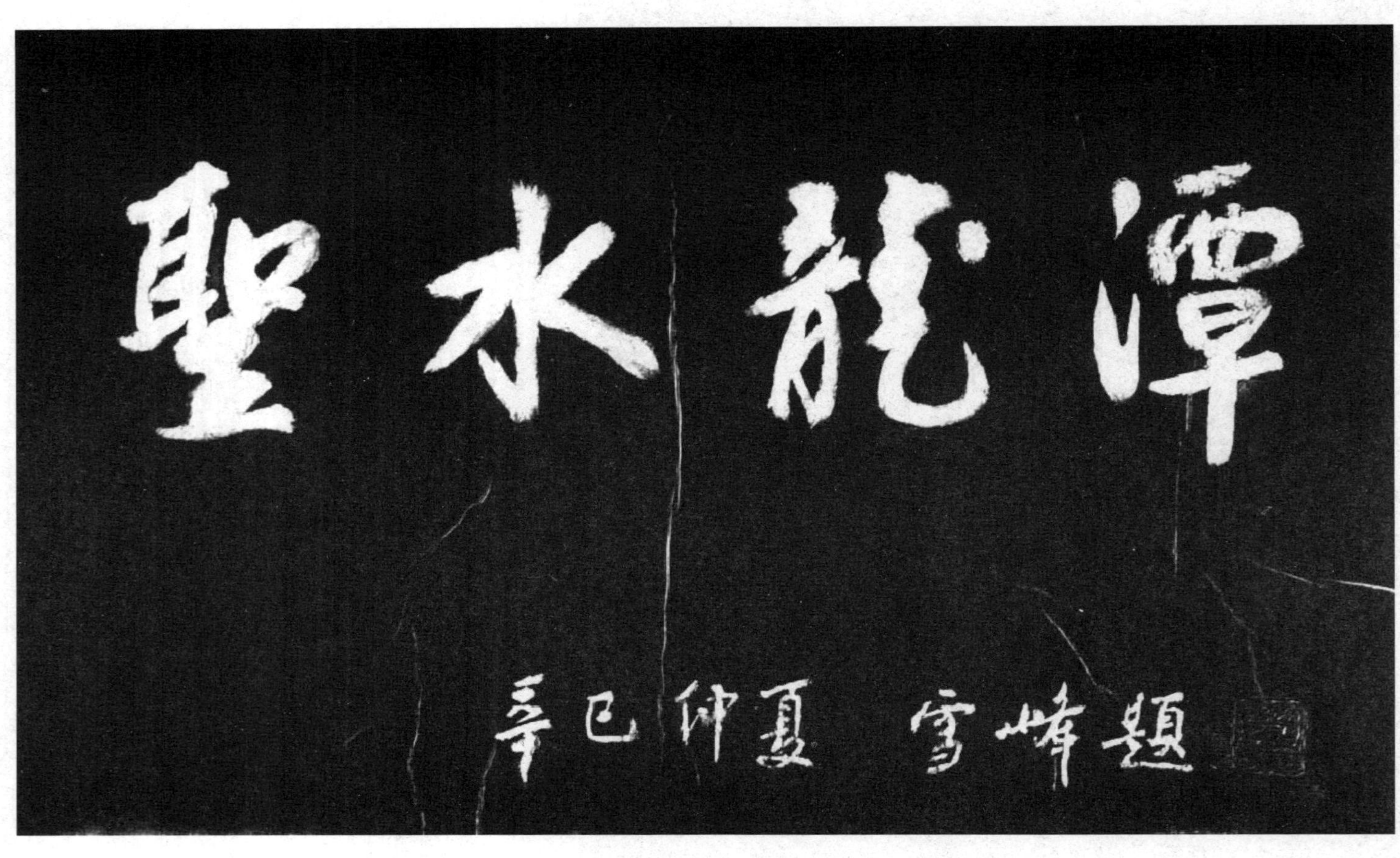

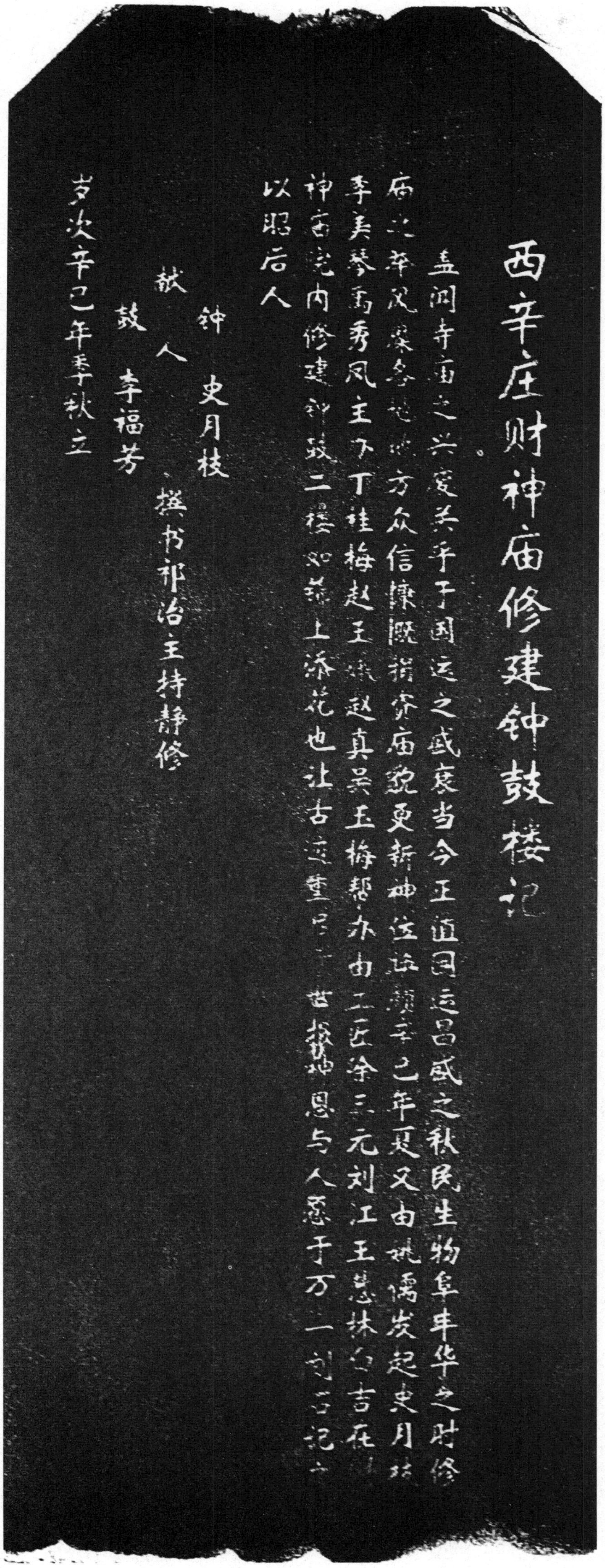

西辛庄财神庙修建钟鼓楼记

【简介】

2001年季秋立于浑源县西辛庄村财神庙，现存该庙内。黑色花岗岩质，平首方座。碑高97、宽36、厚12厘米。由祁治撰文书丹。

祁治，浑源永安镇人。上个世纪50年代初毕业于浑源中学。参加工作后历任小学教导主任、校长。退休后专事恒山文化和《易经》研究。

【碑文】

西辛庄财神庙修建钟鼓楼记

盖闻寺庙之兴废关乎于国运之盛衰。当今正值国运昌盛之秋，民生物阜丰华之时，修庙之举风靡各地，地方众信慷慨捐资，庙貌更新，神位换颜。辛巳年夏，又由姚儒发起，史月枝、李美琴、禹秀凤主办，丁桂梅、赵玉娥、赵真、吴玉梅帮办，由工匠徐三元、刘江、王慧林、白吉在财神庙院内修建钟鼓二楼，如锦上添花，也让古迹重启垂世，报神恩与人愿于万一。刻石记之，以昭后人。

献钟人　史月枝

献鼓人　李福芳

撰　书　祁　治

主　持　静　修

岁次辛巳年季秋　立

恒安牌楼楹联（四副）

【简介】

2001年镌刻。为配合撤县设市的总体要求，在浑源县委、县政府的主导下，从1998年起，全方位开发西关大街，面貌一新的西关大街完工后，大街东西两端各建风格独特的白色大理石牌楼一座，牌楼建好后，西牌楼命名为“岳灵”，东牌楼命名为“恒安”（由时任文化局局长的陈学锋创意，恒山文化研究会副理事长白明星冠名）。之后，恒山文化研究会发起征联倡议，在上百副楹联中评选出四副楹联，于2001年镌刻于恒安牌楼东西两面。面西牌楼外侧石联高260、宽29厘米；面西碑楼内侧石联高320、宽40厘米；面东牌楼外侧石联高270、宽30厘米；面东牌楼内侧石联高300、宽40厘米。

【联文】

（面西牌楼外侧）

牌楼矗兑地必使民富；
城邑踞震方定致州荣。

（面西牌楼内侧）

四海商贾入顺成神川始盛；
五洲贤达汇北岳永安终兴。

（面东牌楼外侧）

安土敦仁文明久衍；
厚德利物繁荣永昌。

（面东牌楼内侧）

翠山献瑞瑞气沐玉屏；
恒峰呈祥祥光浴永安。

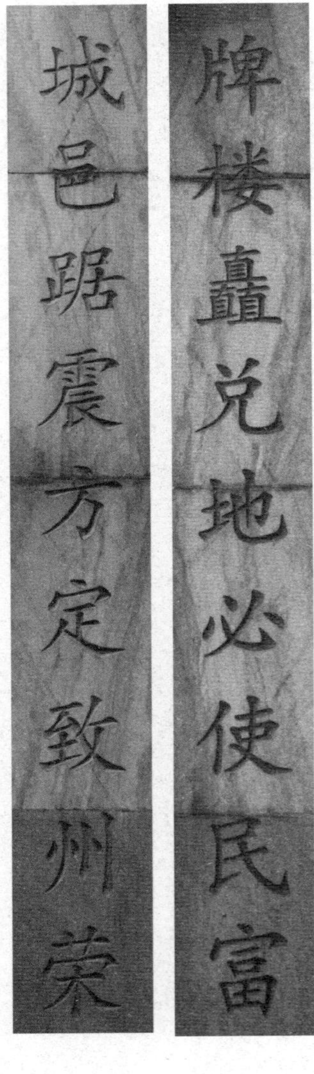

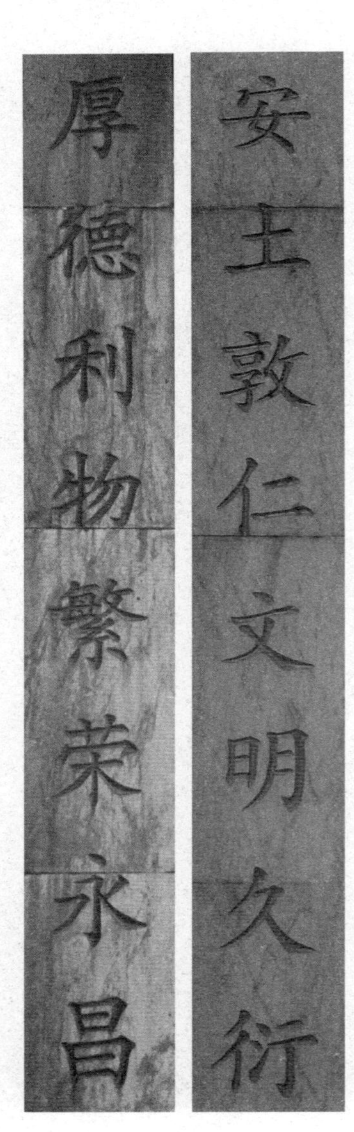

城关关帝庙重修碑记

【简介】

2002年五月立。现存城内道巷街关帝庙。高172、宽67、厚9厘米。方座平首，黑色花岗岩质。由祁治撰文，孙万银、薄富凯、邓守雨立石。

【碑文】

城关关帝庙重修碑记

明代末期，于县城当巷街始建全县唯一的走马关帝庙，神之灵应州人有感，香火繁盛居各庙之首。民国初年重修后至今已九十余载，屡遭破坏，庙貌全非。当今盛世，民生安乐，敬神修庙之举，风靡全国。有木市街信士薄富凯、孙万银领头发起募化钱粮兴工修塑，历时一載，庙起神立，使古迹重現，让神灵复位。刻石记之，以昭后人。

经理人　孙万银　薄富凯

　　　　邓守雨　卢芝俭

撰文　祁治

刻石　郭志国

领工　薄富凯　卢芝俭

岁次壬午年仲夏月　立

重建西关街记

【简介】

2002年秋立，嵌于浑源城外西关街西牌楼（即岳灵门）的柱体之上。高168、宽96厘米，回字纹边。由恒山文化研究会常务理事、《易经》协会理事长郝松泽等撰文。

【碑文】

重建西關街記

浑源古城，塞外名邑。北衔古魏都，南毗五台山，处恒山之怀抱，居浑河之南畔。物华天宝，人杰地灵。城内西关街古为恒州龟城外之西市，店铺林立，商贾云集，然年久失修，只存残迹，重建之事议之久矣，苦于乏资，又多阻碍，终使搁置。公元一九九八年，柴树彬新任中共浑源县委书记，同任县长雷学峰，逾年，励精图治，政通人和，确立塑造商贸旅游城市之宏图，制定撤县设市之方略，乃重建西关街。成立工程建设指挥部，纪检委书记金俊任总指挥，招来开发商王海军。是年季夏动迁，计拆迁一万九仟平米，建楼二十三幢，面积近六万平米，于二零零二年初秋竣工，历时三载。重建后之街区，长五佰六十米余，基础设施配套齐全，楼寓鳞次栉比，造型风格别致，古韵犹存，新风毕见。东西街口各建牌坊一座，西曰“岳灵”，东曰“恒安”，意为钟灵秀于恒岳，托安泰于英烈。牌坊内匾由山西省书法家协会副主席殷宪题书“运通达远”、“翠屏遥映”。身临其间，则有东映翠屏祥霭近，西接通衢运筹远之感怀。岳灵坊，四柱三门，六檐四塔，檐牙高啄，额枋架匾，琉瓦彩绘，金碧辉煌。柱体正面镶嵌八块浮雕，东恒岳、西翠屏、南佛岭、北悬空、金鸡玉羊、虎风仙踪，咸集于一门。柱侧为线雕八景，玉石镌冬夏，铁笔绘春秋，恒岳四季景，壮气贯古今。恒安坊，选曲阳之汉白玉石，仿古雕砌而成。抱鼓拥四柱，石檐展双翅，雀替雕云花，望头戴榴尖，凝重显新姿，矍铄存古风。筹措牌坊建设资金，社会各界积极响应，县建设局、经贸委、花岗岩管委会等部门，鼎力承办，其绩尤显。恒山书画院张西为浮雕创意，曲阳县广益石材厂雕刻，山西省古建筑工程有限公司承建，功可嘉也。为彰众德，特作文以记之。

公元二零零二年秋

恒山文化研究会郝松泽等遵记

重建西關街記

浑源古城，塞外名邑，北街古魏都，南毗五台山，处恒山之怀抱，居浑河之南畔，物华天宝，人杰地灵。城内西关街古为恒州龟城外之西市，店铺林立，商贾云集，然年久失修，只存残迹，重建之事，议之久矣，苦于乏资，又多阻碍，终使搁置。 公元一九九八年，柴树彬新任中共浑源县委书记，同任县长雷雪峰，逾年，励精图治，政通人和，确立塑造商贸旅游城市之宏图，制定撤县设市之方略，乃重建西关街。成立工程建设指挥部，纪检委书记金俊任总指挥，招来开发商王海军，是年季夏动迁，计拆迁一万九仟平米，建楼二十三幢，面积近六万平米，于二零零二年初秋竣工，历时三载。 重建后之街区，长五佰六十米余，基础设施配套齐全，楼寓鳞次栉比，造型风格别致，古韵犹存，新风毕见。东西街口各建牌坊一座，西曰「岳灵」，东曰「恒安」，意为钟灵秀于恒岳，托安泰于英烈。牌坊内匾由山西省书法家协会副主席殷宪题书「运通达远」、「翠屏遥映」，身临其间，则有东映翠屏祥霭近、西接通衢运筹远之感怀。 岳灵坊，四柱三门，六檐四塔，檐牙高啄，额枋架匾，琉瓦彩绘，金碧辉煌。柱体正面镶嵌八块浮雕，东恒岳，西翠屏，南佛岭，北悬空，金鸡玉羊，虎风仙踪，咸集于一门。柱侧为线雕八景，玉石镌冬夏，铁笔绘春秋，恒岳四季景，壮气贯古今。 恒安坊，选曲阳之汉白玉石，仿古雕砌而成。抱鼓拥四柱，石檐展双翅，雀替雕云花，望头戴榴尖，凝重显新姿，矍铄存古风。 筹措牌坊建设资金，社会各界积极响应，县建设局、经贸委、花岗岩管委会等部门，鼎力承办，共绩尤显。恒山书画院张酉为浮雕创意，曲阳县广益石材厂雕刻，山西省古建筑工程有限公司承建，功可嘉也。为彰众德，特作文以记之。

公元二零零二年秋恒山文化研究会郝松泽等撰记

重修真武庙碑记

【简介】

2003年立。现存恒山真武大殿西侧，高180、宽69、厚28厘米。平首方座，金色双龙额，黑花岗岩质，由贾宝、白明星、李跃山撰文，刘典书丹石。

【碑文】

重修真武廟碑記

真武者玄武也。宋太宗祥符五年為避聖祖趙玄朗讳改玄為真。玄武源於殷商星辰觀察，稱北方七宿為玄武，與東青龍、西白虎、南朱雀合稱四方四神。玄武者乃龟蛇合體之像，龟為雌属陰，位居北方，表水色青，故曰玄；蛇為雄属陽，身鱗甲如武士之鎧，故曰武。武乃元始之化身，太極之異体，鉄杵磨綉針，功到自然成，乃紫虚元君度化玄武之典。隋煬帝時玄武又謂玉帝之化身，經四十二年苦修後，聖靈返回天宫，受封玄天上帝，而後對玄武的詔封有加，成為倍受民眾敬仰的天帝大神。其主要聖號有混元六天傳法教主、三元都總管、北極右垣大将軍、协運真君、治世福神、玄天上帝、蕩魔天尊等。民間尊真武為玉命敕封，总鎮北方，巡察善恶、神力無窮，管生育、調風雨、知吉凶、司福禄、主壽夭、破灾厄的慈悲之神。故上至皇都京師，下達邊陲鄉野，均建有真武廟。唯北嶽恒山之真武廟因居誥封之地，位正名順，尤為顯赫靈應。歷代帝王祭祀恒山，均需在真武大殿前停旨恭敬焚香設供。原真武廟魏初始建，屢有興廢，鼎盛時廟貌昭遠，殿堂巍峨、松柏蒼翠、桃花爛熳。《恒山誌》記載：廟像嚴肅冠绝他山。惜毁于二十世纪六十年代，存遺址及明代武宗時纪功禱雨碑三通。新纪伊始，大磁窑鎮黨委、政府响應渾源縣委、政府的号召，為振兴旅游事業，弘揚恒山文化，與恒山管委會共同规划設計，停旨嶺郙黄旭携众郙民筹巨資在原址上恢复重建，歷時三載，於癸未陽春圓满竣工。重建之廟雄偉肅穆，玅法莊嚴，大殿五間，殿前鐘鼓楼二間，過殿三間，東西厢房八間，飛檐山門一座，氣贯斗極，盘踞於恒宗之陽。東迎初升旭日，西映不落晚霞，北倚玄元真氣，南瞰臺山佛光，懲惡揚善，佐國佑民。壯哉北岳之秀矣。

北嶽恒山文化研究會　賈賓　白明星　李躍山　撰

燕雲印社社長劉典書

岁在癸未年丁巳月庚辰日吉時立

重修真武廟碑記

真武者玄武也宋大宗祥符五年為避聖祖趙玄朗諱改玄為真玄武源於殷商星辰觀察稱北方七宿為玄武與東青龍西白虎南朱雀合稱四方四神玄武者乃龟蛇合體之像龟為雌屬陰位居北方表水色青故曰玄蛇為雄屬陽身鱗甲如武士之鎧故曰武玄武乃元始之化身太極之異体鐵杵磨繡針功到自然成乃紫虛元君度化玄武之典隋煬帝時玄武又謂玉帝之化身經四十二年苦修後聖靈返回天宮受封玄天上帝而後封玄武的詔封有加成為倍受民眾敬仰的天帝大神其主要聖號有混元六天傳法教主三元都總管北極右垣大將軍協運真君治世福神玄天上帝蕩魔天尊等民間尊真武為玉命敕封總鎮北方巡察善惡神力無窮管生育調風雨知吉凶司福祿主壽夭破災厄的慈悲之神故上至皇都京師下達邊陲鄉野均建有真武廟唯北嶽恒山之真武廟因居誥封之地位正名順尤為顯赫靈應歷代帝王祭祀恒山均需在真武大殿前俘旨恭敬焚香設供原真武廟魏初始建屢有興廢鼎盛時廟貌昭遠殿堂巍峨松柏蒼翠桃花爛熳恒山誌記載廟像嚴肅冠絕他山惜毀于二十世紀六十年代存遺址及明代武宗時紀功碑而碑三通新紀伊始大磁窑鎮黨委政府响應渾源縣委政府的号召為振興旅游事業弘揚恒山文化與恒山管委會共同規划設計俘旨嶺邨黃旭携众鄉民籌巨資在原址上恢復重建歷時三載於癸未陽春圓滿竣工重建之廟雄偉肅穆妙法莊嚴大殿五間殿前鐘鼓樓二間過殿三間東西廂房八間飛檐山門一座氣貫斗極晝踞於恒宗之陽東迎初升旭日西映不落晚霞北倚玄元真氣南瞰臺山佛光懲惡揚善佐國佑民壯哉北岳之秀矣

北嶽恒山文化研究會　賈寶　白明星　撰

益雲印社社長　劉典　李躍山　書

歲在癸未年　丁巳月　庚辰日　吉時　立

登恒岳

【简介】

明正德十五年（1520）胡宗宪登游恒山后即兴题诗，2003年浑源县九天宫住持刘道长重新镌刻《登恒岳》诗碑，现嵌于九天宫南房窗台间。碑高44、宽60厘米，当地产的黑色花岗岩质。

胡宗宪（？—1565），字汝贞，安徽绩溪县人，明嘉靖初中进士，嘉靖三十四年（1555）任浙江省巡按御史，后升任兵部右侍郎、兵部尚书、浙闽总督等职。因诱斩倭寇有功，加封少保，后因得罪严嵩父子，革职入狱，含冤而死。著有《筹海图编》。

【诗文】

登恒岳

胡宗宪

恒山壁立俯云中，真气冥冥帝座通。
一柱当天撑斗极，三关亘地镇华戎。
雁衔秋影山腰渡，风弄松涛涧底江。
搔首问天天不语，翻然长啸下晴空。

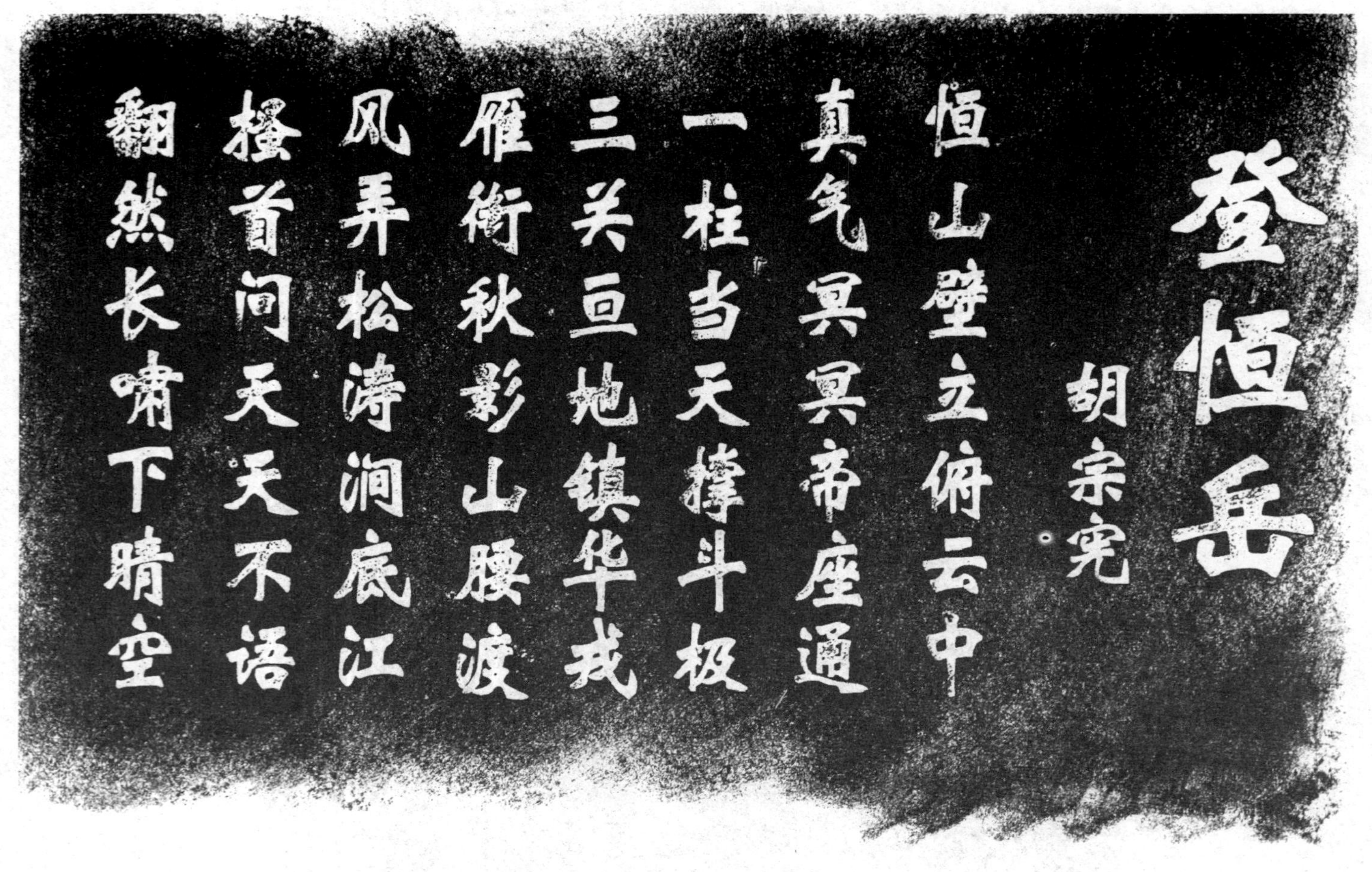
登恒岳
胡宗宪
恒山壁立俯云中
真气冥冥帝座通
一柱当天撑斗极
三关亘地镇华戎
雁衔秋影山腰渡
风弄松涛涧底江
搔首问天天不语
翻然长啸下晴空

“恒山书画院”匾额

【简介】

2003年制作，现存浑源县文化体育广播电视新闻出版局恒山书画院门楣间，匾高50、宽158、厚6厘米。由当代著名书法家王朝瑞题写。

王朝瑞（1939—2008），笔名王屋山，斋号瓢庐，山西文水人。国家一级美术师、山西画院原院长、书记，《美术耕耘》主编，中国美协会员、山西美协副主席、山西山水画学会会长，中国书协会员、中国书协培训中心教授、中国国际文化交流中心山西分会理事、山西省书法家协会副主席。山西大学美术系毕业后，历任山西人民出版社美术编辑、副主任、副编审。书画兼擅，其隶书更是独辟蹊径，自成一家，以古雅清静的书风，体现动感和力度。作品曾参加第一至第七届全国书展，并多次获大奖，不愧为中国百杰书法家称号。被载入《中国当代书画名人大辞典》《世界华人美术家年鉴》，曾出版《王朝瑞隶书阿房宫赋》。

【匾文】

恒山書畫院

朝瑞題（印一方）

重修关帝庙娘娘殿碑记

【简介】

2004 年立。现存浑源城道巷街关帝庙。高 116、宽 59、厚 6 厘米。平首方座，黑花岗岩质。额题“流芳百世”。由祁治撰文。主持张嘉明立。

【碑文】

重修关帝庙娘娘殿碑记

浑源县当巷街关帝庙，始建于明末时期，相隋配建娘娘行宫，神之灵验名扬全县，求子祈福者终年不绝。民国初重修后至今已有九十春秋，屡遭破坏，几成废墟。

當今盛世，海内升平，物阜民康，国泰民安。壬午年夏天，由好善之士发起，四方奔走，募化钱料，动土兴工，重塑神像，历時一载，庙起神立，庙貌焕然一新，神灵复位，刻石铭记，以昭后人。

经理

邓守雨　孙万银　薄富凯　成功

卢芝俭　张德　王建庭　郭儒

监工　张德　成功　薄富凯　芦芝俭

撰文　祁治

刻石　郭志国

匠首　王金文　高石

主持　张嘉明

岁次甲申年夏月　立

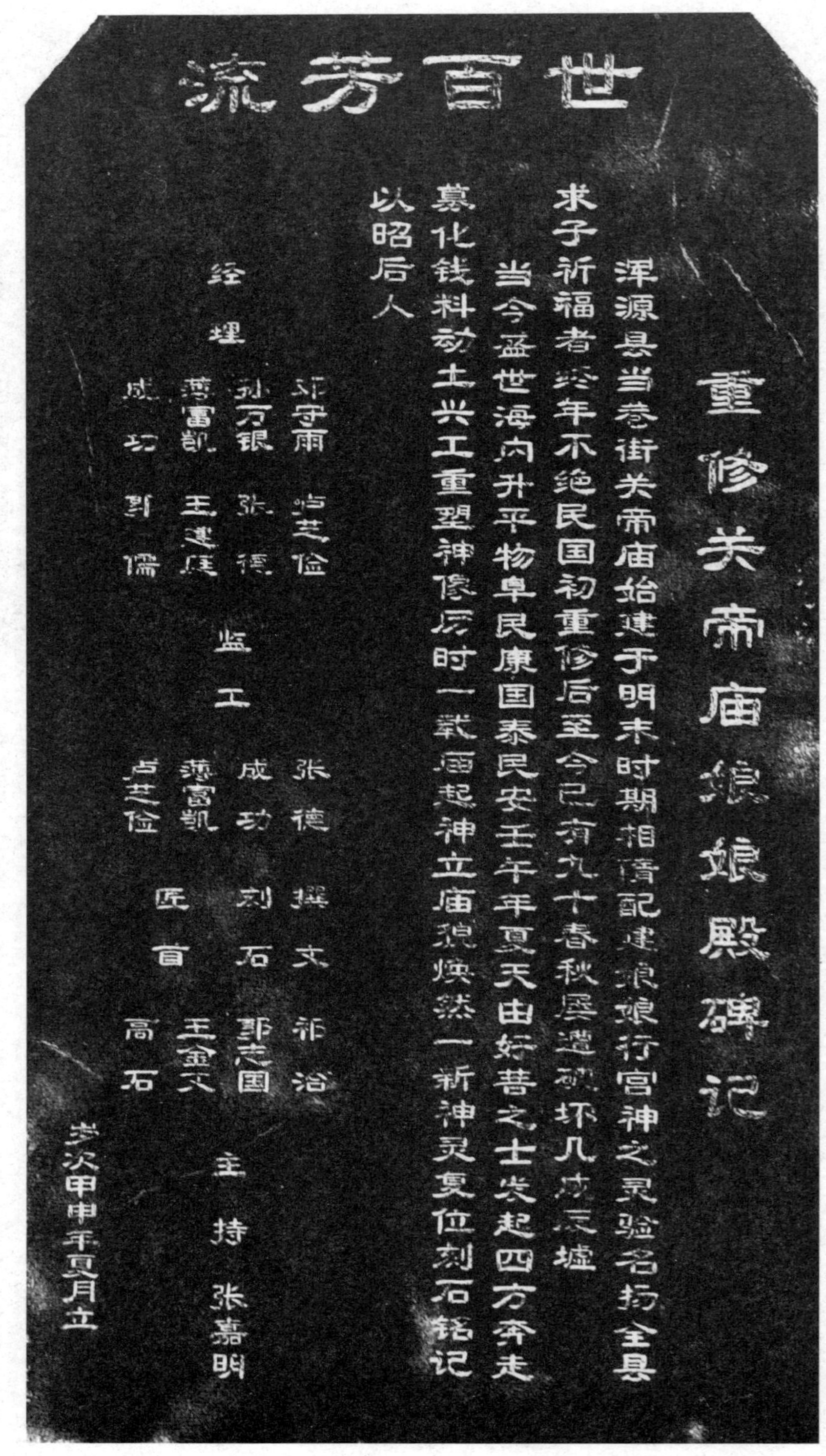

重修翠屏寺碑记

【简介】

2004年9月立。现存浑源城南翠屏寺。碑为黑花岗岩质，高140、宽65、厚8厘米。由贾宝撰文，孙浩生刻石。

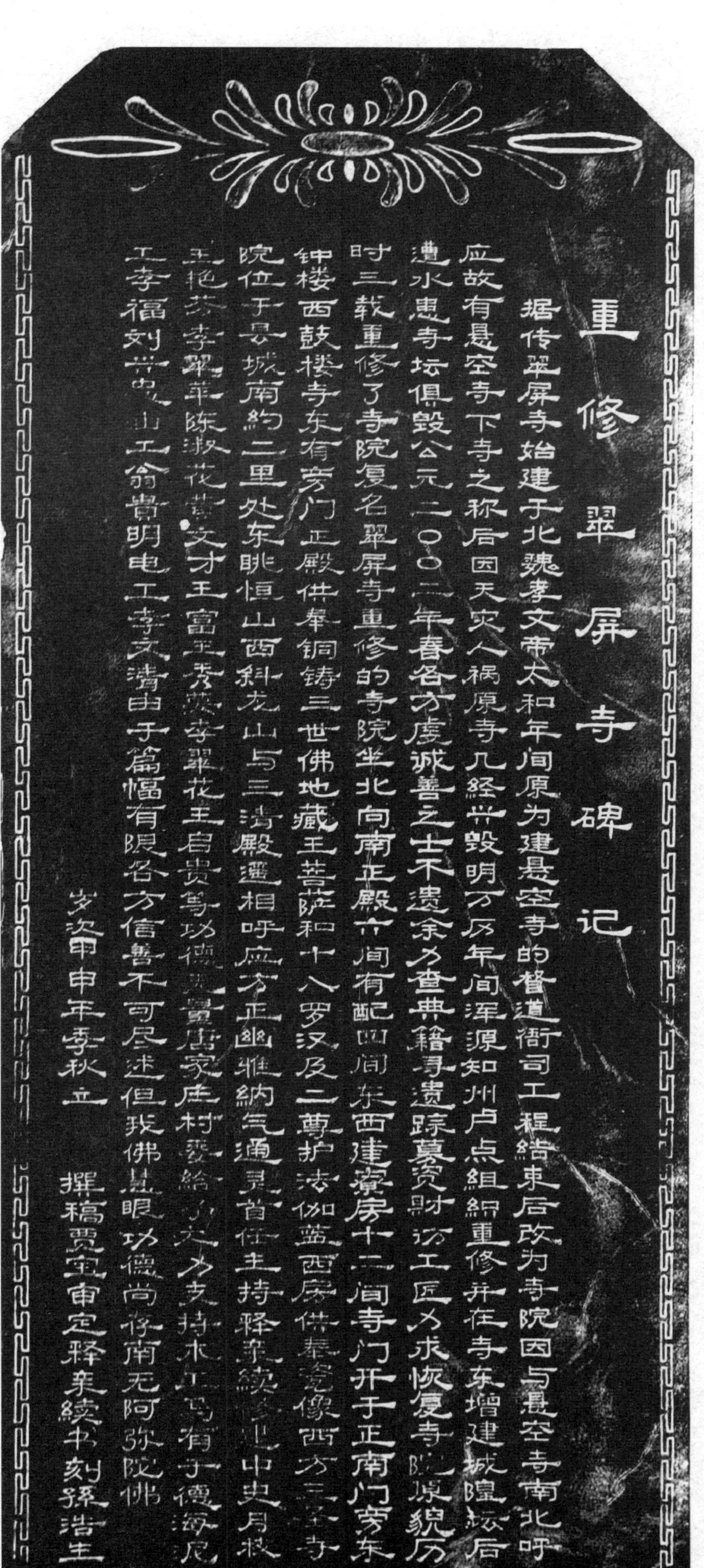

【碑文】

重修翠屏寺碑记

据传翠屏寺始建于北魏孝文帝太和年间，原为建悬空寺的督道衙司工程。结束后，改为寺院，因与悬空寺南北呼应，故有悬空寺下寺之称。后因天灾人祸，原寺几经兴毁。明万历年间，浑源知州卢点组织重修，并在寺东增建城隍坛，后遭水患，寺坛俱毁。公元二〇〇二年春，各方虔诚善之士不遗余力查典籍、寻遗踪、募资财、访工匠，力求恢复寺院原貌，历时三载重修了寺院，复名翠屏寺。重修的寺院坐北向南，正殿六间，有配四间，东西建寮房十二间。寺门开于正南，门旁东钟楼、西鼓楼，寺东有旁门。正殿供奉铜铸三世佛地藏王菩萨和十八罗汉及二尊护法伽蓝。西房供奉瓷像西方三圣。寺院位于县城南约二里处。东眺恒山，西斜龙山，与三清殿遥相呼应，方正幽雅，纳气通灵。首任主持释亲续。修建中，史月枝、王艳芬、李翠苹、陈淑花、黄文才、王富、王秀英、李翠花、王启贵等功德无量，唐家庄村委给予大力支持。

木工　马有　于德海

泥工　李福　刘兴忠

油工　翁贵明

电工　李文清。

由于篇幅有限，各方信善不可尽述，但我佛慧眼功德尚存。南无阿弥陀佛。

岁次甲申年季秋立

撰稿　贾宝

审定　释亲续

书刻　孙浩生

翠屏寺佛像开光庆典碑记

【简介】

2004年十一月立。现存浑源城南翠屏寺。碑为黑花岗岩质。平首方座。高141、宽65、厚8厘米。撰文贾宝，审定释亲续，书刻孙浩生。

【碑文】

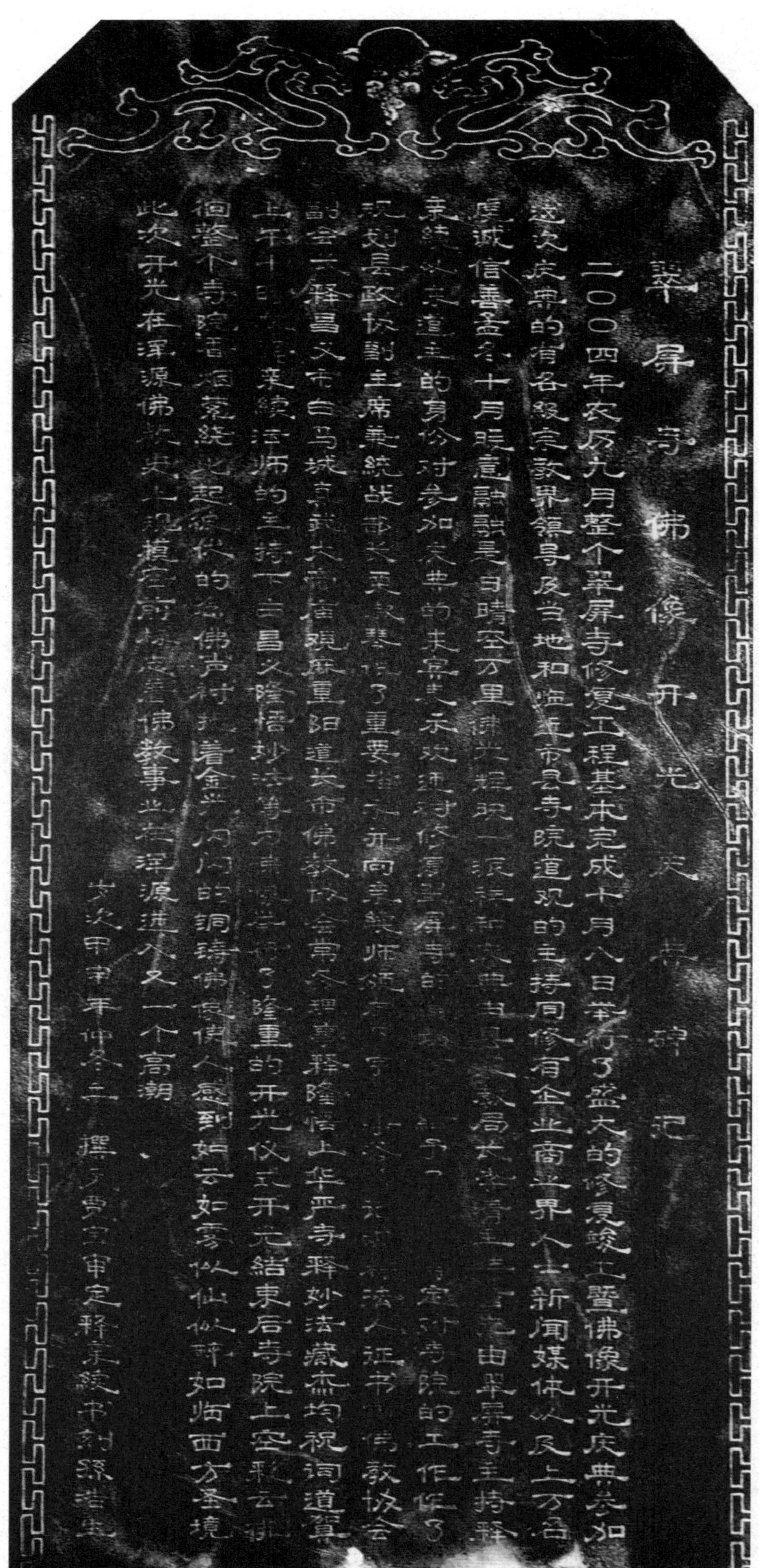

翠屏寺佛像开光庆典碑记

二〇〇四年农历九月，整个翠屏寺修复工程基本完成，十月八日举行了盛大的修复竣工暨佛像开光庆典。参加这次庆典的有各级宗教界领导及当地和临近市县寺院道观的主持。同修有企业商业界人士，新闻媒体以及上万名虔诚信善。孟冬十月，暖意融融，是日晴空万里，佛光辉映，一派祥和。庆典由县宗教局长李清主持。首先由翠屏寺主持释亲续以东道主的身份对参加庆典的来宾表示欢迎，对修复翠屏寺的有功信善给予了充分肯定，对寺院的工作作了规划。县政协副主席兼统战部长栗淑琴作了重要指示，并向亲续师颁发了宗教事务登记证和法人证书。市佛教协会副会长释昌义，市白马城真武大帝庙观麻重阳道长，市佛教协会常务理事释隆悟，上华严寺释妙法藏杰、均祝词道贺。上午十时，在释亲续法师的主持下，由昌义、隆悟、妙法等为佛像举行了隆重的开光仪式。开光结束后寺院上空彩云徘徊，整个寺院香烟萦绕，此起彼伏的念佛声衬托着金光闪闪的铜铸佛像，使人感到如云如雾，似仙似醉，如临西方圣境。此次开光在浑源佛教史上规模空前，标志着佛教事业在浑源进入又一个高潮。

岁次甲申年仲冬立

撰文　贾宝

审定　释亲续

书刻　孙浩生

登恒山

【简介】

金代诗人、文学家元好问于元代至元十六年（1279）来浑源，游龙山、登恒山。游览恒山后，被北岳的雄奇所折服，曾留下《登恒山》诗多首。浑源恒山九天宫刘道长于2004年将此诗复制成碑，镶嵌于九天宫墙体。诗碣为黑色花岗岩质，高40、宽58厘米。

元好问（1190—1257），字裕之，号遗山，金代著名的文学家、诗人，秀容（今山西忻州）人。祖上系出自北魏拓跋氏。自幼聪颖，7岁能诗。金兴定五年（1221）中进士，历任内乡、南阳令，行尚书省左司员外郎等职。金亡不仕。工诗文，在金元之际颇负重望。七言诗特出新意，蔚为一代宗工。著有《遗山集》《中州集》《壬辰杂编》，同浑源籍著名文学家刘祁有深交。当时曾与张德辉、李冶三人结伴多次游恒岳、登龙山，号称“龙山三老”。元好问曾在恒山、浑源题咏多首诗，传为佳话。

【诗文】

登恒山

元好问

大茂维岳古帝孙，太朴未散真巧存。
乾坤自有灵境在，地位岂合他山尊。
中原旌旗白日暗，上界楼观苍烟屯。
谁能借我两黄鹄，长袖一拂玄都门。

登恒山
元好问
大茂维岳古帝孙
太朴未散真巧存
乾坤自有灵境在
地位岂合他山尊
中原旌旗向日暗
上界楼观苍烟屯
谁能借我两黄鹄
长袖一拂玄都门

登恒岳

【简介】

乔宇作为性好山水的诗人，曾于明代弘治十一年（1498）来浑源登恒山，留下《登恒岳》的著名诗篇。恒山九天宫刘道长于2004年将此诗刻制成碣，镶嵌于九天宫墙体，碣为黑色花岗岩质，高41、宽62厘米。

乔宇，字希大，明乐平（今山西昔阳县）人。成化二十年（1484）中进士，历任礼部主事、吏部郎中、太常少卿、光禄卿、户部左侍郎、南京礼部尚书、吏部尚书等职，后加太子太保。乔宇诗文雄隽，是明朝著名的文学家、诗人，同王云凤、王琼号称“河东三凤”。

【诗文】

登恒岳
乔宇
岱华嵩衡一览中，天从西北纪元功。
九霄香火来人境，千里云霞拥帝宫。
玉笈文随金鼪远，宝符名与石函通。
东封秦汉成何事，圣代山川祀典同。

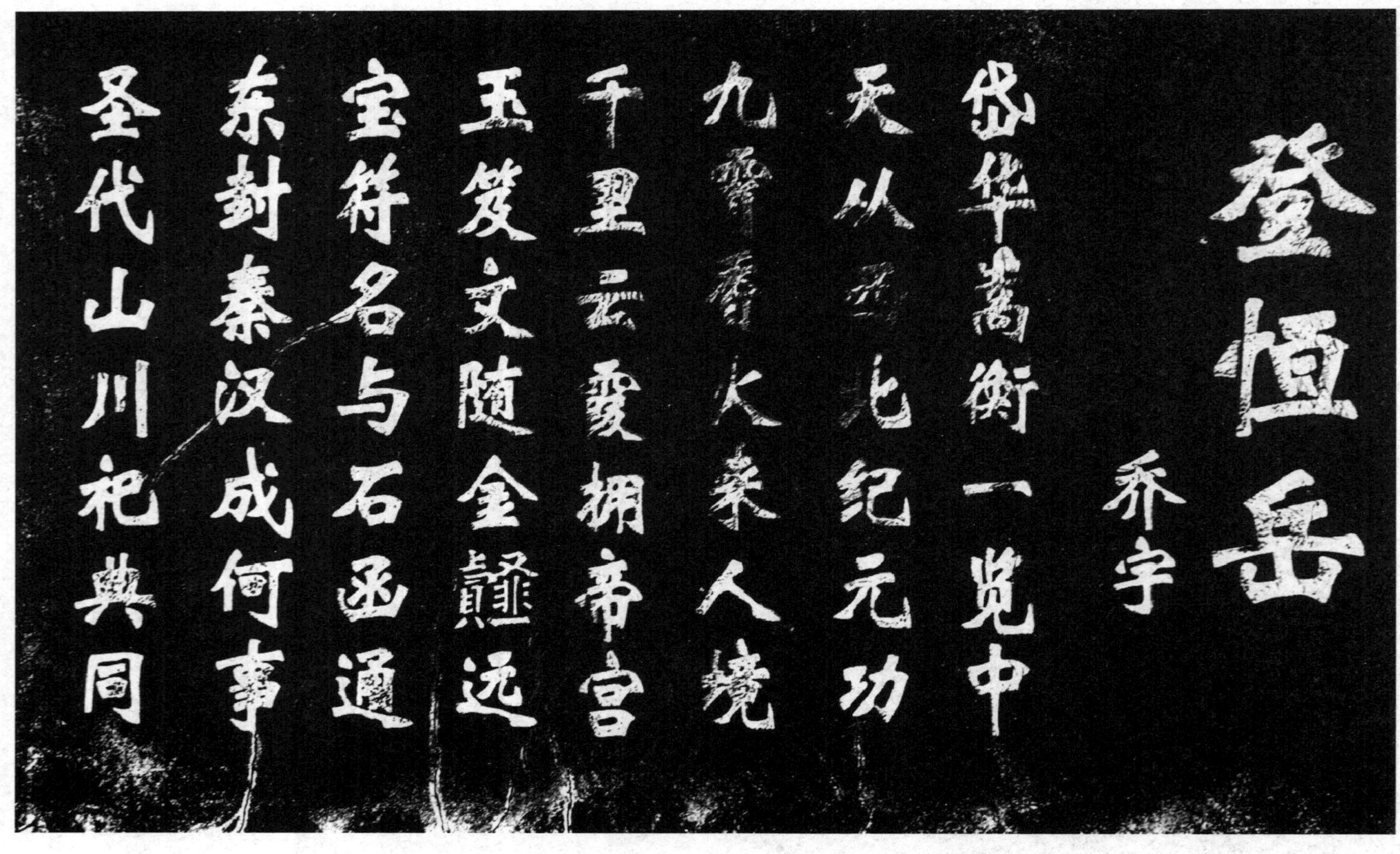

登恒山

【简介】

明万历四十年（1612）茅一桂登游恒山后，即兴题诗，并镌刻诗碑，原碑佚失。2004 年由恒山九天宫刘道长重制镌刻成碑，此碑现存九天宫墙体，为当地产黑色花岗岩质，高 42、宽 60 厘米。

茅一桂，浙江归安（今浙江吴兴县）人。明万历三十八年（1610）任朔州知州，后升大同府知府。其间来浑源登恒山，并以《登恒山》为题赋诗。

【诗文】

登恒山

茅一桂

恒山突出与天齐，势压中原万岭低。

玉殿凌空摩日月，金身百丈放虹霓。

松风波涌惊龙吼，谷籁钟镝讶虎啼。

此日子猷夸胜会，当年谢赋许谁题。

浑源文庙保护标志碑

【简介】

2004年6月立于浑源城内文庙大殿前。志体志座均为当地盛产的黑色花岗岩质。高68、宽112、厚8厘米。

【碑文】

省级文物保护单位

浑源文庙

山西省人民政府2004年6月10日公布

山西省人民政府立

“人天北柱”题刻

【简介】

2004年镌刻于浑源境内通元谷姊妹松旁的岩体。总高300、宽75厘米。由中国美术家协会副会长、中央美术学院院长潘公凯题书。

【题刻】

人天北柱

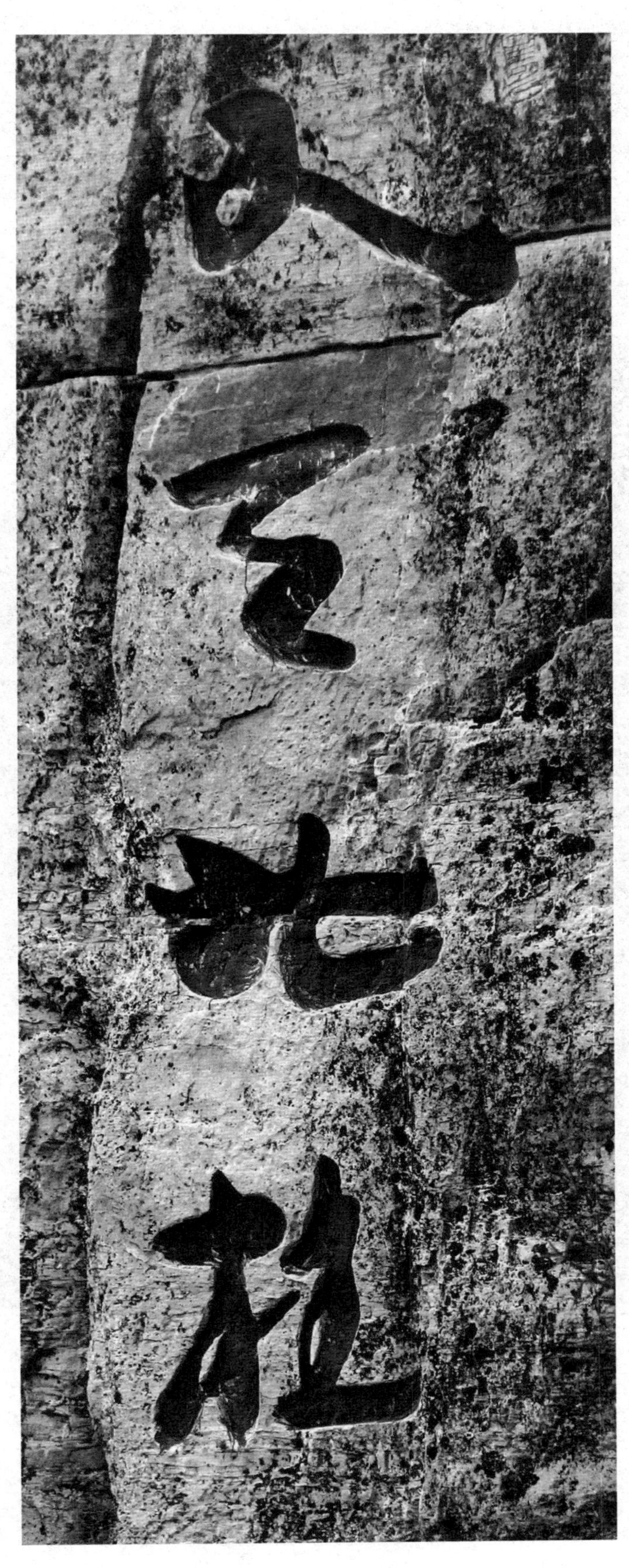

“画”摩崖题刻

【简介】

2004年冬镌刻于浑源恒山主峰之阴紫微沟和字门西侧崖头。“画”字下方的小字为“北岳恒山风景如画”。总高205、宽140厘米。由原湖南省省委常委、宣传部长周文彰书丹。

“画”石刻所在的山峰，犬牙交错，奇峰耸立，仰视像倚天宝剑，环顾又似布兵排阵，既有云南石林的秀美，又有北国峰连岭合的雄伟，天造地设，美不可言，称其“画峰”，当之无愧。

周文彰，又名弘陶，1953年8月生于江苏宝应县，1985—1988年在中国人民大学学习，获哲学博士学位。

【题刻】

畫

北嶽恒山風景如畫

甲申冬弘陶（印一方）

“道”摩崖题刻

【简介】

2005年镌刻于浑源恒山恒宗峰北侧，总高140、宽96厘米。“道”字下方配有“道生德养，万物伏藏，恒常北上，总玄洞天”等小字。由中国道教协会副会长张继禹书丹。

【题刻】

道

道生德養，萬物伏藏，恒常北上，總玄洞天。

乙酉年正月張繼禹書

“悟”摩崖题刻

【简介】

2005年夏镌刻于浑源境内北岳恒山主峰玄武峰（即恒宗峰北侧）之岩体。高120、宽100厘米。“悟”字下方还刻有“领悟到一切事物与现象都是因缘和合而成，幻灭无常为悟空”等字样。由中国统战部书画院研究会副会长秦润波题书。

【题刻】

悟

領悟到一切事物與現象都是因緣和合而成，幻滅無常爲悟空。

栗毓美碑记

【简介】

2005 年立。现存栗家坟永怀堂内。2005 年永怀堂修复一新后，堂正中雕塑栗毓美坐像一尊，像后立碑（汉白玉）介绍其生平。碑高 110、宽 78 厘米。碑石为栗毓美雕像座台，由广灵雕塑厂刻石。

【碑文】

栗毓美

皇清诰授光禄大夫兵部侍郎兼都察院右副都御史总督河南山东河道提督军务晋赠太子太保赐谥恭勤栗公毓美，字含辉，号箕山，又号朴园，山西浑源人。生于乾隆四十三年八月二十日，自幼聪颖好学，志行高远。嘉庆辛丑科考取拔贡生，次年朝考二等二名，以温县知县出仕。历任河南宁陵、武陟知县，直隶知州，汝宁、开封知府，粮盐道，湖北按察使，河南布政使。道光十五年升任河道总督。服官豫楚，秉节河东垂四十年，体国爱民，政声卓著，世称能廉，尤以治理黄河居功至伟。任河督五年间，殚精竭虑，未雨绸缪，一叶扁舟，沐风栉雨，追波踏浪，日夜操劳。每遇险患，身先士卒，曾连续六十余日坐阵抢险，其间五昼夜目不交睫。因地制宜，独展才智，首创“砖代埽”之抛砖筑坝法，屡收奇效，每每化险为夷，节银无数，任内河不为患。道光二十年二月十八日，在巡河途中，因积劳成疾，薨于任上，享年六十有三。道光帝闻讯曰：河工剧要，倚畀方深，遽闻溘逝，殊堪悼惜。颁旨赞许毓美“持躬端谨、办事实心，自擢任河督以来，慎厥修防，安澜奏绩”，特在原籍敕建陵墓尽享哀荣。沿黄百姓尊其为河神，祭祀不绝。栗公毓美功在河，德在民。

皇清诰授光禄大夫兵部侍郎兼都察院右副都御史总督河南山东河

栗毓美

道提督军务晋赠太子太保赐谥恭勤
栗公毓美字含辉号箕山又号朴园山西浑源人生于乾隆四十三
年八月二十日自幼聪颖好学志行高远嘉庆辛丑科考取拔贡生
次年朝考二等二名以温县知县出仕历任河南宁陵武陟知县直
隶知州汝宁开封知府粮盐道湖北按察使河南布政使道光十五
年升任河道总督服官豫楚秉节河东垂四十年体国爱民政声卓
著世称能廉尤以治理黄河居功至伟任河督五年间殚精竭虑未
雨绸缪一叶扁舟沐风栉雨追波踏浪日夜操劳每遇险患身先士
卒曾连续六十余日坐阵抢险其间五昼夜目不交睫因地制宜独
展才智首创「砖代埽」之抛砖筑坝法屡收奇效每每化险为夷
节银无数任内河不为患道光二十年二月十八日在巡河途中因
积劳成疾薨于任上享年六十有三道光帝闻讯曰河工剧要倚畀
方深遽闻溘逝殊堪悼惜颁旨赞许毓美「持躬端谨办事实心自
擢任河督以来慎厥修防安澜奏绩」特在原籍敕建陵墓尽享哀
荣沿黄百姓尊其为河神祭祀不绝栗公毓美功在河德在民

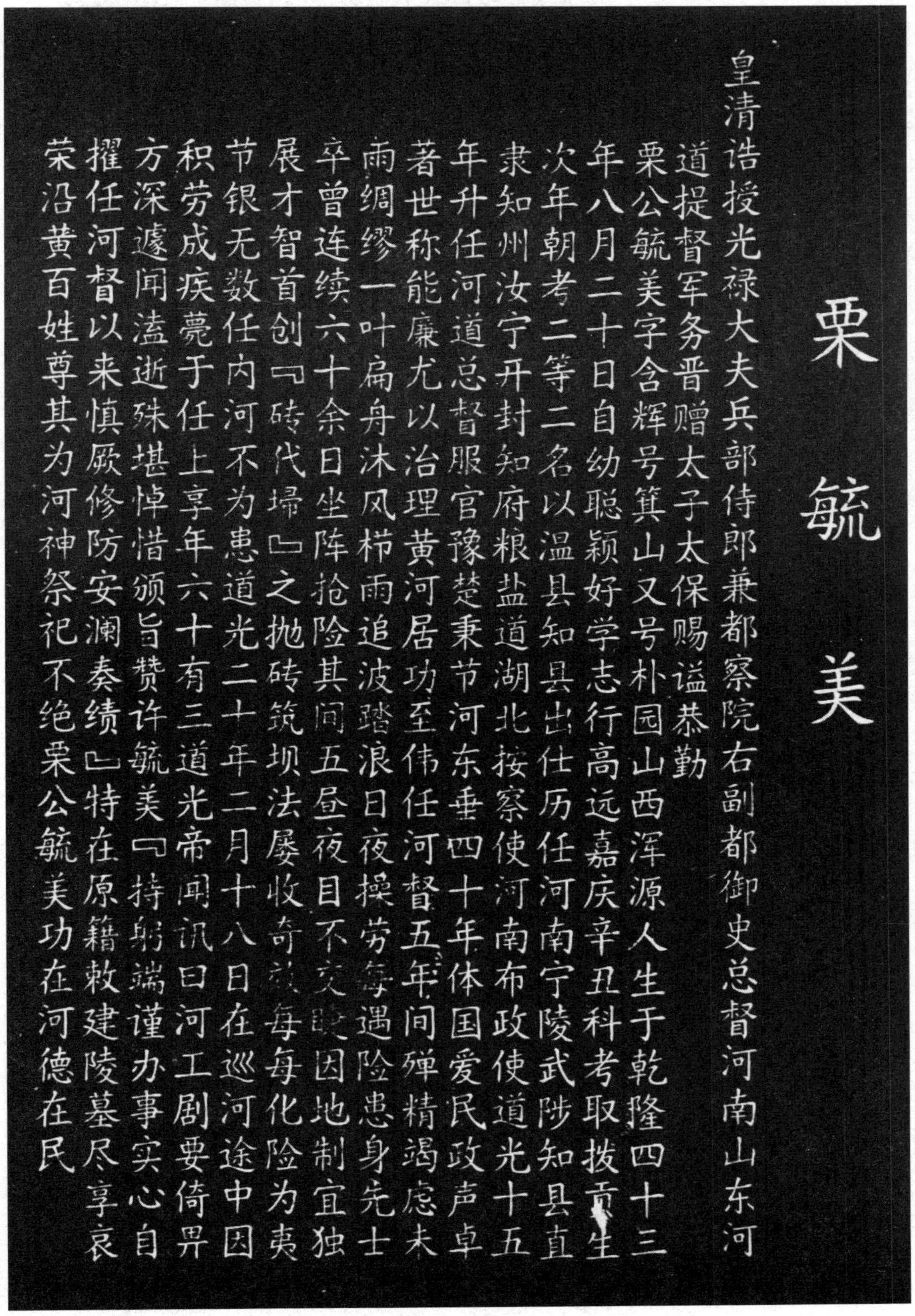

“北岳恒山”标志碑

【简介】

2005年立于浑源境内恒阴和宇门之前。峭石上正面镌刻“北岳恒山”4字，峭石背面镌刻当代书法家邹德忠题写的清代诗人张吉元的诗歌《白云堂》。高260、宽125厘米。

邹德忠，笔名齐惠，别署知不知子，1938年2月出生于山东烟台。原为中国书法家协会组联部主任，中国书法家协会理事。现为书协中央国家机关分会常务副会长兼秘书长，中国书法家协会培训中心教授，山东大学书画研究院客座教授。

【题刻】

（碑阳）

北岳恒山

中华人民共和国国务院一九八二年批准

中华人民共和国建设部　监制

（碑阴）

草堂開向白雲岑，不受紅塵半點侵。

出岫釀爲天下雨，還山仍自談無心。

張吉元詩《白雲堂》

乙酉年夏鄒德忠

“巍峨天极”摩崖题刻

【简介】

2005 年镌刻于浑源境内恒阴紫微沟和字门西侧崖头。高 400、宽 210 厘米。由首都师范大学中国书法研究院院长叶培贵题书。

【题刻】

巍峨天極

北岳之頌

葉培貴（印一方）

“恒”摩崖题刻

【简介】

2005年镌刻于浑源恒山姊妹松附近岩体。高160、宽190厘米。由北京市书法家协会副主席王家新题。

王家新，1967年生，全国青联委员、中国书法家协会理事、创作委员会委员、北京市书法家协会副主席、西泠社社员、中华诗词学会会员。

【题刻】

恒

家新書（印一方）

“佛”摩崖题刻

【简介】

2005年镌刻于浑源悬空寺对面山体岩壁。字体约高300、宽250厘米。由中国佛教协会会长一诚书丹。

【题刻】

佛

一誠書

“和”摩崖题刻

【简介】

2005 年镌刻于浑源悬空寺对面山体的岩壁。约高 550、宽 220 厘米。由中国美术家协会副主席杨力舟书丹。

杨力舟，1942 年出生，山西临猗县人，全国政协委员、国家一级美术师、中国美术家协会副主席，曾任中国美术馆馆长。

【题刻】

和

恒山爲五嶽之一，儒釋道三家并存。和乃人類永恒主題。

乙酉年　力舟書

“禅”摩崖题刻

【简介】

2005年镌刻于浑源悬空寺对面山体的岩壁。字体高280、宽290厘米。由中国书法家协会副主席张飚书丹。

张飚，中国书法家协会驻会分党组书记、副主席、中国纪实文学研究会副会长、中国对外协会理事，享受国务院特殊津贴专家。

【题刻】

禅

乙酉年張飇題

新建云龙善和寺碑记

【简介】

2005 年农历六月立于浑源县龙山善和寺（即龙宫），现存该寺院。碑为花岗岩质，高 172、宽 60、厚 9.5 厘米。由赵杰撰文，左汝泰刻石。

【碑文】

新建云龙善和寺碑记

龙山，亦名封龙山，因山势蜿蜒起伏，状若游龙而得名。龙山位于浑源县城西南四十华里处，它历史悠久，文化积淀深厚，早在两千多年前的西汉时，龙山即建有天地坛；一千五百多年前的北魏前期，龙山即已成了当时京畿地区的佛教圣地。那时，山上不仅建有规模宏伟的大云禅寺，而且在其周围还建有众多的小寺，寺庙占地总面积多达五百亩。公元 424 年，北魏太武帝登基后，不久便下诏灭佛，而位于京畿之地的龙山寺庙首当其冲，一把火夷为平地。唐代，又建起新的寺院，但规模已远不及前。金元时，龙山寺院香火旺盛，名人墨客遗迹众多。元代后，龙山寺院多次遭遇火灾。民国时，已无寺院可寻。本世纪初，居士王美莲、姜桂花等在龙山起盖云龙善和寺，以祈求风调雨顺，国泰民安。云龙者，云从龙之谓也；善和者，行善积德，环球和平也。该寺院于二〇〇二年筹备，历经两年。终于在二〇〇四年竣工，并与同年农历六月十九日为寺内龙王，风伯、雨师、雷公、电母诸神举行开光典礼。至此，龙山不仅真正成了龙居之地，而且，神司其职，呵护八方，国运昌盛，举世同乐。云龙善和寺将与龙山同在，与日月同辉。

撰文　赵杰

刻石　左汝泰

於乙酉年六月吉日立

碑记

龙山，亦名封龙山，因山势蜿蜒起伏，状若游龙而得名。龙山位于浑源县城西南四十华里处，它历史悠久，文化积淀深厚，早在两千多年前的西汉时，龙山即建有天地坛；一千五百多年前的北魏前期，龙山即已成了当时京畿地区的佛教圣地。那时，山上不仅建有规模宏伟的大云禅寺，而且在其周围还建有众多的小寺，寺庙占地总面积多达五百亩。公元424年，北魏太武帝登基后，不久便下诏灭佛，而位于京畿之地的龙山寺庙首当其冲，一把火夷为平地。唐代，又建起新的寺院，但规模已远不及前。金、元时，龙山寺院香火旺盛，名人墨客遗迹众多。元代后，龙山寺院多次遭遇火灾。民国时，已无寺院可寻。本世纪初，居士王美莲，姜桂花等在龙山起盖云龙善和寺，以祈求风调雨顺，国泰民安。云龙者，云从龙之谓也；善和者，行善积德，环球和平也。该寺院于二00二年筹备，历经两年，终于在二00四年竣工。并与同年农历六月十九日为寺内龙王、风伯、雨师、雷公、电母诸神举行开光典礼。至此，龙山不仅真正成了龙居之地，而且，神司其职，呵护八方，国运昌盛，举世同乐。云龙善和寺将与龙山同在，与日月同辉。

撰文　赵杰

刻石　左汝泰

於乙酉年六月吉日立

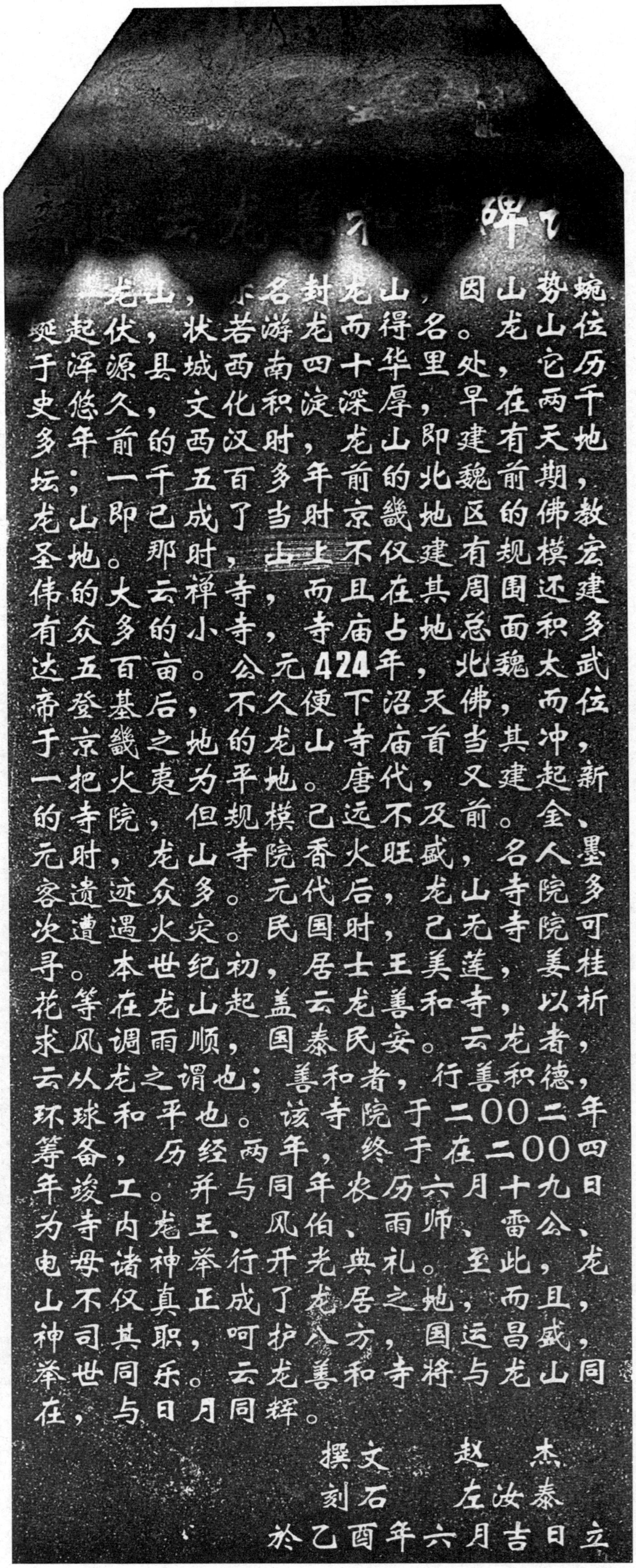

西辛庄财神庙重修碑记

【简介】

2005年农历十二月立于浑源县西辛庄村财神庙内，现存此庙。黑色花岗岩质，平首方座。碑高114、宽60、厚14厘米。由祁治撰文书丹。

【碑文】

西辛庄财神庙重修碑记

夫财神者何也?《神仙传》载：财神分文武，文者比干，武者赵公明也，亦有文者范蠡，武者关羽之说。

历史上人们追求富裕生活的希望寄托财神恩赐，故财神庙遍布城乡，人人崇拜。西辛庄村财神庙始建于明代，距今约有六百年，风雨侵蚀，年久失修，墙坍屋倾，神像被泥沙涂盖，九成废墟。

从公历一九九七年始，有本村行善好义之士刘天义，四处奔走募化，积资筹粮，重新修葺，至二〇〇五年竣工，使庙貌换新颜，神灵复原位，功德无量，顺天应人，刻石记之，以昭后人。

经手人　住持　静　修

撰　书　信士　祁　治

立　石　李文胜

工　匠　孟生金　雷　斌　李四角　李武旦　刘喜善

歳次乙酉年　臘月

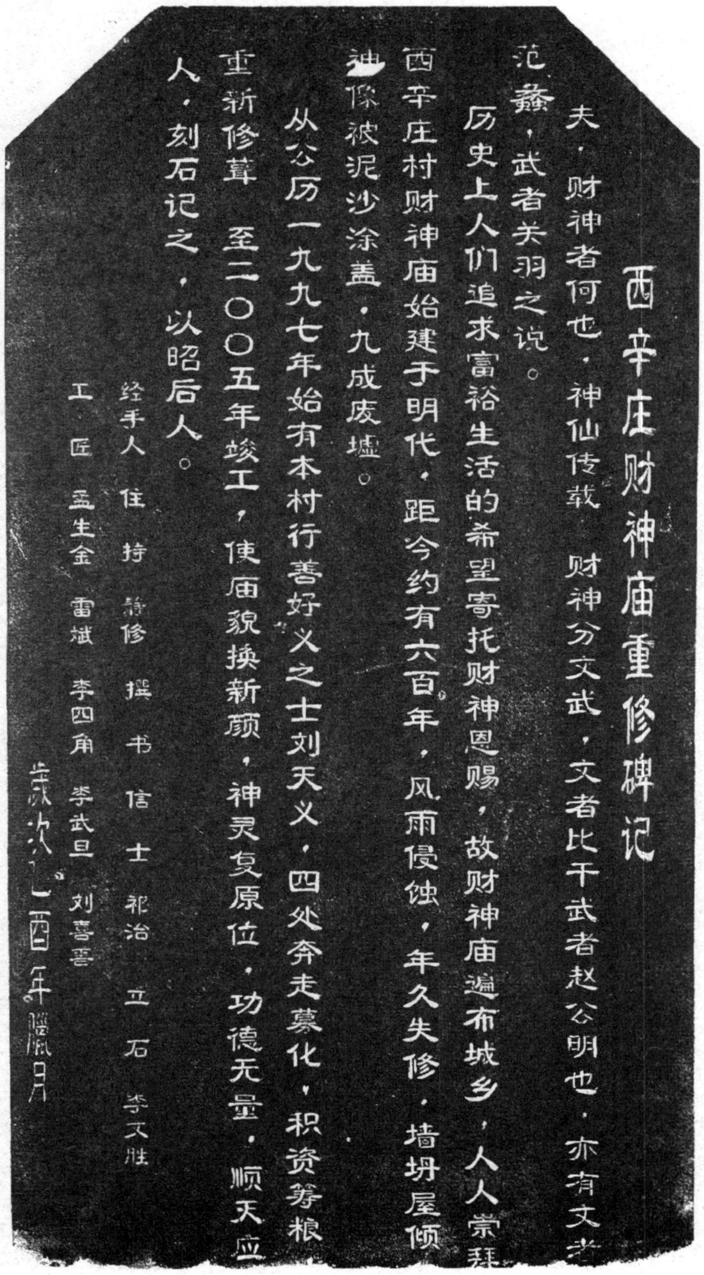

永怀堂石柱楹联

【简介】

2005年刻于栗家坟永怀堂前两汉白玉柱石之上。柱高230、宽28厘米。

【联文】

功在河恭勤精神永駐；

德在民毓美風范長存。

全国重点文物保护单位栗毓美墓标志碑

【简介】

2006年立于浑源城外东北隅栗毓美陵园前。长方形，花岗岩质。高80、宽120、厚15厘米。座为两层中凹形结构。长140、宽41、高53厘米。

栗毓美（1778—1840），字含辉，号朴园，浑源城关人。清嘉庆七年考取拔贡，出仕后历任河南温孟、安阳、河内、西华等县知县。道光九年升任河南粮盐道，转迁湖北按察使。道光十二年改任河南布政使兼河东河道护理巡抚。任上中牟里冈口黄河大堤将溃，组织抢修一昼夜即竣工，朝廷惊服，提升为黄河河道总督，代理军务，全权主管中原水利工程。他创行的以砌代埽筑坝法，为治理黄河河道、防止水患，作出了重要贡献，成为当时声名显赫的水利专家。在任期间，治河有方，日夜操劳，被中原百姓称颂为“河帅”。道光二十年（1840）农历二月初，黄河出现险情，作为河道总督的栗公同当地军民奋战在黄河大堤，二月十八日因劳累过度，致疾，死于河南郑州行馆。朝廷惊悉，不胜震悼，加太子太保衔，谥曰“恭勤”。赏其次子栗耀为进士。并令治河各地建立庙堂，在老家浑源修建具有皇家规制的陵寝。选材之精，工艺之美，堪称一流。为全国重点文物保护单位。

【碑文】

全国重点文物保护单位

栗毓美墓

中华人民共和国国务院公布

国家文物局二零零六年六月立

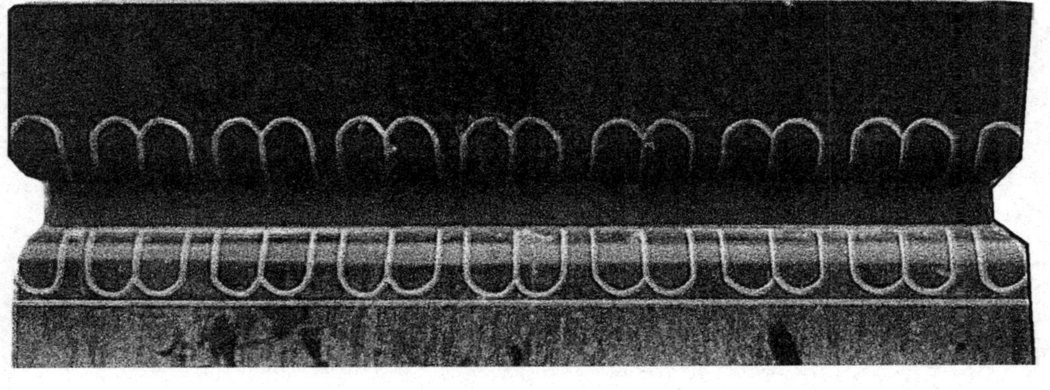

重修龙山大云寺文殊殿记

【简介】

2006年秋立于浑源县龙山文殊殿，现存该处。黑花岗岩质，圆首方座，额题“万古流芳”4字。碑高152、宽60、厚8.5厘米。由张剑扬撰文，大云寺修缮委员会立石。

【碑文】

重修龙山大云寺文殊殿记

龙山，亦名封龙山、飞龙山，主峰秀丽岭，位于浑源城西南20公里，与恒山主峰天峰岭东西相望。远望峰峦起伏，状如龙蛇，故名。因衔恒岭而更显其秀，虽傍名岳而独领风骚。飞龙雪霁，素裹神川，玉泉寒溜，绿濡紫塞，百花岗金间玉错，归潜堂彪炳春秋，元好问长歌击节，麻信之千里寻游，刘氏几代卜筑西岩，龙山三老世传佳话，奇观胜景，不可尽记。

龙山世为文殊菩萨道场，早在东晋永和年间，高僧道安隐居灵岩，立寺讲经，收徒弘法，使恒山和龙山成为当时全国最大的佛教传播中心。大云寺，又名龙山寺，全名龙山大云禅寺，分上下寺，胥建于北魏。下寺在龙山脚下荆庄，现存大殿为金代建筑，为全国重点文物保护单位。上寺在峰头寺洼，琳宫错落，规模宏大，占尽龙山风光。民间有语：“龙山寺庙七十二，尽在林涛云海间。”惜于清代，焚于大火。故当地流传曰：“毁了龙山，显了五台。”

世纪之交，随着恒山大规模修建，当地信士自发集资修复是寺，一九九七年重建老母殿，二〇〇〇年重建大雄宝殿。二〇〇四年浑源城乔玉枝等信士，心诚意执，昼夜奔波，多方募捐，集资四十万元，历时三年重建主殿文殊殿，面宽十八米，进深八米，四面出廊，斗拱俏丽，庄严恢宏，势压群峰。在海拔二千二百六十六米的高山之巅耸建如此广厦，个中艰辛，人神共鉴。众信士还相继修复五佛殿、云龙宫、万仙堂、山神庙及邻近的龙棚寺、龙王堂、关帝庙等，再现龙山辉煌。丙戌金秋，登峰拜谒，叹为观止，应嘱为记。

郡人张剑扬拜撰

丙戌岁金秋吉日

龙山大云寺修缮委员会立石

重修龙山大云寺文殊殿记

龙山，亦名封龙山、飞龙山，主峰秀丽岭，位于浑源城西南二十公里，与恒山主峰天峰岭东西相望。远望峰峦起伏，状如龙蛇，故名。因衔恒岭而更显典秀，虽傍名岳而独领风骚。飞龙雪雾蒙裹神川，玉泉清溜缘濡紫塞，百花岗金问玉错，归潜堂赵炳春秋，元好问长歌击节，麻信之千里寻游，刘氏几代卜筑西岩，龙山三老世传佳话，奇观胜景，不可尽记。

龙山世为文殊菩萨道场，早在东晋永和年间，高僧道安隐居灵岩，立寺讲经，收徒弘法，使恒山和龙山成为当时全国最大的佛教传播中心。大云寺，又名龙山寺，全名龙山大云禅寺，分上下寺，后建于北魏。下寺在龙山脚下荆庄，现存大殿为金代建筑，为全国重点文物保护单位。上寺在峰头寺洼，琳宫错落，规模宏大，占尽龙山风光。民间有语：「龙山寺庙七十二，尽在林海云海间。」惜于清代，焚于大火。故当地流传曰：「毁了龙山，显了五台。」

世纪之交，随着恒山大规模修建，当地信士白发集资修复吴寺，一九九七年重建老母殿，二〇〇〇年重建大雄宝殿。二〇〇四年浑源城乔玉枝等信士，心诚意执，昼夜奔波，多方募捐，集资四十万元，历时三年重建主殿文殊殿，面宽十八米，进深八米，四面出廊，斗拱俏丽，庄严恢宏，势压群峰。在海拔二千二百六十六米的高山之巅耸建如此广厦，个中艰辛，人神共鉴。众信士还相继修复五佛殿、云龙宫、万仙堂、山神庙及邻近的龙棚寺、龙王堂、关帝庙等，再现龙山辉煌。丙戌金秋，登峰拜谒，叹为观止，应嘱为记。

郡人　张剑扬　拜撰　　丙戌岁金秋吉日　　龙山大云寺修缮委员会立石

“协翔”题刻

【简介】

2006 年立于浑源县城西柳河公园东面。碑体高 105、宽 330 厘米。黑色花岗岩质，碑文由浑源县三晋文化研究会副会长贾宝、白明星撰写。

【题刻】

劦翔

三才相合，明珠现瑞，昭示着自然之天道、地道、人道；金凤展翅，来仪北岳，彰显着浑源之实力、活力、魅力。三力合一谓之劦，劦为合众力，同心协力，和也。和谐社会，福泽生民。

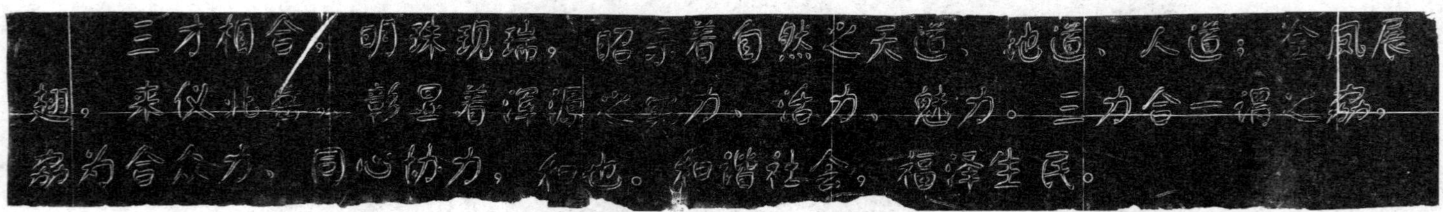

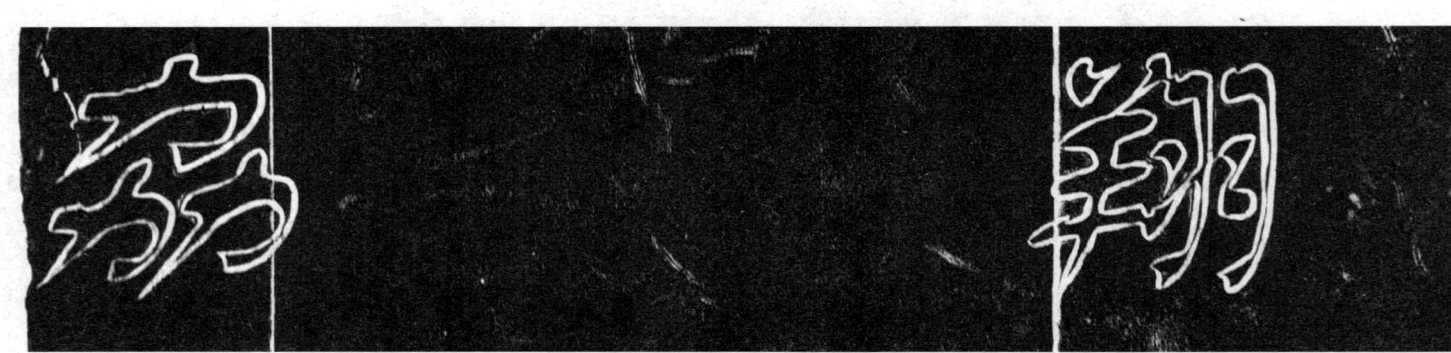

“悬空寺”石刻

【简介】

2007 年镌刻于一天然峭石上，现存悬空寺接待室西。高 148、宽 65 厘米，由当代大书画家范曾题书。

范曾，1938 年出生，江苏南通人。字十翼，又字木上，画室名抱冲斋。现为天津南开大学教授、东方艺术系主任、中华全国青联常委、中华人民共和国国务院学位委员会评议组成员。中国著名画家、诗人、书法家。他的人物画创作“以书为骨，以诗为魂”，作品倾注了他的诗思、诗情。其作品有《范曾人物画选》《范曾诗集》。1982 年夏漫游恒山悬空寺后，写有《悬空寺远怀》七律，并挥毫题书“悬空寺”三个行草大字。

【题刻】

懸空寺

范曾题

紫微阁重修记

【简介】

2007 年镌刻，现嵌于浑源恒山白虚观紫微阁的窗台间。黑色花岗岩质，长方形，高 40、宽 70 厘米。碑文记述了本邑轻财好善夫妇重修紫微阁之过程。

【碑文】

紫微阁重修记

紫微大帝又称北极、太乙，或说是周文王长子伯邑考。道教尊为四御之一，即协助玉帝执掌日月星辰之神，投胎落凡即为天子，四月十八日诞辰。

而今太平盛世，民生安乐，修庙敬神之举风靡全国，恒山宫观祠宇近年大都更新，唯有紫微阁残破颓废，无人问津，游览者观之无不嗟叹也。

幸有恒麓轻财好善夫妇二人，独具慧眼，慷慨资助资金，历时二月，使残阁复兴，神像重塑，让千年古迹重启盛世。

刻石述之，以昭后人。

“砺园”“花石真如”牌匾

【简介】

2007 年孟秋镌刻于浑源县花岗岩园区牌楼门楣间。黑花岗岩质，高约 100、宽 190 厘米。此匾额的正面为“砺园”，背面为“花石真如”。由浑源县三晋文化研究会理事长白明星为其冠名。

白明星，山西省浑源县永安镇人。从文化部门退休后，一直致力于三晋文化、恒山文化的研究。近十年来，先后由山西人民出版社出版了《恒山悬空寺》《恒山传奇》《恒山游记》《永安寺与圆觉寺》以及《浑源史话》《浑源民俗》多部著作。在各级报刊发表诗词四百余首、散文百余篇。现为大同市三晋文化研究会理事，浑源县三晋文化研究会副会长兼理事长，浑源县老年学会会长兼党支部书记，浑源县老科协副会长，浑源县新闻工作者协会秘书长。

【匾文】

（阳面）

礪園

丁亥岁孟秋

（阴面）

花石真如

“石趣”题刻

【简介】

2007年7月立于浑源县柳河公园旁。高260、宽88厘米。彩色大理石质。题书者不详。

【题刻】

石趣

丁亥蘭月（印一方）

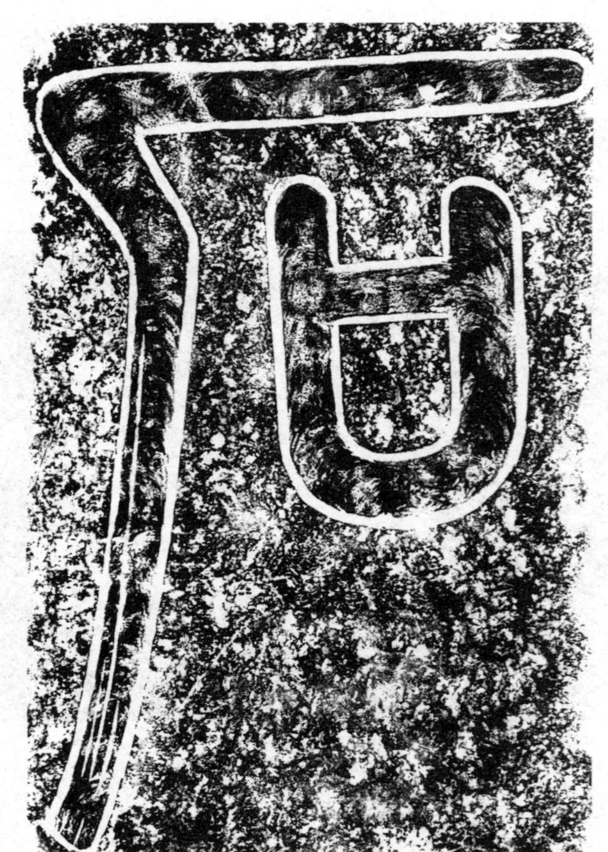

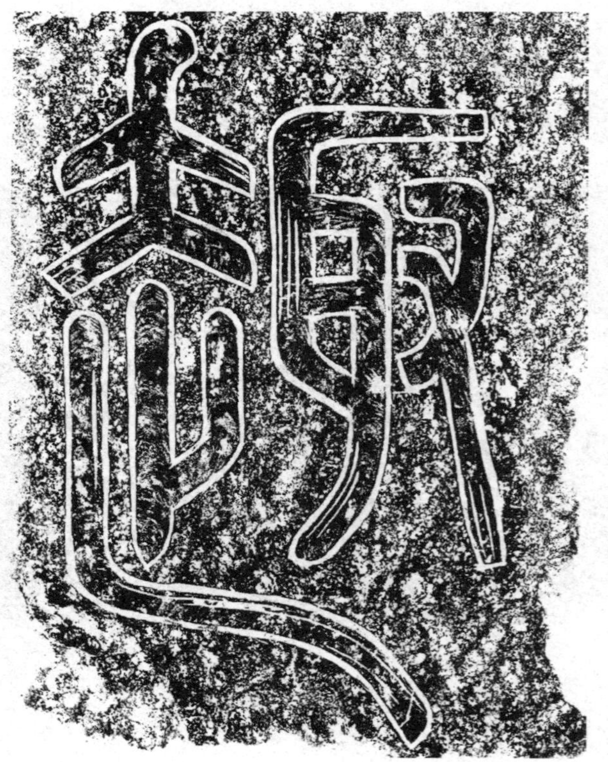

张果老碑记

【简介】

2007年建塑，现位于浑源恒山停车场西北部。此碑分为两部分，上部为张果老倒骑毛驴出入恒山的雕像，下部为长方形黑色花岗岩碑体。碑体高210、宽330、厚160厘米。碑阳为“张果老”三个大篆字，碑阴为张果老之生平事迹。因八洞神仙之一——果老仙在恒山修道多年，且留有耐人寻味的众多遗迹，为突显恒山道教文化的内涵，经多方筹措，请高级雕塑师雕刻出图文并茂、神形皆备的石雕，以示纪念。

【碑文】

（碑阳）

張果老

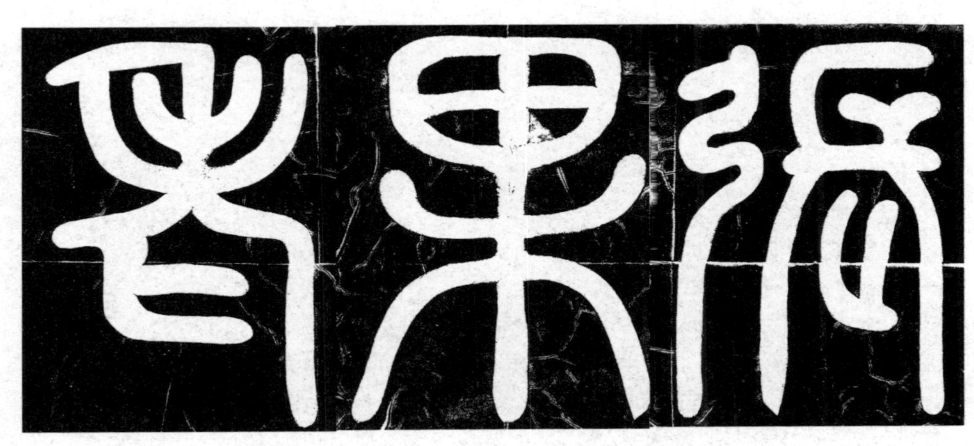

（碑阴）

张果老，名张果，古“八仙”之一，曾在道家第五洞天北岳恒山长期修行，山上现存果老岭、果老洞、通元谷等多处遗迹。据《广列仙传》载：张果，居恒山蒲吾县，晦乡里世系。后隐中条山，往来汾、晋，闻得长生秘术。耆老云，为儿童时见之，已言数百岁，常乘一白驴，日行数万里，休息时乃折叠之。其厚如纸，置于巾箱中。乘则以水噀之，复成驴矣。唐太宗、高宗征之不起。武后召之，出山佯死于妒女庙前。时方炎暑，须臾臭烂生虫，于是武后信其死矣。后有人于恒州山中复见之，元宗开元二十三年，刺史韦济以闻，令通事舍人裴晤驰驿于恒山迎之，果对晤气绝而死。晤乃焚香宣天子求迎之意，俄顷渐苏。晤不敢逼，驰还奏之，乃命中书舍人徐峤、通事舍人卢重元赍玺书迎果。果随峤至东京，馆于集贤院，备加敬礼。公卿皆往拜谒，以肩舆迎入宫。帝问神仙，不答。善息气，累日不食，数饮酒。上赐之酒，辞曰：“小臣饮不过二升，有一弟子可饮一斗。”明皇喜，令召之。俄顷，一道童自殿檐飞下，年可十六七，资容美丽。谒见上，言词清爽，礼貌臻备。明皇命坐，果曰：“弟子当侍立于侧，不可赐坐。”明皇愈喜。饮及一小斗，不醉。果曰：“不可更赐，过度必有所失，致龙颜一笑耳。”明皇又逼赐之，酒忽从顶上涌出，冠子扑落地，化为金地，上及嫔御皆惊笑。视之，失道士矣，但金榼在地。覆之，榼贮一斗酒。验之，乃集贤院中榼也。果试仙术，不可穷纪。果尝言：“我生尧丙子岁，位侍中。”其貌若六七十许。邢和璞者，善知人夭寿，师夜光者，善视鬼。帝令和璞推果寿，则懵然莫知。密使夜光视之，不见果所在。帝谓高力士曰：“吾闻饮堇而无苦者，奇士也。”时天寒，因取以饮果，二进，颓然曰：“非佳酒也。”乃寝。顷视齿焦缩，顾左右取如意击堕之，藏带中，出药傅其断。良久，齿复生，粲然如玉。上狩咸阳，获一大鹿，令庖人烹之。果曰：“此仙鹿也，已满千岁。汉武帝元狩五年，臣曾侍从，畋于上林，获此鹿，乃放之。”上曰：“鹿多矣，时迁代变，岂不为猎者所获乎？”果曰：“武帝放时，以铜牌志于左角下。”遂命验之，果有铜牌二寸许，但文字凋落耳。上曰：“元狩是何甲子，至今凡几年？”果曰：“是几癸亥，武帝始开昆明池，今甲戌岁，八百五十二年矣。”上命太史校之，略无差焉。上问叶法善曰：“果何人也？”答曰：“臣知之，然臣言之即死。若陛下免冠跣足救臣，臣可得活，乃敢言。”上许之。法善曰：“混沌初分，白蝙蝠精。”言讫，窍流血死。上如其言，请救于果。果徐曰：“此儿多口，过不责之，恐泄天地之机耳。”乃以水噀其面，法善即时复生。帝益重之，诏图形集贤院，以为银青光禄大夫，号通元先生。果屡陈老病，乞归恒州。赐绢三百匹，随从弟子二人，给驿肩舆。到恒州，弟子一人放回，一人相随入山。天宝初，帝复遣使征果，果闻诏至輒卒，弟子葬之。后发棺，尸不知所在，帝为立栖霞观祀之。

张果老，名张果，古「八仙」之一，曾在道家第五洞天北岳恒山长期修行，山上现存果老岭、果老洞、通元谷等多处遗迹。据《广列仙传》载：张果，居恒山蒲吾县，晦乡里世系。后隐中条山，往来汾、晋，闻得长生秘术。耆老云为儿童时见之，已言数百岁，常乘一白驴，日行数万里，休息时乃折叠之，其厚如纸，置于巾箱中。乘则以水噀之，复成驴矣。唐太宗、高宗征之不起。武后召之，出山佯死于妒女庙前。时方炎暑，须臾臭烂生虫。于是武后信其死矣。后有人于恒州山中复见之。元宗开元二十三年，刺史韦济以闻。乃令通事舍人裴晤驰驿于恒山迎之。果对晤，气绝而死。晤乃焚香宣天子求迎之意，俄顷渐苏。晤不敢逼，驰还奏之。乃命中书舍人徐峤、通事舍人卢重元赍玺书迎果，果随峤至东京，馆于集贤院，备加敬礼。公卿皆往拜谒，以。肩舆迎入宫。帝问神仙，不答。善息气，累日不食，数饮酒。上赐之酒，辞曰：「小臣饮不过二升，有一弟子可饮一斗。」明皇喜，令召之。俄顷，一道童自殿檐飞下，年可十六七，资容美丽，谒见上，言词清爽，礼貌臻备。明皇命坐，果曰：「弟子当侍立于侧，不可赐坐。」明皇愈喜。饮及一小斗，不醉。果曰：「不可更赐，过度必有所失，致龙颜一笑耳。」明皇又逼赐之，酒忽从顶上涌出，冠子扑落地，化为金地。上及嫔御皆惊笑。视之，失道士矣，但金榼在地。覆之，榼贮一斗酒。验之，乃集贤院中榼也。果试仙术，不可穷纪。果尝言：「我生尧丙子岁。」「位侍中，」其貌若六七十许。邢和璞者，善知人夭寿；师夜光者，善视鬼。帝令和璞推果寿，则懵然莫知。密使夜光视之，不见果所在。帝谓高力士曰：「吾闻饮堇而无苦者，奇士也。」「时天寒，因取以饮果，一一进，颓然曰：「非佳酒也。」乃寝。顷视齿焦缩，顾左右取如意击堕之，藏带中，出药傅其断。良久，齿复生，粲然如玉。上狩咸阳，获一大鹿，令疱人烹之。果曰：「此仙鹿也，已满千岁。汉武帝元狩五年，臣曾侍从，畋于上林，获此鹿，乃放之。」上曰：「鹿多矣，时迁代变，岂不为猎者所获乎？」果曰：「武帝放时，以铜牌志于左角下。」遂命验之，果有铜牌二寸许，但文字凋落耳。上曰：「元狩是何甲子，至今凡几年？」果曰：「是儿癸亥，武帝始开昆明池，今甲戌岁，八百五十二年矣。」上命太史校之，略无差焉。上问叶法善曰：「果何人也？」答曰：「臣知之，然臣言之即死。若陛下免冠跣足救臣，臣可得活，乃敢言。」上许之。法善曰：「混沌初分，白蝙蝠精。」言讫，窍流血死。上如其言，请救于果。果徐曰：「此儿多口，过不责之，恐泄天地之机耳。」乃以水噀其面，法善即时复生。帝益重之，诏图形集贤院，以为银青光禄大夫，号通元先生。果屡陈老，病，乞归恒州。赐绢二百匹，随从弟子二人，给驿肩舆到恒州，弟子一人放回，一人相随入山。天宝初，帝复遣使征果，果闻诏至辄卒，弟子葬之。后发棺，尸不知所在。帝为立栖霞观祀之。

“德貞惠诚”匾额

【简介】

2007 年刻制，现存浑源恒山大殿处。高 60、宽 790 厘米。由钰煜题书。

【匾文】

德貞惠誠

歲次丁亥秋鎣鈺煜叩敬

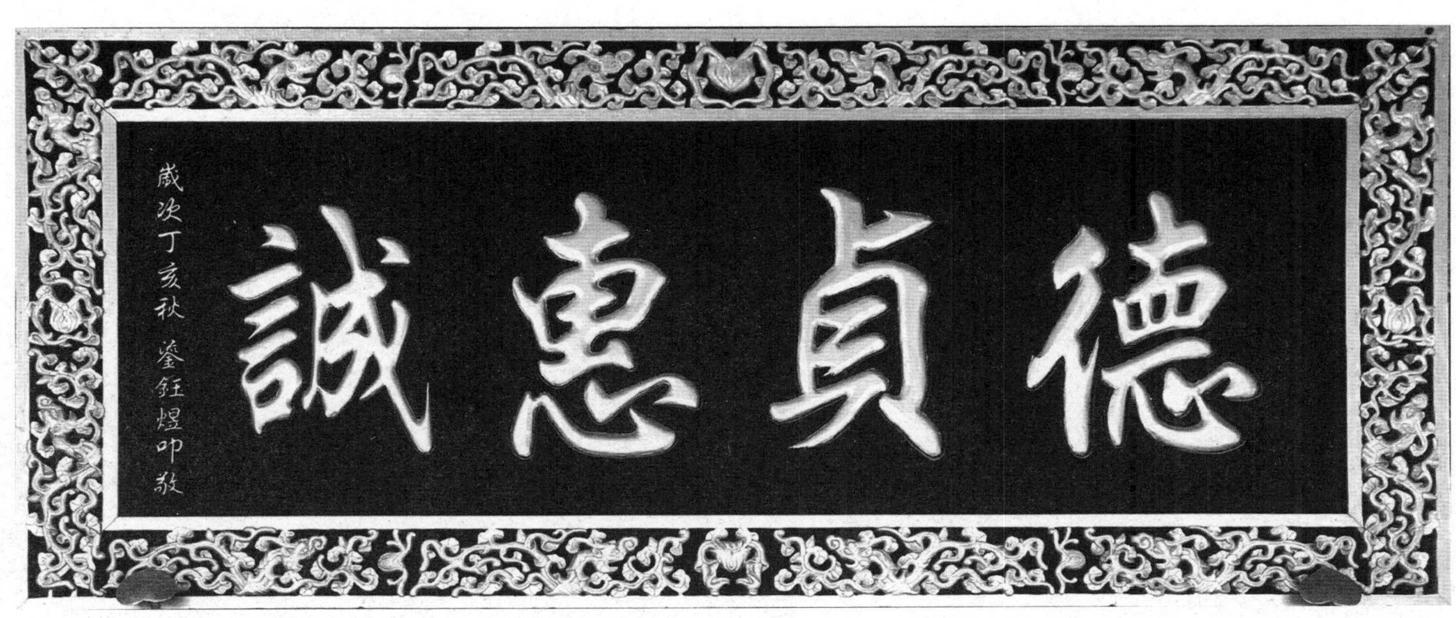

唐庄村一九三八年农历正月十二日大惨案受害者纪念碑

【简介】

2008 年 4 月 2 日重建于浑源县唐庄村西翠屏山脚下。碑为黑色花岗岩质，碑高 140、宽 80、厚 18 厘米。碑体耸立于碑亭之内，由于镌刻很浅，无法拓印，只好拍照。

1938 年 2 月 10 日（即农历正月十二日），日军从县城出动近 300 兵马，将唐家庄村包围，制造了杀害干部群众 127 名、血流成河的大惨案，全村受害人家达 90% 以上。其中有 15 户 38 人被杀绝，全村被毁房屋 352 余间，烧死大牲畜 20 余头、羊 300 余只，衣物、用具不计其数。为纪念被日寇杀死的干部和群众，新中国成立后，曾在村中建碑以志。2006 年纪念碑不翼而飞，2008 年重建亭阁，并树碑，让子子孙孙永远牢记家仇、不忘国耻。

【碑文】

（碑阳）

唐庄村一九三八年农历正月十二日大惨案受害者

纪念碑

公元二〇〇八年四月二日重建

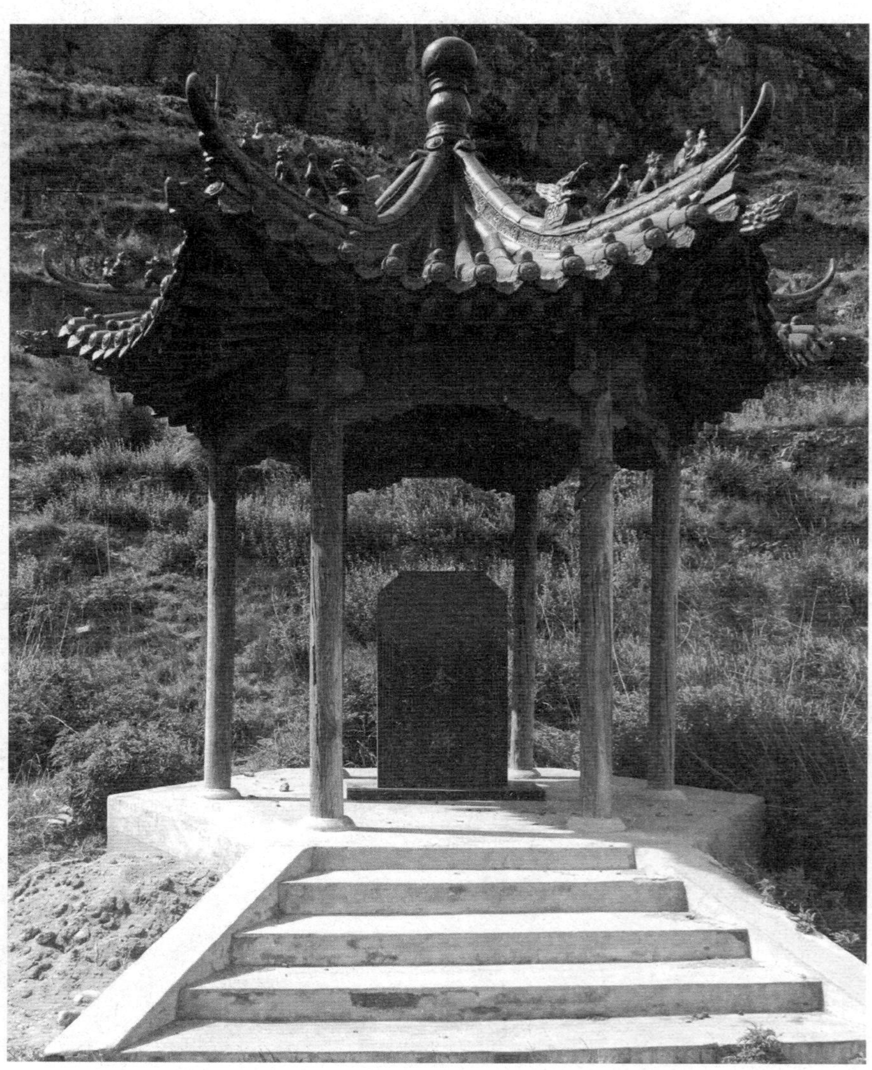

（碑阴）

牛　旦	男	27	牛振山	男	58	牛孙氏	女	50	牛王氏	女	15
牛小三	男	8	刘二考	男	57	刘三恒	男	43	刘帮旦	男	38
刘四妈	女	61	刘老四	男	31	刘振山	男	59	刘绳英	男	50
刘多元	男	19	赵　二	男	50	赵　中	男	17	赵春旦	男	31
赵润月	男	3	赵穆氏	女	27	赵佛枝	女	6	赵王氏	女	46
赵根旦	男	29	王老人	男	61	沈有先	男	51	沈有宽	男	50
沈孟氏	女	42	沈女子	女	3	沈　孩	男	18	孟　中	男	54
孟产林	男	43	仝老人	男	60	仝泉宝	男	30	仝王氏	女	56
柳成银	男	73	柳　斌	男	68	柳张氏	女	57	柳　孩	男	15
王二帮	男	50	敖大焕	男	52	敖三焕	男	49	敖有先	男	5
敖四女	女	1	敖大女	女	13	敖劣氏	女	38	张成中	男	65
赫　维	男	62	赫　小	男	3	赫五蓄	男	28	赫王氏	女	22
王　五	男	60	王二旦	男	30	张尧脐	男	60	张栓柱	男	19
张孙氏	女	51	张三柱	男	14	赵　三	男	50	李　成	男	50
李　福	男	35	唐建保	男	70	王　森	男	50	唐生贵	男	30
唐　贵	男	50	张长福	男	31	张刘氏	女	22	张三旦	男	30
朱成有	男	70	马二旦	男	50	张　越	男	60	柳长根	男	30
龚三仁	男	27	龚马氏	女	22	龚保旦	男	30	白文彩	男	50
白文秀	男	35	白赫氏	女	27	刘三帮	男	20	陈心爱	女	40
周月英	女	16	丁　大	男	50	周　四	男	14	周座成	男	14
柳果兰	女	50	姜　二	男	60	安天顺	男	30	李孩子	男	27
赵九少	男	50	王　成	男	60	姜　荣	男	38	王有财	男	40
郑　荣	男	40	王福柱	男	36	狄师傅	男	37	徐　荣	男	40
张　宗	男	40	李翠梅	男	50	李宗嘉	男	45	李春树	男	50
李春生	男	22	石真伍	男	51	赫良宝	男	40	曲老人	男	70
贾大斌	男	27	贾三孩	男	22	贾李氏	女	24	贾岳氏	女	20
贾女子	女	17	陈根保	男	40	贾子文	男	53	田三马	男	30
曲三巴	男	61	焦启荣	男	60	甑　焕	男	63	余天福	男	32
张　印	男	70	葛　润	男	50	甑王氏	女	40	甑蔡氏	女	45
甑　邵	男	57	张心爱	女	35	马老旦	男	53	李三旦	男	23
马王氏	女	50	薄少三	男	45	田广汉	男	43	孟希柏	男	21
赵孩子	男	1	仝天福	男	32	田大马	男	32			

沈孟氏女42
柳斌男68
熬[illegible]氏女38
张栓柱男19
唐世男50
龚马氏女22
周四男14
王有财男40
李春生男22

牛旦男27 牛振山男58 牛孙氏女50 牛生氏女15 牛小三男8 刘二孝男57 刘三恒男43 刘帮旦男38
刘四妈女61 刘老四男31 刘振山男59 刘绳英男50 刘多元男19 赵二男50 赵中男17 赵春旦男31
赵润月男3 赵穆氏女27 赵佛枝女6 赵王氏女46 赵根旦男29 王老人男61 沈有先男51 沈有宽男50
沈女子女3 沈孩男18 孟中男54 孟产林男43 全老人男60 全泉宝男30 全王氏女56 柳成银男73
柳张氏女57 柳孩男15 王二帮男50 熬大焕男52 熬三焕男49 熬有先男5 熬四女女1 熬大女女13
张成中男65 赫维男62 赫小男3 赫五蓄男28 赫王氏女22 王五男60 王二旦男30 张尧胜男60
张孙氏女51 张三柱男14 赵三男50 李成男50 李福男35 唐建保男70 王森男50 唐生贵男30
张长福男31 张刘氏女22 张三旦男30 朱成有男70 马二旦男50 张越男60 柳长根男30 龚三仁男27
龚保旦男39 白文彩男50 白文秀男35 白赫氏女27 刘三帮男20 陈心爱女40 周月英女16 丁大男50
周座成男14 柳果兰女50 姜二男60 安天顺男30 李孩子男27 赵九少男50 王成男60 姜荣男38
郑荣男40 王福柱男36 狄师傅男37 徐荣男40 张宗男40 李翠梅男50 李宗嘉男45 李春村男50
石真伍男51 赫良宝男40 曲老人男70 贾大斌男27 贾三孩男22 贾李氏女24 贾岳氏女20 贾女子女17
陈根保男40 贾仔文男53 田三马男30 曲三巴男61 焦启荣男60 甄焕男63 余天福男32 张印男70
葛润男50 甄王氏女40 甄蔡氏女45 甄邵男57 张心爱女35 马老旦男53 李三旦男23 马王氏女50
薄少三男45 田广泽男43 孟希柏男21 赵孩子男1 全天福男32 田大马男32

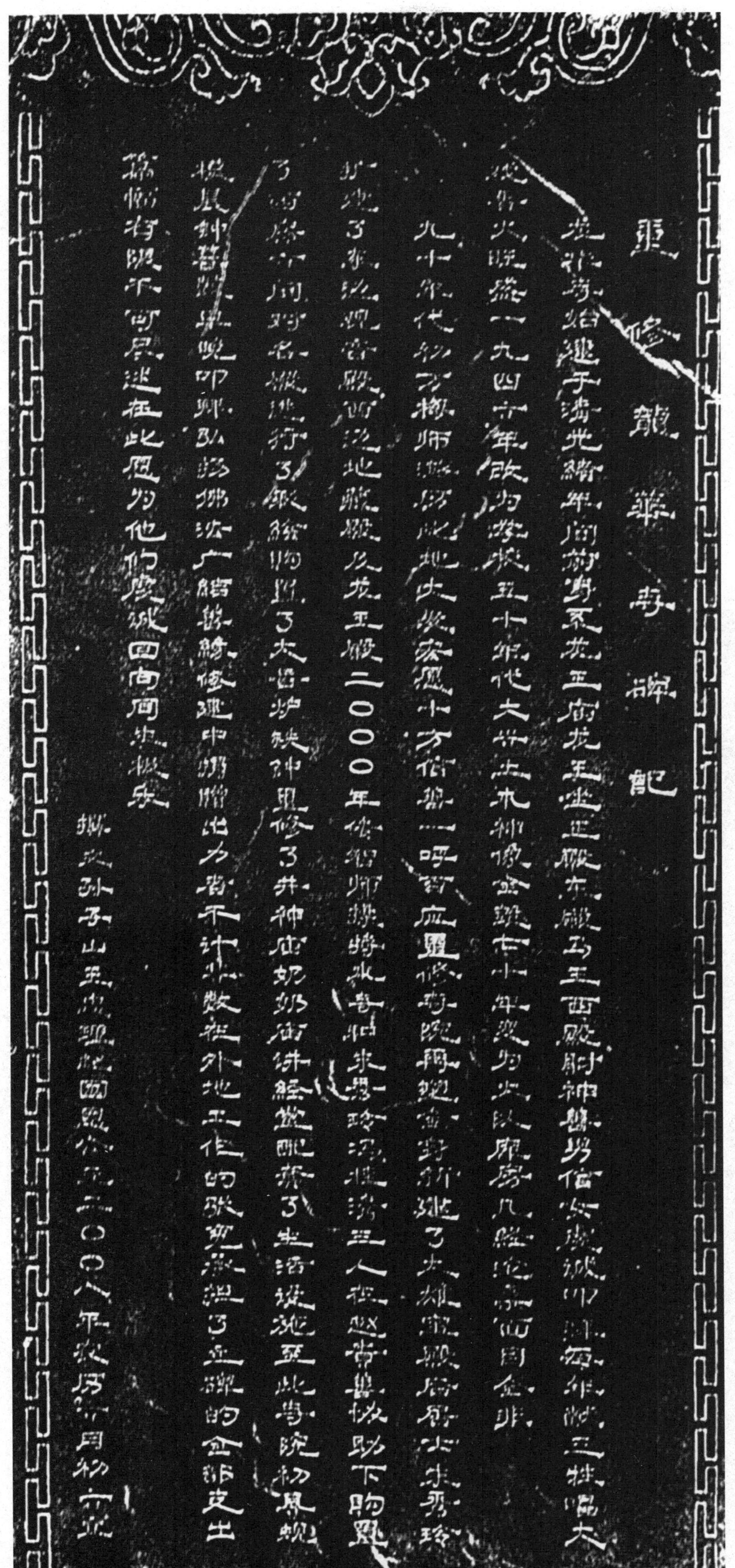

重修龙华寺碑记

【简介】

2008年农历六月初六立于浑源县永安镇东辛庄村龙华寺大殿廊前右侧。碑为方顶，长方座，碑首为缠枝纹，碑边为回字纹。座长72、宽90、厚12厘米。碑高148、宽60、厚6厘米。黑色花岗岩质。撰文孙子山、王忠理、赵国恩。

【碑文】

重修龍華寺碑記

龙华寺始建于清光绪年间，前身系龙王庙。龙王坐正殿，东殿马王，西殿财神。善男信女虔诚叩拜。每年献三牲、唱大戏，香火旺盛。一九四六年改为学校。五十年代大兴土木，神像全毁。七十年（代）变为大队库房，几经沧桑，面目全非。

九十年代初，万梅师游历此地，大发宏愿，十方信善，一呼百应，重修寺院，再塑金身，新建了大雄宝殿后，居士朱秀泠扩建了东边观音殿、西边地藏殿及龙王殿。二〇〇〇年，传智师操持本寺，和朱秀玲、冯桂清三人，在赵贵善协助下，购置了西房六间，对各殿进行了彩绘。购置了大香炉、铁钟，亘修了井神庙、奶奶庙、讲经堂，配套了生活设施。至此，寺院初具规模。晨钟暮鼓，早晚叩拜，弘扬佛法，广结善缘。修建中，捐赠出力者不计其数。在外地工作的张宽承担了立碑的全部支出。篇幅有限，不可尽述。在此，愿为他们虔诚回向同生极乐。

撰文　孙子山　王忠理　赵国恩

公元二〇〇八年农历六月初六立

古坝遗址

【简介】

2008年8月立于浑源县柳河大坝遗址之上。高168、宽80、厚18厘米，黑色花岗岩质。外建碑亭。

【碑文】

（碑阳）

古坝遗址

（碑阴）

文字所载：柳河石坝成规模建设，始于道光年间治河专家、官至河东河道总督栗毓美归籍守孝期间，至今二百余年。古时唐峪河水患甚虐，栗公毓美聚士绅乡民躬亲督造，筑坝束水，以成此坝。两岸计长800里。几经岁月沧桑，损坏颇甚，此处遗址为古坝所存。二十世纪七十年代，为防水患再度整治。今浑源县委、县政府巨资改造柳河滩，建柳河生态公园，不忍所毁，留此遗址，以飨后人景仰。

公元二〇〇八年八月志立

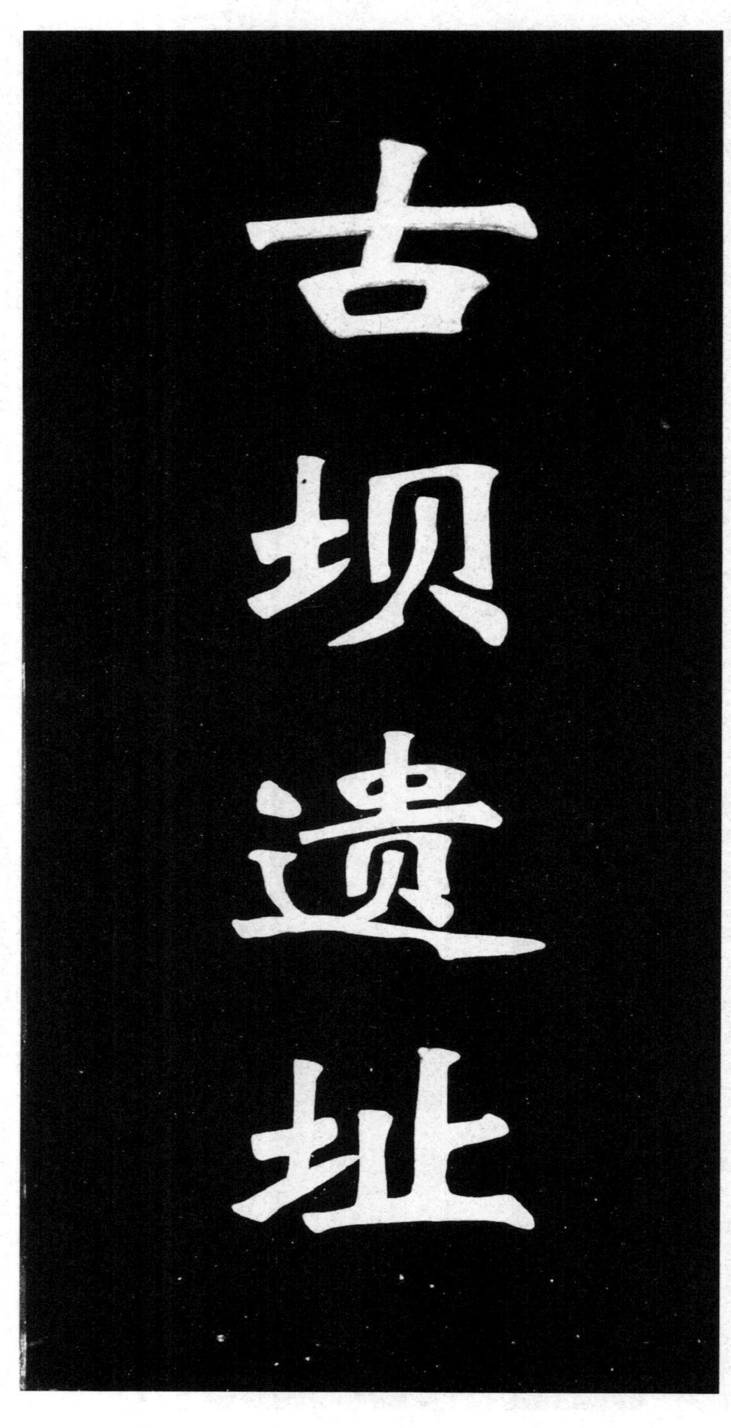

“烈士陵园”题刻

【简介】

2008 年 8 月 8 日立，现存于浑源县烈士陵园大门西、同浑道路之旁。该石刻高 140、宽 58 厘米。石质为彩色花岗岩。由浑源县民政局立。

【题刻】

烈士陵园

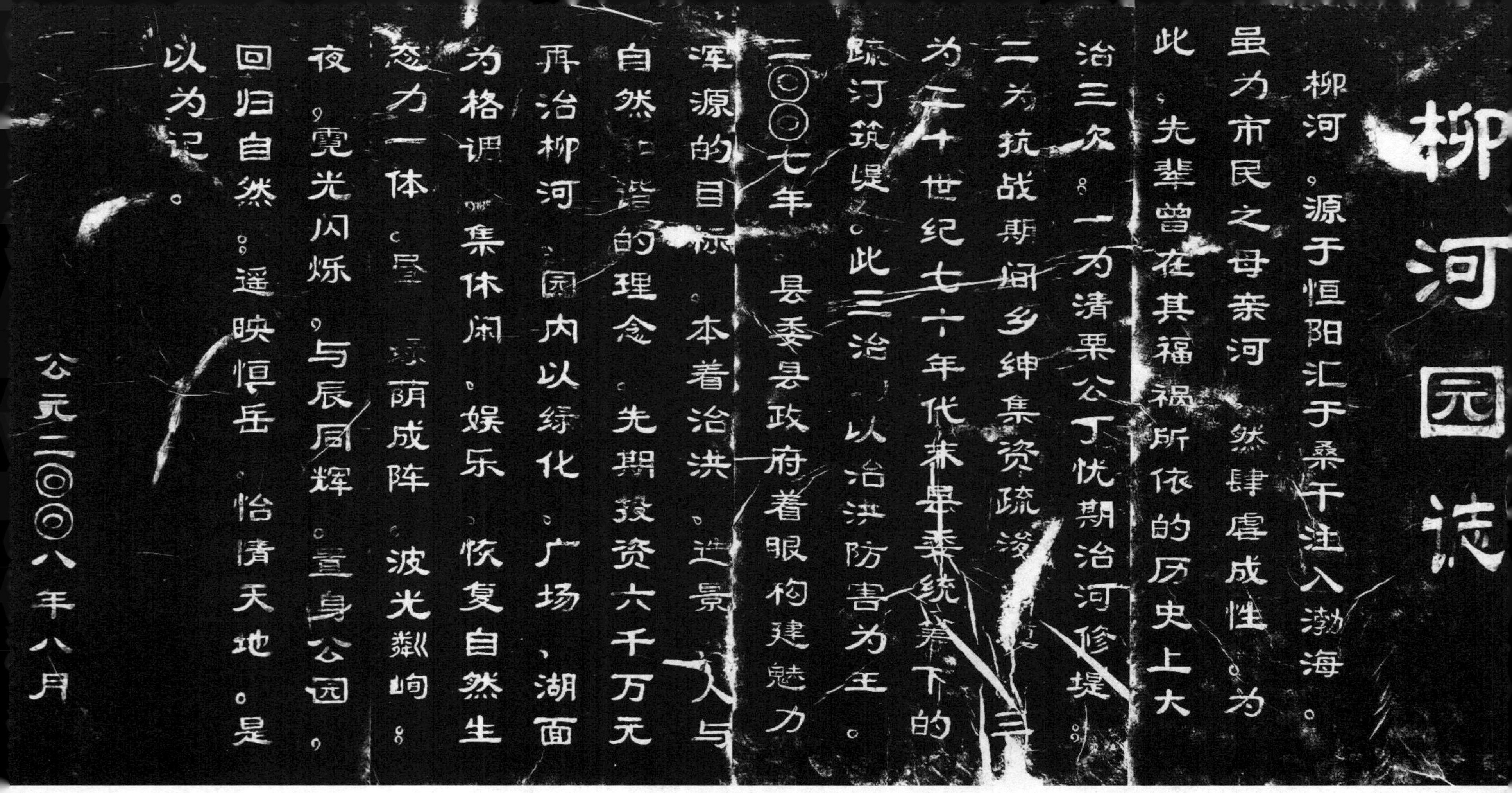

柳河园志

【简介】

2008 年 8 月由浑源县人民政府刊立，白明星撰文。

柳河园位于浑源城西柳河河床。南北长约 6000 余米，东西宽约 100 米。柳河发源于恒阳抢风岭，顺恒山磁峡，过浑源城西，最后同浑河汇合注入桑干河。原河道东西两侧高筑石坝，以拦终年奔腾不息的柳河。20 世纪后期，水源渐枯，河道干涸，使河床成为目不忍睹的垃圾场，大大有损恒山景观。从 2005 年始，县里投巨资，历经三年奋战，建成了绿树掩映，花草竞艳，亭阁相连，山水相映的柳河公园。建成后，园中耸立天然彩色大理石一通，前书“柳河园”三个大字，后镌刻《柳河园志》，以述建园始末。碑文高 138、宽 256 厘米。

【刻文】

柳河园誌

柳河，源于恒阳，汇于桑干、注入渤海。虽为市民之母亲河，然肆虐成性。为此，先辈曾在其福祸所依的历史上大治三次：一为清栗公丁忧期治河修堤。二为抗战期间乡绅集资疏浚河道。三为二十世纪七十年代末县委统筹下的疏河筑堤。此三治均以治洪防害为主。二〇〇七年，县委、县政府着眼构建魅力浑源的目标，本着治洪、造景，人与自然和谐的理念，先期投资六千万元再治柳河。园内以绿化、广场、湖面为格调，集休闲、娱乐、恢复自然生态为一体。昼，绿荫成阵，波光粼峋；夜，霓光闪烁，与辰同辉。置身公园，回归自然，遥映恒岳，怡情天地。是以为记。

公元二〇〇八年八月

龙泉寺悦殊菩萨圣象开光碑记

【简介】

2008年立。现存浑源城东王千庄村龙泉寺。黑花岗岩质，平首方座，高150、宽60、厚10厘米。由贾宝撰文，住持照法立石。

【碑文】

龙泉寺悦殊菩萨圣像开光碑记

浑源县城东八里有村曰王千庄，村有寺院一座，原名柏山寺，与东南柏山寺重名。后因东峪水流至村前，潜入地下而隐形，忽在寺前出一清泉，如蛟龙喷水一般，随之改为龙泉寺。

寺院始建年代不详，坐北面南，为两进院落，东西有配殿，称八大殿，前有文昌阁为山门。考现存殿宇为清晚期建筑，除前院配殿毁废外，余皆保存较好。公元一九八九年仁义师太奉五台山显通寺心法师父之命入住王千庄龙泉寺，重修殿堂，彩绘门庭，又塑佛像，相继有同参师弟仁华师及后学法照师完成后续工程，以弘扬佛陀教育。

仁义师太，俗名姜素敏，清宣统三年生于吉林省通化市，九五年十月初七晚七时圆寂于九华山通慧禅林，享年八十五岁。师太一生充满传奇色彩，她出身名门富户，幼时信佛，持咒诵经，少时潜心学医，专攻针灸，而立之年落发出家，一心向佛，不惑之年还俗从戎，赴朝抗美，救护伤员，归国后从医治病，救死扶伤。古稀之年回归佛门，在五台山塔院寺受具足戒，晚年云游大江南北，一路建寺修善，行医治病，传法结缘，洁心悟道。一九九五年四月返回九华山，与弟子曰："弥勒佛在兜率天与我授记号称悦殊菩萨"，同年十月圆寂。弟子按佛规将法体坐缸存放。三年后揭缸重葬，见师太端坐缸内，头发又长出寸余，皮肤柔软有弹性，右手稍有抬高，作捻针状，面如入定。师太真身现供奉在九华山通慧禅林。昔江泽民总书记视察时首称仁义师太为"悦殊菩萨"。法照住持及众居士为怀念师太在龙泉寺功德，特塑法像供奉，立为悦殊菩萨道场。适圣像开光之日法照法师与周绍华居士请我作文，感仁义师太一生修行劳苦，素位而行，不偏不倚，执中正己，须臾不离，明心明德，高走低行，大力弘扬中华传统文化，历示大乘佛法之懿德，随之为记。

住持　法照

捐碑　段义

撰文　贾宝

公元二〇〇八年岁次戊子年

佛历二五五二年亥月吉日立

龙泉寺悦殊菩萨圣像开光碑记

浑源县城东八里有村曰王千庄，村有寺院一座，原名柏山寺，与东南柏山寺重名，后因东峪水流至村前，潜入地下而隐形，忽在寺前出一清泉，如蛟龙喷水一般，随之改为龙泉寺。

寺院始建年代不详，坐北面南，为两进院落，东西有配殿，称八大殿，前有文昌阁为山门。考现存殿宇为清晚期建筑，除前院配殿毁废外，余皆保存较好。公元一九八九年仁义师太奉五台山显通寺心法师父之命入住王千庄龙泉寺，重修殿堂，彩绘门庭，又塑佛像，相继有同参师弟仁华师及后学法照师完成后续工程，以弘扬佛陀教育。

仁义师太，俗名姜素敏，清宣统三年生于吉林省通化市，一九九五年十月初七晚七时圆寂于九华山通慧禅林，享年八十五岁。师太一生充满传奇色彩，她出身名门富户，幼时信佛，持咒诵经，少时潜心学医，专攻针灸，而立之年落发出家，一心向佛。不惑之年还俗从戎，赴朝抗美，救护伤员，归国后从医治病，救死扶伤，古稀之年回归佛门，在五台山塔院寺受具足戒，晚年云游大江南北，一路建寺修善，行医治病、传法结缘、洁心悟道。一九九五年四月返回九华山，与弟子曰：“弥勒佛在兜率天与我授记号称‘悦殊菩萨’。”同年十月圆寂。弟子按佛规将法体坐缸存放。三年后揭缸重葬，见师太端坐缸内，头发又长出寸余，皮肤柔软有弹性，右手稍有抬高，作捻针状，面如入定。师太真身现供奉在九华山通慧禅林，昔江泽民总书记视察时首称仁义师太为“悦殊菩萨”。法照住持及众居士为怀念师太在龙泉寺功德，特塑法像供奉，立为悦殊菩萨道场。适圣像开光之日法照法师与周绍华居士请我作文，感仁义师太一生修行艰苦，素位而行，不偏不倚，执中正己，须臾不离，明心明德，高走低行，大力弘扬中华传统文化，历示大乘佛法之懿德，随之为记。

住持：法照　捐碑：段义　撰文：贾宝

公元二〇〇八年岁次戊子年　佛历二五五二年　亥月吉日五

“云抱幽石”题刻

【简介】

2008年镌刻于一彩色花岗岩峭石之上。现立于浑源县城内恒山南路浑源国税局院内水池之中。字体高70、宽210厘米。由柴京津书。

柴京津，山西省大同市人，1955年出生，擅长中国画，毕业于解放军艺术学院美术系。解放军总后勤部政治部创作室专职画家，一级美术师。

【题刻】

雲抱幽石

岁次戊子年

柴京津书

“上善若水”牌匾

【简介】

大同市达胜房地产开发公司出资建设浑源县麻庄新农村的同时，2008 年在麻庄村北建起石木结构牌楼一座，牌楼门楣上方悬挂黑花岗岩牌匾一块，上书“上善若水”4 字。字体高 70、宽 170 厘米。

【匾文】

上善若水

抗日战争人民解放战争殉难烈士塔

【简介】

1950年初建，2008年迁建现浑源县新烈士陵园。

在八年抗日战争和三年解放战争中，战斗在恒山大地的不少英雄儿女为驱逐日寇、建立新中国献出了他们的宝贵生命，为表彰他们英勇杀敌的光辉业绩，使活着的人们永远纪念他们，晋察冀边区晋察区一分区于1950年作出决定，在浑源建立革命烈士纪念塔。

烈士塔坐落于县城西门外沙河桥闹市区，塔院呈长方形，南北长80余米，东西宽40余米，塔院正南面对沙河桥市场，原为砖砌拱式二层楼，门楼上镶嵌长方形汉白玉，中刻“英烈迹”3个大字，大门两边雕楹联一副：“驱日寇祖国解放　灭蒋贼人民翻身。”

塔院广植松柏花卉，显得十分幽寂，院中高耸约16米高的三层楼阁式宝塔，廊柱全部为朱红色，象征革命烈士的鲜血。下部砌一米高的石基作为依托，四周筑有汉白玉栏杆，红白分明，更衬托出楼阁的雄浑。整座楼阁为木结构，只底层六面为砖砌，开同样大小的六个砖砌拱门。楼阁层层可登，每层皆设回廊。正北为三层楼阁，层层悬挂横匾，底层为“浩气冲天”，中层为“血裹恒峰”，三层为“伟绩犹存”。楼阁顶安置一个闪闪发光的五角红星。

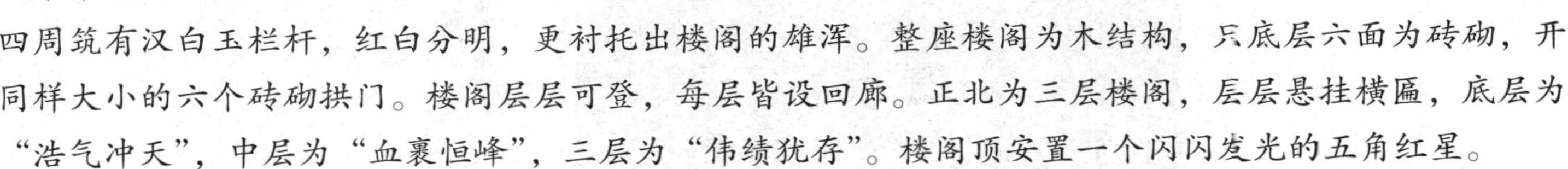

楼阁中心树立汉白玉质的六棱形烈士碑，碑高约400厘米，每面上宽65厘米，下宽71厘米，碑座亦为六面形，每面长92、高42厘米。座底为用汉白玉砌成的五角星，碑顶置有圆球，面对雄伟的北岳恒山，背依川流不息的浑河之水。伴随着城市的改革，这座历经60年的烈士塔于2008年拆迁，只将这面六棱形的烈士巨碑移至县城北9公里处二岭村南同浑公路东侧新建的烈士陵园。

碑的正面右侧依次为当时各级领导人的题词、施工组织机构、工匠等，碑的正面左侧依次为穆岳、李子青、王舵、李秀枝、张仁照传略。

【刻文】

（正面）

抗日戰爭人民解放戰爭

殉難烈士塔

晉察冀邊區晉察區一分區暨渾源縣黨政軍民全體建立

（正面右側）

題詩

殺身成仁，捨生取義。書之丹青，下告萬世。

察省人民政府題

爲祖國獨立，爲人民幸福英勇犧牲的先烈們，用自己的鮮血换得革命勝利的果實。先烈是人民中的英雄，也是人民的功臣。

雁北專員，現任察哈爾省農林廳副廳長姚再庭題

在雄巍的恒山之麓，在渾源流着的渾河畔上，在同日本帝國主義、蔣家匪幫的戰鬥中，有爲人民

光榮犧牲的英雄，就象穆岳、白克敬同志和其他烈士英雄。他們的心膽是忠赤的，他們的意志像鋼鐵，他們的豐功偉績可歌可泣，尤堪傲；他們的精神不死，猶如日月長明。

忠心赤膽，爲黨爲國爲人民，畢生奮鬥，豐功偉績，鋼鐵意志可歌可泣，尤堪傲，精神不死，日月常存。

渾源縣委書記，現任皖南區區委黨校校長戈華 敬挽題

殺敵寇，保國土，歷盡艱難困苦，英勇犧牲精神不死。除蔣匪衛人民，衝破槍林彈雨，壯烈捐軀，偉績永存。

渾源縣委書記，現任雁北地委副書記劉模 敬題

英名傳北岳　熱血染桑幹

雁北公安辦事處主任蘭亭 敬題

你們以無比的英勇爲自己祖國的解放而與敵搏鬥，以身殉國！

你們的革命精神和偉大的豐功英蹟將與日月長存，永垂不朽！

察哈尔省妇联主任王春平 敬題

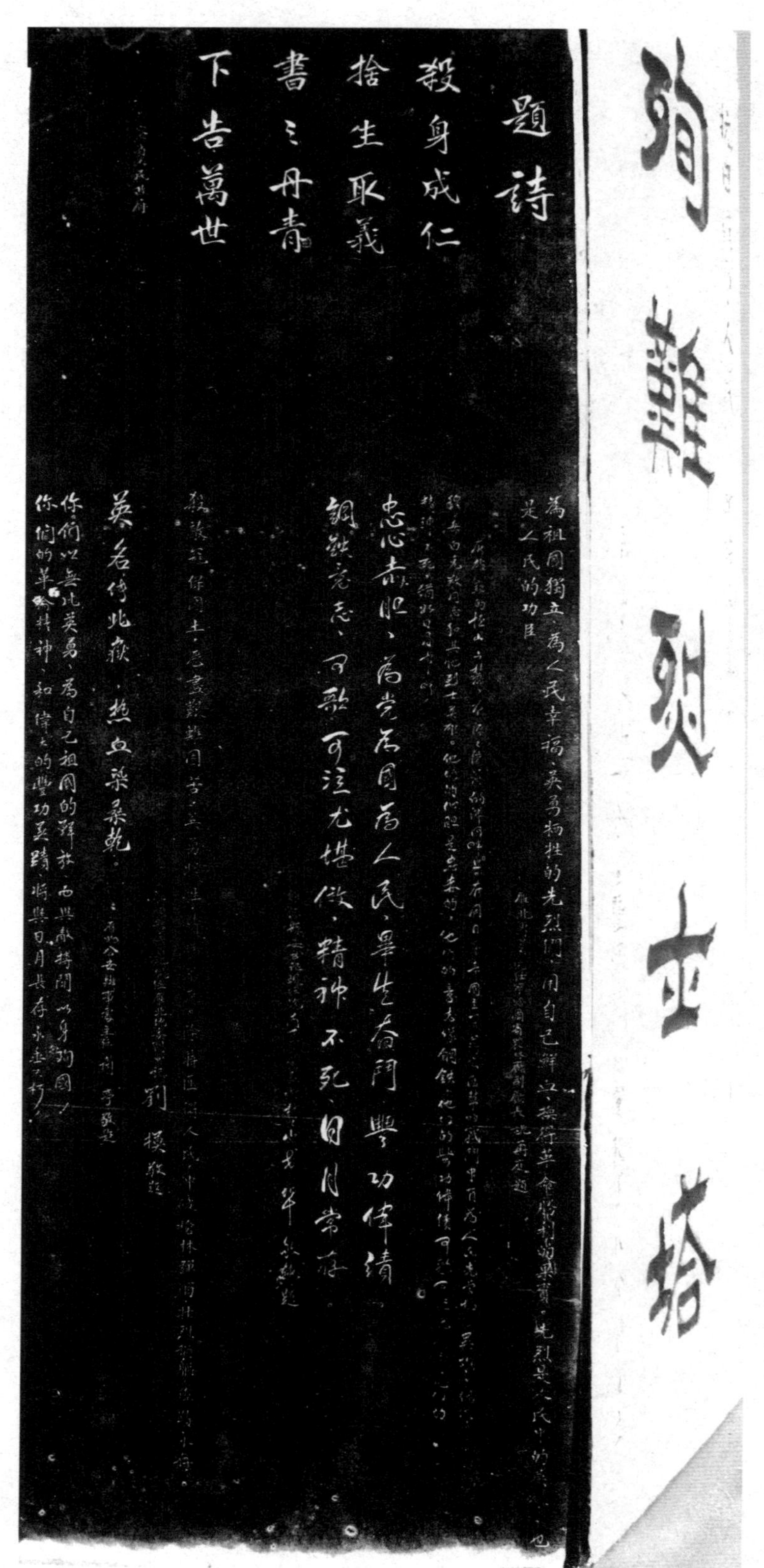

建塔委员会

主　任　张　策

副主任　张天亮

委　员　李毅明　姚再庭　薛凤霄　张俊兰　王俊英　顾　潮　侯根运

臧　兴　杨天才　齐　飞　孟祥营　穆和配　余安江　康守功

田荣珍　刘　永　王乷仁　齐学曾　胡　美　杨　庆　张贵书

雷鸣庭　丁　山　李　晋　张喜贵　张培英　杨竞选　张兴隆

田　境　王子奇　程松泉

石匠　主任　左士玉　　副主任　徐培业

木匠　主任　尚锦华　　副主任　孟仲科　武焕文

泥匠　主任　王锡山　　铁匠　张　福

油匠　武开元　　　　　书碑文　李揖唐

经理人　冯兰翔　郭文元　薄有财　刘兴汉　李　银

一宗　石匠工资　　　　小米　一萬五千三百二十一斤

一宗　木匠工资　　　　小米　一萬三千一百十一斤

一宗　泥匠工资　　　　小米　一萬三千八百五十一斤

一宗　小工工资　　　　小米　六千一百二十斤

一宗　车工工资　　　　小米　一千六百八十一斤

一宗　铁匠工资　　　　小米　一千九百七十三斤

一宗　油匠工资　　　　小米　一千八百三十九斤

一宗　買洋石灰　　　　小米　二千百零三斤

一宗　買白石灰　　　　小米　二千四百一十四斤

一宗　添買木料　　　　小米　二千七百九十斤

一宗　買铜铁　　　　　小米　五千百四十八斤

一宗　買蔴绳　　　　　小米　千九百三十九斤

一宗　買洋钉　　　　　小米　二千二百五十八斤

一宗　買油工材料　　　小米　三千四百四十四斤

一宗　買磚瓦猫頭滴水　小米　千六百六十六斤

一宗　買栈子　　　　　小米　千六百二十四斤

一宗　買玻璃　　　　　小米　一千百零五斤

一宗　各项杂费　　　　小米　三萬二千八百三十六斤

合计　　　　　　　　　小米　捌萬柒千玖百壹十叁斤

说明：杂费项目包括四九年建筑花费小米一五四九二斤，五零年五六八日佃工的伙食小米一四〇五九斤。

公元壹玖伍零年柒月立

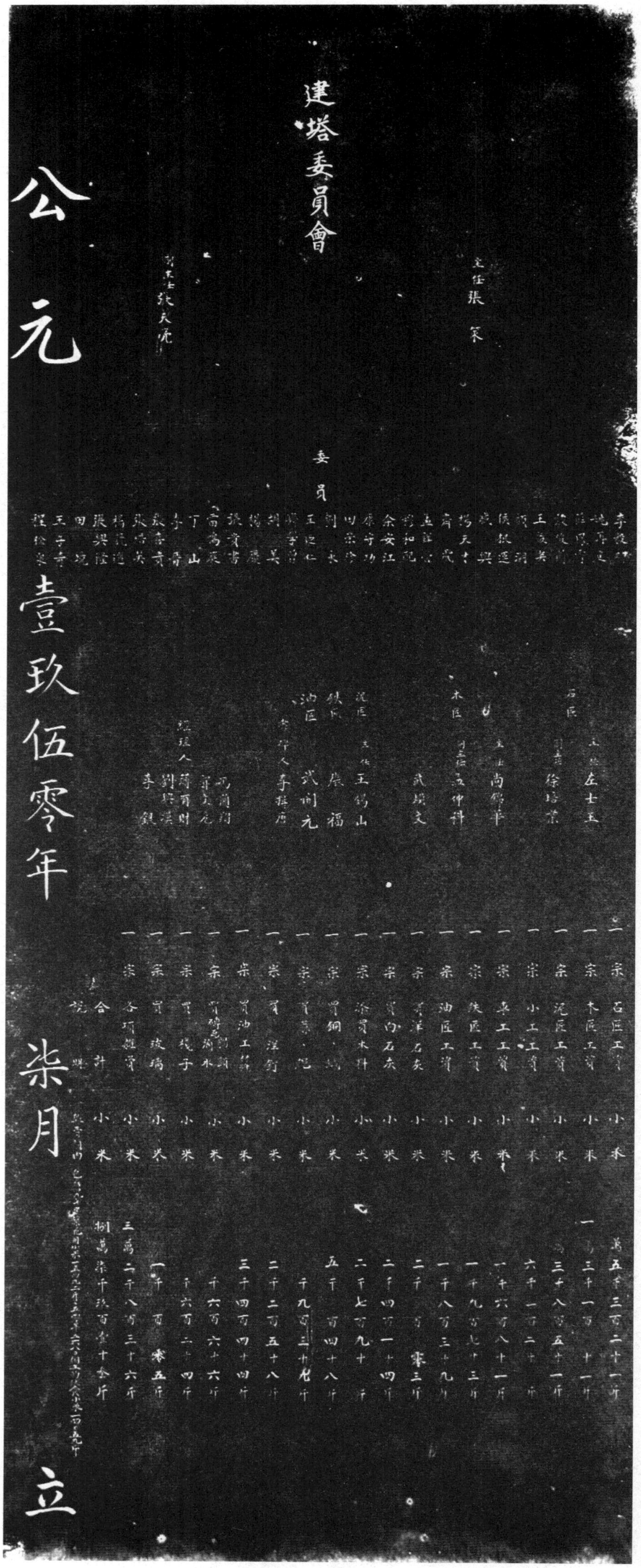

建塔委員會

委員

公元壹玖伍零年柒月立

穆岳同志傳略

渾源人民領袖，中共模範共産黨員，穆岳同志，東北遼寧省蓋平縣草坊村人，“九一八”後抛開鄉里即投北平獻身革命事業，在東大肄業時，曾因參加“一二九”學生運動，被反動當局監禁一月有餘，東北大學畢業後，一九三七年春加入中國共産黨，“七七”事變，由北平到太原，參加抗日救亡活動，在党内先後任區委書記及晋東北特委秘書長等職。三八年春到渾源任縣委書記，四零年參加雁北地委執委，同年秋季民主大選舉時，被選爲渾源縣議長，及國大代表。四二年參加雁北地委常委仍兼任渾源縣委書記，四四年接受上級黨的任務到敵后的敵後桑乾河沿綫開展工作，八月三日路經靈邱縣二區石牆村被南坡頭、龍嘴、搶風嶺等据点敵僞軍約三百餘包圍，不幸於突圍時壯烈犧牲，時年僅三十三歲。穆岳同志自三八年到渾源至犧牲七年之久，領導着渾源人民進行過無數次的反土匪、反頑固、反分割的慘酷鬥争，粉碎了日寇數次蠶食清剿，終於堅持竝確保了渾源抗日革命根𢑥地，使其成爲了雁北工作向前開闢的主要依托地區，他的布爾什維克的堅毅頑强精神，和偉大的革命的智勇謀略，以及他的坚苦奮鬥的滿腔鮮血會合起來築成了渾源革命抗日根據地，他是中共的模範黨員，他是渾源的人民領袖，他的偉大，渾源人民永遠不能忘掉。

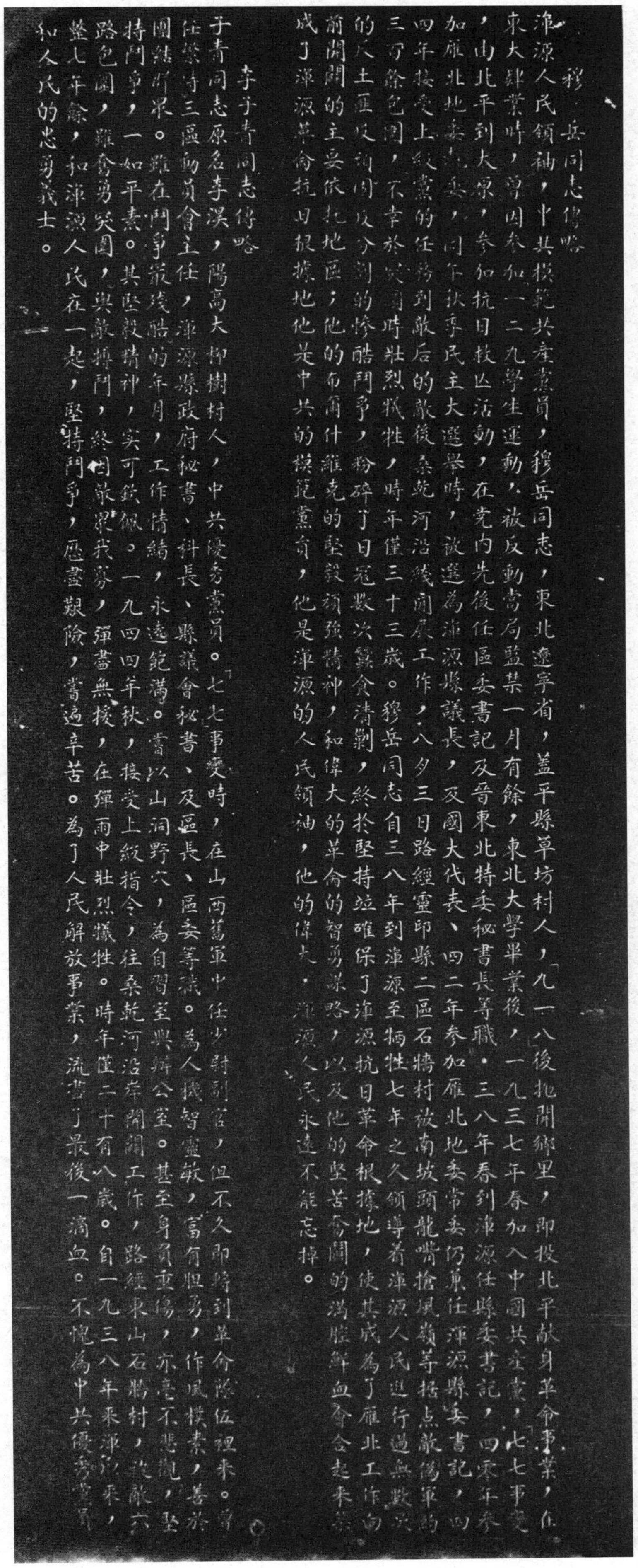

李子青同志傳略

子青同志原名李淏，陽高大柳樹村人，中共優秀黨員。“七七”事變時，在山西舊軍中任少尉副官，但不久即轉到革命隊伍裡來。曾任繁峙三區動員會主任，渾源縣政府秘書、科長，縣議會秘書及區長、區委等職。爲人機智靈敏，富有胆勇，作風樸素，善於團結群衆。雖在鬥争最殘酷的年月，工作情緒，永遠飽滿。嘗以山洞野穴，爲自習室與辦公室。甚至身負重傷，亦毫不悲觀，堅持鬥争，一如平素。其堅毅精神，實可欽佩。一九四四年秋，接受上級指令，往桑乾河沿岸開闢工作，路經東山石牆村，被敵六路包圍，雖奮勇突圍，與敵搏鬥，終因敵衆我寡，彈盡無援，在彈雨中壯烈犧牲。時年僅二十有八歲。自一九三八年來渾以來，整七年餘，和渾源人民在一起，堅持鬥争，歷盡艱險，嘗遍辛苦，爲了人民解放事業，流盡了最後一滴血，不愧爲中共優秀黨員和人民的忠勇義士。

王舵同志傳略

王舵同志，又名王一力，山西定襄縣西關人。七七抗日戰争暴發時，正在該縣縣立中學求學。當時感到國家民族最後的生死存亡關頭已至，於是立即投筆從戎參加了該縣基幹自衛隊，一九三七年加入中國共産黨。後調到該縣犧牲救國同盟會工作，又歷任繁峙牺盟縣分會秘書及牺盟雁北辦事處宣傳部長等職。一九四零年夏調任中共渾源縣委宣傳部長。於一九四三年底爲開展對敵僞新年政治攻勢，在嚴寒萬分風雪交加的情况下，在水圪坨村與敵遭遇，對敵進行了頑强的抵抗，後因彈盡無援壯烈殉國。是年僅二十四歲。

李秀枝同志傳略

李秀枝同志，平山縣人，家境貧寒，粗通文字，一九三七年參加中國共産黨，在本縣任區委書記、農會主任等職，四零年秋到中共晋察冀中央分局黨校學習，四一年一月分派渾源任中共縣委組織部長，爲人忠實和藹，樸素踏實。四二年冬反清剿時，於靈邱北山辛南荘村被敵包圍，不幸在突圍時中彈負傷，不能行動，秀枝同志仍以布爾什維克頑强性堅决不屈，當場被敵槍殺而壯烈犧牲，是年僅二十七歲。

張仁照同志傳略

仁照同志，年二十三歲，山西交城大岩村人，學生出身，曾住過二年銀行。一九三八年秋，在延安加入中國共産黨。四零年便到雁北工作，歷任渾源縣政府黨團書記、財政科長，及一區區委等職。一貫工作積極，作風艱苦。四二年五月堅持黄土坡工作，被寒風嶺敵寇捕獲，不撓不屈沉着勇敢，向沿路村民進行抗戰必勝、日寇必敗的宣傳，敵寇雖屢加鞭打，但不能制止，顯示了他鬥争精神的無比頑强。其後敵又設法勸降，仁照同志當場大罵漢奸無耻，背祖忘恩，在被捕的幾天中，不吃敵人一口飯、不喝敵人一口水，即遭敵寇非刑拷打，而志節絲毫不變。臨難時高呼“中國共産黨萬歲”等口號，從容就義。這種忠烈精神，正是中國共産黨員的優良品質，也是我中華民族的無上光榮。

（碑阴）

渾源烈士碑誌

偉大的中國人民在中國共産黨和毛主席的英明領導下，經過艱苦卓絶的鬥争，業已打敗日本帝國主義的侵略，贜得抗日戰争的最後勝利，也業已打垮爲美帝國主義所支持的國民党反動派的反動統治，取得了人民解放戰争的基本勝利。中國人民從此站立起來了。這是中華民族歷史上最光榮、最偉大的事件。然而，這些勝利的獲得，是與十多年來爲民族和人民解放事業，英勇奮鬥而犧牲的無數先烈分不開的。在莊嚴偉大的八年民族抗戰和三年人民革命戰争中，我渾源根據地長期站在晋察冀的最前綫。在最艱苦的時期，有二十餘個敵據點的包圍，有四條公路的分割，有大小股匪反動武裝的壓迫，漢奸敵探，出没無常，清剿掃蕩，日夜頻繁。在這樣殘酷複雜的鬥争局面下，我們優秀的共産黨員，炎黄子孫，這些偉大的革命人物，民族英俊們，是没有被嚇倒的，他們有高度的政治覺悟和堅强的革命勝利信心，有自我犧牲的大無畏精神和對國家人民的無限忠誠；而血海般深的民族仇恨和階級憤怒，更不斷燃燒着他們的復仇火焰。爲了完成民族和人民解放的大事業，他們在高山上，在深林裡，廢寢而忘食，無明無夜，不顧風寒雨雪，不畏任何艱險，不怕流血犧牲，而前仆後繼地和民族内外敵人進行了英勇頑强的鬥争，保衛了邊區，保衛了渾源人民。也用他們自己的鮮血，寫下了中國歷史上光輝燦爛的篇頁，灌溉了中國人民民主幸福的花果。在堅持與發展渾源革命根據地的殘酷鬥争中，我各級黨政軍民各部門的英烈們，在各種鬥争場合下，表現了各種典型的英勇姿態，顯示了我中國人民的無上光榮和偉大。我渾源人民愛戴的領袖，中共渾源縣委書記穆岳同志，以他的特出才能，艱苦卓絶的精神，領導和團結全體幹部和廣大群衆，英勇頑强地，在極艱難的年月中堅持與發展了渾源的工作。更於一九四四年爲開闢桑乾河沿岸工作，不幸於出征途中壯烈犧牲。我渾源游擊隊長吕士傑同志，率領武裝，發展竝堅持渾源游擊戰争，打擊敵僞，保衛群衆。於一九四一年上寺戰鬥中，更奮不顧身，親自射殺敵寇指導官，而光榮殉國。至於不幸而被捕，則頭可斷，志不可屈，若縣委曹旺、區委張仁照等同志，在非刑拷打，威脅利誘下，毫不動摇，並痛駡敵僞，拒食絶飲，表現了崇高無上的共産黨員品質，和無限忠貞的民族氣節。真是生的偉大，死的光榮。又有寧願戰死，不做敵俘者，則如王榮倫、李子青、丁瑩、祝秉禮等同志的英勇突圍而犧牲。其他或勇猛殺敵，戰死疆場；或臨難不苟，捨生取義；以及爲開闢與堅持工作，而遭敵殘殺的許多指戰員、民兵、村幹部及群衆等諸英烈，莫不貢獻了他們的全部體力和生命，爲國爲民爲后世立下輝煌千古的豐功偉業。今天全國人民正在熱烈而狂歡地，慶祝中國人民政治協商會議的成功，與中華人民共和國的誕生。我渾源全體幹部及各界人民，飲水思源，更加懷念諸先烈功勞的偉大。謹勒石竪碑，願諸先烈芳名與新中國永垂萬世而不朽，謹序。

“厚德励志”刻石

【简介】

2008年刻制于大峭石上，立于浑源一中校门之后。阳面为“厚德励志”，高110、宽480厘米。由浑源一中校长穆建福书丹。阴面为“校园改扩建记”。高110、宽230厘米，由浑源县三晋文化研究会理事白明星撰文。

【刻文】

（阳面）

厚德励志

（阴面）

校园改扩建记

在喜逢山西省浑源中学建校六十二周年之际，县委、县政府坚持以人为本，倡导弘学兴教。蓬勃发展的浑源中学，从优化校园环境、改善办学条件为突破口，实施前所未有的改扩建工程。奠基伊始，欣逢大同市房地产开发公司总裁郭忠先生垂青乡梓，倾心育人，筹措资金，先期垫付，又得牛国忠、邵逸夫无私支助，校方精心筹谋，鼎力合作，殚精竭虑，浩浩工程，叁万贰仟平方余米顺利完成。双基趁势而筑，面貌焕然一新，跻身全省示范高中行列。可谓活源而后利水，弘学则以兴浑。为彰众德，以此为记。

工程设计单位：山西省创新设计院　院长朱云鹤

工程施工单位：大同市达胜房地产开发公司　总经理郭忠

工程监理单位：大同市现代工程监理公司

负责人：张永旺

工程建设单位：山西省浑源中学　校长穆建福

公元贰零零捌年

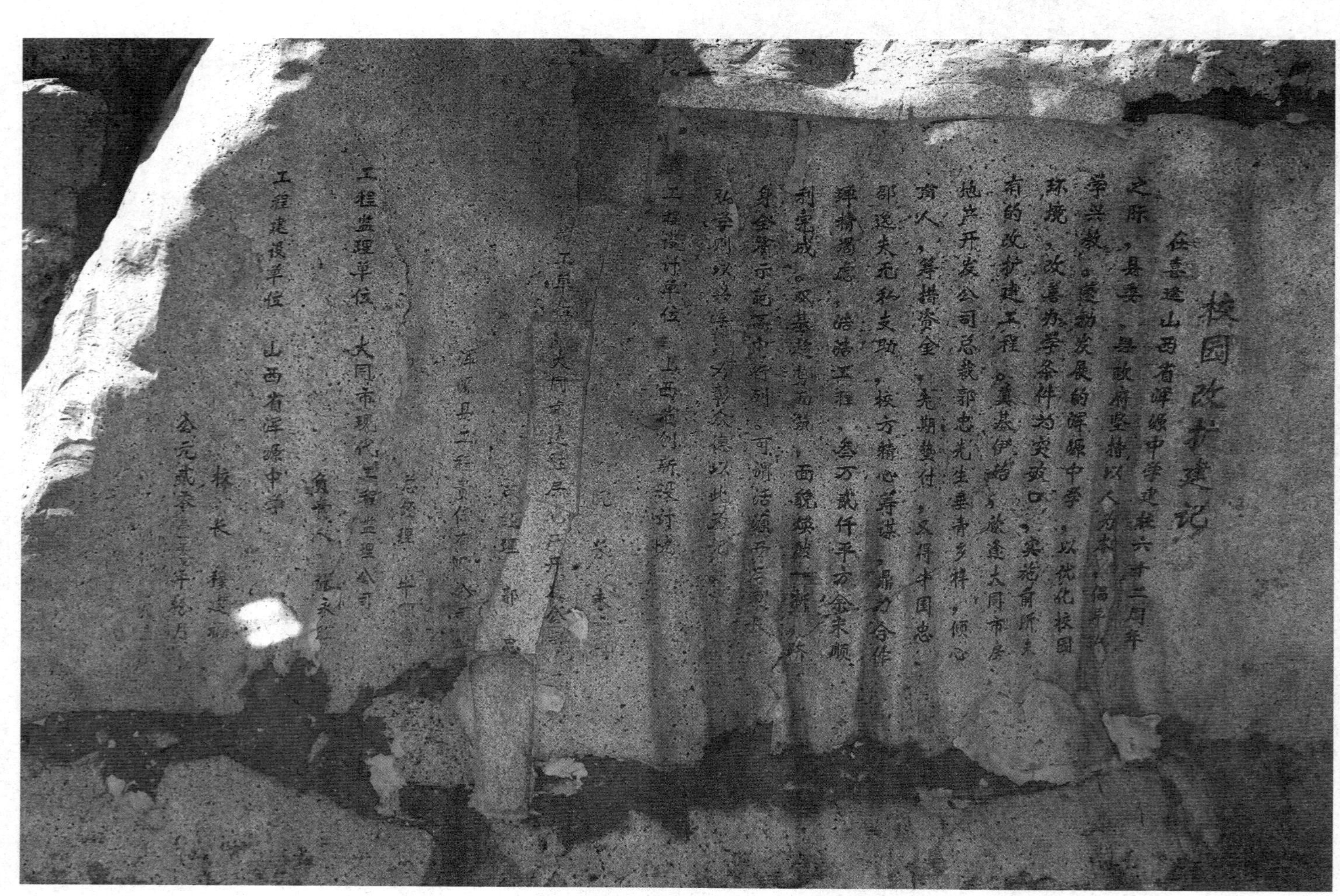

“悟”字刻石

【简介】

2009年刻制于一峭石之上，立于浑源一中教学楼后院。字体高102、宽100厘米。

【题刻】

悟

“和”字刻石

【简介】

2009年刻制于一峭石之上，立于浑源一中教学楼后院。字体高103、宽99厘米。

【题刻】

和

重建白龙王庙碑记

【简介】

2010年夏立于浑源县白龙王堂。黑色花岗岩质，平首方座。碑高132、宽63、厚10厘米。由恒山文化研究会常务理事、易经协会会长郝松泽撰文。

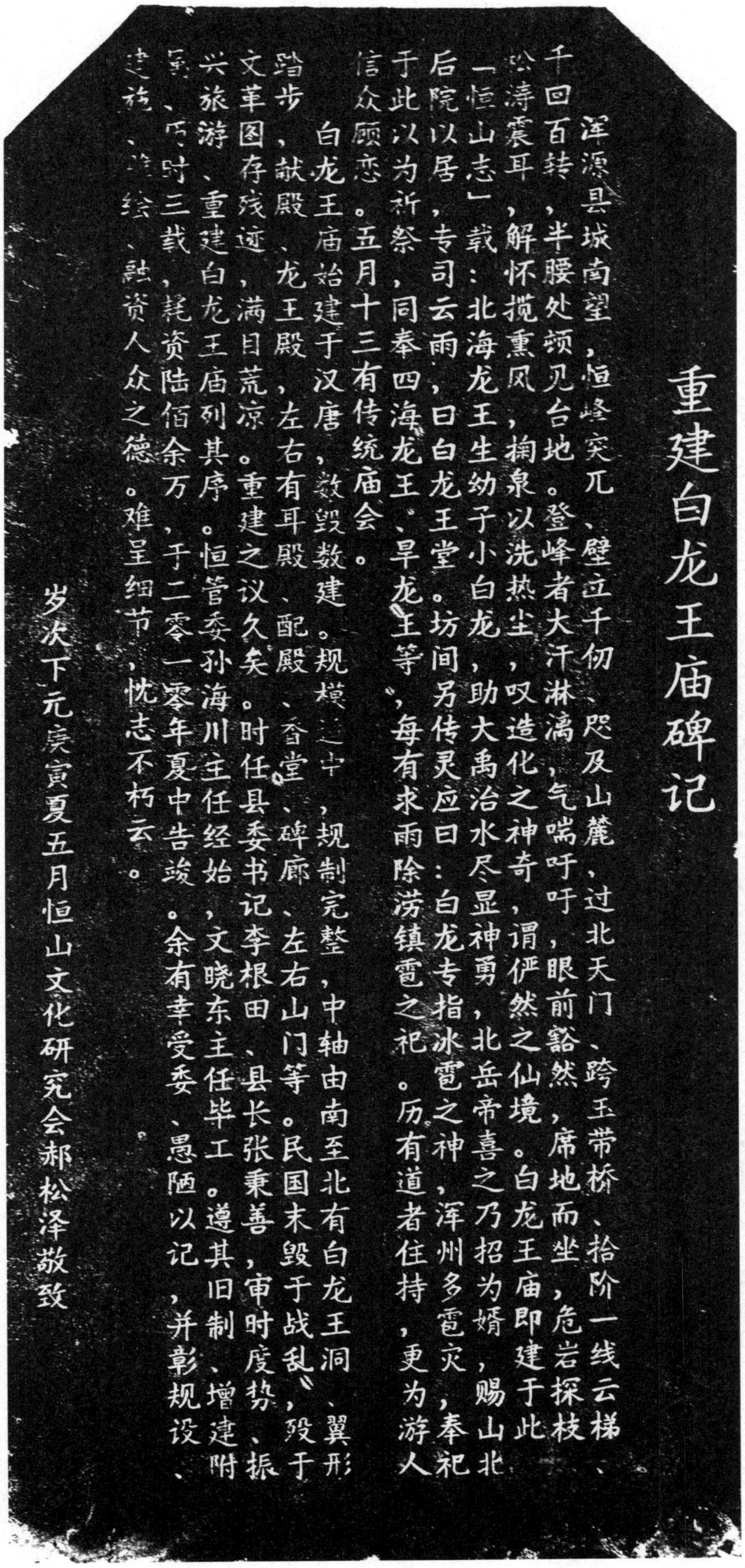

【碑文】

重建白龙王庙碑记

浑源县城南望，恒峰突兀，壁立千仞。咫及山麓，过北天门，跨玉带桥，拾阶一线云梯，千回百转，半腰处顿见台地。登峰者大汗淋漓，气喘吁吁，眼前豁然，席地而坐，危岩探枝，松涛震耳。解怀揽熏风，掬泉以洗热尘，叹造化之神奇，谓俨然之仙境。白龙王庙即建于此。《恒山志》载：北海龙王生幼子小白龙，助大禹治水尽显神勇，北岳帝喜之，乃招为婿，赐山北后院以居，专司云雨，曰白龙王堂。坊间另传灵应曰：白龙专指冰雹之神，浑州多雹灾，奉祀于此，以为祈祭。同奉四海龙王、旱龙王等。每有求雨除涝镇雹之祀。历有道者住持，更为游人信众顾恋。五月十三有传统庙会。

白龙王庙始建于汉唐，数毁数建。规模适中，规制完整。中轴由南至北有白龙王洞、翼形踏步、献殿、龙王殿，左右有耳殿、配殿、香堂、碑廊、左右山门等。民国末毁于战乱，殁于“文革”，图存残迹，满目荒凉。重建之议久矣，时任县委书记李根田、县长张秉善，审时度势，振兴旅游，重建白龙王庙列其序，恒管委孙海川主任经始，文晓东主任毕工。遵其旧制、增建附属，历时三载，耗资陆百余万，于二零一零年夏中告竣。余有幸受委，愚陋以记，并彰规设、建施、雕绘、融资人众之德。难呈细节，忱志不朽云。

岁次下元庚寅夏五月

恒山文化研究会郝松泽敬致

革命烈士纪念碑

【简介】

2010年立于浑源县，白色大理石质，三角锥形，每面底宽1000厘米、高2600厘米。塔顶为红五星，烈士塔正中书写金光闪闪的"革命烈士纪念碑"七个大字。

【碑文】

革命烈士纪念碑

烈士陵园牌匾

【简介】

2010 年立，位于浑源县殉难烈士碑台阶之下正前方，四柱三门牌楼为白色大理石构造。牌楼阴面门楣间巨型石质横匾书写“丹青照芳名，英绩垂年亘”10 个金光闪闪的大字。字体总高 90、宽 800 厘米。

【匾文】

丹青照芳名

英績垂年亘

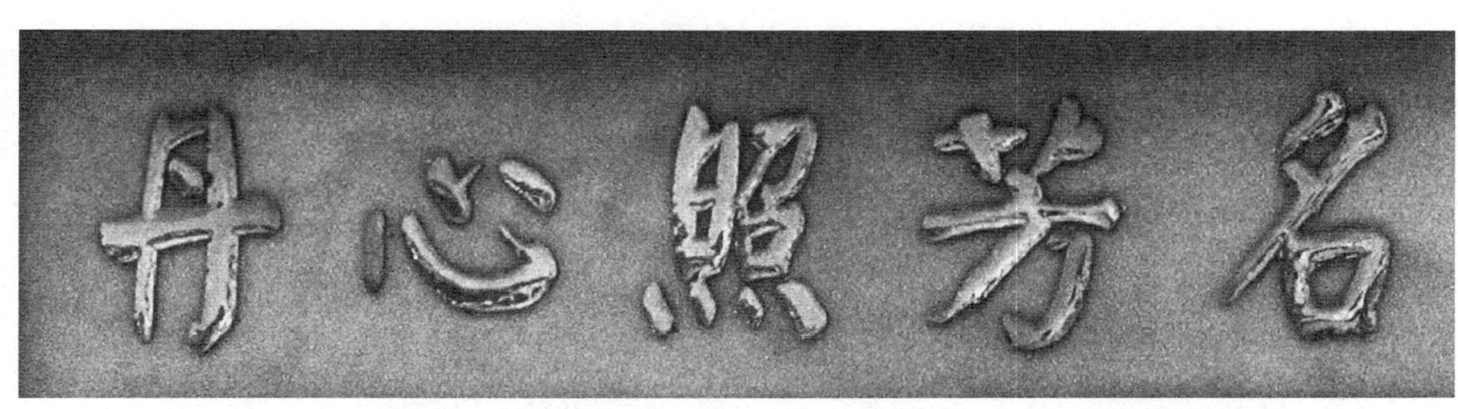

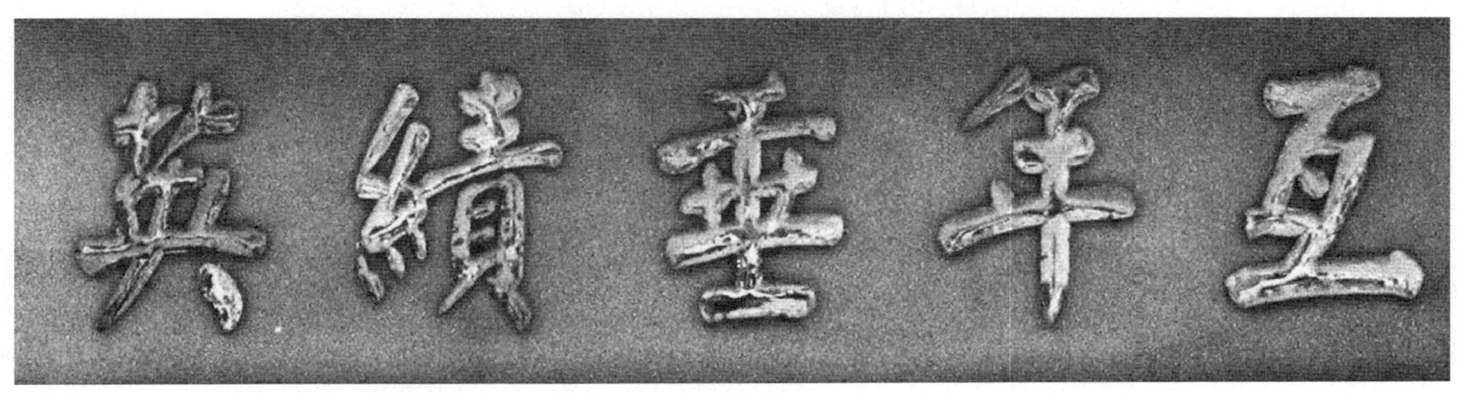

“厚德济世　精诚仁爱”刻石

【简介】

2010 年仲秋镌刻于一天然彩色大理石之上，立于浑源县人民医院院中心花坛前方。碑石高 240、宽 710 厘米。由庄熙祖书丹。

【刻文】

厚德濟世　精誠仁愛

庚寅仲秋　庄熙祖书

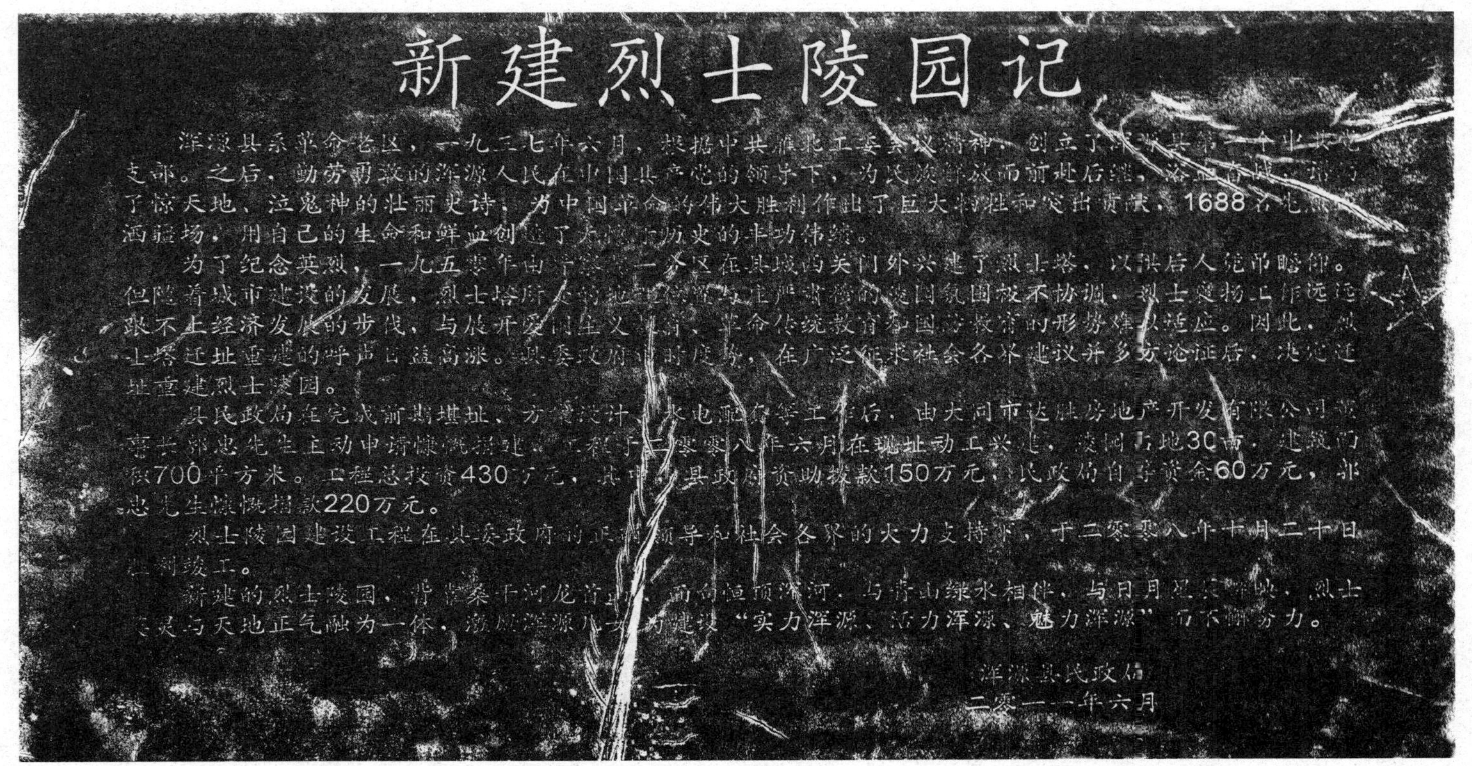

新建烈士陵园记

【简介】

2011 年 6 月由浑源县民政局立，现存烈士陵园大门内东北侧。碣为长方形，高 98、宽 178、厚 7 厘米，为黑色花岗岩质。

【碣文】

新建烈士陵园记

浑源县系革命老区，一九三七年六月，根据中共雁北工委会议精神，创立了浑源县第一个中共党支部。之后，勤劳勇敢的浑源人民在中国共产党的领导下，为民族解放而前赴后继，浴血奋战，谱写了惊天地、泣鬼神的壮丽史诗，为中国革命的伟大胜利作出了巨大牺牲和突出贡献。1688 名先烈血洒疆场，用自己的生命和鲜血创造了无愧于历史的丰功伟绩。

为了纪念英烈，一九五零年由晋察冀一分区在县城西关门外兴建了烈士塔，以供后人凭吊瞻仰。但随着城市建设的发展，烈士塔所处的地理位置与庄严肃穆的陵园氛围极不协调，烈士褒扬工作远远跟不上经济发展的步伐，与展开爱国主义教育、革命传统教育和国防教育的形势难以适应。因此，烈士塔迁址重建的呼声日益高涨。县委政府审时度势，在广泛征求社会各界建议并多方论证后，决定迁址重建烈士陵园。

县民政局在完成前期堪址、方案设计、水电配套等工作后，由大同市达胜房地产开发有限公司董事长郭忠先生主动申请，慷慨捐建。工程于二零零八年六月在现址动工兴建，陵园占地 30 亩，建筑面积 700 平方米。工程总投资 430 万元，其中，县政府资助拨款 150 万元，民政局自筹资金 60 万元，郭忠先生慷慨捐款 220 万元。

烈士陵园建设工程在县委政府的正确领导和社会各界的大力支持下，于二零零八年十月二十日胜利竣工。

新建的烈士陵园，背靠桑干河龙首山，面向恒顶浑河，与青山绿水相伴，与日月星辰辉映，烈士英灵与天地正气融为一体，激励浑源儿女为建设“实力浑源、活力浑源、魅力浑源”而不懈努力。

浑源县民政局

二零一一年六月

曹旺烈士纪念碑

【简介】

2011 年 6 月立于浑源县城北二岭村南新建的烈士陵园内。碑为长方形，黑花岗岩质。碑体高 90、宽 100、厚 10 厘米。碑座长 130、宽 61、高 52 厘米。

【碑文】

（碑阳）

曹旺烈士纪念碑

公元二〇一一年六月重刻敬志

（碑阴）

曹旺同志，中共浑源县委宣传部长，山西代县峪口村人，一九三八年即来浑源工作，一贯勇敢积极，忠实于人民革命事业，一九四二年二月间因积劳成病，在黄土坡村窝棚内休养，不幸被敌包围，捕回浑源城牢狱中，凶恶残暴的日寇汉奸们用尽了酷刑拷打。曹旺同志臀部肉都烂了，也没有说出半句软话，敌人又用利诱手段，企图达到其无耻的软化曹旺同志之目的，可是曹旺同志的回答是誓死不当汉奸！敌人软硬办法都可耻的失败了，曹旺同志遂遭敌人残杀而光荣殉国！曹旺同志虽死，然而他在工作中、在敌人牢狱里和法庭上，那种对人民革命事业的无限忠诚和不屈不挠坚决奋斗的英烈精神，在人民心中留下了光荣的纪念。

魏安邦烈士纪念碑

【简介】

2011 年 6 月立于浑源县城北二岭村南新建的烈士陵园内。碑为长方形，黑花岗岩质。碑体高 90、宽 100、厚 10 厘米。碑座长 130、宽 61、高 52 厘米。

【碑文】

（碑阳）

魏安邦烈士纪念碑

公元二〇一一年六月重刻敬志

（碑阴）

魏安邦 1915 年出生，河北省汝南县人，抗日初期被派到山西开展抗日工作，历任五台县基干队指导员，中共浑源县委宣传部长兼社会部长、县公安局长。1941 年 9 月 27 日在官儿乡傍水沟村进行反扫荡斗争中，遭日军包围，被捕入狱，日军严刑逼其投降，他宁死不屈，痛斥日本帝国主义的侵略行径。同年 9 月 29 日上午在黄土咀村（现属繁峙县）西，敌人在沙滩上用刺刀向魏安邦乱刺，他面无惧色，骂敌不休，并高喊“打倒日本帝国主义”“中华民族解放万岁”“中国共产党万岁”等口号，最后壮烈牺牲。时年 26 岁。

白克敬烈士纪念碑

【简介】

2011年6月立于浑源县城北二岭村南新建的烈士陵园内。碑为长方形，黑花岗岩质。碑体高90、宽100、厚10厘米。碑座长130、宽61、高52厘米。

【碑文】

（碑阳）

白克敬烈士纪念碑

公元二〇一一年六月重刻敬志

（碑阴）

克敬同志，浑源东南乡净石村人，是中国共产党模范党员，自七七事变参加革命以来，始终站在斗争的最前线，领导群众坚持斗争，在极端艰苦的抗日战争中，经历了无数次的残酷斗争，曾被敌包围于榆树沟，在情况万分危急时，奋不顾身跳下十数丈深的黄崖，幸而没有摔死。

为了开展和坚持游击区工作，克敬同志经常单人出没于敌人碉堡林立的所谓治安区，组织和领导广大群众向敌伪开展各种斗争。当敌人发现了克敬同志是他们眼中钉时，就用了各种无耻的卑鄙手段对克敬同志进行威胁利诱，又是托汉奸捎话劝降无效，日寇指挥官直接写信争取又无效，以至悬赏，均都失败了。最后扣捕了克敬同志父亲和姐姐，强迫他们写信，企图达到让克敬同志投降的目的。然而在敌寇百般的拷打下，克敬同志的父亲也是不屈而死了，姐姐是被打成了残废了，也没给敌寇做这种勾当。这种为祖国为人民自我牺牲坚贞不屈的精神，其不愧为钢铁的意志，模范的家庭了！（晋察冀日报赠给克敬同志及其家庭的光荣称号）

抗日战争胜利后，四七年克敬同志调任应县五区区委书记，领导群众和乔匪（日成）展开尖锐的斗争，在小石口被敌包围，因敌众我寡，不幸在最后一次突围中壮烈牺牲，已为党为人民流尽了最后一滴血。

克敬同志一贯工作踏实深入，能够密切联系群众，生活非常艰苦朴素，深得广大群众的爱戴，曾任区助理员、区长、区委书记、市长（浑源）、专署实验科长、副县长及县委敌工部长等职。

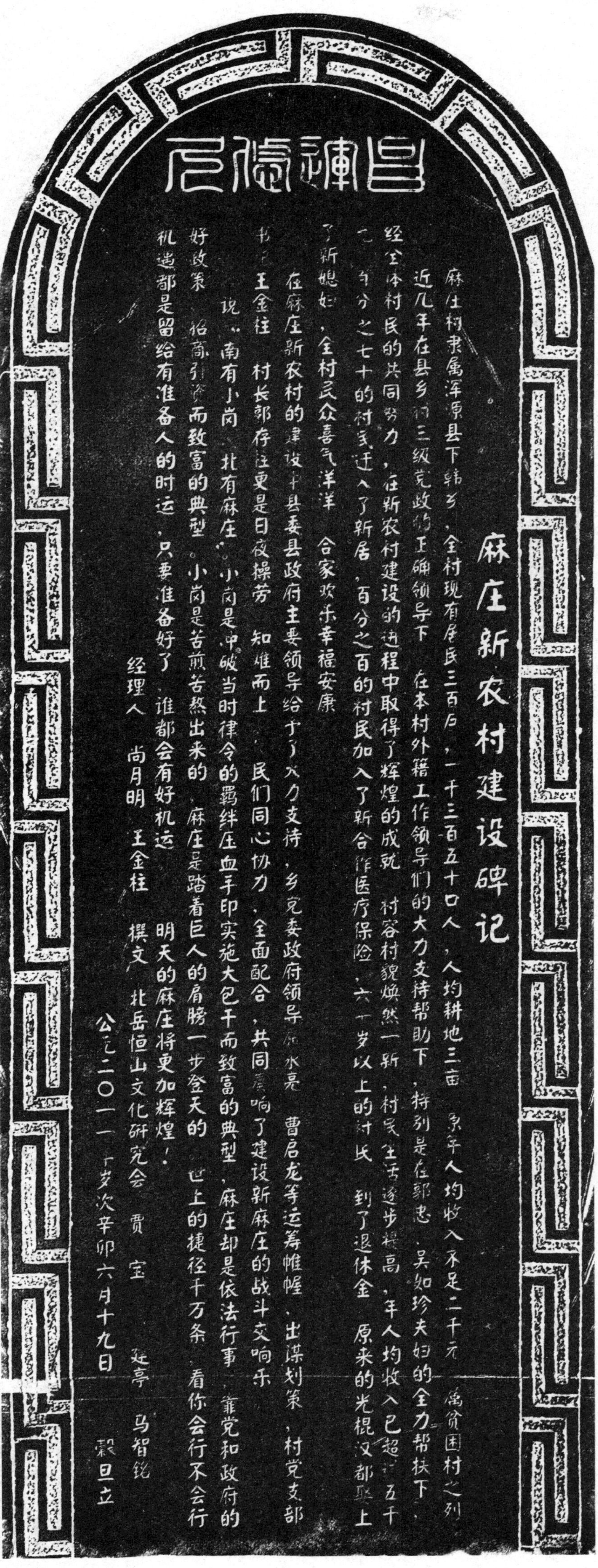

麻庄新农村建设碑记

【简介】

2011 年 6 月立于浑源县城西北麻庄村内。碑为圆首龟座，碑外砌建碑亭，碑为花岗岩质。阳额篆“昌运悠久”4 字，阴额篆“功德化垂”4 字。碑阳为回字纹边，碑阴边为缠枝纹。碑高 202、宽 78、厚 17 厘米。经理人尚月明、王金柱。撰文者为北岳恒山文化研究会贾宝，碑亭由马智铭建。

贾宝，浑源县千佛岭乡龙嘴村人。从县邮电局局长退居二线后，致力于三晋文化和恒山文化的研究，曾出版多部著作。现为恒山文化研究会副会长兼理事长，浑源县三晋文化研究会副会长。

【碑文】

（碑阳）

麻庄新农村建设碑记

麻庄村隶属浑源县下韩乡，全村现有居民三百户，一千三百五十口人，人均耕地三亩。原年人均收入不足二千元，属贫困村之列。

近几年在县、乡、村三级党政的正确领导下，在本村外籍工作领导们的大力支持帮助下，特别是在郭忠、吴如珍夫妇的全力帮扶下，经全体村民的共同努力，在新农村建设的进程中取得了辉煌的成就，村容村貌焕然一新，村民生活逐步提高，年人均收入已超过五千元，百分之七十的村民迁入了新居，百分之百的村民加入了新合作医疗保险，六十岁以上的村民领到了退休金，原来的光棍汉都娶上了新媳妇，全村民众喜气洋洋、合家欢乐、幸福安康。

在麻庄新农村的建设中，县委县政府主要领导给予了大力支持，乡党委政府领导屈永亮、曹启龙等运筹帷幄、出谋划策，村党支部书记王金柱、村长郭存柱更是日夜操劳、知难而上，村民们同心协力、全面配合，共同奏响了建设新麻庄的战斗交响乐。

人说：“南有小岗，北有麻庄。”小岗是冲破当时律令的羁绊压血手印实施大包干而致富的典型，麻庄却是依法行事，靠党和政府的好政策，招商引资而致富的典型。小岗是苦煎苦熬出来的，麻庄是踏着巨人的肩膀一步登天的。世上的捷径千万条，看你会行不会行。机遇都是留给有准备人的时运，只要准备好了，谁都会有好机运。明天的麻庄将更加辉煌！

经理人　尚月明　王金柱

撰　文　北岳恒山文化研究会　贾　宝

建　亭　马智铭

公元二〇一一年岁次辛卯六月十九日　毂旦立

（碑阴）

麻庄新农村建设碑记

考麻庄村，隋时地处古崞县之南郊，靠虎山、傍紫溪、临浑河，乃物华天宝之地。初为水磨町村麻姓田庄，故称麻庄。后遭紫溪水患，良田为泽。五代后唐古城迁址，麻庄日衰，麻姓渐迁，王郭等众姓延续炊烟。虽时有杰出人才，然整个村庄风云凄苍，草木如丧，川泽盱其骇瞩，旷野咽而下怆，出门泥泞路，下地陷牛滩，众仅维持生计而已。

时维国泰民安、建设新农村之际，岁至己丑，侨居它乡之郭忠携夫人吴如珍在庙会日回村看社戏，因风沙迷眼，而动恻隐之情、赤子之心，捐巨资重修剧院，新建学校。庚寅年，郭忠以耿介拔俗之标，加大投入，为全村修建了四座牌楼、一个照壁，硬化、绿化、美化了街道，启建了村办公大楼。为带动全村走上城乡一体化之路，涉险开办两家工厂、一个鱼塘，修建医疗所、敬老院、游泳馆、体育馆、专家楼、宿舍楼、办公楼。开发了商业一条街，新村小区楼。辛卯年，又以潇洒出尘之想，修复了关帝庙、观音殿、文昌阁、魁星楼，扩建了三佛殿。在建工程数项总投资近亿元之巨。楼堂馆所，亭阁台榭，一应俱全，使全村少有所学、中有所为、老有所养、病有所医、劳有所作、闲有所娱、干有所成、钱有所赚。

古人曰：求木之长者必固其本，欲流之远者必浚其泉源，思国之安者必积其德义。今郭忠固其本，浚其泉，积德义，竭诚以待乡里，宏愿以图新村，众多矢口称赞，心悦诚服。

夫物之善鸣者，金、石、丝、竹、匏、土、革、木；而人之善鸣者，非言之大话、文之华丽，而在决之果敢、行之实效。郭忠言寡而如鼓振、文拙而似雷鸣，一言九鼎。言必信、行必果，使鸣麻庄之盛，和谐故土之润，此皆出乎其共产党人之胸怀、为人民服务之性者哉，其功德化垂，至麻庄昌运悠久，不其斯人欤。是为之记。

经理人　尚月明　王金柱

撰　文　北岳恒山文化研究会　贾　宝

建　亭　马智铭

公元二〇一一年岁次辛卯六月十九日毂旦立

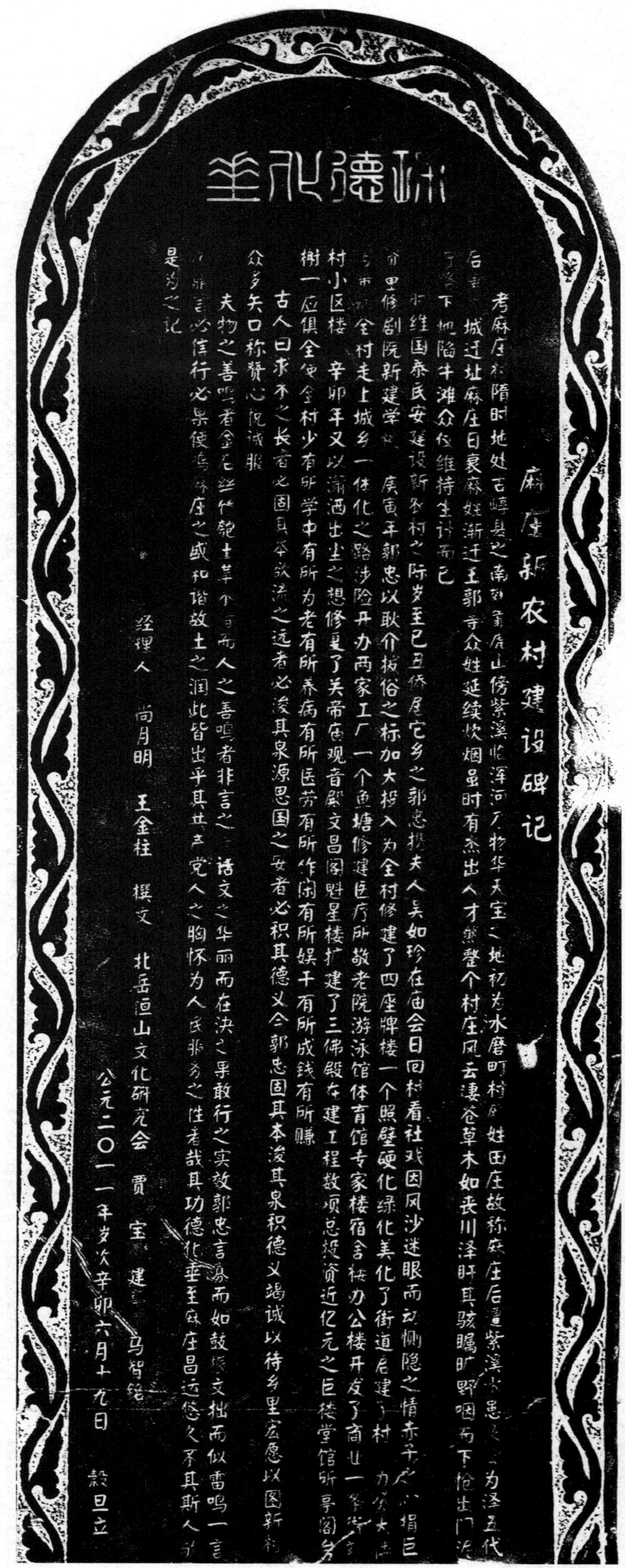

修复文昌阁老君庙碑记

【简介】

2011年9月镌嵌于浑源县上韩村老君庙东墙体。碣高70、宽145厘米。黑色花岗岩质。撰文李顺吉。

【碣文】

修复文昌阁、老君庙碑记

上韩文昌阁、老君庙起建于清代道光年间，由李、孔两族先祖发起。庠生李攀月总召集，仗全村之力于道光廿六年功成，同治三年重修。阁楼雄伟，斗拱飞檐，灵气宏然。阁成之后，人文蔚起，村内供子读书识字风气至今蔚然，民风厚重矣。

惜乎四十四年前，一场动乱，楼阁拆除，墩墙破裂，夯土塌陷，风貌荡然。二〇一一年初，由李贵、李鹏吉、李顺吉、魏增亮、李德全、李修明、发出义修倡议，村民积极响应，出工、出力、出资、出物者络绎不绝，工程于二〇一一年二月正式启动，依“修旧如旧”之原则。经各方戳力同心，施工顺畅前所未见，不数月大工告成，古阁古庙原位复建。工程共动用木材五十八立方，土石四百余方，砖瓦件六万余块，总耗资五十三万元，重大善举，千古流传，特勒碑以记之。

撰　文：李顺吉　　　　二〇一一年农历九月

总召集：李贵　　　　总设计总木工：郭安金

现场指挥：魏增亮　　　　财物总管：李修明

总泥工：孟祖福　　　　总彩绘：郝万

捐献善款名单：李贵二十五万元　　李鹏吉十一万元　　李俊堂十万元

一万元：李顺吉　李修玉　李德全　白岳

王茂山一千三百元　　李修明一千一百五十元　　李俊国一千一百四十元

一千元：魏增亮　李世文　徐上绅　李来考　刘　锦　冯慧忠　陈志强　魏增国　杨森

尚宠亮六百元　李培吉五百六十元

五百元：白志东　李　孝　魏建元　魏　江　李兴卫　李德海　李　锋　陈尚儒　李　银　孟祖强
李拥军　陈溢祺　李　宏　郭建军　陈　德　李巨龙　李慧兵　李生元　李　伟　薄二平
李忠福　田　元　田桂亮　张　勇　李生茂　陈志坚　陈大林　李廷士　孟红印　孟祖福
李茂枝　李天元　李月英

因碑的容量有限，捐款五百元以下者廿五名另载史册，永久保存。

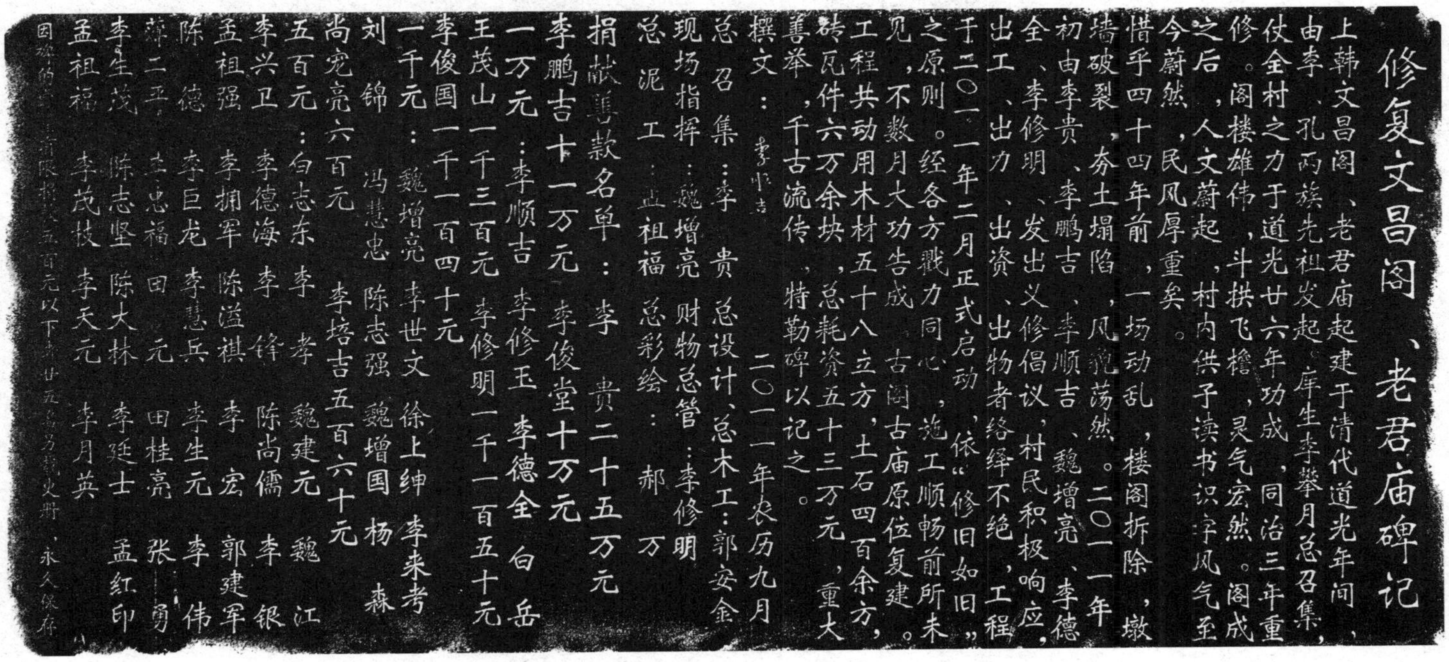

“双姊临风”题刻

【简介】

2013年镌刻于浑源恒山姊妹松附近岩体。字体高260、宽110厘米。由高建国题书。恒山是森林的海洋、森林的世界，有盘根错结、咬定青山不放松的悬根松，有像虹桥、横跨沟壑深涧的悬空松、迎宾松，还有依险壁立、形态各异的“四大夫松”。而恒宗峰上比肩而立的姊妹松，犹如一对同胞姐妹，静静地守护着养育她们的恒山，观察着世纪风云的变幻，梦想着她们的希冀和追求，一年又一年地等待着。

高建国，号怡云轩主，中国书法家协会会员、中国文化艺术联合会副主席、山西省书法家协会理事。作品多次参加省际、国内大展，被海内外多家博物馆收藏。

【题刻】

雙姊臨風

高建國題（印一方）

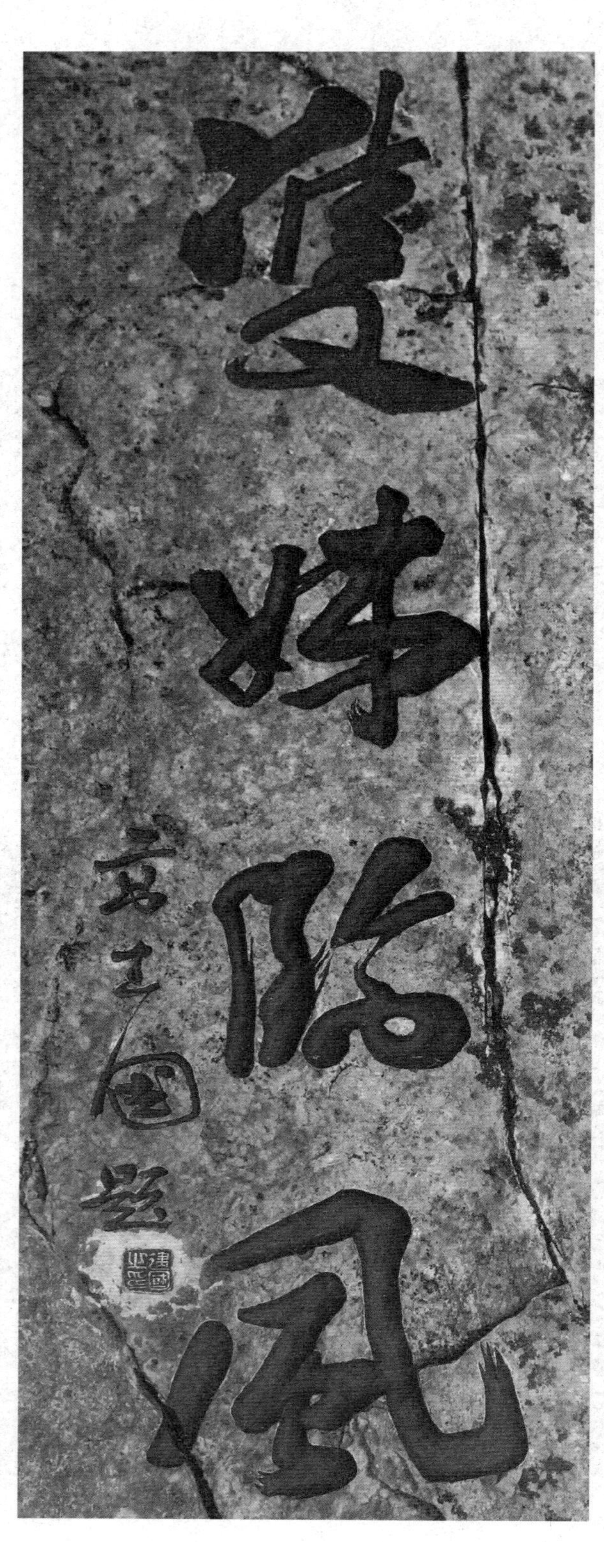

“神泉”题刻

【简介】

2013 年镌刻于浑源恒山后背水泉湾岩体。字体高 70、宽 200 厘米。由高建国书丹。

神泉的题书可谓点睛之笔。北岳恒山之阴峻岭高峰处，自古有一道终年喷涌不息的泉水，其味甘甜无比，是熬汤煎药的首选，当地人一直当作神泉对待。每当冬春两季，冻结的泉水像一条白练，镶嵌于恒山的山体，形成水川凹（对神泉的俗称）四周极富特色的自然景观。

【题刻】

神泉

高建國題

“恒宗极天”题刻

【简介】

2013 年镌刻于浑源恒山恒宗峰岩体。字体高 240、宽 80 厘米。由高建国题书。

恒山主峰位于浑源县城南 6 公里处，恒山主峰天峰岭（原为玄武峰）海拔 2016.1 米。从北仰望，叠嶂拔峙，独耸而上，高入天际，松桧蔽空。身临其境，风声若涛，群山罗列，人天北柱，绝塞名山，实为天地相照、五岳独尊之洞天福地。

【题刻】

恒宗極天

高建國題

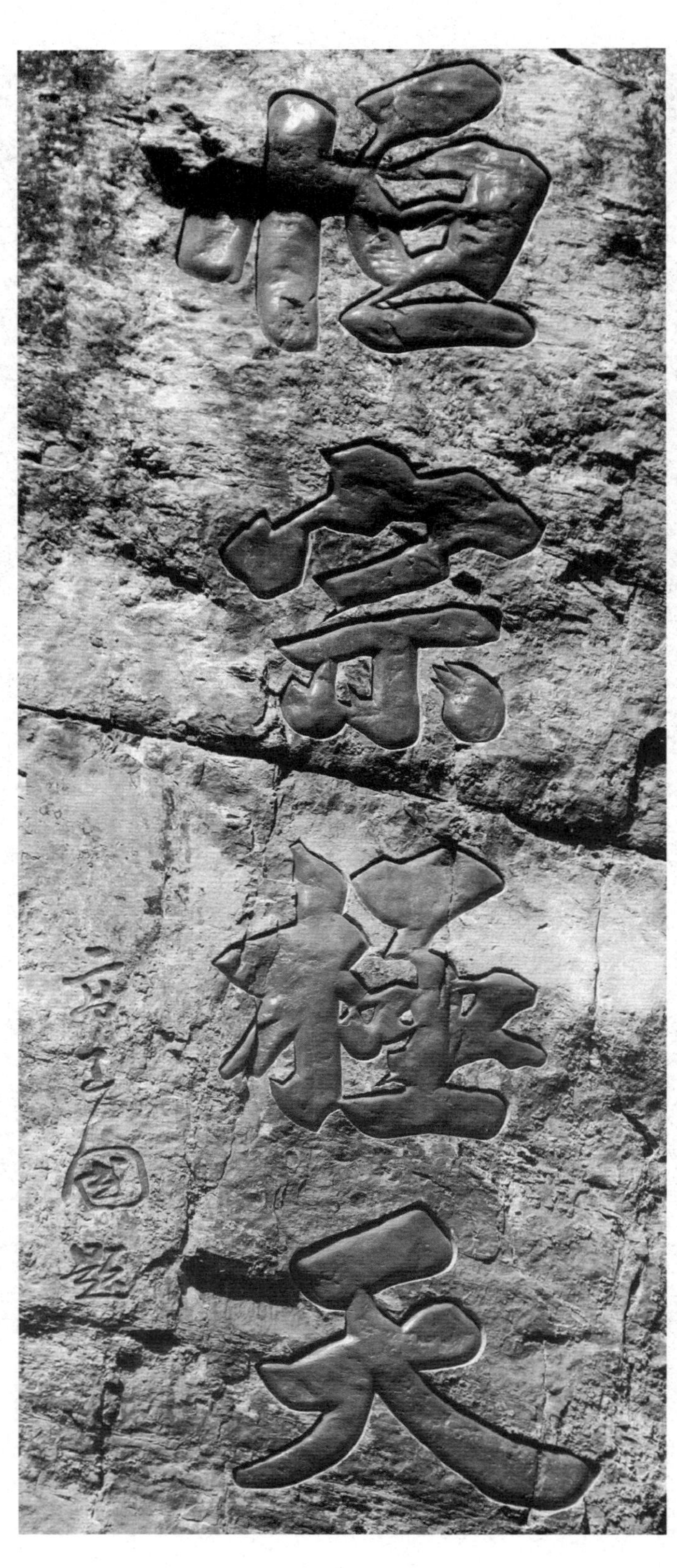

龙山大云寺修缮委员会名单

【简介】

龙山大云寺始建于北魏，兴盛于唐、宋、金、元、明，至清朝逐渐荒废。自20世纪90年代初，恒山儿女前赴后继，倾全力进行修复，使龙山景区、寺院渐渐重现昔日光彩，以乔玉枝、张广儒、姜桂花、梁月梅、王艳芬为首的一班修缮委员会成员功不可没。2014年农历六月初九，将修缮委员会名单刻石以志。碑为圆首方座，黑花岗岩质。高154、宽59、厚8厘米。

【碑文】

龙山大云寺修缮委员会名单

主　任：乔玉枝

副主任：梁月梅　王艳芬

委　员：（按姓氏笔划为序）

丁凤清　于逢贤　王友善　王迎弟　王美莲　王艳芬　牛继儒

卢月英　左玉花　左芬花　白仙林　乔玉枝　乔玉莲　乔利军

任素英　刘　顺　刘玉桃　刘世奇　刘美林　刘美莲　许建国

孙翠珍　李　青　李　梅　李玉莲　李玉玲　李志瑛　李宝林

李桂萍　李桂娥　李福英　杨仙梅　杨玉梅　吴凤林　吴兴国

吕春梅　张　利　张　孝　张　晔　张　富　张广儒　张月梅

张进莲　张丽英　张秀珍　张秀莲　张剑扬　张春枝　张桂芝

陈三丽　陈翠叶　范金叶　范金枝　范淑花　郑志刚　胡金环

荣　顺　姜桂花　姚臻莲　赵秀梅　赵桂梅　郝银娥　柳茂森

费志强　耿天瑞　袁玉芳　徐月香　徐海东　唐爱荣　郭　英

郭恒顺　郭凌霄　郭冬梅　郭培莲　顾凤莲　高振国　常培明

梁月梅　梁宏光　梁桂英　梁锦坤　黄立英　黄爱仙　黄钰英

符　氏　释　乔　释妙音　释藏培　程桂英　彭娥香　焦　占

焦月梅　韩洪宏　韩洪涛　韩秀梅　熊润琴　樊　恒　穆秀莲

穆建枝　薛翠香

献碑人：高振祥

刻碑人：李国柱　吴炫良

农历丁亥年六月初九日

龙山大云寺修缮委员会名单

主　任：乔玉枝

副主任：梁月梅　王艳芬

委　员：（按姓氏笔划为序）

丁凤清　于逢贤　王友善　王迎弟　王美莲
王艳芬　牛继儒　卢月英　左玉花　左芬花
白仙林　乔玉枝　乔玉莲　乔利军　任素英
刘　顺　刘玉桃　刘世奇　刘美林　刘美莲
许建国　孙翠珍　李　青　李　梅　李玉莲
李玉玲　李志瑛　李宝林　李桂萍　李桂娥
李福英　杨仙梅　杨玉梅　吴凤林　吴兴国
吕春梅　张　利　张　孝　张　晔　张　富
张广儒　张月梅　张进莲　张丽英　张秀珍
张秀莲　张剑扬　张春枝　张桂芝　陈三丽
陈翠叶　范金叶　范金枝　范淑花　郑志光
胡金环　荣　顺　姜桂花　姚臻莲　赵秀梅
赵桂梅　郝银娥　柳茂森　贺志强　耿天瑞
袁玉芳　徐月香　徐海东　唐爱荣　郭　英
郭恒顺　郭凌霄　郭冬梅　郭培莲　顾凤莲
高振国　常培明　梁月梅　梁宏光　梁桂英
梁锦坤　黄立英　黄爱仙　黄钰英　符　氏
释　乔　释妙音　释藏培　程桂英　彭娥香
焦　占　焦月梅　韩洪宏　韩洪涛　韩秀梅
熊润琴　樊　恒　穆秀莲　穆建枝　薛翠香

献碑人：高振祥

刻碑人：李国柱　吴炫良

农历丁亥年六月初九日

玄武亭记

【简介】

2014年初夏立于浑源恒山岳门湾索道入口处。碑首为二龙戏珠，高72、宽80、厚15厘米。中刻“上善若水”4字。碑身高161、宽75、厚15厘米。座高45、宽60、长120厘米，刻有莲花。芝麻白大理石质，由邑人李跃山撰文，优秀民营企业家、神农生态发展有限公司董事长李金同立石。

【碑文】

玄武亭记

恒山，中国五岳之北岳，朔方之天柱也。地亘燕云之界，内翊黄图；星分毕昂之精，外关紫塞。上应玄武，下应江河，实乃天道文化的阶梯，融合文化的桥梁，善行文化的圣地，道教文化的源头，玄武又名真武，为我国“四象”之一，即青龙、朱雀、白虎、玄武。

玄武为龟蛇合体，古人认为是有灵性的神物，并成为早期部落的图腾。千百年来，玄武备受帝王的尊崇，到了宋代，达到高峰，奉为始祖。为讳“圣祖”赵玄朗，改玄武为真武。元时，加封为“元圣仁威玄天上帝”，成为北方最高神。明时，玄武信仰登峰造极，明成祖朱棣自谓登基当皇帝有真武神的庇佑，加封玄武神为“北镇天真武玄天上帝”，遂使玄武崇拜愈加隆盛，影响极其广泛深远。玄武是水神、北方之神，最大功用是“镇北方，主风雨”。恒山位居北方，其行属水，故古人认为恒山系由玄武大帝主宰。因其能主风雨，这在十年九旱的黄土高原上，尤显的重要。清《恒山志》有关祀雨的记载很多，如明代尹伦《祈雨有感记》、汤兆京《祷雨祭谢北岳文》等。现真武庙尚存明武宗纪功祷雨三通石碑，印证了古人祷雨的功用。我们的前人创造了无与伦比的灿烂文化，继承和发展是历史赋予我们的任务。恒山已列入全国重点风景名胜区，发展旅游得天独厚。这一新兴的朝阳产业不仅备受当地政府的重视，也吸引了民营企业有识之士的关注。浑源神农生态发展有限公司董事长李金同先生，虽祖籍河北顺平，但他把浑源当作第二故乡，他热爱恒山，勇于济世，愿为发展恒山旅游，弘扬恒山文化添砖加瓦，毅然投资七千多万元，架设空中索道，经过数番探讨论证，建筑选址由恒山山门步云路始，至恒山最高建筑魁星阁止。从二零一零开始施工，历时四年，于二零一四年竣工，并在索道入口处建一小亭，亭名“玄武”，与恒山主峰玄武岭相呼应，与恒山真武庙隔岭相望，旨在纪念玄武大帝，弘扬玄武精神，佑我华夏风调雨顺，国泰民安。步云路为恒山古十八景之一，由恒山山门至玄武峰朝殿，为朝岳大道。此道古称步云路，取其步步青云之意，这是我国古代“天道”文化的反映。登步云路，攀天梯上，参赞天地化育，感悟天人合一，渴望人神对话。明代有一首《步云路》诗赞道：万仞峰尖插紫霄，来游步步觉身高。飞仙云外舒长啸，远拂天香袭锦袍。

如今，空中索道飞架魁星阁，步云变腾云，大有平步青云之势。魁星阁是主峰最高建筑，又有魁星点斗，独占鳌头之意，游名山、朝圣地，博得好彩头，壮观凌云志，放飞中国梦，恒山朝殿有副古楹联说的好：

天际月轮高，访古人胜事遗踪，最难忘果老通元谪仙载酒；

眼前云路近，愿多士舒文广图，莫辜负杏花春雨桂子秋风。

公元二零一四年初夏之吉　李跃山谨记 李金同立石

上善若水
玄武亭記

纪年不详

[illegible]車司

[illegible]御史一員十三布政司各設提學按察司副

[illegible]至備以唐虞三代之教實同一揆內節該欽

欽此欽遵百餘年來遵行不易賢才輩出輔理

御試提學官已將儒生儒考定入場而巡按

[illegible]係舊例並無御史再考[illegible]縣且

[illegible]務陳言建言今後巡按御史不許將應試生

登北岳恒山有感诗碣

【简介】

纪年不详，镌刻于恒山会仙府附近。碣高 58、长 47 厘米。青石质。由麓泉题诗。

【诗文】

登北嶽恒山有感

自築長城德便慙，華夷一統竟空談。

看來暦數天無二，問到賢良策始三。

嶽爲連胡恒獨北，鳥猶思漢鴈常南。

龍荒峻宇俱陳迹，匹馬秋風淚不堪。

麓泉

不准再行考试碑记

【简介】

纪年不详，现存浑源县城永安寺。碑高82、宽35、厚15厘米。青石质。

【碑文】

後可以尽其職，如學校育賢，國家重事，我舉設提學御史一員，十三布政司各設提學按察司副使，或僉事一員，賜以尽美至精至備，興唐虞三代之教實同一揆内節，該欽奉著職事。欽此。欽遵百餘年來，遵行不易，賢才輩出，輔理承化，皆布政司。鄉試提學官已將應試生儒考定入場，而巡按御史又會同布政司、按察司官再行考試，復加去□入□□，俱係舊例，竝無御史再考之條，且□□□□務陳恩建言，今後巡按御史不許將應試生儒再行考試。抄行禮部，覆奏欽奉考選其巡按湖廣監察御史遵奉。

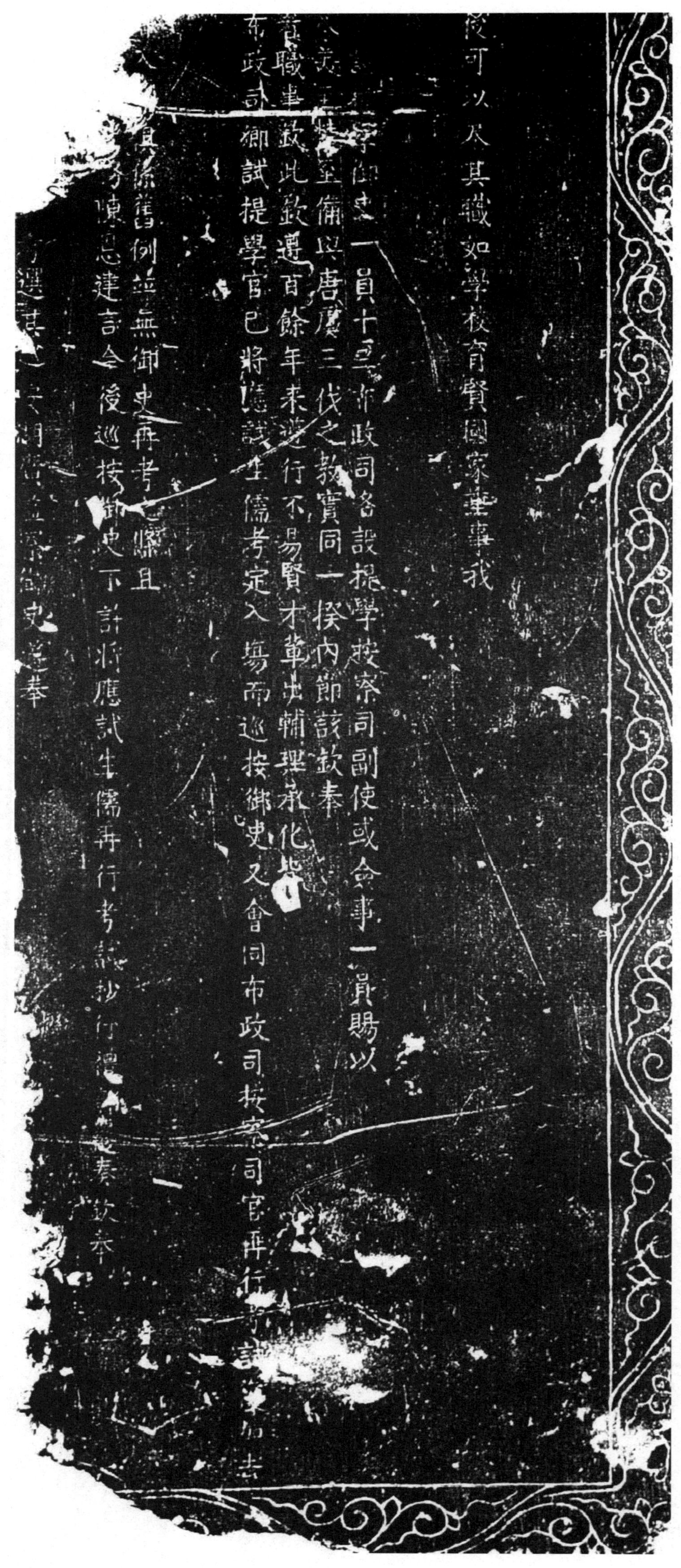

北极阁化缘碑

【简介】

纪年不详，碑存浑源县城。碑高 140、宽 50、厚 17 厘米。青石质。由候选训导李廷模撰文并书丹。

【碑文】

□□□□□一念，而一念之誠，如神應於一念；而一念之誠，亦如神，自始至終，由近及遠，遠□□□□。渾郡北極閣住持，與樂善王等時在道室促膝談心，誠信相孚，已有年矣。睹□□□□心傷，□補修□志，迺募化無由。未幾，樂善翁作古，令嗣卓三先生聞訊，自汴□□□□，繼乃翁之志，須行時隨帶緣部一通，宦遊川豫，迭相化導，捐銀資助，克勸盛事，□□□溪託予挽筆寄信丁寧，曾否捐助。乙酉□秋，卓三從河南覆□□静溪封寄布□□□善樂施，千里同心，父志子繼，一誠無僞，錢到之日，董事人等莫不欣慰。除一切□等物，此固卓三先生不負前約，亦寔諸董事者之勞心勞力，有以致之也。維時，本郡□謹題芳名，表揚善人，不益見弗屆也哉。是爲誌。

貢候選訓導李廷模沐撰并丹書

董事　張世□　孫□□　□□□　□□　□□□　□□　栗□□

姚□□　□□□　□□□　□□性　張嘉謨　□□財　□□□

住持道人　田教授暨徒白永禎　徒孫張元□

善友　□守信

恒山道长墓碑

【简介】

纪年不详。青石质，平首，回字纹边。碑高78、宽54、厚12厘米。现存浑源县境内北岳恒山天峰岭景区仙人坟处。

【碑文】

西京路都道録冲虚妙道玄德真人衡公之墓

重修三岭关帝庙碑记

【简介】

纪年不详，原立于浑源县城北三岭关帝庙，现存该庙大殿前。碑为青石质，回字纹边，残高83、宽65、厚16厘米。碑体上半部断损。

【碑文】

郡增廣生李莊撰文

侄李長善書丹

……勤爲補葺，而非第炤燿一時計也。渾邑三嶺，雲中通衢，崞山要衝。舊有……恒岳北映桑乾，巍巍廟貌，誠有焕然偉觀者。厥後多歷年所，塌毁且……訝咨嗟，增修之志萌矣。癸丑歲，諭余伯弟產而屬之曰：此爾家功德……者。多方募化，共襄厥事，上可以格神庥，下可以綿世德，誠盛事也。何……親友合郡中郡外開緣捐資，即於是歲興工，復仍舊制，設立茶房……仰神象而知昔扶漢室，今佑……後之覽斯石者，識所興廢，以績黄公斯舉，永垂不磨云耳。

前知渾源知事黄照

紀録十次宣枋

紀録五次雙德

正堂姚振祖

訓導李養本

□□尚長慶

□檢潘心啓

木匠　王德貴

泥匠　温子祥　張德全

畫匠　王有旺　喬官　薛文明　李昇　胡萬年

石匠　王大興

无题墓碑

【简介】

纪年不详。现存浑源县城西北毕村村东水渠里。青石质，缠枝边。残碑高88、宽57厘米，因碑砌在渠体，无法测量厚度。

【碑文】

……居城西北二十里畢村，娶李氏，又娶徐氏、温氏，享年八十有六。……子惠娶陳氏，次子化周，郡庠生，娶馬氏、李氏。又其次從周，國學生……娶門。又其次適熊門，適王門。有孫七，長孫兆俊，郡庠生，娶張氏、李氏。次……兆儒，娶劉氏、張氏、孫氏。兆槐娶楊氏，兆桂娶孫氏。兆馨、兆桂俱業儒，……三適石門者一，其餘尚幼。有曾孫四，長曾孫步瀛，郡庠生，娶郭氏，次……三俱幼。有元孫一玉郎，有元孫女一貴珍，俱幼。斯其蘭桂流芳，雲礽□與。翁次子化周，幼同學，長同庠，素稱相善，刻石之日，囑予爲叙，予□之大要，用垂不朽云。

郡廩生侯贊元撰　張□仁書

捐资花名碑

【简介】

纪年不详，现立于浑源县恒山。青石质，圆首，缠枝边。碑高129、宽56、厚15厘米。风化较重，字迹不清。

【碑文】

王喜施錢一萬七千　李忠　王和鳴　各施錢二萬四十

庠生穆□臣施錢二萬

監生□成文　仝法　張保　各施錢壹萬八千

監生李向陽施錢壹二萬五千

貢生楊克□　李平　各施錢一萬二千

監生姚時□　監生敖平世　□□　張乾　王尚宮　監生周全

監生仝智　張禮　高尚志　□維禮　王寬　焦璞　李宗唐各施錢萬貳千

馬維元施錢一萬一千　王鐘　王登殿　庠生穆光孜　焦祥各施錢壹萬

李浩　張焕　焦生文　各施錢九千　李三彩施錢八千二兩

左應元　劉□法　侯登堂　王興　焦生光　高玘各施錢八千

張志仁　張光宗　王登貴　王登元　各施錢七千

郭現龍　穆生林　郭潜龍　穆迎貴　庠生禹用中　李維智　李生廷　姚□唐　□□　□□□　監生孫永育　孫富　張寧　王登智　郭義　徐□　□□　劉萬順　張世恒　各施錢六千

監生孫鵬　程九如　李輔　賈有印　張朝　周之　王登冶　殷登各施錢五千

□自通　張世琦各施錢四千五佰

張進文　徐浩　周伏明　薛堂　焦生智　王廷章　王成　張文義　張文□　張仲　王進富　王宗通

王成各施錢四千

王勤明　劉章　李向時各施錢三千五佰

穆安善　李旺　張祥　李有　劉維漢　穆通富　李昇　張□　張謨　李言　李生良　李生貴　永太當　趙子雲　劉富　王永安　王永榮　韓當太

趙有元　王貞　劉玘　王邱臣　秦進德　陳富　左得玉　李文有　張有

李三旺　李玉廷　趙備鹿　藺滿艮　郭有才　翟徵　王有才　侯義　王□□

王向閔　王□□　王□　焦生彩　仝旺　劉富　張柱　楊汝成　王秉信

王子惠　鄭恒興　張大勲　張應魁　張應元　王貴康　左昱琦　趙元卿　王天祉

任信　孫永盛　李福　馬麒各施錢三千

程生明　程生成　翟□　翟貴　劉保　穆生枝各施錢貳千五佰

趙相　張文玘各施錢貳千四佰

張寬　鄭萬銀　穆生福　穆興代　穆顯列　穆法言　王天眷　馮堯　郭存聖　晋典　王成　陳秣　榮天成　張永然　侯員　白禄　趙朋爲　趙金

趙昇　周成啟　侯存仁　劉萬順　張滿桂　郭子英　張國瑞　郭户　姚兵

劉爲孝　雷光宗　王通　穆靖　辛起法　王宗文　范吉順　李世□　張□

趙正　楊克昇　王秉禮　郝正魁　閆錫　監生孫一元　史天成　舉人張廉　王喜　崔峥　高法　栗德本　餘淮　崔峻　□爾雲　庠生左子緒

庠生王廷能　庠生孟有福　李聚時　門綱　庠生白施彩　貢生李士俊

宋近德　白奇英　賈士傑　郭珍　馬然　李宗聖　黄榮鶴　李忠　張德元

李顯榮　董浦量　監生張舉　李士傑　庠生趙汝揖　李昱貴　賀培元　趙汝爲　賀康年　張朝相　張大明　庠生吕□鳳　左廷謨　張象元　焦祥　熊靖　劉錦文　劉維漢　王德浦　唐瑾各施錢二千

狄富　藺祥　徐黨　徐昌　邱印海　郭榮宗各施錢乙千八佰

徐傑施錢乙千六佰

李浩　師忠興　師忠兆　張印　翟銀　李金　徐騰龍　劉萬富　狄洛　喬登富　劉□□　劉□□　劉□□　□成文　□□　□□□　□□□　閻會　張照喜　張志義　王彩　張永太　穆韓　王夆民　張福　焦富　龐志仁　侯舉　馬三漢　陳才　李忠　左廷仁　姚□　庠生穆純天　鄭林　丁喜　王佐　李然　李天降　□□□　劉會　□重儒　王紹周各施錢乙千五百

周三玘　康俊　王直　穆樂　趙有才　宋福　馬進宫　左子秀　張登宣　趙耀　陳發　杜元　王漢昇　張智　張文　張典　張文暢　張文理　仝如田　張有昇　王恩發　左發各施錢乙千貳佰

穆盛　□富　張榮　穆克議　穆承業　穆□□　張純　穆嘉言　李自玉　任進□　穆克君　李白玉　師忠艾　師忠孝　張文中　侯三明　張智　鄭宜周　楊富　姚正　王宗富　張世德　劉禹　靖顯通　王宗禮　靖朝貴　靖朝生　靖朝富　馬天榮　李尚文　□庫　王永發　李長民　李民　李秀　韓廷富　閆鹿　劉法才　郭孝子　耿達　李仁　張義　蘇廷文　趙法　李廉　劉法各施錢□□□□

劉文　徐興　劉德修　侯三維　高位　李存寬　侯登殿　侯法　趙録　趙科　白富　王全　王廷明　王印明　閆宗印　張文賓　張世□　張正孝　張□　郝永安　郭子英　周成　陳恒　王登銀　辛克恭　張海　閆光　張九用　□□□　趙德純　王宗才　王宗□　范吉通　范文玉　張寶　焦起才　魏元　左學田　李□　李榮　陳□　王直門　王昌明　□□□　左□□　□□□　□□□

……曲陽縣　□□……

"大恒以宁"题刻

【简介】

纪年不详，刻于浑源境内通元谷东侧岩壁。约高 40、宽 200 厘米。由南开学生莫松森书丹。

【题刻】

大恒以甯

莫松森题

“金龙口”题刻

【简介】

纪年不详。这块颇具气势的题刻位于浑源县恒山悬根松旁、虎风口的悬崖之下。高58、宽135厘米。题书者不详。

恒山山脉翠屏山下是一道悬崖插天、浑水奔流的古老磁峡。古老的恒山磁峡是一部读不完的厚重史书。秦始皇复游东海，过恒山时，面对奔腾起伏、宛若蛟龙的恒山入口处，惊叹之余，留下“金龙口”的御封。如果说此处是飞舞在恒山谷底的金龙口，那么恒山半山腰果老岭背的曲径幽路，又酷似飞动在恒山山体的巨龙，后人在此处刻题“金龙口”，十分吻合。

【题刻】

金龍口

“名齐四岳”题刻

【简介】

纪年不详，镌刻于浑源恒山会仙府崖壁。字体高230、宽210厘米。由都御使贾应元书丹。

【题刻】

名齊四嶽

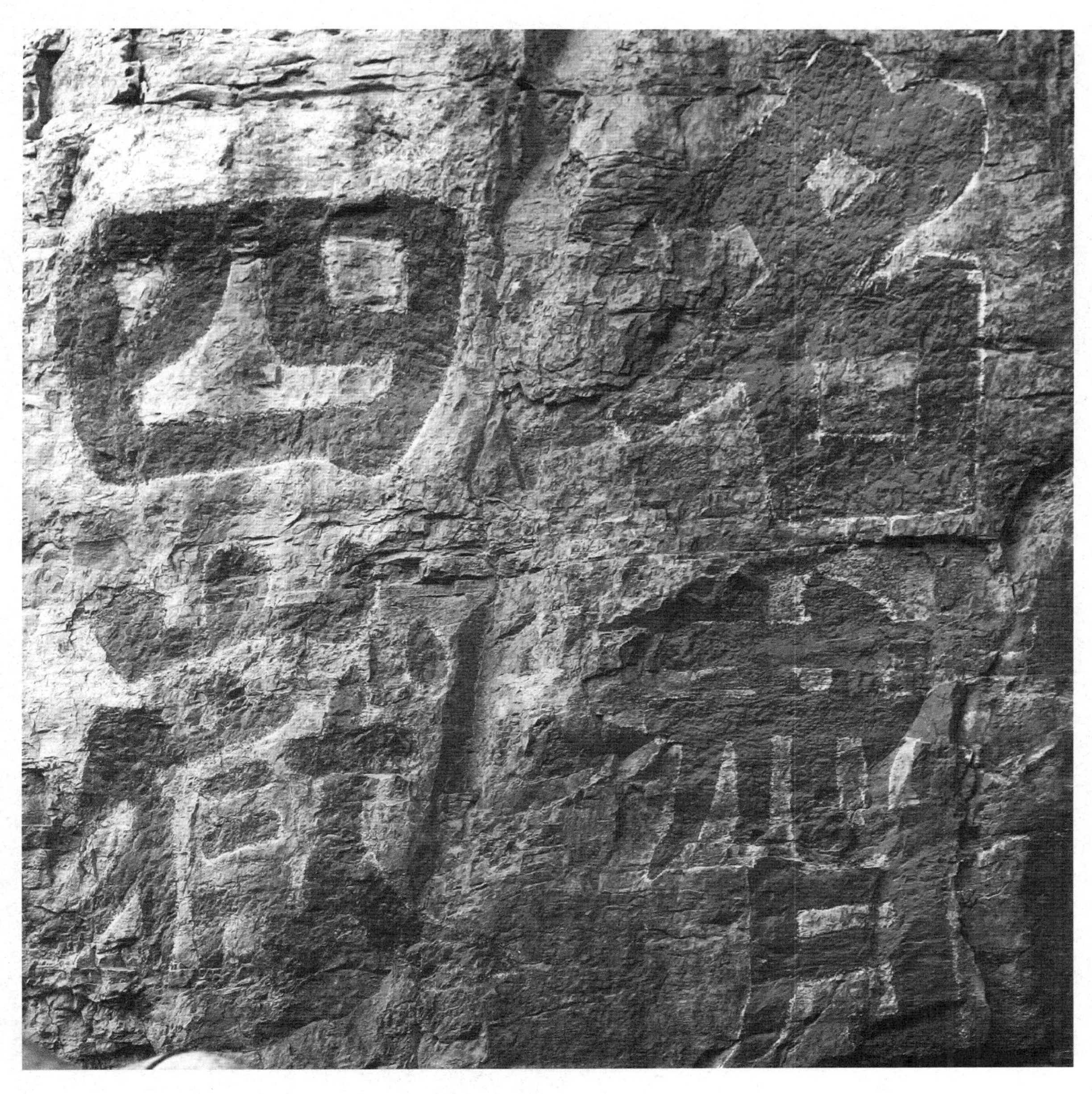

“瞻天仰圣”题刻

【简介】

纪年不详。镌刻于浑源恒山会仙府岩壁。高 195、宽 160 厘米。

【题刻】

瞻天仰聖

“仙山显岳”题刻

【简介】

纪年不详，位于浑源恒山峰西通元谷东岩壁。镌刻时间、题书者均不详。四字总高 80、宽 84 厘米。

【题刻】

仙山顯嶽

“松屏耸翠”题刻

【简介】

纪年不详，镌刻于浑源恒山飞石窟岩壁。高 70、宽 150 厘米。戴沂题书。

【题刻】

松屏聳翠

戴沂題書

“地辟恒宗”题刻

【简介】

纪年不详，刻于浑源境内北岳恒山恒宗峰岩体。镌刻时间及题写者均无从考查。约高 60、宽 180 厘米。

【题刻】

地闢恒宗

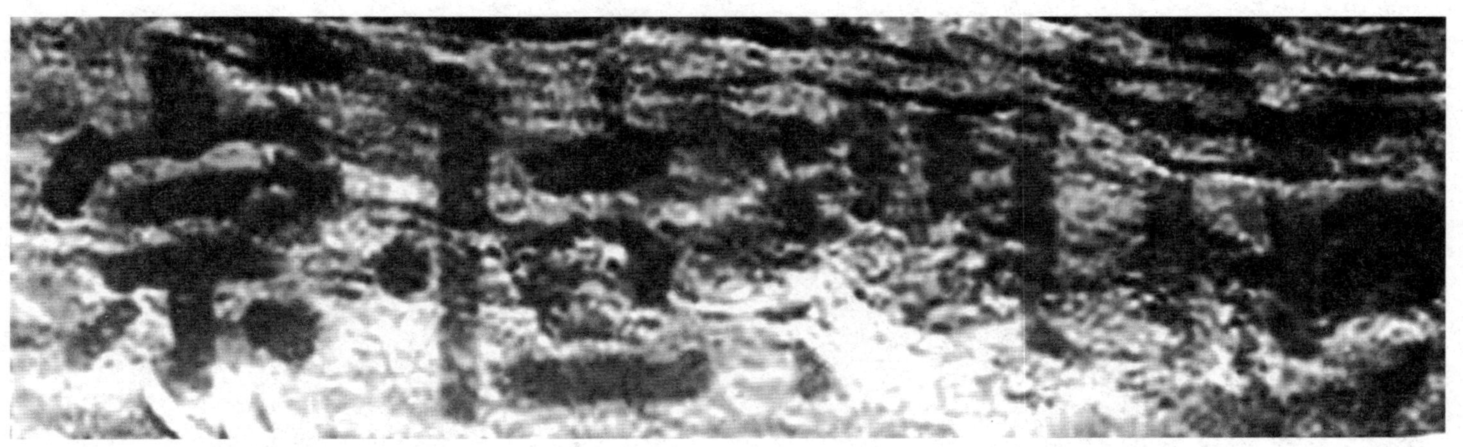

“玄岳”题刻

【简介】

纪年不详，镌刻于浑源县境内北岳恒山玄岳峰崖壁。镌刻时间和书丹人均不详。高95、宽170厘米。

【题刻】

玄岳

“飞石遗踪”题刻

【简介】

纪年不详，镌刻于浑源县恒山飞石窟内外崖壁。镌刻年月及题书者不详。高60、宽175厘米。

飞石窟是恒山飞石峰下的一天然大石窟。“幽崖飞石”为恒山十八景之首。据传舜帝北巡至恒山，忽见一块巨石从恒山飞石峰破崖而出，坠于帝前，舜帝命名为“安王石”。五年后舜帝又北巡，至河北曲阳被大雪阻路，正当遥祀北岳恒山时，这块巨石又飞到曲阳。巨石飞出的地方自然而然地形成一个大的石窟，这就是现在的飞石窟。在飞石窟除建有庙宇外，还留下了历代文人学士的诗词歌赋以及琳琅满目的摩崖题刻。

【题刻】

飛石遺踪

“洞门春晓”题刻

【简介】

纪年不详，镌刻于浑源县恒山飞石窟岩壁。约高 45、宽 170 厘米。由明吴云题书。

【题刻】

洞門春曉

“鳄鱼石”题刻

【简介】

纪年不详，据传古时浑源境内北岳恒山有一鳄鱼出没于果老岭，由于经常伤害进山朝拜的香客，八洞神仙之一的吕洞宾将其斩杀于果老岭舍身崖下的石级路面，路面上凸显鳄鱼形状，后人在此处岩石路面上镌刻“鳄鱼石”3 个大字。字体高 25、宽 80 厘米。

【题刻】

鰐魚石

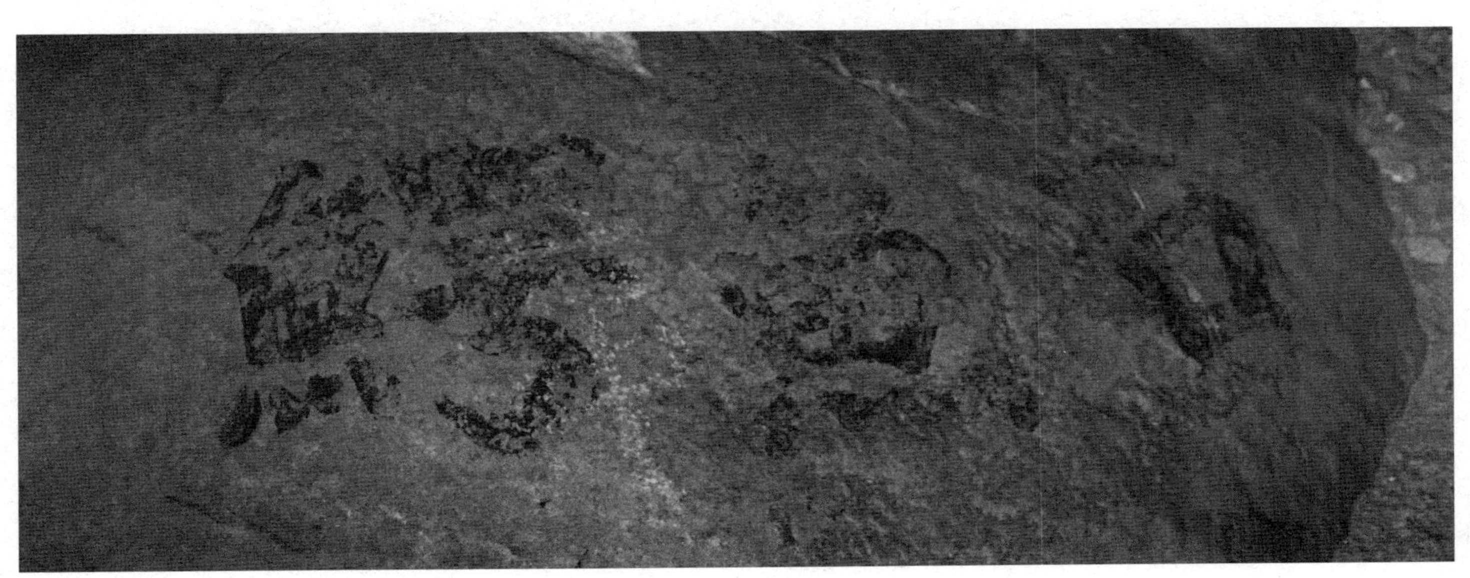

曾登泰山复游恒岳诗刻

【简介】

纪年不详，镌刻于浑源境内恒宗峰山崖间，题刻时间及题书者不详。崖刻约高 120、宽 65 厘米。

【诗文】

天下名山仰岱恒，宦途跋履行攀登。
高凭日觀看滄海，俯視雲州竚翠亭。
突兀遠撐銀漢嶂，嵯峨深鎖碧霞扃。
憑誰移作中流柱，爲奠狂瀾萬世寧。
曾登泰山今復遊恒嶽賦此□識歲月

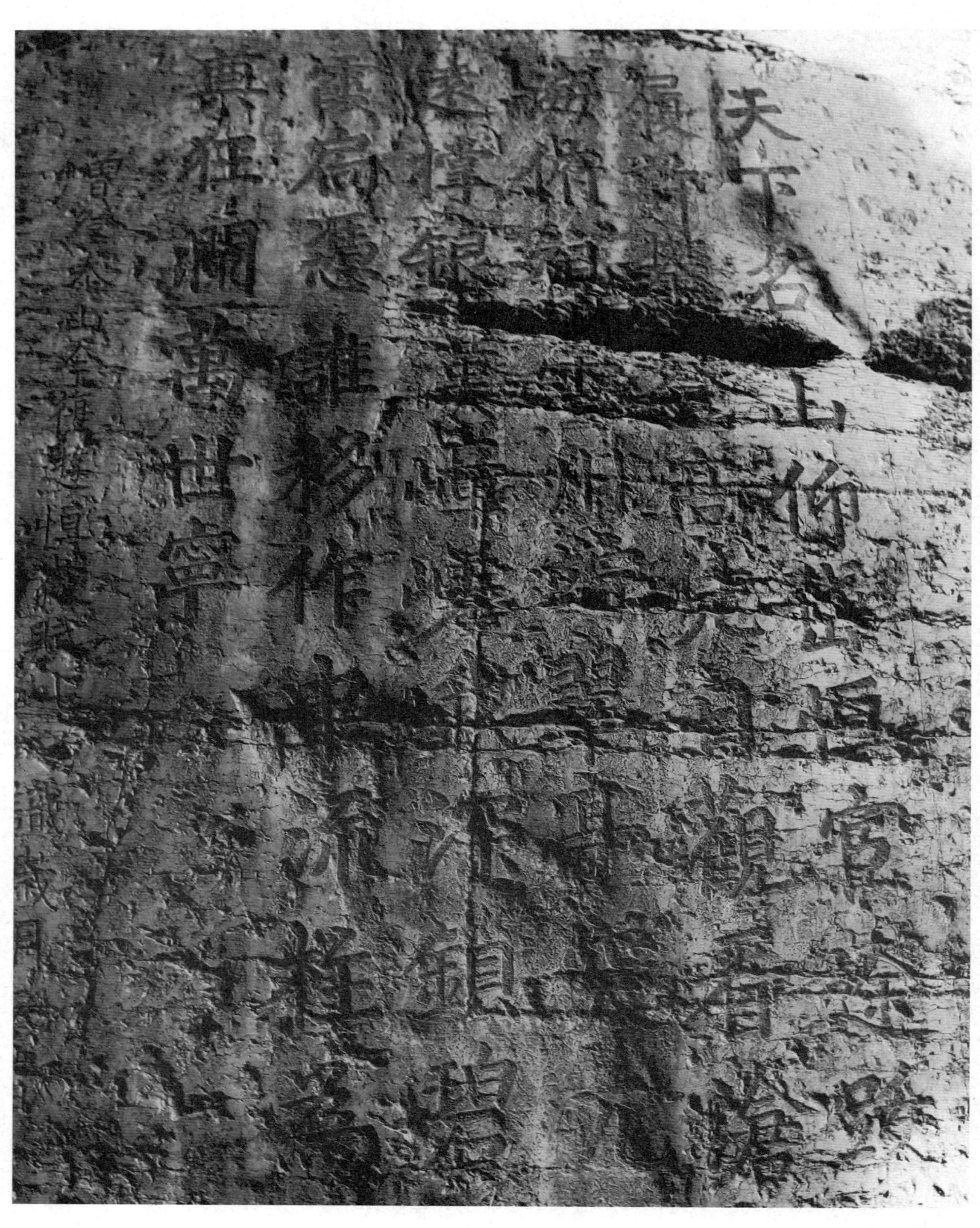

“云阁虹桥”题刻

【简介】

据当地传说，鲁班同他的妹妹鲁姜一时兴起打赌，鲁班在恒山磁峡口一天一夜建一座庙，妹妹在附近建一座桥，以第二日五更鸡叫为限。在众神的帮助下，不到第二天，鲁姜先建起了桥，一看哥哥的庙还差一点点，于是鲁姜学鸡叫，赢了哥哥。这个传说千百年来在浑源大地上流传着，而真实的情况是，云阁虹桥地处天峰岭、翠屏山的险要关隘，历来是军事要塞。战国时的李牧、北宋时的杨业都曾据守于此。为方便天峰岭与翠屏山之间的通行，于是在两山的中间搭起了一座空中桥梁，名曰“云阁虹桥”。云阁虹桥起码建于北宋以前，由于时间久远，风化严重的“云阁虹桥”题刻，只剩下斑斑剥剥的“云阁”二字。据推测这应是悬空寺景区宋代以前的题刻。

【题刻】

雲閣虹橋

“空中见佛”题刻

【简介】

纪年不详，镌刻于浑源县悬空寺南岩壁。高 90、宽 80 厘米。在题刻的正上方还刻有“悬”字。由定化书。

【题刻】

懸

空中見佛

戊申定化書

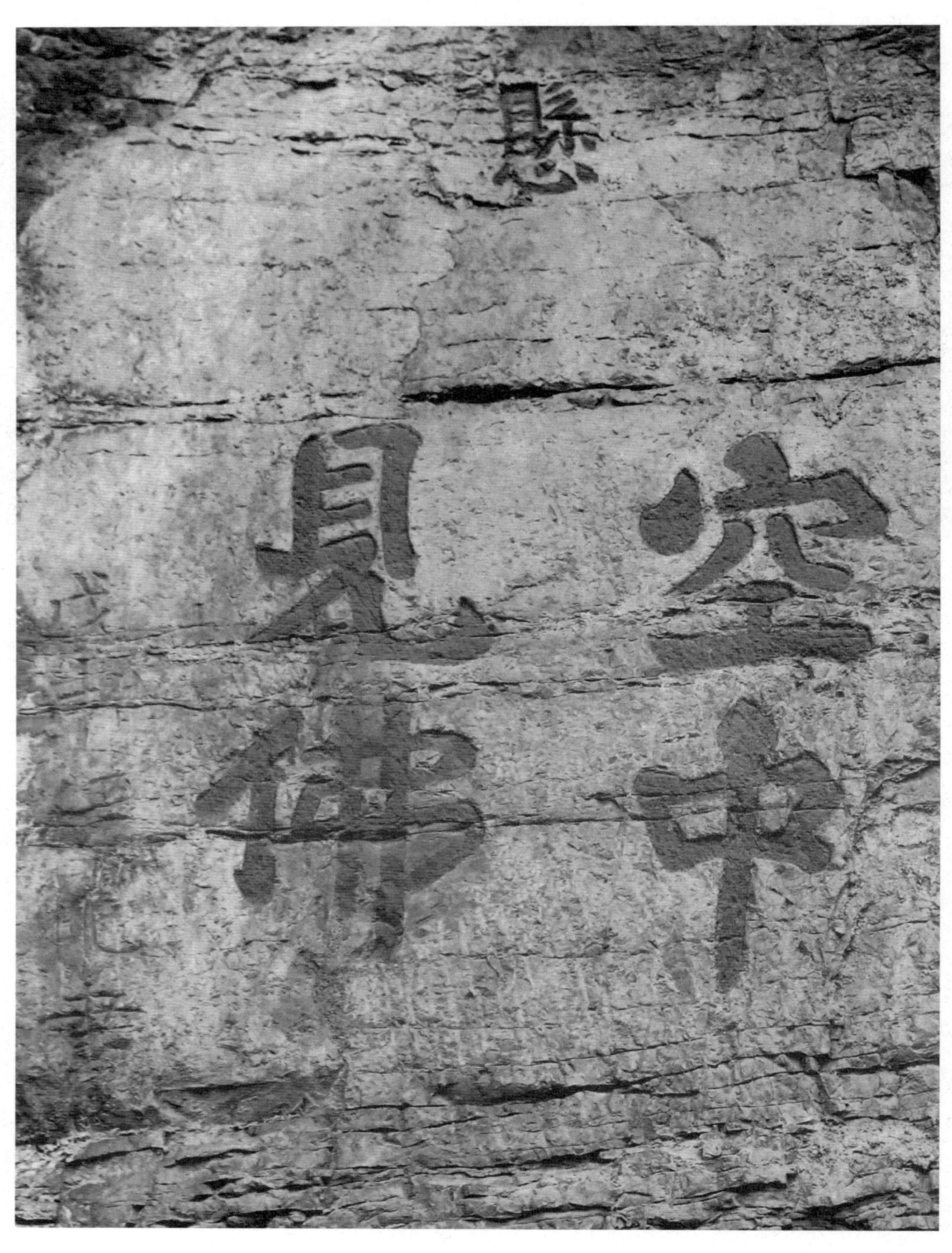

“空中色相”题刻

【简介】

纪年不详，镌刻于浑源县悬空寺顶岩壁。高30、宽150厘米。题书者不详。

【题刻】

□治□辰孟夏日

空中色相

古胤郎□□题

“常乐我净”题刻

【简介】

纪年不详，刻于浑源县千峰岭“千佛洞”外的石上。高60、宽200厘米。题书者不详。

千佛岭位于浑源县城南35公里的千佛岭乡寺沟南侧，风光颇具江南特色。在千佛岭顶有一块天然大峭石，石上建有一座七米高的砖塔，峭石上凿有佛洞，洞内刻有千佛，名曰“千佛洞”。洞旁有“常乐我净”之题刻，宝塔、佛洞、题刻融为一体，在茫茫林海间挺拔傲立，相映成趣，可谓占尽千佛岭的风光。

【题刻】

常樂我净

“振衣台”题刻

【简介】

纪年不详，刻于浑源恒山大殿东北上方振衣台岩壁。约高 150、宽 50 厘米。

振衣台在恒宗大殿左方上的悬崖间，崖下有一块青石，历经数千年，神韵犹存，每当香客们朝拜恒山大帝之前，总要在此振掉衣服上的尘土，以示恭敬。晋代大诗人左思为之曾留下这样的名句：“振衣千仞岗，濯足万里流。”

【题刻】

振衣臺

下编 佚失石刻

祭北岳文

【简介】

北魏孝文帝元宏撰文。孝文帝在位 29 年，是历史上到崞山县（浑源）次数最多的帝王。太和元年（477）四月一幸崞山县。太和二年二月二幸崞山县，在汤头温泉洗浴 17 天。其间将大批宫女下嫁当地贫民无妻者。同年四月三幸崞山县。太和三年二月随太皇太后（冯太后）四幸崞山县。同年四月五幸崞山县。太和七年秋七月六幸崞山县，对当地贫民赐以衣粟。太和十八年(494)亲自为文祭祀北岳。

【碑文】

天極構高，人暉肇啓。幽明合歡，百神同悦。今龍旆鳴鑾，載還伊室。邁歷恒巒，路鄰陰岳。惟神作鎮，出納炎冰。帝道資功，坤儀憑德。故遣兼官，以牲玉薦于恒岳之靈。

北岳府君之碑

【简介】

唐开元九年（721）立，已佚。娄虚心撰文，陈怀志书丹。河北曲阳北岳庙此碑犹存，为唐代行书碑中之杰。

【碑文】

嘗試論之曰：融爲瀆，結爲阜，則詞人之體物詳之矣。知樂水，仁樂山，則聖人之微言列之矣。或乃參裹愚谷，因居以制號；紫蓋白雉，象形而定極。分石帆而爲破石，對射的而云射堂；武關之啓地門，下都之建天柱。莫不萬匯斯毓，五精是應。必踐魑魅之塗，式作隱淪之宅，傳諸簡牒，備乎聞見，竊北岳宗，自均魁父。北岳恒山者，北方之巨鎮也。爾其岡巒紛糺，根底磅礴，或壁立，或砥平，傍匿千嶺，下括衆壑。珍禽奇獸，益虞之目，駭不能名；芳草甘木，桑弘之心，計莫之數。瓊膏石髓，慶忌林岳，時時間出，往往迭見。舒丹氣，籠翠微。薈蔚朝躋，披重壤以雲畜；騷屑暮起，吸萬籟以風怒。漢宗聽宋昌之策，以諱還常；趙主從姑布之談，以賢臨代。林麓之富，何有何無？但觀夫崿容峭峙，地勢块圠，迤太行而綿碣石，負寒谷而面冰川。限華夷之表裹，壯宇宙之隘害。培塿九折，胚胎四朔。一佇望州，載礫瞻魯，崇巘以畫匪，阽危以增虤。清廟如在，不加敬而自祗。夫其重扃固護，交軒密勿。三間四表，神莫莫以扶傾；東序西厢，心鰓鰓而發悸。朱鳥拂楝，玉女窺窗。藻績丹青，侔赤城之霞起；圖寫精异，疑絳河之仙集。恍恍忽忽，若陰若陽，吁，可畏乎其駭也。以則天二年，有瀛州清苑縣人魏名確，爰因行李至岳廟之前，乃見二人，一者白衣，一者紫服，侍從甚肅，進止不凡。自云我是五岳大使，發岳馬六十萬衆，爲國討賊。五岳大神九月三日俱來此山，大爲歡會。名確遷延未去，諸神遂乃作怒，牽至廟中，用申責罰。祝史楊仙童親見其事，乃馳告官司。州將駭之，隨以奏聞，敕遣上官及内謁者，賫神衣禮物以赴會期。凡厥寮采，共陪享祭。惟神妙略遐舉，猛鋭長驅，不勞載鶡之師，已决陣蛇之效。國家德邁堯封，道兼虞覲。盛唐入咏，竭南服以登瀶；訓夏從游，窮西荒以銘弇。垂首貫胸之族，俗有望雲；文鉞碧砮之贐，府無虚月。瘞峰沉渚，不爽于告成；五載四朝，自遵乎升道。《書》云，十有一月，北巡守至于北岳。豈不以崇望秩之儀備矣，得諸侯之度弘矣！以爲不嚴而理，本乎禮樂；既富而教，寄以循良。晤甘棠之匡坐，借長孺之高卧。刺史高豫，化以亂繩，導規長者，采其宣布，托諷虚儀。一澄睇於露冕，幾揚仁於風扇。長史嚴懷珪，司馬董某，漢編博達，西蜀明其犯斗；晋政記言，南史推其直筆。恒陽縣令劉元宗，系肇御龍，位光馴雉。蒲城務簡嘆，淹中以勿欺。丞王晏，洛訥浮仙，淮流襲慶。楚國在壇之寶，痶室豐年之玉。文章雄伯，昔入仲宣之跪；人物雌黄，今得林宗之拜。主簿姚繪，之尉閻宏。搏扶逸翮，未遷振鷺之行；縱壑巨鱗，且任烹鮮之輔。岳令司徒乾超，和光偶俗，内剛外柔，不附膏腴，自安下仕。鄉望等并海岳精靈、燕趙奇杰，賓從奕奕，選徒于擁彗之賢；氣調凛凛，結友于負荆之將。平原旅食，是日處囊；太子新交，乘風聽築。地極殷阜，衭服如雲；俗尚儒術，青矜成市。侶琴樽以卒歲，優哉游哉；狎泉石之娱老，無營無欲。手舞足蹈，异口同音。詢墨客于千里，標黄兒于億載。故能屈蔡中郎之詞彩，以紀豐碑；訪王右軍之神踪，以鎸金石。其詞曰：

土之聚兮成山，山巃嵸兮石爛斑。屹常岳兮作鎮，披重壤兮聳千仞。將觀日以齊崇，兼極天而比峻。跨荆陘，迤蓬壺。挾慕容之舊都，帶簡子之藏符。列真宇兮隱論宅，岩花開兮樹菓圻。既成天地險，又作華夷隔。嚴祠沕穆，神儀儼雅，迫而察之，駭人也。雕楹翕赩兮榒駮，緑霤清泠兮露灑。獯虜咆烋，承薦北郊。岳靈赫怒兮，殄落傾巢。銘十角于燕嶺，獲祇輪于晋崤。皇道正明兮泰階平，梯山驟水兮奄裨瀛。順出豫兮勒功成，一巡四覲兮考幽明。寄剖竹兮仁風清，名題輿兮康歌行。郎出宰兮百里榮，桓不樂兮下安輕。州縣勞職兮人之英，恒碣降神兮岳之精。詢謀僉同兮表至誠，披文相質兮迹堅貞。憖一字兮莫與京，傳千祀兮昭令名，仿佛風塵兮垂頌聲。

開元九年陳懷志書

祀岳题名

【简介】

唐中和五年（885）立，由李克用撰文。

李克用（856—908），唐沙陀部人。朱邪赤心之子，别号李鸦儿，一目失明，号称独眼龙。曾击杀大同军防御使，据云州。后为唐军所败，与其父败逃鞑靼。黄巢攻克长安后代北起军使陈景思召他为代州刺史，率沙陀兵镇压黄巢。他攻破长安后，被任为河东节度使。此后割据跋扈，一度进犯京师长安，纵火大掠，后封为晋王。长期与朱温交战，其子李存勖建立后唐，他被尊为太祖。“祀岳题名”是他担任河东节度使后撰文祭祀北岳的。

【碑文】

河東節度使、檢校太保、同中書門下平章事、隴西郡王李克用，以幽鎮侵擾中山，領番漢步騎五十萬衆，親來救援，與易定司空同申祈禱，翌日過常山問罪。時中和五年二月二十二日，克用記。易定節度使檢校司空王處存看題。至三月十七日，以幽州請就和斷，遂却班師。再謁晬容，兼申賽謝，便取飛狐路却歸河東。克用重記。

祀北岳祠碑

【简介】

唐晚期光化初年（899年前后）立，已佚。由张嘉贞撰文。河北曲阳北岳庙此碑犹存，是历史遗存中有很高史料价值的书法珍品。

【碑文】

有國者殷薦于天地，望秩于山川，故灾沴不生矣。有家者嚴敬于鬼神，克諧于禮樂，故休祐斯應矣。由是上下交泰，幽明相協。五精同朗辰爲水，其味咸；五鎮俱清恒爲冬，其音羽。大哉兹岳，殊于衆山。嵩華乃跼乎近甸，衡、岱不逾乎方域，孰與夫包括綿長，經綸中外？其項也，上扶乾門黑帝之宫觀；其足也，下捺坤軸元神之都府。豈止劈冀魏，截幽燕，拒洪河，撑大海。澒洞合沓，半天下之襟帶；嵯峨巉岩，一宇内之標格者也。故知惟土有精，惟山有靈；窅窅冥冥，其道至平，其德至貞。氤氲馨馨，目之不睹夫形，耳之不聞夫聲，陰陽不測夫奥，所以存象設，建祠庭矣。稽彼上古，洎于中運。五載巡狩，百神懷柔。皇王令典，以之葉祚；歷數昌期，以之交泰。自嬴、漢逮周、隋，匪修匪虔，或僭或侈。不勤于省者，其政缺；非美而封者，其事訛。嗚呼！黷祭虚陳，昭靈罔答。更張禮秩，固待雍熙。粤若我唐正百王頹教，恭惟我後揚五聖丕烈，人神允浹，動植和暢，乃籍北鎮，柴南壇，碑西岳，泥東岱，是用告厥功，祗其祠也。故穰穰介福獲于彼，顒顒衆心傒于此，邊隅于是乎静，稼穡于是乎豐。豐以阜人，静以安俗。俗安而人阜，君睿而神聰。惟神幽贊已成，惟君能事斯畢。北巡之禮，胥咏其蘇。雖黝輅纁旗未由冬覲，而圓珪方璧每自天來。或事舉必祈，福行宜賽，則有公卿而奉新命；或四時薦熟，三獻酌洗，則有侯牧而率舊章。非夫昭信雄直，豈常享于明代哉。是以河朔人虱，潔誠而禱靈谷者多矣。春終、秋孟、冬首，三之月尤劇。蘋藻自羞，若從官斂；樵蘇不禁，孰能私伐？蓋威靈感通以致耳。與其淫慆而求者异乎！夫道莫先乎貞；政莫先乎淳。參造化以成萬物，莫先乎神；資帝王以富四海，莫先乎人。護神莫先乎君，理人莫先乎師。丙寅歲，乃命非才，謬兼渾郡。欽若明詔，持兵導俗，無敢懈怠。名山大川，著乎典式，靡不加敬。于昭神寢，于岳之物。伊岳致神，伊神主岳。高柯古幹，幽蔚陰翳。俯仰瞻對，精魂肅恭。慄然何爲，故以嗟嘆。嗟嘆不足，于是咏歌。歌以發言，言以彰德。事可追于風雅，詞無隱于聞見。神而聽之，頌斯作曰：

五宿熒煌，風政休咎，上經乎乾綱，我君順之，祚乃久兮。五宗磅礴，陰化成敗，下彰乎坤絡，我君欽之，福乃介兮。天平地成，神道助貞，人事以寧兮；皇極帝力，神道助直，人事以息兮。禎祥日新，既祠既禋，國萬斯春兮；風雨若時，是耕是獲，家勤于礿兮。至誠通兮昭冥協和，至道默兮對揚頌歌。大恒如礪，明德惟峨。

重修北岳庙碑铭

【简介】

宋代立，已佚。王禹偁撰文。叙述恒山崛起万仞，峻报于天，摩空戛汉，控赵排燕，垂千秋，永昭德之功能。

王禹偁（954—1001），北宋文学家，字元之。巨野（今属山东）人。太宗时进士，任右拾遗，以刚直敢言著称，曾上《御戎十策》，陈述防御契丹之计。京城旱灾，上疏请减百官俸禄，节约开支，减轻刑罚。后屡遭贬官。真宗继位后上书提出谨防边，减冗兵，并冗吏之事。旋以书《太宗实录》，直书史事，为宰相不满，出知黄州。后迁蕲州，病逝。在文学理论方面，他反对宋初的浮靡之风，提倡平易朴素。于诗推崇杜甫、白居易，于文推崇韩愈、柳宗元。所作诗文对当时政治现实有所揭露。著有《小畜集》。

【碑文】

臣聞元氣胚渾，結而爲山岳；幽靈肸蠁，降而爲神祇。矧乎地屬陰方，位居水德，于八卦在坎，于四時爲冬。固陰沍寒，萬物之所藏伏；早生晚熟，五穀之所蕃滋。帝堯開唐國之封，大禹奠冀州之域。厥有巨鎮，玆惟恒山。却雁塞以標雄，壓龍荒而挺秀。天官畫野，勢當昴畢之星；易象流形，名葉雷風之兆。下斡坤軸，高摩斗魁。土俗粹靈，登神仙者七十户；歲時祈禱，置禱祝者九千人。藏簡子之寶符，産昌容之蓬藁。足凍長城之窟，影連大漠之墟。積厚窮陰，出雲見怪。雪霜風雨，攢施及物之功；泰華嵩衡，共揭參天之勢。亶是陰隲，孰無主張；洪惟岳神，受命上帝。代南趙北，我實主之；福善禍淫，人皆仰止。名載乎祀典，德加乎生民。視秩于公，遵周制也；列爵爲王，肇唐室也。既奉時祀，亦禳天灾。凡水旱癘疫之祆，舉玉帛牲牷之事，必有昭報。誕符至誠，歷代奉之，其來尚矣。我法天崇道皇帝之撫運也，天祚明德，民懷有仁。括禹畫于無垠，化堯封于比屋。雕題儋耳，駢羅入王會之圖；僸佅兜離，沸渭雜宫懸之曲。文德麗星辰之象，武功彰雷電之威。宋文帝之讀書，則七行俱下；周武王之振旅，則一戎以安。然猶焦勞克己，宵旰臨民，每戰戰兢兢，念原原本本。師虞舜之無怠，法文王之猶勤。至若廷掖椒房，儉約中度；離宫别館，行幸殊稀。隆冬御裘，則念高年之無褐，于是乎有繒帛之賜；當暑操扇，則軫下獄之非辜，于是乎有縲紲之恩。非搜苗狝狩之時，無馳騁畋獵之事，非朝會燕饗之日，無金石絲竹之音。歲出御題，親考貢籍，拔造士之秀也；日坐便殿，躬覽庶政，達窮民之情也。向者恒文告差，御端門而引咎；故一夕而孛彗沉，宋景之退熒惑也。大旱作沴，貶常膳而責躬；故崇朝而霖雨降，湯王之禱桑林也。哲後之罪己也，既如彼；上元之祐善也，又如此。《易》所謂"聖人久于其道，而天下化成"；《語》所謂"如有王者，必世而後仁"，其是之謂乎？不然何寅畏天命，艱難王業，若斯之甚耶？于是庶政交修，百神蠲潔。嚴祭祀而爲人祈福，行政令而先天弗違。菲飲食而厚牲醪，天神地祇饗至誠之薦；卑宫室而崇廟貌，名山大川，啓必葺之祠。豈比夫禋于六宗，未洽禮神之義；祀于五時，但萌邀福之心？墜典無文，我能具舉。矧兹陰岳，固有徽章。華衮珠旒，受王者之册禮；大牢秬鬯，命守臣而行事。下建元冥之宅，旁臨黑帝之居。因道武之基扃，舊推宏壯；襲慕容之珪璧，素彰神异。祠祀之盛，莫之與京。然而運有污隆，時有興廢。雖無方之體，奚往不通；而有象之軀，未逃其數。先是匈奴之犯塞也，來詣祀宇，卜其吉凶。不從猾夏之心，遂縱燎原之火。殊不知天惟輔德，神實依人。乏祀虐民，自作敗亡之計；彼曲我直，坐觀蕩覆之期。聖上猶示含容，更期柔服，戢天威而自守，蓋民力之是寬。單于之火照甘泉，豈傷文帝；頡利之兵陳渭水，未累太宗。亟命有司，維新大壯。烏臺御史，持節而庀徒；黄門貴人，鳩工而董事。楩楠杞梓以雲集，繩墨斧斤而子來。五材實繁，百堵皆作，乃復堂殿，于以儼象，設之睟容；乃興廊廡，于以列徒，御之繪事。門闕有翼，階陛斯隆。綉栭雲楣，互曜烟霞之色；璇題藻井，交含日月之光。旌旗衣服昭其文，簠簋豆籩陳其數。能事畢矣，神功焕然。不愆揆日之期，再聳凌雲之勢。于是戒尸祝，命使臣，我將落之，神用至止。願饗惟馨之奠，永安不測之靈。三獻具而禮成，八音和而神降。溪雲拂楹，如絳節以翻空；山溜垂簷，誤鳴珂之振響。介爾繁祉，庇吾邊民。況獷俗之未平，冀陰兵而助順。或示之禍福，革彼豺狼之心；或鼓以雷霆，剿其犬羊之類。然後雨我禾黍，潔爾粢盛。鑄農器而毁戈鋋，洊興多稼；耕邊田而飽士卒，永樂豐年。況今將相葉謀，人神共志。豈使韓昌、張猛，刑白馬而登東山；將令去病、衛青，取金人而逾北海。何往不利？何謀不臧？尚思韓絳之言，更鑒王怛之策。安民和衆，契天地以爲心；含垢匿瑕，諒神明之降鑒。佇靈臺之偃柏，備法駕以省方。千年南面之尊，永知高枕；十月北巡之禮，盡舉彝章。輯五瑞于公侯，問百年之耆艾。燔柴奠玉，如西岳之禮容；陳詩觀風，察北方之哀樂。聲名文物以咸備，律度量衡而必同。升中于絶巘之前，肆覲于重巒之下。起白雲而表瑞，何止岱宗；呼萬歲之效靈，豈惟嵩岳而已哉？夫如是則封狼居而禪姑衍，但事窮兵；臨瀚海而勒燕然，未爲神武者也。臣沐浴皇澤，優游紫垣，請終軍之纓，非無壯節；投班超之筆，尚負明時，慚非擲地之才，有玷他山之石。謹爲銘曰：

節彼恒山，峻極于天。崛起萬仞，生乎一卷。摩空戛漢，控趙排燕。人皆仰止，神或憑焉。明明岳神，上帝所授。不騫不崩，可大可久。其誰祭之，皇宋哲後；其誰尸之，中山郡守。秩視公兮爵爲王，金其几兮玉其床。何以贈之兮赤芾斯皇，何以處之兮峻宇雕墻。諒聰明兮無得喪，維廟貌兮有興亡。嗟睟容兮蕩毁，遇醜虜兮猖狂。物成敗兮有數，神杳冥兮無方。雖象設兮云壞，于精靈兮靡傷。詔新斯廟，表天驕之不道；詔詞爾神，彰皇家之至仁。天輔德兮我有慶，鬼害盈兮胡無人？絶代馬之南牧，揚和鑾兮北臨。有效靈之雲物，無出塞之妖氛。齊泰山兮等梁父，并亭亭兮接雲雲。飛英聲兮騰茂實，握乾符兮闡坤珍。垂千齡兮萬祀，永昭德于吾君。

御制醮告恒岳文

【简介】

宋大中祥符八年（1015）立。河北曲阳北岳庙尚存此碑。由宋真宗赵恒撰文。赵恒，公元998—1022年在位。登基之初为宋初经济发展的时期，开创了景德治世。后遭辽军的大举进攻，虽亲临前线督战，终因畏敌，开了用岁币求苟安的恶例。崇信道教，广建宫观，封禅泰山，号为“大功业”。

【碑文】

伏以列辟之規，有邦之典，必依憑于神化，用保佑于生民。《禮》存大享之言.《書》著咸秩之訓。上下之祀，必在于交修；人神之和，乃臻于多福。所有礪明誠于鑒昧，奉嘉薦于苾芬。庶使不測之靈，誕昭于怳惚；無疆之應，允洽于希微。竊念猥以眇躬，紹兹大寶，荷監觀于穹昊，承積累于祖宗。致百福之來同，由三神之儲祉。向自交馳玉帛，倒載干戈。尉侯聊存，風俗無外。古先盛德之事，罔不繁興；圜清眷祐之心，由其丕顯。發春戒序，吉日協期，夕夢先通，秘文嗣降。既而詢鄒魯之望幸，修雲岱之上封。緑錯之圖，叠承于錫羡；紫烟之燎，吉獲于升中。以至輯玉于魏脽，旋軫于郲鄏。欸後祇而躬祈穡事，朝山園而再展孝思。飆馭下臨，璇源逖啓。珍臺肇葺，寶宇奉安。將以伸邇，追罄乾鞏。定國陽之位，方答乎天祺；詣渦曲之庭，先朝乎道秘。歷平臺而駐蹕，尊藝祖而建都。盛則繼揚，彌文悉舉。率土修貢，輿誦多歡。律吕回環，未盈七載；禮容首冠，俄已三成。自先置之辰，訖飲至之日。鴻猷景鑠，既已有融；美貺珍圖，抑復無算。爾乃甘泉滋液，神草紛披，珍木交柯，靈禽接羽。矞雲炳蔚，嘉氣氤氲。日月揚于榮輝，星宿應于瑞牒。考于曩古，蓋《墳》《史》之未傳；萃于方今，乃耳目而咸熟。至若齊璇璣之七政，和玉燭之四時；通範圍之書文，惠海域之黎獻。千倉之積盈，儲峙于大農；三尺之繁措，刑辟于司冠。斯惟眇薄，成此洽平。欲仰報于百靈，用永安于九寓。乃詢甲令于掌禮之官，乃訪秘科于修真之士。載念始繕儀于岱岳，俄飲至于譙都。或豐厥牲牷，或潔斯蘋藻，或崇壇而斯建，或靖館而斯臨。雖復欽翼内增，齊明上達，然而茫茫宇宙，杳杳方輿，其載無聲，其功不宰。高也明也，豈裨竈之所詳知？經之緯之，豈竪亥之所遍步？穹壤之表，非可以臆論；鬼神之形，莫詣乎縷見。寒門所會，既秩序而靡歉；塗山所朝，亦疆宇而曷識。瑶臺珠闕，眇處于鴻濛之中；金簡琅函，莫盡于杳冥之際。其有默熙妙用，幽贊丕功，或命歷之雲毗，或造化之攸輔。烈風迅雨，仰其節宣；精氣游魂，資其陶冶。或高處于清都紫府，或下居于秘洞名山。或德及庶物，世罔之聞；或力濟群生，人弗之諭。雖茂承于純嘏，百終闕于豐禋。兹謂弗欽，何伸大報。由是内懷顒若，遠考四望，庶達寅威，以酹况施。矧復載稽地志，緬眺靈區，挺喬岳以奠方，衛朔土以作鎮。神鄉福地，咸紀寶章；乘烟御風，常回飆駕。是以擇陽和之序，瞻峻極之峰，祇遣輶車，遐修醮席，縷形善禱，罄達至虔。夫國之所保者民，民之所尚者生，生之所切者食，食之所豐者歲。儻或疫癘靡作，富庶允登，壽考可期，順成常洽。然後八荒之外，俗變風移；九服之中，道德齊禮。衣冠不异，何止于緩刑；文告靡施，孰煩于用武。是則天之佑也，神之顧也，敢不勵乃志，懲乃心，以保乎盈成，以戒乎逸豫。兢兢爲務，庶協于永圖；翼翼在懷，實期乎來格。

大中祥符八年月日

大茂山总真洞修殿记

【简介】

金太和四年（1204）冬立石，由岳安常撰文。

【碑文】

竊以深山大澤，實神龍之所居焉。觀其陰雨之所晦冥，風雲之所吐納，協其時而啓閉，應其候而殺生，非有神爲之主宰，亦安能至是耶？夫五岳者，實洞天之所也。據方作鎮，列地成形。曰東曰南，則有岱、衡之尊雄；曰西曰中，則有華、嵩之鞏固。維北岳恒山者，號爲大茂焉。前則與太行相連而至于河，左則夾廣間爲輔而入于海；上參乎畢、昴之精，俯臨乎趙、代之境。高聳峻極乎四千丈，磅礴周回乎三千里。凡有國有家者，莫不加禮而致祭，則有常典在焉。其神峰之西南不二十里，于巔崖絶壑之下，有洞曰總真，古老相傳，謂之金龍洞也。其洞極深莫測，或有持松炬行數十里，有河水湍流，人至此而不敢涉，乃回焉。《爾雅》所謂恒山有太元寶泉者，得非是乎？歲或旱，人不遠千里而來祈禱，無不應。稍褻瀆，則洞中號怒，池水汹涌，迅雷烈風，應時而作。人急焚香謝過，乃止。由是四方之人，彌加敬信。自宋守臣薛安撫嘗親三詣龍祠祈雨，皆得感應，于是表上封爲利澤侯，又加封明惠公。迨至本朝，因其舊封而不改。今上即位，復以金龍負符簡而投入洞中，嚴禁樵采，仍封閉洞門，以絶出入。前舊有龍祠，不能究其建立之歲月。有杜師者，修真士也。于洞側起圜室而居，已數年矣，爲人所敬信，欲重修殿宇。與其道衆謀之，計財無所出。鄉豪李敬等皆輕財好義，即贊成之。于是富者施財，貧者助力，匠者輸工。故築室采木，畚去鍤來，蜂攢蟻聚，役畢舉而師未嘗出其堵，不逾年而殿宇繪飾一新。予友人李師謂予宜記其事，故謹述之。

太和四年歲次甲子冬至日立石

祀恒岳记

【简介】

元至正十一年（1351）正月立，由刘源撰文。

【碑文】

天眷聖元，誕膺景命，以有天下。殷薦上帝，望秩山川，遵古典也。昔我太祖皇帝，龍飛朔陲，奄有中土，未嘗不以敬天卹祀爲心。世祖皇帝創業垂統，混一區宇，立經陳紀，寅亮天工，而敬天卹祀之心愈嚴愈謹。内之則郊廟社稷，外之則岳瀆海鎮。歲時修祀，著之禮典，惓惓焉，刻期虔致而不少緩也。列聖相承，有隆無替。今我皇上，寅紹洪圖，祇繩祖武，持盈守成，右文崇禮。其于祀事，尤致意焉。以御極之十有九年，當至正十一年正月上日，命丞相選勛舊臣子，清望朝士，惟五岳、四瀆、四海、四鎮致祠使。丞相選十人，分五道，總一十九祠，列名奏可。亞中大夫僉宣政院事百家奴、翰林修撰奉政大夫通知制誥兼國史院編修官劉源，其一也。十二日，太府監出名香千兩，銀盒四，寶幡八，白金一，楮幣以緡計者千五百，其祠北岳、濟瀆、北海、南鎮副香之物，各有差。十五日，上御嘉禧殿，丞相以香貯盒，領使人入。使人膝御前，奉香以進。上舉香加額，密祝良久。其精誠之意，隱然著于玄默之表，復以香授使人。出即馳驛，各之所祠。十九日，僉院暨源抵北岳安天大貞玄聖帝祠下。翌日，率守士官保定路達魯花赤、月魯帖木兒，通義具三獻禮，丑初入班，懸寶幡二，幾白金一副，香楮序事，黎明事訖。當祭之夜也，宫庭肅穆，山木陰森，燭燎熒煌，星月輝映，以其明德照臨，而天香芬馥，藹然塞乎天地之間。神之昭格，愔愔然有動于中。于以見體物而不可遺之效也。僉院請記。源惟有虞巡狩柴望之禮，載諸典册，信而不誣；秦皇漢武，因祀求仙，苛擾耗蠹，黎庶病之，可戒而不可法也必矣。我祖宗灼見于斯，誠慮鑾輿所指，千乘萬騎，勞民動衆，何可勝言？故遣使函香以將誠，敬酌之古而合行之今而便，矧將命者毋怠而有恪也。《傳》所謂“損之益之，與時宜之”，我元有焉。乃作頌曰：

天子聖明，明德惟馨。精致虔誠，使人欽承。將事肅清，禋祠告成。神德有恒，神道助貞。氣協昭冥，山川效靈。風雨時興，澤遂群生。億萬維齡，望秩禮行，大恒以寧。

是年是月是日源拜手稽首，謹記。

重修庙学记

【简介】

元代韩国理撰文。叙述重修庙学的经过。

【碑文】

立天下之政教，表萬世之彝倫，道亘蠻夷，名垂今古，出乎其類，拔乎其萃，自生民以來，未有盛于孔子也。雖堯、舜、禹、湯無以面南饗百官衆庶之祀，惟孔子句龍，功興社稷，德配乾坤，用郊廟之禮得其常祀者，蓋有之矣。故《魯頌》曰："思樂泮水，薄采其芹。"自古有國有家者，而修辟雍、立學校、建五常、習六藝。周秦已降，爰自漢唐，崇明儒雅，其來尚矣。今兹是邑，素王廟貌，遼及金季，僅存靈光一殿，四睹蕭然，殊無廊舍所附。迨我皇元，海内乂安，人心慕道，屢降詔旨，興舉文學，廟宇損壞隨即修完。幸遇金城田治來剌吾邦，締構講堂，號曰"明善"。至皇慶初，東勝劉世忠同知渾源州事，親賢樂善，有儒者之風，創建兩廡六楹，洎御贊碑亭一宇。甫營繕間，武備寺丞孫諧謁廟，見義懷勇，出貲百緡，以輔其績也。厥後，泰定丙寅，莅官之牧治斯，于郡課講日闢，嘗言於衆曰："頖官剥落，瓦礫成堆，廼雷、劉文風所盛之地，迄今濟濟多士，無可依輔者，盍不捐己資俸潤飾儒宗，不亦可乎？"僚倅咸曰："願相佽焉，當爲善也。"於是鳩工僦役，董督其事。昔十哲之神，位次狹隘，春秋釋奠，朔望祭祀，設列籩豆簠簋於前三獻者，行禮跫然踡跼，不能伸容其禮也，歷代之職僾然，無所損敢變易。遂剋期命匠遷寘于後，冕旒章服一無所損，儼若神之格思宴如也。供具禮器，缺者補之，損者益之，滌蕩鮮明，以俟罄祼而已。椳臬之門歲深枯朽，不循舊制，更改朱雀凌霄之樣，鯨吞猊走，龍戲鳳翔，皆瓦瑠璃，厝諸閥閱，塗墁椒壁，宛若樓霞。以至神門、壼路、瓴甋，包羅從新，緻甃綽然，降等通於内所。講堂遺址土蝕柱礎，砥礪諸材，周迴束城。前越一臺，臨其樹，仿杏壇之故事，内外觀瞻，豁人心目，燦然一新。往來士庶稽顙，孰不稱之善也。或土民占吝係官物者，括簿傭財以待，祭祀之餘，師生之費，勉旃鄉里子弟攻習經史，亹亹人材挺出者多矣。因而四牧有所興起博文約禮之心，修己治人之道。時監州事察罕都有懷，永清人也；知州趙墀，順德唐山人也；同知趙忽都不花，濟寧鄆城人；州判吕潛，冀寧汾州人也。兼諸參佐，與情款洽，戮力恢營，彌綸聖教之光，溥博文源之盛，弦歌里巷，庶事雍容。不踰月而告成，誠爲百世之夐譽也。斯可謂立政教，表彝倫，厚風俗，惇禮義，非邦君之賢其孰能是乎？一旦，儒學正南和王恒善，蒙古學正泗水靳守道，來告余曰："今之牧守操心厲志，致愨於文宫，增加勝事，顯焕於當代，壯麗於神川，主盟吾道之權衡者，捨此而誰歟？曷不勒斯石銘，以報其功，知斯人也？"余喜而答曰："吾家世儒焉，不鄉道，嘗讀循吏傳，又翁興蜀國之學，衛颯修庠序之教，今能異古者，非常人也，願與諸公贊襄哉，共美其行也。"因俾余記。固辭弗及，而述之云。

重修律吕神祠记

【简介】

元代麻治撰文。叙述重修律吕神祠的经过。

【碑文】

渾源州西北七里許，有小邱，其上律吕神祠，三間四架。神之源委，廟之權輿，考無圖記，不敢傅會。長老相傳，刱於元魏，修於季唐。神溪之水出其陽，溪之泉以十數而趵突爲最。或者浚而堰之，水既合湍，爲碾磨，側置紙房，池漚麻，泉西引灌溉，其利無窮。流益遠，利益大。又雨暘愆期，有禱必答，人被庥廕，歲從其守土者，俎豆爲常。然而年代綿遠，旁風上雨，不無損壞，游童牧豎不無褻瀆。居民郭世安感焉，以爲神之福人也如彼，而廟之頹圮如此，倡言重修，和者如一，各捐金易材，僦工効傭。缺者爲完，狹者爲廣，朽敗者爲易置，不貪大，不拘小，不奢不陋，仍舊貫为新貌，足展祠事。既又爲欄衛以防游憩之瀆，心誠役勤。經始於至元五年三月十五日，越明年五月十五日畢。工將落成，偕其叔兄顯通等稽首來告，且曰："欲得先生記其梗概於石，以貽奉祭者。"辭不獲已。謂曰："功施於民則祀之典故也。致祭山川，每形詔旨時制也，神之澤既惠及人物，宜郭氏叔侄首倡重修之義以嚴祀。"於是，因述倡和者於陰云。

孙公亮碑铭

【简介】

元代无名氏撰文。叙述孙公亮的功绩。

【碑文】

雲朔……之里，并汾……孫公其人也。公諱公亮……民業繕治，□客出，新意……太祖聖武皇帝經略中夏……太宗頤從□，奉哥□民被屠戮……太宗理其風骨曰："此衹住，日必……"亦以通才許之，威子歲襲，父威……定宗朝，歲進課精，例賜錦幣……憲宗持賫功，表仍勒□稱父……世祖皇帝在潛國上命，□輪百……□財，制甲胄，□襲以識，天顔……濟不給，諸局廪給，自此始。又考制度，定積……荷祈薪然，以及材抱負論之，幹將□履，賨……不遑，有待士論傳之。五年，憲府肇建，特拜監察御史……時選，較夫多識，朝廷政事洞達，諸色□伏，材氣足以提赴，事機威空，可以懾股……自是風生白筆，氣凌霸籬□，論對無虚。比時，□□應□□恃城社，頗縱恣，在他人弗措乎者。斫伐爲薪，公痛繩之以法，至知所畏長避。上聞，以州直目之。八年考滿，憲長奏公目……上曰：朕持選擢，正爲此爾，可口任俾，矜式新進者，既而察行焉，外事追還西州行省，冒支……咥死追葬，具給喪家。出又爲良五十仍奏其罪。十年夏，宣授金符武德將軍，僉山……蔗姦貪者必置於法，州郡□□□約，東推謹□，不惟且瞻，有風動百城之明。東平路監尹出……縱不法者十數輩□無一語，護授及表，復仲餞禮。恃德□唐耆志，香於頂來。迓曰，自立……畏服可知已。十二年，陞山北遼東道提刑按察副使。遼東境土曠遠，諸王營帳自□……□少，東司遼陽，親王近侍五人刼居民資用，且毆擊之，有司不敢究，民事……無□梁命，造利絡貯，碎石爲注，以成□□，比建者百所。自爾遼右，免□涉之苦。十……南北衝會，民物□穎，自惜爲□，朔名郡，然政務繁重，視鄰路爲蓓蓰，公諳練……有爲，一旦重膺民社，迺究竟利病，俾貫□及民，以三事恭請於朝，其一……

明太祖遣祀恒岳祠记

【简介】

明洪武二年（1369）二月立，由内藏库副使魏士举撰文。

【碑文】

洪武二年春正月四日，群臣來朝，皇帝若曰："朕自起義臨濠，率衆渡江，乞于金陵，每獲城池，必祭其境内山川，于今十有五年，罔敢或怠。邇其命將出師，中原底平，岳瀆海鎮，悉在封域。騰托天地祖宗之靈，武功之成，雖藉人力，然山川之神實默相予。况自古帝王之有天下，莫不禮秩尊崇，朕曷敢違于是？"親選敦樸廉潔之臣，賜以衣冠，俾齋沐端悚以俟。遂以是月十五日，授祝幣而遣焉。臣士舉承詔，將事唯謹。二月十九日祭于祠下，威靈歆格，祀事孔明，礱石鎸文，用垂悠久。惟神收藏萬類，奠于朔方，典禮攸崇，綱維斯在。尚期陰陽以和，風雨以時，物不疵癘，民庶人安。是我聖天子所望于神明者，而亦神明祚我邦定靈驗也。

本年二月，内藏庫副使臣魏某謹記。

请厘正祀典疏

【简介】

明弘治六年（1493）立，由明代兵部尚书马文升撰文。

马文升，字负图，明钧州（今河南禹县）人。景泰二年（1451）进士，文武双全，授御使，曾巡按山西和湖广，雷厉风行。孝宗时累官兵部尚书，功在边疆，尤重气节。卒赠太傅，谥端肃。弘治六年（1493），在巡按山西期间，亲临北岳恒山，目及岳荒庙残，感慨万分，于是上书皇上，写下了《请厘正祀典疏》，为恒山从曲阳回归浑源作出有理有据的科学论断，使朝野有识之士走出误区，确认浑源恒山为北岳主庙，河北曲阳为北岳下庙，促使当朝对恒山庙群进行修建。著有《西征石城记》《复兴哈蜜记》。

【碑文】

載考帝舜紹堯之後，肇十有二州，封十有二山。蓋每州必封表山之高大者，以爲一州之鎮，如五岳、五鎮之神。東封泰山爲東岳，在今山東泰安州；沂山爲東鎮，在今青州府臨朐縣。南封衡山爲南岳，在今湖廣衡山縣；會稽山爲南鎮，在今浙江會稽縣。西封華山爲西岳，在今陝西華陰縣；封吴山爲西鎮，在今隴州。北封恒山爲北岳，在今大同府渾源州；封醫巫閭山爲北鎮，在今遼東廣寧衛。中封嵩山爲中岳，在今河南府登封縣；封霍山爲中鎮，在今山西霍州。又封四海、四瀆之神。東海之神，在今萊州府；南海之神，在今廣東南海縣；西海之神，在今蒲州；北海之神，在今懷慶府濟源縣。志載，以濟源通北海，故祭于此。淮瀆之神，在今南陽府泌陽縣；江瀆之神，在今四川成都府；河瀆之神，亦在蒲州；濟瀆之神，亦在濟源縣。三代而下，歷秦漢隋唐，俱于原封之山致祭。至五代，失河北之地。宋有天下，未能混一，北爲契丹所有，後以白溝河爲界，所以祭北岳恒山于真定府曲陽縣，俗傳有飛來石之説。不知祭醫巫閭山于何處。蓋宋建都于汴，而真定，汴京之地，是亦不得已權宜之道也。迨我太祖高皇帝膺天眷命，奄有萬方，建都金陵，睹真定遠在京師之北，所以因循，未曾厘正。迨我太宗文皇帝遷都北平，而真定府却在京師之南，當時禮官亦未建明，猶祭北岳于曲陽縣，惟北鎮仍祭于廣寧。若以爲北岳原在真定，則《周禮》載，恒山爲并州之鎮，在正北。我朝《一統志》亦載，恒山在渾源州南二十里，即北岳。以此觀之，則北岳當在渾源州爲無疑矣。今本州北岳廟址猶存，故老猶能相傳。我朝洪武初定，岳、鎮、海、瀆之神，削去歷代褒加之帝號，正可爲萬世之法。獨北岳猶祭于帝都之南，非其故封之山，誠爲闕典。臣非禮官，考據未真，但系國家重事，不可不爲厘正，乞敕禮部再加詳考。如臣所言爲是，明白具奏，行移山西并大同巡撫官員，候時年豐稔，措置錢糧于渾源州恒山舊址去處，修蓋北岳神祠，務在不侈不隘。若舊殿猶存，不必從新蓋造，止可修葺。工完之後，有司具奏，更乞敕翰林院撰文，勒石竪廟，以垂永久。今後凡祭北岳之神，于此行禮，庶數百年之闕典，得以正于今日，而我朝之盛事，亦可昭于後世矣。

致和亭记

【简介】

明弘治六年（1493）薛敬之撰文。作者以饱满的热情、细腻的笔触、富有哲理的言词，记述了致和亭的风光和人情。

【碑文】

弘治癸丑秋，渾源守董公夢吉，用政暇構亭於堂後隙，地高丈許，濶倍尋，不繪丹雘，四壁樸素，與恒岳之玉華峰相南北。秀氣贔屭，嵐光浮人。又左右爲畦，或種藥植蔬，引神溪水溉之，力不支者亦倣農播穀徵。民色以豐且儉退食於斯而挹翠拾芳，敞豁曠達有不勝其快。一日園丁告瓜蒂雙實，再日告茄莖二三實，穀禾穎四三穗者。民皆異，以爲公德政之和所致也，名其亭曰"致和"。乃繪圖裝演成卷以頌，公走書欲言記之。僕忝同寅也，義不容辭，爲之言曰：和之義大矣哉，其說有二焉，一本思所謂和，曰"中和"，以情言。一本載所謂和曰"太和"，以氣言天下之言，動何莫而，非是情天下之言生何，莫非是氣情動而不假致，非聖賢不可。所以降自聖賢必致而後乖，可去也。氣之生生不已，在物之不得已而然。非野馬絪緼不足以擬之，知此謂之知道，見此謂之知易，故載之意，以和之氣名道矣。若外此，一有所感，氣既隨之，或不得其正而不致之。如所謂乖，烏得而辭乎！以是程氏伊川有謂曰"篤恭"，曰"修敬"。惟上下一於恭敬則天地自位，萬物自育，和氣畢臻，而四靈畢至，此體信達順之道。然其和又不假致而和、自致和、情之和、利於行和氣之和、利於生民之所謂致和者。情乎氣乎僕思之氣也，謂非公致情之和，以召之則氣且不和，竟能生生云乎哉。必公之致情，致情則致性，致性則心必妙，性情之德曰"篤恭"，曰"修敬"。而天下之物何元不開，天下之務何後不成。非直一郡之民之政有不致乎？殆必一心之和，萃而爲一身之和，一身之和廓而爲一郡之和，一郡之和大而爲千里之和，亦豈但畛畦區區之地有不和哉。宜乎地之物有如是之和之甚也。人或登其亭、目其物，有不知其和爲天地乎？爲公乎？政亦無所歸矣，噫！微公吾誰與歸。故記。

祈祷马灾告岳文

【简介】

明弘治十四年（1501）遣大同巡抚刘宇代祷恒岳。

【碑文】

近者大同等處，馬生蟲灾，延綿歲餘，爲患未已。即今邊塵未靖，正當用馬之辰。惟神受職上天，表鎮兹土，凡民與物，與有攸司。特遣守臣，竭誠祈禱：伏望神靈默佑，斡旋化機，灾沴潛消，馬數藩息，官軍獲用，邊境永寧。謹告。

重修庙学记

【简介】

明代万安撰文。叙述成化年间邑侯关宗主持重修庙学的经过。

【碑文】

按渾源金州也，秦屬雁門郡，漢爲崞縣地，唐置渾源縣，金始陞州，元改恒陰縣，國朝復爲州。而學在州治西之忠義坊北，元以前莫考，皇慶初建，季年學毁廟存。洪武初，太祖高皇帝平定天下，首詔海隅咸建學校，作養人才。時惟重建學舍耳。迄今年遠，廟既傾頽，學亦卑陋。成化改元，關侯來知州事，下車之初，慨然有興復之志，顧力有未能，每節縮他費，蓄資積財。越四五年，將有事於興作，適巡撫右都御使王公、提調學校僉事胡公至州謁廟。王公艴然曰："學校爲政首務，奈何弗修葺邪？"胡公亦曰："敝陋若此，官于土能不動心否？"侯曰："是固吾有司之咎，第已諏日鳩工矣。"二公聞言方喜，且慰曰："善，責誠在汝，不可緩焉。"於是大同知府郝侯知之，聿來綱維其事，廼撤其舊而鼎新之。首建大成殿、兩廡，次建戟門、櫺星門及文昌祠，又次建明倫堂及東西二齋。凡飲饌栖息，庖庾之所，與夫廟學所宜有者，靡不以次完具，不嗇不侈，無僭彝憲。經始於庚寅春二月，落成於明年夏四月。訓導恒山王麟以書來京師，告予曰："廟學之建，王公胡公實倡之，而郝侯關侯共成之，故麟與諸生得以從容講學於其間。敢請文刻諸石，使後人知是役之所由成。且俾學於是者，思自奮勉，以稱今之意願。先生有以啓之。"嘗考渾源據雲中奥區，其形勝恒山玉泉諸峯羅列前後，渾河崞川二水襟帶左右；其風俗四民各守其業而不易，争相勤儉以爲能；其人物從益祖孫之文學，雷淵父子之風蹟，保衡之忠直，高定之信義，公亮之練悉，國典之數君子者，芳聲懋績，照耀史牒，萬世不泯。此固山川之靈所鍾，其沉湎陶育之者，非建學致之歟？今諸生斯長斯，寧不耳濡目染數君子之遺風餘烈？况遊學宫，冐蒙朝廷作養，尚當竭心致力，讀聖賢書，學聖賢道，以求仁義禮智充於己，應事接物適其宜，則禮具用周，而學斯成矣。由是出而效用，於時必發諸文章，足以粉飾太平；措諸事業，足以參贊化原。夫然後世之議者，孰不曰是生數君子之邦，無忝山川之靈者。庶幾不孤朝廷作養之德，與今諸公期待之心。不然，豈予所敢知哉？王公濬人，名越，字世昌，明道君子也，故能體上心所至，以興學爲事。胡公紹興人，名謐，字廷慎，以尹京邑有聲陞今官，能以興學育才爲己任。郝侯陝人，名淵之，字希顔，由賢御史出知河間，調今郡，所在能篤意學校。關侯南宫人，名宗，字繼本，以明經累舉進士，得知州事，在官六事兼舉，尤汲汲於學政，是皆可書者。凡予玆役有勞者，則載之碑陰。

重修庙学记

【简介】

明代毕孝撰文。叙述弘治四年知州董锡主持重修庙学的经过。

【碑文】

渾源州學在金元時規制甚陋，國朝洪武永樂正統間，知州鄭允先、李信、判官張福，相繼增修。成化初，知州關宗重建大成殿，成化末，知州楊健重建明倫堂，制度雖美，而未備焉。弘治四年，知州董公來治玆郡，事熙民戢之餘，乃以方略，致材料，相其頽者修之，其缺者補之，其不如制者改之。若大成門、若兩廡、若三齋、若神厨、若東西號房、若建置儒學二門，皆其改爲者。若配從群賢牌位則親書以金。若祭器則制以瑠璃。焕然一新，矗然全備。訓導劉清，生員王天佑等，偉其功，來徵予爲記。予惟學則三代共之，皆所以明人倫也，後世王者不惟時修學校，且建廟于學以祀夫先聖先賢者，豈徒然哉。

蓋以勸學者，欲明人倫，必取法於先聖先賢之所爲而不可苟焉者。矧夫我朝列聖相承，恢宏至道，於學校尤加之意，而賢守令有克體朝廷之意以勸厲生徒，又有若董公者。嗟夫，士游是學必以爲道己任，窮焉而盡孝，達焉而盡忠。不幸焉而成仁取義如是。斯爲善學先聖先賢而不負朝廷建學之本意，苟以文詞而已者陋矣，可不勉哉。董公諱錫，字夢吉，浙之會稽人，存心制行，吏畏民懷，莅政卓越，荷當道交章舉旌典，誠贤守者，修學乃一事耳。後之繼者，宜取則焉。是爲記。

创建魁楼记

【简介】

明代赵之韩撰文。叙述万历三十九年邑侯赵之韩主持创建魁楼的经过。

【碑文】

庚戌夏，不佞奉檄，來守渾源。展謁先聖，校課青衿，職掌所在也。州治文廟在郡之西南隅，金鄉離向，秀毓文昭，炳炳烺烺。以故，渾源即荒徼而英賢挺啓，應命世之祥，彪文治之光，燁映簡册，爛然溢目。第魁樓則爲缺陷世界，不佞竊惟北極之象，東壁之精，含靈耀曜，爲萬代文章魁府，詎可虚乎？邇者科第不逮古先，殆有由然。時值荒歉，未遑就理。再及期，歲頗登，凋瘵者漸有起色。不佞乃度地於文廟之震方，而肇建之計，樓濶若干武、長若干武、高若干丈，飛甍峻嶒，窗欄闓爽。南眺恒岳，北瞷長城，東西兩山雄峙，如翔鸞舞鳳，巋然一郡之巨麗。原其始於萬曆三十九年三月三日，落成於六月望日。樓之前曰儒學門，亦易其朽腐，堊其丹雘，而重新之。是役也，協謀贊翊者，學正仇猶邢君，司訓渥水劉君。鳩工僝工者，吏目會稽陸君。而殫慮疲精，經營會計，損倉庾之餘，盡囊橐之私，不避煩言，不辭勞瘁，則區區一念，興起斯文，作興學校之願，亦勤且懇矣。諸士勗諸祠，是洙風大闡文教敷賁，纘古今科第之傳，兆國家文明之盛，則於是樓未必無少藉云。樓之北，地漸低，占卜家謂，宜建尊經閣，以萃風氣。不佞方庀材相次第起建，而竟以罷去，豈造物不欲合尖乎？有志未逮，并記之，以志歲月，且以俟後之綰符握綬者。

重修庙学记

【简介】

明代翟廷楠撰文。叙述邑侯康朴组织同僚、乡民重修庙学的经过。

【碑文】

辛未秋八月，余承乏有涇陽之命，便道過里中，適郡侯上丁釋奠先師，得齋沐助奔走焉。瞻望宫墻賁如也，前及橋門，焕然改觀矣。攝齊升堂，肅拜宇下。迴視廊廡，金碧輝煌，光采奪目，恍若挹太和元氣而下接群賢者。心竊异之，祀事孔嚴，弗敢詢也。既竣，郡博士舉故事，設席於明倫之堂，勞郡侯及諸助祭者，余又得濫執爵焉。遍觀堂齋、庖厨，廨宇庭除，左右鼎新，且經理縝密，非粉飾一時，以炫人之目者。余乃避席問於郡博士與諸生，曰："方歲之首，余得東來，上謁辭，凡棲神弦誦之所，皆敝弗堪。曾幾何時，而美若創建，一至是耶？"僉曰："此吾提調宗主郡侯康公之功也。"蓋往歲，諸生以廟學當修，狀具白於州署，篆者雖代爲之請，而未克襄厥事也。矧工役浩繁，繕葺細瑣，貲弗稱其費，弗就也，監弗得其人，弗就也。迺康公初下車，即慨然爲己任，出上所允之罰金，不足復佐以己俸，故經用裕如。郡博掌教王君有幹濟之才，遂委以監工，副以司訓趙君，悉心協力，故工程積然，則廟學之一新。非吾康公之功，誰功哉？余遂酌以祝康公，而揚言於衆曰：賈子有云，移風易俗，使人回心而嚮道，類非爲俗吏之所能，爲俗吏之所爲。簿書筐篋，今公首興廟學，作興教化，且温恭淑慎，率以懿矩，譽毛多士，以及民間子弟，咸舉首躍步趨聖賢之軌轍，以期無負遭遇之隆，一時俗爲之丕變。賈子所謂使人回心，而嚮導風移俗易者非歟？是以薦事有其倡之則功易舉，有其翼之則績易成。今康公倡之於上，而王君又克翼之於下，殫慮以襄厥事，凡一甓一甃無不心存而頤指之，趙君時復加贊助焉。即此以觀，則其科條之詳，模範之立，又可知已。其所以仰副乎康公，而相與以有成也，詎不偉哉？三酌以祝康公，因舉觶於諸生之長而詔之曰："凡學之不成也，以居業之無地也，鼓舞之無機也，率導之無人也。"今乃學宫鼎新，居業可勿患矣。廟貌尊崇，鼓舞亦甚殷矣。矧康公以實德實學實政總提調轄二郡，以經明行修之選，當傳授之任，日以嚴憚而切劘之。諸生亦可謂能自得師矣，使於此而不以聖賢事業自待，出而光輔國家，大展所學者，非人也。王君迺酬爵於予曰："廟學方新，而子適至，今日之言非巵言也。"請遂以爲記。余曰："昔者魯僖公修泮宫，而史克作頌。兹康公之賢，過僖公遠甚，而余才弗史克者，將何以頌爲。顧狂鄙之言，恐貽貞珉羞。"辭弗獲，爰次第其言而授之。是役也，經始於隆慶辛未歲之春，落成於秋七月。先以狀白於州諸生某輩也，代爲之請者，署州事斷事馬三省也。允其請者，部刺史則樂安程公，監司則隆平韓公，代巡則襄城姚公。而集成其事者，則吾郡侯康公。助其事者則王趙二郡博也。康公名朴，號文泉，貫陝之長安籍，廣陵人，舉制科，先爲榆社令，考最擢守吾郡。王君名介，趙君名漢，俱北隸人。兹舉雖備，但未鎸竪。及萬曆五年，知州事郡侯山海劉公，諱復禮，號任齋，既掌教北隸唐縣，梅川杜科方督畢事，其姓名應録焉。是爲記。

增修砖城记

【简介】

明代瞿廷楠撰文。叙述万历二年至三年当地郡守刘复礼、林凤举组织人员增修城池的经过。

【碑文】

《易》曰："天險不可升也。"又曰："王公設險，以守其國。"金城湯池，禦暴保民，自三王以來未之有改矣。我渾源地徼邊郡，舊城土築，有識者以爲磚包而後守益固。顧時有所必待，功有所必成，屬者黠虜輸款稽首委命，聖天子安不忘危，時遣大臣巡視邊徼。於時侍郎吴公歷渾源，以城之宜磚，列狀以上，制曰：可。乃勑所司，降官帑一萬九千兩有奇，且限以三年完報。而董其事者，則我郡守任齋劉公與守鎮懷山林公實偕之。於是夙夜殫厥心，伐石於山，陶甓於野，鳩役於丁，給餼於官，量工命日，民不知擾，官罔告匱，甫二載而大工竣矣。城之高，舊址三丈，今加一丈，共四丈，延袤并新增敵臺六座，共一千三十三丈，女墻高七尺。甕城内外高二丈七尺，延袤一百一十二丈七尺，俱基砌以石墻甃以甓。東西二門樓，原來在估計之内，亦併修葺。言言仡仡，巍然一巨鎮也。官帑省銀一千一百八十兩有奇，聞於上，借米還官，羨銀二百兩有奇，歸於官。經始於萬曆二年三月，告成於萬曆三年十月。君子謂是役也，可以見經畫之豫焉，綜理之周焉，勸相之勤焉，考覈之精焉。蓋經畫緩則後時，底績先期，匪豫何克？綜理疎則害成，慎始善終，匪周曷勝勸相？需則役惰子來趨事，匪勤曷能考覈？庸則財耗，秋毫不爽，匪精曷臻？四韙具而大工成，二公之獲，上得民也，宜哉。矧我郡守劉公，忠以矢報，廉以持身，儉以制用，慈以綏下，公以存心，明以鑒物，百姓親之如父母，敬之如神明。而守鎮林公出於名將忠貞之門，莅其所部，清嚴惠愛，拊循備至，而無一毫掊剋之私，三軍之士咸傾心焉。而二公復同寅協恭，竭力從事。語曰："地利不如人和。"又曰："將相調和，則士豫附。”二公有焉，庶幾所謂天險不可升者，而又何設險守國之難哉？因併及之，以示後之人，俾知大工之成，有所本云。劉公諱復禮，字曰仁，榆關人，壬子順天鄉進士。林公諱鳳舉，字文明，雲中人。諸所嘗効勞者，例列之碑陰。

重修城隍庙记

【简介】

明代高弘撰文。叙述成化七年浑源知州关宗组织重修城隍庙的经过。

【碑文】

成化七年五月既望，知渾源州關宗，字繼本，重修城隍廟成，廼遣儒學弟子員黎廷臣數百里來朔，請余文以記之。余惟城隍之神，典司一方之事，凡吏之廉貪，民之善惡，歲之豐凶，與夫雨暘不時，瘟疫爲災，皆神之以昭報上帝，而爲之禍福焉。渾源舊有城隍廟，雖創建於國初，而歷歲滋久，寖用圮毁。况規模褊隘，不稱神棲。前時爲州者多不暇留意，近歲得太守關公慨然有志復修。太守達大體、富文學，廼捐俸金。先時集民丁之在閑者，輦石陶甓，庀材鳩工，因其舊址悉撤而新之。正殿三間，後殿三間，皆崇深幽邃，門廊兩廡低昂稱是，衣冠像設金碧輝煌。蓋規模廣於前，而美不踰其制，光華增於昔，而人不知其勞。落成之日，遠近耄倪咸得縱觀，莫不舉手加額曰：“斯廟之成，斯神之靈，惟神默佑，吾儕樂生。黠虜遁跡，烽燧不驚，天子萬壽，天清地寧。山川以之改觀，草木以之增榮，誠爲代北之勝概也！”於戲，世之爲州者，迫於簿書期會，奔走困踣，且不暇抑，孰知體朝廷之命，以敬神恤民爲心乎？繼本能此，其爲賢太守可知矣。故書其事，使後之覽者，知聖天子在上，百神效職，群吏用命，而邊氓得以蒙其福者，有所自焉。是爲記。

重修城隍庙记

【简介】

明代李尧年撰文。叙述郡守钱渊捐资并组织重修城隍庙的经过。

【碑文】

夫城隍肇於古史之造字，其用出於《易》之繫爻，所以衛民也，而祠不可闕焉。我太祖高皇帝受天明命，奄有四海，詔天下建城隍祠以祀之，得非此乎？其懷柔百神，爲民造福之意弗可名言也已。渾源城隍廟在州治之西北，創於國初。及成化間，郡守關公重修，其用意亦勤矣。但歷歲滋久，風雨肇侵，是故殿宇則圮毁矣，門廓則廢弛矣，瓦甓則剥落矣，墻垣則傾頹矣，神儀則變色矣，其弗稱以棲神者。鳳陽錢公來守是郡，於登拜之餘，形不忍之，嘆顧僚佐曰：“敬神恤民，有司責也。廟貌如此，我輩寧忍乎？”於是首捐俸金若干，命羽士趙璽以司其事，而三晋商人蘇定者爰佐之。鳩工之日，近悦遠來，富者獻財，智者售巧。於殿宇則撤朽易新，門廊則葺其殘略。瓦甓則易之，墻垣則墁之，神儀則妝飾之。於寢室則加塑侍衆，於兩廡則補置諸司。鐘樓鼓樓前未有也，左門右門今所增也，或改以新，或仍其舊。工始於己亥仲春，落成於孟冬。瞻儀壯觀，廟貌輝映，誠可嘉矣。公率僚佐登拜且祝之曰：“新廟既成，惟神之靈，以延國脉，以保我民生。”郡人亦祝之曰：“斯廟奕奕，吾侯所作。不勞不傷，萬民是若。多富多壽，惟神以酬吾侯之功哉！”公辭不自居，重勞羽士趙姓者之流。羽士不敢當，歸功於神之靈，於侯之政。竹泉李子進曰："可以觀風矣，可以觀政矣。匪神之靈，則不足以動人，匪政之寬，則民且殿屎之不遑矣，何致意於神也耶？"嗚乎！可以觀政矣，公之功其偉哉。公諱淵，字司本，號寒泉，南畿乙酉進士，靈璧人，知吾郡事。

重修城池记

【简介】

明代无名氏撰文。叙述嘉靖四十五年郡守颜守贤率众重修城池的经过。

【碑文】

夫城之設險守國，古未有能易之者。而其義取諸豫，蓋重門擊柝，以待暴客，非豫則爲人所乘。故天子守萬邦，諸侯守一國，罔不有事於此。按知縣李堯《年狀》，渾源爲古冀州之城，先有土城在於州西之十五里，東西有水，自山兩腋而出，遇雨則山水泛漲，其聲若雷。且土地鹵濕，民不堪居。迨唐相今地形勝，中有一丘，其形如龜，東西高下，可奠民居，遂徙築之。垣高一丈五尺，闊一丈許，周圍四里二百二十步，壕二丈，深七尺。年遠傾頹。永樂二十年北虜侵入，前守陳君淵請修，加垣一丈，添壕一道，迄今百四十年餘，湮圮益甚，胡馬屢犯，人心洶洶，任修築之責者誰歟？顏公以郡倅擢守，下車之初因邊事既行城，慨然嘆曰："計大而惜小，費舉事而忘永圖，非政也。有城如斯，守土者可宴然已乎？"既又曰："民未知信不可勞也。"於是賑窮蘇困，節用平賦，闢荒撫流，鋤梗植良，專務修其政教二年，民和歲豐，弊釐廢舉，曰："民可勞矣。"乃會同守鎮劉君芳，協幕趙子廷佩集郡之縉紳、父老、秀子弟於庭始議修築。咸曰唯唯，且白諸當道又咸可之。於是擇日下令，慎選勤幹董事。而守鎮君分理東面，軍丁不敷，益之以民。費不民斂，役不農妨，趨事子來，如治私作。工始於三月望日，訖於六月終，閱三月而告成。延袤仍舊，垣高三丈七尺，闊二丈，壕深三丈，雉堞若干，爲樓爲舖爲臺。置東西二門，南壘石爲門，以通水利。衛城有垣，衛垣有壕。登城而望，南對恒屏，壁立聳秀，隱然千百年不拔之基；北俯渾水萬派朝宗，儼然長江天險之固；東接居庸，永懷拱極靖共之貞；西憑朔漠，奮起吞胡迅掃之節，屹然一巨鎮也。縉紳父老子弟欲伐石紀事，顧以徵於予，予曰："嗟嗟，城之係政也，豈易易爲哉？"嘗讀《春秋》，見其書城不一，而獨於城邢無貶詞者，知役有不可已者也。向使信不孚民，時絀舉贏，非時用衆，則大咎必加焉。若是則果易爲哉。玆役也，衆和財裕，使之以時，可謂得新城之道矣。雖《春秋》固將是之，君子以是知渾民之永逸也。公名守賢，字時相，號霖川，易水鄉進士。嘉靖四十五年歲在丙寅秋七月之吉 。

重修真武庙记

【简介】

明代王汝渼撰文。叙述郡守毛似荀率众重修真武庙的前因后果。

【碑文】

郡故城北垣之中有臺，臺端有真武廟。延自嘉隆以來，望闍而祀，非一日矣。蓋其位爲坎，而其帝爲玄，實藉靈玄之威，北鎮沙漠，不特爲魑魅魍魎鎮也。至假龜蛇之像，以惑世誣民，烏足以昭神功、正祀典哉。廟舊制卑隘，其欄楯堦墁，雖不赫觀，民且仍之。自萬曆二年易故城以磚，視昔崇厚遠甚。廟之舊址高增若干丈，廣圍若干丈，廟則未之起也。垣臺聳矗，廟宇反下，微獨觀視未雅，而崇祀謂何可使因陋爾爾耶？時郡牧榆關劉公復禮乃召集諸耆長，議恢其制，以修城所羡之金計費取役於土兵，用省僦傭。請於大中丞，可之。遂略基址、程工物，而經始矣。無何劉侯遷水部郎去，役乃中罷。逮丙戌夏，東海毛公似荀守郡，首閱城，見廟工未竟，鋭意欲復之。明年春會祈雪，徧謁諸祠，因抵廟。既灌，遂與諸薦紳議舉廟役，召耆衆而欵之曰："前意詎不美哉。久怠若事，不惟於神未宜，劉公之意且虛矣。爾輩可募貲復葺。有不給者，助之以公。爾其悉心董厥事，勿漁衆罔神，自貽殃戚。"衆咸受命。是夕大雨雪，神之靈蓋昭昭矣。鄉耆長遂廣募郡衆，及者無不驩輸，復庀材鳩工，諏日之良，嗣前舉而大之。崇其廟爲三楹，翼以廊廡，垩以丹黝，已自恢飭。東西復置鐘鼓樓，前建廳事，便謁祀者齋盥，神路砌以堅甓，望之嶄然。廟成蓋己丑之冬季也。去舊制若相倍蓰，簷霤連雲，金碧照地，觀者咸爲搖眥，神其樂棲矣乎。自是，而占晴暉於麗日，留奇峯於飛雲，振金飈於素商，突瑤花於玄侯，而四時爲之改觀。鼉鼓逢填，鯨鐘鏗號，而朝夕爲之易聽。廠厦虛櫺，修階静宇，而游憩爲之爽神。又是廟之大觀餘蔭也，敢不並志，以彰盛美。某君輩，其大功於神矣，使榆關、東海二公復踐兹土，不慰藉甚耶？久以歲饉，未及鑱石紀初終，近賴神功捍衛，不惟邊塵不聳，而雨暘視他郡頗時，復值郡侯安公傳教，新政宜民，民力蓋少存矣。某君輩因購貞珉，讬鴻臚翟君某，徵言於予，予記其略如此。

重修二神祠碑记

【简介】

明代李阳生撰文。用骈文之体，叙述重修二神祠的经过。

【碑文】

氣判陰陽，神道理九幽之政，行分善惡，人心嚴一念之微，肸蠁著靈，萃乎斯格。巍乎孤刹之廟，幾歷重修，儼然並列之神，咸有一德。忠驅漢馬英，英神顯玉泉，奮斬隋蛟烈，烈害除滄海。其在當世，各建補天浴日之功；垂立來兹，均握捍患禦災之柄。昭惠義勇之號，錫自先朝清源妙道之稱，流於後代。隋距漢，歷年三百，胡爲乎同護法於空門；廟爲祠，更號"二神"，豈以其共肖形於一殿。祐貞誅祟，神鑒在兹，植弱鋤强，昭報不爽。苟或淫邪而倖福，實爲諂瀆而速辜。蓋曩日之增修，規制略備；若累歲之葺補，缺典尚多。於是會衆等，感荷生成，願輸衷悃，矢心捐貲，再議經營，敦匠鳩工，復成堂構。暴厦接飛簷而朗豁，總飄風靈雨無自侵凌，華蓋俯座閣而軒翔，即纖穢輕盆何緣點染。念凫音之絶響，爲之革故鼎新，較故而制度益宏；慮株守之靡常，爲之置田建屋，屋兼田而安養。攸賴乃礱恒碣而垂不朽，叩聞士而乞銘詞。則見畫棟高驤，内映覆頂之五雲，而彩奪秋月；金鐘遥聽，外連糊口之數畝，而聲帶春雷。祥光浮渾水之奇，靈氣引恒山之秀。溯其經始，閱月踰歲，念念愈久而愈虔；迨今落成，報德酬勳，家家業福而業壽。功分次第，既曾抛襄裹之鏹；人有去留，皆當與碑陰之勒。竊念陽生，村羞作棟，徒自甘操斧之傷；質類範泥，偶爾中鑠金之讚。空懷素節，實負清朝，那能作擲地之聲。適以玷他山之石，摛荒銘於彩穎，邑靈爽於元區。銘曰：

於穆清廟兮，并棲二神；厥靈濯濯兮，幹乾維坤。遥接恒峯兮，佳氣郁紛；祓除夭癘兮，厦庇人群。衷塞天驕兮，迅掃胡塵；貽安九邊兮，屏蔽三雲。時雨時暘兮，豐稔來頻；神福穰穰兮，血食千村。竭赤攄丹兮，廟貌聿新；香火晨昏兮，鐘聲遠聞。靈光溥燭兮，驅逐妖氛；幽贊世教兮，風恬而淳。操觚紀勝兮，愧野人之不文；稽首揚言兮，僭以勒之貞珉。

亂曰：洋洋如在兮，元元永賴兮，祚皇明於萬代兮。

天赐禅林记

【简介】

明代王浚初撰文。叙述果上人率徒四方募化，重修废弃古刹，更名为“天赐禅林”的经过。

【碑文】

天下有五嶽，其在北方者曰恒山。恒山下爲大峡，乃燕趙所由路。以在嶽麓多梵宇，榱桷相望，鐘鼓聲相聞，往來燕趙者，游憩其間，大都皆喧境也。循峡而南三十里，與燕趙路岐轉入西峡爲天賜溝。兩山壁立，罅處如巨靈斧劈狀。由陿徑直上百弓許，至山腰稍阜爲石窟，窟高數十丈，縱倍之，橫又倍之。中有古刹幾廢，殿巋然獨存。碑碣蘚蝕，不知創自何代。果上人者，來自五臺，卓錫於此，曰：“勝境也。”又寂而不喧，與其徒斬荆榛披草莽庵焉。已持疏募緣四方，四方檀越，施金若粟者雲至。庀材鳩工，增建復閣五楹，上奉諸佛，下爲僧舍齋厨，繚以石垣，垣若千丈，寶相莊嚴，規制宏麗，蓋再閱歲，而工始竣。上人者乃謝去諸檀越，一衲一鉢，日坐蒲團上作止觀。時寺額未有名，荆藩葛相國顔之曰“天賜禪林”。翟典客與其弟兩生問記於余。余根器頑鈍，識愧無漏，不知元理云何。且佛法廣大，宣朗如天日，不可繪畫，諸沙門所稱最上乘，復不墮語言文字，何庸贊揚闡説也。獨怪當今縉紳先生，稱時尊宿，咸奉瞿曇氏教，皈依恐後。天下靡然，向風至廛，明詔戒諭之習尚無改，豈不亦志心起信哉。而拙者匿瑕於枯槁，巧者混迹於圓通，辯者取捷於機鋒，幻者轉徙於因應，自謂得無上真諦，或跡其行事顧假詭诪張，不可方物。於名利若就若不就，若染若不染，而衷實深於就深於染，又跳去之，以爲高夫夫也。都通顯筦，要樞置身，紛華濃艷，而自命有髮頭陀曰：“我能净修，能出世，將鷲鷲勝境，不離鵷鷺。而宰官得度者，趾相屬於天竺矣。”故世謂儒而禪者非儒，余謂儒而禪者非禪也。上人避喧逃寂，謝去諸檀越，似深於禪理。故與辯今之爲禪者，以附於記末云。果上人，名興。其徒智林。相國登黁典客。瑛兩生玩、生玩。諸檀越施金若粟者，其名在碑陰。

重立壮观碑记

【简介】

明代张升撰文。叙述成化年间作者将唐代大诗人李白所书“壮观”二字，摹于石，立于仪门之经过。

【碑文】

余少見唐宗室太白所書“壯觀”二字，筆力遒勁，誠壯觀也。歲壬寅來守雲中，道經渾源之磁口，古恒山下石地上刻此二字，心甚愛之。北至府治，又見前僚以石摹厥貳字，乃置諸叢莽中，遂命工移置儀門之右，以便人之摹傳者，因書此以紀歲月云。

中憲大夫本府湯陰張升識并篆

奉議大夫同知懷柔馮珪，承德郎通判襄城許宏，承事郎推官裕州郭漢，成化乙巳良月穀旦同立，縣學生員劉焰鎸。

重修北岳庙碑铭

【简介】

明代耿裕撰文。叙述弘治二年知州董锡率众重修北岳庙的经过。耿裕，字好问，平定人，景泰进士，任礼部尚书、吏部尚书。

【碑文】

恒山，北嶽也，距大同渾源州南二十里，其巔有廟，創造不知其始。按《郡志》云，有虞帝舜仲冬朔巡狩至大茂山阻雪，遥行望秩禮，忽廟旁飛一石，墜帝前。又五載巡狩，其石飛于真定之曲陽，故石旁亦有廟，距北嶽百餘里。自漢晋魏隋，俱無碑志，唐宋元加有封號，我太祖高皇帝悉革之，一從北嶽本名。其超絶之典，克享祇靈。然或稱殷禮，或告祥災，或起廢爲新，凡齊禮于他嶽者，惟事曲陽，而渾源不預。其爲國爲民極誠敬以答神庥者，固不以地之高卑遠近有間也。廟自唐開元以來，屢更廢興，至弘治己酉，積歲彌久，風雨侵激，圮壞殊甚。知府閆公鉦因集僚屬而告曰："廟廢不修，政缺于幽，人怍神羞，可乎？"群謀皆協，遂請于巡撫都憲侯公。公以爲北嶽名山，祀典攸系，慨然給以本廟香錢，檄知州董錫統督其事，吏目趙克明分理之。材取于山，力傭于民。甃臺以磚，覆瓦以琉璃，伐石以爲闌檻，環列山景十有八。及祠宇道院有匾有楹者，咸理維新。增構三亭，曰"茶"，曰"碧雲"，曰"九華"，以留游息者。起工于是歲春，落成于癸丑秋。錫以事神大役，不可泯，具狀繪圖，請予以紀其成。夫恒嶽，當冀方北隅，于氣屬陰，于行屬水，于序屬冬。雖萬物伏藏之所，而生意將萌，其道常久者，山之名。其石骨土腴，縈紆崇竦，上摩雲空，下盤地軸，令人足慄而神駭者，山之勢。雲月交輝，動植攢美，晦明變態，絢然而娱目者，山之文。松濤聲澗，虎嘯龍吟，宏聲細籟，雜然而悦耳者，山之音。使騷人墨客，朝眺咏而夕忘歸，極其修遐阻絶，懷抱不去者，皆山之勝概也。若夫山之所有，田可耕，泉可圃，草木、鳥獸、昆蟲、寶藏，可以爲居食器用。靈之所應，善有祥，恶有殃。水旱疾疫者，陰有庇。氣之所通，鍾而爲賢，可以輔國家；蒸而爲雨，可以澤天下，山之庥大矣。天地無窮已，人之蒙其庥者，亦無窮已。噫，文人覽勝，猶久而不忘，况蒙無窮之庥者乎！此廟之創于古而修于今者，非瀆也，宜也。爰假碑刻，微獨紀事，且以告之莅斯土者，毋安廢墜，毋薄神庥，則庶乎得事幽之理，亦所以昭靈貺于無窮矣！銘曰：

下盤兮后土，上麗兮蒼蒼。通靈兮上帝，作鎮兮朔方。西有廟兮元嶽，東列宇兮曲陽。神之去兮曲之滸，駕長風兮布靈雨。皇有使兮葺神宇，薦牲醴兮歌復舞。爲吾民兮祝遐嘏，神之來兮嶽之巔。雲愔愔兮風恬恬。走村翁兮廟左，祈時運兮豐年。萃孚顒兮精靈徹，爰奏假兮靡有詞。説祚皇輿兮清彝，福元元兮不頗以竭。砆有銘兮字不滅，告司牧兮秉幽節。廢則起兮食則血，將焉求兮永元烈。

重修北岳庙碑铭

【简介】

明代吴宽撰文。叙述弘治壬戌年都御史刘宇率众重修北岳庙的前因后果。吴宽，字原博，号匏庵，长洲人，成化间状元，官礼部尚书，善诗文，工书法。

【碑文】

《舜典》所載有四嶽，然於東嶽特著岱宗，餘無所指。至《周禮》始有五嶽，《爾雅》指泰、華、霍、恒、崧而言。議者謂周都豐鎬，《詩》之《崧高》不得爲中嶽；堯都冀州，《禹貢》之太嶽爲中嶽。又謂秦以岍爲西嶽，漢武徙衡山之神於霍山，而衡、霍俱爲南嶽，獨泰與恒無所議。而近世復疑恒祭地者。

予竊論之：四嶽之名，起于舜。舜以一歲而巡四嶽，使乘輿必至其山，勢能遍歷之乎？雖所謂兵衛少而徵求寡，無亦不勝驅馳之勞乎？蓋古之紀事者，言其大約而已。故天子入其地，特覲諸侯於此。若山川之遠者，則望而祭之，故曰“望秩於山川”。其見于《書》者如此，又何必曲取不經之説以爲證耶？疑者又以其地之偏如前之説者，蓋五嶽所峙有定位，天子所居無定都。秦、漢不必論也，如以堯周所居，以求嶽之所在，必無能合者。恒山之神，自古祭於曲陽，若山西渾源州之南二十里有山特高大，世以爲恒山。山之東十里有峰，尤峭拔，其下有廟，蓋亦古矣。或以曲陽之山，不能大於渾源，遂疑之。不知山川相距雖千百里，在天壤間特咫尺之近耳。況其地皆在河北，山于此而望祭於彼，又何較其區區彼此之疆界乎？且世俗東嶽有廟遍天下，亦可泥其迹而求之乎？渾源在今大同境内，大同即古雲中，爲國家北邊雄鎮。比歲穀麥少登，馬災繼作，都御史河南劉公宇奉命巡撫其地，以爲己憂。而太監陸公誾、都督莊公鑒皆受閫外之寄者，相與竭誠禱於廟下，即獲響應。逾年，倉庾既盈，戰守有備，軍令大行，邊警寧息。適禮官以釐正祀典事奏，謂祀民當仍曲陽之舊。而渾源有山，靈氣磅礴，祀而修治其廟，於禮亦宜，詔從之。公行視廟，西向僻陋，圖謀改作。俾參政畢孝、參議相樞、副使陳寬、僉事王從鼎循山相度，得地於中峰之麓，平衍端直，諸山環擁，皆以爲宜。而公不敢專也，以疏請詔，亦從之。顧山多木石可用，乃俾副使李惟聰率通制靳仁督工，以弘治壬戌七月興役。於時知府胡汝礪、知州楊澤以下，咸來勸相。明年三月，功即完。因其地勢三成，上構殿七間，兩廡次列，重門外啓，位置有序，衆目改觀。舊廟不毁，仍爲寢宫。皆曰宜有文刻石以示永久。公以户部郎中吕賢所具事狀遣使來，請系之以詩，曰：

天作高山，分奠中土。自虞歷周，四益而五。是曰方嶽，載籍可睹。天子時巡，匪以游豫。
以朝諸侯，以考制度。自秦置守，斯禮莫舉。漢唐相因，封禪其所。黷禮不經，禮家奚取？
釐正神號，瓊出千古。運開大明，惟我皇祖。大河之北，是曰恒山。盤踞峭拔，望之巍然。
神靈所之，倏來倏旋。來遇曲陽，旋則渾源。渾源有廟，莫紀其年。捍御災患，功多於邊。
有司事之，罔敢弗虔。歲時駿奔，以執豆籩。謂神室此，如龍於淵。惟神至靈，上助玄造。
惟帝念功，思以爲報。邊臣協謀，恐辱明詔。相地維吉，改作新廟。奕奕棟宇，高薄雲嶠。
翬飛鱗次，工逞其妙。神樂幽棲，林壑殊峭。仰窺其形，岩石莫肖。側聽其聲，冷風如嘯。
出爲雲雨，入土濛濛。大田秩秩，五谷芃芃。騋牝蓄息，以及羖羶。烽火不舉，北連雲中。
邊人嘯歌，長樂年豐。國家報祀，禮視三公。神之來兮，黝輅烏駥。神之飨兮，黑黍玄豵。
倏然乘風，陟降兹峰。永鎮朔方，錫福無窮。

古迹温泉碑

【简介】

明代颜守贤撰文。叙述嘉靖四十二年李公修复殿宇、温泉的经过。

【碑文】

夫廟宇者，敬神□□□□□□□□□□乃之所爲，非通神明之德者不知修，非存敬神之心者不肯以□□□□□□□□□不通修，是以廟宇頹壞，神明失寓者多矣，凡重建乎□□今李□□□□□□□□□道元，天性明敏，素行純厲，農業傳家，陰陽爲藝。□□□□□□□□□□□□□□□相李興，光武年間創立此殿，後因虜患焚之久矣。□□玄□祖之攻行□□□□，修理廟宇者，仁人之存心也，率祖民行孝子之存心□□也，孝□□是亦□所難也。彼之修理者，以報德報功也。迄今嘉靖四十二年戊午月庚寅日復修此殿，鞠躬自迹，記書有曰：城南百里温滗院，古來有此，能療百病，潤之神效，洗之即愈。祭池□曰：能御大災，則祀之；能捍大患，則祀之。其原根深遠，予不知矣。神象大功，巍乎高聳，焕乎維新，洋洋乎如在其上，如在其左右，非旭日之所爲也。□之□□□□□，蓋以天地者，萬物之父母也。而群神者，天地之行迹也。奉群神即所以敬奉天地也，敬奉天地即所以敬奉父母也。予觀李公興之本意，□□有□□□此矣。□□曰□乎温泉焉，實爲一方所鎮，豈不默佑而已矣。滿□□□俱以金飾，非有德者不能全其美矣。不維費財用力，以盡其心，尤且朝夕禮拜，□□其□。予因工程以建，特諫部司以彰伊行，儀表伊心，以示其傳歟。

奉直大夫知渾源州事□□顔守賢□

將仕□□渾源□□□趙廷佩

平型關耆老王世欽　時飆飛

神□南鄉寓蔡家峪□西布政使司承差楊天録拙工勿哂

石匠楊世耕

隆慶元年乙巳月戊子日吉旦

重修王庄堡白马寺等碑记

【简介】

明万历三十三年（1605）秋七月立。原存浑源城南王庄堡汤头内。碑为青石质，圜首刻双龙戏珠状，并在中间刻有“穹司”篆字样；碑边刻连环云朵。碑高98、宽72、厚12厘米。由张述龄撰书，张德、李镇书丹，王家庄堡操守□□□立石。

据清咸丰年间的《龙门县志》记载，水西塔始建于明万历三十二年（1604），由知县张述龄创建，至万历三十八年（1610）由知县邓汝楫竣工，历时7年，首尾经四任知县。张述龄，湖南衡阳人，在明万历中期以恩选（朝廷对屡次会试不第的老举人进行开恩录取之意）参加廷试，结果考得第一名，于万历三十年（1602）授龙门知县，因抚香山澳寇有功，历任吴川、青县知县，皆有政绩。后来又调浑源知州，升大同东路同知，以广西盐运同知致仕。张述龄曾著《恒言》以教三晋、云中之民，传诵后世，历久不衰。据《浑源州志》记载，张述龄在浑源州执政期间，“缮完学宫，增修旧制，升任去，后人塑像于文昌阁祀之”，可见其人为官勤政清廉。

【碑文】

重脩王莊堡白馬寺等碑記

渾源……名創□北魏□□……

皇明成化甲辰有京都僧號□……落脚處横巨木覆板爲址□……居□天巧也。由寺逆流而東……禪□陋隘容不數人香火者，□……領□事□疏請於郡□盧公，公即捐俸以倡，於是鳩工……濶一丈五尺，□□□者，□……□□□□之道也，但能令智者□……□□□者無不景仰羡慕而思登……□□□地哉。乃賦以落之，曰緊招……□寺懸于空、撑千竿而錯落虧石……□白馬寺名，而遥莖寸兮灣抱□龍，河名……佳氣孕天造之，神踪緬肇造之，自……是崇制焕烯備伊誰之功歸之，□……美人之良□兮慰埜人之□悰恒……攄忠曰恒跨玄空斡天樞兮，莫……符兮，華夏清夷，歲屢熟兮于萬斯……皇圖兮。於是乎記。

大明萬曆三十三年歲次乙巳秋七月……

奉直大夫知渾源……

欽依守備渾源城以都指揮體弦……王家莊堡操守

恒山记

【简介】

明代乔宇撰。乔宇字希太，余平（今山西昔阳县）人。成化末年进士，历任礼部主事、吏部郎中、大常少卿、光禄卿、户部左侍郎、南京礼部尚书、南京兵部尚书、吏部尚书等。乔宇诗文皆华隽，性好山水，在正德初（1506年）游览恒山后，曾留下传颂一时的《恒山记》和“登恒山诗”多首。

【碑文】

北岳在渾源州之南，紛綴典籍。《書》著其爲舜北巡狩之所，爲恒山。《水經》著其高三千九百丈，爲元岳。《福地記》著其周圍一百三十里，爲總元之天。予家太行白岩之傍，距岳五百餘里，心竊慕之，未及登覽，懷想者二十餘年。至正德改元，奉天子命分告于西蕃，園陵鎮瀆，道經渾源，去北岳僅十里許，遂南行至麓。其勢馮馮煴煴。恣生于天，縱盤天地。其胸蕩高雲，其巔經赤日。餘載喜載愕，斂色循坡東迤嶺北而上。是多珍花靈草，枝態不類；桃芳李葩，映帶左右。山半稍憩，俯深窺高，如緣虛歷空。上七里是爲虎風口，其間多横松强柏，狀如飛龍怒虬，葉皆四衍，濛濛然怪其太茂。從者雲，是岳神所保護，人樵尺寸必有殃，故環山之斤斧不敢至。其上，路益險，登頓三裹，始至岳廟。頹楹古象，餘肅顔再拜。廟之上，有飛石窟，兩崖壁立，豁然中虛。相傳飛于曲陽縣，今尚有石突峙。故歷代怯升登者，就祠于曲陽，以爲亦岳靈所遇也。然歲之春，走千里之民，來焚香于廟下，有禱輒應，赫昭于西方。如此，豈但護松柏然哉！餘遂題名于懸岩，筆詩于碑及新廟之行。上又數十步，爲聚仙臺。臺上有石坪，于是振衣絶頂而放覽焉。東則漁陽、上谷，西則大同以南，奔峰來趨，北盡渾源、雲中之境，南目五臺，隱隱在三百里外。而翠屏、五峰、晝錦、封龍諸山，皆俛首伏脊于其下。因想有虞君臣會朝之事，不覺愴然。又憶在京都時，嘗夢登高山眺遠，今灼灼與夢無异，故知遠游非然者。

奉使祭岳文

【简介】

由明代方新奉命出祭北岳。描述了北岳恒山擅一方而独秀，与四岳而齐名。盘纡磅礴，博大雄浑，广含宏德之气势。

【碑文】

惟神宅幽、并之土，鍾昴、畢之精。擅一方而獨秀，與四岳而齊名。論其基則盤紆磅礴，語其勢則博大雄渾；望其峰則崒嵂，玩其泉則觱沸窬浤。興雲出霧，凝露降霖。兆民由是而阜殖，庶類藉之以化生。是誠宇宙之奇觀，華夷之巨鎮也。我國家考正祀典，錫以崇稱，爰構正殿，旁列連楹。門垣飾以黝堊，棟宇雜以丹青。值歲時而祭享罔忒，遇灾患而禱祀攸興。所以報神之德而祈神之休者，亦甚殷矣。何乃近歲以來，物産不育，民生不寧？是豈惟人之所痛，抑亦神之所矜？我惟神告，神其我聽：廣含宏之德，惟好生之仁；登年歲于大有，躋民物于咸亨。是豈惟人之有幸，抑亦神之有榮也！神其歆哉！尚享。

祷雨祭谢北岳文

【简介】

明代涂宗浚撰文。

【碑文】

入夏久旱，麥秋不登。軍有脱巾之虞，民懷納溝之懼。爰陳苦狀，告急于神。惟神至明，有禱必應。倒懸斯解，灾沴潜消。吏民歡騰，感頌無已。敬陳薄奠，仰答神庥。願施無倦之仁，俾獲有年之慶。尚享。

祷雨祭谢北岳文

【简介】

明代汤兆京撰文。

【碑文】

誠無不格，事有適然。誰謂黮淺如職，而能昭格重玄？惡人齋戒，可以祀事，則子輿氏有言。雲中恒暘，逾春徂夏，野無青草，澗壑欲然。幕府中丞，下洎邦伯守令，省月省日，惟觸惟虔。職忝觀風，敢不後先。齋戒二旬，稍獲 霂。盻猶睊睊，行部到應，恒峰入望，計盻蚤無踰鎮岳。彼民苦斯棘，神必矜憐。再馳奔驅，匍匐躋巔。甫崩厥角，滴瀝遽捐。谷響扶霹靂而□□，衣冠如膏沐以離披。浲洞奔追，徒馭競前。震若厓崩，石如輪馳。回首兩峽，倏成洪川。越宿抵蔚，霖雨再日，而污邪甌窶者，始冀有秋田。乃知山川陵谷能興雲出雨者，皆神。况岧峣玄岳，奠古今、鎮華夷者，尤天門神都，靈氣蜿蜒。故巨之億兆痛痌，微之黔淺吁號，若謁乳于慈，答不踵旋。彼曲陽飛石，疑若傅會者，靈豈因之有遷？一念景星慶雲，一念妖徒厲鬼，傳記亶焉。獨慚盤中白豆，孰與黑多；而召和者，未若召沴之全。衆精噓而感諸漠，一人馳而遇諸適。念不才貪天功，而懼明明神貺弗顯世，遂寫之蕪詞，而命長吏代謁以肥腯牲牷。

谢雨告祭北岳文

【简介】

由明隆庆进士王家屏撰文。王家屏，字忠伯，山西省山阴人，晋北一带皆称“王阁老”。明隆庆二年（1568）进士，累官吏部左侍郎，兼东阁大学士，参与军机，后为首辅，晚年荣归故里，著有《王文瑞公集》。在乡闲赋期间曾奉诏予告祭北岳，并题写“和魏中丞谢北岳”诗。

【碑文】

惟神上斡乾樞，下維坤軸。包幽據并，嶔崟突屼。内屏神京，外控荒服。肆威靈所匡扶，合遠邇其輯睦。氣序均調，桑麻藩熟。垂髫含和，戴白鼓腹。本神庥之所詒，尤國祚之攸屬也。某去國三年，退居岩谷；少室方温，終南見趣。奉召而來，過經岳麓，瞻仰徘徊，威靈仿佛。登薦椒漿，用申虔祀，神其佑予，陰導默督。願奉神謨，往陪鼎足，精白一心，公忠誠篤。如其不然，容容碌碌，甚或側媚希寵，奸回持禄。詎惟神羞，且羞邦族。神其厭之，敢徼神福。尚享。

祭北岳文

【简介】

明代姚学敏撰文。

【碑文】

緊圜方之奠位兮，孕喬岳之真形。厥封肇自虞庭兮，爰寵錫以嘉名。銜帝命于閶闔兮，乃眷臨于北土。配玄冥而澤萬物兮，儼風雷之官府。令雲師主吐納兮，沃蒼生以霖雨。據朔方之天險兮，限華夷之門户。惜慚德于前代兮，割疆宇于窮邊。寄血食于异域兮，業已逾乎四三百年。皇祖乘龍而握鏡兮，每神道以設教。修望軼于恒宗兮，羌獨厘此徽號。穆皇奮其神武兮，用不殺以爲威。單于叩關而結駟兮，簇雲錦以群歸。今上纘圖七載兮，階再陳乎干羽。天馬來自玄海兮，貢九成而將睹。猶注意于北顧兮，緒大閱之舊章。剖龍符于天庫兮，肅虎旅于邊疆。愧餘濫竽于推轂兮，竊有志于袪衮。乃陳詞于尺牘兮，望神祠而攄悃。何以振武人之荒墨兮，俾幹城之有倚。何以扼反側之背吭兮，使來王之無已。

亂曰：瞻彼岳兮玄宫，邈翠蓋兮雲中。戒王程兮孔亟，托蕪辭兮以告通。神之來分虬駕，服之絢兮山龍。揚天威兮助順，襄玁狁兮爾功。邊塵清兮瀚海，廟貌廠兮恒峰。藉俎豆兮蘭芷，賁筐篚兮璁瓏。神之格兮栩栩，我心悦兮融融。邀靈威兮千祀，來萬國兮攸同。尚享。

祭谒北岳文

【简介】

明代李辑撰文。

【碑文】

惟神趙、代雄鎮，畢、昴萃精。風雲吐納，品匯文明。陰終陽始，道久化成。珪璧效瑞，蓬虆向榮。勢凌霄漢，采映松棚。標奇朔野，煦育蒼生。神蛇列陣，昌容擅名。北鎮邊塞，南衛帝京。振古禱應，咸有頌聲。我朝崇重，廟貌峥嶸。歲遣天使，時薦特牲。曲陽望秩，禮典視卿。榯謬司邊儲，久仰精英。今獲拜下，儼若登瀛。肅潔蘋藻。用供粢盛。神其不昧，鑒此寸誠。尚享。

祭北岳文

【简介】

明代潘琪撰文。

【碑文】

維岳下盤兮厚土，上麗兮穹蒼。通冥兮玄極，雄鎮兮朔方。昔虞北狩兮秩宗，歷代祀奉兮獨隆。飛石絶壁兮稱靈异，駕風馭雨兮顯神功。惟時灾沴頻仍兮氛氣數，余來觀風此地兮愧弗拊。修牲璧兮薦神宇，爲吾民兮祝遐嘏。神之來兮岳之巔，雲悠悠兮風恬恬。萃孚顒兮精靈徹，祈泰運兮樂豐年。祚皇圖兮華夏清夷，福黎元兮家室咸熙。朝宗群岳兮永奠地維，血食億萬載兮世荷神祇。尚享。

谒北岳文

【简介】

明代王昺撰文。

【碑文】

惟大化之湯穆兮，麗夫天地而爲依。日月賁以貞明兮，山川環帶而相維。瞻惟岳于大漠兮，嶄然巨石之峨峨。奠八柱于鰲極兮，鬱乎四海而揚波。接絪緼于鴻濛兮，作大鎮于龍荒。聳相觀于八極兮，一何隳突而昂藏。吐靈秀以昭化兮，與陰陽而噴薄。何神驅而鬼驚兮，渺茫茫（兮）其寥廓。崇秩禮于百王兮，相祀于邦伯。挺萬象于昭明兮，并九坑而赫奕。肅清廟兮臨穹蒼，矯霞棟兮架雲梁。掩河漢兮遏星斗，振虹霓兮凌日光。被玄衮兮載靈旗，雲屏屏兮風披披。忽而來兮儵而往，窅乎上下其何之。作風雷以肆壯兮，雰雨霧而交輝。載群生以并育兮，仰承宇而霏霏。興寶藏以炫珍兮，滅妖氛于既戢。含衆氣于有揚兮，分兩儀而特立。建天根于丕丕兮，載坤軸而無疆。相國祚于百靈兮，一何萬古而爲長。

祭谒北岳文

【简介】

明代翁万达撰文。

【碑文】

惟神璇極構高，坤儀載厚。道資萬物，秩視三公。孕昴、畢之成形，聳幽、并而作鎮。中分地軸，内鞏神京。實符著三晋之奇，靈蛇表八陣之勢。神功博大，而四嶽讓其尊；曠覽虚無，而一千盡其界。含波愈峻，鑠石無虧。布斂速于崇朝，穹窿極于終古。暢百嘉而黔黎用育，奠四維而夷夏永清。非特兆類之所依瞻，實惟百王之所崇祀。萬達南海，微生北門。重寄誠深報主，氣激銷氛。往城塞而魑魅潜踪，頃授旗而熊虎效力。豈伊人力，實荷神休。兹以端月臨師，剛辰即事，澡心潔體，虔薦苾芬。刀啓血□，卣蟠鬯鬱。聿陳大磬之舞，載歌姑洗之章。肸蠁是祈，氤氳若覿。尚賴巍巍之岳力，永扶業業之皇圖。七曜增輝，五兵載戢。陳功獻德，敢後銘辭。尚享。

用祭北岳文

【简介】

清顺治八年（1651）春三月，由銮仪卫同知乔可用代祭。

【碑文】

維神亘窿朔漠，巍奠冀方。上應元樞，俯臨函夏。朕誕膺天命，祗荷神休，特遣專官，用申殷薦，惟神鑒焉。

祭北岳文

【简介】

清乾隆十三年（1748）夏五月，由雁平道噶尔福奉旨代祭。

【碑文】

惟神秀含畢昴，秀峙幽并，翼衛京畿，蓄滋土谷。朕仰承丕緒，時邁省方，載舉舊章，專官秩祀，神其鑒焉。

祭北岳文

【简介】

清乾隆十五年（1750）冬十月，由詹事府詹事文保代祭。

【碑文】

惟神秀挺幽燕，靈承畢昴，朔方雄長，翼衛京畿。兹以正位中宫，鴻儀懋舉，慈寧晋號，慶洽神人，敬遣耑官，用申殷薦，神其鑒焉。

恒麓书院记

【简介】

清代浑源知州桂敬顺撰文。桂敬顺字昭翼，号介轩，江苏太兴人，清乾隆二十三年任浑源知州，乾隆二十八年编修《浑源州志》《恒山志》。其间题刻有《恒麓书院记》《霜神祠记》。

【碑文】

學之興廢其大關乎彝倫，其小繫乎文字。古之時國學鄉學各有其地，大學小學各有其功。今廼家自爲師，人自爲學。其功煩於誠正格致而不正，其地切於庠序郊遂而不嚴。學之名雖存而實固廢矣。渾源爲邊郡山邑，數百年久不聞有純粹博達之士出乎其間，此非不學之明效大驗哉。州治東有恒麓書院，中祀前刺史劉公毓嵩，隤毁既久。署州事黄州龍公重議興復，未竟其功而去。余慨州之風化未盡淳美，乃繼成龍公之志，修葺完好，捐貲延師，招州人士及童蒙之願學者來學焉。中爲齋曰“崇古”，以施教授。後爲堂曰“仰止”，以祀劉公。旁爲左右廡，爲肄習之所。且將謀立學田以備餼廪焉。書院去文廟百步，去恒山十里許，廟中之鐘鼓、琴瑟、俎豆、冠裳足以警昏隋而啟其畏敬之心，山中之朝霞夕暉，仙靈古蹟，足以長性情而發其天機之趣。諸生徒誦讀其間，含咀英華，變化氣質，郁郁彬彬，安知數十年後不爲當世之名儒國家之善士哉，是爲記。

霜神祠记

【简介】

清乾隆二十五年（1760）前后，由浑源知州桂敬顺撰文。

【碑文】

霜之爲用也，主於成物，其功异於雨露，而嚴於風雪，在天地於萬物其所以生成之者，雨露霜雪各施其化原，未嘗有輕重厚薄於其間。以地有寒燠之殊，天即不能無偏全之異，而物品之華實高下。於是乎辨山右居天下之西北，而渾源又居省會之北，鄙其土瘠，其味鹵，其氣勁而寒。孟秋降霜，孟夏纔已。平原野燒與春蕪相閑，穀稻不生惟菽麥生之。即果蔬藥石之産性亦與神農書少别，故農圃家不患物之不生，而恒患物之不成也，此非地氣偏而天事用有不齊哉，城東永安寺新修，餘命州人立霜神像祠祀之，蓋霜在於他所，司金令佐秋官，其功止於肅殺，而在邊塞必且祈。其伺氣候斂威柄而無害乎。成功得不虔而事之哉，若夫霜見於經緯書之説不可勝紀都不録，是爲記。

遣兵部右侍郎蒋元益祭北岳文

【简介】

清乾隆三十七年（1772）春正月，由兵部右侍郎蒋元益奉旨代祭。

【碑文】

惟神靈標朔土，位鎮燕都。畢昴應乎星躔，河海爲其襟帶。奇花异草，紛披岩岫之間；石窑雲堂，合沓烟霞之内。兹以慈闈萬壽，懋舉鴻儀，敬晋徽稱，神人慶洽。仰靈祇于恒岳，殷薦惟虔；涌秀色于微垣，群峰咸拱。爰將祀事，用迓神釐。

遣大理寺卿尹嘉铨祭北岳文

【简介】

清乾隆四十一年（1776）夏六月，由大理寺卿尹嘉铨奉旨代祭。

【碑文】

惟神鞏翊黄圖，環維紫極。儀天比峻，星辰符畢昴之精；拔地稱雄，疆域亘幽燕之界。朔野之雄封永峙，坤輿之厚載彌崇。兹以兩金川小醜削平，大功底定。戢干戈于遐徼，神貺斯彰；頒牲璧于大庭，靈承有自。敬展欽柴之典，虔申昭告之文。薦此馨香，伏惟歆鑒。

祭北岳文

【简介】

清乾隆五十年（1785）春三月，由都察院左副都御史梁敦书代祭。

【碑文】

維神望雄朔野，位近微垣。光華分列宿之精，支派接渾源之秀。神泉瑞草，環碧嶂以呈奇；甘雨和風，翊黄圖而錫佑。玆當鴻圖錫羡，鳳紀增綿，懋舉崇儀，特申昭告：俎豆致維馨之薦，德荷靈承；方輿垂永奠之庥，名符久道。神其歆受，鑒是明禋。

遣内阁学士李潢祭北岳文

【简介】

清乾隆五十五年（1790）春三月，由内阁学士李潢代祭北岳恒山。

【碑文】

維神功資朔土，位應辰星。《水經》標石骨之奇，地志表蘭臺之勝。亘冀方而作鎮，衆山聿拱夫威靈；臨代郡以垂庥，五谷屢登夫蕃熟。玆以朕八旬展慶，萬國臚歡，懋舉崇儀，特申昭告：福佑葉純常之義，禮秩攸崇；嘉名符悠久之徵，馨香用薦。惟祈鑒格，式是居歆。

遣通政使司通政使陈霞蔚祭北岳文

【简介】

清嘉庆五年（1800）春三月，由通政使陈霞蔚奉旨代祭北岳恒山。

【碑文】

惟神精凝畢昴，秀聳幽并。内翊黄圖，符北辰之拱極；外臨紫塞，環左海以薦標。嘉名副悠久之無疆，年谷仰蕃生之特盛。朕寅成鴻典，懋舉崇儀。玆以嘉慶四年十一月二十六日，恭奉高宗法天隆運至誠先覺體元立極敷文奮武孝慈神聖純皇帝，主配享圜丘。禮成，特遣專官虔申昭告：惟冀益貺洪庥，綏豐年而屢告；懋昭恒德，鎮朔宅以常安。尚其鑒格，薦此馨香。

张凤鸣墓碑

【简介】

清嘉庆二十五年（1820）立于浑源城南王庄堡镇偏梁村，毁于20世纪50年代中期。

张凤鸣，原籍山西省繁峙县横涧村。自幼奋发读书，品学皆优，16岁考入国子监深造6年，学业期满后赴湖北任千总和双骑尉。在任期间，忠于职守，勤政务实，颇有政绩，用自己的武功和才智横扫当地的匪帮恶霸，使人心惶惶的社会秩序，趋于安定。

嘉庆十年（1850）后，湖北屡遭水旱蝗灾，百姓饥寒交迫，张凤鸣不顾杀头之罪，毅然将官饷发放给灾民，而后让侍从各自逃生，自己带着夫人星夜赶回山西，隐居浑源县偏梁村以农耕为生，直至嘉庆二十五年病逝，并葬于此地。据当地人回忆，20世纪50年代初墓域还有遗存，墓为石条砖碹，墓门为石门，墓旁刻有楹联曰:“一朝分马列，万世朴牛敏。”墓内置万年灯、通风口。碑为汉白玉质，碑额雕二龙戏珠，墓壁嵌有墓志铭一方。

【碑文】

國子監太學生衛千總張鳳鳴之墓

遣山西太原镇总兵官奇成额祭北岳文

【简介】

清嘉庆二十五年（1820）冬十一月，由山西太原镇总兵官奇成额奉旨代祭。

【碑文】

惟神畢昴鍾祥，主蕃滋于土谷；幽并峙秀，鞏翼衛于京畿。朕纘受丕基，新承景命，竊念皇考膺圖以來，恩周三輔，順效百靈。握符焕夫金甌，敷教光乎玉鏡。兹當嗣位之始，宜隆遣祀之儀，特沛綠綸，用升圭幣。惟冀福佑葉靈長之義，禮秩攸崇；嘉名符悠久之徵，馨香式薦。尚其歆格，鑒此精誠。

法缄大师墓碑

【简介】

约清嘉庆二十五年（1820）立于浑源县城南云峰寺附近，新中国成立后佚失。法缄为乾隆年间高僧。乾隆四十七年携徒演宗、演官在碧谷寺、碧峰寺、千佛洞、板方寺众僧的帮助下，大规模重修了云峰寺，后任该寺主持，为广大善男信女所崇拜，圆寂后葬于本地。

【碑文】

大法师法缄之墓

遣山西太原镇总兵官奇成额祭北岳文

【简介】

清道光元年（1821）秋八月，由山西太原镇总兵官奇成额奉旨代祭。

【碑文】

維神作鎮冀方，標奇朔野。精凝畢昴，北辰上拱于黄圖；秀挺幽并，左海遥還于紫塞。陰終陽始，名符悠久以無疆，東作西成，谷賴蕃滋之特盛。朕寅成鴻典，肅舉上儀。兹以道光元年四月初六日，恭奉仁宗受天興運敷化綏猷崇文經武孝恭勤儉端敏英哲睿皇帝，主配享圜丘。禮成，特遣專官，敬申昭告：惟冀功資拱衛，嘉名允協純常；德庇蒸黎，福佑屢穰綏慶。尚其鑒格，歆此苾芬。

龙盆峪关帝庙重修碑志

【简介】

清道光九年（1829）孟秋立于龙盆峪关帝庙，由浑源州正堂孙大山撰文。

【碑文】

蓋聞莫爲之前，雖美弗彰，莫爲之後，雖盛弗傳。渾郡龍盆峪西茶坊關帝廟創建已久，規模嚴整，廟貌崇隆，固即人共賴庇蔭者也。奈重修已久，瓦壁俱無，風雨之裂墻院，更兼剥蝕之傷，至今業已破壞難視。爰是會首人等兼住持僧，募化衆善，以爲創建之資，庶幾神得所栖，而人蒙以福，以垂永久觀也，不亦甚盛世哉。謹將芳名列于後。

正堂孫大山　分守府西蘭布

大清道光九年穀旦　立

住持僧　五臺山顯通寺海緣　徒恒盛

遣山西城守尉庆瑞祭北岳文

【简介】

清同治元年（1862）夏六月，由山西城守尉庆瑞奉旨代祭北岳。

【碑文】

惟神德協冬藏，功孚朔易。俯臨坤軸，控形勝于幽并；仰應乾圖，耀光芒于昴畢。朕仰承景命，統馭寰區。伏念皇考御極以來，渥荷休徵，誕膺祉福。兹當嗣位之始，特隆秩祀之儀。乃望郊畿，聿陳鐲鐃。惟冀屏藩京邑，毓靈先首善之區；鞏奠輿圖，宣績效上公之職。庶承嘉貺，式妥明禋。

金鱼池记

【简介】

清光绪四年（1878）季冬，由李戴恩撰文。

【碑文】

渾源州治東北，舊有池。其東池闊可二十餘畝，西亦如之，水波瀲灧，荇藻交横，金魚出焉，故池以金魚得名。乾隆五十年間，州主黄公因植楊柳，甃立白石，爲建閣亭于池上。詩人騷客多題咏其間。

嘉慶六年夏，雨連綿山，溜突城中，亭閣淹没，僅存古柳數株，州人每過而惜之。光緒戊寅之秋子詳吴父臺莅渾郡，嘗于德政之暇，履其地觀之，以風景爲其勝，蓋池北有坊額曰“玉虚”，其上有北極閣。廟貌巍峨，高越城巔，攝衣而上，門深若古洞。臨巔，則雙眸遠豁。而恒岳峙其南，神溪繞其北。俯視池水波平如鏡，游魚往來，悉歷歷可數。恒山翠屏丹嶂諸峰猶倒影池中。南則釋迦寶塔高凌霄漢，亦與池水相映，有天外飛來之致。公于是捐資爲補葺計，邀紳董督其役，恩亦竊與鳩工之列。新栽柳二百八十餘株，建木石橋各一，弗皆公籌。閲三月功藏，民不病涉，邑人士咸嘖嘖稱快，謂公是舉爲吾郡增雅觀焉。公益錫四景嘉名，曰“恒峰倒影”，曰“虹橋卧波”，曰“金魚躍浪”，曰“緑柳環池”。恩不敏，奉命爲文，謹以公所云者去鋪張務紀實，以當此後去思云爾。

郡守郎公仁政记

【简介】

清代无名氏撰文。叙述郡守郎永清在当地任职时的功绩。

【碑文】

《書》曰：惟天無親，克敬爲親，民罔常懷，懷於有仁。公諱永清，字心水，號定菴。原籍關東廣寧人也。明敏練達，饒於政事。慈祥愷悌，原於民生。我渾自遭逆賊盤踞，王師徵討，雖元兇授首，而士民大半已染寒鋒，廬舍灰燼，烟火寂寥。昔時業集繡錯之都，今爲冷風荒草。攝政王不忍棄兹土，特簡鴻才，克勤政事，非藹藹吉人，弗堪厥職，首擢我公，曰：“惠此殘疆，惟爾是司，爾往矣，尚其欽哉。”公慷慨登車，冒險以來臨。斯時也，蕞爾城垣，目盡禾黍矣。公甫下車，睹兹寥寥，兵火遺黎，餘皆骷髏朽骨，痛心扼腕不暇，計安居而問寢膳，急急撫恤。招徠而生者，有就日之喜，掩埋設醮，而死者無夜月之號。仁風四播，畏碩鼠與棄室家者咸適樂土而返故園矣。舉向之巷無居人者，殆有人居焉。公乃計户口、均産業、勸開墾、輕徭役、薄畝税、通商惠工、興學課士、種種美政凡裨於兹土者，不數月而次第舉行。至折獄而鼠雀無争，殄賊而豺狼遠遁，乃公之緒餘，然饑溺之懷民安矣。而猶視之如傷勞來，匡直輔翼，振德惟日，孳孳寢食不遑，至若栽培學校，尤加厚焉。鄉者士子三百餘名，罹兵燹而僅存七十人矣。爲之録其名次，復其優免，作士之心，猗與盛哉。一日携多士謁文廟，目擊殿宇崩頽，墻垣傾圮，至聖幾露處矣。公輒捐俸資，覓匠役，勤修葺，不踰月而落成。廟貌輝煌，焕然改觀，誠哉斯文之宗主，允矣士民之父母，雖古之龔黄莫過是也。於斯時而有鄰邑治生石維翰代庖學務，與諸士陳泰寧等懷德慕教高厚。苦無可酬，相聚共議，勒石刻銘，以垂不朽，聊咏遺愛於後曰：

天降喪亂兮，禍我渾城。維岳降神兮，福生我公。冒險阻以驅車兮，奉命來臨。睹中澤之哀鴻兮，勞來安定。痛復隍之白骨兮，斂屍埋葬。悲敗堞之青燐兮，設醮超昇。嗟廟貌之不光兮，捐俸補葺。憐士女之瘡痍兮，加意撫賑。非我公之仁厚兮，□憐赤子之煢煢。惟余心之有懷兮，故勒石以刻銘。

郡守完公修建城署碑记

【简介】

清代贾怀第撰文。叙述完自成于清初顺治九年升任郡守后，修建城署的功绩。

【碑文】

吾渾爲雲中要地，土既磽确，人鮮蓋藏，雖加意撫綏，尚悲鴻雁而泣牂羊，矧值殘破之後哉。昔戊子之冬，姜逆煽亂，天禍軍民，一郡鼎沸。我聖天子不棄遺黎，命賢侯完公聿臨焉。公三韓望族，文武兼才，馳驅於金戈鐵馬之場，活人多矣。由邯鄲令遷守兹土。公睹地方凋殘，人民瘡痍。慈祥愷悌，飲水茹蘗將二載，百廢俱興。渾人感公德政，思立貞珉志祝，屬記於余。余治内編氓，首被公澤，曷敢以不文辭。姑撮其大者以志之。渾城破后，垣堞傾圮，南面崩頹，數載未修，人可踰越，莫之能禦。又後察院亦被兵火，每遇一大官駐節，暫憩民居。公巡視太息曰："吾守臣也，城圮則無以備不虞而衛吾民，署毁則無以肅觀瞻而慰下僚。"思加修建。但民甫歸業，官帑如洗，公私俱困，人咸以大役難之。公慨然捐俸捐資，躬親督率，寢食不遑，郡之佐幕咸體急公之義，相率勞瘁，不用官鏹纖毫，不煩里民一夫。三閱月而兩大工告竣，今則雉堞增勝，宛如金湯；院署鼎新，美同輪奂；民有保障，官無煩費，皆公再造之績也。渾庠生士子間有潔身去亂者，率皆流離廢學。公加意作養，延接以禮，又備膳饈，月爲三會考其文藝，奬勸鼓舞，而文風丕變矣。州衙捕署所用煤薪，各地方有辦送之例，公皆蠲免，照市買用，省窮簷之擾，而民困悉蘇矣。公賦性清介，自奉簡約，行户之物照市估給發，不循舊日半給之規，而夙弊頓革矣。公每聽斷，不以桁楊示威，惟以禮義勸釋，片語立決，兩造稱平，免供逐出，贖鍰無加，而囹圄之幽縶者鮮矣。至如招撫殘民勸墾荒田，緩其徭税助其不給，小民相率來歸。而靈廣、繁代之民亦聞風踵至，今則居民鱗次，野無曠土。且地處極邊，旱潦不時，瘟疫流行，三雲殆遍。公一逢天變之儆，設醮步禱，則甘澍隨車而至，時疫應祈而消。一境獲安，萬民欣載。若夫定征解之期，而耗羨悉革，寬催科之限，而敲朴不施。以廉潔持己，以威嚴馭下，夤緣請托，毫不曲狥。大姓豪猾盡皆斂手，吏民革心而奉法，盗賊聞風而遠遁。是以鄰郡頻年不登，而渾獨有秋。鄰郡洊遭天災，而渾獨履泰。昔爲殘破之區，今爲安樂之地。較之麥秀兩岐，虎渡弘農者，公何讓焉。大抵公以天挺之材，應龍飛之運，行將建牙開府，霖雨天下，兹不過於盤錯之會，試發硎之刃，奚足以盡公萬一哉。余故不暇繁詞，遠引止颮，其實政之昭著耳目，有如此云爾。公諱自成，號希垣，遼東廣寧人，由貢士初授直隶廣平府邯鄲知縣，順治九年十月内陞今任。

栗恭勤公墓志铭

【简介】

清代林则徐撰文。文章对有清一代治河名臣栗毓美的一生官绩加以总结，客观而公正，并且饱醮作者对栗公的朋友深情。林则徐，清代名臣，以鸦片战争中的所作所为永垂史册。

【碑文】

公諱毓美，字含輝，别署樸園，渾源州人。曾祖英、祖德本、考渥，皆贈如公官。年十七，受知于學使者戈仙舟先生，補州學生員，食廪餼。會稽莫公，繼戈任，拔充辛酉科選貢，實嘉慶五年也。七年朝考二等，改知縣，分發河南。歷署温、孟、安陽、河内、西化諸縣事。几案明允，所至有績。重浚安陽萬金渠，民尤利之。二十年補寧陵縣，河決睢，治當頂衝。公親履四鄉，勘減沙壓地畝額賦，請蠲緩課。蒔本縣榆棗，興築城郭，以工代賑，民困藉稍蘇。旋丁父憂，服除，仍赴河南，即署淇修武縣事。河再決馬營口，委勘灾，因留，辦大工總局協放淤工程。積勞，加升銜。道光元年補武陟縣，縣負沁面黄，堤卑薄，不足捍大波。公至則加子埝，畫增築大堤策。已而沁决韓村，公議韓村之堤激水逆行，故數敗。若導沁，由漫口歸故道，改建新堤，雖需帑較多，而城邑永安。酌汰防汛工員，數亦適均。或徙縣治寧郭驛，計尤便。大吏以經費有常，未允也。三年升光州知州，四年升汝寧府知府。五年調開封，剖判敏幹，又于其間興修貢院號舍萬間，經營庀度，三載乃就。九年升河南糧鹽道，調開歸陳許道。十年授湖北按察使，定讞獄章程，行水保甲，江溢辦賑，定煮粥條規，皆可法。十二年，授河南布政使，革屬邑供應浮費，于司庫收支總簿外，增正雜捐寄四散册，鈎稽無隱。十四年正月、八月，兩護巡撫印務，奏撤桐柏縣，重設查監公廠。十五年，授河東河道總督。公久歷河幹，得諸目驗，知失事必在無工處所。北岸自武陟至封邱，串溝錯出，與大河通氣，伏秋兩汛，巨浸杳然。其間衡家樓馬營工屢次漫溢，糜財病民阻運，所關尤鉅。是年七月，陽武汛池上灘，水由十七堡南張庵界，循舊順堤河，直達封邱汛西圈堰前歸河。又張庵之北，舊有月石土壩，本以擋串溝，後因民田病潦，掘斷之，架木兩端，導水從封邱入河，積久分溜亦漸大。公慮萬一張庵溝尾下移，由壩口迸注，則陽武以東堤愈危重。因駐節壩前，堵合斷流。次日大風雨，外河内灘盛漲，聯絡賴壩口，先閉堤根停淤，對岸萬家，恃以安枕，即乃乘小舟，由舊順堤河曲折探量，勘得陽武支河分溜北駛，湍悍幾敵大河兩汛，向未儲備稭石，無高崖可倚築壩，而進水之口日益闊。憶前浚賈魯河及武陟城隍，見磚經泥沙融結，堅不可入斧鑿，故于開歸道任，即捐俸購磚，議將代埽，及是遂令收買民磚，抛壩六十餘道，挑溜而南，水維頓緩。十六年二月，復勘得陽武三堡迤下支河，又分兩股，乃略仿塞决之法，先于原陽越堤築挑水壩，從南股抽溝北岸，築迎水壩格之，口門將合，溜忽掀涌。當是時，咸以爲無可展手足矣，公飭急採大柳，撥巨艦二，倒排口門備舵作樁，緯以竹纜，系大柳其上，殺溜窒淤，然後分路進磚，力截北股，仍挽歸南，復于間段抛築壩朵，支河距堤，遂皆在七八里外矣。先是在布政使任，祥符三十二堡串水潰堤，料物萃于黑岡。公乘傳往視，僉曰是非公責，且可以無工，解不聽命。速築柳壩，殺其勢。或匿笑，亦不顧。指麾興築至七十餘丈，水漸涸，上游串溝，盡力抵塞，决竟復合。凡此皆所謂杜患于將萌者也。微公漫溢之案，且數生。公既灼見磚壩得力，因連疏請以稭料碎石之款，酌辦磚。大指謂：以堤束水土功乃其根本，築堤宜兼築壩，堤猶身，壩其四肢也。前人用卷埽法，竹絡木囷，磚石柳葦同爲治河工料。自鑲埽法興，始專以稭料爲正則。而溜趨靡常，鑲埽陡立，最易激水之怒。溜勢上提埽之上首，必須加鑲；下坐埽之下首，又須接鑲。片段日長，防守日難。稭質松弱，不三四年即埽朽爛。機宜偶舛，輒成口岸。夫治河不外以土治水，先河臣黎世序用石之始，奏稱石爲土之剛者。臣謂煉土爲磚，磚實土之堅者。石性滑，易于流轉，仍不免引溜刷深。磚性濕，與土相膠，抛壩卸成坦坡，即能挑遠溜勢。况每方磚價六兩，石價自六兩至十三兩無定科。豫省碎石，産自土山，形質本脆，及采運到工，堆砌嵌空，查驗不易。磚隨地皆可燒造。尺磚一方，以千計，平鋪高叠，舉目可瞭。又較量輕重，磚重當倍過石三分之一有奇。以一方碎石之價，可購兩方之磚，而抛一方之磚，又可抵兩方碎石之用。是用磚較之用石，省帑更多也。或謂磚壩與水争地，不知埽工必先築土壩，後乃加鑲。殆埽朽脱胎，壩隨埽蟄，有壩名，無壩實，大溜轉偪堤根。磚壩則無須埽護，即師築土壩之意，而不泥其法。臣履任之初，即試行抛築，杜新工護舊工，五年之間撙節埽費已百五十餘萬兩，斯實效也。公每有陳奏，輒蒙嘉允。工員大不便，旁人亦創聞此議，争倡浮言。賴上信公深，决其言必可行。後卒如所請許之，試和之始，公終日立泥淖中，磚甫出，水勢尚動摇，即率先屹立壩頭，隨時與廳員營弁講求治策，于工之將生未生，無不豫謀抵御。然其深意，不惟節省經費已也。將以埽工所節之費，移而培大堤，固則漫溢之患可永除，宣房萬福，所以爲國家計者甚至，奈何未竟其施而殁也。河標黄運兩營兵，專事樁埽城守。兵雖習弓馬技藝，陣勢亦非所嫻。公惟濟寧地界曹兖，宵小時竊發，操防未可忽。因增演三才速戰諸陣勢，捐造鋭炮、刀矛、旗幟、鉛丸、火藥，躬自教練。又設義學五所，令兵丁子弟讀書其中。二十年正月，京察特旨交部議叙。二月十七日，巡工至鄭州胡家屯。多食，感奇疾，日旬 厥漏加□，遽卒。年六十有三。□遺疏入，上震悼咨惜。晋官銜，賜恤加一等，諭祭葬，予謚恭勤。柩旋，豫民繞紼攀號，亘千里不絶。于是濟寧州奉木主入大王廟及任城書院，寧陵縣祀于三賢祠及吕新吾祠。公嘗重刻吕子書故也。襄城縣祀湯公祠，祥符、甯陵、西華、武涉、原武、陽武、安陽諸縣，或懇祀名宦，建專祠。仁賢之實，其生被之民，而殁令人思也，又如此。配吴夫人，子男二。公卒之日，長子烜已用刑部郎中，截取知府記名。乃推恩賜次子燿進士。孫男三，國華、國賢、國良。以二十年七月初七日，葬州城外賜塋。則徐前在豫，稔公久。謹因烜燿請，撮叙其政事議論尤大者，俾丹諸石。銘曰：

帝任之專，公肩之力。財殫牽茭，慮沈鏈墼。五載試行，厥功已豐。北流不復，永式栗公。

閩海林則徐頓首拜撰

郡侯张公德政碑记

【简介】

清代冯云骧撰文。对郡侯张崇德的德政进行褒扬。

【碑文】

公諱崇德，字懋修，北平人。由貢生初授山東郯城縣，戢盜安民一若龔遂之治渤海。繼簡陜西渭南縣，外寬内明，得吏民心，不啻黄霸之守潁川，功蓋兩縣，風生四海。我聖明知人善任，遷公渾源。渾源自己丑兵殘，至於庚子火迹猶新，傷痕如故。公甫臨兹土，有攬轡澄清之志，首務耕桑，次興學校，凡事之有益於閭左，與有裨於庠序者，無不曲爲開導，立爲補綴。以兵火殘疆得議養議教之父母，景色更新，修葺概可徐理。公巡視城垣則增其樓堞，行觀街市則復其舖面，必不使驚魂有青燐之痛，而望櫓興嗟。旅邸有安市之心，而觀貨致嘆，且大兵進城，公衙如毁，官房吏室風雨飄颻，公先捐俸薪，以爲僚屬倡，以勵厥匠役。其犒勞賞賜不動官錢，并不括私囊。兩閱月而大門以裏、中堂以外，六房賓舘俱焕然改觀矣。公之於渾不其再造也哉。他日公出，則見城門之西，關門之東，舊有沙灘，使城關相對而不相聯，公立爲市廛，令民築室而居，以便逐末，名曰“順成關”。至其所者莫不欣欣然，喜公之創建，然此猶人也。歲遇庚子，三冬無雪，春夏不雨，米價騰貴，百姓慌怖，公減膳撤懸，祈禱於永安寺，未幾而大雨淋灕，既霑既足，所謂至誠而不動者謂之有也。郡人氏沐公之意，戴公實深，故於公政之内略舉數端，刻銘於石，以垂不朽云。

重修永安寺碑记

【简介】

清代桂敬顺撰文。叙述作者于乾隆二十七年任官浑源时，率众重修永安寺的经过。

【碑文】

乾隆歲庚辰，余官渾之四年，訟少事稀，歲亦豐稔。州人來請曰：“州東郭永安寺者，元延祐初都帥高公定所建，爲州民歌祝祈禳之地。歷久荒古，恐遂至於泯滅，敢請命爲重修。”余念其誠，許之，并倡首捐金，州之人士咸歡喜布施。未旬日金錢畢集，迺量度舊址，圖畫今制，鳩工庀材，擇能而才者董其役，壬午冬十月工竣。寺凡五重，首初地，次護法殿、次大雄殿、次僧寮、次鐵佛舍正殿。左右爲翼殿，塑大士關壯繆像。兩廡各五楹，文武職官、慶賀班所、鼓樓鐘室次其下，護法殿左右爲方丈，爲過客堂。正殿設皇帝萬歲位，蓋黄瓦。規模閎敞，金碧陸離，端重尊嚴，居然一州之巨觀也。

有進説者曰："聞之佛以清净寂滅爲道，世界藏于針鋒，力量大於獅吼，耳目口鼻一着色相，無有是處。後世金粟莊嚴，珍寶供養，皆其徒弟子欺世誣民利爲己資耳。今寺之壯麗毋乃惑乎？"余曰："不然。佛者，彼土相尊之名，猶華言稱人爲聖耳。其始不知中國聖人之道，自立爲教，淪於虛無，其爲性情則一也。今其書具在，觀其所以，動静起居、講論訓誨之儀節，無大異於中國。且使佛果可以寒而不衣，飢而不食，則其露處而無藉乎宫室也。亦宜使寒不能無衣，飢不能無食。則今士庶之家，偶有賓朋至止，猶必净掃舍館，整潔供具，蔽其風雨，而後即安。豈有佛亦西土之尊，顧可使之樵牧爲鄰，糞秽相接，座生榛莽，階門翳翳，侍立左右，顛倒欹斜，作團蒲對泣之狀耶？余非有媚於佛而爲之也。"進説者曰："是則然矣。然吾聞渾土瘠而天寒，生物鮮少，無珍奇靈異之産，巨商富之資，喪葬冠婚悉仰人力。今一宇而費金數千，得毋傷民之財乎？"余曰："是又不然。渾自本朝定鼎以來，養瘡痍之殘喘，起老羸於溝壑，蠲減賦税，勸懇蒿萊，民生不見兵革之虞，閭閻各安耕鑿之業，百數十年於兹矣。凡人受一飯之恩者猶思報稱，况子子孫孫享國家數世之福哉。瞻就雲日則非地，歌頌功德則無其文，聊藉佛之一區，焚香頂禮，以申其願祝，其事簡而其意誠矣。且旱澇疾疫州亦時有，百姓易惑難曉，又將於此請禱焉。使禱而不應，彼固無損，使禱而或應，彼且謂佛信有法也。余又何必以知者所不信而阻愚者之必信哉？己卯春，鄰境荒歉，州菽麥騰貴，余勸捐平糶，聞者踵至，惟恐後時。不三日而設局大定，州民賴以毋困，是急公奮發，見義必爲。又州人之素風不獨於區區一寺也。"客解而退。因述以爲之記。

重修北岳行宫记

【简介】

清代宣枋撰文。叙述作者于乾隆末年任职浑源期间，重修北岳行宫的过程。

【碑文】

五嶽各峙一方，而乾坤之位以定，有奠安之象焉，有利澤之施焉。記曰：五嶽視三公，蓋隆其祀之之禮也。恒嶽在渾源城南十里，而近前代兼祭于曲陽。相傳，虞帝北巡遇雪，嶽有石飛于此，故祀焉。其説近誕。嘗考郡志，北魏都平城，即今之大同，金又謂之西京，改渾源縣爲州，南北既分，恒嶽已不屬于中夏。其祀于曲陽也，固宜。

本期中外一家，順治十七年釐正祀典，始建廟於嶽之北。恭逢國慶，旨特命大臣祭於斯土。城之南有廟，則明萬曆四十一年知州張述齡因祀事有缺而建之也。額曰"恒嶽行宫"，閲今二百餘載。雖經修葺，而規制未宏。前牧漢中嚴公慶雲，曾籌費議修，值遷擢去。余於乾隆甲辰春來莅兹郡，及今又十年。磚瓦不日就殘缺。幸歲稔人和，思完而拓之。咨詢於士民，僉有是心，遂捐貲爲之倡。寢宫後有樓，皆仍舊址新之。東西添置翼室，自正殿到山門與山門外之坊，則增而高大之。東偏爲八臘祠，並置更衣所。又于西偏建禪房，始於仲夏，成於仲秋。糜白金二千二百餘兩，煌煌奕奕，是可以妥恒岳之神矣。或曰："山之上既立廟，其下又爲行宫，不多此一舉乎？"余曰："不然，夫恒岳之靈無乎不在也。既近在州境，興雲降雨，其所以庇州民者獨多，則民之祀也，不容或疏。余曩爲華陰令，嘗登西嶽矣，高五千仞，梯石挽索而上其巔，大震撼。廟皆鑄鐵瓦，是豈可以數數至乎？故于北麓亦立廟，自漢至今，數千載無有异者。邇年，皇上特發帑金十二萬兩增飾舊觀，壯麗且勝于他處，州人祀恒岳於行宫，猶此意也，豈得謂多乎？况山之南峪對州城，而廟正當之，是一州之保障也。前之人非無識也，又豈可少乎？則行宫之修非以瀆神而實以衛民也。"

是爲記。

特任内务部部长浑源田君墓志铭

【简介】

中华民国16年（1927）立于浑源城北七里之海村田家老坟。“文化大革命”后，此志不知去向。今以遗存的影印件为依据，将此墓志铭排录。

田应璜（1865—1927），字子琮，浑源县海村人。清末举人。出仕后先任山西大学堂历史教授，后任湖北来凤、恩施县知县。中华民国成立后，任施鹤司令部参谋长、山西省都督府高等顾问，翌年当选为国会议员、参议院副院长。民国3年（1914）参与约法会议并修编清史。民国4年出任山西大学校长，民国6年出任山西督军阎锡山的驻京代表。民国8年任北洋政府教育总长（后因病辞退）。民国15年被任命为内务总长后以病辞退。民国16年病逝。他与奉系张作霖相交甚好，加之其子田汝庚与张学良在北大就读时结为盟兄弟，关系甚为密切，因而在晋奉合作击败国民军时，晋军从日本购买的军火，经奉天被张作霖扣留，不久经田应璜周旋归还，事后阎锡山给其酬银十万两，田将此款令长子田汝弼开发应县广济水利公司。田应璜逝世后，前来奔丧的各地军政大员不计其数，张作霖、阎锡山等二十多名高官送来挽幛，张作霖秘书长袁金铠撰写了墓志铭。

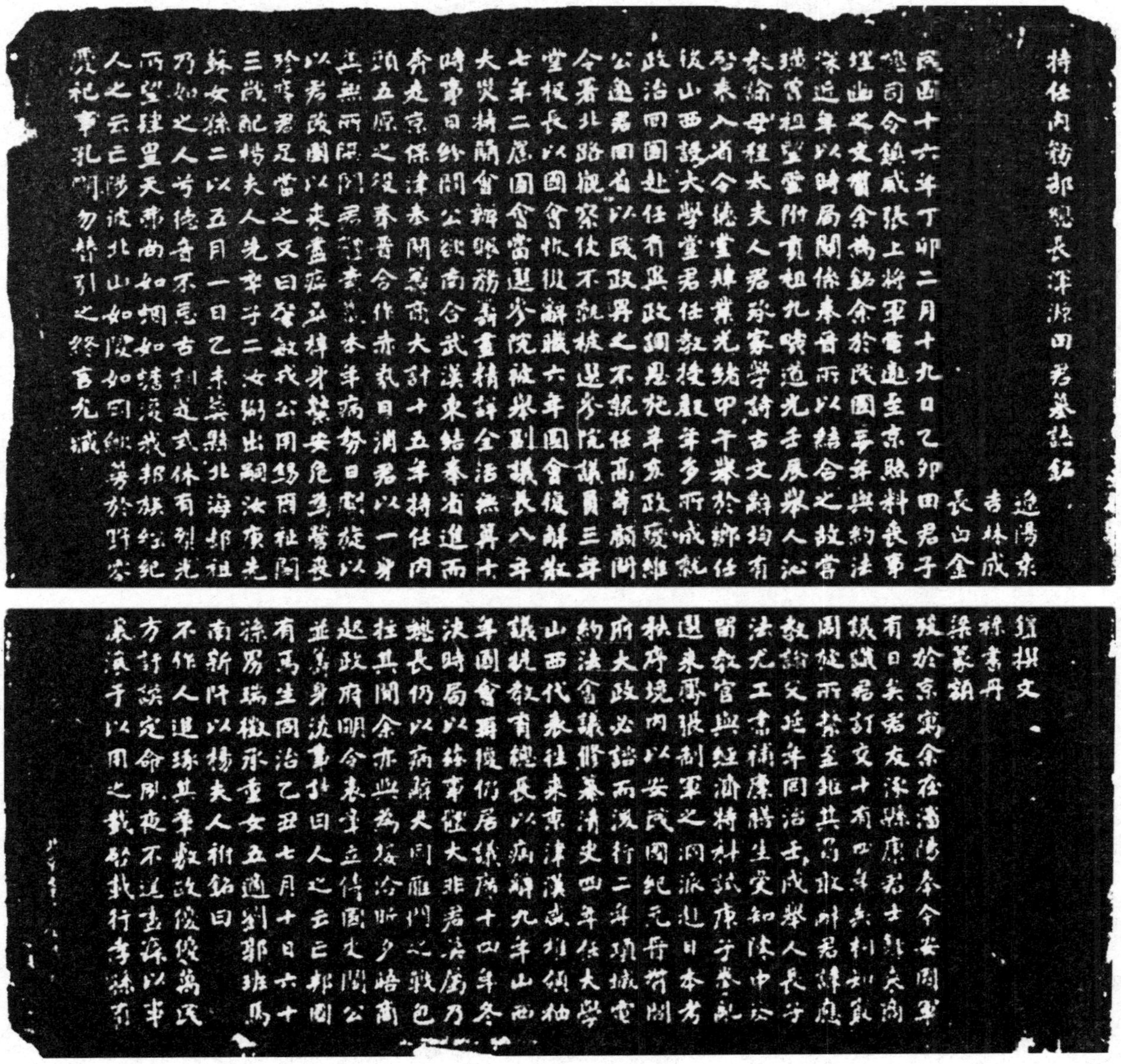

【志文】

特任内務部部長渾源田君墓誌銘

遼陽袁金鎧撰文

吉林成多禄書丹

長白金梁篆額

民國十六年丁卯二月十九日乙卯，田君子琮歿於京寓，余在瀋陽奉今安國軍總司令鎮威張上將軍電邀至京，照料喪事，葬有日矣。君友涿縣康君士鐸來商埋幽之文質，余爲銘余於民國三年與約法會議識君，訂交十有四年矣，相知最深。近年以時局關係，奉晋所以結合之故，嘗共周旋而繫至鉅，其曷敢辭。君諱應璜，曾祖聖靈，附貢。祖九疇，道光壬辰舉人，沁水教諭。父延年，同治壬戌舉人，長子教諭。母程太夫人。君承家學，詩、古文、辭均有義法，尤工書。補廩膳生，受知陳中丞啓泰，入省，令德堂肄業。光緒甲午舉於鄉，任屯留教官，與經濟特科試。庚子拳亂後，山西設大學堂，君任教授數年，多所成就。部選來鳳，張制軍之洞派赴日本考政治，回國赴任有異，政調恩施。辛亥政變，維持秩序，境内以安。民國紀元，晋督閻公聞君回省，以民政畀之，不就，任高等顧問，軍府大政必諮。而後行二年，項城電令署北路觀察使，不就。被選參院議員。三年，與約法會議修纂清史。四年，任大學堂校長，以國會恢復辭職。六年，國會復解散充山西代表，往來京津漢，咸推領袖。七年，二届國會當選參院，被舉副議長。八年，閣議提教育總長，以病辭。九年，山西大災，精簡會辦賑務，籌畫精詳，全活無算。十一年，國會再復，仍居議席。十四年冬，時事日紛，閻公欲南合武漢，東結奉省，進而解決時局。以兹事體大，非君莫屬，乃奔走京、保、津、奉間籌商大計。十五年，特任内務總長，仍以病辭。大同雁門之戰、包頭五原之役，奉晋合作赤誠日消，君以一身支柱其間。余亦與爲接洽，昕夕晤商，追無所隔閡。君體素歲本年，病勢日劇，旋以不起。政府明令表章立傳國史，閻公以君民國以來盡瘁桑梓，身繫安危，爲營喪葬並籌身後事。詩曰：人之云亡邦國殄瘁君足當之。又曰：肇敏戎公，用錫爾祉，閻公有寫。生同治乙丑七月十日，六十三歲。配楊夫人，先卒子二，汝弼出嗣，汝庚先□。孫男瑞、徵承。重女五，適劉、郭、班、馬、蘇，女孫二。以五月一日乙未葬縣北海邨祖塋南新阡，以楊夫人祔。銘曰：乃知之人兮，德音不忘，古訓是式，休有烈光。遐不作人，追琢其章。敷政優優，萬民所望。肄皇天弗尚，如□如塘。復我邦族，綱紀四方，訏謨定命，夙夜不遑。盡瘁以事，人之云亡，陟彼北山，如陵如岡。□於蓦野，零瀼瀼，于以用之，載啓載行。孝孫有慶，祀事孔明，勿替引之，終言尤臧。

北京李月庭鎸字

张殿元墓碑

【简介】

中华民国35年（1946）立于浑源县千峰岭乡鸽子峪村张家老坟，20世纪60年代被毁。

张殿元出生在一个小财主家庭，成年后他利用多年的积蓄创办起工商业。通过技术革新和严把质量关，打出“厚德成”白酒的品牌，远销华北、东北等地，成为晋北名重一时的富豪，并挂出“知足牌”。张殿元颇有经营头脑，为家乡工商业发展作出贡献。张殿元生于同治元年（1862），卒于1946年，享年84岁。逝世后葬礼十分隆重，陵寝也很讲究，所树石碑外建碑亭。

【碑文】

都府張翁殿元先生之墓

附录

一、未予录文的佚失石刻

1. **冀州地界碑** 东汉光和四年（181）立。

2. **保母窦太后碑** 太平真君元年（440）立。

3. **北魏太保录尚书事襄城王卢元墓碑** 太平真君三年（443）立，原在浑源县崞山。

4. **北魏恒山铭** 太平真君三年（443）立。

5. **唐李白醉草吓蛮书碑（汉文）** 约唐开元二十三年（735）立，原存州文庙藏经阁下。

6. **唐李白醉草吓蛮书碑（蒙古文）** 约唐开元二十三年（735）立，原存州文庙藏经阁下。

7. **水磨町曹姓地界碑** 辽重熙五年（1036）立。记载水磨町一曹姓大户共有土地2300亩。

8. **"塞北第一山"石匾** 约北宋元符初年（1098）立。

9. **状元刘撝墓志** 约为金世宗大定六年（1166）前后立。

10. **右丞相苏保衡墓志铭** 金大定七年（1167）立。

11. **北京转运使雷思"题龙山"诗碑** 约为金代承安四年（1199）前后立。

12. **刘京叔刘祁诗碑** 约为金代天兴三年（1235）立。

13. **龙山诗碑** 金大德年间（1149—1152）立。

14. **重修文庙碑** 元泰定年间（1324—1328）立，原存州文庙。

15. **魏玉峰、麻革为龙山所题诗碑** 金代天兴年间刻于龙山。

16. **状元刘撝为罗汉洞所题联"东恒宗西翠屏两山夹一峪峪中有水水打水磨团团转；南罗汉北悬空两寺隔一岭岭下起风风吹风铃铮铮响"** 金代题刻。

17. **应奉翰林刘从益墓志** 蒙古宪宗四年（1254）立。

18. **都元帅高定墓碑** 元代世宗至元二十五年（1288）立。

19. **集贤学士雷膺墓志铭** 元代大德元年（1297）立。

20. **"大元大德戊戌年九月薰日少中大夫大同路总管兼府尹孙拱来游，又武备侍丞诗酒谭州侍行"题刻** 元大德二年（1298）立。

21. **刘祁墓志铭** 元代翰林学士王磐撰书。

22. **浑源州刘氏世德碑** 元代诗词大家王恽撰。

23. **阴符经碑** 元代姚文谦书。

24. **明太祖诏旨碑** 明洪武三年（1370）立。

25. **玉泉寺界石碑** 约为明洪武五年（1372）前后立。

26. **布政使李彝墓碑** 明代英宗正统十三年（1448）立。

27. **布政使孙逢吉墓碑** 约为明代成化八年（1472）前后立。

28. **明代光禄丞张汝舟墓志** 约为明成化八年（1472）前后立。

29. **北岳恒山主篆刻碑** 明成化九年（1473）立。

30. **明守备施一淇诗碑** 约为明代成化末年立。

31. **岁贡生陕西白水县知县石叙墓碑** 明嘉靖四十五年（1566）立。

32. **修翠屏口大路碑记** 明万历十八年（1590）立。

33. **千古大龙山大云禅寺记** 明万历二十二年（1594）立。

34. **评事翟廷南墓志** 约为明代万历二十九年（1601）前后立。

35. **龙山寺石刻** 明万历三十七年（1609）立。

36. **赠知县翟蓬墓碑** 约为明万历三十九年（1611）立。

37. **秦圣喻草书诗碑** 约为明天启初年（1621）立。

38. **浑源州古兹辉诗碑** 明崇祯七年（1634）立。

39. **登恒山诗四首夜宿悬空寺一首** 明崇祯十二年（1639）立。

40. **草书“五言诗碑”** 明代立。
41. **浑源知州荣尔奇墓碑** 清顺治六年（1649）立。
42. **金鸡玉羊父子书法碑** 清康熙五十七年（1718）立，王先声题，子王勖书。
43. **双松寺重修碑** 约为清代乾隆初所立，碑刻永固寺、照壁寺、福音寺及本寺僧人36人。
44. **重修五峰山集仙观碑** 约为清代乾隆初年（1740）立。
45. **重修恒山庙碑** 清代乾隆三十年（1765）立。
46. **重修北岳恒山庙碑** 清乾隆三十年（1765）立，原存岳门湾。
47. **兵部右侍郎祭北岳碑** 清乾隆三十七年（1772）立，原存岳门湾。
48. **永安寺无字碑** 立碑时间不详。
49. **重修古关帝庙记** 清代乾隆四十七年（1782）立。
50. **殿山寺重修碑记** 约为清代乾隆末年（1794）立。
51. **榆社县教谕栗公雨亭碑铭** 约为清代道光初年立。
52. **重修北岳行宫碑** 清道光九年（1829）立，知州孔广培撰文，住持郭福海立，原存北岳行宫。
53. **李时青诗碑** 约为清代道光中期（1835）立。
54. **重修怀仁固须弥寺碑** 清代道光二十八年（1848）立。
55. **步元好问登恒山韵诗碑** 约为道光末年（1848）立。
56. **太仆寺卿张清元墓志** 清代咸丰九年（1859）立。
57. **进士侯昌龄墓碑** 清代同治末年（1873）立。
58. **皇帝遣大同镇总兵官刘光才祭北岳恒山之神碑** 清代光绪二十九年（1903）立。
59. **吕祖师降乩诗碑** 原存纯阳宫。
60. **金石专家麻国华墓碑** 公元1925年立于水磨町麻家老坟。

二、未予录文的佚失摩崖题刻楹联目录

1.翠屏 刻于金龙口西岩，字大数米，约为元代晚期所刻。
2.望宗 约为明初所刻，刻于悬空寺南岩壁。
3.浑源 明代洪武初年刻于浑源城城门洞顶壁，1946年解放浑源城后被毁。
4.拱极 约为明初所刻，刻于悬空寺南岩壁。
5.瞻汉云阁 明御使马监太监白忠书丹，刻于悬空寺顶壁。
6.青云独步 明代恒山道士孙训书丹，刻于悬空寺顶壁。
7.绝壁层楼 约为明代中期所刻，刻于悬空寺顶壁。
8.一局爛柯 明代胡从化书丹，刻于恒山琴棋台上。
9.太白遗迹 明御使王献臣书丹，刻于磁峡口。
10.风葫芦纨 明代张君祥书丹，刻于磁峡口。
11.夕阳岭 镌刻时间不详，刻于恒山飞石峰南得一庵处。
12.舍身崖 镌刻时间不详，刻于恒山飞石峰南姑嫂崖处。
13.峻极于天 镌刻时间不详，刻于恒山飞石窟处。
14.拱极浮桥 镌刻时间不详，刻于恒山飞石窟处。
15.一统山河 镌刻时间不详，刻于恒山会仙府处。
16.南观万国 镌刻时间不详，刻于恒山会仙府处。
17.云山耸秀 镌刻时间不详，刻于恒山会仙府处。
18.集仙洞 镌刻时间不详，刻于恒山会仙府处。
19.斗北一柱 镌刻时间不详，刻于恒山通元谷东岩。
20.金龙口 镌刻时间约为宋代以前，刻于悬空寺对面玄武峰西岩壁。
21.淮阴遗事 镌刻时间不详，刻于神溪村凤凰山南岩壁。
22.土桥铺村西牌楼的四副对联 2004年镌刻，2013年折毁。

南侧内柱联：
北岳形胜金戈铁马亘古战场歌壮士，
神州物华石壁禅宫冲天豪气扬高飞。
——晋富强撰文，丁义贤书丹

南侧外柱联：
北岳唯天唯大琼楼辉映塞上月，
翠屏悠地悠久烽台深锁云中山。
——张学文撰文，张宏德书丹

北侧内柱联：
凌空揽胜境，古城龟负蛇盘开蜃市，
南天谒云岩，玄岳峰雄阁险渺云天。
——贾宝撰文，殷宪书丹

北侧外柱联：
壮观北岳恒山双峰拱极连紫塞，
奇险悬空古刹三教朝宗卧云霄。
——白明星撰文，尹俊成书丹

（作为浑源的北大门，牌楼的四副楹联，在县委、县政府指导下，由恒山文化研究会精心操作，其题书为天下游子所乐道，遗憾的是于2013年折毁）

三、分时代统计表

时　代	统计数量	
	现　存	佚　失
北魏	0	1
唐	3	3
辽	2	0
宋	0	2
金	5	1
元	19	4
明	92	30
清	184	23
中华民国	20	2
中华人民共和国	94	0
纪年不详	24	0
总　计	443	66

四、分类统计表

类　别	统计数量	
	现　存	佚　失
记事类	224	60
乡规民约类	3	0
墓志墓表墓志铭类	45	5
烈士纪念碑类	17	0
匾额楹联类	22	0
题刻题诗类	94	0
摩崖石刻类	20	0
其他类	18	1
总　计	443	66

索　引

一、纪事类

●现存石刻

北岳行宫碑（唐贞观十九年）……（六）
大辽国应州彰国军浑源县永固山寺创建碑（辽太平年间）……（九）
悬空寺记（金大定十六年）……（一二）
大金国应州浑源县上盘铺十方宝兴禅院殿记铭（金明昌七年）……（一五）
悟常公法师身后作斋记（金泰和五年）……（一七）
圣施地碑记（金正大元年）……（一八）
大永安禅寺铭（元至元三十一年）……（一九）
大元正议大夫浙西道宣慰使兼行工部事浑源孙公先茔碑铭（元大德三年）……（二〇）
神川先进登科记（元至大三年）……（三〇）
大元浙西道宣慰使行工部事孙公碑铭（元至大四年）……（三三）
元成宗御祀神道碑铭（元延祐六年）……（三五）
重修古北岳庙碑（明洪武十三年）……（五八）
礼部钦依出榜晓示郡邑学校生员碑（明洪武十五年）……（六一）
浑源州重修北岳庙记（明成化五年）……（六六）
北岳神公昭感碑（明成化七年）……（六八）
重修龙山大云兴隆禅寺记（明成化七年）……（七〇）
重修云岩寺碑记（明成化八年）……（七二）
祈雨有感碑记（明成化十五年）……（七四）
增修云岩禅寺记（明弘治元年）……（八〇）
浑源古北岳飞石窟记（明弘治七年）……（八四）
大成门上梁文（明弘治十一年）……（八七）
重修香岩寺记（明正德十五年）……（九〇）
浑源州千佛洞志（明嘉靖十年）……（九二）
重修乱岭关林泉寺记（明嘉靖十三年）……（九三）
竭诚趋谒北岳大帝碑（明嘉靖二十五年）……（九八）
圣用北岳玄芝碑记（明嘉靖四十五年）……（一〇三）
温泉碑（明隆庆元年）……（一〇四）
恒山复还天巧洞记（明万历六年）……（一〇八）
还元洞记（明万历六年）……（一一〇）
创建圣母行宫楼记（明万历七年）……（一一三）
碑记（明万历十三年）……（一二〇）
重修孙膑寨玄都观碑记（明万历二十三年）……（一二五）
北岳庙新贮道大藏经记（明万历二十七年）……（一二八）

磁窑口修道重修悬空寺山门碑记（明万历三十二年） ……………………………………………… （一三一）
王庄堡南城门门洞西壁碑记（明万历三十二年） …………………………………………………… （一三二）
北岳庙昭感碑记（明万历三十二年） ……………………………………………………………… （一三三）
恒山庙烛会碑（明万历四十四年） ………………………………………………………………… （一三六）
祀雨碑记（明万历四十五年） ……………………………………………………………………… （一三七）
五方德道行雨龙王神位碑（明天启三年） ………………………………………………………… （一四五）
东岩刹修建碑记（明天启四年） …………………………………………………………………… （一四七）
舍地碑记（明天启六年） …………………………………………………………………………… （一五二）
迎神词送神词碑（明崇祯年间） …………………………………………………………………… （一六一）
御祭北岳恒山之神碑（清顺治十八年） …………………………………………………………… （一七〇）
北岳恒山庙记（清顺治十八年） …………………………………………………………………… （一七一）
"化垂悠久"碑（清康熙初年） ……………………………………………………………………… （一七五）
恒山永革陋规碑记（清康熙六年） ………………………………………………………………… （一七六）
重修恒山十王庙记（清康熙十三年） ……………………………………………………………… （一七七）
重修白龙祠记（清康熙十四年） …………………………………………………………………… （一七八）
创建羽化堂记（清康熙十六年） …………………………………………………………………… （一八〇）
进蜡会引（清康熙二十一年） ……………………………………………………………………… （一八三）
重修恒山岳庙碑记（清康熙二十四年） …………………………………………………………… （一八四）
永安寺置造供器记（清康熙二十六年） …………………………………………………………… （一八六）
皇帝遣内阁四品侍读学士王国昌致祭于北岳恒山之神碑（清康熙二十七年） ………………… （一八八）
重修龙山寺碑记（清康熙三十三年） ……………………………………………………………… （一九〇）
皇帝遣户部右侍郎贝和诺致祭于北岳恒山之神碑（清康熙三十六年） ………………………… （一九一）
重修罗汉寺圣像碑记（清康熙三十九年） ………………………………………………………… （一九二）
皇帝遣内阁侍读学士加六级卢起隆致祭于北岳恒山之神碑（清康熙四十二年） ……………… （一九三）
重修关帝庙碑记（清康熙四十三年） ……………………………………………………………… （一九四）
皇帝遣太常寺卿加五级李敏启致祭于北岳恒山之神碑（清康熙五十二年） …………………… （一九六）
皇帝遣国子监祭酒李周望致祭于北岳恒山之神碑（清康熙五十八年） ………………………… （一九八）
皇帝遣都察院左副都御史伊特海致祭于北岳恒山之神碑（清雍正元年） ……………………… （一九九）
重修怀仁固碑记（清雍正八年） …………………………………………………………………… （二〇〇）
修理山岭道路碑志（清雍正十年） ………………………………………………………………… （二〇二）
重修大石堂寺碑记（清雍正十一年） ……………………………………………………………… （二〇四）
板方寺房地产碑铭（清乾隆初年） ………………………………………………………………… （二〇五）
白龙王堂焚修之资碑记（清乾隆初年） …………………………………………………………… （二〇六）
重修大墙耳楼碑记（清乾隆十二年） ……………………………………………………………… （二一一）
旧碑记（清乾隆十二年） …………………………………………………………………………… （二一三）
皇帝遣日讲起居注官翰林院侍讲学士龚渤致祭于北岳恒山之神碑（清乾隆十四年） ……… （二一四）
皇帝遣詹事府詹事兼翰林院侍读学士苏楞烜致祭于北岳恒山之神碑（清乾隆十七年） … （二一五）
重建白龙神祠碑记（清乾隆十九年） ……………………………………………………………… （二一六）
皇帝遣詹事府詹事兼翰林院侍读学士温敏致祭于北岳恒山之神碑（清乾隆二十年） ……… （二一八）
板方寺重修碑记（清乾隆二十四年） ……………………………………………………………… （二一九）
重修西岩寺碑记（清乾隆二十六年） ……………………………………………………………… （二二一）
皇帝遣太仆寺少卿觉罗志信致祭于北岳恒山之神碑（清乾隆二十七年） ……………………… （二二二）
修建浑源州城墙碑记（清乾隆三十二年） ………………………………………………………… （二二三）
重修乐楼碑记（清乾隆三十二年） ………………………………………………………………… （二二四）

移造乐楼起建灶房碑记（清乾隆三十七年）……（二二五）
重修千佛洞寺碑记（清乾隆三十八年）……（二二六）
重修碑记（清乾隆三十九年）……（二二八）
皇清敕授征仕郎原任江西广信府玉山县左堂人龙穆公碑序（清乾隆四十二年）……（二三一）
重修灯山楼拣补庙宇创造古桥序（清乾隆四十三年）……（二三三）
监立施地捐资碑记（清乾隆四十四年）……（二三五）
重建茶庵记（清乾隆四十七年）……（二三七）
重修云峰寺碑记（清乾隆四十七年）……（二三九）
重修关帝庙碑记（清乾隆四十七年）……（二四一）
重修律吕庙墙房院碑文序（清乾隆四十八年）……（二四三）
重修碑记（清乾隆五十一年）……（二四五）
买地布施碑记（清乾隆五十四年）……（二四七）
重修观音殿碑记（清乾隆五十八年）……（二五一）
重修龙神庙碑记（清乾隆五十八年）……（二五二）
重修罗汉洞碑记（清乾隆六十年）……（二五三）
重修碑记（清乾隆六十年）……（二五七）
御祭碑文（清嘉庆元年）……（二五八）
穆公碑记（清嘉庆二年）……（二五九）
建修文昌阁碑记（清嘉庆三年）……（二六一）
创修三官庙碑记（清嘉庆三年）……（二六三）
重修千佛洞碑记（清嘉庆六年）……（二六四）
重修乱岭关林泉寺（清嘉庆九年）……（二六七）
御祭碑文（清嘉庆十四年）……（二七〇）
祀岳碑（清嘉庆十四年）……（二七一）
重修黑石寺碑序（清嘉庆十四年）……（二七三）
塔儿村创建关帝文昌魁星观音五谷马王庙记（清嘉庆十九年）……（二七八）
重修神山寨庙宇碑记（清嘉庆十九年）……（二八〇）
皇帝遣太常寺少卿桂龄致祭于北岳恒山之神碑（清嘉庆二十四年）……（二八二）
重修北岳恒山庙记（清嘉庆二十四年）……（二八五）
善施碑记（清道光元年）……（二八七）
重修北岳恒山绅士行户布施碑记（清道光初年）……（二八九）
创建观音殿奎星楼碑记（清道光三年）……（二九一）
用垂永久碑（清道光初年）……（二九三）
显考碑铭并序（清道光五年）……（二九四）
布施碑（清道光七年）……（二九七）
重修北岳恒庙记（清道光七年）……（二九九）
重修千佛洞观音阁钟鼓楼并南北庙碑记（清道光七年）……（三〇〇）
皇帝遣大同镇总兵官刘国庆致祭于北岳恒山之神碑（清道光九年）……（三〇二）
常康侯公教泽碑（清道光十年）……（三〇三）
关帝庙建修碑记（清道光十一年）……（三〇四）
文庙补栽树木记（清道光十五年）……（三〇六）
增置恒麓书院经费记（清道光十五年）……（三〇七）
皇帝遣山西太原镇总兵官台费音致祭于北岳恒山之神碑（清道光十六年）……（三〇八）
谨叙好善乐施两次救荒赈济碑志（清道光十七年）……（三〇九）

"德建"碑（清道光二十年） ……（三一四）
建修文昌奎星朱衣阁钟鼓楼南北禅房碑序（清道光二十年） ……（三一六）
皇帝遣大同府理事同知兴龄谕祭于晋赠太子太保衔原任河东河道总督栗毓美之碑（清道光二十年） ……（三一八）
新阡祔葬条说（清道光二十三年） ……（三二七）
司土之神碑（清道光二十四年） ……（三三〇）
重修圆觉寺碑记（清道光二十五年） ……（三三二）
皇帝遣大同镇总兵积庆致祭于北岳恒山之神碑（清道光二十六年） ……（三三三）
重修罗汉洞碑记（清道光二十八年） ……（三三六）
重修碑序记（清道光二十九年） ……（三四〇）
皇帝遣山西太原镇总兵乌勒欣泰致祭于北岳之神碑（清道光三十年） ……（三四一）
重修龙神庙碑志（清道光三十年） ……（三四二）
重修白龙王堂各庙新建魁星庙碑志（清道光三十年） ……（三四四）
城内各乡众善士捐建碑（清道光末年） ……（三四六）
重修三岭关帝庙记（清咸丰元年） ……（三五二）
皇上遣山西太原镇总兵乌勒欣泰致祭于北岳之神碑（清咸丰二年） ……（三五六）
重修马王庙等碑记（清咸丰四年） ……（三五七）
好义碑（清咸丰七年） ……（三六〇）
皇帝遣大同镇总兵庆德致祭于北岳恒山之神碑（清咸丰十年） ……（三六一）
整创重修碑文（清咸丰十一年） ……（三六二）
重修□□三官真武新建牛马王财福祠序（清同治元年） ……（三六四）
关帝庙重建碑记（清同治二年） ……（三六五）
布施碑（清同治二年） ……（三六七）
创修三圣祠并重修钟鼓楼戏房马厩碑志（清同治二年） ……（三六九）
重修悬空寺碑文（清同治三年） ……（三七一）
大清同治三年重修复上布施芳名碑（清同治三年） ……（三七三）
致祭恒山碑文（清同治四年） ……（三七六）
修建城隍庙开销碑记（清同治五年） ……（三七八）
悬空寺布施碑志（清同治五年） ……（三八〇）
重修云峰寺二旃碑序（清同治六年） ……（三八三）
重修恒岳行宫碑记（清同治六年） ……（三八五）
北岳庙碑（清同治十二年） ……（三八九）
龙神庙关帝庙白衣殿鹿鸣山崇福寺三官庙财神庙城神庙重修碑记（清同治十三年） ……（三九一）
重修马王庙碑志（清同治十三年） ……（三九二）
皇帝遣大同总兵马陞致祭于北岳之神碑（清光绪元年） ……（三九三）
捐资芳名碑记（清光绪二年） ……（三九五）
万古流名布施碑（清光绪初年） ……（四〇〇）
重修碑志（清光绪初年） ……（四〇二）
改建庙碑序（清光绪四年） ……（四〇三）
重修关帝庙钟鼓楼并彩画庙宇碑记（清光绪五年） ……（四〇四）
重修创修□□碑志（清光绪五年） ……（四〇六）
修缮千佛寺捐资芳名碑（清光绪六年） ……（四〇八）
重修财神庙碑记（清光绪六年） ……（四一〇）
重修大云寺记（清光绪六年） ……（四一二）

重修碑记（清光绪七年） ……………………………………………………（四一三）
重修千佛洞碑志（清光绪七年） ……………………………………………（四一五）
建庙布施碑（清光绪七年） …………………………………………………（四一七）
贞元会纪事碑（清光绪八年） ………………………………………………（四一九）
贞元胜会碑记（清光绪十二年） ……………………………………………（四二二）
重修三清殿文昌魁星朱衣阁纯阳宫白衣殿碑志（清光绪十六年） …………（四二五）
万善同归碑（清光绪十六年） ………………………………………………（四二六）
皇帝遣山西太原镇总兵署理大同镇总兵官林成兴致祭于北岳之神碑（清光绪十六年） …（四二八）
皇帝遣总兵署理山西大同镇总兵官刚勇巴图鲁沈玉贵致祭于北岳之神碑（清光绪二十一年）
……………………………………………………………………………………（四三一）
万善同归碑记（清光绪二十一年） …………………………………………（四三二）
纪事碑（清光绪二十一年） …………………………………………………（四三三）
诰授中宪大夫晋赠通议大夫子□赵老先生德泽碑（清光绪三十一年） ………（四三六）
皇帝遣大同镇总兵官孔庆瑭致祭于北岳之神碑（清光绪三十一年） …………（四四〇）
重修上塔圪枝村各庙碑记（清光绪三十一年） ……………………………（四四三）
大云寺议定条规碑记（清光绪末年） ………………………………………（四四六）
重修大云寺禅堂并改良庙规记（清宣统元年） ……………………………（四四八）
大磁窑村初等小学堂捐款碑记（清宣统三年） ……………………………（四四九）
重修叹士峪口石坝碑记（清宣统三年） ……………………………………（四五〇）
重修垛河口石桥碑记（中华民国4年） ……………………………………（四五六）
重修白龙王堂各庙碑志（中华民国5年） …………………………………（四六〇）
重修云峰寺碑志（中华民国7年） …………………………………………（四六五）
重修律吕神祠暨戏楼碑记（中华民国14年） ………………………………（四七四）
岳灵示晋而胜致祭恒山之碑（中华民国22年） ……………………………（四八〇）
二岭村增建五谷财福神娘娘诸神庙记（中华民国23年） …………………（四八一）
重修碑记（中华民国25年） …………………………………………………（四八五）
霞客亭碑记（1986年） ………………………………………………………（四九八）
重修会仙府神像碑记（1994年） ……………………………………………（五〇四）
重建恒山山门碑记（1995年） ………………………………………………（五〇五）
重修园序（1997年） …………………………………………………………（五〇六）
重修广华山关帝庙碑记（1999年） …………………………………………（五一五）
北岳恒山龙泉观重修碑记（2000年） ………………………………………（五一八）
重修龙山大云寺碑记（2000年） ……………………………………………（五二〇）
文殊塔碑记（2000年） ………………………………………………………（五二二）
果老望岳亭记（2000年） ……………………………………………………（五二五）
圣水龙潭碑（2001年） ………………………………………………………（五二六）
西辛庄财神庙修建钟鼓楼记（2001年） ……………………………………（五二七）
城关关帝庙重修碑记（2002年） ……………………………………………（五二九）
重建西关街记（2002年） ……………………………………………………（五三〇）
重修真武庙碑记（2003年） …………………………………………………（五三二）
重修关帝庙娘娘殿碑记（2004年） …………………………………………（五三六）
重修翠屏寺碑记（2004年） …………………………………………………（五三七）
翠屏寺佛像开光庆典碑记（2004年） ………………………………………（五三八）
栗毓美碑记（2005年） ………………………………………………………（五四七）

新建云龙善和寺碑记（2005年）……（五五四）
西辛庄财神庙重修碑记（2005年）……（五五五）
重修龙山大云寺文殊殿记（2006年）……（五五八）
张果老碑记（2007年）……（五六五）
重修龙华寺碑记（2008年）……（五七一）
古坝遗址（2008年）……（五七二）
柳河园志（2008年）……（五七四）
龙泉寺悦殊菩萨圣象开光碑记（2008年）……（五七五）
重建白龙王庙碑记（2010年）……（五八九）
麻庄新农村建设碑记（2011年）……（五九七）
修复文昌阁老君庙碑记（2011年）……（五九九）
龙山大云寺修缮委员会名单（2014年）……（六〇三）
玄武亭记（2014年）……（六〇五）
不准再行考试碑记（纪年不详）……（六一〇）
北极阁化缘碑（纪年不详）……（六一一）
重修三岭关帝庙碑记（纪年不详）……（六一三）
捐资花名碑（纪年不详）……（六一五）

●佚失石刻

祭北岳文（北魏太和十八年）……（六三一）
北岳府君之碑（唐开元九年）……（六三一）
祀岳题名（唐中和五年）……（六三二）
祀北岳祠碑（唐光化初年）……（六三二）
重修北岳庙碑铭（宋代）……（六三三）
御制醮告恒岳文（宋大中祥符八年）……（六三五）
大茂山总真洞修殿记（金太和四年）……（六三五）
祀恒岳记（元至正十一年）……（六三六）
重修庙学记（元代）……（六三七）
重修律吕神祠记（元代）……（六三七）
孙公亮碑铭（元代）……（六三八）
明太祖遣祀恒岳祠记（明洪武二年）……（六三八）
致和亭记（明弘治六年）……（六四〇）
祈祷马灾告岳文（明弘治十四年）……（六四〇）
重修庙学记（明代）……（六四一）
重修庙学记（明代）……（六四一）
创建魁楼记（明代）……（六四二）
重修庙学记（明代）……（六四二）
增修砖城记（明代）……（六四三）
重修城隍庙记（明代）……（六四四）
重修城隍庙记（明代）……（六四四）
重修城池记（明代）……（六四五）
重修真武庙记（明代）……（六四五）
重修二神祠碑记（明代）……（六四六）
天赐禅林记（明代）……（六四七）

重立壮观碑记（明代）……（六四七）
重修北岳庙碑铭（明代）……（六四八）
重修北岳庙碑铭（明代）……（六四八）
古迹温泉碑（明代）……（六四九）
重修王庄堡白马寺等碑记（明万历三十三年）……（六五〇）
恒山记（明代）……（六五一）
奉使祭岳文（明代）……（六五一）
祷雨祭谢北岳文（明代）……（六五二）
祷雨祭谢北岳文（明代）……（六五二）
谢雨告祭北岳文（明代）……（六五二）
祭北岳文（明代）……（六五三）
祭谒北岳文（明代）……（六五三）
祭北岳文（明代）……（六五三）
谒北岳文（明代）……（六五四）
祭谒北岳文（明代）……（六五四）
用祭北岳文（清顺治八年）……（六五四）
祭北岳文（清乾隆十三年）……（六五五）
祭北岳文（清乾隆十五年）……（六五五）
恒麓书院记（清乾隆二十三年）……（六五五）
霜神祠记（清乾隆二十五年）……（六五六）
遣兵部右侍郎蒋元益祭北岳文（清乾隆三十七年）……（六五六）
遣大理寺卿尹嘉铨祭北岳文（清乾隆四十一年）……（六五六）
祭北岳文（清乾隆五十年）……（六五七）
遣内阁学士李潢祭北岳文（清乾隆五十五年）……（六五七）
遣通政使司通政使陈霞蔚祭北岳文（清嘉庆五年）……（六五七）
遣山西太原镇总兵官奇成额祭北岳文（清嘉庆二十五年）……（六五八）
遣山西太原镇总兵官奇成额祭北岳文（清道光元年）……（六五八）
龙盆峪关帝庙重修碑志（清道光九年）……（六五九）
遣山西城守尉庆瑞祭北岳文（清同治元年）……（六五九）
金鱼池记（清光绪四年）……（六五九）
郡守郎公仁政记（清代）……（六六〇）
郡守完公修建城署碑记（清代）……（六六一）
郡侯张公德政碑记（清代）……（六六三）
重修永安寺碑记（清代）……（六六三）
重修北岳行宫记（清代）……（六六四）

二、乡规民约类

●现存石刻

永革陋规碑记（清康熙二十年）……（一八二）
立合同碑志（清咸丰元年）……（三五一）
遵断勒碑（清同治五年）……（三七七）

三、墓志墓表墓志铭类

●现存石刻

孙公亮墓志铭（元大德四年）……（二三）
有元故大中大夫益都路总管兼府尹本路诸军奥鲁总管管内劝农事赠正奉大夫大司农上护军追封神川郡公谥文庄孙公神道碑铭（元大德十年）……（二五）
大元故武略将军武备寺丞孙公神道碑铭（元至大三年）……（二八）
大元故正议大夫浙西道宣慰使赠资德大夫中书右丞上护军神川郡公谥正宪孙公之墓（元至大四年）……（三二）
大元故保定等路军器人匠提举孙君墓碑有序（元延祐六年）……（三八）
故权千户孙君墓碣（元泰定元年）……（四一）
善士孙君墓碣（元泰定元年）……（四三）
孙四翁墓碣铭（元泰定元年）……（四五）
神川郡善士孙公墓碑（元天历三年）……（五〇）
河东山西道宣慰副使孙公墓碑（元元统三年）……（五一）
玄德真人墓碑（元至正三年）……（五二）
儒林郎同知磁州李公墓（明嘉靖二十四年）……（九六）
迪功郎盩厔县丞李公墓（明万历二十三年）……（一二三）
李公墓碑（明万历四十六年）……（一四二）
皇清诰封征仕郎原江西广信府安义县县丞廷琢穆公墓志铭（清乾隆十一年）……（二〇九）
郭玉佩墓碑（清嘉庆八年）……（二六五）
黄启元夫妇墓碑（清嘉庆十年）……（二六九）
郭士英马氏墓碑（清嘉庆十九年）……（二七七）
荣赠介宾曾祖翟士珠孺人徐陈氏墓铭（清道光六年）……（二九五）
修职郎王溥安人张氏之墓碑（清道光二十年）……（三一三）
栗恭勤公神道碑铭（清道光二十年）……（三一九）
栗恭勤公偕吴夫人合葬墓碑（清咸丰元年）……（三四九）
例赠修职郎显考郭翁讳士伟例赠孺人显妣郭门□氏李氏墓志（清咸丰二年）……（三五四）
诰封武略骑尉显考郭翁讳士俊安人显妣郭门安氏孟氏墓碑（清咸丰二年）……（三五五）
黄万清墓志（清咸丰五年）……（三五九）
黄老府君及夫人墓碑（清光绪九年）……（四二〇）
圆寂大禅师照立超诸墓志（清光绪十四年）……（四二四）
武德骑尉郭增及孺人墓志（清光绪十八年）……（四二九）
温天佑及夫人墓志碑（清光绪二十一年）……（四三〇）
王憬元及夫人郝氏墓志（清光绪二十六年）……（四三四）
兰州府知府栗烜墓碑（清光绪三十年）……（四三五）
穆维岐墓志铭（清光绪三十一年）……（四四一）
朝议大夫栗国华及夫人合葬墓（清光绪三十三年）……（四四五）
武德骑尉郭文忠及夫人冯氏麻氏墓志（清宣统三年）……（四五二）
程兆元与夫人葛氏之墓碑（清代）……（四五二）
清四品封衔例贡生薛於唐先生墓志铭（中华民国 5 年）……（四五八）
湖北布政使司栗耀与孙夫人合葬墓（中华民国 7 年）……（四六三）
中宪大夫栗国贤与夫人合葬墓碑（中华民国 10 年）……（四六七）

奉政大夫栗恩浩与宜人姚夫人合葬墓碑（中华民国10年） ……（四六九）
修职郎栗恩源与夫人合葬墓碑（中华民国10年） ……（四七一）
朝议大夫栗国良与张夫人合葬墓碑（中华民国10年） ……（四七二）
苏皖候补府经历栗恩鸿与夫人合葬墓碑（中华民国10年） ……（四七三）
云蒙山弟子道恒之墓（1989年） ……（五〇三）
恒山道长墓碑（纪年不详） ……（六一二）
无题墓碑（纪年不详） ……（六一四）

●佚失石刻

张凤鸣墓碑（清嘉庆二十五年） ……（六五七）
法缄大师墓碑（约清嘉庆二十五年） ……（六五八）
栗恭勤公墓志铭（清代） ……（六六一）
特任内务部部长浑源田君墓志铭（中华民国16年） ……（六六五）
张殿元墓碑（中华民国35年） ……（六六六）

四、烈士纪念碑类

●现存石刻

白草湾烈士纪念碑（中华民国30年） ……（四八七）
穆岳烈士纪念碑（1989年） ……（五〇〇）
故烈士祝秉礼名留恒岳纪念碑（1997年） ……（五〇七）
故烈士丁莹永传后世纪念碑（1997年） ……（五〇八）
故烈士牛文斗永垂青史纪念碑（1997年） ……（五〇九）
故烈士李子清名流千古纪念碑（1997年） ……（五一〇）
故烈士穆岳永垂不朽纪念碑（1997年） ……（五一一）
故烈士吕士杰名壮千秋纪念碑（1997年） ……（五一二）
唐庄村一九三八年农历正月十二日大惨案受害者纪念碑（2008年） ……（五六八）
“烈士陵园”题刻（2008年） ……（五七三）
抗日战争人民解放战争殉难烈士塔（2008年） ……（五七九）
革命烈士纪念碑（2010年） ……（五九〇）
烈士陵园牌匾（2010年） ……（五九一）
新建烈士陵园记（2011年） ……（五九三）
曹旺烈士纪念碑（2011年） ……（五九四）
魏安邦烈士纪念碑（2011年） ……（五九五）
白克敬烈士纪念碑（2011年） ……（五九六）

五、匾额楹联类

●现存石刻

罗汉洞石刻楹联（明洪武三年） ……（五七）
石刻柱联（清道光初期） ……（二八八）
栗氏佳城石匾（清道光二十年） ……（三二三）
栗家坟牌楼联语石匾（清道光二十年） ……（三二四）
石刻楹联（清道光二十年） ……（三二六）

"云路"石匾（清道光二十六年）……（三三四）
"龙门"石匾（清道光二十六年）……（三三五）
石刻坟联（清光绪初年）……（三九四）
晴远楼楹联（中华民国初年）……（四五五）
"礼拜堂"门匾（中华民国5年）……（四六二）
"英烈迹"匾额（1950年）……（四九三）
"智源轩"匾额（1985年）……（四九七）
"北岳恒山"匾额（1998年）……（五一四）
"绝塞胜境"匾额（1998年）……（五一四）
北岳恒山牌楼石匾（2000年）……（五二三）
"云峰峡谷"匾额（2000年）……（五二四）
恒安牌楼楹联（四副）（2001年）……（五二八）
"恒山书画院"匾额（2003年）……（五三五）
永怀堂石柱楹联（2005年）……（五五六）
"砺园""花石真如"牌匾（2007年）……（五六三）
"德贞惠诚"匾额（2007年）……（五六七）
"上善若水"牌匾（2008年）……（五七八）

六、题刻题诗类

●现存石刻

"壮观"碑（唐代）……（七）
"起建禅窑岩"题刻（辽太康三年）……（一一）
"上天眷命"碑（元皇庆元年）……（三四）
"云边觉岸"题刻（元至正末年前后）……（五三）
"登恒十韵"诗碑（明永乐十六年）……（六三）
"恒宗"题刻（明成化二十年）……（七六）
"悬空寺"题刻（明成化二十一年）……（七九）
"会仙府"题刻（明弘治七年）……（八三）
"介石"题刻（明弘治八年）……（八六）
谒北岳诗碑（明正德元年）……（八八）
登恒山四首夜登悬空寺一首诗碣（明正德十四年）……（八九）
吴耐庵题刻（明嘉靖二十年）……（九四）
"奇观"石刻（明嘉靖二十年）……（九五）
谒北岳次韵（明嘉靖二十七年）……（九九）
孟秋登恒岳（明嘉靖二十九年）……（一〇〇）
"一德峰"题刻（明嘉靖三十二年）……（一〇一）
"拱辰"题刻（明嘉靖三十五年）……（一〇二）
"早过悬空寺"诗碣（明万历四年）……（一〇五）
"天开神秀"题刻（明万历六年）……（一〇七）
"登恒岳用前人韵"诗碑（明万历七年）……（一一二）
"石壁凌云"题刻（明万历十年）……（一一八）
"灵山耸秀"题刻（明万历十三年）……（一一九）
"昆仑首派"题刻（明万历十四年）……（一二一）

"达观"碑（明万历十八年） ……（一二二）
"公输天巧"题刻（明万历二十三年） ……（一二七）
"悟道遗迹"题刻（明万历三十五年） ……（一三五）
"云中胜览"题刻（明万历四十四年） ……（一三五）
"灵宫显应"题刻（明万历四十五年） ……（一三八）
"路接天衢"题刻（明万历四十五年） ……（一三九）
"天台境界"题刻（明万历四十五年） ……（一四〇）
"苍翠常新"题刻（明万历四十五年） ……（一四一）
"果老仙踪"题刻（明万历四十七年） ……（一四三）
雨中过悬空寺诗碑（明天启初年） ……（一四四）
登悬空寺诗碣（明天启初年） ……（一四六）
恒岳路草诗碑（明天启五年） ……（一四九）
"第一峰"题刻（明天启六年） ……（一五四）
恒山二首诗碑（明天启七年） ……（一五五）
"天地大观"题刻（明天启七年） ……（一五六）
"绝地通天"题刻（明崇祯元年） ……（一五七）
"天下巨观"刻石（明崇祯六年） ……（一五八）
"腾云皈梦"题刻（明崇祯六年） ……（一五九）
"名利心灰"题刻（明崇祯七年） ……（一五九）
悬空寺诗碣（明崇祯七年） ……（一六〇）
"清气台"石刻（明末） ……（一六三）
"千岩竞秀，万壑争流"题刻（明代） ……（一六四）
"玄空岩"题刻（明代） ……（一六五）
"万木阴森"题刻（明代） ……（一六六）
"玄空阁"题刻（明代） ……（一六六）
陪祀恒山诗碣（清康熙二十九年） ……（一八九）
颂岳诗碑（清康熙五十七年） ……（一九七）
"耸翠流丹"题刻（清乾隆三十九年） ……（二三〇）
登岳一首同黄正夫刺史作诗碣（清乾隆五十五年） ……（二四九）
恒山诗碑（清嘉庆二十四年） ……（二八三）
恒岳诗碣（清嘉庆二十四年） ……（二八六）
"雄秀"题刻（清光绪十一年） ……（四二一）
"恒岳山图"题刻（中华民国 21 年） ……（四七九）
"圆浑雄厚"题刻（中华民国 24 年） ……（四八四）
北岳恒山山门石刻（1982 年） ……（四九四）
"北岳恒山"题刻（1982 年） ……（四九五）
中国北岳恒山图题刻（1999 年） ……（五一七）
登恒岳（2003 年） ……（五三四）
登恒山（2004 年） ……（五三九）
登恒岳（2004 年） ……（五四〇）
登恒山（2004 年） ……（五四一）
"协翔"题刻（2006 年） ……（五六〇）
"悬空寺"石刻（2007 年） ……（五六一）

"石趣"题刻（2007年） …………（五六四）
"云抱幽石"题刻（2008年） …………（五七七）
"厚德励志"刻石（2008年） …………（五八六）
"悟"字刻石（2009年） …………（五八七）
"和"字刻石（2009年） …………（五八八）
"厚德济世 精诚仁爱"刻石（2010年） …………（五九二）
"双姊临风"题刻（2013年） …………（六〇〇）
"神泉"题刻（2013年） …………（六〇一）
"恒宗极天"题刻（2013年） …………（六〇二）
登北岳恒山有感诗碣（纪年不详） …………（六〇九）
"大恒以宁"题刻（纪年不详） …………（六一七）
"金龙口"题刻（纪年不详） …………（六一八）
"名齐四岳"题刻（纪年不详） …………（六一九）
"瞻天仰圣"题刻（纪年不详） …………（六二〇）
"仙山显岳"题刻（纪年不详） …………（六二〇）
"松屏耸翠"题刻（纪年不详） …………（六二一）
"地辟恒宗"题刻（纪年不详） …………（六二一）
"玄岳"题刻（纪年不详） …………（六二二）
"飞石遗踪"题刻（纪年不详） …………（六二二）
"洞门春晓"题刻（纪年不详） …………（六二三）
"鳄鱼石"题刻（纪年不详） …………（六二三）
曾登泰山复游恒岳诗刻（纪年不详） …………（六二四）
"云阁虹桥"题刻（纪年不详） …………（六二五）
"空中见佛"题刻（纪年不详） …………（六二六）
"空中色相"题刻（纪年不详） …………（六二七）
"常乐我净"题刻（纪年不详） …………（六二七）
"振衣台"题刻（纪年不详） …………（六二八）

七、摩崖石刻类

●现存石刻

"琴棋台"摩崖题刻（明洪武十三年） …………（六〇）
摩崖诗刻（明正统九年） …………（六四）
"虎风口"摩崖题刻（明成化十三年） …………（七三）
"玄岳"摩崖题刻（明成化二十年） …………（七七）
"岳宗"石刻（明成化二十一年） …………（七八）
"复还天巧"摩崖题刻（明万历五年） …………（一〇六）
"夕阳返照"石刻（明万历十年） …………（一一四）
"天下名山"摩崖题刻（明万历十年） …………（一一五）
"壁立万仞"摩崖题刻（明万历十年） …………（一一六）
"白云灵穴"摩崖题刻（明万历十年） …………（一一七）
飞石窟摩崖题刻（清同治十年） …………（三八八）
"人天北柱"题刻（2004年） …………（五四三）
"画"摩崖题刻（2004年） …………（五四四）

“道”摩崖题刻（2005 年） ……（五四五）
“悟”摩崖题刻（2005 年） ……（五四六）
“巍峨天极”摩崖题刻（2005 年） ……（五四九）
“恒”摩崖题刻（2005 年） ……（五五〇）
“佛”摩崖题刻（2005 年） ……（五五一）
“和”摩崖题刻（2005 年） ……（五五二）
“禅”摩崖题刻（2005 年） ……（五五三）

八、其他类

●现存石刻

“琴棋台”棋盘图（唐代） ……（五）
释迦宗从之图（金大定十八年） ……（一三）
“孙氏宗族世谱”碑（元泰定初年） ……（四七）
圆觉寺塔体碣（明成化五年） ……（六五）
赞经文（明万历三十年） ……（一三〇）
五岳真形图碑（明崇祯中期） ……（一六二）
石经幢铭文（清初） ……（一六九）
朱休度黄照恒山庙勘舆形势碑（清乾隆五十五年） ……（二五〇）
恩旨碑（清道光二十年） ……（三一一）
御制祭文（清道光二十年） ……（三一二）
御祭碑（清同治七年） ……（三八七）
补绘北岳全图记（中华民国 21 年） ……（四七六）
全国重点文物保护单位悬空寺保护标志碑（1982 年） ……（四九六）
“悬空寺胜境”标志碑（1998 年） ……（五一三）
天赐禅林云峰寺标志碑（1999 年） ……（五一六）
浑源文庙保护标志碑（2004 年） ……（五四二）
“北岳恒山”标志碑（2005 年） ……（五四八）
全国重点文物保护单位栗毓美墓标志碑（2006 年） ……（五五七）

●佚失石刻

请厘正祀典疏（明弘治六年） ……（六三九）

后　记

《三晋石刻大全·大同市浑源县卷》分正编与续编两卷，分别于2013年和2015年出版。在出版社售罄准备再版之时，编委会接受出版社的建议，决定将两卷合而为一，以增订本的形式重新面世。

浑源县石刻是浑源文明史的实物见证和重要组成部分，是千百年来恒山儿女们的智慧结晶，也是研究历史、以史鉴今的重要文史资料。作为一部以拓本、照片、点校文本和简介组成的图文并茂、洋洋大观的文献总成，对保护、传承历史文化，起着承前启后、继往开来的作用；对促进社会进步、经济发展，提升人们的人文素养，起着潜移默化、润物无声的作用；对文化名县的建设，对推动浑源文旅发展，也必将产生不可替代的影响。

《三晋石刻大全·大同市浑源县卷》的编纂工作得到省、市、县领导的大力支持，得到了大同市三晋文化研究会领导和专家们的关心、指导。在省政府、市政府办公厅下发编纂《三晋石刻大全》的文件后，浑源县三晋文化研究会在2006年以来历任县领导的支持指导下持续推进工作，历八个寒暑，跋山涉水、踏访寻觅，经2400多个日子的查勘点校、呕心沥血，终于在2013年6月正式出版。其后，县三晋文化研究会的相关人员一鼓作气，再一次踏遍浑源大地的峰峰岭岭、沟沟壑壑、角角落落，历经二载，于2015年1月，又编纂完成《三晋石刻大全·大同市浑源县卷续编》，了却了我们的遗珠之憾。这既是浑源县三晋文化研究的又一丰硕成果，也是全县乃至全省值得庆贺的文化盛事。

在此次增订本的编排过程中，又得到新一届浑源县相关领导的大力支持，县委书记高莹、政府县长赵昱清百忙之中撰写序言，并就编修工作多次提出指导意见。在此，向关心、支持我们工作的历届各级领导和部门表示真诚的感谢。

在前后十多年的编写修订过程中，浑源县三晋文化研究会始终以传承、保护珍贵石刻文献为己任，致力于记录和留存最完整的历史符号，努力传承好恒山和浑源历史文脉，留给后人宝贵的精神财富。多年来，研究会同仁和众多爱好者，以高度负责的敬业精神、严谨认真的工作态度，精心细致地进行抄录、校对、断句、打印、编排，表现出恒山儿女矢志家乡文化繁荣的高尚情怀和拼搏精神。更难能可贵的是，所到景区和乡镇，干部群众主动提供方便，热情帮助，令我们感铭至深。

本书在编写过程中，本着尊重历史的原则，力图文字简练、描述生动、图文并茂、深入浅出，把知识和史料有机地结合起来，使读者在获得历史知识的同时，也享受到读书的愉悦。修订本虽就前未发现的错讹加以订正，但因水平有限，不少碑碣难以辨认，其错误和缺陷在所难免，敬请领导、专家及广大读者提出宝贵意见，以便后期进一步完善。

需要补充的是，在本书即将付印之际，又获悉不少碑刻断断续续被发现，深为这片神奇大地蕴含的厚重历史底蕴欣喜，更被同仁们的不懈努力所感动，当然，也为本书未能尽录这些珍贵史料而不免遗憾。

唯愿岁月可回首，长留碑碣铭恒久。

是为记。

《三晋石刻大全·大同市浑源县卷》（增订本）编委会

图书在版编目（CIP）数据

三晋石刻大全. 大同市浑源县卷（增订本）/ 李玉明，陈学锋主编. —太原：三晋出版社，2013.7（2024.4 重印）
ISBN 978-7-5457-0759-5

Ⅰ. ①三… Ⅱ. ①李… ②陈… Ⅲ. ①石刻—浑源县—图录
Ⅳ. ① K877.402

中国版本图书馆 CIP 数据核字（2013）第 135690 号

三晋石刻大全·大同市浑源县卷（增订本）

总 主 编：李玉明
本卷主编：陈学锋
执行主编：白明星
责任编辑：落馥香
审　　订：王福才　王宗政
责任印制：李佳音

出 版 者：山西出版传媒集团·三晋出版社
地　　址：太原市建设南路 21 号
邮　　编：030012
电　　话：0351-4956036（总编室）
0351-4922203（印制部）
网　　址：http：//www.sjcbs.cn

经 销 者：新华书店
承 印 者：山西万佳印业有限公司

开　　本：787mm × 1092mm 1/8
印　　张：89
字　　数：1000 千字
版　　次：2013 年 7 月 第 1 版
印　　次：2024 年 4 月 第 2 次印刷
书　　号：ISBN 978-7-5457-0759-5
定　　价：720.00 元

ISBN 978-7-5457-0759-5
01>
9 787545 707595 >

如有印装质量问题，请与本社发行部联系　电话：0351-4922268